【세종연구소 세종정책총서 2005-1】

동아시아 역학구도
군사력과 경제력의 투사

김기수 지음

The Power Structure in East Asia:
Military and Economic Power Projection

국립중앙도서관 출판시도서목록(CIP)

동아시아 역학구도 : 군사력과 경제력의 투사 = The power
structure in East Asia : military and economic power projection /
김기수 지음. -- 파주 : 한울, 2005
    p. ;   cm. -- (한울아카데미 ; 766)(세종연구소 세종정책총서 ;
2005-1)

참고문헌과 색인수록
ISBN   89-460-3414-9 94300
ISBN   89-460-3405-X(세트)

320.91-KDC4
330.95-DDC21   CIP2005001264

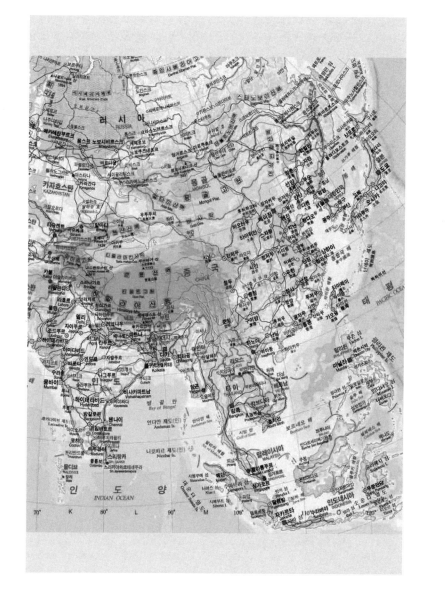

차례

서장

경제관계와 안보질서 그리고 역학구도: 국제정치경제적 연계 ···· 13

제1장 동아시아 역학구도의 역사적 배경

I. 서구 국제질서관의 引入 ·· 29
 1. 주권국가와 국제질서: 세력균형의 원리 29
 2. 초기 동아시아 세력균형의 형성 배경:
  서구와 동아시아의 연계구도 32
 3. 동아시아 국제질서의 주요 변수 정립:
  세력균형의 역이용 가능성 39

II. 세력균형의 변화 요인 ·· 50
 1. 외부적 충격: 동아시아와 세계질서의 연계구도 50
 2. 견제와 균형: 미국의 對日 억제와 세력균형의 역전 54
 3. 단일 패권 추구: 일본의 확전 57

III. 미국의 진출 ··· 61
 1. 문호개방정책과 예외주의(Exceptionalism) 61
 2. 동아시아 지정학의 평가 64

제2장 동아시아 안보구도: 힘의 배분과 균형

I. 전후 국제질서의 배경 ··· 69

II. 전후 동아시아 안보질서의 기본 구도 ························· 75
　　1. 戰前 前提의 실종 75
　　2. 패전 일본의 처리와 봉쇄정책의 확장 76

III. 동서 대치선의 완성 과정: 한국전과 월남전 ··············· 82
　　1. 동북아시아 안보구도의 재편: 한국전 82
　　2. 월남전쟁과 봉쇄(Containment)정책의 한계 87
　　　　1) 전략적 실수: 한국전과 월남전에 대한 상반된 오판 87
　　　　2) 베트남 딜레마(dilemma)와 베트민의 군사전략 97

IV. 制限戰 이후 세력균형의 변화 ······························· 106
　　1. 새로운 외교구도의 형성과 안보질서의 변화 106
　　2. 힘의 공백(Power Vacuum)과 안보구도의 재정립:
　　　　Vacuum Fill-up 메커니즘 117
　　3. 소련 진출의 한계: 들어나지 않은 균형(Invisible Power Balance) 129
　　4. 권력투사(Power Projection) 구도:
　　　　단 차원 강국(Single Dimensional Power)의 한계 139

V. 탈냉전과 새로운 균형의 모색 ································· 149
　　1. 소련의 쇠퇴와 주요 균형변수의 변화 149
　　2. 동남아시아 안보현안의 정리 156
　　3. 동북아시아 안보문제의 절충 160
　　4. 동아시아 탈냉전 안보구도의 정립 163

VI. 패권경쟁과 세력균형의 변형 ················· 169

　1. 중국 변수: 차이나 카드의 失效　169
　2. 동아시아의 지정학(Geopolitics): 전략적 가치　173
　3. 들어나지 않은 봉쇄(Invisible Containment) 및
　　포위전략(Encircling Strategy)　175
　4. 군사기술혁명(RMA)과 균형의 변화 가능성　185
　5. 일본의 利害　191
　6. 세력균형의 대안 모색: ASEAN 집단안보　200

제3장 동아시아 경제관계의 역학구도

I. 동아시아 경제관계의 정치적 理解 ················· 213

　1. 동아시아 경제의 기본 구도와 위상　213
　2. 동아시아 경제관계의 권력구도와 세력균형　216
　3. 논점　222

II. 전후 국제경제질서: 안보와의 연계구도 ··············· 226

　1. 브레튼우즈체제의 성립　226
　2. 국제경제체제의 형성과 안보 변수　228

III. 국제경제체제의 패권구도 ················· 232

　1. 국제통화패권　232
　　1) 국제통화체제의 영향력 창출 구조　232
　　2) 전후 국제통화체제와 통화패권　236
　　　가. 새로운 통화질서와 패권의 메커니즘　236
　　　나. 통화패권에 대한 도전과 체제의 붕괴　241
　　3) 제도화의 실패와 패권 지속의 검증　246
　　　가. 통화패권의 관성　246
　　　나. 유로화의 도전과 패권의 변화 가능성　249

2. 국제통상패권 253

1) 전후 국제무역질서와 통상패권의 확립 253

2) 통상패권의 변형과 힘의 행사 256

3) 영향력 행사의 다변화 260

4) 통상패권국의 향후 행보 267

IV. 동아시아 경제의 특징: 국제경제와의 연계구도 ················ 270

1. 금융위기와 경제구조의 특징 270

1) 구조적 결함 270

2) IMF 개입의 경제적 평가 279

2. 통화권력과의 연계구도 288

V. 동아시아 지역주의 ·· 293

1. 동아시아 지역주의 구상 293

1) 동아시아 통화기금(Asian Monetary Fund) 293

2) 동아시아 자유무역협정: 통화협력과의 연계 301

가. 동아시아 자유무역지대 창설案 301

나. 한·일 자유무역협정: 새로운 균형의 창출 가능성 304

2. 동아시아 지역주의의 전략적 평가:

통화 및 통상패권과의 연계구도 307

3. 지역주의의 역사적 예: 유럽통합 318

1) 유럽통합의 전략적 동인 318

2) 유럽통합의 과정:

내적 다이내믹(Interest)과 체제적 충격(Systemic Impact) 320

3) 유럽통합의 전략적 평가: 동아시아 지역주의와의 비교 328

VI. 동아시아 환율시스템과 영향력 구도: 국제체제와의 연계 ··· 332

1. 국제환율체제 332

1) 동아시아 외환위기와 환율문제 332

2) 국제환율체제의 역사적 추이 333

2. 국제환율체제의 권력 메커니즘과 동아시아 335

1) 환율의 정치경제: 한국의 예 336

2) 환율조정과 통화권력 338

3) 환율변동의 달러 연계구조 342

3. 동아시아 환율협력 346

1) 동아시아 환율체제의 특징 346

2) 부적정 환율의 지속 349

4. 동아시아의 대응 353

1) 환율 불안정의 대외적 연계구도 353

2) 동아시아의 대응책 모색과 정치경제적 한계 357

5. 환율의 국제정치 363

VII. 세력균형 경쟁: APEC과 ASEM ·················· 368

1. APEC의 전략적 배경 368

1) NAFTA와 미국의 지역주의 전략 368

2) 동아시아의 전략적 가치 372

2. 통합유럽의 세력화와 ASEM 377

1) 전후 유럽의 부침과 미국의 진출 377

2) 유럽의 동아시아 우선 정책 382

3) 유럽의 세계전략과 ASEM: 미국에 대한 도전적 측면 387

3. APEC과 ASEM의 전략적 비교 392

제4장 한국의 대외경제 및 안보관계

I. 한국의 안보·경제 연계구도 403

1. 연계구도의 성립 배경 403

1) 미국의 개입 403

2) 초기 경제구도의 정립: 미국 변수 406

2. 안보와 경제의 연계 강화 방안 412
  1) 수출주도형 경제성장정책: 한미일 삼각구도 412
  2) 대외지향형 경제구조와 안보구도의 강화 416
3. 한국경제의 국제화 422
  1) 안보구도의 정착: 안정화(Stabilization) 422
  2) 한국의 경제발전과 대외경제관계의 질적 변화 426
4. 새로운 변수의 가능성 435

II. 대외경제관계의 전략적 평가:
  미국, 일본, 중국 변수의 비교 ·· 440
1. 중국 변수의 등장 440
2. 중국경제의 평가: 국제적 위상 441
  1) 중화경제권 441
  2) 중국과 중화경제권의 상호 연계구도 445
  3) 전략적 해석 447
3. 한·중 경제관계 454
4. 미국, 일본 그리고 중국 변수: 전략적 평가 459
  1) 주요 변수의 해석 459
  2) 대외경제전략 464

참고문헌 470
감사의 글 508
찾아보기 509

경제관계와 안보질서 그리고 역학구도:
국제정치경제적 연계

서장
경제관계와 안보질서 그리고 역학구도 :
국제정치경제적 연계

　전통적으로 국제관계 연구의 주된 관심사는 안보문제였다. 경제분야가
논쟁의 대상으로 떠오르게 된 것은 비교적 최근의 일이다. 자본주의의
발전과 시장의 무한한 확장이 새로운 현상의 가장 중요한 동인이었다.
이 말은 안보와 경제가 논리적으로 별 관계가 없다는 생각이 오랫동안
우리의 사고를 지배했음을 의미한다. 논리적 추적의 결과가 그러했는데,
특히 국제경제에 대한 근대의 정교한 분석이 경직된 사고의 형성에 결정
적인 역할을 했다.

　시장원리에 기초한 국가 간의 경제관계는 포지티브섬의 세계라는 것
이 경제학자들에 의해 설득력 있게 제시되었다. 논리의 파급효과는 대단
했는데, 국제경제관계에 권력 개념이 들어설 이유가 없다는 사실이 유추
될 수 있었기 때문이다. 시장원리에 기초한 경제교류는 그 자체로 참가
자 모두에게 이익을 보장함으로 국경을 넘는 경제관계는 외부의 강요나
간섭 없이 자연스럽게 이루어질 수밖에 없다는 것이다. 따라서 논리적으
로 권력이라는 개념은 국제경제관계에 인입될 필요도 없고 또 그래서도
안 된다는 결론이 도출된다. 이것이 이른바 고전주의 경제학 논리의 요
체이다. 결국 정치적 관계는 제로섬의 세계이므로 정치와 경제가 분리되
는 확실한 단초가 제공된 셈이다.

특히 안보는 국제관계에서 권력 현상이 가장 노골적으로 표출되는 분야이다. 안보 딜레마(security dilemma)라는 용어는 그것을 가장 상징적으로 보여주고 있다. 그러므로 권력에 초점이 맞추어지는 한 안보문제는 국제관계의 가장 중요한 화두가 될 수밖에 없고, 국가는 대외관계의 설정과 운영에 있어서 당연히 안보를 우선적으로 고려하여야 한다는 생각이 또 다른 논리의 축을 이루며 우리의 사고를 오랜 기간 지배하여 왔다. 논리적인 이유는 간단했는데, 그것이 국가이든, 혹은 특정 집단이든 자신의 생존을 스스로 책임져야 하는 상황이 너무도 오랫동안 지속되어, 이들의 생존을 위한 전략의 수립과 수단의 동원이 당연한 것으로 받아들여졌기 때문이다. 생존을 위한 조건은 다양하지만, 가장 극단적인 경우는 무력에 의한 생명의 상실이다. 같은 상황이 국가 혹은 특정 단위체의 수준에서 논의될 때 안보라는 더욱 세련된 개념이 도입되는 것이다. 따라서 광의로 다른 단위체와의 관계 설정 및 조절을 의미하는 외교의 일차적인 목표는 안보의 확충일 수밖에 없다.

국제체제 구성원들의 행위를 제어, 통제할 수 있는 중앙권력의 부재가 이들의 행위를 결정 짓는 가장 중요한 요소라는 생각은 근세 이후 논리적 탐구의 결과였다. 원인은 두 가지로 요약되었다. 하나는 인간의 이기적이고 남을 불신하는 본성에서 유추된 국가의 행위가 무정부적 권력투쟁의 근본 원인이라는 생각이었고, 다른 하나는 인간 및 국가의 본질이 어떠하든 중앙권력의 부재라는 국제관계의 구조가 국가의 이기적이고 권력 중심적인 행위의 근본 이유라는 논리였다. 전자의 경우 바로 그러한 기본 속성 때문에 중앙권력의 창출이 불가능하다는 유추가 가능하고, 후자의 경우에는 중앙권력의 창출이 불가능할 수밖에 없는 태생적 구조 자체가 국가의 이기심과 권력중심 사고의 원인이라는 논리 전개가 가능하다.

여기서 이론적 논쟁을 자세히 살펴보자는 것은 아니다. 중요한 것은 그러한 논리적 설명이 없었던 오래 전에도 국가는 같은 방식으로 행동했다는 사실이다. 오늘날의 정교한 논리에 기초한 국가의 다양한 행위와 오래 전의 그것과는 근본에 있어 별 차이가 없다. 나아가 현실은 과연 그러한 논리적 유추를 얼마만큼 반영하고 있는가도 역시 중요한 논제일 수밖에 없다. 이러한 관점에서 국제정치와 경제관계를 살펴보면 다음과 같은 논점들이 포착된다.

우선 현실적으로 국제경제관계에서 권력 요소를 완전히 배제할 수 있는가. 만약 그렇지 않다면 어디까지가 권력의 영역인가. 또한 경제관계에서 연유된 권력의 영역은 경제분야에만 한정되는가 혹은 그것을 벗어나는가. 이와는 반대로 안보는 무력, 즉 군사력 중심의 사고를 벗어나지 못하는가. 벗어난다면 안보가 영향을 미치는 경제적 영역은 어디까지인가. 물론 경제력이 뒷받침되어야 군사력도 강하다는 것은 이미 상식에 속하는 주지의 사실이므로 이를 논하자는 것은 아니다. 여기서 분석의 초점은 무력에 기초한 권력행사의 원리가 무엇이고, 그것이 어느 정도 현실화되었을 때, 즉 권력이 투사되었을 때, 그 효과는 어디까지 미치냐는 것이다. 특히 경제관계에 대한 파급효과는 있는지. 있다면 어느 정도이고, 또한 어떻게 이해할 수 있는지 등이 주 논제가 될 수 있다.

상기의 다양한 의문을 배경으로 현실 문제를 들여다보자는 것이 본 연구의 기본 목적이다. 여기서 현실적으로 가장 중요한 것은 다음과 같은 관찰이었다. 즉 국가 간의 경제적 단합 혹은 교류가 안보상황으로부터 제약받는 현상이 발견된다는 것이다. 교류를 어떻게 정의하느냐에 따라 달라지는 문제이기는 하나, 적어도 체제 차원(system level)의 움직임에서는 상기의 현상이 비교적 두드러진다는 인식이 본 연구의 기본 동인이었다. 따라서 요사이 국제관계 연구의 화두가 된 지역주의와 관련하여, 안보문제의 해결 없이 지역주의가 가능한가라는 질문을 던질 수 있는 것이다.

특히 동아시아의 지역주의 움직임이 좋은 예가 될 수 있다. 역내 안보문제가 해결되지 않은 상황에서 가장 긴밀한 경제교류의 형태로 인식되고 있는 지역주의의 태동은 불가능하다는 주장이 제기되고 있기 때문이다. 문제는 두 차원에서 다루어질 수 있는데, 하나는 동아시아 역내의 안보관계를 살펴보는 것이고 다른 하나는 국제체제의 同 지역에 대한 안보적 영향을 짚어보는 것이다. 전자의 경우 일본과 중국 간의 군사적 경쟁관계, 그리고 한국과 북한의 군사적 대치상황 등이 주요 논제가 될 수 있고, 후자의 경우는 국제체제를 지배하는 변수들의 안보적 이해와 그것이 동아시아에 투영되는 방법이 문제가 될 것이다.

따라서 체계적인 理解를 위해서는 우선 동아시아의 기본 역학구도(power structure)에 대한 분석이 있어야 함을 알 수 있다. 권력구조의 성격은 개별 국가의 행위에 영향을 주고 나아가 행동을 제어하기 때문이다. 그것은 구도가 개별 국가의 이해를 상당 부분 결정해 주고 따라서 개별 구성원의 단기 혹은 장기적인 행보도 그로부터 영향을 받는다는 사실을 의미한다. 동아시아의 기본 세력구도에 대해서는 주로 안보관계를 중심으로 다양한 연구가 이루어져 왔다. 그러나 본 연구에서는 안보문제를 넘어 경제관계의 권력구조도 함께 다루어 보려 한다.

역학구도의 연구에서 가장 중요한 것은 동아시아 지역체제 자체에 영향을 미칠 수 있는 변수들의 利害와 행보를 짚어 보는 것이다. 물론 강대국들이 가장 중요한 변수가 될 것이고, 그렇지 않은 국가의 경우 단합된 힘을 의미하는 국가군이 논의의 대상이 될 수 있을 것이다. 구조적으로는 역내 권력구도와 同 지역 전체에 대한 국제체제의 영향력 창출 메커니즘이라는 이중 틀이 동아시아 내외를 감싸고 있다. 따라서 주요 개별 변수, 역내 질서의 성격, 그리고 국제체제의 특징 등 모두가 분석의 대상이 될 수밖에 없다는 사실을 알 수 있다.

이러한 다중 구도에 대한 통합적 접근을 안보분야는 물론 경제관계에도 동일하게 적용해 보았다. 본문의 분석을 통해 자세히 밝혀지지만, 흥미로운 점은 안보분야보다는 오히려 경제관계에 더욱 정교한 역내외적 영향력 창출 및 행사 메커니즘이 내재되어 있다는 사실이다. 그러한 현상은 경제의 속성에서 비롯되는 경우가 많은데, 안보분야가 군사력이라는 단순 변수를 중심으로 전개되는 데 반해, 경제관계는 무역, 투자, 금융, 그리고 환율 등 보다 다양한 매개 변수를 통해 이루어지기 때문이다. 즉 의도적인 조정(intentional maneuvering)의 영역과 수단이 더욱 넓고 다양한 것이다.

우선 안보분야의 세력구도 분석에서는 단기적인 혹은 특정 사안에 한정된 설명을 넘어, 동아시아가 서구의 영향으로 근대화되기 시작한 시점부터 현재까지 약 100년간의 변화를 체제적 관점에서 모두 짚어 보았다. 사실상 역사 탐구에 가까운 분석을 한 이유는 다음과 같다. 우선 과거 100년간의 추세를 짚어 봄으로써 동아시아 전체가 어떤 큰 흐름을 타고 현재까지 이르게 되었는지를 알 수 있다고 생각했기 때문이다. 동아시아를 특징지어 주는 큰 틀에 대한 이해가 있는 경우 다음의 보다 세부적인 논점에 대한 접근도 상기의 방법론을 통해 이루어질 수 있다고 가정해 보았다. 우선 역사적인 관성이라는 것은 분명히 존재함으로 그 관성의 성격에 대한 규명이 가능하다고 보았고, 나아가 여기에 구조적인 분석이 덧붙여지는 경우 동아시아 국제체제의 성격과 이를 시공으로 관류하는 체제의 작동원리와 같은 큰 변수가 발견될 수 있다고 생각하였다.

그리고 서구와는 달리 동아시아에서만 발견되는 역사적 의문 사항도 상기 접근법의 또 다른 이유이기도 하다. 과거 중국 중심의 역내 질서가 송두리째 무너지며 서구의 국제관이 인입된 시기를 전후 한 역내 국가들의 과거와는 다른 사고와 행위, 그리고 여기에 그 이후 동아시아에 투영된 주요 국가들의 이해가 부가되며 형성된 동아시아 국제질서가 그 이전의 역사를 얼마나 반영하는가도 관심거리일 수밖에 없다. 이 문제는 현재에도 논쟁거리로 남아 있는데, 중국의 최근 외교에서 그 예를 찾을 수 있다. 중국이 힘을 회복하기 시작하자 그들 주위에 포진한 국가들을 마치 과거 중국제국 시절의 변방으로 간주하며 대하는 전통 회기적 행보가 가시화되고 있기 때문이다. 동아시아 전체, 특히 베트남과 한국에서 상기의 현상이 두드러지는데, 이 모든 문제와 관련한 구체적인 논의는 본문의 자세한 분석을 통해 소개될 것이다.

다음으로 얼마나 성과가 있었는지는 모르겠으나 본 연구가 기존의 외교사 탐구와는 차별화되도록 노력하였다. 기존의 사학적 접근은 대부분의 경우 사실의 확인(fact finding), 그리고 특정 사안과 다른 것과의 인과관계(causality) 분석이 주조를 이룬다. 그러나 그것만으로는 본 연구의 목적을 달성할 수 없다고 생각하여, 전략적 분석을 시도해 보았다. 여기서 전략적 분석이란 특정의 사건과 그것에 개입된 변수들의 利害가 장기적인 관점 혹은 전체 구도에 비추어 어떻게 이해될 수 있느냐에 대한 체계적 理解를 의미한다. 그것을 통해 특정 변수의 행위에 대한 전략적 평가, 즉 이익을 창출할 수 있는 행동이었는지 혹은 그렇지 않은 것인지를 보다 정확히 파악할 수 있게 된다. 다음으로 전략적 분석의 또 다른 측면은 동아시아의 질서를 관류하는 기본 원칙이 있는지, 있다면 무엇인지에 대한 탐구에 있다. 나아가 그러한 원칙들은 장기적인 관점에서 어떠한 큰 흐름을 형성하고 있으며 이에 비추어 주요 변수들의 사고와 이해 그리고 행위는 어떻게 분석될 수 있는지도 전략적 분석의 중요한 틀을 이루고 있다. 따라서 연구의 스펙트럼을 단 몇 십 년에 한정하지 않는 중요한 이유가 여기서 발견된다.

보다 효율적인 분석의 틀을 마련하기 위해 세력균형이라는 가장 전통적인 국제정치의 분석 개념을 원용해 보았다. 국제정치학도 모두가 이해하고 있는 세력균형의 정의를 새롭게 내릴 필요는 없다. 그러나 다음의 변수는 동아시아 세력균형의 체계적인 이해를 위해 중요하다. 우선 동아시아 질서 위에 군림하고 있는 세계적 균형에 대한 설명이 필요하다. 동아시아의 질서와 균형이 세계적 세력균형의 일부분으로 형성 및 작동되어 왔다는 사실을 역사적으로 부인할 수 없기 때문이다. 제2차 세계대전 이후의 다양한 연구는 그러한 사실을 잘 보여주고 있으나, 그 이전, 특히 1900년대를 전후한 연구는 많은 경우 균형의 역동성을 상대적으로 소홀히 다루고 있다. 따라서 본 연구에서는 지역 및 범세계라는 두 차원의 세력균형을 상호 연계하여 과거 약 100년간의 역내 안보 역사에 일관되게 적용해 보았다.

그렇다면 과연 동아시아의 국제경제관계 연구에서도 안보분야의 탐구에서 적용되었던 분석 방법이 유효할 수 있을까? 이를 이해하기 위해서는 동아시아의 경제적 배경에 대한 설명이 우선 필요하다. 주지의 사실이지만 동아시아 경제의 역사는 대단히 짧다. 일본만이 예외인데, 문호개방이 어느 나라보다도 앞섰고 동아시아에서는 드물게 식민지를 경험하지 않으면서 초기 세계자본주의 발전과 흐름에 順乘했기 때문이다. 다른 나라의 경우 자본주의 경제의 인입은 대부분 식민지로부터 독립한 이후 순차적으로 이루어지기 시작했고, 나아가 세계의 주목을 받는 경제 단위체로 등장한 것은 한참 후인 1980년대부터였다. 물론 여기서 한국과 대만이 예외일 수 있는데, 그것은 과거 일본이 그랬던 것처럼 다른 국가들보다 개방형 경제체제를 일찍 받아들였고 또한 새로운 제도를 성공적으로 관리했기 때문이다.

따라서 동아시아 경제관계에 대한 긴 역사적 고찰은 큰 의미가 없음을 알 수 있다. 그렇다면 논의는 최근의 상황에 맞추어질 수밖에 없는데, 근자에 이르러 그 모습을 갖추기 시작한 동아시아 경제의 기본 성격에 대한 이해를 통해 역내 국가들이 어떠한 관계를 맺고 있는가를 우선 살펴보아야 한다. 또한 역내에 대한 국제경제체제의 영향에 비추어 동아시아 경제관계의 형성 및 변화를 아울러 짚어보아야 한다. 이는 결국 안보연구에서도 동일하게 원용된 이중 구조적 접근을 의미한다. 한 걸음 나아가 보다 세부적인 논의가 되겠지만 안보분야에서는 당연시되는 권력구도 분석이 과연 경제관계에도 그대로 원용될 수 있는지는 여전히 논쟁거리일 수밖에 없다. 즉 어디까지가 경제적 논리로 설명될 수 있고, 권력적 요소의 비율은 얼마만큼 존재하는가.

본 연구에서는 과거와는 다소 다른 접근을 시도해 보았다. 즉 경제관계에서 파생되는 영향력과 그것에 기초한 세력관계가 단순히 경제관계의 불균형 의존관계(uneven interdependence) 때문에 형성된다는 단순한 논리 및 국가는 富와 勸力을 무한히 추구한다는 국제정치의 오랜 기본 가정을 넘어, 경제학적으로 우선 이해될 수 있는 순수 경제적 행위 자체가 권력 인입 요인를 지니고 있다고 가정해 보았다. 경제학에서는 이론적으로 신봉되고 있는 균형(equilibrium)이라는 개념이 좋은 예가 될 수 있다. 환율의 시장균형 문제가 대표적인데, 만약 환율의 결정에 있어서 특정의 균형점이 확실히 존재한다면, 균형점에서의 일시적인 이탈은 별 의미를 지니지 못한다. 왜냐하면 논리상 균형점으로 곧 돌아가기 때문이다. 이 경우 환율 조작이 가능할까? 가능하더라도 일시적으로만 효과가 있을 것이다. 그러나 현실은 전혀 그렇지 않다는 사실이 중요한 연구 논제를 던져준다. 시장 환율이 이론적인 균형점을 늘 그리고 정확히 찾아가는 예는 거의 없다. 예측 불가능의 방향으로 항상 출렁거릴 뿐이다. 바로 그런 현상이 존재하기 때문에 환율 조작이 가능해지고, 또한 그 효과가 보장되는 것이다. 이 때 권력의 요소가 인입되게 되는데, 강한 경제력을 지닌 국가일수록 효과적으로 환율조작을 할 수 있기 때문이다.

국제무역 혹은 통화관계에서 또 다른 예를 찾을 수 있다. 물론 무역은 시장이 계산해 주는 이익을 쫓아서 우선 이루어진다. 그러나 시장원리에 전적으로 의존하는 경우 모든 것이 순조롭게 이루어지지는 않는다는 것이 역사적 및 현실적 경험이다. 바로 그렇기 때문에 시장의 자동조절기능이 지니고 있는 한계를 극복하기 위해 국가 간의 경제관계를 조절하고 관리하는 국제경제기구가 설립되는 것인데, 문제는 여기서부터 발생한다. 환율에 대한 논의에서와 같이 시장의 기능에 한계가 있는 경우 권력 요소의 침투는 불가피하기 때문이다. 단지 이 경우 본문의 분석을 통해 드러나지만 쌍무적 차원은 물론 체제적 차원에서도 권력행사가 가능하다는 사실이 앞서의 예와는 다른 점이다.

그렇다면 어느 국가가 국제경제기구를 만들고, 그것을 중심으로 어떤 경제질서를 창출할 것인가. 겉으로는 다수의 국가가 참가하는 국제회의를 개최하여 핵심 사안을 결정하는 것처럼 보이지만 역사적 경험은 가장 강력한 경제력을 지니고 있는 국가만이 그 일을 할 수 있다는 사실을 잘 보여주고 있다. 여기서 경제패권의 개념을 유추하는 것은 어려운 일이 아니다. 즉 한 국가의 경제권력이 체제적 수준으로 확장되는 것이다. 본 연구에서는 국제무역 및 통화관계 모두에 같은 상황을 적용하여 보았다. 아울러 국제경제질서가 특정의 기획이 아닌 자연스럽게 창출되는 경우에도 앞서 말한 경제논리의 한계 때문에 권력 요소는 다시 등장할 수밖에 없다는 사실도 비교적 자세히 짚어 보았다. 대표적인 예는 영국의 금융 패권에서 찾을 수 있다. 그렇다면 체제적 수준의 권력과 쌍무적 수준의 그것 사이에는 어떠한 상관관계가 있는가. 결론은 대단히 밀접한 관계가 있다는 것인데, 이 모든 문제가 본론에서 자세히 다루어지고 있다.

그리고 서구와는 다른 동아시아 경제의 특징적인 성격에서 연유되는 문제를 별도로 다루어 보았다. 대단히 후진적인 상태에서 출발한 동아시아 경제의 기본 성격에 대한 분석을 통해 권력 개입의 요인을 알아 본 것이다. 일본을 제외하고는 선진경제의 기본 틀을 갖추고 있는 역내 국가는 존재하지 않는다. 한국만이 비슷한 수준을 향해 돌진하고 있을 뿐이다. 따라서 동아시아 국가들의 내부 경제체제는 선진국과 같은 효율적인 시스템을 결여하고 있는데, 그것은 결국 모든 경제활동에서 비용증가의 문제로 나타난다.

또한 내적으로 강하지 못하기 때문에 외부 의존적 경제 운용은 불가피하다. 압축 성장의 결과, 동아시아 국가들의 대외의존성에는 과거 서구의 경우와는 다른 보다 구조적인 문제가 내재되어 있다. 따라서 동아시아 경제체제의 성격 자체가 외부로부터 권력이 인입될 수밖에 없는 동인을 제공하고 있는 셈이다. 이러한 해석의 적실성은 동아시아의 외환위기를 통해 가장 극명하게 표출된 바 있다. 문제는 외부의 영향으로부터 탈출하면 가시적인 이득을 취할 수 있으나 현실적으로 그것이 어렵다는 데 있다. 우선 기존 질서에 대한 변형은 많은 경우 비용 증가의 문제와 또 다른 비경제적 난제를 낳기 때문이다. 따라서 본 연구에서는 동아시아 경제의 성격 자체를 원천적으로 분석하고 그것을 통해 권력이 어떻게 인입, 행사되는지를 자세히 살펴보았다.

마지막으로 안보 분석에서 원용된 세력균형의 원칙을 경제관계에도 적용할 수 있을까? 일부만이 가능하다는 사실이 밝혀졌다. 전후 전개된 양극체제, 즉 서로 상이한 두 블록이 세계를 양분하며 정치 및 경제적으로 제로섬 경쟁을 벌인 상황에서 가장 단순한 형태의 세력균형 경쟁의 예를 찾을 수 있다. 최근 전 세계적 현상으로 자리 잡은 지역주의 경쟁에서는 세력균형의 요소를 더욱 많이 발견할 수 있다. 특히 동아시아 지역주의의 태동 가능성에 대해 역외 강대국들이 서로 다른 이해를 가지고 있다는 사실이 주목된다. 여기서 이해의 상충은 비경제적 용어인 세력균형 및 이를 위한 경쟁이라는 다소는 생소한 개념을 통해 비교적 잘 설명된다. 아마도 경제관계에 세력균형의 원칙을 적용한 예는 거의 없었던 것으로 사료된다. 따라서 그러한 시도가 어느 정도 가능한가를 확인하는 것만으로도 연구의 최소 가치는 찾을 수 있을 것이다. 나아가 다른 例의 발굴은 향후 연구의 과제로 남게 됐다.

이상의 기본 구상을 배경으로 한 걸음 더 나가면 안보질서와 경제관계의 상호 연계는 어떻게 이해할 수 있는가라는 보다 궁극적인 질문과 마주치게 된다. 논리적으로 대단히 어려운 연구 논제일 수밖에 없는데, 정확한 이해를 위해서는 하나의 통합 모델이 창출되어야 하기 때문이다. 즉 안보와 경제를 하나로 묶는 새로운 분석의 틀이 제시되어야 하는 것이다. 국제관계에 대한 현재까지의 연구 중 이 조건을 충족시키는 특정의 모델은 존재하지 않는 것으로 사료된다. 논리적으로 충분히 수긍이 가는 현상이다. 왜냐하면 안보와 경제는 이미 밝힌 바와 같이 기본 가정이 서로 상이하기 때문이다. 서로 완전히 다른 세계를 다루는 명제이므로 두 분석 변수를 합할 필요성이 강력히 제기된 적도 별로 없고, 그러한 시도가 있었더라도 매우 한정된 결과만이 도출되었을 뿐이다.

또 다른 이유도 있다. 두 변수의 상관관계를 입증할 실증적 자료가 거의 존재하지 않는다는 사실 역시 이러한 연구를 어렵게 하는 중요한 요인이 된다. 안보관계를 고려한 경제적 영향력 행사가 실제로 이루어지는 경우에도 정책 담당자가 그것을 실토하는 사례는 거의 없기 때문이다. 하지만 본문의 분석을 통해 어느 정도 드러나듯, 안보와 경제 상호 간의 관계를 부인할 수만은 없는 것이 현실이다. 따라서 논증의 어려움 및 통합이론의 부재를 감안, 본 연구에서는 구체성을 띤 사안 별 분석과 다소는 추상적인 전체의 흐름 혹은 체제적인 차원의 전략 등을 혼합하여, 안보와 경제 두 변수의 관계를 동아시아에 한정하여 살펴보았다.

결국 본 연구는 세 가지의 주요 관심 사항을 대변하고 있다고 볼 수 있다. 첫째, 과거 동아시아에서는 무슨 일이 생겼고, 또한 현재는 어떠한 지역구도가 뿌리내리고 있는가, 아울러 과거와 현재의 연계 고리는 무엇인가 등에 대한 체계적인 설명이 필요했다. 그 동안 특정 사안 혹은 시대에 대한 부분적인 연구는 많이 이루어졌으나 모든 것을 하나의 그릇에 담는 시도는 별로 없었기 때문이다. 아울러 자본주의의 세계적 확장과 동아시아의 경제적 약진은 역내 국가들의 국제관계 시각을 경제분야에까지 확장시켰다. 안보분야에만 한정되었던 기존의 전통적 국제관계 탐구를 넘어 경제도 함께 다루어져야 한다는 연구영역의 확대 주장을 가능하게 하는 환경이 조성된 것이다. 따라서 논리적인 어려움은 있으나 안보와 경제관계를 하나로 묶어 분석하는 것은 더 이상 피할 수 없는 과제가 되었다. 이런 맥락에서 북미 혹은 유럽과 비교하여 전혀 다른 세력구도를 지니고 있는 동아시아는 새로운 연구의 좋은 주제가 될 수 있다고 생각했다.

둘째, 동아시아에 대한 분석을 통해 지역 전체의 움직임이 한반도 혹은 한국의 대외관계에 어떻게 영향을 미치는가에 대한 구체적인 해답을 구할 때가 되었다고 생각했다. 경제적으로 이미 세계 10위권의 반열에 오른 한국의 위상이 예전과 같을 수는 없다. 한국의 대외관계는 동아시아 국가들은 물론 동아시아에 이해를 가지고 있는 외부의 세력들과도 밀접히 연계되어 있다. 이는 한국의 행보가 동아시아에 직간접적으로 영향을 미치는 것은 물론, 역으로 지역 전체의 움직임 역시 우리의 입지와 운명에 영향을 준다는 것을 의미한다. 따라서 동아시아에 대한 理解는 한반도의 대외환경 및 한국 대외정책 방향의 체계적인 탐구를 위해서도 중요할 수밖에 없다. 나아가 안보와 대외경제관계가 모두 중요한 한국의 특수한 입장을 고려, 두 변수를 포괄하는 시각으로 한국의 대외관계를 별도로 조명해 보는 작업도 필요하다고 생각했다.

셋째, 안보와 국제경제를 하나로 묶는 통합 틀의 모색을 위해서는 일단 기존의 현실에 대한 체계적인 분류 작업이 필요하다. 따라서 본 연구는 보다 체계적인 이론 틀을 위한 기초 작업의 성격을 띠고 있는 셈이다. 체계적인 기초 자료(raw data) 없이 설득력 있는 이론을 만드는 것은 불가능하다. 다소 지엽적인 문제로 보이는 방대하고 다양한 사안을 가급적 빠트림 없이 모두 다루어 보려했던 이유는 바로 여기에 있다. 아무튼 안보와 국제경제를 통합하는 이론화 작업은 향후의 과제로 남게 됐다. 국내는 물론 세계적으로도 두 분야를 통합한 설득력 있는 이론이 제시된 적은 없다. 따라서 본 연구를 통해 그 단초를 얻을 수 있다면 연구의 기본 목적은 달성되는 것으로 볼 수 있다.

끝으로 연구의 결과는 무엇인가. 本 書의 구성에서 알 수 있듯이 결론 부분에 해당하는 별도의 언급은 의도적으로 생략하였다. 결론은 各 章에 암시되어 있고 이들이 상호 어떻게 연계되어 있는가도 함의되어 있음으로 그것에 대한 해석은 독자의 몫이라고 판단했기 때문이다. 그러나 연구의 기본 주제와 관련하여 의미있는 논제가 발견되기에 그것에 대해서만 간단히 언급하기로 한다. 본문의 분석은 국가의 대외 권력행사가 크게 보아 군사력, 경제력 그리고 이데오르기의 세 차원에서 이루어진다는 사실을 보여주고 있다. 보통 권력투사(power projection)라는 추상적인 용어로 세 영역에서의 권력행사가 묘사되는데, 여기서 바로 단차원(single dimensional)과 다차원(multi dimensional) 강대국의 구분이 가능해진다. 진실로 강한 국가는 세 차원 모두에서 영향력을 행사할 수 있어야 한다.

특히 동남아시아는 다차원 권력투사 연구의 좋은 모델이 될 수 있었다. 미국과 소련이 오랫동안 경쟁을 벌이며 일진일퇴했던 동남아시아는 상기의 논제를 현실적으로 가장 적나라하게 보여 주는 예이기 때문이다. 아울러 동아시아 국제질서의 역사적 배경에 대한 설명에서 예시되어 있는 미국의 문호개방정책(open door policy) 혹은 달러외교(dollar diplomacy) 도 같은 맥락에서 이해될 수 있을 것이다. 흥미로운 점은 경제분야에서의 권력투사가 더욱 독특한 양상을 띠고 있다는 사실이다. 특정의 제도 혹은 체제가 형성되기 시작하는 초기에는 오히려 권력투사의 구도가 실체적으로 드러나지만, 시간이 지나 경제 권력구도가 하나의 커다란 흐름(trend)을 형성하게 되면, 인간의 심리상태에 영향을 미치는 다소는 추상적인 구조가 자리 잡게 된다. 중요한 것은 이 때의 권력투사가 초기보다는 非可視的이라는 사실이다. 국제통화 및 금융체제에 대한 분석은 그러한 현상을 실제적으로 보여 주고 있다.

상기의 다양한 논의는, 따라서 권력투사의 개념을 체계화시킬 수 있다면 안보, 국제경제 그리고 이데오르기를 하나로 묶는 보다 명료한 그림을 그릴 수 있다는 사실을 암시하고 있다. 이론을 위한 기초 작업으로서의 본 연구의 가치는 바로 여기서 발견된다. 또한 세 개의 차원에서 행사되는 권력의 가중치도 논쟁거리가 될 수 있다. 안보라는 대단히 무거운 주제로 상징되는 국제정치가 위계상 국제경제보다 상위에 있다는 관찰은 이미 오래 전에 이루어진 바 있다.[1] 이 주장이 과연 타당한 것인가라는

---

[1] E. H. Carr의 다음과 같은 통찰을 예로 들 수 있다: "경제학(경제현상)이란 하나의 주어진 정치질서를 전제로 한다. 따라서 정치(현상)와 분리해서는 제대로 탐구될 수 없다." Edward Hallett Carr, *The Twenty Years' Crisis 1919-1939: An Introduction to the Study of International Relations*, first published in 1939 (New York: Harper & Row, Publishers, 1964), p. 117. 따라서, "정치와 분리된 경제원칙을 적용하여 국제

의문을 갖고 본 연구를 살펴보는 것도 이해의 증진을 위한 또 다른 방법
이 될 것이다.

마지막으로 다차원의 권력투사와 국제체제의 창출 사이에는 어떤 상
관관계가 있는가도 중요한 논제일 수밖에 없다. 본 연구에서는 제2차 세
계대전 종전 시 새로운 국제질서의 창출을 위한 강대국들의 권력행사와
그것을 합리화시키는 논리를 소개하고 있다. 적어도 정치와 경제 그리고
이데오르기가 분리되어 다루어지지는 않았다는 사실을 본문의 분석을 통
해 확인할 수 있을 것이다. 이것은 체제적 차원에서 다차원의 권력투사
가 보다 분명히 드러난다는 사실을 암시한다. 특히 전후 국제통상, 통화
그리고 안보질서에 대한 연계 분석은 가장 고차원의 권력행사가 어떻게
이루어지는지를 잘 보여주고 있다.

문제를 풀겠다는 것은 애초부터 헛된 짓일 뿐이다(*Ibid*., p. 118).” 결국, “경제는 정
치의 한 측면으로 간주되어야만 한다(*Ibid*., p. 120).”

제1장

동아시아 역학구도의 역사적 배경

I. 서구 국제질서관의 引入

1. 주권국가와 국제질서: 세력균형의 원리
2. 초기 동아시아 세력균형의 형성 배경: 서구와 동아시아의 연계구도
3. 동아시아 국제질서의 주요 변수 정립: 세력균형의 역이용 가능성

II. 세력균형의 변화 요인

1. 외부적 충격: 동아시아와 세계질서의 연계구도
2. 견제와 균형: 미국의 對日 억제와 세력균형의 역전
3. 단일 패권 추구: 일본의 확전

III. 미국의 진출

1. 문호개방정책과 예외주의(Exceptionalism)
2. 동아시아 지정학의 평가

제1장
동아시아 역학구도의 역사적 배경

I. 서구 국제질서관의 引入

1. 주권국가와 국제질서: 세력균형의 원리

우리가 흔히들 사용하는 국제관계라는 용어는 동아시아의 생각과 역사를 배경으로 하고 있지 않다. 서구로부터 인입된 것이다. 동아시아에서 서구의 생각이 일방적으로 뿌리 내린 배경은 굳이 긴 설명을 필요로 하지 않는다. 그것이 帝國主義로 불리든, 혹은 西勢東漸으로 불리든 근세 서유럽의 세계 제패는 서구 이외 다른 지역의 생각을 상당 부분 초토화시켰다. 국가 간의 관계도 예외는 아니다. 동아시아를 지배하던 아시아 나름의 중심국 및 주변국의 개념이 송두리째 무너지며 유럽의 국제정치관이 급속도로 유입된 것이다.

하기야 오랫동안 동아시아 나아가 세계의 중심국으로 자부하던 중국이 반식민지 상태로 전락한 마당에 국제관계에 대한 새로운 가치관을 반영하는 질서의 형성은 그 옳고 그름을 떠나 현실문제일 수밖에 없었다. 따라서 동아시아 국제질서의 이해를 위해 국제관계에 대한 서구의 생각과 역사적 배경을 살펴보는 것은 피할 수 없는 과제가 되었다. 흥미롭게도 서구의 새로운 國際觀도 따지고 보면 역사가 오래된 것은 아니다.

익히 알려진 바와 같이 유럽은 오랫동안 중세의 암흑 시절을 보냈다. 현 국제관계의 모델인 민족국가 중심의 질서, 국가가 지니고 있는 힘과 그 힘을 둘러싼 협력과 갈등의 역학에 기초한 근대적 국제정치관은 1618 년에 勃發한 30년 전쟁과 1648년 전후 처리로 맺어진 베스트팔리아 (Westphalia) 조약을 거치며 본격적으로 형성되기 시작했다. 중요한 것은 베스트팔리아 이후 정립된 국제질서의 형성원리와 운영방식이 상당부분 지금도 유효하다는 사실이다.

베스트팔리아 이전의 유럽은 기독교의 궁극 개념인 천국의 이미지를 반영한 신정정치의 구도를 지니고 있었다. 마치 하느님 한 분에 의해 천국이 지배되듯 지상은 두 축, 신성로마제국의 황제와 교황의 지배하에 있으면 가장 이상적인 것으로 간주되었다. 당연한 결과로 유럽의 중심부는 봉건영주로 나뉘어져 있었으며 그들은 특히 세속적인 측면에서 황제의 영향력하에 있었다. 요즘의 민족국가라는 개념이 배태될 여지가 별로 없었던 것이다.

늘 그랬듯이 국제관계의 변화는 대규모의 전쟁으로부터 찾아왔다. 겉으로는 신교와 구교파 간의 종교전쟁으로 비쳐졌지만 영향력에 한계를 드러내기 시작한 황제와 세력을 확대해 가던 제후 간의 투쟁이 전쟁의 내면에 짙게 드리워져 있었다. 이를 이용하여 자국의 영향력을 확대하려는 신성로마제국 밖의 열강들이 적극 개입함으로써 전쟁은 국제적 규모로 확대되었고 당연히 그 여파 또한 체제적일 수밖에 없었다. 30년 전쟁은 베스트팔리아 조약으로 종결되는데, 그 결과는 962년 성립된 신성로마제국 및 황제의 쇠락 그리고 그 부산물인 민족국가의 등장이었다. 물론 교권의 쇠퇴도 피할 수 없었다. 독일의 제후와 도시가 조약권을 획득한 사실은 베스트팔리아 조약의 외교사적 의의를 상징적으로 보여주고 있다.

이제 새로운 민족국가들은 과거와는 다른 원칙에 의해 그들 간의 관계를 정립해야만 했다. 국가이성(raison d'état)과 세력균형(balance of power)이라는 새로운 개념이 국제관계의 중심 논리로 등장하였다. 국가이성은 국가의 권리가 절대적이라는 가정으로부터 정의되는데, 여기서 국가의 권리 중 가장 중요한 것은 利害 추구였다. 따라서 국가가 복리증진과 같은 이해를 추구하는 것은 합리적인(rational) 행위일 수밖에 없었다. 이 원칙이 서구의 국제사회에 적용됐을 때 다음의 또 다른 원리가 탄생한다: "국가의 복리(well-being)는 복리증진을 위해 사용되는 어떠한 수단도 정당화시켰다; (따라서) 국가이익(national interest)이 범세계적 도덕성이라는 중세의 개념을 대신하게 됐다. 자신의 이기적인 이해를 추구함으로써 국가는 다른 국가들의 안전과 진보에 기여하게 된다는 균형원리에 기초, 세력균형 또한 한 군주에 의해 전 유럽이 지배되는 범세계적 군주제라는 중세의 개념을 대신하게 되었다." 결국 "두 개념은 상호의존적인 셈이다."[1]

새로운 원칙은 현실에 적절히 투영되어 성공을 거둘 경우에만 그 타당성을 얻게 된다. 바로 이를 실천에 옮긴 외교전략가가 프랑스의 리쉴리우(Richelieu)였다.[2] 그의 전략은 마치 현재 열강들의 외교정책과 흡사할 정도로 세련되고 정교한 것이었다. 우선 합스브르크가의 유럽 지배를 막기 위한 정책이 프랑스 외교의 최우선 순위로 설정되었다. 당연한 결과로 신성로마제국은 약화되어야만 했다. 프랑스가 30년 전쟁에 깊숙이 개입한 이유가 잘 설명된다. 다음의 목표는 유럽에서 프랑스가 우월한 지위를 차지하는 것이었다. 그것을 위해서는 향후 프랑스에 가장 위협적인 세력으로 성장할 가능성이 높은 독일을 중심으로 한 중부유럽의 분열이 필요했다. 독일이 300개 이상의 공국으로 쪼개져 1871년 통일될 때까지 고초를 겪은 이유 또한 설명된다.

프랑스 외교정책은 한 국가의 지배적 위치를 동맹과 협력을 통해 견제함으로써 전체적으로 평형을 이루게 하는 세력균형정책을 자연스럽게 현

1) Henry Kissinger, *Diplomacy* (New York: Simon & Schuster, 1994), p. 58.
2) 리쉴리우의 원래 이름은 Armand Jean de Plessis였다. 그러나 리쉴리우 추기경(Cardinal de Richelieu)으로 불렸으므로 그를 통칭 리쉴리우라 한다. 그는 1624년부터 1642년까지 프랑스의 'First Minister'를 지냈다(현재의 宰相).

실화시켰다. 당시 성립된 국제관계의 기본 틀을 구성하는 요소, 즉 국가이익(national interest), 힘(power) 그리고 세력균형(balance of power) 등의 개념은 현재에도 통용되는 국제관계의 가장 기본적인 원리가 되었다.

2. 초기 동아시아 세력균형의 형성 배경: 서구와 동아시아의 연계구도

동아시아가 서구의 새로운 국제관계를 받아들인 것은 불행히도 서구 제국주의의 확장 결과였다. 대등한 관계의 설정은 애초부터 불가능한 것이었다. 다만 일본만이 예외였는데, 그들은 서구의 능력과 지략을 누구보다도 빨리 간파하였고 신속한 변화를 통해 놀랍게도 서구 열강과 어깨를 겨루는 유일한 비서구 국가가 될 수 있었다. 서구의 국제정치관을 소화한 일본 외교정책의 유연성과 현대성은 1902년 영일동맹에서 가장 잘 드러난다.

겉으로 보기에는 간단해 보이는 영일동맹은 그러나 대단히 정교한 계산에 기초하고 있다. 영국과 일본은 각각 다른 하나의 국가와 전쟁을 벌이게 되는 경우 두 국가 중 전쟁 당사국이 아닌 국가는 중립을 취하고, 다른 두 개 혹은 그 이상의 국가와 전쟁을 하는 경우에는 공동으로 전쟁에 참여한다는 것이 내용의 핵심이었다.[3] 당시의 동아시아 상황에 비추어 일본의 입장에서 전쟁의 가능성이 가장 큰 국가는 당연히 러시아였다. 만주와 한국에서 양국 간의 대립은 이미 기정사실화되기 시작했기 때문이다. 그러나 일본의 신경을 건드렸던 것은 러시아와 프랑스가 1894년 이래 군사동맹 관계를 맺고 있다는 사실이었다. 물론 동맹의 대상은 유럽에 한정된 것이었으나, 양국이 협력하는 경우 동아시아에서 일본의 대응에는 한계가 있을 수밖에 없었다.[4] 따라서 일본이 양국과 동시에 교전

---

3) Morinosuke Kajima, *A Brief Diplomatic History of Modern Japan* (Tokyo: Charles E. Tuttle Co., 1965), pp. 35-36.

하는 경우 영국이 참전하기로 되어 있었음으로 적어도 동아시아에서 일본이 두 개의 강대국과 전쟁을 하는 상황은 피할 수 있었다.[5]

영국의 입장은 더욱 절묘했다. 실현 가능성이 희박한 일본의 두 국가와의 전쟁 상황이 그들의 개입 조건이었음으로 엉뚱하게 전쟁에 휘말릴 가능성을 배제한 채, 러시아를 적극적으로 견제할 의사와 능력이 있는 국가를 동맹국으로 갖게 된 것이다. 또한 지리적인 이유로 러시아는 독일과의 국경지대는 물론 영국에게는 덜 민감한 동북아시아에도 신경을 쓸 수밖에 없었다.[6] 즉 러시아의 국력이 분산되는 효과가 있었던 것이다.

그러나 상기의 분석은 미시적인 성격을 지니고 있을 뿐이다. 거시적인 차원에서 영일동맹의 의미는 더욱 심대하다. 우선 영국 세계전략의 변화라는 측면에서 영일동맹을 비추어 볼 수 있다. 비스마르크(Otto von Bismarck)의 천재성이 담겨진 걸작으로 간주되는 독일과 러시아의 재보장조약(Reinsurance Treaty)이 비스마르크 후임자들의 무지로 1890년 폐기되면서 유럽의 질서는 새로운 국면을 맞기 시작한다. 과거에는 상상하기 힘들었고 비스마르크가 가장 피하려 했던 프랑스와 러시아 간의 군사동맹이 1894년에 맺어진 것이다.[7]

---

4) 일본은 이미 비슷한 경험을 한 바 있다. 1894년 한반도를 둘러싼 갈등으로 일본과 중국 간에 전쟁이 勃發했는데, 일본이 승리를 거둠으로써 일본은 시모노세키 조약을 통해 중국으로부터 대만과 요동반도를 할양받았다. 그런데 조약이 맺어진 직후 러시아는 프랑스와 독일의 협력 하에 일본에 대해 요동반도의 반환을 요구하였다. 이른바 '삼국간섭'이 이루어졌던 것이다. 당시 일본이 굴복한 배경은 다음과 같이 설명된다: "일본정부는 고민에 빠졌다. 일부 각료는 (삼국의 간섭을) 거부하자고 하였지만 이토 수상은 러시아가 필요하다면 전쟁까지 각오할 것이고, 영국도 중립으로 있을 것이며, 미국은 이 문제에 관심이 없을 것으로 판단하였다." 피에르 르누벵, 동아시아 외교사, 박대원 역 (서울: 서문당, 1988), p. 146. 즉, "신생 일본제국은 <상류 정치계>로 진출하기 위해 실망을 감내해야만 했다(Ibid.)."

5) 구체적으로 일본이 러시아와 전쟁에 돌입하는 경우 바로 영일동맹의 개입 조항 때문에 영국의 존재는 프랑스를 중립으로 만드는 효과를 지니고 있었다. A. J. P. Taylor, *The Struggle for Mastery in Europe 1848-1918* (Glasgow: Oxford University Press, 1957), p. 400.

6) Kissinger, *Diplomacy*, p. 188.

7) 많은 외교사가들은 러시아의 재보장조약 갱신 요구를 독일이 거부한 것이 러불 군

당연히 독일은 영국을 끌어들여 사실상 자신들을 가상의 적으로 설정하고 있는 새로운 군사동맹을 상쇄하려고 하였다. 그러나 양국의 인식 차이는 컸다. 독일이 대륙식의 동맹을 요구한 반면 영국은 협상(entente) 식의 관계를 희망했던 것이다. 이러한 현상은 영국의 전통적인 외교노선에서 비롯된 것인데, 이른바 영광스런 고립정책(splendid isolation)이 바로 그것이다. 대륙의 어떠한 분쟁에도 휘말리지 않으면서 힘의 균형을 유지, 조정하는 역할만 하겠다는 것이 영국식 고립정책의 핵심 내용이었다.[8]

여기서 영독 간의 타협이 실패한 사실이 중요한 이유는 영국이 기존의 대외관계를 새롭게 생각하게 되는 계기가 마련됐기 때문이다. 독일의 급성장으로 힘의 균형에 변화가 초래되기 시작했는데, 특히 독일해군의 발전은 영국식 고립정책을 군사적으로 지탱해주고 있던 영국해군의 우월성을 위협하기 시작했다. 결국 독일의 압력이 증가하자 영국은 고립정책을

사동맹의 가장 직접적인 원인이라고 생각한다. 이 해석에 기초하면 결국 비스마르크의 퇴각이 그러한 사태의 직접적인 이유였던 셈이다. 그러나 비스마르크가 계속 건재했든, 혹은 재보장 조약이 갱신되었든 상관없이 러시아와 프랑스의 접근은 막을 수는 없었을 것이라는 주장도 존재한다. "점증하는 독일의 힘을 두려워 한 프랑스와 러시아가 자연스럽게 접근한 것"이라는 설명이 또 다른 해석의 핵심 논거이다. John J. Mearsheimer, *The Tragedy of Great Power Politics* (New York: W. W. Norton & Company, 2001), p. 214. 결국 두 번째의 해석은 유럽 전체의 힘의 균형이라는 보다 큰 틀에서 러불 군사동맹을 조명하고 있음을 알 수 있다. 강대한 국가의 출현은 당연히 주변 국가들의 동맹 혹은 연합을 불러일으킬 수밖에 없기 때문이다. 즉 균형의 원리상 이는 당연하다는 것이다. 보다 자세한 논쟁을 위해 다음을 참조할 것: *Ibid.*, pp. 213-216.

8) 키신저(Henry Kissinger)는 이를 독일 외교의 큰 실책으로 간주하고 있다. 당시 영국과 협상(entente) 수준의 관계만 유지했어도 독일의 이익은 보장되는 것으로 계산하기 때문이다. 즉 협상이라는 용어가 "영국이 협력하기를 선택했을 때만 협력하는 것"임으로 지극히 자의적이고 동의어 반복 식의 말장난으로 비추어질지는 모르나 적어도 다음의 외교적 효과는 확실히 있다는 것이다: "협상은 도덕 및 심리적인 결속의 효과가 있었고 아울러 법률적 구속 요건은 아니지만 위기 시 같은 행동(joint action)을 보인다는 인식이 내재되어 있는 것이다(Kissinger, *Diplomacy*, p. 183)." 따라서 독일이 영국식의 접근을 받아들인다고 해도 유럽 본토에서의 전쟁 시 최소한 영국의 중립은 보장받을 수 있었다. 실제로도 영국은 협상(entente) 수준의 의무만으로 제1차 세계대전에 개입하게 된다(1904년 영불협상 그리고 1907년의 영러협상을 각각 참조할 것).

재고하게 된다. 1900년 솔즈베리(Robert Salisbury)에 이어 外相으로 취임한 랜스다운(Henry Lansdowne)과 당시 식민장관 쳄벌레인(Joseph Chamberlain)에 의해 구체적 방안이 강구되는데 바로 그러한 배경하에서 영국과 일본의 동맹이 성립되었던 것이다. 동맹을 일본이 먼저 제의한 사실에 비추어, 당시 서구의 역학구도를 일본이 전략적 측면에서 얼마나 잘 理解하고 있었는지를 짐작할 수 있다.

영일동맹 이후 영국은 전략적 파트너로서 독일에 대한 미련을 접게 된다.[9] 흥미로운 점은 그 이후 약 100년 동안 당시의 외교적 한계, 즉 영국과 독일이 서로 밀착하지 못하는 현상이 지속되고 있다는 사실이다. 100년이면 하나의 전통이 된 셈이다. 또 한 가지 중요한 인식의 전환이 이루어졌다. 그때까지 약 150년 동안 영국은 프랑스를 유럽의 균형을 깨뜨릴 수 있는 유일의 위협 요소로 간주하고 있었다.[10] 그런데 그 대상이 독일로 완전히 바뀐 것이다.

반면 일본은 역사상 처음으로 르누벵(Pierre Renouvin)이 상징적으로 표현한 소위 '상류정치계'에 공식적으로 진출하게 된다. 그리고 그들의 동북아시아 외교전략인 '교환정책(exchange policy)'을 추진할 수 있는 힘을 얻을 수 있었다. 교환정책이란 이토(Ito Hirobumi, 伊藤博文) 수상의 외교전략으로서, 한국에서 일본의 우월적 지위와 만주에서 러시아의 그것을 양국이 상호 인정하는 것을 내용으로 하고 있다.[11] 1895년 삼국간섭에서 드러난 사실이지만 당시 교환정책을 실현하기에는 일본의 힘이 역부족이었다.[12] 조선반도가 전략적으로 일본에 지극히 중요하다는(vital

---

9) *Ibid.*, p. 188.

10) *Ibid.*

11) Kajima, *A Brief Diplomatic History of Modern Japan*, p. 32.

12) 1901년 11월 일본의 이토 수상은 러시아의 세인트 피터스부르그(St. Petersburg)를 직접 방문, 러시아 측에 교환정책을 타진하게 된다. 그러나 러시아의 반응은 부정적이었다. 최종 타진이 무산되자 일본은 1902년 1월 전격적으로 영일동맹을 체결한 것이다. 일본이 러시아와 교섭하고 있다는 사실이 영국을 어느 정도 자극한 것은 사실이다. 일본의 주도면밀한 외교술을 엿볼 수 있다. Taylor, *The Struggle for Mastery*

interest) 인식이 얼마나 뿌리 깊은 것인지 엿볼 수 있는 대목이다.[13]

영일동맹이 3년 후의 러일전쟁을 상정하고 있다고 간주하는 것은 무리라는 주장이 있기는 하나,[14] 동맹의 내용을 분석해 보면 가상 적국을 러시아로 가정했던 것만은 분명하다. 또한 영일동맹 이후 일본이 더욱 과감하게 교환정책을 추진한 것을 보면,[15] 영일동맹이 일본이 추구했던 동아시아 패권의 초석이 되었던 사실은 부인하기 힘들다.[16] 아무튼 이후 일본과 러시아는 교환정책에 대한 입장 차이로 조선에서 극심한 갈등을 겪게 되고 1904년 드디어 양국 간에 전쟁이 勃發하게 된다.

일본의 승리는 다음의 의미를 지니고 있었다.[17] 절묘한 외교책략을 통해 외교적으로 서구의 열강 대열에 진입한 후, 세계적 군사강국으로 평

---

in Europe, pp. 399-400.

13) 서구 식민지 경영의 일본 버전이라는 측면에서 조선이 일본에게 중요한 점도 있지만, 더욱 다급했던 것은 안보문제였다. "일본에게 조선은 안보의 문제가 걸려있었다. 왜냐하면 조선 해안은 외국 세력이 가장 쉽게 일본 열도를 공격할 수 있는 곳이기 때문이다(르누벵, *동아시아 외교사*, p. 137)." 일본의 그러한 안보 인식은 지금도 지속되고 있다.

14) Taylor, *The Struggle for Mastery in Europe*, p. 400.

15) Kajima, *A Brief Diplomatic History of Modern Japan*, p. 36.

16) 케넌(Kennan)은 영일동맹이 그 후 오랫동안 일본안보의 초석이 되었다고 평가하고 있다. George F. Kennan, *American Diplomacy: 1900-1950* (Chicago: The University of Chicago Press, 1951), p. 35.

17) 러일전쟁의 결과로 1905년 8월 포츠머스 강화조약이 맺어졌다. 강화조약을 왜 미국이 주선하게 되었는가라는 의문이 제기되는데, 여기에서도 영일동맹의 가치를 확인할 수 있다. 조약의 규정상 영국의 군사지원은 기대할 수 없었다. 그러나 일본은 영국의 경제지원을 요구하였고 영국은 그것을 승낙했다. 바로 이 대열에 미국도 동참했던 것이다. 당시 영국과 미국이 제공한 차관(loan) 형태의 경제지원은 일본의 전비 충당에 중요한 역할을 했다(*Ibid.*, p. 38). 그러나 미국과 일본의 보다 구체적인 관계는 다음과 같이 이해될 수 있다: "미국의 루즈벨트(Theodore Roosevelt) 대통령은 일본에 호의적이었는데, 그것은 러시아의 만주정책이 문호개방원칙에 위반한다고 보았으며 일본 군인의 기질을 존경했기 때문이다(르누벵, *동아시아 외교사*, p. 213)." 그러나 전쟁이 진행되면서 일본의 승리가 유력해지자 미국은 오히려 일본의 지나친 독주를 우려하기 시작했고 그 결과 중재에 적극 나섰던 것이다(*Ibid.*). 미국과 일본의 우호관계 그리고 미국의 우려가 복합적으로 뒤섞이면서 미국의 중재가 이루어졌던 셈이다. 아무튼 당시 미국의 개입은 향후 미국과 일본 간에 지속된 갈등과 협력관계의 출발점이었다.

가받고 있던 러시아를 무력으로 제압함으로써 힘이 검증된 물리적 실체로 일본이 등장했다는 사실을 우선 지적할 수 있다. 일본의 세계 열강대열 진입은 세 가지의 중요한 파급효과를 낳게 된다. 일본은 조선에 대한 식민지배권을 더 이상의 장애 없이 확보할 수 있었다. 다음으로 서구 열강의 세력균형에까지 영향을 미칠 수 있는 외교적 행보가 가능해졌다. 나아가 두 효과의 자연스런 결과이지만, 동아시아의 패권은 사실상 일본에 귀속되었다.

특히 일본이 군사강국으로 서구열강에 진입한 것은 국제정치상 매우 중요한 의미를 갖는다. 전쟁승리 이후 일본에 대한 국제적 대우가 얼마나 달라졌는지는 다음의 조약들을 통해 잘 드러난다. 러일전쟁에서 일본의 승리가 확정되자 포츠머스 조약의 체결을 전후하여 1905년 8월 제2차 영일동맹이 타결되었다. 여기서 일본의 한국에 대한 보호 및 감독권과 영국의 인도를 지키기 위한 조치가 맞교환 되었다. 이제는 일본이 중앙 및 서남아시아에서 영국 利害의 협조자로 등장한 것이다. 제1차 영일동맹의 체결로 영국이 독일을 전략적 파트너로 더 이상 간주하지 않기로 한 연장선상에서 1904년 영불협상이 성사되었다.

마지막으로 영국과 러시아 간의 협상이 가능하다면 최강국 독일에 대항하는 이른바 영불러 삼국 간의 연계가 이루어지는 셈인데, 놀랍게도 1907년 8월 영러협상이 타결되었다. 유럽에서의 움직임은 일본의 대외관계에도 영향을 미치게 된다. 1907년 7월 기존의 일본 영향권과 프랑스의 그것(특히 인도차이나)을 상호 인정하는 일불협정이 체결되었고, 곧 이어 20일 후 상호이해의 현상유지를 내용으로 하는 러일협정이 성사되었기 때문이다.

불과 2년 동안 특히 일본을 중심으로 강대국들 간에 그토록 다양한 협정이 체결된 것을 보면 일본의 대외 역학구도에 상당한 변화가 있었음을 감지할 수 있다. 특히 중요한 것은 러일협정이었는데, 그 배경이 전 세계 세력균형을 전제로 하고 있기 때문이다. 힘을 회복한 러시아의 對日 복수전 가능성에 대한 일본의 두려움과 동북아시아 정책의 지속적인 추진을 위한 러시아의 對日 협력 필요성이 외면적인 이유로 거론되지만 더 중요한 동인이 세력균형이라는 정교한 계산 밑에 숨겨져 있었다.

우선 러시아와 동맹관계에 있는 프랑스는 러시아가 동아시아에 깊숙이 개입하게 되는 경우, 그 결과 러시아의 국력이 분산됨으로써 유럽에서의 양국 군사동맹이 약화되는 것을 우려하였다. 러시아와 일본 간에 다시 한번 전쟁이 일어날 경우 유럽에서 러시아의 도움을 기대할 수 없을지도 모르는 상황이 예견되었기 때문이다. 러일전의 패배 때문에 이미 어느 정도 힘을 잃은 러시아의 입지 또한 동맹을 약화시키는 효과가 있었다. 돌파구로 두 가지의 대책이 강구되었는데, 그 하나가 영불협상이었고 또 다른 하나가 러시아와 일본 간의 화해였다. 그리고 러시아를 격파한 일본의 힘을 이제는 현실로 인정할 수밖에 없었는데, 그것은 곧 프랑스의 영향권인 동남아시아에 대한 일본의 공략이 현실적으로 가능할 수도 있다는 사실을 의미했다.

그러므로 프랑스가 러시아와 일본의 화해를 강력히 희망한 것은 이상한 일이 아니다.[18] 일불협정과 일러협정 체결 직후 영러협상이 타결된 것을 보면 유럽의 세력균형과 동아시아의 그것이 절묘하게 균형을 이루며 움직였다는 사실을 알 수 있다. 더욱이 1907년을 전후한 세력 재편이 결국 제1차 세계대전에서의 동맹관계로 그대로 이어졌다는 사실은 당시의 상황이 얼마나 중요한지를 반증하고 있다.

아무튼 영일동맹의 형성과 러일전쟁의 승리로 일본의 위상이 대단히 높아졌다는 사실을 알 수 있다. 유럽에서 배운 외교책략을 잘 활용하고,

---

18) 심지어는 러일협정을 일불협정에서 제시되었던 프랑스식 접근법(French formula)의 복사판이라고 부른다. Ernest Batson Price, *The Russo-Japanese Treaties of 1907-1916 concerning Manchuria and Mongolia* (Baltimore: The Johns Hopkins University Press, 1933), pp. 28-32, 34-36. 러일협정의 핵심 내용은 양국의 영향권을 서로 확인하여 만주를 분할하는 것이었다. 아울러 러시아는 일본의 한반도에 대한 특수 이익을, 반대로 일본은 외몽고 지역의 러시아 이익을 각각 인정하였다. 각주 27) 참조.

유럽의 기술을 습득하여 산업을 발전시킨 결과는 예상보다 놀라웠다. 더욱이 일본의 힘이 유럽의 세력균형에도 영향을 미치기 시작했다는 사실은 일본의 세력을 어느 누구도 부인할 수 없는 현실로 만들었다. 따라서 일본은 한국이라는 식민지를 바탕으로 지역 강국으로서의 역량을 키워갈 수 있었던 바, 또 다른 획기적인 변화를 위해서는 유럽에서 세력균형이 재조정되는 상황만 기다리면 됐다. 기회는 의외로 빨리 왔는데 그것이 바로 제1차 세계대전이다.

우리에게는 쓰라린 기억, 즉 식민지 전락의 전주곡 역할을 했던 영일동맹을 다소 장황하게 설명한 이유는 서유럽의 근대 외교원칙과 세계를 바라보는 전략적 사고, 그리고 동맹과 힘의 균형을 추구하는 화려한 외교술책 등이 동아시아에 어떻게 인입되었는지를 일본을 중심으로 한 당시의 상황이 가장 극명하게 보여주고 있기 때문이다. 아무튼 중국과 인도 그리고 인도차이나라는 낙후된 거대 국가 혹은 특정 지역이 존재함으로써 동아시아는 좋은 식민지를 갈구하던 서구의 눈에 띌 수밖에 없었다. 여기에 일본이라는 지역 강대국이 급부상하여 서구의 외교술책을 익숙하게 구사하게 됨으로써, 식민지를 목표로 서구 열강들이 서로 각축하는 하나의 구도와 지역강국 일본 및 서구열강들이 경쟁하는 또 다른 구도가 이중적으로 형성되면서 동아시아는 본격적으로 세계정치의 한 갈래로 편입되기 시작한다.

3. 동아시아 국제질서의 주요 변수 정립: 세력균형의 역이용 가능성

러일전쟁 이후 동아시아 국제관계는 당시 형성된 세력 판세에 기초하여 일본의 진출이 가시화되는 가운데 그 기본 골격을 갖추게 된다. 여기에 한 가지 예외가 있었는데 미국이라는 비유럽 세력의 등장이 바로 그것이다. 지금 현재에도 동아시아에서 가장 큰 영향력을 행사하고 있는 국가는 미국이다. 그리고 미국의 주선으로 1905년 9월 포츠머스 조약이 맺어진지 약 30여년 후에 미국과 일본은 대규모 전면전에 돌입한다. 그렇다면 분쟁의 씨앗은 언제 뿌려지기 시작했고, 그 원인은 무엇인지를 살펴보는 것 또한 동아시아 국제관계에 대한 기본 이해를 위해 필요할 것이다.

1897년 하와이를 합병하면서 시작된 미국의 태평양 진출은 1898년 스페인을 격파하고 필리핀을 획득함으로써 동아시아로 확장되었다. 그러나 그 앞에는 중국이라는 거대한 국가가 서 있었고 또한 일본이라는 신흥 강국이 버티고 있었다. 중국은 이미 유럽 열강들에 의해 반식민지로 전락되어 있었다. 아무튼 당시 동아시아의 세력구도는 아래와 같다. 결국 미국의 정책도 그 테두리 안에서 짜여 질 수밖에 없기 때문에 기본 구도에 대한 고찰은 중요할 수밖에 없다.

미국은 중국에 늦게 도착했다. 중국에 대한 열강의 분할이 상당히 진척된 후에 미국이 본격적으로 등장한 것이다. 이유가 몬로 독트린이라는 전통적인 고립정책에 있든, 혹은 당시 미국 힘의 한계 때문에 그랬든, 아무튼 그것이 당시의 현실이었다. 미국이 필리핀을 합병할 즈음에는 강대국 간에 미묘한 힘의 균형이 유지되면서 중국의 괴멸이 더욱 진척되고 있었다. 당시 미국을 제외한 열강들의 중국 분할 상황은 다음과 같다. 독일은 산동(山東)반도와 여순(旅順), 러시아는 만주(滿洲), 일본은 복건성(福建省), 영국은 양자강 유역과 위해위(威海衛) 그리고 구룡(九龍)반도, 프랑스는 광주(廣州)를 각각 세력권으로 편입시키고 있었다.

미국은 우선 자신의 존재를 알려야 했다. 그리고 그들의 외교정책은 중국 본토를 중심으로 유지되고 있던 열강들의 세력균형을 역으로 이용하는 것이어야만 했다. 아울러 군사적 충돌을 회피하는 수단의 강구도 중요했다. 물론 그 대상은 아직도 독립성을 유지하고 있는 중국(淸)정부일 수밖에 없었다. 즉 중국에 위압적인 국가가 아닌 우호적인 국가로 다가가는 것이 필요했다. 바로 이러한 외교적 계산의 결과가 1899년 9월 발표된 미 국무장관 헤이(John Hay)의 유명한 문호개방정책(Open Door Policy)이었다.[19] 핵심 내용은 열강들이 가지고 있는 혹은 향후 취할 중국에서의 기득권이 다른 국가들의 對中 무역을 방해해서는 안된다는 것이었다. 이른바 '기회균등'을 요구한 것이다.[20]

이해 당사국에 위의 원칙을 통첩하고 그에 대한 회답을 요구하는 형식을 취했음으로 미국의 존재는 분명히 알린 셈이다. 러시아의 다소 유보적인 태도가 있었으나 열강들의 반응은 대체적으로 호의적이었다. 다만 호의적인 태도가 미국의 존재 혹은 힘을 의식한 결과가 아니라 열강들의 세력균형 때문이었다는 데 미국외교의 현실적 한계가 노정된다.

그러나 초기 선언적 수준의 정책은 1900년 義和團 사건을 계기로 보다 구체적인 모습을 갖추기 시작한다. 의화단 사건을 빌미로 열강, 특히 독일과 러시아가 자신들의 세력을 확장할 기미를 보이자 동년 7월 미국은 이해 당사국들에게 제2차 문호개방정책으로 불리는 통첩을 하게 된다. 내용은 보다 야심적이고 포괄적인 것이었다. 중국의 영토 및 행정상 실체(territorial and administrative entity)의 유지와 중국 전역(all parts)에서의 사업상 기회균등을 요구한 것이다.[21] 1차 선언이 열강들의 조차지 및

---

19) 선언의 원래 명칭은 "무역상의 문호개방정책에 관한 선언(Declaration accepting the commercial policy of the Open Door)"이었다. 金景昌, 東洋外交史 (서울: 集文堂, 1987), p. 620.

20) 중국에 대한 기회균등의 원칙은 원래 영국의 생각이었다. 보다 구체적으로 중국 해안세관(Chinese Maritime Customs)에 근무했던 영국인 히피슬리(Alfred Hippisley)의 아이디어였다. Paul A. Varg, Open Door Diplomat (Westport, Connecticut: Greenwood Press, 1974), pp. 29-30. 1899년 3월 이미 영국하원은 중국에 대한 문호개방을 결의한 바 있다. 그런데 문제는 영국이 그것을 공개적으로 주장하기 어려웠다는 데 있다. 영국의 기득권이 침해될 수도 있다는 우려가 걸림돌이 된 것이다. 따라서 외형적으로 문호개방정책은 영국을 등에 업거나, 또는 대신하여, 중국에서는 기득권이 없었던 미국이 선언한 것으로 해석되는 경우도 있다. 金景昌, 東洋外交史 pp. 619-620; 권용립, 미국 대외정책사 (서울: 민음사, 1997), p. 341; Kennan, American Diplomacy, pp. 29-32.

21) Thomas A. Bailey, A Diplomatic History of the American People, seventh edition (New

세력권에서의 상업상 기회균등을 요구한 데 반해 2차 선언에서는 그 대
상이 중국 전역으로 확대되었고 나아가 내용 또한 과거 통상의 기회균등
에서 중국 자체의 일체성 보전으로 대담하게 확장되었다.

제2차 문호개방 선언도 겉으로는 열강들의 동의를 얻은 것으로 되어
있다. 그러나 동의의 이유는 1차 때와 대동소이했다. "열강들은 그들 각
자에 대해 너무도 강했고 아울러 의심을 품고 있었기 때문에 그들 중 어
느 한 국가가 문호개방정책에 반대하거나 혹은 그 밖의 다른 나라들에게
맞설 수는 없었다. 또한 서로의 성실성에 대해서도 의심을 품고 있었기
때문에 그들 모두는 중국의 영토보존에 순응했던 것이다."22) 그러므로
미국이 자신의 외교원칙을 실천에 옮기는 것은 전혀 별개의 문제였다.23)
미국의 힘이 아닌 당시의 미묘한 균형이 미국 주장을 그럴듯하게 만들었
기 때문이다. 실천은 곧 갈등으로 이어졌는데, 갈등이 주로 일본과의 사
이에서 발생했다는 점이 중요하다.24)

잘 알려지지 않은 사실이지만 갈등은 이미 제2차 선언 직후 불거졌다.
1900년 11월 국무장관 헤이는 중국정부로부터 해군기지와 중국 남부 지

York: Appleton-Century-Crofts, 1958), pp. 481-482.

22) *Ibid.*

23) 따라서 문호개방정책은 다음과 같은 애매하면서도 장기적인 평가를 받을 수밖에
없다: "헤이의 노트는 중국에서 미국의 이해가 더욱 많다는 사실을 일깨워 주었고,
결과적으로 20세기 미국정책의 톤을 설정하는데 도움을 주었다." Harley F.
MacNair and Donald F. Lach, *Modern Far Eastern International Relations,* second
edition (New York: D. Van Nostrand Company, 1955), p. 83. 흥미로운 점은 "바
로 애매하고 정확치 않은 내용과 원칙 때문에 미국 외교정책의 토대가 될 수 있었
다"는 평가이다(Kennan, *American Diplomacy,* p. 45). 내용의 모호성을 케넌은 다음과
같이 재치있게 표현하고 있다: "(문호개방정책을) 설명하는 것 보다는 동의하는 것
이 훨씬 쉬웠다(*Ibid.*)." 아무튼 현실이야 어떻든 향후 미국이 동북아시아에서 주도
적인 역할을 하겠다는 의도를 분명히 한 것으로 해석하는 데는 무리가 없다.
Kajima, *A Brief Diplomatic History of Modern Japan,* p. 41.

24) 후일의 역사가 증명하듯 이것은 부인할 수 없는 사실이다. 러시아가 패퇴한 이후,
미국의 동북아시아에 대한 관심이 쇠퇴하지 않는 한, "일본은 미국의 외교적 압력과
비난의 주 대상이 될 수밖에 없었고, 따라서 문호개방정책은 양차 세계대전 사이의
기간 동안 특히 일본에게 적용되었던 것이다." Kennan, *American Diplomacy,* p. 47.

방의 삼사만(Samsah Bay)을 조차하려 했다. 그런데 이미 일본도 같은 사항을 요구한 적이 있었음으로 일본의 반대는 당연했다.[25] 일본이 중국 영토보존을 선언한 당사자가 미국이 아니냐는 점을 점잖게 상기시키면서 미국의 의도는 좌절되었다. 아마 이것이 동아시아에서 일본과 미국의 첫 이해 충돌이었을 것이다.

문제는 문호개방정책을 실질적으로 확실히 지지하는 국가가 없었다는 점이다. "만약 영국과 미국이 동아시아에서 상업 기회균등의 원칙을 위해 굳건히 뭉쳤다면 문호개방정책은 상당히 효과가 있었을 것이다. 그러나 1823년 몬로 독트린이 선언됐을 때처럼 그들의 이해는 평행선을 달렸다. 나아가 1823년 이래 미국의 영국 기피증(Anglophobia)에 뿌리를 두고 있는 비동맹(non-alliance)의 전통은 영국과의 합치를 허용하지 않았다."[26]

이후 미국은 일본의 힘을 인정하며 한편으로는 견제하는 태도를 보이게 된다. 러일전쟁 중 일본을 지지하고 종전회담을 주선한 것은 대표적인 예라 할 수 있다. 또한 1905년에는 이른바 카츠라-태프트 협약(Taft-桂 Agreement)으로 미국의 필리핀 지배와 일본의 한국 지배를 상호 인정하는 협상(entente)식의 합의가 이루어졌다. 문제는 미국의 중국 이권에 대한 관심이 여전하다는 데 있었다.

1907년의 러일협정에 대해서는 이미 기술 한 바 있다. 여기서 중요한 합의가 비밀리에 이루어지는데, 만주의 영향권이 분할된 것이다. 북만주에서의 러시아의 이해와 일본의 남만주에 대한 이해가 교환 형식으로 상호 간에 인정되었다. 과거 러일전쟁 이전 일본의 교환정책이 한반도를 넘어 만주까지 확장된 것이다.[27] 그런데 문제는 바로 중국에 대한 비밀

---

25) *Ibid.*, pp. 34-35 그리고 Bailey, *A Diplomatic History of the American People,* p. 483.

26) *Ibid.*

27) 말이 '이해의 상호 인정'이지 실제로는 "양국이 중국의 변방에 대해 힘을 합해 공략(aggression)한다는 내용을 품고 있다." MacNair and Lach, *Modern Far Eastern International Relations,* p. 108.

스런 이해 분할정책이 미국의 기회균등과 영토보전 선언을 위협한다는 사실이었다.

여기서 미국 동아시아 정책의 또 다른 측면을 살펴 볼 필요가 있다. 미국의 외교원칙은 이미 기술한 바와 같다. 그런데 군사적 방법을 배제한 채 경제적 접근에 치중하겠다는 구상이 이른바 '달러외교(Dollar Diplomacy)'라는 이름으로 구체화되면서 미국의 정책은 문호개방선언 때보다 더욱 정교하게 다듬어지기 시작한다.28) 달러외교의 기본 아이디어는 간단했다. 미국이 동북아시아에서 영향력을 행사하지 못하는 것은 투자된 자본의 영세성에 기인하는 것임으로 국익을 위해 투자가 활성화되어야 한다는 것이었다.29) 미국의 그러한 인식이 만주철도의 부설을 통해 전 세계를 하나의 철도로 연결시키겠다는 원대한 포부를 지닌 해리만(E. H. Harriman)의 사업구상과 맞아 떨어지며 문제가 야기되기 시작했다. 미국의 초점이 만주로 맞추어진 이상, 미일 간의 불화는 불가피한 것이었다.

1905년 해리만과 일본정부 간에 합의된 남만주철도 공동운영 안이 우여곡절 끝에 폐기된 후 1907년 만주를 분할하는 일러협정이 체결되자 미국의 공략은 더욱 노골화되었다.30) 우선 1909년 11월 녹스(Philander

---

28) "달러외교는 상업팽창을 통해서 라틴아메리카와 극동에 미국의 외교 및 전략적 세력 기반을 구축하려던 태프트 행정부의 외교를 지칭하는 개념이다…달러외교는 미국정부, 은행, 군부가 상대국의 토착 매판자본과 연계하여 상대국을 미국의 상공업 체계(American System)로 편입시키는 것이었다." 권용립, 미국 대외정책사, pp. 355-356. 외교 전략적인 측면에서는 다음과 같은 해석이 가능하다: "(달러외교는) 총알을 달러로 대치하는 것이다. 그것은 이상적인 인도주의적 감성, 탄탄한 정책과 전략의 수립, 그리고 정당한 상업적 목적 모두를 만족시켜준다." Edward Hallett Carr, The Twenty Years' Crisis 1919-1939: An Introduction to the Study of International Relations, first published in 1939 (New York: Harper & Row, Publishers, 1964), p. 126.

29) 최초로 그러한 생각을 한 인물은 미국 관료였던 스트레이트(Willard Straight)였다. 실제로 국무장관 녹스는 스트레이트의 안을 받아 들여, "그렇지 않으면 가지 않을 (전략적) 지역에 외교적(정치적) 압력을 통해 미국의 자본을 의도적으로 투자케 하는 정책을 채택하였던 것이다." Bailey, A Diplomatic History of the American People, p. 531.

Knox)의 만주철도 중립화 방안이 제시되었다. 전략의 핵심은 달러화를 동원하여 일본과 러시아의 팽창을 저지하겠다는 것이었다.[31] 미국과 유럽은행들로 협의체를 구성하여 청나라 정부에 대규모의 차관을 제공하고 청나라는 그것으로 만주의 철도를 모두 사들여 국제관리하에 운영한다는 것이 내용의 골간이었다.[32] 결국 기회균등의 이름하에 구체화된 미국의 전략, 즉 열강 간 세력균형의 역이용, 비군사적 수단의 동원, 그리고 중국정부를 앞세운 접근 등의 책략이 모두 동원되어 구체화된 것이다.

여기서 가장 중요한 점은 기존의 세력균형을 역이용하는 것이 가능한가였다. 만약 미국 측 제안의 주요 대상이 일본과 러시아, 특히 일본이라면 균형의 역이용은 다른 열강인 영국, 프랑스 그리고 독일 등의 협력을 얻어야 함을 의미한다. 미국은 우선 영국에 접근했는데, 영국의 대답은 유보적이었다.[33] 일본과 러시아 또한 당연히 제안을 거절했다. 미국의

---

30) 1905년 10월 일본의 카츠라 수상과 해리만은 남만주 철도 공동운영에 대한 임시 합의문에 서명하였다. 그러나 이 사실을 나중에 알게 된 일본 외상 고무라가 강력히 반대하며 합의문은 없던 일이 되었다. 반대 이유는 포츠머스 조약에 의해 획득한 전리품을 미국에 그냥 넘겨주는 꼴이 된다는 것이었다. 당시의 합의에는 재무장관 이노우에의 입김이 세게 작용했다. 우선 러일전쟁으로 피폐된 일본의 재정을 남만주 철도 이권을 미국에 매각함으로써 상당히 보충할 수 있었고, 또한 만주에 이미 진출해 있는 러시아의 존재 및 러시아의 보복전에 대한 완충 역할을 향후 기대할 수 있다고 생각했던 것이다(Kajima, *A Brief Diplomatic History of Modern Japan*, p. 43). 남만주 철도 공동운영 안에 대한 합의가 이루어지기 직전인 1905년 9월 5일에 조인된 포츠머스 조약에서 러시아는 일본에게 關東州의 조차권과 長春-旅順 간의 中東鐵道 南滿支線을 청국의 동의를 얻어 양도할 것을 약속한 바 있다. 金景昌, *東洋外交史*, p. 547.

31) Bailey, *A Diplomatic History of the American People*, p. 532.

32) 녹스는 개인적으로 이 지역의 우월적(dominant) 지위로부터 "일본을 몰아내는(smoke Japan out)"데 철도 중립화 계획의 목적이 있음을 분명히 한 바 있다(*Ibid.*). 태프트(William Taft) 대통령이 1909년 봄에 취임하자 미국의 정책이 다음과 같이 변했다고 한다: "이전 루즈벨트 대통령 때는 미국의 중국 진출을 위해 일본을 이용하여 러시아를 봉쇄하려고 했던 데 반해, 태프트 대통령은 역으로 러시아를 이용해 일본을 견제하려는 경향을 보였다." MacNair and Lach, *Modern Far Eastern International Relations*, p. 114.

33) 두 안이 영국 외상 그레이(Edward Grey)에게 제시되었다. 하나는 열강들의 중국정부에 대한 재정지원을 통해 일본과 러시아의 만주철도를 중국 정부가 모두 사들여

문호개방정책이 열강들의 형식적 동의는 얻었으나 현실적으로 어느 국가의 협력도 얻지 못하고 있음이 명백해진 것이다. 따라서 미국은 그들의 정책을 현실화시키기 위해서 두 가지를 고려해야만 했다. 우선 중국에서 미국의 이해가 그토록 절실한 것인가에 대한 면밀한 검토가 있어야 했고 나아가 군사력을 쓸 의도와 능력이 있는가도 심각히 생각해 봐야했다. 그러나 미국은 이해와 의사 모두를 결여하고 있었다.[34]

영국은 일본과 러시아와의 관계를 모두 고려했다고 생각할 수밖에 없는데, 영일동맹이 상존하고 1907년 영러협상이 이루어진 점을 감안하면 영국의 행동은 이상할 게 없었다. 여기서 일본의 급부상에 결정적인 역할을 했던 영국과 일본과의 관계를 잠시 짚어보기로 한다. 1905년 제2차 영일동맹이 맺어진 것은 이미 기술한 바와 같다. 문제는 러시아를 묵시적인 가상 적국으로 상정한 제1차 영일동맹이 러시아가 일본에 패배한 이후에도 존속할 가치가 있는가였다.

일단은 가치가 있다는 것이 당시의 판단이었다. 일본으로서는 러시아의 보복전에 대한 대응 수단이 우선 필요했다. 향후 자신의 팽창에 대한 외부의 지지를 얻어야 할 필요성도 있었다. 반면 영국은 러시아가 동북아시아에서 패배한 이후 그들의 관심을 다른 지역, 예컨대 인도의 안전과 관계가 있는 중앙아시아에 두지 않을까하는 의구심을 가지고 있었다.

관계국들이 공동 관리하는 방안이었고, 다른 하나는 미국과 영국이 함께 기존 남만주 철도와 평행으로 건설되는 1,200마일 길이의 錦愛鐵道(錦州-愛琿) 건설과 관련하여 중국정부에 외교적 지원을 하고, 나아가 이해 관계국을 초대하여 중국의 새로운 철도건설 및 기존 철도의 매수에 필요한 자금을 공여한다는 것이었다. 영국은 이에 대해 첫 번째 안은 원칙적으로 찬성이나 그 실행은 연기되어야 하고 두 번째 안의 경우 새로운 철도건설에 일본이 반드시 참여해야 한다는 입장을 밝혔다. Ibid., p. 116, 그리고 金景昌, 東洋外交史, pp. 635-637.

34) 미국이 혼자 행동할 수밖에 없었던 것이 실패의 가장 큰 원인이었다. 나아가 미국은 동북아시아에서 일본과 러시아를 견제할 만한 군사력을 보유하고 있지 않았다. 군사력이 있었다 하더라도 미국 국민들이 전쟁을 승인할 정도의 이해를 가지고 있지는 않았다(Bailey, A Diplomatic History of the American People, p. 533). 구체적으로 당시 미국 대외무역에서 對中 무역이 차지하는 비율은 단지 2퍼센트에 불과했다 (Ibid., p. 482).

제2차 동맹의 내용은 이미 기술한 바와 같다. 중앙아시아와 인도에까지 이해의 범위가 확장되었던 것이다.

하지만 제2차 동맹의 전제는 1907년에 무너지게 된다. 러일협정의 체결로 일본에 대한 러시아의 보복 가능성을 더 이상 고려할 필요가 없게 되었고, 영러협상으로 중앙아시아에 대한 양국의 이해가 조정되었음으로 동맹의 전제 조건은 사실상 소멸된 셈이었다. 그런데 제2차 영일동맹에는 타국으로부터 공격을 받아 교전하게 되는 경우 공동으로 참전한다는 포괄적 내용이 있었다.[35] 일본과 경쟁하고 있던 미국의 신경을 건드리는 조항일 수밖에 없었다. 물론 미국이 일본에 대해 선제공격을 하지 않는 한 영국의 개입은 피할 수 있겠지만 아무튼 어떤 경우에든 영국은 일본을 지지하게 되어 있었다.[36] 결국 1908년 미국의 루즈벨트(Theodore Roosevelt) 대통령, 그리고 1910년에는 후임자인 태프트(William Taft) 대통령이 문제를 제기하며 가능한 모든 분쟁에 적용할 중재조약의 체결을 영국 측에 요구하게 된다.

미국의 입장이 받아들여져 1911년 7월 영일동맹 조약이 개정되었는데, 그 핵심은 영일 양국이 어떠한 경우에도 중재조약을 맺은 국가(미국)와의 전쟁에는 개입하지 않는다는 것이었다.[37] 결국 논리적으로 영일동맹은 러시아에 한정될 수밖에 없었고, 일본과 러시아 관계에 문제가 없었음으로 동맹은 유명무실해진 것처럼 보였다. 그러나 그 후에도 동맹조약이 영국과 일본을 연결하는 강력한 끈 역할을 한 것은 부인할 수 없다. 이러한 해석의 타당성은 10여년 후 영일동맹이 파기됐을 때 나타난 현상에서 찾을 수 있다. 일본이 외교적으로 고립되기 시작했던 것이다.[38]

---

35) "체약국의 한 쪽이 1국 혹은 여러 나라로부터 공격을 받아 교전하게 되었을 때 체약 타방국은 즉시 와서 그 동맹국을 원조하고 협동전투에 종사한다"라고 규정하고 있다. 金景昌, 東洋外交史, p. 554.

36) 르누뱅, 동아시아 외교사, p. 226.

37) Ibid., p. 227.

38) 이에 대해서는 추후 자세히 설명하기로 한다.

여기서 전략적으로 중요한 것은 일본이 영국을 지렛대로 활용하며 러시아를 격파, 동아시아 최강국으로 부상하였고 그 후 이해의 확장 과정에서 미국의 도전을 효과적으로 견제했다는 사실이다. 특히 1909년 녹스의 만주철도 중립화 안에 대해 일본의 입장을 적극 고려, 영국이 유보적 태도를 보였던 사실은 일본이 당시 세력균형을 얼마나 잘 이용했는지를 반증하고 있다. 이는 역으로 미국이 오히려 당시의 세력균형을 잘못 이해하고 있었다는 해석을 가능하게 한다.[39]

지금까지의 분석으로 다음과 같은 사실을 알 수 있다. 우선 러일전쟁 이외에 동아시아에서 강대국 간의 정면충돌은 찾아보기 힘들다. 그것은 대부분의 문제가 외교력에 의해 해결되었음을 의미한다. 외교의 주체는 지역 강국 일본, 만주에서 중요한 이해를 가졌던 러시아, 그리고 동아시아에 새로 진출한 미국이었다. 물론 영일동맹의 당사자인 영국도 있으나 그들의 동아시아 정책은 기본적으로 아시아 전체 나아가 세계전략에 기초하고 있었다. 중국에서의 세력범위 또한 위의 세 국가들과는 달랐다. 프랑스의 경우도 비슷한데, 인도차이나와 남중국만이 그들의 이해권역이었다. 독일의 경우도 러시아와 일본의 이해가 만주에 머무르는 한 그들과 충돌할 의사를 보이지는 않았다.

당시 외교력은 결국 특정 강대국의 입장을 얼마나 많은 국가가 어느 정도 적극적으로 지지하는가에 의해 결정되었다. 청일전쟁의 결과인 일본의 요동반도 획득 노력이 삼국간섭에 의해 무산된 사건은 좋은 예이다. 당시 일본을 적극 지지하는 강대국은 없었다. 따라서 고립 상태에서는 외교력이 발휘될 수 없었다. 그러나 그 후 영국의 강력한 지지를 업고 미

---

39) 그러나 루즈벨트 대통령이 후임자 태프트 대통령에게 한 다음의 언급은 미국의 정확한 현실 인식을 보여 주고 있다: "중국에서의 문호개방정책은 대단히 뛰어난 것이다.... 그러나 만주의 전체 역사가 증명하듯, 한 강대국이 문호개방정책을 무시하고 또한 이 목적을 위해 전쟁을 수행할 각오가 되어 있는 경우 문호개방정책은 사라지게 된다." Paul H. Clide and Burton F. Beers, *The Far East: The History of Western Impacts and Eastern Responses, 1830-1975*, sixth edition (New Jersey: Prentice-Hall, Inc., 1975), p. 258.

국의 우호적인 입장을 得한 후, 다른 열강들의 중립적 입장을 계산하며
벌인 러시아와의 대담한 모험은 대성공이었다.[40] 반면 미국이 주장한 문
호개방정책은 그럴듯한 명분에도 불구하고 미국에게 특정의 이익을 가져
다주지는 못했다. 외교적으로 미국의 정책을 적극 지지하는 강대국이 존
재하지 않았기 때문이다. 그것은 역으로 일본의 급부상으로 인해 일본
중심으로 강대국들의 이해가 이미 얽히기 시작했음을 의미한다.

---

40) 1902년의 영일동맹 그리고 1905년의 이른바 카츠라-태프트 협약(Taft-桂 Agreement)
을 참조할 것.

II. 세력균형의 변화 요인

1. 외부적 충격: 동아시아와 세계질서의 연계구도

현상의 변경은 대규모의 지각 변동을 통해서만 가능하다. 일본의 입장에서는 기존의 세력균형이 그들에게 유리하게 변하는 상황을 기대하게 되었고, 결과적인 이야기일지 모르나 일본과 대립 입장을 취하고 있던 미국의 경우도 상황은 마찬가지였다. 제1차 세계대전이라는 前代未聞의 사건은 균형을 흔들기에 충분했다. 일단 삼국협상의 주체인 영국, 프랑스 그리고 러시아가 독일에 대항하는 형세가 갖추어졌다. 당시까지의 외교 노선상 일본이 삼국협상의 입장을 지지하는 것은 당연한 일이었다. 그리고 또 하나 중요한 변수가 등장하는데, 미국이 세계대전에 처음으로 개입한 것이다. 그리고 중국의 독자적인 참전도 변수가 되었다.

전쟁과 관련된 세력 연합만을 놓고 보면 일본이 절대적으로 유리한 입장에 있었음을 쉽게 알 수 있다. 따라서 일본의 팽창은 당연한 것이었다. 그러나 문제는 미국이 세계대전의 운명을 결정지으며, 국제정치에 막강한 영향력을 행사할 수 있는 지위에 올라섰다는 사실이었다. 그것은 국제정치상 힘의 중심이 미국으로 급속히 기울 수 있음을 의미했다. 특히 독일과 일전을 치르며 힘이 약화된 영국과 프랑스가 미국의 영향권으로 서서히 들어가기 시작한 현실은 부인할 수 없게 되었다. 그런데 중요한 것은 세계대전 前에 동아시아 질서를 관류하던 외교의 기본 원칙, 즉 특정 강대국의 입장에 대한 다른 국가들의 지지 정도에 의해 판세가 결정되는 메커니즘이 전후에도 그대로 작동했다는 사실이다. 원칙을 특정 강대국이 수용하지 않는 경우 그것은 곧 전쟁을 의미했다.

제1차 세계대전이 勃發하여 열강들의 관심이 거의 5년 동안 유럽 전선에 쏠리자 일본의 움직임을 제어할 국가는 현실적으로 존재하지 않았다. 세계대전으로 기존의 동아시아 세력균형도 변화하기 시작한 것이다. 일본으로서는 그동안의 문제들을 일거에 해결할 절호의 기회를 맞은 셈이다. 다만 미국의 우려를 잠재우는 일만이 관심을 가져야 할 사안의 전부였다. 1914년 8월 독일에 대한 선전포고를 시발로 우선 독일의 동북아시아 점령지에 대한 접수가 일본의 당면 목표가 되었다. 독일의 영향권인 山東반도에 대한 출병이 단행되어 독일의 핵심 이해 지역인 膠州, 靑島, 그리고 膠州철도를 새로이 접수하였다.

이어 1915년 1월 중국정부에 대해 소위 '21개조' 요구를 하게 되는데 내용은 더욱 대담해졌다. 총 5개의 그룹으로 이루어진 요구 내용 중 4개는 일본이 취할 구체적인 이해를 적시하고 있는데 반해, 마지막 조항은 소위 희망조항으로서 중국 전체에 대한 문제를 담고 있었다. 미국의 반응이 흥미로웠는데, 마지막 조항에 대한 문제점을 제기한 것 이외에는 반대 의사를 표명하지 않았기 때문이다. 문호개방원칙에 어긋난다는 것이 마지막 항에 대한 반대 이유의 전부였다.[41] 1915년 5월 중국과 일본 간에 협약이 체결됨으로써 문제가 일단락되었는데, 제5조를 제외한 대부분의 요구가 받아 들여졌다.[42]

문제는 전쟁에 정신이 없어 개입할 여유가 없었던 서구 열강들의 지지를 전후에 어떻게 얻어 내는가였다. 1916년 7월 러일조약은 대비책의 일환이었다. 비밀조항에 방어동맹 내용이 들어있었기 때문이다. 1917년 2월에는 영국과 프랑스로부터 전후 강화조약에서 일본에 대해 호의적인 입장을 취한다는 약속을 비밀리에 얻어 내기도 했다. 그러나 1917년 3월 제정 러시아의 붕괴(러일협정의 파기), 같은 해 4월 미국의 참전, 그리고 8월 중국의 참전이라는 새로운 사태가 발생했다. 전후 일본에게 결코 유

---

41) 1915년 5월 각서 형태로 미국의 온건한 의사가 일본에 전달되었다.

42) 이로서 산동, 남만주, 내몽고 동부, 중부 중국과 福建省의 광산에 관한 일본의 권한이 확인되었다. 그런데 부속서에는 유럽전쟁이 끝난 후 다른 조계지를 받는 조건으로 膠州의 조계지를 중국에 반환하기로 약속되어 있었다. 일본의 요구 모두가 관철된 것은 아니었다. 르누뱅, 동아시아 외교사, p. 272.

리하지 않은 정세가 펼쳐질 가능성을 예견하는 것이었다. 과거보다 고려해야 할 변수가 늘어난 것이다. 세계대전의 勃發이 일본에게 유리한 세력균형을 제공하였다면 불과 3년 후에 벌어진 새로운 사태 진전은 세력균형의 역전을 의미했다.

미국의 참전이 특히 중요했다. 전후 문제의 처리를 사실상 미국이 주도할 수 있었기 때문이다. 미국의 참전은 또한 미국이 고립주의를 포기하고 세계적인 강국으로 등장하는 것을 의미했다. 영일동맹 이후 동아시아에서 일본에게 힘의 균형이 유리하게 조성되었듯이 국제관계에서 힘은 결국 강한 국가로 기우는 속성이 있음으로 미국의 영향력이 지속적으로 배가되리라는 것은 의문의 여지가 없었다. 중국의 참전 또한 중요했다. 중국이 독립국으로서 전후 강화조약에 참가할 권리를 갖게 되었기 때문이다.

일본으로서는 미리 손을 써야만 했는데, 전쟁 중인 1917년 11월에 체결된 란싱-이시(Lansing-石井) 협정은 이를 잘 대변한다.[43] 서로의 기본 입장을 존중하기로 합의한 것이다. 미국으로서는 일단 유럽에 신경을 써야 했음으로 더 이상의 일본 팽창을 막으면 족하다고 생각했다. 즉 임시방편의 성격이 강했던 것이다. 그리고 제정 러시아의 몰락은 열강들의 시베리아 파병이라는 전혀 뜻밖의 사태를 낳았다. 영국과 프랑스의 제안이었던 시베리아 파병은 1918년 브레스트-리토브스크(Brest-Litovsk) 조약으로 독일과 러시아 간의 전쟁이 끝나게 되자 조약 당사자인 두 국가의 집권층을 겨냥한 것이었으나 일본이 그것을 세력팽창의 기회로 이용하자 미일 간의 관계는 악화될 수밖에 없었다. 아무튼 일본은 파병을 통해 연해주 전체와 동부시베리아 전역, 즉 바이칼 호수까지 그들의 영향력을

---

43) 미국은 일본의 중국 소유지에 대한 특수 이익을 인정하는 대신 일본은 상업에 차별적 조치를 금지하고 문호개방의 일반 원칙을 인정했다. 르누벵은 이를 15년 후 일본이 내세운 아시아 '몬로주의'의 태동으로 보고 있다(Ibid., p. 280). 즉 미국이 몬로주의를 내세우며 아메리카 대륙 전체에 대한 미국의 배타적 권리를 주장했듯이 일본도 동아시아에 대한 배타적 권리가 있지 않느냐는 것이다. 실제로 1934년 4월 일본 외무성은 동아시아에서 일본의 배타적 지위를 주장하는 성명서를 발표한다.

넓힐 수 있었다. 일본군대는 만주철도의 가장 서쪽인 치타(Chita)와 외몽고의 국경 滿洲里까지 진출하였다.[44]

1918년 1월 베르사이유 강화회의가 개최되었다. 우선 중국이 교전국 자격으로 당당히 참가했다. 미국은 그들의 전통적인 정책인 문호개방주의를 견지하였음으로 시베리아 파병문제와 관련하여 일본에 대해서는 불신을 가지고 있었다. 또한 중국인이 그들 스스로의 운명을 결정할 권리가 있다는 민족자결주의 원칙은 미국에 의해 이미 관철되어 있었다. 겉으로는 중국에게 유리해 보였던 당시의 상황은 그러나 현실과는 거리가 있었다. 우선 영국과 프랑스가 1917년 일본에게 비밀리에 약속한 일본 기득권에 대한 양해 사항을 지킬 의사를 가지고 있었고, 미국 또한 의외로 적극적이지 않았다.[45] 예상과는 달리 중국이 오히려 고립되었던 것이다.

1919년 4월 미국, 영국, 프랑스, 그리고 일본으로 구성된 4국 위원회가 일본이 제안한 문안을 채택함으로써 일본은 그들이 원하는 바, 즉 전쟁 중에 취득한 이권을 사실상 거의 유지할 수 있었다. 전체적으로 보아, 일본의 승리는 결국 외교력에서 비롯된 것이었다. 특히 영국과 프랑스의 지원은 중요한 역할을 했다. 열강들의 외교적 지지가 확보되어 있는 한

44) 무려 72,000명의 일본 군대가 배치됨으로써 파병은 국제적인 것이 아니라 사실상 일본만의 것으로 변질되었다. 당시 미국의 파병 규모는 7,000명에 불과했고 영국과 프랑스도 소규모 부대를 보냈을 뿐이다. 미국과 일본의 약속은 애초 각국이 7,000명의 부대를 보내는 것이었다. MacNair and Lach, *Modern Far Eastern International Relations*, pp. 156-158.

45) 미국이 중국의 입장을 적극 지지하지 않았던 이유로 다음이 거론된다. 일본은 인종평등조항(racial equality clause)을 국제연맹 헌장에 삽입시키려 했다. 그것은 현실적으로 황인종의 이민, 특히 미국으로의 이민을 제한하는 조치의 철폐를 의미했다. 미국을 비롯한 서구 열강은 당연히 반대할 수밖에 없었다. 따라서 미국이 늘 내세운 이상적 세계의 건설 원칙에 반하는 조치를 일본에 취하며, 나아가 일본이 전쟁 중 취득한 이득을 제한하는 것은 현실적으로 무리였다는 분석이 있다(*Ibid.*, pp. 172-173, 그리고 르누뱅, *동아시아 외교사*, pp. 292-293). 아무튼 일본으로서는 기막힌 외교카드를 개발한 셈이다. 이를 바탕으로 일본은 동북아시아에서 그들이 원하는 바를 얻지 못하면 조약의 서명을 거부하겠다고 협박할 수 있었다.

일본은 원하는 바를 늘 관철시켜 왔다는 역사적 사실이 다시 한번 반복된 것이다.

문제는 미국 국내에서 터졌다. 1920년 3월 미국상원이 베르사이유 평화조약의 비준을 거부한 것이다. 동북아시아에 초점을 맞추어 보면 이것은 미국이 일본의 입장을 사실상 인정할 수 없다는 것을 의미했다. 또한 승전국의 하나로 참여했던 중국 내에서도 거센 항의가 빗발쳤다. 1921년 정권이 바뀌어 미국에 새 대통령 하딩(Warren Harding)이 등장하자 문제를 해결하기 위한 본격적인 행보가 시작됐다. 우선 미국 의회가 아시아 태평양에서 벌어지고 있는 군비경쟁을 문제 삼고 나왔다. 한걸음 나아가 군비경쟁의 원인이 동아시아의 다양한 문제가 해결되지 않았기 때문이라고 지적한 것이다.[46] 겉으로는 다소 추상적으로 보이나 논의는 구체성을 띠고 있었다. 군비경쟁이 팽창에만 몰두하는 일본에 의해 촉발된 것이라고 인식하였고, 그렇다면 논리적으로 문제의 해결은 결국 일본의 과도한 영향력 확장을 어떻게 억제하느냐에 달려있었기 때문이다.

2. 견제와 균형: 미국의 對日 억제와 세력균형의 역전

대통령이 직접 회의를 주선하려 하자 중요한 변화가 감지되기 시작했다. 영국이 적극적으로 나선 것이다.[47] 영국의 적극적인 행보는 우선 영국이 미국 쪽으로 기울기 시작했음을 의미하는데, 그것은 곧 영국 동아시아 정책의 기축인 영일동맹 문제로 귀착된다. 영일동맹에 대한 미국의 우려는 이미 설명한 바 있다. 따라서 1921년 11월 미국의 주도로 개최된

---

46) 1920년 12월 보라(William Borah) 상원의원에 의해 이 문제가 제기되었다. 요점은 문제를 해결하기 위해 미국은 영국 및 일본과 협상을 하여야 하며 목적의 달성을 위해 국제회의가 열려야 한다는 것이었다. MacNair and Lach, *Modern Far Eastern International Relations,* pp. 175-176.

47) 몬로독트린 그리고 문호개방정책에 이어 외교 대원칙에 대한 세 번째의 영미공조라는 평가를 받고 있다(*Ibid.*).

위싱턴 회의에서는 군축과 일본 팽창의 저지 방안, 그리고 영일동맹 문제가 주된 토의 대상일 수밖에 없었다.

　해군군축의 경우 동아시아에서 일본의 우월적 지위가 사실상 인정되었다. 그러나 그 밖의 문제에 대해서는 사정이 달랐다. 일본의 기득권에 대해 손질이 가해진 것이다. 우선 1915년 1월의 21개조 요구와 1915년 5월의 중일조약에 대한 변경이 있었다.[48] 다음으로 말썽 많았던 시베리아파병 문제는 일본이 연해주와 시베리아의 모든 해안에서 철군하기로 약속함으로써 일단락되었다. 그리고 더욱 중요한 것은 미국의 문호개방 정책이 9개국 조약 형식으로 명문화된 사실이다[49]. 일본과 중국 모두가 체약국이었음으로 양국 모두는 조약상의 의무를 지게 되었다. 그동안 의사 표명의 형식으로 유지되어 왔던 미국의 동아시아 외교원칙이 처음으로 문서화된 것이다.

　마지막으로 가장 중요한 영일동맹에 대한 담판이 이루어졌다. 영일동맹의 외교적 의미는 이미 설명한 바 있다. 심지어 베르사이유 강화조약의 체결 시에도 영국은 일본을 두둔했다. 영국의 일본에 대한 지속적인 지지는 영일동맹이라는 배경을 제외하고는 설명하기 힘들다. 영일동맹의 파급효과는 대단했다. 대표적으로 영일동맹이 있었기에 일본이 프랑스와 러시아의 우호적인 태도를 항상 이끌어 낼 수 있었음을 부인하기는 힘들다. 물론 1911년 7월 제3차 영일동맹에서는 미국의 우려가 어느 정도 반영되었으나 동맹은 미국의 심기를 계속 자극해 왔다. 그런데 상황이 바뀌어 미국이 최강국으로 등장한 것이다. 미국이 싫어하는 한 영국은 선

---

48) 膠州의 조계지(靑道 조차지)와 그곳에 있는 독일 재산 그리고 山東철도 전체가 중국에 반환되었다. 일본의 膠州 이권이 전면 부인된 것이다. 또한 향후 철도건설에 대한 일본차관의 우선권도 폐지되었다. 金景昌, 東洋外交史, p. 709. 그리고 남만주 및 동부 내몽고에서 일본자본의 배타적 선택권 역시 부인되었다. 행정 및 군사문제를 위해 남만주에 일본인 고문이 파견되는 것도 거부되었다. 결과적으로 21개조 가운데 존속된 것은 10개 조항 밖에 없었다(Ibid., p. 711).

49) 가장 중요한 것은 이른바 열강들의 세력범위(sphere of influence)가 부정된 사실이다.

택을 해야만 했다.

미국이 영일동맹의 폐기를 주장한 반면 일본은 영일동맹의 연장을 희망하였다. 미국의 논리는 당초 대상국인 러시아가 소멸되었음으로 동맹이 지속될 이유가 없다는 것이었다. 영국의 태도가 문제였는데, 처음에는 동맹에 대한 애착이 있었다.50) 그러나 미국의 태도가 완강하자 1923년 8월 영일동맹은 폐기되었다. 대신 태평양 도서에 대한 일반원칙을 규정한 것에 불과한 영,미,일,불의 4국조약이 체결되었다. 아울러 일본 利害에 대한 미국의 理解를 의미했던 란싱-이시(Lansing-石井) 협정도 폐기되었다.

삼국간섭 때문에 일본이 청일전쟁으로부터 얻은 이권을 포기할 때와 비슷한 상황이 반복된 셈이다. 워싱턴 회의에서는 일본을 지지하는 국가가 없었다. 지원국이 있을 때 일본의 외교력이 발휘되었다는 역사적 사실에 비추어 지원국이 없다면 논리적으로 그 반대 현상이 전개되어야 하는데 당시의 현실이 바로 그랬다. 제1차 영일동맹 이후 한번도 겪어본 적이 없는 외교적 고립을 일본이 처음으로 맛보게 된 것이다.

반면 미국은 영국을 끌어들이는 데 성공함으로써 일본의 외교력을 무력화시킬 수 있었다. 그들의 외교원칙을 현실적으로 관철시킬 수 있는 토대가 처음으로 마련된 셈이다. 전후 외교의 새로운 흐름은 힘의 균형이 미국으로 기울었음을 보여주고 있다. 따라서 일본 외교력의 위축은 과거 제1차 세계대전 前 독일외교의 실책에서와 같이 일본의 외교전략

---

50) 워싱턴 회의에 참석한 영국의 수석 전권 발포어(Arthur J. Balfour)의 미 국무장관 휴즈(Charles E. Hughes)에게 행한 다음의 발언은 영일동맹이 얼마나 뿌리 깊게 착근했으며, 영국의 집착이 어느 정도였는가를 잘 보여주고 있다: "영일동맹에 대한 미국의 감정은 불리하지만 일본의 위신도 유지할 필요가 있다. 동맹의 존속은 일본의 행동을 억제할 수 있을 뿐 아니라 자치령의 안전을 확보하기 위해서도 동맹의 계속에는 찬성해야 할 것이다. 만약 동맹을 계속하지 않는다고 한다면 무엇으로서 이를 대신하게 할 것인가(金景昌, 東洋外交史, p. 700)." 그러한 발언에 이어 그의 사견임을 전제로 두 개의 대안을 미국에 제시하였는데, 하나가 영미일 3국 협정 (후일 영일동맹을 대신하는 4개국 조약으로 발전)이었고, 다른 하나가 중국문제를 다룰 협약(후일 중국에 관한 9개국 협정으로 발전)이었다(Ibid.).

자체에 중대한 문제가 있었다기보다는 미국의 부상에 따른 자연스런 부침 현상으로 이해될 수 있을 것이다. 아무튼 미국이라는 과거에 볼 수 없었던 강력한 국가가 동아시아에 착근하기 시작함으로써 세계대전으로 세력이 위축되기 시작한 서구의 열강을 대신하여 미국이 일본과 본격적으로 경쟁하는 새로운 환경이 조성되기 시작했다.

시간이 지나면서 일본의 외교적 고립이 다소 해소되기는 했으나 워싱턴 회의 이후 줄곧 일본이 과거의 외교력을 회복한 적은 없었다. 그러나 일본이 팽창정책을 포기하지 않았다는 사실이 문제였다. 외교력이 뒷받침되지 않는 가운데 팽창정책을 고수하고 그것이 특정 강대국의 이해에 배치된다면 문제의 해결은 논리적으로 군사적 충돌 이외에는 없다. 일본이 팽창정책을 지속한 이유는 여러 가지로 설명된다. 경제발전의 한계에 따른 대외 출구 개척의 필요성, 일본의 팽창에 대해 군사적 제재가 가해진 적이 없다는 역사적 관성에 대한 과신, 중국 내부의 혼란이 제공한 팽창기회의 확대 등이 지적될 수 있을 것이다.

3. 단일 패권 추구: 일본의 확전

문제는 일본의 전통적인 이해 권역인 만주에서 불거지기 시작했다. 1932년 3월 일본의 사주에 의해 만주국이 독립을 선포하며 만주가 일본의 지배하에 들어갔던 것이다. 남만주 일본철도에 대한 중국인의 공격을 빌미로 1931년 9월부터 일본군의 만주에 대한 파병이 단행되었고, 두 달 후에는 만주 전체를 일본이 장악하게 된다. 만주국의 분리는 따라서 군사행동의 연장선상에서 이루어진 것이다. 사태의 발생이 외교력이 아닌 무력에 의한 것이라면 문제의 해결도 결국 무력에 의존할 수밖에 없었는데, 그러나 당시 열강 중 무력사용 의사와 준비가 되어 있는 국가는 존재하지 않았다.

국제연맹이 개입하여 이른바 만주국의 부당성에 대한 보고서를 채택하기도 했으나 무력개입은 이루어지지 않았다. 영국, 미국, 프랑스 모두가 적극적이지 않았다. 1933년 3월 일본의 국제연맹 탈퇴는 당시 국제사회의 무기력을 상징적으로 보여주고 있다. 만주사태는 다음의 의미를 내포하고 있었다. 일단 외교력에 의한 담판에서 패배를 맛 본 일본이 무력이라는 새로운 카드를 내밀기 시작한 것이다. 강대국의 즉각적인 대응부재는 과거 일본의 팽창을 외교력으로 저지하는 데 오랜 세월이 걸렸듯이 새로운 카드에 대한 적응에도 시간이 필요하다는 것을 의미했다. 어느 열강도 당시로서는 무력 개입에 자신이 없었던 것이다. 결국 논리적으로 열강이 무력개입의 의사가 분명할 때까지 일본의 팽창은 지속될 수밖에 없었다.

여기서 새로운 변수를 찾는다면 중국 내부의 혼란이 진정 국면으로 접어들기 시작했다는 사실일 것이다. 중국의 권력은 국민당의 蔣介石을 중심으로 결집되어 가고 있었다. 1932년 장개석 정부가 경제계획을 본격적으로 실행하기 시작했다는 사실은 정권이 안정되고 있음을 반증하는 것이었다. 중국의 내부적 안정은 외교적으로 두 가지의 의미를 지니고 있었다. 우선 서구 열강은 이를 마다할 이유가 없었다. 일본의 팽창이 장기적으로는 결국 자신들의 이해를 위협하게 될 것임으로 상대적으로 강한 중국은 그들의 이해와 합치되는 것이었다. 그러나 일본은 반대 입장에 설 수밖에 없었다. 강한 중국은 중국 본토는 물론 한국에 이르는 일본의 방대한 이해를 무산시킬 가능성이 있었기 때문이다.

논리상 일본은 중국이 강화되는 것을 무산시켜야만 했는데, 그렇다면 문제는 어느 시기가 좋을 것인가로 귀착될 수밖에 없었다. 이를 위한 사전 포석은 대단히 극단적인 형태로 표출되었다. 자신들의 군비확장을 억제하는 군축을 일방적으로 파기해 버린 것이다. 일본은 미국과 동등한 해군력을 요구하였다. 그러나 미국의 해군력은 대서양과 태평양으로 나누어질 수밖에 없음으로 동등한 해군력은 곧 일본의 절대적인 우위를 의미했다. 그들의 주장이 관철되지 않자 일본은 1936년 12월을 기해 자유

행동에 돌입한다. 외교적 고립에 대한 대책도 나름대로 강구되었다. 1936년 11월 독일과 이른바 防共협정을 체결함으로써 소련과의 관계를 청산하며 독일을 새로운 파트너로 선택한 것이다.

기초 작업이 어느 정도 이루어졌다고 생각하자 1937년 7월 일본은 중일전쟁에 돌입한다. 중일전쟁에는 두 가지 중요한 목적이 있었다. 서구가 당시까지 유지하고 있던 중국에서의 영향력을 완전히 제거하는 것이 하나고, 중국정부의 성장에 족쇄를 채우는 것이 또 다른 목적이었다. 결국 일본의 행동을 억제할 수 있는 능력과 이해를 가지고 있는 국가는 미국밖에 없었는데, 일본의 무한한 팽창은 이 지역에서 미국의 쇠퇴를 의미했기 때문이다. 논리가 확장되면 필리핀조차 안전하리라는 보장이 없었다. 1939년 9월 유럽에서 전쟁이 勃發하자, 일본은 드디어 남태평양과 인도차이나에 진출하기 시작했다.

상황이 그에 이르자 미국의 적극적인 대응은 불가피했다. 우선 일본에 대한 각종 경제제재가 시작되었다.[51] 그러나 이것은 1941년 12월 미일 태평양전쟁을 향한 의례적 절차에 불과했다. 외교와 군사의 논리상 전쟁은 이미 워싱턴 회의를 기점으로 일본의 외교력이 쇠락하기 시작한 반면, 팽창정책은 지속되었다는 사실로부터 충분히 예견된 것이었다. 지금 우리가 접하고 있는 동아시아 국제질서는 세계대전이 끝난 후 형성된 새로운 구도에 기초하고 있다. 그러나 그 새 질서의 기본 성격이 戰前의 그것과 전혀 다르다고 볼 수는 없다. 그렇기 때문에 서구질서의 초기 인입 과정에 대한 이해가 필요한 것이다.

이상 서구의 국제정치관이 동아시아에 어떻게 도입되고 운영되었는지 살펴보았다. 당시 유일한 지역 강국으로 부상한 일본이 주도권을 쥘 수밖에 없는 상황이 전개되었음을 알 수 있다. 20세기로 들어오면서 일본,

---

51) 1940년 7월 해군력증강 법률 통과와 대일 석유금수 조치, 9월 의무병제 법안 통과, 10월 강철수출 금지, 다음해 5월 고무수출 금지, 그리고 7월 미국 내 일본재산의 동결 등이 그것이다.

미국, 그리고 러시아가 무대의 주역이 되었음도 짚어 보았다. 그런데 여기서 영국의 역할이 대단히 중요했었다는 역사적 사실이 동아시아 질서가 지니는 특징 중의 하나라는 점은 주목의 대상일 수밖에 없다. 유럽에서 영국은 전통적으로 힘의 균형추 역할을 했다. 비슷한 현상이 동아시아에서도 재현되었는데, 그들이 의도했던 혹은 그렇지 않았던 간에 영국은 일종의 균형자(balancer) 역할을 했다. 영국은 동아시아를 뛰어 넘는 세계전략 차원에서 일본을 선택했지만 일본에 힘을 실어주는 결과를 초래했고, 그것은 영일동맹이 파기될 때까지 20여 년 동안 동아시아의 질서에 많은 영향을 미쳤다. 따라서 여기서의 균형추는 일본에게 유리한 다소는 기운(skewed) 형태를 띠고 있었음을 알 수 있다.

　힘의 균형이 일본에게 유리하게 기울자 가속도가 붙기 시작했는데, 특히 일본이 러시아를 격퇴한 이후 힘의 쏠림 현상은 절정에 이르게 된다. 러시아가 주역의 자리에서 물러난 이후 사실상 일본을 견제할 세력은 존재하지 않았다. 다른 열강들의 경우 무력을 사용할 이해와 의사가 결여되어 있었다. 그 결과는 외교적으로 나타났는데 사안이 있을 때마다 일본은 동조자들의 묵시적 혹은 명시적인 지원을 업고 담판에 승리할 수있었다.

III. 미국의 진출

1. 문호개방정책과 예외주의(Exceptionalism)

일본의 독주에 대한 견제는 특이한 방식으로 이루어졌다. 바로 여기서 문호개방정책의 추상성과 지속성이 문제가 된다. 문호개방정책의 기조와 현실적 한계에 대해서는 이미 설명한 바 있다. 그런데 문호개방정책에는 미국 대외관계의 일반적인 특징이 상당히 농축되어 있고, 동아시아는 물론 전 세계적으로 가장 강력한 영향력을 행사하고 있는 미국의 현 대외정책에도 그 기조가 어느 정도 남아 있기 때문에 면밀히 살펴볼 필요가 있다.

대서양과 태평양이라는 방대한 자연의 방어장벽을 가지고 있어 외침을 받아 본 적이 없고 19세기 내내 유럽무대에 개입하지 않음으로써 유럽의 생각이 침투되지 않은 가운데 형성된 미국의 대외관은 다른 나라, 특히 유럽의 그것과는 상당한 차이를 보인다. 미국은 우선 유럽인들이 발전시킨 세력균형(equilibrium)이라는 개념에 대해 늘 불편하게 느껴왔다.[52] 대규모 전쟁의 원인이 유럽식의 동맹에 기초한 은밀한 세력균형 외교에 있다고 생각했기 때문이다. 따라서 미국은 역사적으로 세력균형 게임에 결코 참가한 적이 없었다.[53] 미국의 특이한 외교정책이 예외주의(exceptionalism)로 불리든 혹은 이상주의(idealism)로 지칭되든, 아무튼 다른 열강들과는 다른 성향이 그들의 외교노선에 짙게 배어있었던 것만은 틀림없고, 그 속성이 지금도 남아있다는 데 논의의 중요성이 있다.

미국의 성향은 다음과 같은 실제적인 자심감과 추상적인 이상을 전제로 한다. "미국은 비견할 바 없는 도덕율과 (강력한) 힘에서 표출되는 예

---

52) Kissinger, *Diplomacy*, p. 19.
53) *Ibid.*, p. 22.

외적인 성격을 지니고 있다. 미국은 그들의 힘과 그들 목표의 도덕적 우월성에 자신이 있음으로 그들의 가치를 위해 전 세계적인 싸움을 그릴 수 있다."[54] 따라서 민족자결주의, 집단안보체의 구상, 법에 의한 국제문제의 해결 등은 그러한 미국 외교성향의 현실적 표현이라고 볼 수 있다.[55]

미국의 문호개방정책을 같은 맥락에서 이해할 수 있을까? 문호개방의 내용 자체가 문명사회에서는 거부하기 힘든 상식 및 도덕적인 원칙에 기초하고 있다는 사실에서, 나아가 미국이 그것을 선도할 수 있다는 자신감의 표현이라는 측면에서 미국 예외주의의 한 예로 보는 데는 무리가 없을 것 같다.[56] 같은 맥락에서 당시에는 현실성이 없어 보였던 추상적인 정책이었지만 이를 통해 "향후 적어도 반세기 동안 미국의 사고에서 번성하도록 운명지어진 신화가 성립되었다"는 평가가 가능한 것이다.[57]

단순히 성향(tendency)의 형성이라는 구체성이 결여된 평가를 넘어 "문호개방정책은 열강들, 특히 일본의 핵심 이해를 위태롭게 하는 효과가 있었고, 그 결과 미국의 안보와 운명에 대단히 중요한 그들(열강) 국민의 감성(emotional attitude) 형성에 영향을 미쳤다."[58] 다음으로 미국의 예외

---

54) *Ibid.*, p. 809.

55) *Ibid.*, pp. 19, 810. 키신저는 윌슨의 이상주의 외교를 특징지어 주는 이러한 원칙 이외에 많은 예를 들고 있다. 전통적인 고립주의(p. 18), 제2차 세계대전 후 새로운 국제질서의 기획안이었던 4대 경찰국가론(pp. 395-397), 냉전체제의 모체가 되었던 봉쇄정책(p. 471), 수에즈운하 사건에서 드러난 동맹국 영국과 프랑스의 노선에 대한 미국의 반대(pp. 533-540), 레이건 대통령의 대소 공세(p. 771) 등 다양한 예를 미국의 예외주의 전통에 뿌리를 둔 외교정책으로 설명하고 있다.

56) 구체적으로 케넌(Kennan)은 다음과 같이 평가하고 있다: "(문호개방정책) 포뮬러 (formula)는 고결하고 이상적인 부분을 지니고 있었다....현실성의 결여, 헤이 장관 혹은 관련자들의 환상, 그것을 실현시키기 위한 힘과 의지의 부족 등은 문제가 되지 않았다. 문호개방 사건을 통해 가능했던 국제사회에서 미국 원칙의 승리라는 강렬한 인식이 미국의 대중들에게 각인되어 하나의 여론으로 승화된 사실을, 이들 중 어떤 것도, 흔들 수는 없었다. 즉 미국의 이념을 위한 미국의 큰 바람(blow)이었던 것이다." Kennan, *American Diplomacy*, pp. 36-37.

57) *Ibid.*

58) *Ibid.*, p. 39.

주의에 대한 위의 설명에 포함된 내용이지만, "고도의 도덕적 그리고 법률적 원칙이라는 성격 자체가 이 정책을 장기적으로 생존할 수 있도록 하였다."[59] 특히 미국의 국내정치를 감안하면, "(문호개방정책은) 미국정부를 지배하고 있는 여론의 힘과 깊이 연계되어 있었다." 그리고 미국의 국내정치 원칙인 법과 도덕을 국제사회에도 적용했다는 자부심과 정당성을 미국 국민으로부터 얻을 수 있었다.[60]

외교전략적 차원에서도 문호개방정책은 다음의 교묘한 논리를 지니고 있다. "만약 다른 열강들이 문호개방원칙을 무시한다면, 미국은 그들을 세계 여론 앞에 불명예스런 존재로 부각시킬 수 있었고, 반대로 원칙을 지키는 경우 그것에서 비롯되는 위험은 원칙을 따르는 국가들의 몫일 뿐이었다."[61] 즉 아무리 주장해도 미국의 책임은 없는 것이다. 그러한 해석이 가능한 이유는, "일본과 영국은 중국에서 그들 자신들에게 특히 중요한 방대한 이해를 이미 가지고 있었던 데 반해, 미국은 그렇지 않았기" 때문이다.[62]

그러므로 문호개방정책은 처음에는 그렇지 않았지만 시간이 흐르면서 결과적으로 중국에서 유럽 열강들의 지위를 격하시키는 역할을 하였고, 특히 중국 본토에 대한 일본의 이해 추구를 결정적으로 좌절시켰다.[63] 결국 논리적으로도 미국과 일본의 대충돌은 피할 수 없는 것이었음을 알수 있다. 문호개방정책에 숨어 있는 또 다른 함의는 미국이 동아시아 문제에 깊이 개입할 의사를 지니고 있다는 사실이었다.

---

59) *Ibid.*, p. 46.
60) *Ibid.* 즉, "국제사회도 국내에서와 같이 계약의 원칙에 기초하여 운영되어야 한다" 는 믿음을 의미한다.
61) *Ibid.*, p. 48.
62) *Ibid.*
63) *Ibid.*, p. 51.

2. 동아시아 지정학의 평가

아무튼 미국은 제2차 세계대전을 통해 그들이 목표했던 바, 중국으로부터 일본과 서구 열강을 몰아내는 데 성공했다. 그런데 몰아낸 다음의 계획은 무엇이었을까? 미국이 그 정도의 개입과 열강들의 퇴각만으로도 중국을 위시한 동아시아에서 문호개방 즉 대외적인 기회균등이 보장될 수 있다고 생각했는지, 아니면 뚜렷한 복안이 없었는지, 의문일 수밖에 없다. 왜냐하면 세계대전 이후 동아시아에서 벌어진 상황은 문호개방원칙과는 너무도 동떨어진 것이었기 때문이다.[64]

케넌(George Kennan)의 다음과 같은 언급은 미국 외교정책의 묘한 이중성을 잘 설명하고 있다: "미국의 대동아시아 정책과 대유럽 정책 간에 차이점이 발견된다. 유럽대륙의 문제에 대한 미국의 접근에 오랫동안 영향을 미쳤던 절제의 원칙(유럽문제에 대한 불간섭의 원칙 및 고립주의)이 동양에서는 대단히 결여되어 있었던 것이다. 미국은 동양의 문제에 개입할 충분한 의사가 있었음을 발견할 수 있다. 중요하지 않은 것으로 간주하여 동양의 문제를 내동댕이치는 경향이 미국에게는 상대적으로 적었다."[65]

미국의 인식과 정책이 제2차 세계대전 이후 국제질서를 새로이 설계하는 데 가장 중요한 역할을 하였음으로 미국의 외교정책을 비교적 자세히 살펴보았다. 제2차 세계대전 이전까지 일관되게 유지되었던 다소는 모호하고 이중적인 미국의 대동아시아 정책이 전후 세계질서의 형성과정에서도 다시 되살아나는 경향이 있기에 논의의 중요성이 있는 것이다.

---

64) 미국 외교관 맥머레이(John MacMurray)가 이미 1935년에 다음과 같이 예견 했다는 것은 놀라움 그 자체이다: 그는 미국과 일본의 군사적 충돌이 피할 수 없는 것임을 예측하면서, "일본의 패퇴가 동북아시아 문제에서 일본의 제거만을 의미하지는 않는다....그것은 새로운 스트레스의 셋트를 다시 만드는 것에 불과할 것이고 구체적으로 일본을 대신하여, 혹은 일본을 승계하여, 소련이 개입하게 될 것으로" 내다보았다(Ibid. pp. 51-52에서 재인용).

65) Ibid., pp. 52-53.

새로운 질서의 구축과정을 보면 그 논리가 어느 정도 타당한 것이었는지, 또한 미국은 일본의 패퇴 이후 확실한 복안을 가지고 있었는지 등의 다양한 의문이 풀리게 될 것이다. 아무튼 중요한 것은 20세기 초반부터 구체화된 미국의 동아시아에 대한 사고와 접근 방법이 21세기 현재에도 상당히 남아 있다는 사실이다.

제2장

동아시아 안보구도: 힘의 배분과 균형

I. 전후 국제질서의 배경

II. 전후 동아시아 안보질서의 기본 구도

III. 동서 대치선의 완성 과정: 한국전과 월남전

IV. 制限戰 이후 세력균형의 변화

V. 탈냉전과 새로운 균형의 모색

VI. 패권경쟁과 세력균형의 변형

제2장
동아시아 안보구도: 힘의 배분과 균형

I. 전후 국제질서의 배경

1943년 1월 소련과의 대접전에서 독일이 패하면서 전세는 기울기 시작했다. 비슷한 시기에 일본의 기세도 한풀 꺾였다. 연합국의 승리가 분명해 질 것이 확인된 후, 1943년 11월 카이로에서 전후 국제관계를 선도할 3강국인 미국, 영국 그리고 중국의 수뇌가 처음 회합을 가졌다. 동아시아 질서의 재구축이 주 의제였는데, 이른바 카이로 선언이 채택되었다. 이어 이틀 후 열린 테헤란 회의에서는 미, 영, 소 삼국 수뇌인 루즈벨트(Franklin Roosevelt), 처칠(Winston Churchill) 그리고 스탈린(Joseph Stalin)이 회동하여 향후 전쟁의 기본 방향과 전후 질서의 골격을 논의했다. 독일의 패전이 임박한 1945년 2월 삼국 수뇌는 얄타에서 다시 회합하였다. 여기서 패전 독일의 처리 문제가 기본적으로 타결되었고, 소련의 대일본전 참전에 대해 비밀 합의가 이루어졌다. 1945년 5월 독일이 항복한 후, 같은 해 7월 미, 영, 중 수뇌는 마지막으로 포츠담에서 다시 한번 회합을 가졌다. 전후 일본의 처리, 독일과 독일 위성국, 그리고 폴란드 문제 등이 주된 의제였다.

한편 전후 새로운 국제경제질서를 구축하기 위한 회의가 1944년 7월 브레튼우즈에서 열렸다. 무려 44개국이 참가했는데, 자유무역의 진흥을

위한 국제무역기구, 국제통화 및 환율 문제를 다루는 국제통화기금, 그리
고 저개발 국가들의 경제개발을 총괄하는 세계은행 등의 설립이 각각 합
의되었다. 물론 사회주의 국가들은 참가하지 않았으나 그것이 미국과 소
련의 협력을 전제로 한 전후 질서에 걸림돌이 될 것이라는 생각은 당시
까지만 해도 존재하지 않았다. 특히 당시 미국 재무부의 입장이 그러했
다.[1]

흥미로운 점은 전후 안보 및 경제질서의 구상을 위한 회합이 시기적으
로 거의 동시에 진행됐다는 사실이다. 승전국들 중 특히 미국은 전후 안
보와 경제가 조화롭게 함께 가는 대단히 이상적인 국제질서의 구축이 가
능하다고 보았던 것이다. 초기의 그러한 구상들은 방대한 기득권을 지니
고 있는 영국에게는 불리한 것이었다.

미국의 안보에 대한 생각은 다른 어느 국가에서도 발견할 수 없는 그
들만의 독특한 이상주의에 기초하고 있었다. 제1차 세계대전의 결과인
국제연맹(League of Nations)이 처참히 실패했음에도 미국의 國際觀에는
거의 변화가 없었다. 이른바 4대 경찰국가론(Four Policemen)이 이를 잘
대변하고 있다. 전후 안보를 미국, 영국, 소련 그리고 중국이 분담하여
책임진다는 것이었다.[2] 집단안보체제의 일단이 엿보이는데 후일 UN의
설립으로 미국의 구상은 구체화된다. 하지만 또 다른 주요 승전국인 영
국과 소련이 같은 생각을 하지는 않았다는 데 미국 구상의 한계가 있었
다.

---

1) Richard N. Gardner, *Sterling-Dollar Diplomacy in Current Perspective: The Origins and the Prospects of Our International Economic Order* (New York: Columbia University Press, 1980), pp. 7-10. 1944년 3월 소련에 대해 50억 달러에 이르는 차관을 제공
하겠다는 미재무부 차관 화이트(Harry Dexter White)의 제안은 당시 미국 재무부의
대소련관과 전후 경제구상의 일단을 잘 보여주고 있다. 차관의 조건이 단순히 소련
의 재건과 경제부흥이었다는 점에서 더욱 그러하다(*Ibid.*, p. 10). 1945년 1월에는 차
관 규모가 100억 달러로 늘어난 동일한 안이 대통령에게 건의되었다(*Ibid.*).

2) 미국외교에서의 이상주의는 오랜 전통을 가지고 있다. 예외주의와 도덕주의가 그 뿌
리를 이루고 있는데 자세한 내용은 本 書, 제1장, III., 1. "문호개방정책과 예외주
의"를 참조할 것.

우선 영국의 경우 유럽의 전통적인 안보 및 평화유지 정책인 세력균형의 복원에 관심을 갖고 있었다. 영국 및 프랑스, 나아가 패전국인 독일까지 복원하여 공동으로 소련의 팽창을 막아야 한다는 것이 영국 전략의 핵심 내용이었다. 반면 소련은 과거 러시아의 전통적인 대외정책을 답습하며 거기에 독특한 공산주의 이데오르기를 덧붙이고 있었다. 승전을 이용하여 그들의 영향력을 중부유럽에 확장시키고 나아가 소련군대가 점령한 지역은 추후 독일의 재침에 대비한 완충지대로 만들려고 했다.[3]

여기서 영국과 소련이 유럽의 질서 재편에 치중한 전략을 구체화한 반면 미국은 그들의 이상주의에 걸맞는 전 세계를 포괄하는 전략을 구사했다는 사실을 알 수 있다. 전쟁 중에 이미 드러난 사실이지만 전 세계를 포괄할 국력을 지니고 있는 국가는 현실적으로 미국 이외에는 없었다. 그런데 미국의 이상을 현실화시키는 데 있어 같은 연합국인 영국과 미국의 입장이 논리적으로 가장 상충된다는 사실은 아이러니가 아닐 수 없다.

미국은 우선 전통적인 유럽식 외교를 거부했다. 전후 세계질서는 세력균형이 아닌 화합에 기초해야 한다고 생각했다. 따라서 독일의 완전 몰락이 세력공백을 자아낼 수 있고 그 공백이 소련에 의해 메워질 것이라는 가설도 미국에게는 단지 전통 유럽인들의 구시대적인 계산으로만 비추어졌다. 아울러 제1차 세계대전 당시 미국에 의해 이미 주창되었던 민족자결주의가 루스벨트 대통령에 의해 다시 제기되었는데, 당시 미국의 입장은 전 세계적으로 식민지를 유지하고 있던 영국의 입지를 가장 위축시키는 것이었다.[4]

미국과 영국 간의 입장 차이는 전쟁 중에 지속되었던 또 다른 중요한 협력축에 대한 미국의 믿음을 더욱 확고히 하는 요인으로 작용했다. 나치에 대항하는 미국과 소련의 굳건한 협력관계가 바로 그것인데, 미국의 전략 수립과 전후 질서의 구상에 커다란 영향을 미쳤다. 영국의 전쟁전

---

3) Henry Kissinger, *Diplomacy* (New York: Simon & Schuster, 1994), pp. 394-395.
4) *Ibid.*, pp. 395-399.

략, 즉 남부유럽을 공략하여 베를린, 프라하, 비엔나를 우선 점령하자는 제안은 채택되지 않았다. 전략의 기본 목적은 물론 소련의 팽창을 미연에 방지하자는 것이었다. 소련과의 협력관계가 지속된다는 가정하에서는 영국의 군사전략이 미국의 이해와 부합될 수 없었던 것이다. 따라서 종전 즈음 분명해진 소련의 팽창주의, 특히 동부 및 중부유럽에 대한 공략이 성공할 수 있었던 단초가 이미 제공되었던 셈이다.

결국 크게 보아 국제질서와 관련된 戰前의 주요 기본 가정이 종전 직후 무너졌다고 볼 수 있는데, 소련과 미국의 협력관계 지속, 영국의 강대국 지위 회복 그리고 중국의 국민당 정권 창출과 국제무대에서의 주요 역할 수행 가능성 등이 그것이다. 우선 소련은 독일과 제1 전선을 형성하고 있었고 전쟁의 풍향을 연합국에 유리하도록 돌린 장본인이었음으로 적어도 나치의 존재를 전제한다면 미국과 협력을 지속할 것이라고 믿는 데는 일리가 있었다. 그러나 독일의 패퇴로 동유럽 전선을 소련이 지배하게 되면서 이야기는 달라진다. 폴란드의 해방과 동시에 진행된 공산화 과정은 전후 소련의 동유럽 지배 과정과 그에 대한 서방의 무기력을 상징적으로 보여준다. 소련이 독일을 물리치고 폴란드 영토에 진입하자마자 소련의 사주에 의해 국가해방 폴란드위원회(Polish Committee of National Liberation)가 결성되며 공산주의 정권이 급속히 창출되는 와중에 런던에 있던 폴란드 망명정부가 무력화된 것은 서방의 이해와 힘의 한계를 잘 보여준다.[5] 아무튼 유럽전쟁 종식 3개월 전인 1945년 2월까지 소련은 동유럽 대부분의 국가를 군사적으로 장악하게 된다.

소련의 의도에 대한 미국의 인식이 바뀌게 된 계기는 홍미롭게도 영국의 쇠퇴와 맞물려 있다. 세계적으로 방대한 영향권을 구축하고 있던 영국의 의지와 능력이 시험대에 오른 것이다. 전후 그리스 사태는 가장 대표적인 예였다. 1944년 독일군이 패퇴하고 영국이 그리스를 접수하면서

---

5) Ivan Volgyes, *Politics in Eastern Europe* (Chicago: The Dorsey Press, 1986), pp. 65-66.

같은 해 12월 친영 정권이 수립되었으나, 반독 레지스탕스의 연합세력이
며 국내적으로 상당한 영향력을 행사하고 있던 민족해방전선과 공산주의
자들이 친영 정부에 반기를 든 것이다. 1946년 3월부터 그리스는 내전에
휘말릴 수밖에 없었다. 친영 정부에 대한 경제지원을 통해 그리스 내정
을 안정시키는 것이 시급한 문제였는데 영국은 놀랍게도 그 능력을 이미
상실하고 있었다.6) 1947년 2월 영국의 한계가 미국에 공식 통보되면서
미국의 경제적 개입이 이루어지기 시작했다. 자국 군대의 철수와 그리스
에 대한 원조 불가라는 영국의 입장에 놀라 미국의 전후 정책이 처음으
로 바뀌기 시작한 것이다.7) 그리스가 소련의 영향권하에 들어갈 가능성
이 현실화되었기 때문이다.

　이어 터키 문제에도 관심이 집중되었다. 터키는 그리스와는 달리 내전
상태는 아니었으나 그리스와의 연계성이 문제가 되었다. 터키에 대해서
는 소련이 이미 일정 부분의 영토 할양과 기지 확보를 주장하고 있었다.
미국은 그리스에 공산정부가 성립되는 경우 터키가 결국 공산주의에 포
위되어 항복하는 상황이 발생할 것으로 보았다. 그리고 두 국가가 공산
주의의 영향력하에 들어가는 경우 중동 전 지역이 사실상 소련의 권역으
로 편입될 가능성이 높고, 그렇게 되면 서구의 전략물자인 원유자원의
이탈은 불가피해진다고 판단한 것이다.8) 1960년대까지 풍미하던 반공전
략의 기초인 도미노 현상에 대한 인식이 이미 고착화되기 시작했다는 사
실을 알 수 있다. 아무튼 그리스와 터키 사태는 영국이 과거의 제국적 지
위를 더 이상 유지할 수 없다는 것을 보여주었고, 미국의 對蘇 인식 전환
에 결정적인 계기를 제공했다고 볼 수 있다.

　1947년 3월 투르만(Harry S. Truman) 대통령이 의회 연설에서 그리스

6) René Albrecht-Carrié, *A Diplomatic History of Europe: Since the Congress of Vienna*, Revised Edition (New York: Harper & Row, 1973), pp. 609-610.
7) G. F. Hudson, *The Hard and Bitter Peace: World Politics Since 1945* (New York: Frederick A. Praeger, 1967), p. 56.
8) *Ibid.*, pp. 55-56.

와 터키에 대한 경제원조를 요청하며 이름 붙여진 투르만 독트린을 기점으로 미국의 대외전략은 공산주의의 팽창을 저지하는 데 초점이 맞춰지면서 급작스레 변화하였다. 군사적 대립상황이 전개되기 시작한 것이다. 안보상의 새로운 사태 전개는 곧바로 국제경제문제에 영향을 미치게 되는데 마샬플랜의 전격 시행과 브레튼우즈 체제의 조기 출범이 그것이다. 국제관계에서 이른바 정치 및 군사 우위의 질서가 형성되기 시작한 것이다.

II. 전후 동아시아 안보질서의 기본 구도

1. 戰前 前提의 실종

전쟁 종식 이전에 설정된 또 하나의 가정은 동아시아의 질서에 관한 것이었다. 루즈벨트 대통령의 4대 경찰국가론에서 제시된 바와 같이 동양에서는 중국만이 전후 세계질서의 한 축으로 간주되었는데, 이는 곧 전후 동아시아 질서가 패전 일본을 대신하여 중국 중심으로 재편됨을 의미했다. 전후 일본문제의 기본 틀을 확정한 1945년 6월의 포츠담 회담에서 동아시아 기본 구도에 대한 인식에 합의가 이루어졌다. 포츠담 회담의 당사자가 미국, 중국 그리고 영국이었던 사실은 전쟁을 전후 한 중국의 위상을 상징적으로 보여주고 있다.[9]

새로운 가정에는 그러나 결함이 있었다. 과연 중국이 그러한 세계적 및 지역적 역할을 할 능력이 있는가. 가뜩이나 약해 보였던 영국보다도 중국은 더욱 형편없었고 더욱이 내란에 시달리고 있었으며 경제적으로도 저개발 국가였다. 같은 문제가 테헤란 회의에서 스탈린에 의해 제기된 바 있다. 중국이 세계적 역할을 할 정도로 강하지 않음으로 동아시아 지역의 평화를 위해 별도의 지역위원회(regional committee)를 만드는 것이 바람직하다고 제안했던 것이다. 물론 루즈벨트는 거절하였다. 평화는 지역이 아닌 세계적 수준에서 유지되어야 한다는 게 이유였다.[10]

---

9) 전후 일본은 다음의 원칙에 입각하여 처리되도록 입장이 정리되었다: "무조건적인 항복, 침략의 원흉인 정치적 리더들의 숙청, 새로운 질서가 형성될 때까지 연합국들의 일본열도 점령, 전쟁 능력의 괴멸, 일본제국의 해체, 일본군의 무장해제, 전범의 처벌, 언론, 종교, 사상의 자유 보장, 재무장을 방지하기 위한 경제력의 축소." 애초 이러한 항복 조건에 서명한 국가는 미국, 중국 그리고 영국이었고, 소련은 후에 대일 선전포고를 하며 서명국이 되었다. James Dobbins, et. al., *America's Role in Nation-Building: From Germany To Iraq* (Santa Monica: RAND, 2003), p. 25.

10) Kissinger, *Diplomacy*, p. 421.

결국 유럽과는 달리 동아시아의 안보질서에 대한 명확하고 현실적인
구상은 애초부터 결여되어 있었음을 알 수 있다. 물론 戰前의 중국에 대
한 논의는 중국에 국민당 정부가 들어선다는 전제하에 이루어진 것이다.
유럽에서 냉전의 기본 구도가 거의 구축되어 갈 무렵인 1949년 10월 돌
연 중국이 공산화되면서 동아시아 질서는 종전 처리 수준을 훨씬 뛰어
넘는 큰 변화를 겪게 된다.

2. 패전 일본의 처리와 봉쇄정책의 확장

일본의 경우가 대표적이었다. 일본의 패망은 거의 미국에 의해 주도되
었음으로 독일과는 사정이 달랐다. 포츠담 회담에서의 합의에 따라 일본
영토에 대한 미군의 점령이 단행되었다. 1945년 9월 2일 일본의 항복을
받은 미국은 즉시 SCAP(Supreme Command for the Allied Powers)를 조직,
맥아더 장군을 책임자로 임명하며 일본 점령에 들어갔다. 흥미로운 점은
소련도 이에 동의하였고 전쟁 중 주장하였던 호카이도에 대한 점령도 포
기하였다는 사실이다. 대신 소련은 일본과 전쟁을 벌인 11개국으로 구성
된 극동위원회(Far Eastern Commission)에 참가했다. 보다 실질적인 권한
행사를 위해 미국, 소련, 중국 그리고 그 밖의 한 국가로 구성된 연합국
위원회(Allied Council)의 구성을 소련이 새로이 주장하며 관철시켰다. 그
러나 실질적으로 두 위원회 모두 SCAP을 앞설 수는 없었다.[11]

당시 국제정세의 급변은 별 문제 없이 진행되던 미국의 점령정책에 일
대 변화를 초래한다. 우선 일본이 민주국가로서 발전하기 위해서는 폐허
가 된 경제의 부흥이 가장 중요하다는 사실을 SCAP이 인식하기 시작했
다. 1948년에 이르러 미소 간의 갈등이 표면화되었고, 아울러 중국 본토
의 공산화 가능성이 커지게 되자 SCAP의 그러한 생각은 정책으로 구체

---

11) Franz H. Michael and George E. Taylor, *The Far East in the Modern World* (New
York: Holt, Rinehart and Winston, Inc., 1964), pp. 584-585.

화되었다. 즉 정책의 초점이 초기 일본의 대대적인 개혁으로부터 경제회
복으로 옮겨진 것이다.[12]

외교적으로는 더욱 중요한 문제가 대두되었다. 미소의 대립으로 1947
년 독일과 미, 영, 소, 불 4강국 간의 평화협정 체결이 무산되자, 미국은
같은 방식을 일본에 적용하는 것이 어렵다는 것을 인식하기 시작했다.[13]
외형적으로는 11개국으로 구성된 극동위원회를 통해 평화협정을 맺으려
는 시도가 있었으나 예상대로 소련이 반대하고 나섰다. 그 이면에는 중
국의 공산화가 임박했다는 상황 인식도 존재했다. 평화협정 체결을 지연
시키며 공산 중국의 부상과 일본의 약화를 유도했던 것이다. 결국 미국
으로서는 단독으로 일본과 평화협정을 체결하는 것 외에는 대안이 없었
다.

예상대로 1949년 10월 중국이 공산화되자 1950년 2월 군사동맹을 주
내용으로 하는 중소 우호조약이 체결되었다. 양국은 일본 제국주의의 부
활을 억제한다는 내용을 조약에 포함시키며 일본을 본격적으로 압박하기
시작했다. 다양한 언급을 통해 일본이 미국과 단독으로 조약을 체결하는
경우 대가를 치를 것이라는 점을 일본에 주지시키고자 했다. 일본으로서
도 주변 강대국인 두 국가를 의식하지 않을 수 없었으나, 곧 이어 勃發한
한국전쟁은 정세를 다시 반전시키는 데 결정적인 역할을 했다. 일본의
선택 폭이 제한되었던 것이다. 민주국가의 편에서 한국전쟁에 대비하는
것 이외의 대안은 존재하지 않았다. 결국 1951년 9월 샌프란시스코 평화
조약이 소련과 중공이 배제된 채 체결되었다.[14] 이윽고 한국전쟁이 한창

---

12) *Ibid*., p. 592. 재벌의 해체는 따라서 철저히 이루어질 수 없었는데, "일본산업을 더
   욱 해체한다는 것은 곧 일본경제의 안정을 해친다고 인식되었기 때문이다(*Ibid*.).”
13) 1947년부터 이미 미국은 일본을 과거의 적이 아닌 미래의 동맹국으로 인식하기 시
   작했다(Dobbins, *America's Role in Nation-Building*, pp. 34-35). 1948년부터 미국의
   대일 정책의 초점이 애초 대대적인 개혁을 통한 일본 군국주의의 척결에서 경제회
   복으로 급선회한 것을 보면 그러한 해석은 일리가 있다.
14) Michael and Taylor, *The Far East in the Modern World*, pp. 595-598. 실제로 1950
   년의 중소우호조약에는 일본을 적시하는 구체적인 조항이 있었다. "일본과 일본의

이던 1952년 4월 일본은 새로운 독립국으로 탄생했다.[15]

중국의 공산화와 한국전쟁의 발발, 그리고 한국전쟁에서 미국과 중국의 정면충돌 등 큰 사건들이 발생하자 동아시아의 기본 안보구도는 이를 반영할 수밖에 없었다. 유럽에서 펼쳐진 동맹을 통한 새로운 균형의 모색이 동아시아에서도 그대로 적용된 것이다. 우선 미국은 단독 평화조약 체결의 대가로 일본 내에 군사기지를 얻어 미군을 주둔시킬 수 있었다.[16] 그리고 1951년의 평화조약과 동시에 미일 안보조약이 체결됨으로써 일본은 미국의 동맹국이 되었다. 동아시아에서 가장 중요한 안보축이 형성된 것이다. 1951년 8월 미국과 필리핀의 안보조약을 필두로, 미일 평화조약이 서명되기 일주일 전인 1951년 9월 초 미국과 호주 그리고 뉴질랜드를 잇는 안보조약이 ANZUS라는 이름으로 체결되었다.

반면 중국과 소련의 동맹조약은 이미 완결되었음으로 동아시아에는 바야흐로 동맹조약을 중심으로 자본주의와 공산주의가 대립하고 경쟁하

동맹국들(미국을 지칭)로부터 공격이 있는 경우, 양측(중국과 소련)은 각기 타 국가에게 이용 가능한 모든 수단을 동원 군사적 및 다른 도움을 준다"라고 규정하고 있다. H. Lyman Miller, "The Limits of Chinese-Russian Strategic Collaboration," *Strategic Insights* Vol. I, Issue 7 (Sept. 2002), Center for Contemporary Conflict, *www.ccc.nps.navy.mil/si/sept02/eastasia2.asp.*

15) 급작스런 냉전의 도래는 미국의 점령정책에 일대 전환을 초래했는데 일본은 물론 독일에 대한 정책도 급변했다. 프랑스를 포함한 4개국의 독일 분할점령이 결정된 것은 프랑스에 드골정부가 들어 선지 1개월 후인 1944년 11월 24일이었다. 이어 얄타회담에서 4대국 공동관리위원회를 베를린에 설치하기로 결정함으로써 독일 점령문제는 일단락되었다. 그러나 1947년 6월 미국, 영국 그리고 프랑스가 마샬플랜을 전독일에 실시하려 하자, 소련이 이에 반대하고 나서면서 양 진영 간의 이견이 표면화되었다. 이어 1948년 4월 미국, 영국, 프랑스 간에 점령지구 통합협정이 조인되고, 6월 서방의 점령지역에서만 화폐개혁이 실시됨으로써 독일은 사실상 분단되었다. 그리고 1949년 9월 독일연방공화국(서독)이 법적으로 독립함으로써 분단이 완료되었다. 따라서 당시 독일의 상황도 냉전의 도래라는 국제체제상의 변화를 그대로 반영하고 있음을 알 수 있다. 白京南, *독일의 길 한국의 길* (서울: 한울아카데미, 1999), pp. 49-134. 미국의 점령정책에 대한 자세한 국가 별 분석을 위해서는 다음을 참조할 것: 한국정치외교사학회 편, *제2차 세계대전 후 열강의 점령정책과 분단국의 독립·통일* (서울: 건국대학교출판부, 1999).

16) Dobbins, *America's Role in Nation-Building,* p. 35.

는 새로운 질서가 자리 잡게 된다. 흥미로운 점은 미국 중심의 안보조약이 한국전쟁이 勃發한 직후 연속적으로 체결되었다는 사실이다. 한국전쟁의 여파를 짐작케 하는 대목이다. 1952년 4월 샌프란시스코 평화회의에 참가하지 않았던 중화민국(대만)과 일본이 쌍무 평화조약을 체결함으로써 미국의 입장에서 일본의 전후처리는 사실상 완결되었다. 한일관계가 예외로 남았을 뿐이다. 그 후 1953년 10월 한미 상호방위조약이 체결되고, 1954년 3월의 디엔 비엔 푸 사건 직후인 같은 해 9월 미국, 필리핀, 영국, 프랑스, 태국, 호주, 뉴질랜드를 회원국으로 하는 동남아시아 조약기구(SEATO: Southeast Asian Treaty Organization)가 결성되며 미국의 태평양 방위선이 완성된다.

동맹체제란 결국 전통적인 세력균형정책의 핵심 요소라고 할 수 있음으로,[17] 유럽에서 NATO의 결성과 동아시아에서 쌍무적 안보조약들의 체결로 전쟁 중 미국이 희망했던 전 세계적 규모의 집단안보체제는 理想에 불과했음이 확인된 셈이다. 이는 역으로 세력균형원리에 기초하여 전후 질서가 구축되어야 한다는 영국의 주장이 옳았음을 의미한다. 마샬플랜과 NATO가 등장하기 이전, 서구의 우위가 확연한 시점에서 소련과 전체적인 안정을 위한 교섭이 없었던 사실은 당시 미국 전략가들의 지나치게 이상적인 사고를 반증해 준다. 따라서 전쟁 직후가 소련과의 교섭에 있어 가장 유리하고 좋은 시점이었다는 처칠의 지적은 미국이 이미 실기하고 있었음을 보여 준다.[18] 결국 미국은 떠밀리듯이 전격적으로 봉쇄정책(containment policy)을 시행할 수밖에 없었다. 이후 봉쇄정책이 미국 안보정책의 확고한 가이드라인으로 자리 잡으면서 동서 간의 교섭은 사실상 물 건너간 사안이 되었다.[19]

---

17) Alan Ned Sabrosky, "Alliances in U.S. Foreign Policy," Alan Ned Sabrosky, ed., *Alliances in U.S. Foreign Policy: Issues in the Quest for Collective Defense* (Boulder: Westview, 1988), p. 2.

18) Kissinger, *Diplomacy*, p. 444.

19) *Ibid.*, p. 445.

봉쇄정책의 합목적성은 소련이라는 국가 및 체제의 성격, 그리고 이데 오르기에 대한 재평가에 기초하고 있다. 과거와는 다른 방식의 접근을 의미하는데, 즉 미국과 소련이 대립할 수밖에 없는 이유가 과거와 같은 단순한 국익(national interest)의 상충 차원이 아닌 소련이라는 국가의 성격과 특성 때문이라는 주장이 설득력을 얻게 된 것이다. 소련의 팽창은 범세계적이고 지속적일 것임으로 봉쇄정책 이외에는 대안이 없다고 생각했다. 따라서 소련 자체의 변화가 없는 한, 그리고 소련이 변할 때까지 봉쇄는 지속될 수밖에 없었다.[20] 1991년 말 소련체제의 붕괴로 미국의 애초 목적이 달성되기는 했으나 봉쇄정책이 처음 실시됐을 때에는 그것의 성공 과정이 그토록 험난할 지는 아무도 예측하지 못했다.

봉쇄정책의 전제에 이해의 조율 가능성이 배제되어 있다면 이는 논리적으로 미소 간의 절충점 없는 무한경쟁과 적대행위를 의미했고, 그 대치가 전 세계적으로 이루어지는 경우 미국은 다음과 같은 전략적 위약성을 피할 수 없었다. 우선 중동, 아시아, 유럽 등 주요 지역에 대한 침투의 선택권은 소련이 쥐고 있었다. 그리고 세계적 규모의 봉쇄정책은 막대한 재원을 필요로 했다.[21] 물론 전후 미국의 국력이 역사상 유례가 없을 정도로 막강했던 것은 사실이지만, 국부의 대규모 유출이 장기화되는 경우 문제는 달라질 수밖에 없었다.

그 위약성에 대한 공격, 즉 공산주의자들이 특정 지역에 허를 찌르는 형식으로 침투한 가장 대표적인 예가 한국전쟁이었고, 끝도 없이 미국의

---

20) 전후 소련 외교정책에 대한 새로운 진단에 대해서는 각주 73)에서 소개된 케넌(Kennan)의 분석을 참조할 것.

21) Ibid., pp. 455-467. 구체적으로 봉쇄정책은 다음과 같은 논리적인 결함을 지니고 있었다. 즉, "제2차 세계대전 때와 같이 미국이 변함없는 일관된 태도를 견지 할 수 있을 것이라는 미국 지도자들의 확신과 다음으로 이론 자체가 가정하는 바와 같이 공산주의자들이 수동적으로 그들의 지배를 해체시키도록 기다릴 수밖에 없는 상황"을 봉쇄정책은 전제하고 있었다. 그러나 미국 지도자들은 "공산주의자들이 미국의 이해에 비추어 정치적으로나 전략적으로 대단히 복잡한 지역을 선택하여 공격할 수도 있다는 사실을 고려하지는 못했다(Ibid., p. 474)." 여기서 전략적으로 복잡한 지역은 물론 한국과 월남을 의미한다.

자원를 고갈시킨 사건이 월남전이었다. 한국 및 동아시아의 안보 그리고 경제구도 형성에 결정적인 역할을 한 미국의 본격적인 개입은 이러한 복잡한 국제관계를 배경으로 하고 있다.

III. 동서 대치선의 완성 과정: 한국전과 월남전

1. 동북아시아 안보구도의 재편: 한국전

한국전쟁의 원인에 대해서는 그 동안 다양한 의견이 개진되어 왔다. 그러나 전후 동아시아 안보질서의 재편이라는 관점에서 전쟁을 돌이켜 보면 전략적으로 몇 가지 중요한 점을 발견할 수 있다. 우선 전후 처리 과정이 유럽 중심으로 이루어졌다는 사실에 비추어 동아시아 나아가 한반도를 재조명해 볼 필요가 있다.

유럽 중심의 생각은 미국식 전략적 사고의 한계를 다음과 같이 보여주고 있다. 미국은 봉쇄정책의 시행으로 서유럽과 미국의 이해가 공유되어 있는 그 밖의 유럽 및 주변 지역에 대한 소련의 팽창을 저지하는 데 성공하였다고 너무 쉽게 생각했다. 지역적으로 봉쇄정책의 연장이 어디까지여야 하는지, 봉쇄정책을 위해 얼마나 많은 동맹과 자원이 동원되어야 하는지에 대한 깊은 통찰은 결여하고 있었다.

1940년대 후반 유럽에서의 긴박한 사태 전개에 놀란 미국의 입장에서 소련과의 대치는 세계전략의 기본 축일 수밖에 없었다. 1949년 3월 일본 점령군 사령관 맥아더(Douglas MacArthur) 장군이 한반도가 포함되지 않은 미국의 동아시아 방어선(defense perimeter)을 언급하고, 이듬해 1월 애치슨(Dean Acheson) 국무장관이 한걸음 더 나아가 한반도가 미국의 방어선에서 완전히 제외되어 있다고 언명한 것은 같은 맥락에서 이해될 수 있다. 즉 소련과 전쟁을 할 경우 한반도는 고려의 대상이 아니라는 것이다.[22]

22) Kissinger, *Diplomacy*, p. 476. 맥아더 장군이 밝힌 미국의 방어선은 필리핀, 琉球군도, 오키나와, 일본 그리고 알류산 열도였다(*Ibid*., p. 475에서 재인용). 따라서 동아시아의 섬을 기준으로 방어선이 설정되었음을 알 수 있다. 그것은 곧 소련과의 전쟁에서 미국이 이 지역을 방어하면 소련을 대륙에서 봉쇄시킬 수 있다는 것을 의미한

아무튼 그러한 언급과 1949년 6월 단행된 미군의 전면 철수 등으로 인해 공산주의자들은 전쟁 시 미국의 개입이 없을 것이라고 판단했다. 또한 당시 동아시아 정세도 그러한 사고에 결정적인 역할을 했다. 즉 1949년 동아시아 대륙의 핵심 지역에 위치하고 있던 거대한 중국이 공산화되었는 데도 미국의 개입은 없었기 때문이다. 남한과 같은 대륙에 붙은 조그만 지역을 다시 공산화한다고 하여도 미국이 움직이지 않을 것이라고 확신할 수 있는 정황이 제공된 셈이다.[23] 아무튼 미국의 전략적 실수는 부인할 수 없게 되었다. 미국이 한국전에 즉각적으로 개입한 것과 전쟁 직후 동아시아 전체를 아우르는 안보망을 신속히 구축한 사실 등에 비추어 보면 미국의 실수가 보다 분명해진다.

한국전이 발발하고 미군이 즉시 개입함으로써 동아시아는 새로운 안보환경을 맞게 된다. 소련을 대응의 반대 축으로 여기고 있던 미국이 한국의 전략적 가치를 상기와 같이 계산했듯, 한국전의 원인에 대한 미국의 견해도 일단은 세계적인 것이었다. 소련의 미국에 대한 기습 공격 혹은 붉은 군대의 서유럽에 대한 침공 등을 한국전과 연계하여 想定했던 것이다. 즉 북한의 움직임을 소련의 세계 적화운동의 일환으로 이해했다. 이 경우 논리적으로 일본이 문제가 되지 않을 수 없었다. 한반도의 공산화는 곧 일본의 공포를 증폭시켜 일본이 미국에 기우는 것을 방해할 수도 있다는 계산이 가능하기 때문이다. 아울러 국내적으로 아시아의 공산

다. 역시 해양국가 전략의 전형이라고 볼 수 있는데, 미국의 생각은 과거 영국이 대륙의 전쟁에 끼어들지 않으려는 전략을 오래 구사한 경우와 비슷한 것으로 이해될 수 있을 것이다.

23) Ibid. 미국이 한국의 가치를 전혀 이해하지 못했던 것은 아니고, 나름의 노력을 했으며 또한 전략적인 계산도 존재했다는 실증적인 연구가 있는 것은 사실이다. 이러한 주장의 핵심 내용은 소련이 북한의 남침을 허용하지 않을 것이라는 트루만 행정부의 확신과 남한이 자유민주주의 국가로 성장하는 것만으로도 북한에 대한 저지책은 충분히 된다는 계산 등이다. 따라서 경제원조를 통한 남한의 부흥이 한반도 전략의 요체였다는 주장이 제기된다. James Matray, "계산된 위험: 1941년부터 1950년까지에 있어서 미국의 對韓 公約," 金澈凡 엮음, 한국전쟁: 강대국 정치와 남북한 갈등 (서울: 평민사, 1989), pp. 108, 129-135.

화를 방치한 민주당 정권에 대한 보수파들의 공세가 강해진 것도 미국 개입의 원인으로 지적된다.[24]

미국 전쟁전략의 적실성에 대해서는 논의가 분분하다. 그러나 중요한 것은 전쟁을 계기로 한국과 미국이 군사동맹을 맺게 되었고 그 징표로 미군이 한국에 주둔하게 되었다는 사실이다. 이로써 한국의 전후 안보구도는 사실상 확정되는데 그 기본 골격은 현재까지 변하지 않고 있다. 1953년 10월에 조인된 한미 상호방위조약은 정치적 성격이 짙은 문서였다. 침략을 당했을 경우 쌍방이 자동적으로 개입하는 조항을 삽입하지 않음으로써 북대서양조약기구와는 달리 무력의 자동연계를 배제하고 있기 때문이다. 따라서 "침략의 저지를 위한 사전 경고라는 정치적 의미가 더 큰" 것이었다.[25] 하지만 주한미군의 존재로 인해 정치적 목적을 달성하는 데는 아무런 문제가 없었다. 미군을 수도 이북 휴전선 근처에 집중 배치함으로써 전쟁 시 미국의 자동개입, 즉 이른바 인계철선(tripwire) 효과를 기대할 수 있었기 때문이다.[26]

한국전쟁이 발발한 직후부터 미국의 동아시아 정책이 급변한 사실은 이미 언급한 바와 같다. 즉 미 · 일, 미 · 필리핀, 그리고 미국과 오세아니아 국가들 간의 안보조약이 1951년에 모두 체결되었다. 그 후 한미 안보조약이 체결되고 이어서 동남아시아의 집단 방위를 위한 SEATO가 결성됨으로써 유럽에서 시작된 봉쇄정책은 한국전을 계기로 동아시아에까지

---

24) 김학준, *한국전쟁: 원인 과정 휴전 영향*(서울: 박영사, 1989), pp. 146-147; Glenn Page, *The Korean Decision: June 24-30, 1959* (New York: Free Press, 1968), pp. 132-133; Kissinger, *Diplomacy*, pp. 474, 476-477. 특히 소련이 어떤 방식으로든 연루되었다고 미국이 인식한 사실이 전략적으로 대단히 중요하다. 참고로 1949년 소련이 핵무기 개발에 성공하며 미국의 핵독점 우위는 무너지기 시작했다. 미국이 소련을 의심하고 두려워 한 배경이 되었을 것이다. 그러나 미국 특유의 원칙과 이상이 참전의 중요한 이유였다는 주장도 제기되고 있다. 장해광, *현대한미관계론* (서울: 학문사, 1988), pp. 93-94; Kissinger, p. 477.

25) 한명화, *한미관계의 정치·경제: 1945-1985* (서울: 평민사, 1986), p. 83.

26) Doug Bandow, *Tripwire: Korea and U.S. Foreign Policy in a Changed World* (Washington D.C.: CATO Institute, 1996), p. 23.

급속히 확장되었다. 한국전쟁의 파급 효과는 다양하나 그 중 한반도의 장래에 중대한 영향을 미치게 되는 사항을 요약해 보면 다음과 같다.

우선 미국의 경우 국내적으로 매카시즘이 강화되는 결정적인 계기가 제공되었다. 냉전은 타협점을 찾기 어려운 상황으로 치닫게 되었고 이는 동아시아에서 미국과 중국이 대립하는 구도로 이어졌다.[27] 미국과 중국의 대립은 동아시아 안보구도의 고착화에 결정적인 역할을 하게 되는데 두 강대국 간의 대치는 사실 불필요한 미국의 외교적 부담으로 해석되고 있다. 즉 당시 소련이 한국전을 통해 중국을 철저히 유린한 사실을 미국은 몰랐고 그것을 알았다면 중국과의 대치 국면은 상당히 조정될 수 있었다는 주장이 가능한 것이다.

현실은 전혀 달랐다. 김일성이 스탈린에게 한국전에 소련이 말려들어 갈 가능성은 전무하다는 점을 설득한 이후 스탈린이 북한의 공격에 보조를 맞춰 주었던 것이다. 스탈린은 중국의 전쟁 개입을 촉구하면서 중국이 소련에 더욱 종속되는 상황을 그리고 있었다. 따라서 문제에 열광한 사람은 결국 북경과 평양에 있었던 것이다. 우선 한국전쟁은 소련이 미국을 일단 아시아 문제에 끌어들인 후 유럽을 공격하기 위해 기획된 것이 아니었다. 유럽에 대한 소련의 공격을 저지하고 있던 것은 한국에서는 사용하지 않았던 미국의 전략 공군력이었다. 당시 소련은 근소한 핵 공격력을 지니고 있었을 뿐이었다. 핵무기의 열세를 감안할 때 스탈린은 미국과의 전면 전쟁에서 잃을 것이 훨씬 많았다. 따라서 유럽에서 지상군의 균형이 소련에게 아무리 유리하다고 하여도 스탈린이 한국전쟁에서 미국과 정면으로 맞서는 것은 상상하기 어려운 일이었다. 늘 그랬던 것처럼 스탈린의 중국에 대한 원조는 인색하기 그지 없었고 심지어는 원조를 현찰로 갚을 것을 요구하기도 했다. 중소분쟁의 씨앗이 이미 뿌려졌던 것이다.[28]

27) 권용립, 미국 대외정책사 (서울: 민음사, 1997), p. 545. 이는 미국 외교정책의 유연성 약화로 이어졌다. 대표적으로 "제삼세계의 급진적 민족주의는 소련의 지휘를 받는 공산주의와는 엄연히 다른 것인 데도 양자를 구별하는 것이 어려워진 것이다(Ibid.)." 아울러 중국과의 적대관계 성립으로 모택동 정권을 승인하려던 애치슨의 계획 또한 무산될 수밖에 없었다(Ibid., pp. 545-546).

28) Kissinger, Diplomacy, p. 483.

중국에 대한 판단은 물론 당시 미국이 가지고 있던 한국전과 유럽의 연계 인식도 잘못된 것이었음을 알 수 있다. 한국전과 유럽문제가 소련을 매개로 연계되어 있다는 가정은 미국 참전의 동인이었으나 전쟁 중 미국이 한국전을 더 이상 확대하지 않은 이유이기도 했다. 한국전쟁의 지나친 확산으로 미국의 발목이 묶이게 되는 상황에서 소련이 서유럽을 공격하는 경우 대책 마련이 어렵다는 계산을 했던 것이다. 물론 유럽 지도자들도 같은 의견을 개진했다. 미국과 서유럽 모두가 공유한 정세판단이었던 것이다.

아무튼 한국전을 계기로 유럽의 안보에도 큰 변화가 초래되었다. 전범국인 서독을 재무장시켜 북대서양조약기구에 가입시키는 획기적인 인식의 전환이 이루어진 것이다. 프랑스의 반대에도 불구하고 서독의 재무장이 일부 허용되며, 1955년 5월 연합군의 점령 시한 만료에 맞추어 서독은 NATO 회원국이 됐다.[29]

동아시아의 안보구도에 있어 한국전쟁의 또 다른 중요한 영향은 이미 기술한 바와 같이 미국의 對日 정책에서 두드러진다. 미일동맹의 형성으로 일본이 서구의 일원으로 완전히 편입되면서 일본의 경제적 부흥에 미국이 발벗고 나서는 새로운 국면이 조성된 것이다. 미일관계의 진전은 향후 한국의 경제 및 안보구도 형성에 결정적인 영향을 미치게 되는데 중요한 것은 한국과 일본이 미국을 중심으로 사실상 삼국연대체제를 형성하게 된다는 사실이다. 다음으로 중국 본토와의 관계 악화는 곧바로 미국의 대만에 대한 전폭적인 지지로 이어져 蔣介石 정부의 활로가 열리게 되었다. 현재에도 중국의 가장 큰 골칫거리인 대만문제의 단초가 제공된 것이다. 그리고 무엇보다도 중요한 것은 미국이 월남문제에 본격적으로 개입하는 계기가 마련되었다는 사실일 것이다.

---

29) 권용립, *미국 대외정책사*, p. 547. 한국전이 발발한 직후인 1950년 9월 트루만 대통령은 서독에 주둔하던 2개 사단 규모의 미군 병력을 증강시킬 것이라고 공표하게 되고 이어 12월에는 4개 사단 규모의 미군을 유럽에 증파하겠다고 발표한다(*Ibid.*).

결국 한국전쟁은 봉쇄정책이 전 세계적이어야 한다는 점을 미국에게 가르쳐 주었다. 아울러 한국전은 세계적 차원의 전략을 추구할 수밖에 없었던 미국에게 전후 세계 총생산의 반을 넘는 막강한 경제력에도 불구하고 자원의 한계 상황이 닥칠 수도 있다는 사실을 암시하고 있었다. 월남전은 그 가능성을 가장 극적으로 현실화시킨 사건이었다. 20년 가까이 진행된 대단위의 소모전으로 인해 미국의 자원이 극도로 소진되는 사태가 빚어졌다. 막강한 미국경제가 상대적으로 쇠퇴하는 중요한 계기가 마련되었던 것이다. 1971년 미국 달러화의 금태환 금지조치는 당시 월남전이 얼마나 많은 자원의 소진을 미국에게 강요했는지를 상징적으로 보여준다.

2. 월남전쟁과 봉쇄(Containment)정책의 한계

1) 전략적 실수: 한국전과 월남전에 대한 상반된 오판

한국전쟁이 전격전이었다면 월남전은 애초부터 지구전의 성격을 띠고 있었다. 장기전의 성격을 띠고 있던 전쟁이었기에 전쟁의 종식이 1970년대 가서야 가닥이 잡힌 사실에 기초, 월남전이 한국전 이후 발생한 별도의 분쟁으로 이해되는 경우가 있으나 개전의 역사를 짚어 보면 반드시 그렇지만은 않다는 사실을 알 수 있다. 한국전이 1950년에 勃發한 사실을 고려하고, 월남전의 역사를 프랑스에 대한 월맹의 독립전쟁까지 소급하는 경우, 미국의 베트남 개입이 1950년에 이루어졌음으로 우선 시기적으로 한국전과 월남전은 같은 틀 안에서 전개되었음을 알 수 있다. 나아가 미국 개입의 원인을 살펴보아도 두 전쟁은 공통분모를 지니고 있다. 전략적인 측면, 특히 당시 국제체제의 작동 원리에 비추어 보면 전후의 국지전들은 냉전이라는 체제적 특성으로 이해될 수 있기 때문이다.

월남전에서는 다음의 특징을 발견할 수 있다. 우선 전쟁 자체가 제국주의 통치에 대항하는 식민지 해방의 성격을 지니고 있었다. 그것은 한국

전과 뚜렷이 구분되는 점인데, 전쟁의 주체가 베트남독립연맹(Vietnamese
Independence League), 즉 베트민(Viet Minh)과 식민통치국인 프랑스였기
때문이다.[30] 조직이 형식상 공산당을 모체로 하고 있었음으로 그들의 식
민지 해방은 민족주의와 공산주의가 묘하게 절충된 형태를 띨 수밖에 없
었고 바로 그러한 특징이 월남전을 복잡하게 만든 가장 근본적인 원인을
제공하게 된다.

    베트남 문제 역시 2차 세계대전 말기의 국제정세로부터 직접적인 영
향을 받았다. 이미 언급한 바와 같이 미국의 이상적이며 불분명한 태도
가 문제였는데, 일본으로부터 해방될 인도차이나에 대해서도 신탁통치안
을 구상하고 있었고, 그 전제는 물론 국민당의 중국을 포함한 4대 경찰
국가론이었다. 다시 말해 미국, 영국, 소련 그리고 중국을 주축으로 국제
연합을 창설하고, 국제기구의 관리하에 독립을 위한 한시적 신탁통치를
식민지에서 시행한다는 것이었다. 이는 엄밀하게 말해 중국이 인도차이
나의 향후 질서 형성에 가장 핵심적인 역할을 수행한다는 것을 의미했다.
잠정안의 또 다른 특징은 식민지 해방을 주요 내용으로 하고 있는 전후
미국 외교의 기본 원칙과 당시의 현실, 즉 식민 종주국의 기득권이 절충
되었다는 사실에서 찾을 수 있다. 그러나 문제는 기본 전제 모두가 현실

---

30) 베트남의 공산주의 운동은 1930년 과거의 조직을 흡수, 확대하며 인도차이나 공산
    당(ICP: Indochinese Communist Party)이 결성됨으로써 새로운 전기를 맞게 된다.
    베트남의 독립을 추진할 수 있는 확실한 조직이 탄생한 것이다. 아울러 베트남 밖의
    공산주의 세력과 연대가 가능했던 것도 인도차이나 공산당의 위상을 높여줄 수 있
    었다. 기회는 제2차 세계대전의 勃發과 프랑스의 패퇴로부터 찾아왔는데, 독일의 프
    랑스 점령으로 프랑스의 행정력이 사실상 마비된 틈을 타 호치민(Ho Chi Minh)이
    1941년 2월 베트남에 잠입하여 5월 10일부터 10 일간 제8차 인도차이나 공산당
    (ICP) 중앙위원회 회의를 주제하게 되고, 마지막 날인 5월 19일 베트남독립동맹회
    (Viet Nam Doc Lap Don Miuh Hoi, 영어로는 Vietnamese Independence League)을
    결성하며 독립운동이 본격화된다. 베트남독립동맹회의 약칭이 베트민(Viet Minh),
    즉 한자로 越盟 전선이다. Kevin Ruane, *War and revolution in Vietnam, 1930-1975*
    (London: University College London Press, 1998), pp. 3-8; 眞保潤一郎, *베트남현대
    사*, 조성을 옮김 (서울: 미래사, 1986), pp. 69-72. 이 역사적인 회의가 중국의 국경
    에 가까운 비엣박의 까오방성 빡보에서 열렸음으로 이 회합을 '빡보회의'라 부른다
    (*Ibid.*).

성을 결여하고 있다는 데 있었다.

우선 결국 그렇게 되었지만 국민당의 패퇴는 상기 구상의 가정을 무의미하게 만들었다. 중국의 끊임없는 내전은 국민당 중국의 대외 역할을 제한하기에 충분했다. 다음으로 식민지 종주국과 식민지의 입장을 절충한 것처럼 보였던 위의 제안은 식민 종주국의 동의를 필요로 했다. 인도차이나와 관련하여 가장 중요한 국가는 프랑스와 영국일 수밖에 없었는데 그들의 입장은 미국과는 상이한 것이었다.

당시의 위세를 감안하면 미국이 그들의 案을 관철시키는 데는 큰 문제가 없어 보였으나 국제정세 자체는 이를 제한하는 방향으로 전개되고 있었다. 동유럽의 공산화에 대한 대응방안의 모색이 가장 시급한 문제로 대두되었는데, 미국의 입장에서 가장 중요한 것은 물론 서유럽 국가들의 결속과 강화였다.[31] 따라서 영국과 프랑스가 식민지에 대한 그들의 의견을 강력하게 개진하는 경우 미국이 그것을 거부할 결정적인 이해는 존재하지 않았던 것이다.[32] 실제로도 영국은 자신의 해외 식민지에 대한 부

---

31) 구체적으로 미국은 당시 공산주의의 팽창에 대비하여 서유럽 중심의 유럽공동방위체(EDC: European Defense Community)를 추진하고 있었고 그것의 성공을 위해서는 프랑스의 협조가 필요했다. "EDC는 미국의 최우선 과제가 되었는데, 바로 이러한 미국의 이해가 미국으로 하여금 인도차이나에 대한 프랑스의 입장에 반대할 수 없도록 했다. 같은 연장선상에서 프랑스가 지지하는 전 황제 바오 다이(Bao Dai)의 월남정부(Government of Vietnam)에 대한 미국의 부정적 시각도 극복될 수 있었다." Guenter Lewy, *America in Vietnam* (Oxford: Oxford University Press, 1978), pp. 3-4. 비슷한 사실이 다른 분석가들에 의해서도 자주 제시되고 있다. "특히 마샬(George Marshall)과 같은 미국의 전략가들은 프랑스 주력 부대가 월남에 투입됨으로써 NATO에 대한 프랑스의 역할이 위축되는 것을 우려했다." George McT. Kahin, *Intervention: How America Became Involved in Vietnam* (New York: Alfred A. Knopf, 1986), p. 28.

32) 이것은 호치민이 미국의 국제관을 활용하기 위해 미국에게 가깝게 접근하며 호소한 바 있고 미국이 적극적인 대응을 유보한 역사적 사실을 통해 입증되고 있다. 1941년 중반 중국으로부터의 원조가 국민당 정부의 반대로 불가능해지자 미국의 루스벨트 대통령에게 베트남의 독립에 대한 지원을 요청한 바 있었으나, 응답을 받지 못했다. 그러나 1945년에 이르러서는 중국에 기지를 두고 있는 OSS(Office of Strategic Services)와 협조하여 무기, 탄약, 통신 장비 등을 지원 받을 수 있었다. 1945년 5월 미국의 정보관계자들이 베트남에 첫 발을 내디디며 양자 간의 인적 교

정적 영향의 우려 때문에 베트남의 독립을 지지할 수가 없었고, 전후 프랑스의 실권을 쥐게 된 드골(Charles de Gaulle) 대통령 역시 식민지를 고수하겠다는 입장을 완강히 견지하고 있었다.

1945년 9월 호치민에 의해 하노이에서 일방적으로 독립이 선포되며 베트남 민주공화국(DRV: Democratic Republic of Vietnam)이 출범하게 되고,[33] 반면 영국과 프랑스가 식민통치 수호 입장을 견지하자 전쟁은 불가피해 졌다.[34] 1946년 3월 프랑스의 파병 규모가 이미 6,500명에 이르게 되자, 상황은 걷잡을 수 없이 전개되며 이른바 프랑스 전쟁(French War)이 勃發하게 된다. 결국 1954년 5월 디엔 비엔 푸 전투에서 프랑스가 패배하며 베트민의 승리로 전쟁은 막을 내리게 되나, 중요한 것은 그동안 미국이 개입하는 계기가 마련됐다는 사실이다.

미국의 개입은 1950년 1,000만 달러를 프랑스 측에 지원하며 시작되었다. 1954년에는 그 액수가 무려 10억 달러로 증가하는데, 당시 프랑스가 부담하던 전비의 78퍼센트를 점할 정도였다.[35] 프랑스가 패퇴하기 전에 이미 미국이 베트남에 물질적으로 깊이 개입하기 시작했음을 알 수

류가 이루어진 적도 있다. 따라서 미국과 베트민이 애초부터 원수관계는 아니었다는 사실을 알 수 있다. 아무튼 식민지 모국, 프랑스에 대한 눈치 때문에 양자의 협력이 진척될 수 없었음은 명백하다. Ruane, *War and revolution in Vietnam*, p. 11.

33) 앞서 자세히 설명한 베트민을 모체로 1945년 호치민이 하노이에서 독립을 선포했던 것이다. 따라서 이후 베트민 혹은 越盟은 하노이의 호치민 정부 즉 베트남민주공화국(DRV)을 총칭하는 용어로 사용되었다. R. A. Longmire, *Soviet Relations with South-East Asia: A Historical Survey* (New York: Kegan Paul International Ltd., 1989), p. 30. 각주 30) 참조.

34) 1945년 일본의 항복 시기에 베트민은 반도 북부지역의 시골과 하노이를 포함한 주요 도시를 거의 대부분 장악한 상태였다. 베트남 민주공화국의 독립 선포는 따라서 상당한 실체에 근거하여 이루어진 것임을 알 수 있다. 그리고 주로 일본의 패퇴와 승전국의 베트남 진주 시기(1945년 9월)사이에 공산당의 권력 장악이 겉으로 보기에는 전격적으로 이루어졌음을 알 수 있다. William J. Duiker, *Vietnam: Nation in Revolution* (Boulder: Westview Press, 1983), pp. 39-40. 상황이 다소 다르긴 하지만 한국과 월남 모두 일본의 패퇴와 새로운 질서의 형성 초기에 향후 운명의 상당 부분이 결정되었음을 알 수 있다.

35) Lewy, *America in Vietnam*, pp. 4-5.

있다. 미국의 개입 이유는 여러 가지로 설명되고 있다. 우선 가장 중요한
것은 미국의 전략적 관점이었다. 이른바 도미노 이론으로 불리는 그들의
국제관이 개입의 결정적인 동인이었다.

도미노로 불리는 동남아시아에 대한 전략적 평가가 처음 이루어진 것
은 한국전이 勃發하기 4개월 전인 1950년 2월이었다. 미국의 국가안보
회의(NSC: National Security Council)가 처음으로 다음과 같이 당시의 정세
를 진단했던 것이다: "인도차이나는 동남아시아의 핵심 지역이고 현재
위협에 직면하고 있다. 만약 인도차이나가 떨어지는 경우(공산화), 버마와
태국이 뒤를 따를 것이고, 결국 동남아시아의 균형은 심각한 위험에 처
하게 될 것이다."[36] 단정적인 평가가 내려진 배경에는 다음의 중요한 국
내외적 변화가 자리 잡고 있었다. 하나는 1949년 중국의 갑작스런 공산
화였고 다른 하나는 국내적으로 반공산주의 무드의 급속한 확산이었
다.[37] 특히 중국의 공산화는 공산주의 강대국이 베트남과 국경을 맞대는
것을 의미했다.

여기서 전략적으로 중요한 점이 발견되는데, 유럽에서의 봉쇄정책
(containment policy) 및 마샬플랜(Marshall Plan)의 시행, 중국의 공산화, 그
리고 동남아시아에 도미노 이론의 적용, 나아가 한국전에 미국의 참전
등이 시기적으로 동일선상에 있다는 사실이다. 유럽대륙에서의 공산주의
팽창을 저지하기 위해 고안된 봉쇄정책이 미국의 전략적 무지와는 상관
없이 동남아시아와 한반도에도 똑같이 적용될 수밖에 없다는 논리가 현
실화됨으로써 유럽과 동남아시아 그리고 한반도 등, 모두가 미국의 동일
한 전략적 시각에서 다루어졌던 것이다.

특히 한국전 勃發 이전에 동남아시아에 대한 상기의 전략적 평가가 이
미 이루어졌다는 사실은 한국전에 대한 미국의 전격적인 개입 배경을 짐
작케 한다. 따라서 1949년 6월 단행된 한반도에서의 미군철수는 이해가

---

36) NSC document 64로 기록되어 있다(Kissinger, *Diplomacy*, pp. 623-624에서 재인용).
37) McT.Kahin, *Intervention*, pp. 28-29. 그리고 각주 27) 참조.

가지 않는 사건으로 남을 수밖에 없다. 미국이 봉쇄정책에 대한 면밀한 검토를 결여하고 있었음을 알 수 있다. 전후 문제의 대응에 있어 세계를 다루어 본 경험이 없는 미국이 전략적으로 미숙했던 것이다. 결국 아래의 분석을 통해 한국과 베트남에서 미국은 정반대의 방향으로 서로 다른 실수를 동시에 범했던 사실을 알 수 있다.

우선 도미노 이론의 근간을 이루고 있는 동남아시아 전 지역에 대한 공산주의의 확산 논리는 다음을 배경으로 하고 있다. 동남아시아에 대한 공산주의 확장의 주범이 중국이고, 그 뒤에 소련이 버티고 있다는 이른바 공산주의의 대음모론(conspiracy)이 엄존한다는 확신이 있었던 것이다.38) 같은 논리에 의해 한국전에 미국이 참전하게 된 이유가 설명되는 반면 월남전의 확전 원인도 동시에 밝혀지게 된다. 여기서 핵심은 공산화된 중국의 의도였는데, 다음과 같은 해석은 사후적이긴 하나 당시 미국의 전략적 계산에 문제가 있었음을 보여주고 있다.

"지금은 잘 알려진 사실이지만, 내전에서 막 승리한 중국 공산당은 그들의 자존적 독립에 있어 소련이 가장 심각한 위협이 될 것으로 이미 생각하고 있었고,39) 나아가 역사적으로 베트남도 중국에 대해 똑같은 위협을 느끼고 있었다. 따라서 1950년대 인도차이나에서 공산주의가 성공했다면, (도미노 논리와는 달리) 상기의 라이벌들을 간의 경쟁이 더욱 가속화됐을 가능성이 높다. 그것(인도차이나의 공산화)이 서구에 어느 정도의 위협이 될 수는 있었겠으나 중앙에서 기획된 세계적 규모의 (공산주의) 음모

---

38) 이점이 가장 분명하게 드러난 예는 미국의 1952년 공식 문서에서 찾을 수 있는데, 이른바 도미노 이론을 공식화시킨 다음의 언급이다: "인도차이나에 대한 군사적 공격은 적대적이며 공격적인 공산 중국의 존재에 내재되어 있다. (따라서) 한 국가가 공산화되면 나머지 국가들이 상대적으로 빠르게 공산화되거나 공산주의에 담합하는 사태가 일어날 것이고, 나아가 장기적으로 인도와 그 밖의 중동 국가들도 같은 길을 따를 가능성이 높다." 문서는 다음의 형식을 취하고 있다: "Unites States Objectives and Courses of Action with Respect to Southeast Asia," *Statement of Policy by National Security Council*, 1952(Kissinger, *Diplomacy*, pp. 626-627에서 재인용).
39) 각주 28)의 본문 참조.

로 간주될 수는 없었다."[40]

특히 중국이 문제가 됐음을 알 수 있는데, 당시에는 별로 알려지지 않았으나 월남전 이후의 연구 결과는 다양한 분야에서 중국과 베트민 간에 이견이 존재했음을 보여주고 있다. "군사전략과 전술, 對美 및 對蘇 觀과 利害, 베트남의 통일과 인도차이나 연방문제, 미국과의 교섭방식" 등이 항상 문제였다.[41] 기본적으로 중국은 월남전에 대해 두 가지 이해를 가지고 있었다. 하나는 베트민 측의 군사적 팽창을 적절한 수준에서 통제함으로써, 가뜩이나 동남아시아 강자로 군림해 왔던 베트민의 영향력이 다른 동남아시아 국가에게 미치는 것을 억제하는 것이었다. 다음으로 기왕 참전한 미국을 가급적 오랫동안 베트남에 묶어 둠으로써 미국이 중국에 신경 쓸 겨를이 없도록 하자는 것이었다.

중국의 의도는 毛澤東 전쟁 교리에 입각한 게릴라 전술을 월남 측에 집요하게 요구했다는 사실에서 잘 드러난다. 게릴라전을 통해 월남전을 내전으로 통제할 수 있으며, 그 결과 베트민의 과도한 군사적 팽창을 억제할 수 있고, 나아가 미국을 승리의 희망이 보이지 않는 국지적인 장기전(protracted war)에 묶어 놓을 수 있다는 계산이 숨겨져 있었던 것이다.[42] 그러나 베트민 측은 게릴라전의 유용성을 고려하기는 했으나 강력한 정규군대를 육성해야 한다고 생각했고 결정적인 순간에는 대규모 공격이 필수적이라고 여겼다. 실제로 월남전 전체는 늘 베트민의 군사전략이 현실화되는 방향으로 진행되었고, 그 결과 미국을 꺾을 수 있었다.[43]

40) Kissinger, *Diplomacy*, p. 627.

41) Eugene K. Lawson, *The Sino-Vietnamese Conflict* (New York: Praeger Publishers, 1984), p. 22.

42) *Ibid.*, pp. 22-29.

43) *Ibid.*, pp. 29-34. 여기서 정규전은 주로 월맹정규군(NVA: North Vietnamese Army)에 의해 수행되는 것을 의미하고 게릴라전은 베트남 남부에서 활동하는 민족해방전선(NLF: National Liberation Front)에 의해 행해지는 전투를 의미한다(*Ibid.*). 베트민의 군사전략은 지압(Vo Nguyen Giap) 장군의 행보에서도 잘 드러나는데, 지압은 철학적으로도 중국식 전략을 경멸했던 것으로 알려지고 있다(*Ibid.*, p. 30-31).

여기서 양국 간에 근본적인 시각 차이가 존재했음을 알 수 있는데, 베트민의 궁극적인 목적은 미군의 완전한 퇴출과 조국의 통일 및 독립이었던 데 반해, 중국은 미국이 장기적으로 묶여있기를 원했던 것이다. 즉 베트민에 의한 베트남의 통일은 중국의 목표가 아니었다.[44] 중소분쟁이 격화되면서 중국은 베트남은 물론 인도차이나 전체에 대한 소련의 영향력 증대에 신경을 써야만 했다.[45] 따라서 당시 미국이 생각했던 것과는 달리 베트남, 중국, 그리고 소련의 이해가 상당히 복잡하게 얽힌 가운데 월남전이 진행되었음을 알 수 있다.

구체적으로 "중국의 이해는 민족해방전선이 하노이 측으로부터 독립된 위상을 지니는 한 이들을 지지하는 것이었다(*Ibid*., pp. 59, 193-194)." 흥미로운 사실은 민족해방전선 또한 통일이 그들의 가장 중요한 목표는 아니라고 생각하고 있었다는 점이다. 구체적으로 "1961년에 이르자 민족해방전선이 발표한 긴급 행동강령(Immediate Action) 8개 조항에서는 과거에는 미약하나마 존재했던 통일에 대한 언급이 전면 삭제"된 바 있다(*Ibid*.). 통일을 지상과제로 여기고 있는 베트민과는 시각 차이가 존재했던 것이다.

44) *Ibid*., p. 40. 그 밖에도 중국이 우려했던 것은 월맹 측의 과욕으로 월남전이 지나치게 확대되는 경우 미국의 중국에 대한 핵 공격 가능성이었다. 한국전에 개입함으로써 중국은 엄청난 경제적 손실을 감수해야만 했던 경험에 비추어 경제의 재건을 위해서는 어떤 형태로든 미국과 다시 전쟁을 하는 것만은 피해야 했다(*Ibid*., pp. 40, 44).

45) 월남에 대한 소련의 관심은 한국전을 기점으로 촉발되었다. 한국전을 통해 미국이 제삼세계 국가의 중요성을 재인식하고 광범위한 경제원조를 통한 적극 개입정책을 취하게 되자, 소련도 제삼세계 국가들에 대해 본격적으로 눈을 뜨기 시작한 것이다 (Longmire, *Soviet Relations with South-East Asia*, pp. 38-39). 인도차이나도 분명 제삼세계의 중요한 지역임과 동시에 특히 베트남과 라오스에서의 공산주의 팽창은 부인할 수 없는 현실이었음으로 소련이 동남아시아에 관심을 갖는 것은 당연한 일이었다. 대동남아 정책이 본격화된 것은 후르시초프(Nikita Khrushchev) 집권 이후였는데, 따라서 후르시초프는 동남아시아의 가치를 처음으로 인식한 소련의 지도자로 기억되고 있다(*Ibid*., pp. 77-78). 그러나 소련의 기본적인 입장은 월남전에 너무 깊숙이 개입하지 않는 것이었다(*Ibid*., p. 72). 아무튼 베트남은 소련에게 다음의 전략적 가치가 있었음으로 그것을 통해 소련의 이해를 짚어 볼 수 있다. 우선 적대국 미국이 베트남에 묶여 있는 것이 전략적으로 나쁠 이유는 전혀 없었다. 그러나 더욱 중요한 것은 중소분쟁이 격화된 이후 베트남은 인도차이나 및 동남아 지역에 대한 중국과의 영향력 경쟁을 벌일 수 있는 좋은 무대가 될 수 있었다. 특히 베트남 및 동남아시아가 중국의 바로 뒷마당이어서 중국에게는 전략적으로 대단히 민감한 지역이라는 사실이 소련의 관심을 끄는 중요한 이유였다(*Ibid*., p. 78, 그리고 Lawson, *The Sino-Vietnamese Conflict*, p. 158).

여기서 한국전과 월남전에서 중국 변수에 대한 미국의 대응이 정반대 방향으로 이루어졌음을 알 수 있다. 한국에서는 미국의 38선 돌파 이후 계속되는 북진이 중국의 참전을 유발할 수 있고 그 결과가 좋지 않을 것이라는 예측이 무시되었다. 맥아더 장군의 만주 폭격론은 중국의 행보를 미국이 통제할 수 있다는 지나친 과신의 대표적인 예였다.[46] 반면 베트남의 경우 월남전에 개입할 의사가 없다는 중국의 의사는 미국에 의해 받아들여지지 않았고, 따라서 음모론에 입각, 중국의 개입 가능성이 상존한다고 오판하였던 것이다.[47]

같은 맥락에서 도미노 이론의 문제점을 다시 한번 짚어 볼 필요가 있다. 다음의 전략적 해석은 도미노 논리의 적실성을 판단하는 데 도움을 준다: "도미노 이론은 전통적인 지혜에 기초하고 있었고 거의 도전을 받지 않았다. 그러나 윌슨식 사고와 같이 도미노 이론은 세분화 및 정제되지 않았다는 결함을 지니고 있었다. 베트남 사태로 인해 부과된 진정한 문제는 공산주의가 아시아에서 저지되어야 하는가가 아니라 17도선이 저지선으로서 적절한 것인가였다. 나아가 남부 베트남이 공산화되는 경우 인도차이나 전체에 어떤 일이 발생하는가가 아니라 또 다른 방어선을, 구체적으로 말라야 국경에, 구축할 수 있느냐는 것이 중요한 문제였다."[48] 다시 말해 단계별 전략이 세부적으로 검토되지 않았던 것이다. 그 결과

---

46) Kissinger, *Diplomacy*, p. 484-485. 심지어는 대만에 있는 중국 국민당군을 참전시키자는 의견까지 개진되었다. 이것은 사실상 중국과의 전면전을 의미한다(*Ibid.*).

47) 대표적으로 중국 국방상 林彪(Lin Piao)의 "인민전쟁(People's War)"에 대한 선언문에 암시된 "세계 혁명세력들의 자급자족(self-reliance)"의 원칙을 미국이 잘못 해석한 것이 예가 될 수 있다(*Ibid.*, pp. 644-645). 왜냐하면 임표의 언급은 월남의 경우 전쟁의 월남화 즉 중국의 비개입 원칙 천명으로 해석될 수 있기 때문이다. 나아가 모택동 조차도 미국의 저널리스트 에드가 스노우(Edgar Snow)에게 "중국은 중국 국경 밖에 중국군을 보내지 않고 있으며 그럴 의사도 없다"고 공언한 바 있다(*Ibid.*, pp. 660-661).

48) *Ibid.*, p. 641. 말라야 국경이 동남아시아를 방어할 수 있는 요충지대가 될 수 있다는 의견은 영국의 처칠 수상과 이든(Anthony Eden) 외무장관에 의해 제기되었다. 이것은 영국이 도미노 이론을 믿지 않았음을 의미한다(*Ibid.*, pp. 632-633).

는 당연히 미국의 개입 확대였다.

이미 분석한 바와 같이 중국과 베트민 간의 경쟁적 관계, 중국의 전통적 對인도차이나 외교정책의 특성, 그리고 소련의 입장과 중소분쟁 등을 종합적으로 고려해 보면 인도차이나 나아가 동남아시아 전체의 공산화에 대한 우려는 역학구도상 실현성이 희박한 기우에 불과했다는 사실을 알 수 있다. 또한 베트남이 완전히 공산화된 이후에도 실제로 도미노 현상은 발생하지 않았다.

미국이 월남전에 개입하는 시점을 중심으로 당시의 정세와 각국의 이해 그리고 전략적 계산을 집중적으로 논의한 이유는 그것들이 월남전의 성격과 승패를 사실상 결정짓는 역할을 했다고 사료되기 때문이다. 그 밖의 중요한 사항으로는 미국이 패퇴할 수밖에 없었던 요인들과 동아시아 전체 안보구도에 대한 월남전의 영향 등을 들 수 있을 것이다.

1954년 5월 7일 디엔 비엔 푸 전투에서의 프랑스 패배는 월남전이 국제화되는 계기를 제공하게 된다. 아울러 전쟁의 성격 또한 프랑스의 패배로 인해 사실상 결정되었다. 일단 강력한 프랑스를 패퇴시킨 베트민의 존재는 부인할 수 없게 되었다. 전세는 이미 기울기 시작했고, 프랑스가 어떻게 철수하느냐의 문제만 남았다. 디엔 비엔 푸 전투 종료 이전인 4월 26일에 이미 제네바 회의가 개최된 것은 이를 잘 반증한다. 회의는 소련의 중재를 프랑스 새 정부가 승낙하는 방식으로 성사되었다. 기울어가는 프랑스의 세를 만회하기 위해 미국이 제창한 공동 군사행동은 특히 영국의 반대로 무산되었다. 따라서 어느 국가도 확전을 원치 않는다는 것이 확인된 이상 적당한 선에서 타협은 불가피했다. 중국과 소련의 입장도 비슷했는데 미국의 전면 개입은 피해야 한다고 생각했다.[49] 베트민 역시 외부의 수혈 없이 전쟁을 지속할 여력은 없었다.

7월 20일 종료된 제네바 회의에서 베트남 문제는 다음과 같이 처리되

---

49) 특히 통일 베트남에 대한 중국의 우려는 이미 설명한 바와 같다.

었다. 분쟁의 종식이 급했음으로 우선 휴전이 이루어져야 했고, 전쟁이
끝났음으로 전쟁 당사국들의 군대 또한 철수해야만 했다. 따라서 17도선
과 같은 임시 휴전선이 필요했던 것이다. 남북의 분단은 1940년대 한반
도 상황과 비슷했다. 외견상으로는 임시적인 것이었는데, 2년 이내에 선
거를 통한 통일의 길을 열어 놓았기 때문이다. 그러나 합의에 위반이 있
을 경우 그에 대한 책임 문제는 확실히 언급되지 않았다. 따라서 모든 것
이 애매모호하게 처리되었음을 알 수 있는데, 그것이 당시의 현실이었
다.[50]

2) 베트남 딜레마(dilemma)와 베트민의 군사전략

흥미로운 것은 제네바 합의에 대한 미국의 평가였다. 즉 프랑스의 식
민주의가 사실상 청산됨으로써 전후 대외정책상 그들의 기본 원칙, 즉
반식민주의, 민주주의의 확산 그리고 공산주의의 봉쇄 등을 (남부)베트남
에서도 논리적으로 모순 없이 추구할 수 있다고 미국은 생각했다.[51] 비
록 당시 군사적 직접 개입은 없었으나, 그렇다고 미국의 전략적 시각에
변화가 있었던 것은 아니라는 사실이 위의 생각에 암시되어 있다. 동남
아시아는 對공산주의 봉쇄를 위해 여전히 중요한 지역이고, 따라서 무언
가 조치가 필요하다는 생각이 미국을 지배했던 것이다. 1954년 9월 동남
아시아 조약기구(SEATO: Southeast Asian Treaty Organization)의 창설은 그
러한 사고를 구체화시킨 조치였다.[52]

SEATO는 그러나 다음과 같은 결함을 지니고 있었다. 우선 SEATO의
가입을 거부하며 중립노선을 통해 자국의 안전을 보장받으려는 인접국,
인도, 인도네시아, 말레이시아, 그리고 버마가 동남아 회원국보다는 오히

---

50) Kissinger, *Diplomacy*, pp. 634-635.

51) *Ibid*., p. 636.

52) SEATO의 체약국은, 미국을 위시, 파키스탄, 필리핀, 태국, 호주, 뉴질랜드, 영국 그
리고 프랑스였다.

려 비중이 더 큰 중요한 국가들이었다. 그리고 제네바 합의에 따라 베트남, 라오스 그리고 캄보디아 역시 회원국이 아니었다. 다음으로 NATO와는 달리, 회원국의 헌법 절차에 따라 공동의 위험에 대처한다고 추상적으로 규정함으로써 공동방위의 강제력은 약화될 수밖에 없었다. 흥미롭게도 체약국이 아닌 월맹, 라오스, 그리고 캄보디아에 대한 위협을 회원국에 대한 적대 행위로 간주한다는 별도의 의정서를 채택하는 이례적인 합의가 이루어졌다.[53] 결국 SAETO는 비가입 3개국, 특히 월맹을 목표로 하고 있음이 분명해졌다. 그러나 문제는 실천력이었음으로 애매모호한 규정에 비추어, 미국에게는 인도차이나 방어를 위한 법적 장치를 제공한다는 명분상의 의미가 있었을 뿐이다.[54] 여기서, 물론 미국의 힘과 의사에 전적으로 의존한 것이긴 하지만 NATO와 같은 집단안보체제의 형성이 동아시아에서는 애초부터 불가능했다는 사실을 알 수 있다. 아무튼 미국의 입장에 비추어 인도차이나의 장래는 결국 새로 분리된 월남(남부 베트남)의 체제가 얼마만큼 잘 기능하는가에 달려있을 수밖에 없었다.

바로 이 점이 향후 미국을 괴롭히는 중요한 족쇄가 되는데, 베트남 문제가 공산주의의 팽창 저지 및 민주주의의 세계적 신장이라는 이념적이며 이상적인 미국의 대외정치관에 기초하여 다루어졌기 때문이다. 월남의 내정이 미국의 관심 사항으로 부상하기 시작한 것이다. 국가 원수 바오 다이(Bao Dai) 밑에서 수상으로 있던 고 딘 디엠(Ngo Dihn Diem)이 사실상 실권자로 떠올랐음으로 미국의 파트너는 고 딘 디엠이 될 수밖에 없었고, 1955년 10월 바오 다이를 제치고 국가원수가 되면서 디엠의 운명이 미국의 그것과 얽힐 수밖에 없는 묘한 상황이 전개되기 시작했다.[55] 1956년 5월 제네바의 합의 사항인 통일선거를 디엠이 거부함으로

53) Kissinger, *Diplomacy*, p. 637.

54) *Ibid.*

55) 베트남에서 반공산 및 친미 정부의 수립은 미국이 오래 전부터 가지고 있던 목표

써 미국의 지원하에 월남이 전체 베트남 문제에서 분리되는 결과가 초래되며, 한국과 비슷한 남북 대치 상황이 연출되었다.[56]

따라서 "제네바 회의 직후 수년간에 걸쳐 전개되기 시작한 미국정책의 결정적인 변화는 결코 피할 수 없는 선택은 아니었다. 그것은 그 이전 프랑스의 뒤에서 활동하는 것보다 더욱 깊이 그리고 직접적으로 개입하게 되는 미국의 자의적이고 계산된 행동이었다. 따라서 제네바 합의는 미국에게 이전의 제한적이고 간접적인 개입과는 정반대 방향의 넓은 도로를 제공한 셈이다."[57]

당시 미국의 의도는 아이젠하워(Dwight Eisenhower) 대통령이 퇴임하기 전인 1950년대 말까지 무려 10억 달러의 원조가 월남에게 공여되었고,[58] 1,500명의 미국인이 월남에서 활동한 사실을 통해 잘 드러난다. 17도선 이남에 강한 민주정부를 수립하고 운영하는 것이 미국의 이해였던 셈이다.[59] 그러나 문제는 디엠 정권이 미국의 이해를 충족시킬 수 없

로 확인되고 있다. 이미 1948년 9월 27일에 발표된 미국무부의 다음과 같은 성명은 미국의 원래 의도를 잘 보여주고 있다: "인도차이나에서 미국의 장기 목표는 민주정부 그리고 미국에 우호적인 민족주의 정부의 설립"이라고 못 박고 있다. John M. Gates, "Vietnam: The Debate Goes On," Lloyd J. Mathews and Dale E. Brown, *Assessing the Vietnam War: A Collection from the Journal of the U.S. Army War College* (Washington: Pergamon-Brassey's International Defense Publishers, 1987), p. 49에서 재인용.

56) 디엠의 선거 거부는 미국의 이해와도 일치했다. 당시 미국 정보당국은 1956년의 어떠한 선거에서도 디엠이 패배할 것으로 예측했고 따라서 선거가 강행되는 경우 공산주의자들에게 결정적으로 유리한 상황이 조성될 것이라고 단언했다(McT.Kahin, *Intervention*, p. 89). 결국 아이젠하워 정부는 위험을 감내할 여유가 없었음으로 디엠의 입장을 지지할 수밖에 없었다(*Ibid.*).

57) *Ibid.*, p. 92.

58) 그 후 케네디 행정부가 출범하면서 1962년까지 10억 달러 이상이 추가로 원조되었다. Robert Scheer, "Behind the Miracle of South Vietnam," Marvin E. Gettleman, Jane Franklin, Marilyn B. Young, and H. Bruce Franklin, eds., *Vietnam and America: The Most Comprehensive Documented History of the Vietnam War* (New York: Grove Press, 1995), pp. 144-145.

59) 디엠과 미국과의 관계를 가장 잘 보여주는 예는 아이젠하워 대통령이 디엠에게 보낸 서신에서 찾을 수 있다. 디엠의 경제원조 요구를 흔쾌히 승낙하며, 미국이 다음

다는 데 있었다. 다른 대부분의 지역에서도 거의 동일하게 목격된 바와
같이, 식민지 독립국을 빠른 시간 내에 민주화된 자본주의 국가로 변화
시키는 것은 사실상 불가능한 일이었기 때문이다.

월남정부의 무능, 부패 그리고 반민주적 행위가 군사전략상 중요했던
이유는 미국이 처음 겪어 보는 게릴라전의 중요한 동기를 제공했기 때문
이다. 나아가 월남의 정치상황이 악화될수록 미국의 가치관과 월남의 전
통이라는 이질적인 두 요소 간의 마찰은 더욱 깊어졌다. 처음에는 월남
에 한정된 것으로 보였던 월남 내부의 문제가 시간이 흐르자 미국의 국
내 정치이슈로 전환되기 시작했다는 사실은 미국에게 치명적일 수밖에
없었다.

게릴라전은 월남 내부의 상황과 밀접히 연계되어 있다. 17도선으로 베
트남이 분단되면서 베트민의 정규군과 상당수의 게릴라 전투 요원이 북
쪽으로 철수하였으나, 남부 출신의 군사 지도요원과 정치공작원 등 약
5,000-6,000명이 지하로 잠입하며 월남에 남게 되었다. 그것과는 별도로
디엠 정권이 공공과 치안을 빌미로 주로 탄압했던 抗佛의 경험이 있던
민족주의자들, 그리고 통일선거를 주장하는 집단 및 종교세력 등이 자생
적 반정부 집단으로 체계화되었다. 바로 두 세력을 기반으로 1960년 12
월 남베트남 민족해방전선(NFLSV: National Front for Liberation of South
Vietnam)이 창설된다.[60] 이어 1961년 2월 남베트남 인민해방군(People's

의 조건을 제시하고 있기 때문이다. 원조는 "월남정부가 군사적 도발과 전복 행위에
저항할 수 있는 강하고 자생력 있는 국가를 발전시키고 유지하기 위함이고," 나아가
"필요한 (민주적) 개혁"에 의해 원조가 합리화될 것이라고 언급하고 있다. President
Dwight D. Eisenhower, *The Letter to Ngo Dihn Diem*, Department of State Bulletin,
31 (November 15, 1954), pp. 735-736, "A Flawed Commitment: US Endorsement,
with Conditions, of Ngo Dihn Diem," by President Dwight D. Eisenhower
(Gettleman, *Vietnam and America*, pp. 113-114에서 재인용). 서신의 날짜가 1954년
10월 23일로 되어 있음으로 제네바 협정이 체결된 지 얼마 되지 않아, 미국이 당시
수상이었던 디엠을 파트너로 월남의 재건에 박차를 가하기 시작하며 내정에 깊숙이
개입했다는 사실을 알 수 있다.

60) NLF가 창설되기 직전, 1960년 9월 5일 하노이에서 개최된 베트남 노동당 제3차

Liberation Armed Forces), 즉 베트콩이 출범했다.[61]

결국 남부에서 게릴라전을 효과적으로 수행할 수 있는 기초가 다져진 것이다. 게릴라전의 기반이 1960년을 전후하여 마련된 데는 군사적인 사정도 있었다. 보급선의 확보가 필요했던 바, 북쪽이 효율적인 망을 구축하는 데 시간이 걸렸던 것이다. 보급선은 17도의 휴전선이 아니라 라오스를 관통하는 우회적인 방법으로 구축되었는데, 이것이 후일 호치민 통로(Ho Chi Mihn Trail)로 알려진 비밀 보급선이었다. 중립상태로 평온이 지내던 라오스가 월남전에 말려들어가는 계기가 조성된 것이다. 미국의 입장에서 라오스 문제는 마치 도미노 이론이 현실화되는 것처럼 비쳐졌다.[62]

이후 남부지역에서 게릴라전이 활성화됨에 따라 미국은 그들의 전통적인 군사전략에 비추어 전혀 생소한 전쟁을 치러야만 했다. 미국의 군사전략은 대규모 전면전에 기초하고 있었다. 이 경우 전선이 분명하기 때문에, 장기적으로 화력, 기계화 능력, 그리고 군 동원력이 우세한 국가가 당연히 유리할 수밖에 없다. 결국 국력 자체의 경쟁이 되는 것이다. 그러나 월남전의 양상은 정반대였다.[63]

대회에서 호치민이 겸임하던 노동당 서기장 직책에 남부 출신 레 두안이 선출된다. 당시 "남부 민중의 혁명 투쟁"을 베트남 노동당의 행위로 간주한다는 레 두안의 발언이 있은 직후인 12월에 NLF가 창설된 것이다. 眞保潤一朗(조성을 역), 베트남 현대사, pp. 171-172. 레 두안은 분단 전에 남부 베트민군 사령관으로 활약한 인물이다.

61) 여기서 베트콩은 베트남 공산주의자들을 의미하는 베트남 공산(Viet Nam Cong San)의 약어로 남부베트남 관리들에 의해 주로 불려지던 용어였다. 밀톤 W. 마이어, 동남아시아 입문, 김기태 역 (서울: 한국외국어대학교 출판부, 1994), p. 193.

62) Kissinger, Diplomacy, p. 641. 당시 미국은 도미노 이론에 입각, 라오스의 방위가 필수적이라고 생각했다(Ibid.).

63) 이를 소모전 혹은 지구전(war of attrition)이라 하는데, 그런 류의 전략은 "결정적인 목표(vital prize)를 방어하는 것 이외는 선택이 없는 적에 대해서는 잘 적용된다. 그러나 게릴라들은 방어해야만 하는 목표가 없었다(Ibid., p. 640)." "대규모 전쟁에 대비해 무장했던 강대국들은 본질적으로 혁명전쟁 전술에 취약할 수밖에 없었다. 즉 혁명전쟁은 강대국들이 겪어 보지 못했던 국내전 성격을 띤 과거와는 다른 새로운 전쟁이었던 것이다." John Shy and Thomas W. Collier, "Revolutionary War," Peter Paret, ed., Makers of Modern Strategy: from Machiavelli to the Nuclear Age (New Jersey:

게릴라전으로 상징되는 베트민의 전략은 미국이 경험한 적이 없었다. 전문적인 의미에서 게릴라 전술은 혁명전쟁의 일환으로 이해되고 있다. "혁명전쟁(revolutionary war)은 무력을 사용하여 정치권력을 장악하는 것을 의미한다. 치고 빠지는 식의 게릴라 전술은 혁명전쟁의 한 수단에 불과하다. 결국 혁명전쟁은 게릴라 전술을 포함한다고 할 수 있다. 따라서 혁명전쟁은 사람들의 비폭력적 정치동원, 합법적 정치행위, 스트라이크, 선동, 테러에서부터 큰 규모의 전투와 전통적인 군작전을 포괄한다. (그러므로 논리상 게릴라 전술과 또 다른 차이점은) 게릴라 전술이 혁명적 목표를 가지고 있지 않은데 반해, 혁명전쟁은 혁명적 목표(revolutionary objective)를 지니고 있다는 사실에서 발견할 수 있다."[64]

베트민의 경우 두 전략을 모두 구사했다고 볼 수 있는데, 1954년 베트남이 분단된 이후 특히 게릴라 전술의 유용성은 더욱 증가하였다. 남쪽지역의 베트콩에 의해 주도되는 게릴라전이 미국 군사활동의 주된 場이 되었기 때문이다. 결국 혁명전과 게릴라전의 혼합은 남쪽지역의 게릴라 이외에 북쪽지역에 독립국가의 위상을 지닌 잘 무장된 강력한 정치체가 존재하였기 때문에 가능한 일이었다.[65] 그러나 베트민의 독특한 전략이

Princeton University Press, 1986), p. 818.

64) *Ibid.*, p. 817.

65) 디엔 비엔 푸 전투까지는 베트민도 주로 게릴라전에서는 승리한 반면, 전면전에서는 패한 것으로 분석되고 있다. 대표적으로 1949년 중국이 공산화된 이후 중국으로부터의 직접적인 지원이 가능해지자, 1950년 베트민은 붉은 강 삼각지(Red River Delta)에서 프랑스에 대해 대단히 공격적인 전투를 벌인 적이 있다. 그러나 주요 전투에서 베트민은 엄청난 손실을 입어야 했고, 그 여파는 오랫동안 지속되었다. 즉 "모택동 혁명전략을 잘못 적용한 것이다. 그 후 1951년 모택동의 교시에 따라 강력한 정치적 토대를 구축하고 방대한 게릴라 조직으로 군대를 재편하면서 힘을 회복할 수 있었다(*Ibid.*, pp. 848-849)." 그러나 앞서 설명한 바와 같이, 베트민 지도자들은 중국의 교시를 그대로 따라서는 안된다고 생각했고, 그러한 사고는 1965년 미국의 군사개입이 본격화되기 시작하자 구체화되었다. 즉 "자신들 인민전쟁(People's War)의 특수성을 강조하며, 그들은 중국식 방법의 새로운 독특한 버전을 고안해냈다. 내용의 핵심은 전격적이고 결정적인 군사적 승리(quick and decisive military victory)였다(Lawson, *The Sino-Vietnamese Conflict*, p. 80)." 그것은 곧 "모택동의 이른바 3단계 인민전쟁론을 최소화시킨 전략을 의미했는데, 아무튼 당시 북경 측이 고려

모택동의 그것과 차이가 난다는 점은 이미 기술한 바와 같다. 즉 양측의 이해가 서로 달랐던 것이다. 베트민의 목표가 월남의 통일이었고 따라서 미군의 퇴출이었던 반면, 중국의 이해는 미국의 지속적인 잔류를 통한 국력 손실과 베트민의 지나친 팽창의 억제였다.[66]

여기서 당시 미국의 군사전략이 제한전(limited war)에 기초하고 있었다는 사실 또한 베트남에서의 혁명전략이 더욱 유리한 방향으로 발전하는데 일조를 했다. "혁명전쟁은 핵무기 시대에 번성했다고 볼 수 있는 바, 핵무기가 강대국 사이의 전면전을 사실상 불가능하게 만들었기 때문이다."[67] 강대국 간의 충돌은 억제되어야 한다는 원칙이 가장 극명하게 표출된 예가 월남전이라 할 수 있다. 미국이 중국과의 충돌을 피하려 한 것이나, 중국 또한 미국과의 전면전을 두려워했던 사실은 제한전의 의미를 잘 보여주고 있다. 따라서 미국과 중국의 베트남에 대한 개입은 제한적일 수밖에 없었는데, 이런 상황은 논리상 게릴라 전술의 유용성을 더욱 증대시켰다.[68]

혁명전쟁의 전략은 단순히 군사문제에 국한된 것이 아니었다. 미국을

했던 것 보다는 훨씬 대담한 군사전략이었다(*Ibid.*)." 구체적으로 모택동 혁명전쟁의 3단계론은 비밀 정치조직의 결성을 의미하는 조직화 단계(organizational phase), 그리고 기존 적대 정부의 군사력을 약화시키는 게릴라전 단계(guerrilla warfare phase), 마지막으로 전통적 전쟁 단계(conventional warfare phase)로 구성되어 있었는데, 베트민 측은 1965년을 기점으로 마지막 단계가 임박했다고 판단한 반면, 중국 측은 그렇지 않다고 본 것이다. Jeffrey Clarke, "On Strategy and the Vietnam War," Mathews and Brown, eds., *Assessing the Vietnam War*, p. 67. 아무튼 양 측의 견해 차이가 일반적으로 생각하는 것보다는 훨씬 더 심각했다는 사실이 후일 밝혀지는데, 특히 베트민 측의 견해에 대해서는 각주 102) 참조.

66) 각주 42), 43) 참조.

67) Shy and Collier, "Revolutionary War," p. 818.

68) 보다 자세한 내용은 다음을 참조할 것: Robert McClintock, *The Meaning of Limited War* (Boston: Houghton Mifflin Company, 1967), 특히 ch. XI "Wars of National Liberations." 그리고 한국전에 대해서는 Morton H. Halperin, *Limited War in the Nuclear Age* (New York: John Wiley and Sons, 1963); Robert E. Osgood, *Limited War: The Challenge to American Strategy* (Chicago: The University of Chicago Press, 1957), 특히 ch. 3.

더욱 곤혹스럽게 만든 것은 게릴라 전술의 정치화였다. 애초 공산주의의 저지와 친미적 민주정부의 수립을 목표로 했던 외교노선은 미국을 남부 베트남(월남) 정치에 개입시켰고, 그 결과 디엠 정권이 탄생하며 미국이 그를 지원했던 사실은 이미 밝힌 바와 같다. 그러나 디엠 정권에게 미국이 원하는 수준의 민주성을 기대하는 것은 애초부터 무리였다. 독재의 결과인 국민에 대한 탄압이 가시화되고, 또한 부패가 만연하자 월남 자체가 정치 싸움의 소용돌이에 휩싸이게 되었다.

따라서 독재정부에 대한 국민들의 저항은 베트민에게 대단히 중요한 또 다른 무기를 제공했다. "비폭력적 정치 동원, 합법적 정치행위, 스트라이크, 선동" 등이 혁명전쟁 전략의 주요 수단이었음으로, "하노이 측은 그들이 약화시키기를 줄곧 노력했던 사이공 정부에 대해 미국의 (민주화) 압력을 증가시키는 방법으로 전쟁 전체를 유리하게 조정할 수 있었다."[69] 비슷한 맥락에서, "디엠 정부의 교체를 부추기며 미국은 월남정치에 구체적으로 개입하게 되었다. 궁극적으로 모든 혁명전쟁의 역량은 사이공 정부의 정통성에 초점이 맞추어졌는데, 정통성을 약화시키는 것은 게릴라들의 가장 핵심적인 목적이었기 때문이다."[70]

전쟁이 장기화되면 미국의 국론이 분열된다는 것은 한국전쟁을 통해 입증된 바 있다. 월남전의 장기화는 필연적으로 같은 현상을 초래했다. 디엠정권의 부도덕성이 미국 매체를 통해 방영되자 그때까지 미국의 개입에 우호적이었던 언론들이 등을 돌리기 시작했고, 전쟁이 지루하게 이어지자 미국의 국론이 가시적으로 분열되며,[71] 월남전은 본격적으로 국내 정치화되었다. 바로 이때가 하노이 측이 게릴라전의 확대를 위해 과거에는 주로 남부출신으로 구성되었던 게릴라 부대에 북부 출신을 대거 파견하던 시점이다.[72] 곧 이어 베트민 정규군까지 본격적으로 동원되기

69) Kissinger, *Diplomacy*, p. 653.

70) *Ibid.*, p. 655.

71) *Ibid.*, pp. 654-659.

시작함으로써 전쟁은 걷잡을 수 없이 확대되었다. 미국이 정치적으로 감내할 수준을 넘기 시작한 것이다.

베트남에서 미국이 패배한 것은 이미 주지의 사실이다. 미국은 닉슨 행정부가 들어서자 철군의 수순을 밟게 되고 지리한 협상 결과, 1973년 1월 파리평화협정이 조인됨으로써 월남전은 공식적으로 막을 내린다. 그 후 미국의 지원이 사라진 상태에서 북측의 남쪽 접수는 시간문제일 수밖에 없었다. 1975년 4월 베트민에 의해 통일이 이루어짐으로써 베트남은 공산화되었다.

---

72) *Ibid.*, p. 656.

IV. 制限戰 이후 세력균형의 변화

1. 새로운 외교구도의 형성과 안보질서의 변화

앞서 한국전과 월남전을 비교적 자세히 살펴 본 이유는 이를 기점으로 동아시아의 현 안보구도가 정착되었기 때문이다. 우선 두 전쟁은 미국의 전략선이 어디까지 미쳐야 하는지를 결정해 주었다. 미국 봉쇄정책의 범위가 미국의 능력을 연속적으로 시험하며 구체화된 것이다. 전략선이 결정된 데는 다양한 요인이 있는데, 우선 국제환경을 살펴보면 다음과 같다.

소련을 축으로 한 공산주의의 세계적 팽창이라는 명제는 케넌(George Kennan)이 그의 유명한 논문에서 소련 행위의 기본 동인을 다음과 같이 진단한 이후 미국인들에게는 움직일 수 없는 하나의 독트린이 되었다: "소련 힘의 정치적 성격은 이데오르기와 환경의 산물인 바, 소련의 현 지도자들이 그들의 정치적 뿌리(origin)를 내리고 있던 운동으로부터 물려받은 이데오르기와 거의 30년간 그들이 행사해 온 권력 환경을 의미한다."[73]

따라서 특정 지역에 공산주의 활동이 감지되는 경우 그 배후에는 소련이 존재한다고 믿게 되었고, 그 결과 봉쇄정책은 전 세계적으로 확장되어야만 한다고 생각했다. 그러나 월남전과 한국전을 통해 현재까지 밝혀

---

73) Geroge F. Kennan, "The Sources of Soviet Conduct," George F. Kennan, *American Diplomacy: 1900-1950* (Chicago: The University of Chicago Press, 1951), p. 107. 본 논문은 1947년 익명으로 처음 발표된 후 이 책에서 처음으로 저자 케넌의 이름으로 출판되었다. 참고로 원제는 다음과 같다: X, "The Sources of Soviet Conduct," *Foreign Affairs* 25/4, July 1947, pp. 566-82. 본 논문의 가장 핵심적인 주장은 소련 외교정책이 공산주의라는 소련 체제의 특징으로부터 연유된다는 것이었다. 그것은 소련 지도층들의 세계관과 깊게 연계되어 있는데, 구러시아로부터 전해진 외부세계에 대한 공포, 그리고 공산주의 독트린이 전해준 세계 공산화의 의무가 합해진 것이다. 따라서 소련의 외교노선을 과거 러시아의 행위에만 비추어 이해하려는 시도는 오류일 수밖에 없고, 독특한 공산주의 이데오르기라는 새로운 변수가 기존의 理解에 덧붙여져야 한다고 주장하고 있다.

진 바는 소련의 사주가 미국이 생각하는 수준에는 현저하게 못 미쳤다는 사실이다. 오히려 군사적으로 일류 국가가 아니었던 중국이 주요 배후였다는 점이 당시에는 잘 이해될 수 없었다. 한국전에서는 중국의 능력을 과소평가한 바 있고 월남전에서는 반대로 중국의 의지와 능력을 과대평가했다.

전략적 오류는 미국의 아시아에 대한 몰이해에서 비롯되었다고 할 수 있다. 우선 미국은 한반도가 중국에 전략적으로 어떠한 의미를 지니고 있는지 대해 깊은 통찰을 결여하고 있었고, 중국과 월남의 전통적 라이벌 관계도 간과하였다. 동아시아에 대한 경험이 없었던 미국으로서는 어쩌면 당연한 오판이었는지 모른다. 아무튼 동아시아에서의 경험을 통해 미국은 봉쇄정책의 타당성에 대한 새로운 인식을 하게 된다. 무엇보다도 미국의 국력이 어디까지 미칠 수 있는지가 분명해졌다. 이는 월남전 종전 즈음 닉슨 독트린(Nixon Doctrine)에 의해 잘 표명된 바 있다. 그리고 공산주의의 세계전략에 대한 재조명도 필요했다. 즉 공산주의의 범세계적 팽창은 논리적으로 무한한 것인지. 케넌의 주장대로 특히 소련체제의 특이성이 범세계적 팽창 요인을 창출하는지. 설사 가정이 맞더라도 무한한 팽창이 현실적으로 가능한 것인지. 특히 마지막 질문은 다면적인 분석을 필요로 한다.

우선 현실적으로 소련을 위시한 주요 공산국가들의 국력이 공산주의의 무한한 팽창을 지탱할 정도로 강한지라는 질문을 제기해 볼 수 있다. 세계 최강 미국이 민주주의의 세계적 확산 혹은 방어에 한계를 보인 사실에 비추어 논리적으로 그 질문에 대한 대답은 부정적일 수밖에 없다. 그리고 상기의 질문은 공산권 국가들이 공산주의라는 이데오르기로 단단히 뭉쳐있다는 것을 전제로 한다. 그러나 1969년 3월 중국과 소련의 국경인 우수리강(Ussuri River)의 다만스키 섬(Damanski Island, 중국명: 珍寶島)에서 발생한 양측의 군사충돌은 공산권 내부가 심각히 분열되어 있다는 사실을 단적으로 보여주었다. 당시 서방은 모르고 있었지만 중소분쟁의 씨앗이 이미 한국전쟁에서 뿌려지기 시작했다는 점은 이미 소개한 바와 같다.

그렇다면 미국이 최전선에서 퇴각하면 어떠한 문제가 발생하게 되는가. 소련의 무한 팽창을 가정한 봉쇄정책의 논리가 맞다면 소련은 당연히 팽창을 시도할 것이고 그들도 미국이 겪었던 것과 비슷한 어려움에 봉착하게 될 것이다. 이미 한국과 베트남에서 고초를 겪었던 중국은 팽창 의지를 지니고 있을 수가 없었고 국력 또한 그것을 허용하지 않았다. 따라서 미국은 중국과 같은 새로운 협력 파트너를 맞이하며 휴식을 취할 수 있었고, 일단 세력균형을 활용하면서 소련의 움직임을 멀리서 주시하면 됐다.

월남전 말기에 형성된 새로운 역학구도는 외교적으로는 미국과 중국의 화해, 군사적으로는 닉슨 독트린, 그리고 경제적으로는 닉슨 쇼크로 불리는 미국 달러화의 금태환 금지조치 등을 통해 이해될 수 있다. 새로운 움직임의 근저에는 서방의 분열도 존재했다. 중국과 소련 관계에서 보여진 파국 정도의 심각한 상황은 아니었으나 서유럽이 경제적으로 회복하고 통합의 진전으로 자신을 얻게 되자 미국에 서서히 도전하는 현상이 상대적으로 가시화되기 시작한 것이다. 1966년 프랑스는 NATO를 탈퇴했다. 이어 프랑스를 중심으로 유럽이 미국경제에 도전한 결과가 닉슨 쇼크였다는 사실은 당시 서방의 상황을 보여주고 있다.

1969년 6월 닉슨 대통령의 괌 방문 시 닉슨 독트린으로 불리는 새로운 외교 및 군사전략이 발표되었다. 독트린의 핵심 내용은 핵이 아닌 재래식 전쟁이 勃發할 경우 침공을 받은 국가로 하여금 방위의 일차적인 책임을 지게 한다는 것이었다. 그러나 기존 조약상의 의무, 즉 방위조약은 철저히 지킬 것을 다짐하고 있으며 핵강대국이 미국의 중대한 이익(vital to the US security)이 존재하는 국가를 위협했을 때도 방위를 책임진다고 약속하고 있다. 따라서 해석은 결국 애매할 수밖에 없는데, 무엇이 중대한 이익인지, 중대한 이익이 있는 국가에는 자위의 노력이 없어도 미국이 자동으로 개입하겠다는 것인지 등 다양한 의문이 제기될 수 있기 때문이다. 당시의 정세를 고려하면, "닉슨 독트린은 결국 미국과 동맹조약으로 묶여 있지 않은 상황에서 소련의 대리인에 의해 촉발된 위기에 적용되는 원칙"으로 이해될 수 있을 것이다.[74] 결국 제2의 베트남과 같은 사태를 피하자는 것이 주된 목적이었다.

그러므로 한국은 닉슨 독트린의 영향권에서 사실상 벗어나 있음을 알 수 있다. 국제안보질서에 있어 중요한 점은 닉슨 독트린을 기점으로 미국의 대외안보정책이 변한 것만은 분명하고, 따라서 국제안보질서의 상대적인 변화는 피할 수 없게 되었다는 사실이다. 우선 미국이 과거와는 달리 적극 개입이 아닌 후퇴정책을 택함으로써 제삼세계 곳곳에 힘의 공백이 만들어지기 시작했다. 강대국 간에는 긴장완화(détente)라는 새로운 용어로 포장되었지만,[75] 힘의 공백은 당연히 공산주의의 세계적 팽창을 목표로 하고 있던 소련에 의해 채워질 수밖에 없었다. 그러나 중요한 점은 1970년대 이후 제삼세계로의 팽창정책을 택한 소련도 결국 1950-60년대 미국이 겪었던 것과 비슷한 심각한 문제에 직면하게 된다는 사실이다. 즉 이미 한계상황에 처해 있던 소련의 자원이 급속히 고갈되기 시작한 것이다.[76] 반면 미국은 닉슨 독트린 이후 상당 기간 휴식을 취할 수 있었다.

다음으로 1971년 단행된 미국 달러화에 대한 금태환 금지조치는 다음과 같은 정치 및 경제적 의미를 지니고 있었다. 우선 경제적으로 종전 직

---

74) Kissinger, *Diplomacy*, pp. 708-709.

75) 당시 미국과 소련 모두 휴식이 필요했다. 즉, 미국의 입장에서는 월남전에서 지친 몸을 추스려야 했고, 소련 또한 1960년대 후반 전쟁 일보 직전까지 악화된 중국과의 관계, 즉 중소분쟁 때문에 일정한 휴식이 필요했던 것이다. 따라서 détente는 당시 상황의 부산물로 이해될 수 있을 것이다(*Ibid.*, p. 713).

76) 대표적으로, 1970년 초 아랍 특히 이집트에 대한 소련의 적극적인 군사 지원(1970년 이집트-이스라엘 전쟁에서 행해진 소련의 이집트 지원), 소련의 사주에서 비롯된 쿠바군의 앙골라 및 이티오피아 파병, 소련의 지원을 받은 월남의 캄보디아 침공, 그리고 소련의 아프가니스탄 점령 및 전쟁 등을 들 수 있다(*Ibid.*, pp. 737-739, 762-764).

후 설립된 브레튼우즈 체제는 더 이상 존속하기 어렵게 됐다. 브레튼우즈 체제의 핵심 내용이 가치가 변하지 않는 달러와의 연계를 통한 국제통화와 환율의 안정이었기 때문이다. 미국 달러화의 안정판이 달러의 가치를 금과 연계시킨 것이었기에 달러화의 금태환 금지조치는 곧 달러화의 안정을 더 이상 보장할 수 없다는 것을 의미했다. 그러므로 브레튼우즈 체제는 종말을 고할 수밖에 없었다.[77] 그동안 국제경제질서의 안정을 위해 미국이 짊어졌던 짐을 벗어버리겠다는 미국의 의도가 노골화된 것으로 이해될 수도 있다. 아무튼 전후 굳건히 유지되었던 미국의 경제패권에 금이 가기 시작한 것은 부인할 수 없게 되었다.[78]

그리고 동아시아의 외교 및 안보구도에 가장 많은 영향을 미친 미국과 중국 간의 극적인 화해가 같은 시기에 이루어졌다. 미중 간의 획기적인 관계 진전은 중국으로부터 연유된 측면이 많다. 단지 미국을 비롯한 서방이 이를 늦게 포착했을 뿐이다. 1930년대와 40년대의 치열한 내전 이후 중국 본토가 공산화되자 중국은 그들의 국가 존립근거에 상응하는 대외관계를 유지하게 된다. 우선 공산주의의 종주국인 소련과 밀착관계를 유지하며 새로운 공산 중국의 건설에 필요한 기술과 자본의 도입에 치중하였다. 한국전에 참전한 이후 미국과 적대관계를 유지하게 되고, 대외적으로는 제삼세계 국가에 어느 정도의 영향력을 행사하며 이른바 비동맹 외교를 주도한다. 그러한 외교노선은 1950-60년대의 중국 대외관계를 특징지어 주고 있다. 중국이 현재 견지하고 있는 대외정책도 과거의 유산을 어느 정도는 답습하고 있다.

---

77) 순수 경제학적 관점으로 보면, 닉슨 쇼크는 미국이 보유한 금이 상대적으로 고갈되는 현상과 달러화의 남발에도 불구하고 국제거래에 비해 유동성이 부족하였던 당시의 상황을 통하여 이해될 수 있다. 이를 트리핀의 딜레머라고 하는데 다음을 참조할 것: Robert Triffin, *Gold and the Dollar Crisis* (New Haven: Yale University Press, 1960).

78) 소위 패권적 안정이론(the theory of hegemonic stability)은 상기의 현상 즉, 패권국의 역할과 국제경제질서 간의 상관관계를 설명해 주고 있다. 보다 자세한 논의는 本書, 제3장, 각주 43), 56) 참조.

여기서 중국 외교의 핵심은 반패권주의에 바탕을 둔 반제국주의였다. 결국 제삼세계 국가들의 외교노선을 대변하는 셈이었는데, 과거 제국주의와 자본주의 국가들에 비해 상대적으로 낙후된 중국 정치 및 경제의 현실을 반영한 것이라고 볼 수 있다. 약간은 극단적인 외교노선을 추구한 데는 서방보다는 오히려 소련이 결정적인 역할을 했다. 1949년 중국 공산정권의 형성과 동시에 치러진 한국전쟁 때문에 이후 중국의 대서방 관계는 사실상 단절되었다. 그러나 동시에 소련과의 관계에도 이미 금이 가기 시작했다.

그 후 소련이란 변수는 중국의 반패권 노선이 보다 명확히 표출 및 강화되는 데 결정적인 역할을 하게 된다. 구체적으로 1956년 제20차 소련 공산당대회에서 스탈린에 대한 비판이 행해지고 소련이 과거와는 다른 새로운 대외정책, 즉 자본주의 국가들과의 평화공존 노선을 취하자 중국이 반기를 들었던 것이다.[79] 물론 이전에도 양국 간에는 상당한 불신이 있어 왔는데 아무튼 그것을 계기로 불화는 돌이킬 수 없는 것이 되었다. 관계 악화는 결국 1969년 국경에서의 무력 충돌로까지 발전하며 최악의 상태로 치닫게 된다. 그 와중에 "중국 지도자들은 미국과 소련이라는 두 초강대국의 패권(hegemony)에 반대하여 독립을 위해 싸우는 전 세계의 인민들과 모든 진정한 혁명운동의 챔피언으로 그들을 각인시키게 된다."[80] 1969년을 계기로 두 패권국 중 소련이 더욱 위험한 존재라는 새로운 인식이 중국 내에 자리 잡게 되면서 기존의 반패권 원칙에 약간의 변화가 있었던 것은 사실이나, 이후 반패권주의는 중국 외교정책의 기본 노선으로 자리 잡았다.[81] 그러나 겉으로는 이념적으로 보이는 중국의 외교노선

79) Richard V. Allen, "Peace or Peaceful Coexistence," Eleanor Lancing Dulles and Robert Dickson Crane, eds., *Détente: Coldwar Strategies in Transition* (New York: Frederick A. Praeger, 1965), pp. 23-62.

80) Hugh Seton-Watson, *Imperialist Revolutionaries: Trend in World Communism in the 1960s and 1970s* (Stanford: Hoover Institution Press, 1978), pp. 124-125.

81) *Ibid.*, pp. 125-131.

도 실리를 위해서는 대단히 유연하게 해석되었다는 사실을 부인할 수는 없다. 소련과의 정면 대립이라는 국가위기를 패권국인 미국과의 협력이라는 절묘한 카드를 활용하여 벗어났기 때문이다. 서방과의 관계개선에 대한 단초를 제공한 것은 서유럽 국가들이었다. 동서 간의 긴장완화에 대한 아이디어의 발상지가 유럽이듯이 유럽 특히 프랑스는 일찍부터 중국이 국제무대에서 고립되는 것을 원하지 않았다.[82]

미국과의 긴장완화를 1970년대 초에 단행한 이후 중국은 그들이 속해 있는 동아시아에서 절묘한 힘의 균형정책을 추구하게 된다. 다음의 요인이 영향을 미쳤다고 볼 수 있는데, 우선 강력한 일본의 등장이 중요했다. 그리고 소련과의 관계 악화에도 불구하고 소련의 역내 역할에 대한 중국의 기본 판단에는 큰 변화가 없었다. 즉 소련이 존재하기에 중국의 가치가 올라가는 역설적 상황에 대한 인식이었다. 아무튼 또 다른 변수인 강력한 일본의 등장은 오랜 기간의 고립을 경험했던 중국에게 다자균형의 이점을 활용할 수 있는 계기를 제공하였다.

이미 1970년대 추구되었던 중국의 균형외교는 중국의 당시 입지를 그대로 반영하며 실리를 극대화시키는 정책이었다. 따라서 1970년대 중국이 얼마나 현실적으로 변모하고 있었나를 잘 보여주는 예라고 할 수 있다. 이미 1950년대에 주장되기 시작한 반패권 노선도 따지고 보면 지역균형외교와 일맥상통한다고 볼 수 있다. 미국과 소련이라는 두 패권국을 서로 견제시키고, 비패권적이면서 경제적으로는 강한 일본을 활용하며 지역적 힘의 균형을 달성하려는 중국의 정책 역시 반패권주의의 지역적 응용이라는 측면이 강하기 때문이다.

반면 중국을 대하는 미국의 입장에는 더욱 큰 전략적인 계산이 담겨있

---

82) 전후 중국과의 외교관계를 가장 먼저 회복시킨 서방국가는 프랑스였다. 미국과 중국의 새로운 접촉이 있기 훨씬 전인 1964년에 양국관계는 정상화되었다. Michael B. Yahuda, "China and Europe: The Significance of a Secondary Relationship," Thomas W. Robinson and David Shambaugh, eds., *Chinese Foreign Policy: Theory and Practice* (Oxford: Clarendon Press, 1994), p. 268.

었다. 미중 데탕트의 당사자인 키신저(Henry Kissinger)의 다음과 같은 회고는 미국의 전략을 단적으로 보여주고 있다: "게임의 원칙은 세력균형이었다. 우리는 소련과의 도전적인 대결에 중공을 가담시키려 하지 않았다. 그러나 우리는 모스크바의 세력팽창 야망을 견제해야 한다는 필요성에 의견을 같이 하였다. (소련) 전투부대의 이집트 파견, 시리아의 요르단 침공을 가져 온 상황, 시엔푸에고 해군기지의 건설, 그리고 중소국경에서의 충돌 등은 저지하지 않으면 안 될 세계적 세력균형에 대한 한결같은 도전의 일부였다."[83]

1972년 2월 닉슨(Richard Nixon)의 북경 방문을 통해 양국의 전략적 이해가 분명히 확인되는 기회가 마련되었다. 미국에게 중요한 것은 그들의 군사전략선을 형성하고 있는 동맹국가들, 즉 한국, 일본 그리고 대만에 대한 중국의 입장이었는데 당시 중국의 毛澤東은 미국의 이해를 침해할 의도가 없음을 분명히 했다.[84] 중국의 태도가 중요한 이유는 당시 전략

---

83) 헨리 키신저, *키신저 회고록: 백악관 시절*, 문화방송-경향신문 역 (서울: 문화방송-경향신문, 1979), 제10장 "차이나 카드," p. 251 〔원제: Henry A. Kissinger, *The Memoirs of Henry Kissinger: White House Years: 1969-1972* (Boston: Little Brown & Co., 1979)〕. 여기서 말하는 세계적 세력균형의 핵심 내용은 다음과 같이 요약될 수 있다: "중국에 대한 소련의 군사개입은 쿠바사태 이후 세계 세력균형에 대한 가장 심각한 위협이 될 것이다. 브레즈네프 독트린의 중국에 대한 적용은 1년 전 체코가 그랬던 것처럼 베이징 정부를 소련에 복종시키는 것을 의미한다. 그렇게 되면 세상에서 가장 인구가 많은 국가가 핵초강대국의 속국이 되는 것이다-무시무시한 중소 블럭이 회복되는 불길한 조합일 수밖에 없다(Kissinger, *Diplomacy*, p. 722)."

84) 키신저가 배석한 가운데 열린 닉슨과 모택동의 북경회담에서 모택동은 다음과 같은 언급을 통해 그들의 입장을 미국에게 분명히 전달하고 있다: "毛는 닉슨과 이야기하는 가운데 생각이라도 난 듯 그 기회를 이용해 우리의 우방에 대해 중요한 보장을 해주었다. 「우리는 결코 일본은 물론 한국도 위협하지 않을 것입니다.」...「우리는 당분간 대만문제가 해결되지 않은 상태에서도 양국관계를 수립할 수 있습니다. 그리고 그것을 백년 후에 해결 지을 수도 있습니다.」...「대만문제는 조그만 것이고 세계문제가 큰 것입니다.」 이것이 우리가 毛를 방문했을 때 그로부터 들은 대만문제에 대한 생각이었다(그것은 또한 周恩來와 鄧小平의 생각이기도 했다)." 키신저, *키신저 회고록: 백악관 시절*, pp. 272-273. 참고로 한국, 대만 그리고 일본은 모두 미국과 상호방위조약을 체결하고 있었고 나아가 세 국가 모두에는 미군이 주둔하고 있었다.

이해선에 대한 합의가 현 동북아시아 군사균형의 기본 축을 형성하고 있기 때문이다. 즉 미국과 중국 상호 간의 理解(mutual understanding)로 인해 동북아시아는 군사적으로 사실상 안정기를 맞게 된다.

다음으로 닉슨 행정부 이후 미국의 노선이 분명해진 베트남에 대해서도 중국은 그들의 이해 범위와 향후 행보에 대한 구체적인 입장을 미국에 전달했다. 周恩來를 통해 밝혀진 중국 측 입장은 "하노이를 지원해야 할 중국의 의무가 이데오르기적 연대로부터 나오는 것이 아니며, 두 나라 사이의 일치하는 이해관계로부터 나오는 것도 아니고, 과거 황제들이 통치했던 중국이 베트남에 졌던 역사적 부채로부터 나오는 것일 뿐"이라는 것이었다.[85] 그 말은 결국, "중국은 베트남에 군사적으로 개입하지 않을 것이며 越盟은 중국의 주요 정책의 연장선상에 놓여있지 않을 뿐만 아니라, 중국이 베트남 문제를 동남아에 대한 소련의 장기적인 야망이라는 맥락에서 파악하고 있음을 의미하는" 것이었다.[86] 앞서 월남전에 대한 분석에서 설명한 중국과 월맹 간의 이해 불일치는 중국의 이런 입장을 통해 더욱 분명해진다.[87] 모택동도 비슷한 언급을 하였음으로 중국의 입장은 이미 정리된 것으로 간주될 수 있었다.[88]

중국 방문의 결과로 2월 27일 발표된 상해코뮈니케에는 다음의 중요

---

85) *Ibid.*, p. 283. 이는 키신저가 배석한 가운데 열린 닉슨과 주은래 회담에서 주은래의 언급이었다. 아울러 주은래는 "중국은 계속되는 베트남 문제 협상에 관해 아무런 견해도 표명하지 않을 것이라고 밝혔다. 또한 중국과 미국 간의 견해 차이가 평화적으로 해결될 것이라고 거듭 설명하였다(*Ibid.*)."

86) *Ibid.*

87) 구체적으로 "베트남 전쟁이 조속히 종식되어야 한다는 중국 측 주장의 가장 큰 이유는 그것이 미국을 수렁에 빠지게 하기 보다 더 중요한 세계의 여러 곳에서 미국이 힘을 제대로 발휘하지 못하게 된다는 데 있었다(*Ibid.*)." 이러한 분석은 월남전 초기와 비교하여 중소분쟁 이후 중국의 입장이 얼마나 변화했는가를 잘 보여준다. 초기 중국의 이해는 앞서 설명한 바와 같이 미국이 월남에 묶여 힘을 발휘하지 못하는 것이었다.

88) 중국의 베트남에 대한 입장은 모택동에 의해서도 확인된 바 있다: "그에 못지않게 중요했던 것은 중국이 인도차이나에 군사적 개입을 할지도 모른다는 2대에 걸친 미 행정부의 악몽을 제거시킨 毛의 묵시적인 보장이었다(*Ibid.*, p. 274)."

한 전략적 합의가 내포되어 있었다: "중국은 한반도와 인도차이나에서 상황을 악화시키는 행동을 하지 않으며, 미국과 중국 모두 소련과는 협력하지 않을 것이고, 또한 양국은 아시아에 대한 지배권을 확보하려는 국가의 시도를 반대한다."[89) 따라서 "현실적으로 아시아를 지배할 능력이 있는 국가는 소련밖에 없었음으로 소련의 팽창을 저지하는 묵시적인 동맹(tacit alliance)이 이루어진 것이다."[90)

결국 달러화의 금태환 금지조치와 닉슨 독트린으로 미국은 일단 더 이상의 군사 혹은 경제개입을 자제하며 한숨을 돌릴 수 있었다. 중국과의 타협으로 동북아시아에서의 군사적 利害線도 공식적으로 확정되었다. 따라서 동아시아에서 남은 문제는 동남아시아 밖에 없었는데, 닉슨 독트린 자체가 베트남에 대한 개입의 철회를 담고 있었음으로 미국의 퇴각은 불가피한 것이었다. 결과는 미군의 철수와 곧이어 단행된 월남의 공산화로 나타났다.

중국의 팽창 의도와 능력이 없음이 확인된 이상 동아시아에서 남은 마지막 변수는 소련밖에 없었는데, 여기서 논의의 핵심은 과연 소련이 미국이 남긴 힘의 공백을 어느 정도 이용할 것인가였다. 동남아시아 문제를 다루기 전에 우선 동북아시아의 안보구도를 살펴보면, 지역 안보의 기축인 한반도의 경우 앞서 설명한 바와 같이 당시에는 알려지지 않았으나 한국전에 대한 소련의 개입은 극도로 절제되어 있었다. 소련이 한국전쟁을 사주하지 않았다는 사실에 기초하면, 전쟁 이후 소련의 배후 조정에 의해 한반도에서 군사충돌이 벌어질 가능성은 사실상 전무했다는 예측이 논리적으로 가능해진다. 중국 또한 동북아시아에 대해 분명한 의사 표시를 하였음으로 동북아시아는 한국전 이후 안보 불안정 지역에서 사실상 벗어나 있었음을 알 수 있다.

대만문제의 경우도 분명하지는 않으나 직접 대결을 회피하는 절충안

---

89) Kissinger, *Diplomacy*, p. 728.
90) *Ibid*.

이 채택되었다. 상해코뮈니케에서 기본 골격이 발표되었는데, 중국은 하나이고, 타이완이 중국의 일부라는 사실이 확인되었다. 나아가 타이완에 주둔하는 미군과 군사시설을 궁극적으로 철수하는 방향으로 의견 접근이 이루어졌다. 미국의 양보로 간주될 수 있는 상기의 내용과는 반대로, 중국의 통일은 중국인들 간에 평화적인 방법으로 이루어져야 한다고 함으로써 대만이 원하지 않는 통일을 사실상 불가능하게 하여 미국과 타이완의 이해가 우회적이나 확실하게 반영되었다.[91]

1978년 중국의 적극적인 대외개방정책 선언과 이어 1979년 1월 미국과 중국 간의 국교가 정상화됨으로써 대만문제는 상해코뮈니케를 더욱 구체화하는 방향으로 다시 한번 정리되었다. 미국과 대만 간의 국교단절, 1954년에 맺어진 상호방위조약의 철폐 그리고 대만 주둔 미군의 철수 등이 주요 골자였으나, 중국의 대만에 대한 무력 불사용 원칙도 다시 한번 확인되었다. 그러나 미국의 대만에 대한 무기판매를 중국이 양해한다는 조건이 있었음으로 미국은 대만에 대한 연결 끈을 다소 강화된 형태로 계속 갖게 되었다.[92] 결국 향후 대만문제는 대만이 독립을 추구할 것인가와 중국이 통일을 위해 무력을 사용할 것인가의 문제로 귀결되며 미해결로 남게 되었다.

---

91) Ralph N. Clough, *East Asia and U.S. Security* (Washington D.C.: The Brookings Institution, 1975), p. 137. 미국이 중국에 대해 가졌던 또 다른 외교적 지렛대는 미군의 철수를 지역의 평화정착(peaceful settlement)과 연계시킴으로써 중국의 태도 여하에 따라 미국의 정책이 바뀔 수 있음을 견지하는 것이었다(*Ibid.*, p. 138). 대만 문제에 대한 교섭의 배경과 보다 자세한 내용은 다음을 참조할 것: *키신저 회고록: 백악관 시절*, pp. 284-296.

92) 1979년 1월 미국과 대만 간의 방위조약이 철폐되었고, 3개월 후에 미군이 철수하였다. 같은 해(1979), 미국 의회는 대만관계법(Taiwan Relations Act)을 제정하게 된다. 同 법에 기초한 미국의 타이완에 대한 무기판매는 현재까지 지속되고 있다. 법안은 "대만에 대한 미국의 지속적인 관심과 대만지위에 대한 비평화적인 해결 반대, 대만으로 하여금 충분한 자위능력을 갖추게 하는 지속적인 무기판매를 승인하는 것이었다." Harvey Feldman(헤리티지재단 중국담당 선임연구원), "골 깊어지는 미중 갈등," *조선일보*, 2000년 4월 16일. 각주 218) 참조.

2. 힘의 공백(Power Vacuum)과 안보구도의 재정립: Vacuum Fill-up 메커니즘

앞서 언급한 바와 같이 동남아시아의 정세에 영향을 미칠 수 있는 남은 변수는 체제적 차원에서는 소련일 수밖에 없었고 지역적으로는 막강한 군사력을 보유하고 있던 통일 베트남이었다. 우선 소련의 행보를 살펴보면, 그들의 대동남아시아 전략이 사실상 통일 베트남을 중심으로 현실화됐음을 알 수 있다. 즉 역학구도상 가장 큰 두 변수의 이해가 합치되었던 것이다.

소련 지도자 중 동남아시아의 가치에 처음으로 눈을 뜬 지도자가 후루시초프(Nikita Khrushchev)였다는 사실은 이미 밝힌 바 있다. 지리적 혹은 역사적으로 과거 러시아가 동남아에 눈길을 줄 이유는 거의 찾을 수 없다. 그런 상황은 소련이 세계적인 강국으로 등장한 스탈린 시절까지 이어졌다. 소련의 동남아시아 개입은 따라서 소련의 전략이 동유럽에 한정되었던 수세적인 차원을 넘어 전 세계적인 팽창으로 바뀌기 시작했음을 의미한다.

1950년 1월 호치민의 베트민이 바로 전해 출범한 중국 공산당 정부에 의해 외교적으로 승인을 받자 이어 약 보름 후에 소련도 전격적으로 베트민을 승인하며 동남아시아에서 처음으로 발흥하는 사회주의 국가와의 연대를 공식화하기 시작한다.[93] 물론 버마와 인도네시아도 후루시초프

---

93) Longmire, *Soviet Relations with South-East Asia*, p. 37. 구체적으로 1950년 1월 14일 호치민은 베트민 정부와의 외교관계 수립을 전 세계 국가에게 촉구하게 되는데 바로 이틀 후, 중국 공산당 정부가 베트민을 외교적으로 승인한 반면 소련은 1월 30일에 가서야 승인을 하게 된다. 흥미로운 대목은 당시 소련의 늑장이 "베트남 사람들의 소련에 대한 의심을 불러 일으켰다"는 지적이다. Douglas Pike, *Vietnam and the Soviet Union: Anatomy of an Alliance* (Boulder: Westview Press, 1987), p. 32. 사태의 전개는 두 가지를 암시한다. 소련이 당시부터 베트남에 대해 중국과 경쟁적인 접근을 시도하고 있었다는 사실과 소련이 그때까지는 베트민 정부의 가치를 과소평가하고 있었다는 점 등이 그것이다. 특히 다음과 같은 구체적인 분석은 후자를 논리적으로 뒷받침하고 있다. 애초 스탈린은 동남아시아의 민족주의자들이 그들의 독립을 위

집권 초기인 1950년대 소련의 관심 대상이었다. 양국이 당시 유일하게
친서방이 아닌 중립주의 노선을 고집하고 있었기 때문이다.[94] 그러나 소
련의 입장에서 사회주의 체제를 건설 중인 국가와 중립 노선을 표방하는
국가의 가치는 같을 수 없었다. 따라서 이후 소련의 대동남아시아 외교
가 베트남을 중심으로 전개될 수밖에 없는 상황은 처음부터 설정되었다
고 볼 수 있다.

소련은 1954년 늦여름부터 베트민에게 원조를 제공한 것으로 알려지
고 있으나 공식적인 협력관계는 1955년 7월 양자 간에 경제원조협정(non-
reimbursable economic aid agreement)이 체결되며 시작되었다.[95] 1959년
11월에는 모스크바와 하노이 간에 보다 포괄적인 장기우호협정(agreement
on long-term cooperation)이 조인되었고, 이어 1961년 8월에는 상기의 경
제협정이 경제원조협정(agreement on economic aid)으로 변경되며 1961년
부터 시작된 베트민의 5개년 경제개발계획을 소련이 적극 지원하게 된
다.[96] 그 후 1964년 8월 통킹만 사건으로 미군이 월남전에 본격적으로

해 서방세력들과 교섭하는 것을 탐탁지 않게 여겼다. 그것은 오직 신식민주의(neo-
colonialism)의 연장이라고 보았기 때문이다. 호치민의 움직임도 같은 맥락에서 이해
했던 것이다. 따라서 1941년 호치민이 베트민을 결성했을 때나 1945년 독립을 선언
했을 때도 소련의 반응은 적극적이지 않았다. Longmire, *Soviet Relations with
South-East Asia*, p. 30.

94) Buszynski, *Soviet Foreign Policy and Southeast Asia*, pp. 18-24. 1955년 7월과 다음해
4월 버마와 소련 간에 무역협정이 체결되었다. 인도네시아와 소련 간에는 1961년 1
월 소련제 무기제공 차관을 내용으로 하는 무기협정(arms agreement)이 체결되었다.
그 결과 400명의 소련 군사 고문단이 동남아시아에서는 처음으로 인도네시아에 발
을 디디게 된다(*Ibid.*, p. 22). 참고로 소련이 동남아시아 국가와 공식적으로 관계를
맺은 것은 태국이 처음이었다. 1946년 외교관계를 맺으면서 공관이 개설되고 교역
이 시작됐다. Pike, *Vietnam and the Soviet Union*, p. 32.

95) *Ibid.*, p. 109. 구체적으로 1954년 늦여름, 즉 디엔 비엔 푸에서의 승리와 제네바 협
정의 타결로 베트남이 17도선으로 분단된 직후 남북 간의 대규모 인구이동을 돕기
위해 소련 함정을 파견한 것이 소련이 베트남에 물질적으로 개입하기 시작한 첫 사
례로 보고 되고 있다(*Ibid.*). 첫 협정으로 무려 92개의 경제개발 프로젝트가 기획되
었다(*Ibid.*). 흥미로운 점은 바로 1954년에 후루시초프가 권좌에 올랐다는 사실이다.

96) Longmire, *Soviet Relations with South-East Asia*, pp. 48, 73. 1962년을 기점으로 총
30개의 산업 프로젝트가 소련의 도움으로 이미 완수되었고, 150개 이상의 프로젝트

개입하기 전까지 소련의 하노이에 대한 지원은 주로 경제분야에 집중되
었다. 이상을 통해 1954년까지의 대프랑스 투쟁 시기에는 베트남이 주로
중국 측의 지원에 기대었으나 그 후에는 경제적으로 우위에 있는 소련에
많이 의존했음을 알 수 있다.

　1955년 원조가 시작된 이후 1964년까지 소련은 약 12억 달러를 경제
원조 명목으로 지원하였고, 약 2억 6천만 달러 정도가 군사원조로 제공
되었다.[97] 1964년까지는 경제원조가 군사원조를 압도했음을 알 수 있다.
그러나 통킹만 사건으로 미국의 대규모 군사개입이 시작되자,[98] 소련의
월맹에 대한 군사원조가 급증하게 된다. 1964년 약 4천 5백만 달러 수준
의 군사원조액이 1965년에는 약 2억 5천만 달러로 증가하였고 그 추세
는 미군이 베트남을 떠날 때까지 유지되었다.[99] 따라서 미국과의 대규모
전쟁을 치르는 데 소련의 군사 및 경제원조는 결정적인 역할을 했음을
알 수 있다.

　당시의 역내 역학관계 또한 소련이 베트남에 적극적으로 개입하는 데
중요한 역할을 했다. 중소분쟁의 격화는 베트남의 전략적 가치 상승으로
이어졌다. 중국이 그들의 뒷마당이라고 생각하는 베트남에 대한 소련의
영향력 증가는 중국을 압박하는 효과가 분명히 있었기 때문이다. 그러나
여기서 중요한 것은 후루시초프의 기본 입장이 어느 선을 넘지는 않았다
는 사실이다. 즉 미국과 같이 베트남에 직접 개입하는 것은 소련의 이해
가 아니라고 보았고 그것은 전쟁 기간 내내 견지된 소련의 일관된 자세

　가 진행 중이었던 것으로 밝혀졌다(*Ibid.*).

97) Pike, *Vietnam and the Soviet Union*, p. 239, Table 6.3에서 계산.

98) 1965년 3월 약 35,000명에 달하는 최초의 지상군 전투부대인 미해병이 다낭에 상
　륙한 이후 그 해 말까지 약 175,000명의 미군이 베트남에 주둔하게 된다.

99) *Ibid.* 군사원조는 월남전이 정점에 달했던 1968년에 최고조에 이르게 되는데, 그
　해 원조액은 무려 4억 4천만 달러를 기록하고 있다. 그 후 다소 하강 국면을 보이기
　는 하나 아무튼 1965년부터 미국과 휴전협정이 체결되던 1973년까지 총 군사원조
　액은 약 30억 달러에 이르고, 같은 기간 경제원조는 약 28억 달러를 기록하고 있다
　(*Ibid.*).

였다.100)

이러한 상황에서 전개된 미국과 중국의 화해는 베트남을 둘러싼 기존
의 이해 구도를 근본적으로 뒤흔드는 것이었다.101) 우선 중국의 입장에
서 통일 베트남 그리고 그들의 향후 팽창주의에 대한 우려는 늘 있어 왔
고, 따라서 베트민과의 사이에 전쟁 노선상의 이견이 존재했다는 사실은
이미 밝힌 바 있다.102) 중소 간의 불화가 월남에 어떤 방식으로 영향을
미쳤는지를 보여주는 가장 좋은 예는 1965년 중국이 이른바 공동행동
(united action)을 거부한 데서 찾을 수 있다. 미국의 북폭이 강화되자 소
련은 베트민에 대한 효율적인 지원을 위해 중국에 대해 공동협력을 제안
하였으나 중국이 거절한 것이다.103) 동인는 중국의 이해와 전략에서 찾

---

100) Longmire, *Soviet Relations with South-East Asia*, p. 72. 보다 구체적으로 "사건 자체
에 영향력을 미치기 보다는 발생하는 사건에 대응하는 방식으로 러시아인들은 베트
남 문제를 다루었다(*Ibid.*, p. 78)." 또한 "중국의 과도한 개입으로 미국과의 정면충
돌이 우려된다는 식으로 심지어는 중국을 비판하기까지 했다(*Ibid.*, p. 84)." 이러한
소련의 기본 입장은 한국전 이래 줄곧 견지된 것이라 할 수 있다. 1962년 쿠바사태
에서도 드러나듯이 미국과의 직접 대결을 의미하는 행동은 극도로 자제했던 것이다.

101) 베트민의 對中 및 對蘇 관계는 대략 다음과 같이 정리할 수 있다. 1947년부터
1957년까지는 친중국적인 성향이 농후하였고, 이후 1963년까지는 친소 성향이 강
했던 반면, 그 후 1966년까지는 친중 성향을 보이다가 이후에는 등거리 노선을 유
지하였다. 鄭天九, "中·越戰爭의 原因과 結果," 姜太勳 外, 베트남의 政治經濟와 國
際關係 (서울: 경남대학교 극동문제연구소, 1987), p. 137. 실제로 1950년 이후 원조
가 중단된 1978년 3월까지 28년 동안 중국이 월남에게 공여한 경제 및 군사원조는
약 200억 달러에 이르는 것으로 추산되고 있다. 黃炳茂. "베트남과 中共關係," 姜太
勳 外, 베트남의 政治經濟와 國際關係, p. 288.

102) 중국에 대한 베트남의 의심이 가장 극명하게 표출된 예를 1979년 10월에 출간된
베트남의 백서에서 찾을 수 있다. "17도 선을 사수하라, 오랫동안 몸을 낮춰라, 기
회를 기다리라 등의 중국 측 전략 제안은 하노이와 사이공을 동시에 인정함으로써
베트남의 현상유지를 목표로 한 우회적 표현일 뿐이다. 구체적으로 1954년 7월 22
일 제네바에서 만찬 도중 중국의 주은래는 회의에 참석한 디엠의 동생에게 북경에
사이공 측의 공사관을 열 것을 제안한 바 있다. 협정이 체결된 지 24시간도 지나지
않았는데 그런 제안을 한 것이다. 물론 사이공 측이 이를 거부했지만 베트남을 영구
분단하려는 중국의 의도에 대한 논쟁의 여지가 없는 명백한 증거인 것이다."
Socialist Republic of Vietnam, *White Book*, p. 14(Lawson, *The Sino-Vietnamese Conflict*,
p. 191에서 재인용). 따라서 중국에 대한 월맹 측의 불신이 얼마나 대단했던가를 알
수 있다.

아진다. 소련의 베트남에 대한 영향력 확장의 우려, 소련 수정주의자들에
대한 근본적인 불신, 그리고 공동행동을 통해 미국을 지나치게 자극, 미
국의 對中 위협이 증대될 가능성 등의 이유 때문에 중국 측은 소련의 제
안을 거부했던 것이다.104)

1972년 초 미중 정상회담에서 목격된 중국의 입장 선회, 즉 베트남에
서의 미국 이해에 대한 협조는 월맹이 소련에게 기울어지는 상황을 가속
화시켰다. 그런 와중에 소련의 동남아시아 전체에 대한 개입을 보다 구
체화한 제안이 1969년 6월 제시된다.105) 이른바 아시아 집단안보구상
(Asian Collective Security)이 그것이다. 새로운 아이디어가 제안된 당시의
배경은 다음과 같다. 우선 사실상의 국지전이었던 중소 간의 국경충돌이
1969년 3월 발생했다. 그리고 닉슨 독트린으로 구체화되었지만 동남아
시아에서 미국의 후퇴가 예견되었으며, 과거 식민지 국가들로부터 영국
의 완전 철수도 가시화되기 시작했다.106)

따라서 아시아 안보구상의 외부적 환경은 두 가지로 요약할 수 있는
데, 서구의 퇴조에 따른 동남아시아에서의 힘의 공백이 하나이고, 역내에
서 전통적으로 강한 영향력을 행사해 왔던 중국이 공산주의 종주국인 소
련과 정면충돌의 위기에 처했다는 사실이 또 다른 하나이다. 국제정치적

---

103) 소련 측의 제안은 다음과 같았다: "중국을 통한 소련 지원품의 선적, 소련의 남부
  중국 영공에 대한 사용 허용, 소련의 중국 영토를 통과하는 항공로 활용, 소련인의
  중국 육로를 통한 베트남 진입 허용, 그리고 이들을 위한 모스크바, 북경 그리고 하
  노이 측의 회담" 등이었다. Lawson, *The Sino-Vietnamese Conflict*, pp. 166-167.

104) *Ibid.*

105) 1969년 6월 5일부터 17일까지 모스크바에서 개최되었던 제24차 소련공산당 대회
  에서 공표되었다. Buszynski, *Soviet Foreign Policy and Southeast Asia,* ch. 2 "The
  Soviet Collective Security Proposal and ASEAN Reaction."

106) 영국의 철수는 1967년 7월 처음 공개적으로 표방되었다. 1968년 1월 구체안이
  발표되었는데, 1971년 말까지 완전히 철수하겠다는 일정이 확정되었던 것이다. 1957
  년 11월에 체결된 영국과 말레이시아 간의 방위협력이 가장 대표적인데 여기에는
  당연히 싱가포르도 포함되어 있었다. 따라서 그것은 협정에 따라 주둔하고 있던 영
  국군이 철수하는 것을 의미하는 바, 말레이시아와 싱가포르에게는 안보환경의 중대
  한 변화였던 것이다(*Ibid.*, pp. 49-50).

측면에서 특정 지역에서 발생한 힘의 공백은 지역안보를 위태롭게 할 가
능성이 있고, 동시에 어떤 형태로든 메워져야만 했다. 나아가 소련으로부
터 직접적인 위협에 직면한 중국이 그것을 모면하는 길은 외부의 강한
세력으로부터 도움을 받는 길밖에 없었다. 물론 그것이 미국이었음은 이
미 설명한 바와 같다.

그런데 중국의 처지가 그렇다면 다음의 문제가 파생될 수밖에 없다.
중국이 소련을 견제할 독자적인 능력이 없다면 이는 곧 다른 지역, 즉 동
남아시아에서의 영향력에도 한계가 있음을 의미한다. 아울러 힘의 한계
를 보충하기 위해 미국에 의존한다면, 어느 정도는 미국의 노선에 발을
맞춰야만 했다. 결국 동남아시아, 특히 베트남에서 중국 영향력의 감소는
불가피해질 수밖에 없는 상황이 전개되는 것이다.

따라서 체제적 관점에서 당시 동남아시아에 대한 소련의 제안은 우선
힘의 공백을 소련이 메우겠다는 것을 의미했고, 아울러 중국의 뒷마당에
서 중국을 더욱 압박하는 전술을 구사하겠다는 숨은 의지의 표현이기도
했다.107) 전략적인 측면에서는 "소련의 정책이 남아시아의 특정 지역 수
준에서 아시아 전체로 확장됨"을 의미했다. 겉으로는 데탕트의 소련식
확장으로 비쳐지며, 관련 국가들로부터 소련의 제안이 받아들여지는 경
우 동남아 지역에 적극 진출하는 데 도움이 되는 확실한 발판이 구축되
는 것이다.108)

문제는 결국 지역 국가들의 반응이었다. 우선 월맹은 소련의 제안에
겉으로는 공손한 태도를 취했으나 결코 묶이려 하지 않았다. 그러나
ASEAN(Association of South-East Asian Nations)의 경우는 문제가 더욱 복
잡했다. 소련의 진정한 의도가 무엇인지 파악하기 힘들었고, 구체적으로

---

107) 그에 대한 중국의 반응은 격렬했다: "미국의 악명 높은 냉전주의자였던 델러스의
쓰레기통에서 소련 사람들이 주어 낸 개념으로 이것은 실질적으로 反中共 軍事同盟
을 의미한다"고 주장했다. 중국의 신화사 통신의 보도, 文首彦, "베트남과 蘇聯關係:
明暗과 前望," 姜大勳 外, 베트남의 政治經濟와 國際關係, p. 321에서 재인용.

108) Buszynski, *Soviet Foreign Policy and Southeast Asia*, p. 44.

는 ASEAN이 1971년 11월에 선언한 평화, 자유, 중립지대 구상(ZOPFAN:
a Zone of Peace, Freedom and Neutrality)과 소련의 제안이 어떻게 연계되
는지 알아야만 했다.[109] ASEAN의 핵심 당사자인 싱가포르와 말레이시
아의 수상이 소련을 각각 방문했을 때 이 점이 부각되며 양자 간의 입장
차이가 드러나게 된다.

　1970년 9월 ASEAN 국가의 정상으로는 처음으로 소련을 방문한 리콴
유(Lee Kwan Yew) 싱가포르 수상을 통해 아세안의 입장이 처음 확인되었
다. 그의 방문 자체가 소련의 점증하는 영향력을 반증하는 것이었지만,
싱가포르는 우선 자국 인구의 태반이 중국계라는 사실을 고려해야만 했
다. 따라서 중국의 영향력이 달갑지는 않지만, 그들의 존재를 무시할 수
는 없었다. 다음으로 아직 역내에서 특히 경제적으로 상당한 영향력 지
니고 있는 미국을 위시한 서방에 소련이 그들의 대체 세력이 아니라는
사실을 확인시켜주며 소련에 접근해야만 했다. 나아가 소련이 진정 지역
평화를 추구한다면, 당시 "힘의 공백을 메울 수 있다는 생각을 가지고 있
는 사람들에 의해 추진되고 있던 소련 해군력의 증가는 어떻게 이해하여
야 하는가"라는 질문을 던질 수밖에 없었다.[110] 싱가포르의 입장은 사실

---

109) Longmire, *Soviet Relations with South-East Asia*, p. 112. 동남아시아 국가들은 그들
　　의 안보를 위해 세 가지의 방법을 고려할 수 있다. "동맹을 통한 안보," "비동맹, 중
　　립노선에 기초한 안보," "지역협력과 질서에 의존한 안보," 등이 그것이다. 따라서
　　ZOPFAN은 월남전에서 입증된 바와 같이 동맹을 통한 안보가 실패한 이후, 이 중
　　후자 두 가지의 방법을 원용한 원칙으로 볼 수 있다. Heiner Hänggi, *ASEAN and
　　the ZOPFAN Concept* (Singapore: Institute of Southeast Asian Studies, 1991), p. 1.
　　그러나 여기서 중립은 동남아시아 국가들의 무장(armed one)을 전제로 하고 있다.
　　문제는 국제사회와 특히 주변 강대국들이 새로운 아이디어를 인지는 하나 보장을
　　하지는 않았다는 사실이다(*Ibid.*, pp. 35-36). 구체적으로 중국의 경우 이를 지지한
　　반면, 소련은 고르바초프 후기에야 개념을 인정하는 방향으로 선회하게 되고, 미국
　　은 비현실적이고 비실용적이라는 이유로 아이디어에 반대하였다(*Ibid.*, pp. 45-46).
110) Buszynski, *Soviet Foreign Policy and Southeast Asia*, p. 75. 아무튼 소련 방문 이후
　　싱가포르는 오히려 서방에 기울면서 소련의 영향력 증대에 대응하는 외교적 입장을
　　견지하게 된다. 대표적으로 1973년 5월 리콴유는 미국, 일본, 서유럽 그리고 오세아
　　니아 국가들로 구성된 공동기동타격대(joint naval task force)의 창설을 제안했다
　　(*Ibid.*, pp. 75-76)

ASEAN 국가 전체에 해당되는 문제였다. 그러나 리콴유의 방문 시 이 문제에 대해서는 별반 결실이 없었다.

외교적으로 더욱 중요한 임무는 1972년 9월 소련을 방문한 말레이시아 수상, 툰 라자크(Tun Razak)에게 부여되었다. 바로 1년 전에 발표된 ZOPFAN과 소련의 공동안보구상을 본격적으로 비교하는 장이 마련된 것이다. 우선 ASEAN 국가들이 주장하는 중립화의 의미는 "강대국의 군사적 잔류(military presence)가 배제되는 것을 전제로 한 것이었다."111) 그런 조건하에서 소련이 ASEAN의 중립을 보장하는 역할을 한다면 찬성하겠다는 것이었다. 그러나 ASEAN의 입장은 "소련의 목적과는 배치되는 것이었다."112) 그들이 빠진 가운데 외부에서 보장만 하라는 조건을 통해 소련이 얻을 수 있는 것은 아무것도 없었기 때문이다. 결국 ASEAN이 추구하는 안보구상과 소련의 그것 간에는 차이가 있음이 확인된 것이다.

일단 문제의 본질에 대한 의견교환이 있은 후, 베트남에서 미군의 철수가 이루어지고 1975년 베트남이 통일되는 큰 변화가 있게 되자, 통일 베트남이 안보구도의 핵심 변수로 등장하면서 소련의 입장도 과거와는 다른 방향으로 변화 및 발전되어 간다. 베트남의 통일은 우선 중국에게 부담으로 작용하기 시작했다.

통일 이전부터 베트민과 중국 사이에 간극이 있었던 사실은 이미 기술한 바 있다. 가장 결정적인 역할을 한 것은 역시 미국과 중국 간의 전격적인 화해였다. 미군이 떠난 이후 베트남의 통일문제에 대해서도 중국은 특유의 유연하고 장기적인 전략을 제안한 반면 베트민은 전격 작전을 원했다. 그러한 상황에서 사이공에 대한 대규모 공세를 소련 측이 승인했다는 연구 결과가 있는 바, 간접적인 증거로 1974년 소련의 월맹에 대한 원조가 전년도에 비해 무려 4배 증가했던 사실이 제시되고 있다.113)

---

111) *Ibid.*, p. 76. 그에 대해 소련은 그렇다면 "말레이시아가 영연방 국가들과 맺고 있는 방위조약도 중립화에 어긋난다"고 하며, 이의 폐지를 주장했다(*Ibid.*, p. 77).

112) *Ibid.*, p. 76.

중국 입장에서 볼 때 이는 중소분쟁의 상황에서 월맹이 더 이상 중국의 협력자가 아님을 의미했다. 중국의 反월맹 행위가 노골화되는 시기가 바로 그 때인데, 1974년 1월 중국이 베트남 반도의 중간쯤에 있는 다낭항으로부터 직선거리에 위치한 파라셀 군도(Paracel Islands)를 점령한 것이다. 물론 당시 파라셀 군도가 남부 베트남군의 점령하에 있었기 때문에 월맹과의 정면충돌은 아니었으나 통일을 염두에 둔 월맹으로서는 사실상 베트남 영토에 대한 침범이었던 셈이다. 월맹은 중국에 대해 처음 그리고 공개적으로 이견이 있음을 표출하며 그들의 이해를 확인하게 된다.114)

흥미롭게도 남부 베트남군이 다음 달 스프라틀리(Spratly)의 6개 섬을 점령하는 보복적 행위를 하자 월맹은 묵시적으로 이를 지원했다.115) 그 정도면 중국과 월맹의 관계는 사실상 끝났다고 볼 수 있는데, 실제로 1974년 8월에 시작되어 1978년 6월까지 진행된 양측 간의 영토분쟁에 대한 교섭은 무위로 돌아갔다.116)

---

113) 黃炳茂, "베트남과 中共關係," p. 293. 4배까지는 아니더라도 비슷한 추세가 앞서 인용한 파이크(Pike)의 통계에서도 확인된다. 1971년 약 1억 7천만 달러였던 군사 원조규모가 미국의 패퇴 전 해인 1972년 약 3억 6천만 달러로 급증한 바 있고, 미군이 철수한 1973년에는 1억 8천만 달러로 급감하였다가, 통일전쟁 직전 해인 1974년에는 약 2억 5천만 달러로 다시 증가 하였다. 즉 중요한 전쟁 때마다 소련이 베트민을 적극 지원했음을 알 수 있다. Pike, *Vietnam and the Soviet Union*, p. 139, Table 6.3.

114) Pao-min Chang, *The Sino-Vietnamese Territorial Dispute* (New York: Preager, 1986), p. 25. 당시 베트민의 언급은 다음과 같다: "국경과 영토에 대해 자주 발생하는 인접국 사이의 복잡한 분쟁은 주도면밀한 조사를 필요로 한다. 관계 당사국들은 이 문제를 교섭으로 풀어야 한다(Ibid.)." 중국과 베트남 간의 국경문제를 위한 토의에서 가장 중요한 쟁점은 중국이 1887년 중국과 베트남을 식민 통치하던 프랑스 간에 맺었던 조약(1884-1885년 사이에 발생한 중국과 프랑스 간 전쟁의 결과로 맺어짐)의 내용에 따라 베트남과 중국의 국경이 설정되어야 한다고 주장한 데 반해, 베트남은 과거 식민주의의 연장이라고 반발하며 중국 측의 주장을 거부한 것이었다.

115) *Ibid.* 월남이 통일 된지 한 달 후인 1975년 4월 통일 베트남군은 스프라틀리 군도를 접수한다(Ibid., p. 28). 그 밖의 섬들은 필리핀과 대만 정부군에 의해 점령되어 있었다(黃炳茂, "베트남과 中共關係," p. 295).

116) Chang, *The Sino-Vietnamese Territorial Dispute*, p. 43.

양측 간의 영토분쟁이 갖는 전략적 의미는 간단치 않다. 우선 두 가지를 짚어 볼 수 있다. 분쟁의 대상은 현실적으로 쓸모없고 보잘것없는 섬들이었다. 따라서 역사적으로 양측 모두 섬을 효과적으로 통제하려는 노력을 보인 적은 없었다. 1974년 이전에는 섬을 둘러싼 영토분쟁이 사실상 존재하지 않았던 것이다. 여기에 양측 간의 오랜 우호관계를 고려하면 타협이 안 될 이유가 없어 보였다.[117] 그럼에도 불구하고 1970년대 문제가 갑자기 불거진 이유는 정치적인 배경 때문이라는 것 이외는 설명되지 않는다.

영토문제가 전쟁의 승기를 잡은 베트남 측의 태도 변화에서 비롯된 점에 비추어, "분쟁은 이 지역의 정치적 상황 및 동맹패턴이 미묘하지만 결정적으로 변화하는 시점에 하노이 측이 그들 자신은 물론 중국에 대해 새로운 인식을 하였다는 것을 반영할 뿐이다."[118] 즉 전략적인 관점에서, "중국과의 파트너쉽이 베트남 안보에 더 이상 결정적인 변수가 아니라고" 인식한 것이다.[119] 결국 1977년 2월 중국이 베트남에게 원조중단을 공식 통보하며 양국의 오랜 우호관계는 사실상 끝나게 된다.[120] 상황이 그렇다면 관심이 다른 분야로 확산될 수밖에 없었다. 우선 인도차이나 패권을 위한 베트남의 팽창이라는 문제가 있었고, 나아가 중국과 베트남의 심각한 갈등이 정치적으로 어떻게 정리되어 안정화될 수 있느냐는 문제 또한 남아 있었다. 여기서 당시 소련은 베트남의 대담한 움직임에 결정적인 역할을 한다.

117) *Ibid.*, p. 82.

118) *Ibid.*, pp. 82-83. 즉, "하노이 측이 중국을 조력자에서 도전적 혹은 비타협적인 세력으로 새롭게 인식함으로써, 즉 대중국 정책을 비교적 쉬운 방법을 통해 180도 변화시킴으로써 중국으로부터의 독립을 확실히 하고 나아가 지역 강국으로서의 위상을 확립하겠다는 의지를 보인 것이다(*Ibid.*)."

119) *Ibid.*

120) *Ibid.*, p. 34. 당시 중국 측은 1976년의 국내 사건인 정치 상 4인방의 간섭과 당산 대지진을 핑계로 대었지만 이는 설득력이 약하다. 같은 시점에 중국은 캄푸치아의 폴포트 정권에 대한 원조를 증액하고 있었기 때문이다(*Ibid.*).

첫 번째 이슈, 즉 베트남의 지역패권 문제는 우선 인도차이나 반도에 국한시켜 생각해 볼 수 있다. 여기서 논의는 베트남이 국경을 맞대고 있는 라오스와 캄보디아(캄푸치아)를 어떻게 대하냐는 문제로 귀결된다. 라오스와 캄보디아가 월남전 당시 소위 호치민 통로의 중요 지역이었음은 이미 주지의 사실이다. 그러나 월남전의 전세가 월맹 측으로 기울자 변화가 일기 시작했다.

베트남의 통일 직후인 1975년 4월 친서방 론놀 정권을 붕괴시키고 성립한 폴포트 정권은 출발부터 서방, 소련 그리고 베트남 모두에게 적대적인 태도를 취했다. 캄푸치아와 베트남 간의 좋지 않는 관계는 긴 역사적 배경을 갖고 있다. 통일 베트남의 영향력을 순순히 인정한 라오스와는 달리 당시 캄푸치아는 민족자결과 반베트남 정서를 실천에 옮길 수 있는 의지를 가지고 있었다. 무려 100만의 캄보디아 사람들이 베트남 영토에 거주하고 있는 반면 50만 베트남인 또한 캄보디아에 거주하고 있었음으로 국경분쟁은 피할 수 없는 현안으로 떠올랐다. 1977년 4월부터 시작된 캄보디아의 베트남에 대한 여러 차례의 산발적인 공격에 뒤이어 12월 말 베트남과의 외교관계를 단절시키는 조치가 감행되었다. 문제는 지역을 둘러싼 역학구도였다.

통일 베트남의 팽창주의를 경계하며 이미 적대적 관계를 유지하고 있던 중국이 캄보디아를 지원하는 것은 당연했고, 그에 반해 소련은 베트남을 옹호하며 나섰다. 캄보디아와 월남 간의 분쟁을 '중국과 소련의 대리전'으로 이해했던 이유가 여기에 있다.[121] 1978년 6월 소련의 주선으로 베트남이 공산권의 공동경제시장인 COMECON(Council for Mutual Economic Assistance: CMEA)에 가입함으로써 베트남의 친소련 노선이 더욱 분명해졌다.[122] 같은 해 11월 소련과 베트남 사이에 사실상 군사동맹

121) 이것은 당시 미국의 대통령 안보담당 보좌관이었던 브레진스키 박사의 진단이다. 鄭天九, "中·越戰爭의 原因과 結果," p. 144.
122) 1978년 한 해 동안만 12개가 넘는 경제 및 그 밖의 협정이 베트남과 소련 간에

을 의미하는 25년 기간의 우호협력조약이 체결됨으로써 양국의 관계가
공식적으로 동맹 수준으로 발전하며 인도차이나 반도의 역학구도는 일단
완성된다. 조약 체결 직후인 12월 25일 베트남의 캄보디아에 대한 전면
공격이 시작되었고, 단 2주만에 전쟁은 베트남의 승리로 끝났다. 1979년
1월 베트남이 헹 삼린(Heng Samrin) 정권을 수립함으로써 인도차이나는
사실상 베트남의 영향권으로 들어갔다.[123]

소련과 베트남의 연대가 강화된 배경에는 동아시아 역학구도의 또 다
른 변화가 자리 잡고 있다. 1978년 8월 중국과 일본의 평화우호조약 체
결과 당시 미국과 중국의 외교관계 수립을 위한 분명한 움직임이 그것이
다(1979년 1월 외교관계 수립). 소련의 입장에서 강대국 간의 움직임은 반
소 연합의 강화로 비추어질 수밖에 없었다. 가장 무시무시한 미국, 일본
그리고 중국 간 삼각연대의 가능성이 열리게 된 것이다.[124] 여기서 소련
이 베트남에 깊숙이 개입하게 되는 구조적인 이유가 발견된다.

아무튼 중국의 입장이 궁색할 수밖에 없었는데, 베트남과 소련 간의
연대를 물리적으로 저지할 능력이 중국에게는 없다는 사실이 현실적으로
입증되었기 때문이다. 최소한 중국을 무시하고는 동남아시아 문제를 마
음대로 처리할 수 없다는 현실적인 증거가 필요했다. 베트남에 대한 무
력응징으로 결론이 났는데, 1979년 2월 중국의 전면 공격으로 양국 간의

체결되었다. 아무튼 COMECON에 가입함으로써 베트남은 블록 내에서 특혜관세
등의 이점을 향유할 수 있었고, 베트남에 대한 경제지원이 소련뿐만 아니라 당시 공
산권의 선진국인 동유럽에까지 확대되는 효과를 얻을 수 있었다. Pike, *Vietnam and
the Soviet Union*, pp. 130-131.

123) 과거부터 이어져 왔던 라오스 주둔 베트남군의 규모는 3-4개 사단이었고, 전쟁 승
리 이후 캄보디아에도 약 12개 사단의 베트남 군대가 주둔하게 됨으로써 베트남의
소지역패권은 사실상 완성되었다고 볼 수 있다(鄭天九, "中·越戰爭의 原因과 結果,"
p. 149). 인원수로는 총 25-30만 정도의 베트남군이 두 지역에 주둔했던 것이다.

124) Alvin H. Bernstein, "Cam Rahn Bay, Da Nang, and Soviet Power Projection in
Southeast Asia," George K. Tanham and Alvin H. Bernstein, eds., *Military Basing
and the US/Soviet Military Balance in Southeast Asia* (New York: Taylor & Francis
New York Inc., 1989), p. 35.

전쟁이 시작됐다.

약 1개월 후 중국의 일방적인 철수로 끝이 난 전쟁의 승패는 불분명하다. 그러나 베트남은 과거에도 그랬지만 향후에도 중국이 마음대로 다룰 수 있는 상대가 아님이 분명해졌다. 또한 베트남도 어떤 특정의 희생을 감수하지 않고는 더 이상의 지역패권 추구, 즉 태국까지 넘보는 행위는 현실적으로 어렵다는 점을 인식하게 되었다. 따라서 두 전쟁을 통해 인도차이나 안보질서는 사실상 안정궤도로 진입하기 시작했다고 볼 수 있다.

3. 소련 진출의 한계: 들어나지 않은 균형 (Invisible Power Balance)

한번 결정적인 기회를 잡은 소련의 진출이 멈춰질 특별한 이유는 없었다. 아시아 집단안보구상에서도 간접적으로 드러났듯이 소련의 장기적인 목적이 이 지역에서 미국을 대신하는 것이라면 베트남으로 인하여 연출된 다양한 사건은 기회임에 틀림이 없었다.[125] 소련의 참전 없이 전쟁이 종료됨으로써 베트남은 소련에 대한 과도한 의존을 피할 수 있었으나 북쪽에 아시아 최강의 군대가 적대 세력으로 존재한다는 사실은 소련에 대한 어느 정도의 의존을 불가피하게 만들었다. 결과는 베트남 내 소련 군사기지의 구축으로 나타났다.

소련의 인도차이나에 대한 군사적 진출은 전략적 차원에서 우선 이해되어야 한다. 1962년 쿠바 미사일 위기를 통해 잘 드러났듯이 소련은 미국에 비해 해군력의 약세를 절감해야만 했다. 나아가 소련에 대한 핵미사일 공격을 염두에 두고 배치된 인도양의 미국 잠수함들은 미소 간의 핵균형을 미국에게 결정적으로 유리하게 하는 요소로 남아 있었다.[126]

125) Buszynski, *Soviet Foreign Policy and Southeast Asia*, p. 98.

126) Longmire, *Soviet Relations with South-East Asia*, p. 125.

하지만 베트남 문제가 확대되던 1970년대 말 소련은 미국과의 전체적인 핵균형을 이룰 수 있었고, 유럽에서는 재래식 군비에서 앞서 있었다. 따라서 아시아에서의 열세만을 극복한다면 그들이 그토록 원하던 미국과의 힘의 균형이 어느 정도는 달성되는 것이었다.127) 결국 해군력 증강과 해군의 활동 범위를 넓힐 수 있는 아시아 기지 확보는 소련의 마지막 남은 군사적인 숙제였던 셈이다.

1979년 4월 이후 서방 측에 의해 확인된 캄란 및 다낭기지의 사용과 주둔은 소련의 해군과 공군이 남중국해와 인도양에서 활동할 수 있는 토대를 마련했음을 의미했다.128) 그러나 구체적인 전략적 함의는 그보다 크다. 우선 연료의 공급 및 선박의 수리가 가능해짐으로써 블라디보스톡에 본부를 두고 있는 소련 태평양 함대가 그대로 인도양까지 연장되는 효과가 있었다. 남중국해와 말라카 해협에 대한 정찰이 가능해짐으로써 전략적으로 민감한 지역의 군사활동에 대한 정보취득이 자력으로 이루어지게 됐다.129) 그것은 특히 적대관계를 유지하고 있던 중국에 대한 견제라는 목적에 비추어 중요했다. 對中 군사전략상 미제로 남아 있던 중국 핵잠수함의 소련에 대한 위협을 견제할 수가 있었고, 기존 소련 공군기지의 행동반경에서 벗어나 있던 중국 남부를 직접 공격할 수 있는 길이 열렸기 때문이다. 크게 봐서는 중국을 포위하는 효과가 있었다.130)

그러나 소련의 기지들은 군사적으로 한계가 있었다. 우선 유사 시 미

127) Bernstein, "Cam Rahn Bay, Da Nang, and Soviet Power Projection in Southeast Asia," p. 48.
128) 참고로 다낭에는 미군이 건설한 공군기지가 있었고, 캄란에는 미군의 해군기지가 있었다. 1965년부터 1975년까지 두 기지는 베트남에서 사실상 미국 힘의 중심지(centers of power)였다. 아무튼 두 기지는 소련의 블라디보스톡와 아랍의 아덴(Aden)항을 복잡하게 연결할 수 있는 연결고리를 제공한 셈이다. Alvin Z. Rubinstein, *Moscow's Third World Strategy* (Princeton: Princeton University Press, 1988), p. 215.
129) Longmire, *Soviet Relations with South-East Asia*, p. 130.
130) Bernstein, "Cam Rahn Bay, Da Nang, and Soviet Power Projection in Southeast Asia," p. 44.

국의 공격으로부터 대단히 취약했다. 지정학적으로 미해군 및 공군의 활동 거점인 필리핀의 수빅만과 비교하여 결정적으로 열세에 놓여 있었던 것이다.[131] 중국 및 미국과의 대치 전략은 장기적인 성격을 띨 수밖에 없었는데, 따라서 소련의 아시아를 비롯한 전 세계적 팽창은 이미 실패의 징조를 보이고 있던 소련경제, 특히 서방에 비해 열세였던 산업기반을 잠식할 수밖에 없었다.[132] 군사전략상 동아시아에서 미국을 앞서가기는 어려운 일이었고 나아가 경제적인 열세를 어떻게 극복하느냐는 보다 근본적인 문제를 안고 있었던 것이다.

베트남의 팽창과 소련의 배후 지원은 ASEAN 국가들의 우려를 사기에 충분했다. 소련이 제시한 아시아 집단안보구상을 ASEAN이 어떻게 받아 들였는지는 이미 밝힌 바 있다. 이제 소련과 베트남의 팽창주의가 어느 정도 분명해졌음으로 소련의 구상은 논리적으로 수용될 수 없는 것이었다. 우선 베트남과의 사이에 캄보디아라는 완충지대가 없어진 새로운 환경에 접한 태국이 문제였다. 왜냐하면 태국은 ASEAN의 중추 국가였기 때문이다.

베트남군의 캄보디아 점령은 ASEAN 국가들의 즉각적인 반향을 불러 일으켰다. 침공 직후인 1979년 1월 ASEAN 외상회의가 소집되었다. 베트남의 행위를 비난함과 동시에 캄보디아에서의 외국군 철수 및 UN 안전보장 이사회의 적절한 조치를 촉구함으로써 회원국의 단합은 분명히 과시되었다.[133] 그러나 양측의 대치는 1980년 6월 베트남군의 태국 국경 침공으로 더욱 가시화됐는데, 전면전은 아니더라도 두 국가의 분쟁을 통해 베트남이 ASEAN 국가들과 협력하는 것은 사실상 불가능하다는 것이 밝혀졌기 때문이다.[134]

---

131) *Ibid.*, pp. 43-44, 그리고 Longmire, *Soviet Relations with South-East Asia*, p. 130.

132) Bernstein, "Cam Rahn Bay, Da Nang, and Soviet Power Projection in Southeast Asia," p. 48.

133) 金基泰, "外交史的으로 본 베트남과 泰國과의 紛爭: 베트남 共産化 前後時期를 中心으로," 姜太勳 外, 베트남의 政治經濟와 國際關係, p. 185.

문제는 여기서 그치는 것이 아니었다. 베트남 배후에 소련이 있었음으로 소련이 제안한 공동안보구상의 실체에 대해 ASEAN 국가들은 보다 현실적인 인식을 갖게 되었다. ASEAN은 1967년 인도네시아, 말레이시아, 필리핀, 싱가포르, 그리고 태국(1984년 1월 부르나이 가입)이 결성한 국가협의체였다. 월남전이 격화되자 적어도 외형적으로는 과거 SEATO의 결성 때와는 달리 어느 특정 강대국의 이해에 휩쓸리지 않는 것이 그들의 이해라는 자각의 산물이었다.[135] 애초 단순 협의체에 불과하던 ASEAN은 그러나 베트남으로부터 미군의 철수가 분명해지자 과거와는

---

134) 전문가들은 이 사태를 군사 및 외교적으로 베트남의 큰 실책으로 보고 있다(Ibid., p. 190).

135) ASEAN 결성의 가장 중요한 요인으로 다음이 제시되고 있다. "과거 식민주의 세력의 퇴보," "회원국 내의 공산주의 운동의 격화 가능성에 대한 두려움," "역내 중국의 영향력 증대에 대한 두려움." Chan Heng Chee, "ASEAN: Subregional Resilience," James W. Morley, ed., *Security Interdependence in the Asia Pacific Region* (Lexington: D.C. Health and Company, 1986), p. 113. 그러나 인도네시아 국내정치의 변화가 ASEAN 창립의 가장 중요한 원인이었다는 유력한 분석이 존재한다. ASEAN 창립 이전에도 동남아시아 지역협력체는 존재했다. 1961년 말레이시아, 태국 및 필리핀을 회원국으로 결성된 동남아연합(ASA: Association of South-East Asia), 그리고 말레이시아, 필리핀 그리고 인도네시아를 구성원으로 1963년 잠시 만들어진 바 있는 Maphilindo 등이 있었다. 그러나 "ASA는 미국의 입장에 너무 접근해 있었다. 또한 역내 최강국인 인도네시아가 불참함으로써 정치적인 한계를 지닐 수밖에 없었다. Maphilindo의 경우도 인도네시아와 말레이시아의 불화가 문제였다(Longmire, *Soviet Relations with South-East Asia*, p. 115)." 즉 ASEAN이 탄생하기 이전에도 지역협력체의 결성 움직임이 분명히 있었음을 알 수 있다. 1965년 9월 공산주의자들이 개입된 인도네시아의 구테타와 군부의 구테타 진압으로 군부 인물이 정권의 실세로 등장함으로써 기존의 집권자인 스카르노 대통령 및 그가 주창한 교도민주주의(guided democracy)가 쇠퇴의 길을 걷게 된다. 정치적으로는 "낭만적 민족주의가 보수적 현실주의에 길을 내어준 것이다." 마이클 레이퍼, "ASEAN의 역할과 역설," 마이클 레이퍼, 편, *東亞시아의 勢力均衡*, 국방대학원 안보문제연구소 역 (서울: 국방대학원, 1987), p. 151 〔원제: Michael Leifer, *The Balance of Power in East Asia* (Hampshire: Macmillan, 1986)〕. 새로운 집권 세력의 정치관은 1966년 8월 "말레이시아에 대한 적대감의 종식과 지역 내 긴장 해소"의 표명으로 나타났다. 따라서 "ASEAN이 부상하게 된 가장 중요한 요인은 인도네시아 국내정치의 변화였던 것이다(Ibid.)." 또한 수카르노가 남긴 무려 24억 달러에 달하는 외채문제와 국내경제의 마비도 새로운 세력이 대외관계를 변화시키게 되는 주요 요인으로 지적된다. 밀톤 W. 마이어, *동남아시아 입문*, 김기태 역 (서울: 한국 외국어대학 출판부, 1994), p. 267 (원제: Milton W. Myer, *Southeast Asia: a brief history*).

다른 행보를 보이게 되는데, 그것이 바로 1971년 11월 ZOPFAN이라는 외교원칙의 선언을 통해 표출된 ASEAN의 안보전략이었다.

지역의 중립화는 미국의 영향권하에 있던 국가들이 미국의 퇴보라는 변화를 맞아 '방위력이 없는 중립노선(defenseless neutrality)'을 취했음을 의미한다.136) 과거와 다른 정세를 반영하고 있는데, 즉 미국과 서구의 후퇴를 현실적으로 받아들인 것이다. 따라서 그들의 안보는 중립에 대한 강대국들의 보장 혹은 세력균형에 의존할 수밖에 없었다. 보장은 결국 미국, 소련 그리고 중국 (넓게 봐서는 서유럽 및 일본)의 합의를 필요로 했는데, 앞서 설명한 바와 같이 현실성이 떨어지는 대안이었다. 그 대신 세력균형에 의존하는 경우 계산은 간단하지 않았다. 중국 및 소련과는 관계를 어느 정도 유지해야만 하는지, 나아가 후퇴하기는 했으나 여전히 상당한 영향력을 지니고 있는 미국과의 관계는 어떻게 설정해야 하는지 등에 대한 대답이 필요했기 때문이다.

상기의 설명은 일단 동남아시아 국가들에 초점을 맞추어 본 것이지만 체제적 측면에서는 더욱 다양한 논의가 가능하다. 우선 미국, 중국, 소련 그리고 일본이 어떤 조건하에서 세력균형을 이루고 있는지, 혹은 이룰 수 있는지를 살펴볼 필요가 있다. 논의는 결국 동남아시아에 대한 열강들의 이해 정도를 짚어 보는 것과 연계되어 있다. 그러나 이해는 그것을 추구할 의사와 능력이 있을 때만 현실화된다. 그러므로 각각의 이해는 어느 정도의 의지와 능력으로 뒷받침되는가도 역시 검증되어야 한다. 여기서 가장 중요한 기능적 요소는 당연히 안보와 경제일 수밖에 없다.

소련은 베트남 문제에 관심을 갖기 시작한 이래 과거 미국과는 달리 직접적인 군사개입을 일관되게 자제해 왔다. 그렇다면 소련의 이해는 결국 베트남을 간접적으로 지원하는 것과 세력의 공백을 역으로 이용한 집단안보 구상과 같은 새로운 질서의 구축을 통해 ASEAN 국가들과의 협

---

136) Bernstein, "Cam Rahn Bay, Da Nang, and Soviet Power Projection in Southeast Asia," p. 35.

력을 강화하는 것일 수밖에 없다.

그런데 문제는 소련이 추구하는 두 목적이 서로 상충된다는 사실이다. 소련과 ASEAN 간의 역내 안보문제에 대한 이견은 이미 설명한 바 있다. 따라서 베트남의 팽창정책 배후에 소련의 지원이 있었다는 사실은 양측이 추구하는 지향점을 더욱 벌어지게 했다. 베트남의 캄보디아 침공 직전 베트남의 ASEAN에 대한 태도 변화, 즉 ASEAN을 하나의 기구로 인정하고 ASEAN 국가들의 국내문제〔공산주의자들의 준동(蠢動)〕에 간섭하지 않겠다는 의사를 표명함으로써 양자 간에 의견 접근이 이루어지는 듯 했다. 소련도 역내 미군의 철수(주로 필리핀의 미군)와 인도차이나 전체를 포괄하는 조건으로 ASEAN의 ZOPFAN을 인정할 수 있다는 전향적인 자세를 보인 바 있다.[137]

그러나 베트남의 캄보디아 침공은 형세를 완전히 반전시켰다. 베트남의 팽창주의가 명백해졌고, 이유야 어떻든 소련도 현실적으로 ZOPFAN을 인정할 의사가 없다는 사실이 간접적으로 확인되었기 때문이다. 이는 역으로 베트남을 비롯한 인도차이나 반도에서 영향력을 확대하는 것이 ASEAN과의 관계개선보다는 중요하다고 소련이 판단했음을 의미한다. 중국과 일본의 관계개선으로 미국, 중국 그리고 일본의 삼각협력이 가시화되는 경우에 대비하는 것이 전체 구도상 소련의 입지를 강화하는 길이라고 생각했던 것이다. 그렇게 보면 소련의 선택, 즉 베트남에서의 군사기지 구축 등과 같은 구체적이며 현실적인 이해의 추구는 일리가 있는 것이었다.

아무튼 캄보디아에서의 베트남군 철수 문제를 UN으로까지 끌고 간

---

137) Longmire, *Soviet Relations with South-East Asia*, pp. 119-120. ASEAN의 사정은 더욱 긴박한 측면이 있었다. 베트남이 국경충돌을 벌인 태국에서 공산주의 게릴라의 지원에 나선다면 태국은 자국의 공산화 문제로 골머리를 앓게 될 것이기 때문이다. 그 밖에 말레이시아, 싱가포르, 인도네시아, 필리핀 등에서도 베트남의 지원이 있다면 공산주의 활동이 본격화될 가능성이 충분히 있었다. 梁承允, "베트남의 膨脹主義와 아세안," 姜太勳 外, 베트남의 政治經濟와 國際關係, p. 259.

ASEAN의 노력이 소련의 반대로 수포로 돌아간 이후 베트남군의 캄보디
아 및 라오스 주둔은 현실이 되었다. 따라서 그 문제는 ASEAN과의 관
계개선에 가장 큰 걸림돌로 작용할 수밖에 없었다. 여기서 중국의 입장
을 잠시 짚어 볼 필요가 있다. 지역 혹은 세계적인 패권추구에 대한 반대
를 의미하는 반패권주의는 중국외교의 변함없는 중심 논리였다. 베트남
의 캄보디아 침공 반대 그리고 베트남의 소패권주의에 대한 처벌적 응징
의 성격을 띤 베트남 침공 등은 논리적으로 ASEAN이 견지하는 반베트
남 노선과 일치하는 것이었다.

그러나 중국의 과도한 영향력 행사에 대한 견제 의식이 ASEAN 결성
의 이유 중의 하나였듯이, ASEAN의 중국에 대한 인식은 복잡한 것이었
다. 전통적으로 현격한 국력의 우위를 보여 왔던 중국은 ASEAN 제국들
에게는 위협 그 자체였다. 같은 맥락에서 중국과 국경을 맞대고 있는 "베
트남은 동남아시아에 대한 중국의 영향력 확장을 견제하는 하나의 완충
지대로 간주되어 왔다."138) ASEAN 국가들 모두에 산재되어 있는 화교
들이 향후 중국의 영향력 확대에 있어 트로이 목마 역할을 할 수 있다는
우려도 늘 드리워져 있었다.139)

그러나 문제는 캄보디아에 진출하여 태국과의 국경분쟁을 일으킨 베
트남의 군사력이 ASEAN 국가 모두를 합친 것보다도 우위에 있다는 사
실이었다.140) 그리고 그에 대한 억제의 힘은 결국 중국으로부터 나올 수

---

138) Goh Keng Swee, "Vietnam and Big-Power Rivalry," Richard H. Solomon, ed., *Asian Security in the 1980s: Problems and Policies for a Time of Transition* (Cambridge Mass.: Oelgeschlager, Gunn & Hain, Publishers, Inc., 1980), p. 165.

139) *Ibid.*

140) 그리고 각국이 느끼는 안보 위협의 정도는 다를 수밖에 없었다. 필리핀과 인도네
시아가 지리적인 이유 혹은 미국과의 동맹관계(필리핀의 경우) 때문에 비교적 안보
위협을 덜 느낀 반면, 태국과 말레이시아 그리고 싱가포르는 베트남 팽창주의의 영
향권 안에 있는 국가들이었다. 대표적으로 다음과 같은 분석이 있다: "태국은 군사
적으로 소모전이 발생하는 경우, ASEAN을 단지 보조적 기구 이상으로 간주하지 않
았고, 따라서 주된 관심은 크메르 루즈와 중국일 수밖에 없었다. 나아가 미국과 일
본이 베트남에게 경제적인 제재를 가함으로써 캄푸치아에서 베트남을 약화시켜 도

밖에 없다는 것이 ASEAN의 딜레마였다. ASEAN에 유리한 세력균형은, 물론 미국의 개입의사가 있다면 확실히 달성되겠지만 ASEAN 국가들은 이를 현실성이 없는 대안으로 보았다.[141] 따라서 중국의 베트남 침공에서 드러났듯이 베트남의 세력확장을 저지하려는 중국의 확실한 의지, 중국의 지속적인 캄보디아 반군 지원, 그리고 태국의 방위를 위해 지원을 하겠다는 중국의 공언 등이 베트남에 대한 억지 균형의 핵심 요소일 수밖에 없었다.[142]

그러나 중국의 억지력은 소련의 힘에 의해 어느 정도 약화될 수밖에 없을 것이며, 중국의 지원에도 불구하고 캄보디아가 베트남에게 쉽게 접수된 사실을 고려하면, 극단의 경우 ASEAN, 특히 태국, 말레이시아 그리고 싱가포르의 안보 운명은 사실상 소련과 베트남의 의사와 능력에 달려 있었던 셈이다. 그러므로 당시의 동남아 세력균형은 불안정한 것이었다.[143] 여기서 소련과 베트남의 의사와 능력을 살펴보는 것이 지역 세력균형의 작동원리를 이해하는 데 가장 중요한 요소임을 알 수 있다.

소련의 경우 동남아시아 문제에 미국처럼 적극 개입하는 것을 지속적으로 자제하여 왔다는 사실은 이미 지적한 바 있다. 즉 위험감소(low risk) 전략을 채택했던 것이다. 미국의 쓰라린 경험에 비추어 보면 당연하고 합리적인 선택이었다. 소련의 세계전략이라는 시각에서도 한계점을 발견할 수 있다. "소련의 대동남아관계는 超强勢力均衡(미국과의 균형)과는 거

움을 받고 있었다." 마이클 레이퍼, "ASEAN의 역할과 역설," 레이퍼 편, 東아시아의 勢力均衡, p. 158.

141) 참고로 동남아시아의 유일한 SEATO 회원국인 필리핀과 태국이 1975년 6월 SEATO를 2년 후 폐기시키는 데 합의하게 되고, 실제로 1977년 6월 SEATO는 역사 속으로 사라졌다. Buszynski, *Soviet Foreign Policy and Southeast Asia*, pp. 101-102.

142) James W. Morley, "The Structure of Regional Security," Morley, ed., *Security Interdependence in the Asia Pacific Region*, pp. 23-24. 중국은 심지어 소련과 베트남의 패권추구에 대해 함께 공동전선(united front) 펼 것을 ASEAN 국가들에게 제안하였다(*Ibid.*).

143) Goh Keng Swee, "Vietnam and Big-Power Rivalry," p. 166.

의 관계가 없으며 중소관계와 지역적 복잡성에 관련한다."144) 조금 더
구체적으로, "동남아시아는 중국의 봉쇄와 지역의 대단히 한정된 수로에
대한 자유로운 통항에 공헌하는 것 이외에는 소련에게 부차적인 전략적
관심(secondary strategic concern)의 대상일 뿐이었다."145) 따라서 소련의
목적은 인도차이나 반도에서 교두보를 확보함으로써 이미 달성됐던 것으
로 평가할 수 있다. 그 다음 단계로 집단안보구상에서 잘 드러나듯이 동
남아시아의 주요국, 특히 ASEAN에 대한 포괄적 영향력 행사가 소련의
더 큰 목표였음으로 베트남의 캄보디아 침공은 물론, 베트남이 태국 및
말레이시아를 넘보는 행동, 그리고 그에 대한 소련의 지원은 소련 자신
이 설정한 원대한 목표와는 상충되는 것이었다.146)

그리고 통일 베트남의 독특한 자주성도 장기적으로는 문제가 될 수 있
었다. 베트남과 중국과의 관계에서 볼 수 있듯이 그들의 자주노선에 걸
림돌이 된다면 베트남은 어느 누구와도 정면으로 경쟁할 준비가 되어 있
는 전 세계의 몇 안되는 국가였다. "베트남이 점차로 캄푸치아의 점령을
굳히고 자신의 경제안정을 이룩하면 하노이는 더욱 다원화된 외국의 지원
을 위해 모스크바로부터 더 큰 독립을 모색할 지도 모르는 일이었다."147)
그 외에 1979년 12월에 단행된 소련의 아프가니스탄 침공은 후일 명백
히 입증된 사실이지만 당시에도 소련의 힘이 분산되는 것을 의미했다.
즉 현실적으로 의사가 있다고 가정하더라도 동남아시아에 위험을 무릅쓰
고 진출할 가용 능력, 특히 군사력에는 한계가 있었던 것이다.

---

144) 제럴드 시걸, "東아시아의 蘇聯," 레이퍼 편, *東아시아의 勢力均衡*, p. 73.

145) Paul Dibb, "Soviet Capabilities, Interests and Strategies in East Asia in the
1980s," Robert O'Neill, ed., *Security in East Asia*, Adelphi Library (New York: St.
Martin's Press, 1984), p. 3.

146) 따라서 구체적으로, "소련은 ASEAN 중 어느 국가에게도 위압적이거나(imposing),
그럴듯한(promising) 실체로 등장한 적이 없었다(*Ibid.*, pp. 3-4)."

147) 시걸, "東아시아의 蘇聯," p. 73. 이러한 논리는 총체적으로 다음의 평가를 가능하
게 한다. "동아시아에서 몽고만이 충성스러웠으며, 소련은 북한, 베트남 그리고 캄
보디아의 불안정한 지지를 받고 있었을 뿐이었다(*Ibid.*, p. 60)."

마지막으로 경제적인 변수도 소련의 행동반경을 제약하는 요인이었다. 베트남의 기지 획득에 대한 대가로 소련은 엄청난 규모의 원조를 제공해야만 했다. 물론 여기에는 베트남의 캄푸치아 점령 및 군대 주둔 비용에 대한 부담도 포함되어 있었다. 소련경제에 큰 짐으로 작용하고 있었던 것이다.[148] 경제적 측면에서도 동남아시아에서 소련이 그들의 세력을 더욱 팽창시키는 데는 현실적으로 많은 어려움이 있었음을 알 수 있다.[149]

한편 베트남의 사정은 가장 강력한 지원국인 소련의 입장을 어느 정도 반영할 수밖에 없었다. 만약 소련이 더 이상 일을 벌일 의사가 없다면 베트남의 전진에는 한계가 있었다. 캄보디아 및 중국과의 전쟁에서 소련의 지원은 결정적이었다. 따라서 캄보디아보다 월등히 큰 태국, 나아가 말레이시아를 공격한다는 것은 논리적으로 볼 때 과거 남부 베트남에 대한 미국의 지원에 필적하는 외부지원이 없다면 불가능한 일이었다. 아울러 더 이상의 팽창은 캄보디아 사태에 대한 중국의 응징적 침공에서 드러났듯이 중국의 개입을 불러올 가능성이 컸다.[150] 세력의 역학구도에 관한

---

148) *Ibid.*, p. 72.

149) 실제로 소련이 베트남에 제공한 원조 통계를 보면 1978년부터 그 전과는 비교할 수 없을 만큼 액수가 증가하였다는 사실을 알 수 있다. 1977년 1억 2천 5백만 달러의 군사원조가 1978년에는 무려 8억 5천만 달러로 급증했다. 같은 추세가 1984년까지 이어져 연평균 약 10억 달러를 약간 상회하는 수준을 계속 유지하였고, 1985년과 86년에는 연평균 약 16억 달러까지 늘어나게 된다. 한편 경제원조의 경우 1978년 약 10억 달러를 기록하여 전년과 별 차이를 보이지 않았으나, 1980년에는 약 32억 달러로 대폭 증액되었고, 이후 1986년까지는 연평균 약 14억 달러의 경제원조가 균일하게 제공되었다(Pike, *Vietnam and the Soviet Union*, p. 139, Table 6.3). 시기적으로 1978년 12월에 베트남의 캄보디아 침공이 있었고, 다음해인 79년 2월 중국이 베트남을 공격했다. 따라서 1978년 무려 8억 5천만 달러의 군사원조가 소련으로부터 제공된 것으로 보아 두 전쟁 비용의 상당 부분을 소련이 부담했음을 짐작할 수 있다. 그리고 1978년 6월 베트남이 COMECON에 가입함으로써 베트남의 경제개발이 본격화되었고, 1979년 소련이 베트남의 군사기지를 사용하기 시작한 점에 비추어, 1980년 소련의 경제원조액이 무려 32억 달러를 기록했다는 것은 군사기지의 획득 대가로 소련이 상당한 원조를 제공했음을 의미한다. 아무튼, "모스크바의 對하노이 원조가 인도차이나 전역에서의 베트남 군사력의 유지 및 경제개발에 어느 정도 기여하였는지는 정확하지 않지만 절대적 수준이었던 것만은 틀림이 없다." 梁承允, "베트남의 膨脹主義와 아세안," p. 266.

가정이지만, 만약 중국과 소련의 접근이 이루어진다면, 양측이 캄푸치아 문제를 베트남의 의사와는 반대로 처리할 수도 있다는 우려 또한 있었다.[151]

따라서 당시의 지역 세력균형은 소련과 베트남의 의사 및 능력의 한계, 그리고 관련 강대국들의 경쟁과 견제의 산물이었음을 알 수 있다. 비록 불안정한 세력균형이었다 하더라도 그것을 통해 ASEAN 국가들은 전쟁을 피할 수 있었던 것이다. 당시에 형성된 세력구도는 현재에도 상당 부분 유지되고 있다. 그러므로 동남아시아의 안보질서는 1978년과 1979년을 계기로 사실상 안정화의 과정에 돌입하기 시작했다고 볼 수 있다.

4. 권력투사(Power Projection) 구도: 단 차원 강국(Single Dimensional Power)의 한계

소련의 동남아시아 진출은 총체적으로 어떻게 평가되어야 하는가. 베트남에 적극 진출하여 군사 교두보를 확보함으로써 소련은 태평함 함대의 행동반경 확대, 인도양에 진출할 수 있는 기반 확충, 중국에 대한 견제력 확보, 그리고 인도차이나 반도에서의 영향력 행사 등이 가능해졌다. 소련이 과거에는 향유할 수 없었던 중요한 이득이었다. 그러나 동남아시아 전체를 아우르는 체제적 관점에서는 평가가 달라질 수밖에 없다.

기본적으로 "소련은 역내 정치 및 경제적 영향력의 부재로 '끼고는 싶은데 끼지 못하는 사람(odd man out)'과 같았다."[152] 가장 큰 이유는 "자

---

150) 실제로 중국은 베트남에 대해 다양한 압력을 행사하고 있었다. "제2의 군사적 침략 위협, 경제적 제재, 그리고 헹 삼린 세력의 승인을 반대하는 세력의 동원" 등이 그것이다. 존 아디스, "印度支那: 紛爭의 舞臺," 레이퍼 편, 東아시아의 勢力均衡, p. 133.

151) 梁承允, "베트남의 膨脹主義와 아세안," p. 266. 실제로 1982년 10월 모스크바가 북경과의 관계 정상화를 위한 회담을 시작하자, 놀란 베트남이 북경 측에 관계개선의 가능성을 타진한 적이 있다(Ibid.).

152) Dibb, "Soviet Capabilities, Interests and Strategies in East Asia in the 1980s," p.

신의 점증하는 군사적 힘을 정치적 영향력으로 변환시킬 능력이 없었다
는 데"서 찾을 수 있다.[153] 세계 어느 다른 지역에서도 동남아에서 드러
난 소련의 군사력과 정치적 영향력 간의 편차를 발견할 수 없을 정도였
다. 향후의 가능성에 대해서도 부정적일 수밖에 없다. 이유는 "소련이 정
치, 경제 및 이데오르기적 영향력 창출 수단을 가지고 있지 않았기 때문
이다."[154] 그렇게 보면 소련의 대동남아시아 정책은 전체적으로 보아 실
패라는 평가도 가능한데 구체적인 이유는 다음과 같이 설명될 수 있다.

우선 군사적 충돌로까지 발전한 소련과 중국 간의 전통적인 불화를 들
수 있다. 다음으로 아시아 최강의 경제력을 지니고 있는 일본과 소련 간
의 적대적 관계도 중요한 원인이 된다. 세 번째로 인도차이나를 제외하
고는 비교적 안정된 관계가 지속된 지역 환경을 들 수 있다. 즉 혼란이
있어야 더욱 가능한 소련의 영향력 확대 혹은 모험주의의 기회가 별로
없었던 것이다. 네 번째로 어떠한 아시아 국가 혹은 혁명세력도 소련을
그들의 발전 모델로 간주하지 않았다는 사실을 지적할 수 있다. 마지막
으로 군사력 중심의 대아시아 접근 그리고 국경 안보에 지나치게 집착한
소련의 비정상적 외교가 일본(북방도서에 대한 소련의 강경 정책), 나아가
중국(중소 국경에 소련군의 과도한 투입)과의 관계를 개선할 수 있는 좋은
기회를 날려버렸다는 사실도 중요한 변수이다.[155]

상기의 분석은 경제관계의 중요성을 암시하고 있다. 같은 공산권인 인
도차이나 국가들과 소련 간의 깊은 경제적 유대는 이미 설명한 바와 같
다. 그러나 소련이 지속적인 추파를 던졌던 ASEAN 국가들은 사정이 전
혀 달랐다. ASEAN 국가들과 소련의 경제관계는 1970년대와 80년대 주
로 쌍무적(bilateral) 수준에서 이루어졌다. 소련이 관계를 적극 주도했음

2.

153) *Ibid.*

154) *Ibid.*

155) *Ibid.*, pp. 2-3.

은 물론이다. 그러나 소련은 ASEAN 국가들의 경제발전을 위해 필요한 기술, 자본 및 수입시장을 제공할 수가 없었다. 또한 소련이 ASEAN 국가들로부터 수입할 수 있는 물품의 종류도 대단히 한정되어 있었다.

ASEAN 국가들로부터 소련은 주로 그들이 생산할 수 없는 천연고무를 수입했다. 수입원은 말레이시아와 인도네시아였는데, 문제는 교역품이 너무 한정되는 바람에 對蘇 천연고무 수출이 두 국가의 총수출에서 차지하는 비율은 약 10퍼센트 내외에 불과했으며, 그것도 시간이 지남에 따라 점점 낮아졌다는 사실이다.[156] 공업화와 천연자원의 개발에 대한 기술진보가 이루어짐으로써 ASEAN 국가들의 수출품이 과거 천연고무나 주석에서 공산품, 원유, 팜유 등으로 다양화됐기 때문에 천연고무에 대한 의존은 점점 줄어 들 수밖에 없었고, 그것은 곧 對蘇 무역의 위축으로 나타났다.[157]

소련이 제공할 수 있는 비교적 고급기술인 수력발전 프로젝트도 말레이시아와 인도네시아에서 1972년과 1975년 각각 타진된 바 있으나, 결실을 보지는 못했다. 소련의 차관제공 조건이 별로 좋지 못했다는 사실이 원인으로 지적되고 있으나, 소련 기술자들이 파견되는 경우 양국 모두에서 준동하고 있는 공산세력의 활동을 부추길 것이라는 정치적인 우려가 더욱 중요한 이유였다.[158] 여기서 흥미로운 사실은 베트남과는 달리 ASEAN 국가들에게는 원조가 제공되지 않았다는 점이다. 소련 경제력에 한계가 있었던 것이다.

---

156) Longmire, *Soviet Relations with South-East Asia*, p. 118. 구체적으로 1970년 소련이 수입한 총 천연고무 중 약 80퍼센트가 말레이시아로부터 반입되었다. 그 비율은 1983년 62퍼센트까지 하락한다. 반면 인도네시아도 주요 공급원이었는데, 1972-1982년 사이 소련이 수입한 총 천연고무의 약 16-25퍼센트를 인도네시아로부터 들여왔다. 한편 말레이시아의 총수출에서 對蘇 천연고무 수출이 차지하는 비율은 1974년 13퍼센트에서 1982년에는 6퍼센트로 하락한다. 인도네시아의 경우는 1973년 1.2퍼센트에서 1982년에는 8.1퍼센트로 다소 상승했다(*Ibid.*).

157) *Ibid.*

158) *Ibid.*, pp. 118-119.

그 밖에 소련의 입장에서 싱가포르는 상업기지 및 선박의 수리 장소로서의 이점이 있었음으로 1975년부터 합작교섭이 진행됐으나 결실을 맺지는 못했다. 소련은 베트남에 대한 식량원조를 위해 1979년 이후 태국으로부터 일정량의 쌀을 수입한 적이 있다. 그러나 주목을 받을 만 한 수준은 아니었다. 1976년에는 소련과 필리핀 간에 무역협정이 체결되어 필리핀이 설탕, 코프라, 코코넛유 등을 소련에게 수출하였으나 1976-1982년 기간 동안 수출 규모는 필리핀 총수출의 불과 3퍼센트에 지나지 않았다.[159] ASEAN 국가를 모두 합쳐서 계산했을 때, ASEAN 국가의 총무역에서 소련과의 무역이 차지하는 비율은 1970년 1.27퍼센트였고 1982년에는 그 비율이 더욱 낮아져 불과 0.75퍼센트를 기록했을 뿐이다.[160] 결론적으로 소련은 ASEAN 국가들에게 경제적으로는 거의 무의미한 존재였던 것이다. 여기서 소련의 군사력이 정치적 영향력으로 전환되지 못한 중요한 이유 중의 하나가 발견된다.

한 가지 더 주목할 점은 이데오로기 측면에서도 소련은 결코 ASEAN 국가들과 가치관을 공유할 수 없었다는 사실이다. 말레이시아와 인도네시아의 예에서 분명히 드러나듯 ASEAN 국가들은 소련에 대한 의구심을 지워 본 적이 없었다. 자국 내의 가장 심각한 정치문제 중의 하나인 공산세력의 준동에 소련이 어떤 식으로든 개입할 가능성에 대한 우려였는데, 결국 경제교류에도 상당히 영향을 미친 것으로 드러나고 있다. 비록 독재정권이라는 오명을 벗어날 수는 없었으나 선거제도가 엄연히 존속하고 있음으로 체제 자체는 분명 민주주의를 지향하고 있었고, 아울러 사유재산제도를 인정하고 있는 ASEAN 제국들의 정체성과 국민들의 인식은 분명 서방에 가까운 것이었다. 소련의 군사적 실체가 정치적 영향력으로 전환되지 못한 이유 중의 하나로 이데오로기적 요인을 든다면 분명 소련의 침투에는 한계가 있었음을 알 수 있다.

---

159) *Ibid.*
160) *Ibid.*

특히 경제분야는 ASEAN 국가들이 경제개발정책을 개방형으로 변화시킨 사실로부터 결정적인 영향을 받았다고 볼 수 있다. 동남아시아는 물론 동아시아 국가들 대부분이 독립 직후 폐쇄적인 수입대체산업정책을 추진했던 것은 이미 주지의 사실이다. 그러나 제한된 자원, 미약한 자본, 한정된 시장 그리고 거의 바닥 수준의 기술 등은 이 정책으로 극복할 수 없었다. ASEAN 제국이 대외지향형 경제정책을 선택한 시점을 대략 1960년대 후반으로 보고 있으나 당시에는 실천이라기보다는 인지의 수준을 넘지 못했다. 1967년 싱가포르가 제정한 경제확대장려법(Economic Expansions Incentives Act), 1968년 말레이시아가 제정한 투자장려법(Investment Incentives Act), 그리고 1967년 인도네시아가 제정한 외국인투자법(Foreign Investment Act) 등이 개방형 정책의 증거로 제시되지만,161) ASEAN 국가들이 본격적으로 대외지향형 정책을 추진한 시기는 1980년 전후로 보는 것이 타당할 것이다.

같은 맥락에서 1977년 체결된 ASEAN 특혜무역협정(ASEAN PTA: ASEAN Preferential Trading Agreement)은 중요한 전환점이었다. 폐쇄적 경제정책의 가장 중요한 지표로 고관세율을 꼽을 수 있는데, 비록 역내 국가 간의 합의였지만 관세율에 대한 대폭 인하가 단행되었기 때문이다.162) 그리고 1980년부터 협소한 시장환경과 열위의 기술수준을 극복하기 위해 추진한 ASEAN 산업협력 프로젝트(AIP: ASEAN Industrial Project) 혹은 ASEAN 산업합작계획(AIJV: ASEAN Industrial Joint Ventures) 등도 ASEAN 국가들의 경제발전이 공업화에 달려 있다는 사실을 인정했다는 점에서 중요한 전기로 인정될 만 하다.163) 물론 공업화의 열쇠인 자

161) 박번순, "동남아 경제의 발전 요인과 특성," 윤진표 편, 동남아의 경제성장과 발전전략: 회고적 재평가 (서울: 오름, 2004), pp. 43-45.
162) 이요한, "ASEAN 경제협력의 발전과정: 성장과 한계," 윤진표 편, 동남아의 경제성장과 발전전략, p. 82.
163) Ibid., p. 83. 특히 산업프로젝트에서 눈에 띄는 점은 공업화를 공동으로 진전시켜 고부가가치의 공산품을 대량으로 수출하겠다는 의도가 숨겨져 있었다는 사실이다.

본과 기술의 제공은 서방만이 가능했다.

경제분야에 대한 언급을 지역 안보구도와 관련하여 詳述한 이유는 ASEAN의 경제상황과 정책이 안보구도에도 영향을 미쳤기 때문이다. 결국 1980년을 전후하여 ASEAN의 개방적 경제정책이 본격화되었는데, 그것은 1979년 사실상 정점에 도달했던 소련의 동남아 진출과 시기적으로 거의 일치한다. 앞서 통계적으로도 입증된 사실이지만 여기서 소련의 경제적 진출이 미미했던 이유가 다시 한번 잘 설명된다. ASEAN의 새로운 정책에 맞출 수 있는 소련의 수단은 사실상 전무했던 셈이다. 따라서 ASEAN의 대서방 관계는 적어도 ASEAN 안보에 대한 어떤 특정의 위협 요소가 없다면 거의 절대적 수준이었음을 알 수 있다.

과거 동아시아 최강국 일본의 재등장과 동남아시아에 대한 적극 진출은 관심을 끌기에 충분한 변수였다. 특히 현재까지 일본의 활동과 이해가 동남아시아 기본 질서의 한 축을 이루고 있다는 사실에 비추어 일본의 역할은 별도로 조명해 볼 필요가 있다. 일본과 동남아시아 관계는 주로 경제분야에 초점이 맞추어져 있다. 1970년에 이미 ASEAN 국가들의 일본에 대한 수출 의존도는 23퍼센트를 기록하고 있으며 비슷한 추세가 1980년대 중반까지 지속된다.[164] 따라서 ASEAN 국가들은 1970년 이래 1980년대 중반까지 일본에 대해 약 24퍼센트 내외의 무역의존도를 보이고 있는 셈이다. 그 중 무역의존도가 가장 높은 국가는 약 53퍼센트 비율을 보인 인도네시아였다.[165] ASEAN에서 인도네시아의 비중이 가장

즉 외환 수입의 증가가 가장 중요한 목표였던 것이다. 김국진 외, *아세안의 政治經濟*(서울: 집문당, 1993), pp. 462-463. 일면 수입대체적 성격을 지닌 프로젝트로 비춰지지만 그 숨은 의도는 수출의 증진이었음으로 대외지향적 성향이 짙게 배어 있었다.

164) *Ibid.*, p. 479, 표 11-2. 반면 수입의존도, 즉 ASEAN의 총수입 중 일본으로부터의 그것이 차지하는 비율은 1970년 26퍼센트에서 1986년에는 22퍼센트를 기록하고 있다.

165) Narongchai Akrasanee, "ASEAN-Japan Trade and Development: A Synthesis," Narongchai Akrasanee, ed., *ASEAN-Japan Relations: Trade and Development* (Singapore: Institute of Southeast Asian Studies, 1983), pp. 30-31, Appendix 1에서 계산하였음.

높다는 사실을 감안하고 ASEAN 전체의 對日 무역의존도를 고려하면, 무역과 관련하여 ASEAN에서 일본의 위상은 가히 독보적이었다고 할 수 있다.

경제적 이해와는 상관없이 전략적인 측면에서 ASEAN이 일본의 관심을 끌기 시작한 것은 1970년대 중반 이후였다. 일본은 중국과의 성공적인 화해를 통해 그들의 최대 관심 지역인 동북아시아의 안보에 대해 과거보다는 자신감을 가질 수 있었다. 반면 미국은 군사적으로 동남아시아에서 후퇴하였고 인도차이나에서는 공산세력의 팽창이 가시화되었다.[166] 미국이 남긴 힘의 공백을 소련이 메우며 들어왔음으로 일본도 그들의 전략물자 주 운송선인 동남아시아에 대한 관심을 과거와 같이 낮은 수준에서 유지할 수는 없었다.[167] 특히 "지역안보 증진의 부담을 일본이 더 많이 져야 한다는 미국의 압력은 일본의 관심을 강화시키는 역할을 했다."[168] 결국 힘의 공백을 소련은 군사적으로 일본은 경제적으로 메우며 들어온 셈이다.

일본의 새로운 움직임은 1977년부터 가시화되었다. 3월 양측 고위층의 원활한 의견 교환을 위해 일-아세안 포럼(Japan-ASEAN Forum)이 창설됨으로써 대화를 위한 공식 창구가 개설되었고, 이어 8월 일본의 후쿠다 수상(Takeo Fukuda)이 말레이시아를 방문하여 이른바 후쿠다 독트린을 발표함으로써 일본의 ASEAN에 대한 진출이 공식화된다. 동남아시아의 평

이상은 1972년부터 1982년까지의 통계로 추산한 것이다. 시기상 1970-1986 기간과는 다소 차이가 있으나 전체의 추세를 파악하는 데는 별 무리가 없다.

166) Andrew Macintyre, "American and Japanese Strategies in Asia," Ellis S. Krauss and T. J. Pempel, eds., *Beyond Bilateralism: U.S.-Japan Relations in the New Asia-Pacific* (Stanford: Stanford University Press, 2004), p. 120.

167) 일본 원유 수입의 약 80퍼센트 및 총무역의 약 40퍼센트가 동남아시아의 말레카 해협을 통과하고 있으며, 일본이 필요로 하는 천연자원의 약 15퍼센트가 이 지역으로부터 공급되고 있다. "따라서 동남아시아의 안정은 일본의 경제적 안보와 직결되어 있는 것이다." 姜太勳, "베트남과 日本의 關係," 姜太勳 外, *베트남의 政治經濟와 國際關係*, p. 226.

168) Macintyre, "American and Japanese Strategies in Asia," p. 120.

화와 번영에 기여하고, 정치, 경제, 문화 그리고 사회적으로 이들 국가와
신뢰를 바탕으로 협력하며, ASEAN과 대등한 수준에서 협력을 추진한다
는 등의 내용을 담고 있는 독트린이 발표된 직후인 11월에 열린 제2차
일-아세안 포럼에서 ASEAN에 대한 10억 달러 규모의 원조제공이 결정
되었다.169)

따라서 소련의 일본에 대한 지속적인 적대관계 유지가 소련의 ASEAN
진출에 있어 걸림돌이 되었다는 앞서의 분석이 ASEAN에서 일본의 위상
을 생각하면 일리가 있음을 알 수 있다. 경제적인 측면에서 소련은 일본
의 경쟁상대가 아니었다. 동남아시아를 둘러싼 미묘한 세력균형을 통해
역내 안보질서가 유지될 수 있었다고 이미 지적한 바 있다. 여기서 소련,
일본, 베트남 그리고 ASEAN 이외의 두 변수, 즉 중국과 미국의 당시 입
장과 영향력에 대한 보다 자세한 분석을 통해 균형의 실체를 더 잘 이해
할 수 있을 것이다.

중국의 경우 중월전쟁을 통해 베트남의 팽창에 대한 그들의 입장을 분
명히 한 바 있다. 즉 베트남이 어떠한 대가를 치르지 않고 더 이상 팽창
할 수는 없다는 메시지를 확실히 전달한 것이다. 1978년 후반 鄧小平에
의해 시작된 개혁개방정책과 베트남의 캄보디아 점령에 대한 지속적인
반대 입장 표명 등을 통해 드러난 중국의 정책노선은 ASEAN의 입장과
사실상 일치하는 것이어서 ASEAN의 중국에 대한 평가는 호의적일 수
있었다.170) 당시 중국의 경제력은 보잘 것 없는 수준이었음으로 ASEAN

169) Narongchai Akrasanee, and Apichart Prasert, "The Evolution of ASEAN-Japan
Economic Cooperation," Narongchai Akrasanee, et. al., *ASEAN-Japan Cooperation: A
Foundation for East Asian Community* (Tokyo: Japan Center for International
Exchange, 2003), p. 66.

170) Kenneth Lieberthal, "Implications of China's Political Situation on ASEAN," Joyce
K. Kallgren, et. al., *ASEAN and China: An Evolving Relations* (Berkeley: University
of California Press, 1988), pp. 3, 4, 18. 기본적으로 "1978년 이후부터는 중국의 對
ASEAN 정책이 중국 국내정책의 우선 순위와 밀접하게 연계되며 전개된다(*Ibid.*, p.
3)."

과의 경제관계에서 주목할 만 한 진전이 발견되지는 않으나 ASEAN의
중국에 대한 입장이 호전된 사실은 상대적으로 중요한 의미를 갖는다.
1978년 이후 조성된 양국의 서로에 대한 인식이 21세기 현 질서에서도
상당 부분 투영되어 있기 때문이다.

　이미 설명한 바와 같이 미국은 군사적인 측면에서 더 이상 ASEAN 국
가들이 의존할 수 있는 실체가 아니었다. 그러나 미국의 영향력은 여전
한 것이었는데, 그것은 "필리핀에 대규모로 주둔하고 있는 미군의 존재
와 경제적 관계에서 비롯되는 것이었다."[171] 소련이 베트남의 군사기지
를 획득하였다 하더라도 전략적으로 미군의 필리핀 주둔에 비할 바는 아
니었다. 필리핀의 미군은 상징적으로 ASEAN에 여전히 미국의 군사력이
잔존하고 있음을 의미했고, 따라서 ASEAN의 전략적 가치가 과거와 같
지는 않다고 하더라도 상황이 변하는 경우 미국의 진출은 언제고 가능하
다라는 메시지를 담고 있었다. 그리고 미국은 일본을 통해서도 영향력을
행사할 수 있었다.

　ASEAN과 미국의 경제관계는 일본과의 그것에 거의 필적하는 것이었
다. 1970년 ASEAN의 對美 수출의존도가 일본을 앞서 약 28퍼센트를
기록한 이후 베트남 사태를 통해 미국의 입지가 좁아지는 것에 발맞추어
1980년 약 17퍼센트로 하락하나, 그 후 반전 되어 1985년에는 약 20퍼
센트로 회복된다.[172] 이 수치는 일본에 거의 육박하는 수준이었음으로
ASEAN과 미국의 경제적 관계가 ASEAN에게는 대단히 중요한 이해였
음을 알 수 있다. 결국 ASEAN 수출의 약 절반 정도가 미국과 일본의 수
입시장에 의존했던 것이다. 같은 서방 국가인 EEC에 대한 수출의존을
합하는 경우 일본, 미국 그리고 EEC는 ASEAN 총수출의 약 60퍼센트를
소화했다.[173] 따라서 미국은 여전히 돋보이는 존재였던 것이다.

---

171) Longmire, *Soviet Relations with South-East Asia*, p. 143.
172) 김국진 외, *아세안의 政治經濟*, pp. 458-458 및 표 11-11.
173) 이는 1983년의 통계를 원용한 것인데 1980년 전후 ASEAN의 대외무역관계 추이

당시 동남아시아의 세력균형은 군사력, 주요 국가의 이해, 경제관계 및 경제적 영향력, 그리고 이데오르기, 나아가 국내 정치상황 등이 상호 복합적으로 작용하며 형성되었음을 알 수 있다. 이러한 모든 요소가 이미 설명한 바와 같이 서로 얽히며 특히 팽창주의를 고수하던 베트남과 소련의 행보를 억제했던 것으로 볼 수 있는데, 아무튼 당시 절묘하게 형성된 균형은 현 지역질서의 중심축을 형성하고 있다. 동북아시아와 비교하여 동남아시아에서는 안정된 질서의 형성이 상대적으로 늦어졌음을 알 수 있다.

를 보여주고 있음으로 경제적 지표로 활용하였다. John Wong, "An Overview of ASEAN-China Economic Relations," Chia Siow-Yue and Cheng Bifan, eds., *ASEAN-China Economic Relations: Trend and Patterns* (Singapore: Institute of Southeast Asian Studies, 1987), p. 13, Table 1.2.

V. 탈냉전과 새로운 균형의 모색

1. 소련의 쇠퇴와 주요 균형변수의 변화

한국전 이후 동아시아에서 기존의 안보질서를 변화시켰던 가장 결정적인 동인은 미국의 월남전 패배와 비슷한 시기에 가시화된 소련의 팽창이었다. 1968년 브레즈네프 독트린을 발표하며, 소련이 체코에서 실행하고 중국에게 강요한 자기중심적 사고는 동아시아에서도 질서 변화의 주요 원인이었다. 체제적 수준의 큰 변화를 미국과 중국의 對蘇 공동대응에서 우선 찾을 수 있기 때문이다. 여기서 세력균형이 그들에게 유리하지 않은 방향으로 전개되고 있던 시기에 감행된 소련의 팽창이 그들의 이해와 부합하는 것이었는가라는 의문이 제기될 수 있다.

두 가지를 우선 짚어보아야 한다. 팽창을 통해 소련이 얻을 수 있는 것은 무엇인가. 그것은 소련의 국력 증진으로 전환될 수 있는 것이어야만 진정한 의미의 소득으로 간주될 수 있다. 다음으로 소련은 팽창을 주도할 국력을 지니고 있었는가. 이 문제는 두 가지 측면을 지니고 있다. 우선 팽창을 주도할 국력이 애초에 없었는지, 혹은 팽창을 위한 초기의 에너지는 있었으나 투자된 힘이 회수되지 못함으로써 자원의 고갈을 초래하게 되었는지 등의 질문이 가능하다. 소련의 팽창에 대한 대비적 예는 미국으로부터 찾을 수 있다. 이미 언급한 바와 같이 월남전의 수렁을 거치며 국력이 약화됨으로써 미국은 휴식을 취하지 않을 수 없었다. 소련의 경우에도 비슷한 현상이 발견될까? 일단 미국의 경험 중 특징적인 부분을 다시 짚어 본 후, 소련의 예를 살펴보기로 한다.

미국이 봉쇄정책의 확장에 한계를 느끼기 시작한 것은 우선 월남전에서의 고전 때문이었다. 전쟁 기간 중 미국이 힘의 한계를 느낄 수밖에 없었던 매우 특징적인 사태를 통해 당시 미국이 처했던 환경을 더 잘 이해할 수 있다. 군사적인 측면을 우선 살펴보면, 1968년 구정기간 동안 하노이 측이 전면전 형식으로 감행한 이른바 구정공세(Tet Offensive)를 예로 들 수 있다. 군사적으로는 베트민 측의 실패로 이해되고 있지만, 심리적으로는 하노이 측의 승리였다.[174] 미국이 이길 수 있는 전쟁이 아니라는 사실이 분명해졌기 때문이다.

끝이 없어 보이는 확전과 주고받기 식의 교섭 중에 하나를 택해야 하는 상황이 미국 앞에 전개된 것이다. 여기서 교섭이란 사실상 미국의 패배를 의미했다. 한국전에서와 같이 戰前의 상황이 유지될 수 있다면 패배라 할 수는 없겠으나, 교섭은 한국에서와는 달리 남부의 방위가 아닌 미군의 명분 있는 철수를 목표로 하고 있었음으로 사실상 미군의 패배일 수밖에 없었다. 철군 이후 공산화를 막을 구체적인 방법이 결여되어 있었기 때문이다. 외교적으로는 그렇다 하더라도 구정공세 이후 미국이 더 이상의 확전을 할 수 없었다는 점,[175] 즉 증원군의 파견이 불가능하다는 것은 군사적인 측면에서 적어도 한국 및 월남에서와 같은 제한전에 관한한 미국의 군사력에는 한계가 있음을 의미했다. 이미 50만 대군이 주둔하고 있는 가운데 승리가 보장되지 않는다면 증원군의 의미도 찾을 수 없었다.

경제적인 측면에서는 이미 언급한 바와 같이 1971년 닉슨 쇼크라는 극단의 조치가 취해져야만 했다. 천문학적인 전비를 계속 조달하는 것이 현실적으로 어려워지기 시작한 것이다. 미국의 전비조달은 주로 미국의 통화패권에 크게 의존하고 있었다. 즉 세계 기축통화인 달러화의 국제적 남발을 통해 그들의 경제적 부담을 국제사회에 전가시키며 전쟁을 계속했던 것이다. 달러화에 대한 금태환 금지조치는 브레튼우즈 체제의 붕괴

---

174) Kissinger, *Diplomacy*, pp. 670-671.

175) 공세의 영향으로 미국의 존슨(Linden Johnson) 대통령은 1968년 3월 북위 20도 선에 위치한 지역에 대한 공습을 일방적으로 중단시켰다. 전쟁을 계속 할 수 없다는 의사가 처음으로 가시화된 것이다(*Ibid.*, p. 672).

를 의미했다.176) 왜냐하면 달러화를 금과 연계시킴으로써 기축통화의 안
정을 기할 수 있었고, 이를 바탕으로 국제통화체제가 운영되었는데, 그
핵심 통화안정 고리를 미국이 스스로 제거했기 때문이다. 월남전의 여파
로 미국의 경제패권이 더 이상 제도화될 수 없었던 것이다.

결국 봉쇄정책 확장의 대가가 상당히 컸음을 알 수 있다. 아무튼 미국
이 남긴 힘의 공백은 상당 부분 소련의 팽창에 의해 메워졌다. 소련은 미
국의 쇠퇴를 외교 및 군사 전략상 과거에는 극복하지 못했던 한계를 돌
파할 수 있는 좋은 기회로 간주했다. 소련의 첫 번째 목표는 1961년 쿠
바위기 시 굴욕의 원인이었던 전략무기의 열세를 극복하여 미국과 대등
한 입장에 서는 것이었고, 두 번째는 영향력 범위의 범세계적 확장이었
다. 바로 두 번째 범주에 속하는 소련의 행위 중의 하나가 인도차이나 반
도에 대한 적극적인 진출이었다. 아프가니스탄 침공, 중동 및 아프리카
문제에 대한 적극 개입 등도 같은 맥락에서 이해될 수 있다. 그런데 두
목표 모두 지속적인 경제적 희생을 전제로 한다는 데 문제의 심각성이
있었다. 인도차이나에 진출하기 위해 소련이 치른 군사원조를 포함한 경
제적 대가는 이미 자세히 설명한 바 있다.

투자된 에너지가 회수되었는가의 문제를 우선 짚어 보면, 인도차이나
에서 증명된 사실이지만 소련은 그들이 노력한 것에 비례하는 정치적 영
향력을 얻지 못했다. 즉, "소련은 어느 특정 수준의 긴장을 야기시키는
능력은 가지고 있었으나, 위기를 자기에게 유리하게 마무리 짖거나 혹은
友國이 원하는 바를 외교적으로 증진시킬 수 있는 수단을 가지고 있지는
못했다."177) 그 이유는 결국 "위기를 조성하는 소련의 능력이 그것을 해
결하는 역량과 일치하지 않았기" 때문이다.178)

---

176) 本 書, 제3장, 각주 35) 참조. 닉슨 쇼크 이후 불과 2년 사이에 절대적 가치를 인
  정받았던 달러화는 약 17퍼센트 평가절하 되었다. 당시 미국경제의 위상이 어떠했
  는가를 알 수 있는 대목이다.

177) Kissinger, *Diplomacy*, p. 737. 대표적인 예로 1970년대 중동문제에 소련이 적극 개
  입하였으나 결국 해결은 미국을 통해 이루어진 사실 등을 들 수 있다.

1982년 11월 브레즈네프(Leonid Brezhnev) 사망 이후 안드로포프(Yuri Andropov)와 체르넨코(Konstantin Chernenko)라는 활발한 정치활동이 사실상 불가능한 두 노지도자를 거쳐, 1985년 3월 권좌에 오른 고르바초프(Mikhail Gorvachev)의 개혁개방 정책은 외교적으로 소련이 팽창을 지속할 여력이 없다는 것을 의미했다. 물론 그 자신이 소련의 몰락을 예감했거나 혹은 미국과의 경쟁에서 소련의 패배를 시인한 것은 아니었을지라도 현 상태로는 안된다는 인식을 한 것만은 분명했다. 그런데 공교롭게도 고르바초프의 집권 시기에 미국에서는 닉슨(Richard Nixon), 포드(Gerald Ford) 그리고 카터(Jimmy Carter)와는 전혀 다른 인물이 집권자로 등장하며 전임자들이 펼쳤던 외교정책의 기조, 즉 데탕트와 상반되는 외교 및 군사정책을 추진하게 된다. 그것은 월남전 이후 오랜 휴식 기간을 거친 미국이 힘을 회복했다는 의미이기도 했다.

레이건(Ronald Reagan) 독트린으로 불리는 미국의 새로운 외교정책은 두 가지의 분명한 목표를 가지고 있었다. "소련의 팽창 과정이 잡히고 나아가 역전될 때까지 소련의 지정학적 압력에 대항하여 싸운다는 것"과 "소련의 전략적 우위 추구를 멈추게 하여, 그들의 노력이 오히려 부담이 되도록 미국의 재무장을 시작하겠다는 것"이었다.179) 여기서 전자는 소련이 팽창정책으로 얻은 과실을 적극 개입정책을 통해 침식하는 것을 의미했다.180) 흥미롭게도 1960-70년대 소련이 미국의 이해 범위에 대해 행한 행동과 비슷한 방식이었다. 이제 그 주체와 객체가 변한 것이다. 후자는 미국이 새로운 첨단의 무기를 개발할 경제력과 기술력을 지니고 있다는 사실에 기초한 구체성을 띤 對蘇 압박 전술이었다.181)

---

178) *Ibid.*, p. 738.

179) *Ibid.*, p. 772.

180) 구체적으로 반공산주의 운동에 대한 레이건 정부의 지원을 들 수 있다. 아프간의 무자히딘(Mujahideen)에 대한 군사지원, 니카라과의 공산 산디니스타(Sandinistas) 정권에 대항하는 콘트라(Contra) 세력에 대한 지원, 이티오피아와 앙골라의 반공산세력(UNITA)에 대한 원조 등을 들 수 있다(*Ibid.*, p. 774).

새로운 과감한 전략은 적어도 과거의 봉쇄정책 구도로는 이해하기 어려운데, 따라서 "레이건의 전략은 공산주의가 이미 획득한 것의 불가역성을 주장하는 브레즈네프 독트린을 거부하면서 공산주의가 단순히 봉쇄되는 것을 넘어 패배한다는 신념을 표현한 것으로 이해될 수 있다."[182] 결국 레이건은 이념적으로나 혹은 지정학적으로 공세정책을 취한 전후 최초의 미국 대통령이었던 셈이다.[183]

새로운 전략의 결과는 명백했다. 소련은 우선 기술적으로나 경제적으로 미국과 경쟁할 수 있는가를 재고해야만 했고, 팽창정책을 통해 얻은 과실이 전략적으로 유용하며 또한 그것을 군사 및 경제적으로 감내할 수 있는가도 짚어봐야 했다. 대답은 모두 부정적이었다. 그러므로 소련의 팽창은 역전될 수밖에 없었다. 소련 국내경제에 대한 통계는 이러한 판단의 적실성을 잘 보여주고 있다.

1960년대 초반(1960-1965) 소련의 산업생산과 국내 총생산(GNP) 증가율은 각각 6.6퍼센트 그리고 5.0퍼센트였다. 그러나 그 비율은 지속적으로 낮아져 1980년에는 3.4퍼센트와 1.4퍼센트로 곤두박질쳤다.[184] 고르

---

181) 우선 카터 시절 폐기되었던 무기체제의 재도입이 결정되었다. B-1 폭격기의 생산, 본토 발사 신형 대륙 간 미사일인 MX 미사일의 배치 등이 대표적인 예이다. 그리고 특히 소련에게 자극적일 수밖에 없는 NATO의 전략적 우위를 확보하기 위해 사정거리 1,500마일의 중거리 미사일(intermediate-range missile)의 배치가 결정되었다. 중거리 미사일의 배치는 특히 다음의 의미를 지니고 있었다. "새 무기는 미국의 전략적 방어와 유럽의 그것을 유기적으로 연계하는 효과가 있었다." 즉, "이 중거리 미사일을 먼저 파괴하기 전에는 소련이 그들이 우위에 있는 재래식 무기로 유럽을 공격하지 못하는 것이다." 결국, "신형 중거리 미사일은 억제전략의 갭(미국과 유럽, 즉 유럽이 공격 받았을 때 미국이 정말로 소련에 대해 핵공격을 하겠느냐는 유럽의 의구심)을 줄이는 것이었다(Ibid., pp. 775-776)." 마지막으로 과거와는 전혀 다른 차원의 경쟁인 SDI(Strategic Defense Initiative)를 추진하는 것이었다. 따라서 소련의 가장 아픈 부분을 파고든 두 가지의 전략적 결정, 즉 신형 중거리 미사일의 유럽 배치와 SDI의 추진은 냉전을 끝내는 데 가장 큰 공헌을 한 것으로 평가 받을 수 있다(Ibid.).

182) Ibid., p. 773.

183) Ibid., p. 772.

184) Seweryn Bialer, The Soviet Paradox: External Expansion, Internal Decline (New York:

바초프가 집권하기 직전에도 사정은 전혀 나아지지 않았는데, 1984년 경제성장률, 즉 GNP 성장률이 여전히 1.4퍼센트에 머물러 있었기 때문이다.[185] 양적인 통계 이외에 경제의 활력성과 잠재성을 보여주는 생산요소의 생산성(total factor productivity) 분야에서는 더욱 암울한 결과가 목격된다. 위와 같은 기간을 기준으로 살펴보면, 1960년대 초반의 기록인 그나마 0.6퍼센트의 성장률이 1980년에 와서는 -1.9퍼센트로 추락했기 때문이다.[186] 경제통계는 다음 두 가지의 의심할 수 없는 현실을 보여주고 있다. 우선 구조적인 혁신 없이는 경제의 잠재성장 가능성이 거의 전무하다는 것이고, 다른 하나는 기술수준이 오히려 퇴보하고 있다는 사실이었다. 상기의 다양한 조건이 소련의 외교정책이라는 필터를 통해 여과되면 다음과 같은 결론이 가능해진다.

> 1980년대 소련의 외교정책에 영향을 준 문제는 다음과 같다. 우선 가장 중요하고 풀기 어려운 것으로 내부에서 발생하고 있는 물질 및 정신적 쇠퇴를 들 수 있다. 소련의 야망은 적극적인 대외정책을 지원하기 위해 동원되는 물질적 지원을 필요로 한다. 그런데 문제는 대외 물자지원이 국내위기를 더욱 심화시킬 것이라는 데 있다. 또한 과거 10년보다 높은 혹은 동일한 비율의 군비확장은 (국내적으로) 경기침체 또는 소비자 지출의 하락으로 이어질 뿐 아니라 노동생산성 향상을 위해 필수적인 투자의 확대를 꺾어 버린다. 스탈린 이후 처음으로 군비지출의 증가가 일반소비 및 투자증대에 결정적인 걸림돌이 된 것이다. (따라서) 대외적 확장은, 이전의 많은 제국들의 예에서 목격되듯, 국내적 어려움에 대한 해결책이 아니라 오히려 부담이 되는 것이다.[187]

Vintage Books, 1986), p. 60, Table 5. 초기의 가시적인 경제발전은 저렴한 천연자원의 공급 때문에 가능했으나, 1980년대에 들어오면서 그것이 벽에 부딪친 것이다. 문제의 극복을 위해서는 시베리아 지역의 개발이 필요했다. 접근이 대단히 어려운 시베리아 지역의 개발을 위해서는 소련 당국의 투자 우선순위가 바뀌어야만 했다 (*Ibid.*, pp. 60-61). 즉 국내외적으로 경제를 살리기 위한 대대적인 개혁이 불가피했던 것이다.

185) 정은숙, *러시아 외교안보정책의 이해: 고르바초프에서 푸틴까지* (성남: 세종연구소, 2004), p. 6, 표 1.1에서 인용.

186) Bialer, *The Soviet Paradox,* Table 5.

소련의 구조적 문제가 외교정책에 영향을 미치기 시작한 것은 고르바초프가 등극하기 전부터였던 것으로 확인되고 있다.[188] 그것은 브레즈네프를 거치면서 이미 구조적으로 문제가 심각하게 불거지기 시작했고 따라서 어떤 형태로든 변화가 불가피했다는 것을 의미한다. 결국 고르바초프의 등장은 필연일 수밖에 없었다는 추론이 가능한 것이다.

앞서 동남아시아에서 소련이 적극적인 영향력을 행사할 수 없었던 다양한 이유를 설명한 바 있다. 그런데 그러한 상황은 동남아시아에서의 문제만은 아니었다. 제삼세계에 진출한 소련은 효과적인 권력투사(power projection) 작업에 전반적으로 실패하고 있었다. 특히 1980년대 중반 이후 이러한 현상이 가시화됐는데 그 원인은 아래의 분석과 같이 동남아시아에서의 예와 비슷하다.

"소련의 제삼세계 전략은 전적으로 군사력과 군사적 수단에 의존하고 있었다. 따라서 소련이 발전의 모델이 된다는 생각은 사라져 갔고, 장기적인 관점에서 정치적으로 의미있는 협력관계를 위해 필요한 경제원조의 확대에 대한 기대도 없어졌다. 나아가 우리 시절 사회주의에 대한 이념적 낙관론도 자취를 감추었다. 소련의 정책에 대한 제삼세계의 시각에 냉혹한 현실주의(cold-eyed realism)가 자리 잡은 것이다."[189] 이와 같은 현상은 소련의 약은 대외정책 행태가 자초한 측면이 있다. 다음의 분석을 통해 그 이유를 이해할 수 있다. "소련의 정책은 본질적으로 말하자면 팽

---

187) *Ibid.*, p. 331.

188) 소련의 대외정책이 바뀔 것이라는 힌트는 고르바초프가 공산당 서기장으로 선출되기 약 5개월 전인 1984년 12월 영국 방문 시 행한 연설에서 처음 발견된다고 한다: "안보의 개념이 변한 바, 안보는 상호적(mutual)인 것이어야 하고, 무력은 과거보다 덜 유용함은 물론 합목적성도 떨어지며, 군비통제가 우세한 군사력의 확보 혹은 억제전략보다 훨씬 중요하다. 아울러 지역 분쟁 역시 관계 당사국들의 이해에 기초, 평화적으로 해결되어야 한다." Deborah Nutter Miner, "Soviet reform in international perspective," Roger E. Kanet, Deborah Nutter Miner, and Tamara J. Resler, eds., *Soviet Foreign Policy in Transition* (Cambridge: Cambridge University Press, 1992), p. 16.

189) Rubinstein, *Moscow's Third World Strategy*, p. 289.

창적인 것이 아니라 슬쩍 끼어드는 식(intrusive)이었다: 새로운 영역을 흡수하는 것이 아니라 미국의 힘과 권위를 잠식하는 데 영향력을 행사하려고만 했다. 변화무쌍한 상황에서 한입 정도밖에 안되는 하찮은 이익을 위한 음모 정도였을 뿐이다."[190] 바로 그런 점이 봉쇄정책의 원칙에 따라 한국, 베트남 등과 같이 전략적으로 중요한 지역에 군사적으로 개입하고, 나아가 상대국의 국내 정치 및 경제체제의 완성까지 도모했던 미국의 정책과는 근본적으로 다른 면이다.

결국 팽창주의에 대한 한계와 압박은 소련의 국내외 모두에서 가시화되었다는 사실을 알 수 있다. 소련의 대외정책 변화는 범세계적 확장정책을 철폐하는 것으로 구체화됐다. 물론 동아시아도 예외는 아니었다. 확장정책이 반대 방향으로 수정된다는 것은 소련이 그들의 정치 및 경제적 이해에 따라 대외관계를 재조정하는 것을 의미했다. 그러므로 과거와 같이 이데오르기에 입각하여 소련의 자원을 일방적으로 소진하는 대외관계는 재고될 수밖에 없었다. 가상의 적과 그 적으로부터의 위협에 대응하기 위한 전략적 국가관계도 다음의 두 가지 차원에서 다시 생각할 수밖에 없었다. 우선 소련이 팽창정책을 포기한다면 기존 적대 국가들의 적성 강도가 약해질 것이고, 따라서 적성이 저하된 적대 국가에 대응하기 위한 특정 국가와의 전략적 협력관계는 과거와 같을 필요가 없었다. 동아시아는 이러한 새로운 원칙이 비교적 잘 적용된 예라고 할 수 있다.

2. 동남아시아 안보현안의 정리

팽창주의 시절 소련이 가장 깊숙이 개입한 베트남 그리고 군사적으로 대치 상태에 있는 중국과의 관계를 어떻게 설정하느냐는 것이 동아시아에서는 무엇보다도 중요했다. 두 나라와의 새로운 관계정립 문제는 고르

190) *Ibid*., pp. 289-290.

바초프 시대의 새로운 外交觀, 즉 아태지역 중시 외교정책을 통해 총체적으로 이해가 가능하다. 고르바초프의 신외교정책에서 가장 두드러진 부분이 아시아-태평양 중시 정책이었기 때문이다. 1985년 5월 라지브 간디(Rajiv Gandhi) 인도 수상의 모스크바 방문 시 만찬 연설에서 처음 언급되었고 이후 반복적으로 제시된 그의 기본 노선은 다음과 같다. "역내 평화공존, 군사분쟁의 축소를 위한 정책의 선도, 군비통제 및 축소 방안의 강구, 특정 국가의 국내체제와 관계없이 모든 역내 국가들과의 정치대화 추구" 등이었다.[191]

즉 과거 소련의 팽창정책을 수정하겠다는 의사가 가시화된 것이다. 아태지역 중시와 새로운 정책의 배경에는 다음과 같은 소련 측의 인식 변화가 있었다. 우선 동아시아에서 반소련 정서와 움직임이 점진적으로 강화되고 있다고 판단했다. 다음으로 레이건 정부 출범 이후 미국이 아태지역 중시 정책을 들고 나오면서 아태지역의 전략적 가치가 다시 상승하고 있다고 생각했는데, 그것은 군사 및 경제적 측면 모두에서 그랬다. 레이건 정부는 아태지역의 해군력을 증가시키며, 동맹국들의 안보역할 확대를 종용하고 있었다. 또한 동아시아의 경제적 급성장으로 역내 주요 국가들이 소련으로서는 가장 시급한 과제였던 시베리아 개발을 위해 필수적인 기술과 자본의 도입선이 될 수 있다고 판단했다. 따라서 소련의 국내개혁이 외교노선과 일치함을 보여줌으로써 소련에 대한 불신을 없앨 필요가 있었던 것이다.[192]

결국 미국이 월남전 이후 휴식이 필요했듯 소련도 지친 몸을 다시 추스릴 수 있는 기회를 만들어야만 했다. 소련은 그 휴식이 동아시아로부

191) Bilveer Singh, "Gorbachev's Southeast Asia Policy: new thinking for new era?" Kanet, et. al., *Soviet Foreign Policy in Transition*, p. 263. 그 후 1986년 2월 17차 소련 공산당대회에서의 고르바초프 보고서, 1986년 4월의 아태지역에 대한 소련정부의 언급, 1986년 7월 블라디보스톡 연설, 1988년 8월 크라스노야르스크(Krasnoyarsk) 연설, 1988년 12월의 UN 연설 등에서 반복적으로 언급되며 강조된 원칙이다(*Ibid.*, pp. 262-263).

192) *Ibid.*, p. 265.

터 시작되어야 한다고 판단했던 것이다. 늘 그랬던 것처럼 소련의 긴장
완화 정책은 우선 ASEAN을 대상으로 추진되었다. ASEAN을 조직으로
인정하며 그들의 대화 상대가 되기를 원했다. 즉 상당히 오랜 기간 개입
한 동남아시아에서 지역 세력균형의 한 축으로 인정받는 것이 그들의 목
표였다.193)

여기서 캄보디아 문제는 피할 수 없는 것이었다. 이미 언급한 바와 같
이 베트남 팽창주의의 표본인 베트남 군대의 캄보디아 주둔은 동남아 전
체의 위협이라는 인식이 ASEAN에게는 여전히 뿌리 깊게 자리 잡고 있
었고, 그 배후가 소련이라는 생각에도 변함이 없었기 때문이다. 브레즈네
프식으로 말하자면 소련의 입장은 캄보디아 문제가 존재하지 않고 또 돌
이킬 수도 없다는 것이었다. 입장 변화는 1986년 7월 고르바초프의 블라
디보스톡 연설에서 가시화됐는데, 캄보디아 문제가 있다는 것을 공식적
으로 인정한 것이다. 그러나 소련은 사안을 일단 중국과 베트남 간의 문
제로 돌리려 했다.194)

캄보디아 문제에는 소련, 중국, 베트남 그리고 ASEAN 등 모두가 관
련되어 있음으로 이들의 의견조율이 필요했고 그 중 특히 문제의 배후로
지적되어 온 소련과 중국 간의 타협이 이루어져야 했다. 따라서 소련의
중국에 대한 새로운 접근이 있는 경우 캄보디아 문제는 반드시 넘어야
할 산임이 논리적으로 분명해진다. 소련과 관련해서 캄보디아 문제에 대
한 중국의 입장은 분명했다. 중소관계 개선에 있어 가장 중요한 장애요
인으로 캄보디아 문제를 공식적으로 못 박고, 문제의 해결 없이는 관계
개선에 한계가 있음을 鄧小平이 이미 1986년에 확실하게 천명했기 때문
이다.195)

---

193) *Ibid.*, p. 266.

194) *Ibid.*, p. 267.

195) Charles E. Ziegler, *Foreign Policy and East Asia: Learning and adaptation in the Gorbachev era* (Cambridge; Cambridge University Press, 1993), p. 71. 구체적으로 등
소평이 1986년 9월 미국 방송과 가진 인터뷰에서 확인된 내용이다: "소련이 베트남

결국 1989년 9월까지 캄보디아에서 철군할 것을 베트남이 약속한 후 가능해진 1989년 2월 소련 외상 셰바르드나제(Eduard Shevardnaze)의 북경 방문 시 베트남에 대한 군사지원 종식이 합의되었고, 고르바초프의 북경 방문도 타결되었다.196) 따라서 소련의 베트남 개입은 사실상 종결되었으며 그것은 팽창정책을 포기하는 가장 분명한 증거로 남게 되었다. 중국의 경우 캄보디아 사태 이외에 해결하여야 할 다른 문제들이 있었다.

중국의 입장에서 소련의 팽창정책이 수정됐다는 증거는 우선 소련과의 국경지역에서 지속되고 있는 긴장이 완화되는 것으로 나타나야만 했다. 1969년 중소국경 충돌 시 소련의 공격으로 중국이 엄청난 피해를 입었던 역사적 사실에 기초하면, 이는 곧 중소국경 지역에서 소련 군사력의 감축을 의미하는 것이었다.197) 아시아에서 팽창의 또 다른 증거인 아프가니스탄 침공도 어떤 식으로든 정리되어야만 했다. 소련의 조치는 1987년 1월부터 가시화됐는데, 5개월 후부터 몽고에 주둔 중인 소련군 약 13,000명을 철수한다는 국방성의 발표가 있었다. 이어 1988년 2월 고르바초프가 직접 아프가니스탄으로부터 군대를 철수하겠다고 언급한 후, 다음해 2월까지 철군이 완료되었다.198) 즉 캄보디아 문제가 같은 연장선상에서 해결되었음을 알 수 있다.

상기의 사전 조치들이 있은 후 1989년 5월 북경에서 30년 만에 처음으로 양국 정상회담이 개최되었고 여기서 중소화해의 보다 확실한 가닥이 잡히게 된다. 소련은 우선 1987년 12월 미국과 소련 간에 체결된 중

에게 그들의 군대를 캄보디아에서 철수하도록 설득할 용의가 있다면 고르바초프를 만날 수 있다"고 발언한 것이다.

196) *Ibid.*, p. 76.
197) 1960년대 중소분쟁이 본격화된 이후 4,000 마일에 이르는 양국 간의 분쟁 국경에 150만의 중국 군대와 50만의 현대 무기로 무장한 소련군이 배치되어 대치 상태를 유지하고 있었다. Rajan Menon, "The Soviet Union and Northeast Asia," Carol R. Saivetz, ed., *The Soviet Union in the Third World* (Boulder: Westview Press, 1989), p. 172.
198) Ziegler, *Foreign Policy and East Asia,* pp. 72-73.

거리 핵전력 조약(Intermediate-range Nuclear Forces: INF Treaty)에 따라
436기의 아시아 배치 중거리 및 단거리 미사일을 철수하겠다고 약속했
고, 1989년과 1990년 사이에 12,000명의 극동(중소국경지대) 배치 군대
를 포함 총 20만의 아시아 주둔 소련군의 철수가 결정되었다. 그 밖에
아시아 주둔 공군 및 해군력의 감축도 공표되었다. 이미 철수가 시작된
몽고 주둔 소련군의 경우도 더욱 감축하여 총 75퍼센트에 달하는 주둔군
이 철수하게 되었고, 3개 사단의 추가 철군 준비 또한 발표되었다.[199] 소
련, 중국, 그리고 베트남을 옭매어 왔던 가장 중요한 문제들이 사실상 타
결된 셈이다.

3. 동북아시아 안보문제의 절충

소련의 화해정책은 범위가 더욱 확대되었다. 오랜 적대 국가였던 한국
과 일본에 대한 접근도 과거에는 생각할 수 없는 수준으로 이루어졌다.
한국의 경우 구조적으로 다음과 같은 큰 틀의 영향을 받고 있었다. 우선
남쪽의 연대인 한국, 미국, 일본을 한 축으로, 그리고 북쪽의 삼각동맹,
즉 북한, 중국, 소련을 또 다른 축으로 상호 대립하는 양상은 여전했다.
그 와중에 중소분쟁의 격화는 한반도를 둘러싼 잠재적 분쟁의 성격을 보
다 다원화시켰다. 중국과 소련 간의 충돌 가능성이 한반도의 기본 역학
구도에 추가된 것이다. 따라서 한반도에서의 변화는 역으로 기존 주변
구도의 변화를 의미했다.

소련의 한국에 대한 접근이 중소화해 이후에 가시화되었다는 사실은
구조적인 측면에서 이해될 수 있다. 중소 사이에서 등거리 외교를 견지
하던 북한의 입장을 고려할 필요가 과거보다는 덜해졌기 때문이다. 1989
년 5월 중소 정상회담으로 양국 관계정상화의 물꼬가 터지자, 1990년 6
월 샌프란시스코에서 한소 정상회담이 처음 열리게 되고, 이어 3개월 후

---

199) *Ibid.*, p. 76.

인 9월 한국과 소련 간의 국교가 정상화된 사실은 한반도 주변의 역학구
도가 변함에 따라 양자관계의 진전이 가능했음을 보여 준다. 당시 미국
과 소련의 관계개선도 한몫을 했음은 물론이다. 소련의 한국에 대한 접
근은 한국의 30억 달러에 이르는 차관 제공이 상징하듯 그들의 경제적
이해와 한국정부의 새로운 외교정책인 소위 북방외교(Nordpolitik)의 산물
이었다.

한국의 경우 국제환경의 변화와 발전된 경제력을 바탕으로 새로운 외
교정책을 구사하게 되는데, 북방외교는 엄밀히 말해 북한의 고립화 정책
이었다. 이를 위해서는 한국과 소련 그리고 한국과 중국의 관계가 개선
되어야만 했다. 그래야 북한에 대한 압박이 가능해지고 남북한관계 개선
이라는 새 외교정책의 핵심 목표가 달성되기 때문이다. 한소수교 약 1년
후인 1992년 8월 한국과 중국의 관계가 정상화된 사실은 한국을 중심으
로 한 북방 삼각외교의 기본 틀을 보여주고 있다.

북한의 고립을 의미하는 한소 및 한중 간의 관계개선은 적어도 두 공
산주의 강대국의 입장에서 북한의 전략적 가치가 과거보다는 저하되었음
을 의미한다.[200] 늘 자주 혹은 주체를 주장하는 북한은 소련에게 결코 쉬
운 동맹상대가 아니었다.[201] 북한의 지속적인 중소 등거리 외교는 그것
을 잘 보여주고 있다. 여기서 북한의 전략적 가치는 소련의 경우 특히 중
국과의 적대 관계를 고려했을 때 높아진다. 물론 중국의 경우에도 같은
논리가 적용될 수밖에 없다. 보다 큰 구도에서는 북한의 가치가 미소관

---

200) 구도적으로도 그렇지만 구체적으로 다음의 사례를 들 수 있다. 소련이 확보한 북
    한항구 이용권과 영공 통과권은 소련이 베트남 캄란만에서 군사력을 축소하고, 태평
    양에서의 권력투사(power projection) 작업을 포기함으로써 그 효용성을 사실상 상실
    하게 되었다. Hongchan Chun and Charles E. Ziegler, "Russian Federation and
    South Korea," Stephen J. Blank and Alvin Z. Rubinstein, eds., *Imperial Decline:
    Russia's Changing Role in Asia* (Durham: Duke University Press, 1997), p. 188. 참고
    로 1986년 10월 모스크바에서 열린 북소 정상회담(김일성과 고르바초프)에서 북한
    에게 미그 23기 46대를 공급해주는 조건으로 소련은 영공 통과권과 나진항 이용권
    을 확보한 바 있다. Ziegler, *Foreign Policy and East Asia*, p. 115.
201) *Ibid.*, p. 125.

계로부터 영향을 받게 되는데, 냉전 시절 남북한 대치선이 곧 미소 간의 전략 구획선이었기 때문이다. 따라서 미국과 소련이 경쟁을 완화한다면, 혹은 소련이 미국에 끌려가는 형국이 조성된다면, 그 대치선의 긴장도는 논리적으로 당연히 떨어질 수밖에 없다. 결국 중국과 소련의 화해, 미국과 중국 간의 전략적 제휴와 교류 확대, 그리고 미국과 소련의 경쟁완화 등이 북한의 전략적 가치에 영향을 미친 결정적인 변수였던 셈이다. 중요한 것은 이때 형성된 북한의 고립구도가 현재에도 지속되고 있다는 사실이다.

일본의 경우는 접근이 간단치 않았다. 북방 4개 도서에 대해 원만한 해결책을 찾지 못했을 뿐만 아니라, 소련이 필요로 하는 일본경제의 자국 진출에 대한 기대 또한 현실과는 괴리되는 것이었기 때문이다. 1991년 4월 동경에서 열린 역사적인 일소 정상회담이 실패로 돌아간 데서 잘 드러나듯이 고르바초프가 마음먹은 대로 되지 않는 주요 사례로 일소관계는 남게 되었다. 과거 러일전쟁의 앙금, 러시아혁명 이후 시베리아 파병을 둘러싼 불화, 그리고 제2차 세계대전 종전 시 소련의 일본에 대한 공격 행위 등 두 국가의 오랜 적대관계가 양국 국민은 물론 지도자들의 머리에 뿌리 깊게 자리 잡고 있다는 사실은 여전히 관계개선의 장애요인일 수밖에 없었다.

전략적으로는 일본이 별로 아쉬울 게 없는 게임이었다. 일본이 소련으로부터 받고 있는 부정적 영향은 중국이 받는 압박과는 달리 잠재적인 군사위협 수준 이상의 것은 아니었다. 그것은 미일동맹으로 충분히 상쇄되어 왔음으로 문제가 될 게 없었다. 반면 소련으로서는 아태지역에 대한 기존 외교정책의 변화라는 큰 틀에서 일본에 접근했고, 아울러 경제적 측면에서 상당한 이득을 취할 수 있다고 생각했기 때문에 적극적인 행보를 보인 것은 사실이나, 북방 4개 도서를 일본에 파는 형식이 돼서는 안된다는 소련 보수파들의 강한 반발을 극복할 묘책이 고르바초프에게는 없었다. 정상회담 몇 달 후인 1991년 10월 일본이 25억 달러의 차관을 제공하며 북방도서 문제의 해결을 원한 것을 보면 일본의 의도는 북방도서를 팔라는 것이었다. 나아가 소련의 경제개발에 대한 일본의 미진한 협력 역시 양국관계가 더 이상 진전될 수 없었던 주요 원인이었다.[202]

4. 동아시아 탈냉전 안보구도의 정립

이로서 현재 우리가 접하고 있는 동아시아 안보구도의 기본 골격은 마련되었다고 평가할 수 있다. 그 후 1991년 12월 소련이 해체됨으로써 러시아는 사실상 2류 국가로 전락하였다. 따라서 과거 소련의 노력이 빛을 잃은 것은 사실이지만, 특히 중국과 소련의 행보를 통해 다음과 같은 사실을 유추할 수 있다. 우선 소련과 중국이 타협할 수 있었던 것은 소련 측의 신외교에 힘입은 바 크지만 신외교의 진실성이 확인된다면 중국의 입장에서도 소련을 억제하기 위해 의존했던 미국과의 동반관계가 지니는 전략적 가치는 떨어질 수밖에 없다. 따라서 자국의 안보 혹은 그들에게 보다 유리한 미국과의 관계 설정을 위해 대소련 관계를 개선하지 않을 이유가 없었던 것이다. 바로 여기에 미국과 중국이 새로운 경쟁관계로 돌아설 가능성이 암시되어 있다. 역으로 소련의 위협이 줄어든다면 미국으로서도 중국과의 관계가 지니는 가치가 과거와 같을 수는 없었다. 동아시아의 전략구도가 다시 한번 변하기 시작하는 단초가 제공된 것이다.

---

202) 일본의 입장에서 소련과의 경제협력 강화는 별로 매력이 없는 일이었다. 소련이 특히 원했던 일본 자본과 기술 그리고 소련의 노동력이 시베리아 개발에서 결합하는 형태의 합작은 1970년대에 비해 일본에게 덜 매력적인 것이 되었다. 왜냐하면 일본경제가 에너지 효율화에 성공하고, 중동에 대한 의존도가 감소하면서 시베리아의 석유에 대한 절실함이 과거 보다는 덜했기 때문이다. 대표적으로 일본 통산성은 소련에 대한 일본기업의 대규모 투자에 대해 보증해주기를 꺼리고 있었다. 기회비용이 너무도 크다고 생각했기 때문이다. 반면 중국, 한국, ASEAN 국가들에 대한 일본의 투자에서는 그런 위험이 없었다. 결국 일본은 투자할 곳이 많았던 것이다. Rajan Menon, "Russo-Japanese Relations," Blank and Rubinstein, eds., *Imperial Decline*, p. 131.

소련의 멸망으로 동아시아 안보의 중요 변수가 사라지자 역내 안보구
도는 과거보다 단순화되며 더욱 안정적인 모습을 보이게 된다. 적어도
1990년대 초반 이후 현재까지 과거와 같이 강대국 간의 긴장이 고조되
는 상황은 연출되지 않았다. 여러 가지의 요인이 있는데 그 중 가장 중요
한 것은 미국의 건재였다. 다음으로 중국의 자본주의화 및 경제발전이
그들의 패권적 팽창을 억제하는 요인으로 작용한 점, 그리고 일본의 기
존 안보노선 고수 등도 주요 원인으로 꼽을 수 있다. 또한 베트남이 경제
발전 우선 정책으로 입장을 변화시켰고, 오래 끌던 인도차이나 문제가
해결되었으며, ASEAN이 균형 안보를 지향하는 오랜 전통을 그대로 고
수하는 등의 다양한 요소가 어우러져 안정의 시대를 맞게 된 것이다. 물
론 북한의 외교적 고립과 핵문제의 대두, 대만을 둘러싼 갈등 가능성의
상존 등 난제가 있기는 하지만 문제가 과거와는 달리 국지적 수준으로
축소된 것만은 분명하다.

우선 미국의 경우 월남전 패배의 충격으로 어느 정도 후퇴했던 것은
사실이나 동아시아에서 미국을 대신할 수 있는 강대국은 등장하지 않았
다. 이미 살펴 본 바와 같이 소련의 팽창과 영향력 행사에는 분명한 한계
가 있었고, 특히 그들이 눈독을 드린 동남아시아의 경우 그 전략적 가치
가 냉전 초기와 같을 수는 없었다. 동아시아 미국 군사전략의 핵심 지역
인 한반도는 동서 대치선이라는 상징성이 있었고, 나아가 일본이라는 가
장 중요한 파트너의 안보와 직결되어 있다는 인식 때문에 그 전략적 가
치가 극대화될 수 있었다. 따라서 한국의 방위는 미국에게 불가피한 것
이었다. 한국의 공산화는 북한은 물론 공산 중국과 소련이 아태지역 핵
심부에 성공적으로 진출하는 것을 의미했고, 당연한 결과로 일본에 대한
안보 압박 역시 증대될 수밖에 없다는 전략적 계산이 동북아시아 구도를
결정지었던 것이다. 중국의 공산화 직후 체결된 中蘇 우호조약에 일본의
제국주의 부활을 억제한다는 내용을 포함시키며 양국이 일본을 압박한
바 있고, 그 여파로 일본이 일시적으로 동요한 사실이나, 그 대응으로 미

국이 급작스럽게 對日 단독 평화협정을 체결하며 동맹을 결성, 사태를 진정시킨 사례 등은 일본의 지정학적 위상을 잘 보여 주고 있다.[203]

그러나 동남아시아의 경우는 위와 비슷한 사활적 이해의 연계구도가 애초부터 존재하지 않았다. 모호한 가설인 도미노 이론이 미국의 동남아 개입을 초래한 논리적 배경이었을 뿐이다. 이는 통일베트남 및 오랫동안 베트남의 배후 세력이었던 중국과 소련이 인도차이나 나아가 ASEAN 국가들을 점령하는 극단적 사태가 발생하지 않는 한 미국으로서 더 이상 잃을 것이 없음을 의미한다. 그런 상황이 불가능했던 이유는 이미 살펴본 바와 같다. 결국 실현 가능성이 없는 특별한 경우를 제외하고는 동남아시아의 전략적 가치가 과거와 같을 수는 없었던 것이다. 특히 1970년대 초 중국이 미국 편으로 돌아서면서 동남아의 가치는 더욱 추락하게 된다.

따라서 베트남의 공산화 이후 미국의 특별한 대동남아시아 정책은 눈에 띄지 않는다. 미국의 입장에서 본 동남아시아의 전략적 가치를 간접적으로 보여주는 대목이다. 동북아시아에서의 우월적 지위 확보와 대만 그리고 필리핀을 잇는 해양 방위선의 유지만으로도 미국은 여타 국가들보다 더욱 강력한 영향력을 유지할 수 있었다. 소련 멸망 이후 "어떤 다른 국가 혹은 국가들의 조합도 미국을 대신할 수 없다는 현실," 그리고 "미국의 철수를 오히려 두려워하는 동아시아의 독특한 구조" 때문에 "미국은 아태지역에서 발군의 강국(preeminent power)으로 여전히 남게 되었다."[204]

탈냉전 초기에 해당하는 1990년대에 특히 군사적으로 미국을 대체할 국가가 없다는 사실이 구체적인 사례를 통해 입증된 바 있다. 소련 멸망

---

203) 각주 14), 15), 16) 참조.

204) Donald S. Zagoria, "The Changing U.S. Role in Asian Security in the 1990s," Sheldon W. Simon, ed., *East Asian Security in the Post-Cold War Era* (New York: M. E. Sharpe, Inc., 1993), pp. 45-46.

이후 소련 잔존 군사력의 실체를 시험해 볼 수 있는 첫 기회가 마련된 것이다. 1994년 미국과 NATO의 개입까지 불러일으킨 크로아티아와 보스니아 내전은 발칸반도에서 슬라브족을 대표하는 세르비아가 깊숙이 개입함으로써 사실상 구소련의 영향권 내에서 발생했다고 볼 수 있다. 그러므로 소련 이후의 국제정치를 가늠하는 중요한 시금석이 될 수 있었는데, 여기서 중요한 것은 러시아의 강력한 구두 항의에도 불구하고 미국의 개입이 이루어졌다는 사실이다. 이에 대해 러시아는 아무런 군사행동을 취할 수 없었다. 러시아의 군사적 무기력 드러난 것이다. 즉 러시아가 경제는 물론, 군사적으로도 미국에 대항할 수 있는 강대국이 더 이상 아니라는 사실이 명백해 진 셈이다. 아무튼 1995년 11월 내전을 종식시킨 데이튼 협상도 미국이 주도하였다.

1946년 그들의 영향권인 그리스와 터키에서 가시화된 공산주의의 팽창에 대해 영국이 무력함을 드러냈던 역사적 사실은 상기의 사태와 매우 흡사한 측면이 있다. 1947년 미국이 대신 개입하여 문제가 해결될 수 있었는데, 여기서 중요한 것은 영국이 터키와 그리스 사태에 대해 속수무책이었고 그것을 기점으로 특히 군사적 측면에서 대영제국의 무력화가 가시화됐다는 사실이다. 약 50년 이후 비슷한 사태가 러시아를 대상으로 벌어진 것은 역사의 아이러니가 아닐 수 없다.

1999년 세르비아 영내 코소보에서 발생한 분쟁도 미국의 군사개입으로 해결되었다. 러시아의 한계가 다시 한번 분명해진 것이다. 두 번의 유고 사태는 러시아는 물론 유럽연합에게도 중요한 전략적 의미를 지니고 있다. 우선 유럽의 화약고인 발칸문제를 서유럽이 주도적으로 해결하지 못하고 미국의 힘에 전적으로 의존함으로써 통합유럽이 군사적으로는 별 의미가 없는 세력이라는 것이 증명되었다.[205] 결국 군사적인 측면에서

---

205) 보스니아 사태를 통해 유럽이 미국에 대해 군사적으로 의존적일 수밖에 없다는 사실이 이미 드러났지만, 코소보 사태에서는 양 진영의 군사력 및 군사기술이 어느 정도 차이가 나는지 더욱 분명해졌다. "미국은 출격임무의 대부분을 담당했고 세르비아와 코소보에 투하되었던 정밀 유도폭탄의 거의 전부가 미국제였다. 또한 미국은

미국에 필적할 세력이 존재하지 않는다는 사실이 명백해진 것이다. 여기서 1990년대 군사정책의 변화를 살펴보면 미국의 탈냉전 이후 전략이 어떻게 변화하였는지를 간접적으로 유추해 볼 수 있다.

1970년대 2천 3백 혹은 4백억 달러 수준에 머무르던 미국의 국방예산은 레이건 정권이 출범한 1981년부터 증가하기 시작하여 1989년 3천 7백 60억 달러를 기록함으로써 정점에 이른다. 그 후 소련의 붕괴로 세계적 규모의 군사적 대립이 사라지는 것과 시기적으로 거의 일치하며 1990년부터 미국의 군비지출은 감소세를 보여, 1997년 2,540억 달러로 최저를 기록한 후 그 추세가 2000년까지 이어진다. 2001년 부시(George W. Bush) 정권이 출범하며 3,050억 달러를 기록, 약간의 증가세를 보이던 국방예산이 2002년에는 3,450억 달러로 확대된데 이어 2003년 3,790억 달러, 2004년 4,013억 달러를 기록하며 급등세를 보인다. 나아가 2005년을 위해 4,206억 달러의 예산을 신청해 놓고 있다.[206] 신냉전이 절정에 달했던 1989년의 군사비를 절대치 기준으로 능가하고 있는 것이다.

미국 국방예산의 변화 추이는 다음과 같은 해석을 가능하게 한다. 소

첨단 기술을 활용한 정보 수집능력에서는 타의 추종을 불허해 미국 정보 소스에서 폭격 목표의 99퍼센트가 나왔다. '그래도 상당한 군사력을 보유하고 있다고 자부하는 영국조차도 출격한 항공기의 4퍼센트, 투하된 폭탄의 4퍼센트만'을 기여할 수 있었다." 로버트 케이건, *미국 VS 유럽: 갈등에 관한 보고서*, 홍수원 역 (서울: 세종연구원, 2003), p. 81-82 〔원제: Robert Kegan, *Of Paradise and Power: America VS Europe in the New World Order* (New York: Alfred A. Knopf, 2003)〕.

206) 1970년부터 1996년까지의 통계는 다음을 참조했음: Center for Defense Information, "U.S. Military Spending, 1945-1996," *http://www.cdi.org/issues/milspend.html*. 그리고 이후의 통계는 다음의 각호를 참조했음: Center for Defense Information, "Last of the Big Time Spenders," *http://www.cdi.org/issues/wme/spenders.html*. 참고로 미국의 회계년도가 10월부터 시작, 다음해 9월 말 종료됨으로 2001년의 국방예산은 클린턴(Bill Clinton) 정부 때 기획된 것으로 볼 수 있다. 따라서 부시 행정부가 출범하고 그의 강경 외교노선이 반영되면서 국방예산이 급팽창 한 사실을 알 수 있다. 2002년, 2003년 그리고 2004년 국방예산은 다음에서 재확인 혹은 인용하였다. *조선일보*, "미의회, 200억$ 대테러 예산 승인," 2001.12.21; *조선일보*, "美첨단무기에 4080억$ 투입," 2002.02.05; 연합뉴스 "내년 미국 국방예산 4천206억 달러," *http://bbs.yonhapnews.co.kr/ynaweb/printpage/News_Content.asp*.

런의 붕괴 직후 주 적국의 소멸로 국방예산의 감소는 하나의 추세로 자리 잡는 듯 했다. 클린턴 정권 내내 같은 기조가 유지되었으나, 부시 정권이 들어서면서 미국의 군사력이 적대국에 대한 단순 억지의 역할을 넘어 패권의 지속적 유지와 확장을 위해 필요하고 유효한 수단이라는 새로운 인식이 자리 잡기 시작한 것이다. 역설적으로 미국에 대항하는 거대한 적대 세력이 존재하지 않는다는 현실 자체가 오히려 미국의 장기적인 패권을 확실히 하기 위한 좋은 기회가 도래했다는 계산을 유도한 셈이다. 급작스레 이루어진 탈냉전 시대를 맞아 약 10년간의 적응기를 거친 후 국제질서를 어떻게 다잡아 갈 것인가에 대한 미국의 청사진이 보다 구체화되고 있다고 볼 수 있다.

VI. 패권경쟁과 세력균형의 변형

1. 중국 변수: 차이나 카드의 失效

냉전 이후 동아시아 안보구도의 또 다른 주요 변수로 중국의 약진을
들 수 있다. 중국의 성장은 우선 경제분야의 성공에서 비롯된 것이다.
1978년 등소평의 집권과 함께 시작된 개혁개방정책의 내용은 한마디로
자본주의 경제체제의 도입과 외국자본의 적극 유치로 요약될 수 있다.
등소평 집권 이전에도 상해코뮤니케를 통해 알 수 있듯이 중국은 동아시
아의 세력균형을 변화시킬 수 있는 주요 변수로 인정되어 왔다. 그러나
탈냉전 구도에서 중국에 대한 관심은 과거와는 다른 양상을 띠고 있다.
즉 기록적인 중국의 경제발전이 군사력을 획기적으로 증대시킬 수 있는
여력을 제공하고 있다는 것이다.

소련의 멸망으로 동아시아 안보구도가 더욱 단순화되었다는 것은 우
선 서방, 특히 미국이 소련에 대응하기 위해 활용한 이른바 중국 카드
(China card)의 효용성이 저하되었다는 것을 의미한다. 현재 중국의 안보
관심사항은 이러한 새로운 환경을 전제로 하고 있다. 따라서 "서방 진영
은 유일하게 남은 공산주의 중국을 평화적 진화(peaceful evolution)의 주
대상으로 여기고 있다"는 인식으로부터 중국의 기본 국제관을 유추해 볼
수 있다.207) 같은 맥락에서 중국의 주요 안보목표를 구체적으로 그려 볼
수 있는데, 내용은 대략 다음과 같이 요약할 수 있다.

---

207) Wu Xinbo, "China: Security Practice of a Modernizing and Ascending Power,"
Muthiah Alagappa, ed., *Asian Security Practice: Material and Ideational Influences*
(Stanford: Stanford University Press, 1998), p. 126. 여기서 평화적 진화라는 용어는
과거 존 델러스(John F. Dulles) 미국 국무장관이 사회주의 국가가 기존 노선으로부
터 점진적으로 이탈하여 자본주의로 편입되는 과정을 그린 데서 유래한다고 한다.
아무튼 중국의 입장에서 그것은 "사회주의 체제의 전복을 위해 비군사적 방법을 활
용하는 서방의 접근"을 의미할 수밖에 없다(*Ibid.*, pp. 708-709, endnote 6).

"경제성장의 지속(economic growth), 영토 보전(territorial integrity), 체제 안전의 확보(regime security), 유리한 전략균형의 조성(favorable strategic balance), 국제 영향력의 확대(international influence)" 등이 그것이다.208) 우선 지속적인 경제발전을 위해서는 과학, 기술, 자본의 운영체제, 사회 제도 그리고 외부와의 관계 등 모든 분야에서 진보가 있어야 함으로 경제는 국민복지 향상이라는 순수 경제적인 목적을 넘어 국가안보의 수단과 목표가 될 수밖에 없다. 군사력에만 의존했던 소련의 몰락이 중국에게 상기 명제의 중요성을 깨우쳐주고 있는 셈이다.209) 그런데 문제는 경제가 발전할수록 경제 및 사회체제가 개방되어야 하고, 그만큼 세계 자본주의질서에 깊숙이 편입됨으로써 중국의 정치경제는 외부의 충격으로부터 더욱 위약해질(vulnerable) 수밖에 없다는 데 있다. 또한 중국은 역사적으로 그와 같은 상황을 경험한 적이 없다.

다음으로 영토보전 문제는 홍콩과 마카오에 잔영으로 남아 있는 과거 제국주의 시절 중국의 無氣力, 대만문제로 상징되는 냉전의 유산, 그리고 티벳, 신장 그리고 만주 등을 통해 불거지고 있는 다민족 국가로서의 고민 등을 모두 담고 있다. 문제의 심각성은 겉으로는 분리되어 있는 것처럼 보이는 사안들이 상호 밀접하게 연계되어 있다는 데 있다. 그 중 특히 대만이 중요한데, 다른 지역에서의 반향을 연쇄적으로 불러일으키는 연결고리 역할을 하기 때문이다. 즉, "만약 대만이 중국으로부터 떨어져 나가면, 신장, 티벳 그리고 내몽고가 뒤를 따를 것이다. 그렇게 되면 전략적으로 중국은 서태평양으로 통하는 관문에 대한 통제력을 잃게 된다."210) 그런데 바로 이 문제에 유일 초강대국 미국의 이해가 걸려있다는 사실이 중국의 고민을 배가시키고 있다.

1976년 4월과 1989년 6월에 각각 일어난 천안문 사건은 중국의 국내

---

208) *Ibid.*, p. 127.
209) *Ibid.*
210) *Ibid.*, p. 131.

정치체제가 결코 안정적이지 않다는 사실을 보여주었다. 두 사건 모두 물리력을 통해 해결됐다는 점에서 중국체제의 한계가 노정된다. 체제와 관련된 문제는 그러나 국내에 한정되지 않는다. "체제안전에 대한 위협 은 국내외적인 도전의 조합으로 가해지기 때문이다. 그 원인을 세 가지 로 요약할 수 있는데, 평화적인 진화(peaceful evolution)로 불리는 서방의 전략, 중국 내 브루조아 자유주의의 영향력 증대, 그리고 정부의 국민에 대한 통제력 이완에서 비롯되는 사회적 불안정(social instability) 등이 그 것이다."[211] 즉 중국의 국내외적 안보에 대한 서방, 특히 미국의 조정 공 간이 여유 있게 남아 있음을 알 수 있다.

마지막으로 유리한 전략균형의 조성과 국제적 영향력 확대는 지역 및 세계라는 두 차원의 상호 연계된 보완전략을 의미한다. 즉 동아시아에서 는 우선 중국에게 유리한 힘의 균형을 추구하고 그것을 바탕으로 전 세 계적으로 영향력의 확대를 꾀한다는 것이다. 따라서 定義上 중국의 전략 적 인식은 향후 동아시아 안보구도의 중심축을 이루는 개념일 수밖에 없 다. 힘의 균형은 결국 강대국 간의 문제이기 때문에 중국의 정책은 필연 적으로 미국과 일본의 행위와 상관관계를 이루며 그 결과가 도출될 수밖 에 없다.

우선 소련이라는 공동의 적이 사라짐으로써 상해코뮤니케 이후 처음 으로 동아시아 지역균형의 방정식은 변화될 수밖에 없었다. 소련에 대항 하여 성립된 여러 가지 균형장치의 효용성이 떨어졌기 때문이다. 느슨한 형태이긴 하나 미국, 중국, 그리고 일본의 對蘇 연대가 더 이상 필요 없 게 된 반면, 미국과 일본의 밀착 관계는 여전하기 때문에 이른바 차이나 카드의 失效 문제가 제기되는 것이다.

여기서 일본의 전략구도는 일단 다음과 같이 이해할 수 있다. "앞으로 수십년 동안 일본이 당면할 가장 중요한 문제는 부상하는 중국에 어떻게

---

211) *Ibid.*, pp. 132-135.

대응하느냐는 것이다. 전통적으로는 가능하다면 중국에 대항하는 균형을
추구하는 것이나, 그것이 불가능해 보이면 편승하는(bandwagon) 것이다."212)
이것을 미일관계라는 프리즘에 투영해보면, "일본이 미국의 보조자로서
그들의 역할을 재조정하든지, 혹은 국제정치에서 핵심 세력으로 등장하
는 상황을 준비하는 과정에 있다"고 볼 수 있다.213) 여기서 일본이 취할
수 있는 구체적인 방안은, "미국과의 동맹관계에 기초한 현재의 외교정
책을 그대로 답습하던가, 혹은 아마도 중국과 일종의 파트너쉽을 유지하
며 유럽연합과 비슷한 아시아 정치연합체를 발전시키든지, 아니면 그들
나름으로 국가이익을 극대화시키는 비동맹과 비슷한 정책을 추진하든가"
등이 될 수 있다.214)

결국 일본의 향후 전략은 크게 두 가지 변수로부터 영향을 받을 수밖
에 없음을 알 수 있다. 하나는 미국의 능력 및 동아시아에 대한 개입 의
사의 강도이고, 다른 하나는 중국의 발전 속도와 그 한계일 것이다. 우선
미국 변수를 살펴보면 미국은 일본 혹은 중국의 계산 및 예측과는 전혀
다른 차원에서 그들의 이해를 산정하고 있음을 알 수 있다. 미국의 국방
예산 증액에서 알 수 있듯이 미국은 소위 극초강대국(hyperpower)의 이점
과 위상을 전 세계적으로 어느 정도 활용할 것인가를 고민하고 있다.215)

---

212) Christopher P. Twomey, "Japan, A Circumscribed Balancer: Building on Defensive
Realism to Make Predictions about East Asian Security," *Security Studies* 9/4,
Summer 2004, p. 167. 나아가 "문제는 미국이라는 동맹국이 존재하든 혹은 그렇지
않든 중국에 대항하거나 혹은 편승하는 정책을 단정적으로 선택할 수 없다는 데 있
다(*Ibid.*)."

213) Henry Kissinger, "Center of Gravity of International Affairs Shifts," *Tirbune Media
Services International* (www.chosun.com, 2004.07.04에서 재인용).

214) *Ibid.* 여기서 미국의 영향권을 벗어나 독자적인 외교노선을 추구하는 데는 필연적
으로 핵무장 문제가 나오게 된다. 공개적으로는 아닐지라도 최소한 이스라엘 형식을
취할 수밖에 없을 것이다. Zalmay Khalilzad, et. al., *The United States and Asia:
Toward a New U.S. Strategy and Force Posture* (Santa Monica: RAND, 2001), p. 14.
핵무장 문제는 키신저 박사도 지적하고 있다. Kissinger, "Center of Gravity of
International Affairs Shifts."

215) 극초강대국이라는 용어는 클린턴 행정부 시절 유럽이 미국의 오만함에 불만을 드

미국의 전략은 단지 동아시아만을 대상으로 하고 있지 않는다는 점에서 역내만을 염두에 둔 중국과 일본의 계산과는 차원을 달리하고 있는 것이다. 따라서 세계전략이라는 큰 그릇을 통해 미국의 동아시아에 대한 관심을 유추해 보아야 하는데, 그러기 위해서는 동아시아가 지니는 지정학적 가치에 대한 분석이 선행되어야 한다.

2. 동아시아의 지정학(Geopolitics): 전략적 가치

일본과 중국 변수의 가중치 및 두 변수의 향후 변동 방향은 동아시아가 미국의 세계전략 혹은 지정학에서 어떠한 위치에 있는가에 대한 검증을 통해 구체적으로 이해될 수 있다. 다음과 같은 주장은 전체적인 조망을 위한 분석의 틀을 마련하는 데 도움을 준다. "동아시아는 주요 강대국들의 정책 우선순위에 있어서 부침이 상당히 심해왔다. 그러나 하나의 독자적인 지역으로 평가할 때 동아시아는 세계적인 중요성을 갖고 있는데 그 이유는 역내의 미군사력 존재가 암시하듯 이 지역질서의 현황이 거의 오늘날의 국제정치체제 위계질서를 표출하고 있기 때문이다."216)

상기의 분석은 동아시아에서의 영향력 상실이 세계패권의 침해로 이어진다는 사실을 암시하고 있다. 미국에게 같은 논리를 적용하면 동아시아에서의 영향력 쇠퇴는 곧 미국의 세계패권 상실을 의미하는 것이다. 동아시아의 전략적 가치가 그러하다면 현실주의적 관점에서 미국이 이미 향유하고 있는 역내 기득권과 그것을 바탕으로 한 영향력 확대를 마다할 논리적인 이유는 어디에도 없다.

최근의 예로, "1994년의 북핵 위기, 1996년 중국의 대만 흡수 위협

러내기 시작할 즈음, 프랑스 외무장관 위베르 베르딘이 "미국의 힘은 단순히 초강대국(superpower)으로 지칭할 수 없을 만큼 너무나 막강해 하이퍼 파워(hyperpuissance)라는 말을 지어낸" 데서 유래한다고 한다. 케이건, 미국 VS 유럽, p. 77.

216) 마이클 레이퍼, "힘의 均衡問題와 地域秩序," 레이퍼 편, 東아시아 勢力均衡, p. 175.

그리고 1999년의 동티모르 사태 등에서 미국은 직접 혹은 간접적으로 개입을 분명히 했고 나름의 해결책을 독자적으로 도출했다."[217] 미국은 또한 역내 어느 국가도 갖고 있지 않는 강력한 힘의 투사 메커니즘(power projection mechanism)을 소유하고 있다. "쌍무적 수준의 안보연계가 그것 인데, 가장 중요한 것으로는 일본, 한국 그리고 호주와의 그것을 들 수 있고, 나아가 필리핀, 싱가포르, 대만과의 安保 理解(security understanding) 도 포함된다."[218]

여기서 패권에 대한 개념이 다시 한번 정리될 필요가 있다. 논의를 동 아시아 지역으로 한정하는 경우 중요한 것은 동아시아의 어떤 국가도 아 직까지는 미국의 지역패권으로부터 전략적 독자성을 확보하지 못하고 있 다는 사실이다. 대표적으로 가장 강력한 경제력을 지니고 있고, 군사적으 로도 다른 어느 국가보다는 우위에 있는 일본조차도 미국에 안보를 의지 하고 있는 상황이 지속되고 있다. 중국의 경우도 사정은 비슷하다. 물론 과거 소련과 대치하던 때와는 달리 중국에 대한 외부로부터의 직접적인 침략 위협이 사라졌음으로 안보 의존도는 줄어들었다고 볼 수 있다. 그 러나 미국은 이 상황에서도 중국의 발전을 위해 필요한 지역 안정의 중 심추 역할을 하고 있다. 중국경제의 현대화를 위해 필수적인 외국투자의 유입, 무역, 그리고 기술이전을 가능하게 하는 환경을 미국이 조성해주고 있는 것이다.[219] 다른 나라의 경우도 예외는 아니다.

---

217) Peter Van Ness, "Globalization and Security in East Asia," *Asian Perspective* 23/4, 1999, p. 322.

218) *Ibid*. 특히 1996년의 대만 사태는 미국의 의지와 중국 능력의 한계를 잘 보여주고 있다. 베이징 측이 대만 시민을 위협하기 위해 미사일 연습을 강행하려고 했을 때, 미국은 무력 사용이 미국의 감내 수준을 넘는다는 사실을 주지시키며 그들의 의사 를 중국 측에 분명히 전달했다. 당시 인민해방군은 뒤로 물러섰고, 나아가 '새로운 안보 개념(new security concept)'에 대한 언급을 통해 불을 끄려는 노력을 보였다. 다섯 개 항의 평화공존 원칙과 UN 헌장을 인용했는데, 그 중 핵심은 '상호 신뢰, 상호 이익, 평등 그리고 협력'이었다(*Ibid*., p. 336). 이 말은 미국에 대한 사실상의 승복을 의미했다. 당시 미국은 실제로 항공모함 두 척을 파견하며 그들의 의사를 분 명히 한 바 있다. 각주 92) 참조.

여기서 전략적으로 중요한 몇 가지 사항이 발견된다. 우선 미국이 동아시아를 포기할 논리적 이유가 없다는 점을 지적할 수 있다. 미국의 의사가 그렇다면 다음으로 미국의 능력과 관련된 문제인데, 적어도 현재까지 일본은 물론 중국도 미국이 능력의 한계를 느낄 정도로 힘을 투사한 적이 없으며, 앞으로 상당 기간 그럴 가능성도 없다. 만약 잠재적으로 그렇다면 그것은 어디까지나 계측이 불가능한 잠재력일 뿐이다.[220] 특히 한반도 핵문제의 해결을 위해 6자회담을 주선하고 추후의 대안까지 마련하고 있는 미국의 행보는 동아시아의 전략 요충에 대한 개입을 축소할 의향이 전혀 없다는 사실을 분명히 보여주고 있다.[221]

3. 들어나지 않은 봉쇄(Invisible Containment) 및 포위전략(Encircling Strategy)

중국에 대한 미국의 기존 입장은 최근 공식적으로 변했다. 과거 클린턴(Bill Clinton) 정권이 상정한 전략적 동반자의 개념을 버리고 부시 정부는 중국을 전략적 경쟁자로 규정하고 있다. 구체적으로 중국을 "엄청난 자원을 배경으로 하고 있는 군사적 경쟁자"로 간주하고 있는 것이다.[222]

---

219) *Ibid.*, pp. 323-324.

220) 흔히들 현재의 발전 속도가 지속되면 2020년경 중국의 경제적 능력이 미국과 필적하다고 주장하는 경우가 있다. 그러나 그것이 실증적인 차원에서 검증된 바는 없다. 대표적으로 세계적인 투자은행인 도이치뱅크는 구체적으로 중국이 연평균 7퍼센트의 성장을 지속하는 경우 2017년에는 미국에 버금가는 세계 2위의 경제대국으로 성장할 것이라고 예측한 바 있다. *조선일보*, "세계적인 투자은행 '도이치뱅크' 보고서, 中경제, 2017년 세계 2위," 2003.04.11.

221) 비교적 온건한 국제관을 지니고 있다고 평가받고 있는 조셉 나이(Joseph Nye) 교수도 미국의 동아시아에서의 "안전보장상의 이익은 사활적인 것"이고, 따라서 "미국은 아시아로부터 후퇴하지 않는다"고 단언하고 있다. 조셉 S. 나이, "美國의 新아시아 戰略: 미일 동맹은 아시아전략의 초석, 군사 프레젠스를 통해서 독자적인 역할을 담당한다," *국제문제* 319, 1997년 3월, p. 115.

222) The US Department of Defense, *Quadrennial Defense Report*, September 30, 2001, *www.defenselink.mil/pubs/qdr2001.pdf.*, p. 4. 원문은 다음과 같다: "The possibility exists

미국의 세계전략이 상당히 변했음을 알 수 있는데, 여기서 전략적으로 중요한 점은 과거 개입(engagement) 수준에 머물렀던 기존의 입장이 과연 봉쇄(containment) 수준으로 전환된 것인가이다. 패권이라는 개념이 존재하는 한, 그리고 강대국들이 그것을 위해 영향력을 지속적으로 확대하는 한, 혹은 "역내 질서의 현황이 거의 오늘날의 국제정치체제 위계질서를 표출"할 정도로 동아시아가 전략적으로 중요한 의미를 지니는 한, 미국의 중국 견제는 논리적으로 전혀 이상할 것이 없다.[223]

그렇다면 미국의 대응은 당연히 중국에 대한 견제를 넘어 봉쇄수준에 이를 수밖에 없는데, 봉쇄전략은 구체적으로 다음과 같은 모습을 보이고 있다. 우선 경제적인 측면에서 전략물자에 대한 통제권의 강화 움직임이 부시 행정부 이후 두드러졌다. 대표적인 것이 원유인데, 우연인지는 모르나 미군의 반테러 작전은 세계 원유의 대부분이 매장되어 있는 중동과 중앙아시아를 무대로 진행되었다. 결과는 그 지역에 대한 미국의 통제권 강화로 나타났는데, 원유라는 전략물자의 중요성에 비추어 보면 다음과 같은 해석이 가능해 진다.

우선 주요 동반자인 유럽과 일본의 주 원유 공급원에 대한 안정적인 통제로 그들을 미국의 지속적인 동맹국으로 묶어 둘 수 있다. 다음으로 세계 2위의 원유 소비국인 중국의 경우 전체 소비의 약 1/3을 수입하고 있고, 그중 70퍼센트 정도를 중동에 의존하고 있음으로 미국의 중동석유 지배는 사실상 중국경제에 대한 간접적인 통제수단의 창출을 의미한다.[224] 나아가 원유의 통제를 통해 세계경제의 흐름을 어느 정도 조정함

---

that a military competitor with a formidable resource base will emerge in the region."

223) 각주 207)과 216) 참조.

224) 중국은 1993년부터 석유제품 수입국, 1996년부터는 원유 수입국이 되었다. 현재는 국내 공급량의 약 1/3 정도를 해외수입에 의존하고 있으며, 그것은 전 세계 원유 수요량의 약 7퍼센트에 이른다. 전문가들은 2014년까지 중국의 수입량이 약 2배정도 증가할 것으로 예측하고 있다. 베이징 저널, "중국, 올 들어 원유수입 급증," 2004. 10. 22.

으로써 특히 중국과 같이 외부환경에 민감한 경제에 대한 영향력을 증가시킬 수 있다.[225]

미국의 군사적 봉쇄 의도는 다음의 군사전략을 통해 더욱 분명해진다. 새로운 핵전략의 창출이 대표적인데, 2000년 6월 클린턴 대통령에 의해 NMD(National Missile Defense, 國家미사일방위)와 TMD(Theater Missile Defense, 戰域미사일방위)의 실전배치가 결정됨으로써 미국 본토는 물론 동맹국에 대한 적국의 핵 공격을 근본적으로 무력화시키는 전략이 도입된 것이다. 레이건 정부 시절 추진되었던 별들의 전쟁(Star War) 계획이 다시 부활한 셈이다.[226]

부시 대통령에 의해 더욱 힘을 받게 된 통합 MD(Missile Defense, 미사일방어계획) 계획은 동아시아의 전략균형을 근본적으로 뒤흔드는 것이다. 계획이 동아시아의 실전에 적용되는 경우, 약 20개 정도로 추산되는 중국의 대륙간탄도미사일(ICBM)인 東風 5호를 무력화시킬 수 있다.[227] 즉 중국은 미국에 대한 직접적인 위협능력을 상실하게 되는 것이다. 다음으로 미국과 일본을 연계하는 함대 미사일방어망(Navy Theater)이 동아시아(일본 남쪽 해상)에 배치되는 경우 대만 방위가 가능해지고, 일본이 대만문제에 개입하는 결과가 초래된다. 대만은 MD체제에 들어오지 않고도 방

225) 장달중·임수호, "부시행정부의 패권전략과 동아시아의 안보딜레마," 국가전략 10/2, 2004 여름, 세종연구소, p. 15를 참조하였음.

226) United States Department of Defense, "Missile Defense: History of the Missile Defense Organization," www.defenselink.mil/specials/missiledefense. 참고로 별들의 전쟁으로 불리는 SDI (Strategic Defense Initiative)는 레이건 대통령 시절인 1983년 시작되었다. 상기와 같이 클린턴 대통령에 의해 부활된 이후 부시 대통령은 同 계획에 대해 더욱 집착을 하게 되는데, 구체적으로 미사일방어국(Missile Defense Agency)를 신설하며 과거의 NMD와 TMD를 하나로 묶은 MD(Missile Defense) 프로그램을 출범시켰다. 나아가 MD체제 구축의 가장 큰 걸림돌이었던 1972년 5월 체결된 ABM (Anti-Ballistic Missile)조약을 2002년 6월 파기시켰다.

227) Victor Cha, "Nuclear Weapons, Missile Defense, and Stability," Muthiah Alagappa, ed., Asian Security Order: Instrument and Normative Feature (Stanford: Stanford University Press, 2003), p. 474. 20-100기 정도의 중거리 인터셉터(interceptor) 배치로 가능하다고 평가되고 있다.

위력을 높이는 효과를 누릴 수 있으며 외교적으로는 사실상 미국, 일본 그리고 대만의 간접적인 방위연대가 이루어지는 것이다.[228] 미국의 동맹 및 방위 계획도 변화될 수 있다. 즉 현재까지는 미국의 동맹의지가 미군의 주둔과 방어의사에 의해 표출되었지만 MD가 유효하게 될 경우 그 체제에 동의하는 것만으로도 동맹효과를 낼 수 있기 때문이다.[229]

9.11 테러 이후 미국의 중앙아시아에 대한 적극 진출도 동아시아의 세력균형에 어떤 형태로든 영향을 미칠 수밖에 없다. 소련의 붕괴와 더불어 독립한 중앙아시아의 5개국, 카자흐스탄(Kazakhstan), 키르기스스탄(Kyrgyzstan), 투르크메니스탄(Turkmenistan), 타지키스탄(Tajikistan), 그리고 우즈베키스탄(Uzbekistan)과 기존의 아프가니스탄(Afghanistan) 중 우즈베키스탄과 투르크메니스탄을 제외하고는 모두 중국과 국경을 접하고 있다. 이 지역에 대한 미국의 개입은 소련제국 당시 카자흐스탄에 배치된 핵무기를 통제하기 위한 목적으로 시작되었다.[230]

---

228) *Ibid.*

229) *Ibid.*, p. 476.

230) 미군의 개입은 9.11 테러 이전인 1993년 12월 미국과 카자흐스탄이 CTR (Cooperative Threat Reduction) 협정을 맺으며 시작되었다. 협정의 목적은 100기가 넘는 SS-18 핵미사일의 해체였다. 그 후 1998년 미국과 우즈베키스탄이 쌍무적 안보협력관계를 맺게 됨으로써, 두 국가는 그때 벌써 미국 군사원조의 수혜국이 되었다. 그리고 9.11 테러 직전인 2000년 4월 미국 주도하에 중앙아시아 국경안전지침 (CABSI: Central Asian Border Security Initiative)이 마련되면서 미국은 중앙아시아 5개국에 본격적으로 개입하게 된다. 지침의 결과 5개국은 미국으로부터 각각 300만 달러의 추가 안보원조를 수혜하였다. 결국 소련의 능력이 현저히 저하되는 상황을 틈 타 중앙아시아 국가들은 그들의 안보와 경제발전을 미국에 의지하기 시작한 것이다. Richard Giragosian, "The US Military Engagement in Central Asia and the Southern Caucasus: An Overview," *Journal of Slavic Military Studies* 17, 2004, pp. 45-47. 비슷한 현상이 최근 동유럽 국가에서도 목격된다. 과거 소련의 영향권이었던 체코, 헝가리, 폴란드가 NATO에 참여한 이후 2004년 3월 발트해 3국, 불가리아, 루마니아, 슬로바키아, 그리고 슬로베니아가 새로 가입함으로써 과거 동구권 국가의 대부분이 소련 대신 NATO에 그들의 안보를 의지하게 되었다. 새 가입국들의 변은 이구동성으로, "그들의 안보를 위해 새로운 방식의 모색이 불가피했다"였다. 곧 미국에 그들의 안보를 의존하겠다는 것을 공개적을 표출한 셈이다. 김기수, *EU 회원국 확대의 전략적 평가: EU의 국제적 영향력 변화 가능성 진단*, 정책보고서 2004-09, 2004년 10월, 세종연구소, pp. 9, 24.

그러나 9.11 테러 이후 중앙아시아에 대한 미국의 전략적 평가는 변하게 된다. 우선 테러 진원지인 아프가니스탄에서의 군사작전을 위해 다른 5개국은 중요한 플랫폼 역할을 할 수 있었다. 나아가 이슬람 극단주의자들의 발원지가 될 수 있는 同 지역은 장기적인 반테러 전략을 위해서도 미국의 통제하에 있어야만 했다. 러시아, 남동아시아 그리고 중국의 이해가 교차하는 이 곳으로부터의 전략적 위협에 대처할 필요도 생겼다.[231]

중앙아시아에서의 움직임은 동아시아에도 영향을 미치게 된다. 특히 중국의 입장에서 중앙아시아 국가들의 미국에 대한 안보 의존도가 증대되며 나타나는 미국의 이 지역에 대한 통제력 강화는 분명 "일종의 포위 (a form of encirclement)" 전략으로 비칠 수밖에 없기 때문이다.[232] "일본과 한국에 이미 군사기지를 가지고 있고 대만과도 묵시적인 안보 협력관계를 유지하고 있는 미국이 한걸음 나아가 중앙아시아에서도 군사적으로 상존(military presence)하는 것은 북경의 눈에는 동쪽으로부터의 새로운 위협으로 비쳐진다. 따라서 대만에서의 긴장이 고조되면 중앙아시아에서 미국이 추구하는 목표에 대한 중국의 의구심은 더욱 증폭될 것이다."[233] 즉 동아시아에서 중앙아시아까지 이르는 포위의 연결고리가 상호 유기적

---

231) Giragosian, "The US Military Engagement in Central Asia and the Southern Caucasus," p. 43.

232) Charles William Maynes, "America Discovers Central Asia," *Foreign Affairs* March/April 2003, p. 129.

233) *Ibid.* 실제로 2001년 아프간 전쟁이 시작된 이후 키르기스스탄, 타지키스탄 그리고 우즈베키스탄 등에 5,000명 이상의 미군이 주둔하며 군사기지 및 수송지원을 받고 있다. 그 외 아프가니스탄, 파키스탄 내의 이란 및 아프간 접경지역, 터어키, 그루지아 등을 포함한 지역에 총 약 6만 명의 군대가 주둔하며 작전을 수행 중이다. 군비의 규모도 상당한데, 중앙아시아 5개국과 파키스탄 및 아프간에는 전투기, 연료보급기, 수송기, 정찰기, 정보수집기는 물론 보병과, 공군 및 육군 특수부대, 정보분석가 등을 파견해 놓고 있다. 아울러 이 국가들의 장교도 훈련시키고 있다. 외교안보연구원, "아프간 전쟁 이후 美國의 對중앙아시아 政策," *主要國際問題分析*, 2002. 7. 15., p. 2, 7. 미국 정부 자신은 인정하지 않고 있으나 이 지역에 대한 미군의 주둔은 "임무가 완수될 때까지"라는 명목으로 장기화될 가능성이 높다. Maynes, "America Discovers Central Asia," p. 121.

으로 움직이고 있음을 알 수 있다.

전략가들의 분석은 보다 큰 구도에서 이루어진다. 아프간과 이라크 전쟁에서 보여진 군사기술상의 혁명(RMA: Revolution in Military Affairs) 및 전략상의 혁명(RSA: Revolution in Strategic Affairs)이라는 엄청난 기술의 진보에 비추어 보면,[234] "중앙아시아는 전략의 중심축이 될 만 한데, 군대 혹은 특정의 전략적 임무가 그곳으로부터 중동, 동아시아, 남아시아 그리고 유럽 등 네 곳 중 어느 방향으로든 사출될 수 있기 때문이다... 즉 이 지역에 배치된 혹은 주둔하고 있는 군사력은 다른 모든 국가들에게 투사될(projected) 수 있는 것이다." 같은 맥락에서 "이라크와 아프가니스탄에서의 군사행동은 한국에서부터 인도네시아에 이르는 동아시아에 심대한 파장을 미치게 된다."[235]

여기에 중국의 중앙아시아에 대한 구체적인 전략적 이해를 덧붙이면 그림은 보다 분명해진다. 최근 중국의 전략 분석은 다음과 같은 사실을 지적하고 있다: "옆구리를 열어 놓는 상황(open flank)에 처하지 않으려면

---

234) RMA는 정보를 취합하고, 가공하며, 배포하고, 이에 기초하여 상호 교신하는 체제들(systems) 간의 상호작용 및 군사력을 적용하는 체제들의 상호작용, 그리고 이 큰 두 체제 간의 상호작용 등에 기초하고 있다. 여기서 정보의 역할이 중요해 질 수밖에 없는데, 특히 1990년대 이후 그 중요성이 집중적으로 강조되고 있다. Lawrence Freedman, *The Revolution in Strategic Affairs*, Adephi Paper 318 (London: Oxford University Press, 1998), p. 11. 결국 RMA는 과거의 각각 분리되어 있는 정보를 통합하여, 주로 전자기술의 발전으로 이룩된 발달된 정밀무기들을 하나의 통합된 명령체계를 통해 운영하는 것을 의미한다. 따라서 "미래의 전쟁에서는 명령 및 기능상의 책임이 상호 분리되어 있었던 3개 차원(육해공군)의 전쟁이 시간이나 공간적으로 더 이상 존재하지 않게 됨을 의미한다(*Ibid.*, pp. 12-13)." 사실상 미국에 의해 독점, 추진되고 있는 새 개념의 군사전략은 21세기 초반 미국이 아래와 같은 군사력을 지니는 데 목적이 있다: "dominant battlefield knowledge, full-dimensional protection, dominant maneuver, precision strike, ability from long distances." Michael O'Hanlon, *Technological Change and the Future of Warfare* (Washington D.C.: Brookings Institution Press, 2000), p. 2. 결국 NMD와 TMD의 개발과 실전 배치도 결국 RMA의 관점에서 이해될 수 있다. Koji Murata, "US Military Strategy and East Asia," *Asia-Pacific Review* 10/2, 2003, p. 52.

235) Stephen Blank, "Central Asia and the Transformation of Asia's Strategic Geography," *The Journal of East Asian Affairs* 17/2, July 2003, pp. 318-319.

러시아와 중앙아시아를 관통하는 육로는 중국이 (그들의) 국경으로부터 가급적 먼 지역까지 통제하여야만 하는 사활적 통로"라는 것이다.[236] 중국이 그곳을 통제하는 경우 군사적 이점을 취할 수 있을 뿐 아니라 중국으로 향하는 해로의 확보에도 도움이 되고, 나아가 인도양과 그 넘어 해역에 대한 접근도 가능해진다. 중국의 전략적 이해가 대단히 크다는 사실을 알 수 있다.[237] 따라서 중국이 왜 미국의 중앙아시아 진출에 대해 신경을 곤두세울 밖에 없는지가 분명해진다.

이상의 분석을 통해 미국의 동아시아 전략이 대단히 적극적이라는 사실과 특히 중국에 대해서는 드러나지 않는 봉쇄정책(invisible containment)을 구사하고 있다는 점을 알 수 있다. 최근에는 미국의 전략이 억지 그리고 다음 단계인 단순한 봉쇄를 넘어 더욱 공세적인 선제공격의 수준까지 발전했다는 주장이 제기되고 있다. 선제공격 전략은 중국과의 경쟁을 분명히 한 현 부시 행정부에서 구체적으로 검토되고 발표된 사안이다. 따라서 힘을 바탕으로 전개되고 있는 미국의 새로운 전략이 어디까지 영역을 넓히고 있는지를 가늠케 하는 잣대가 될 수 있을 것이다.

미국은 우선 탈냉전 이후의 국제관계에서도 "유럽, 동북아시아, 동아시아 연안지역(East Asian littoral: 벵갈만부터 호주를 거쳐 동해까지), 중동 그리고 서남아시아와 같은 중요 지역에 대한 적대적 지배를 단호히 배격한다"라고 공언하며,[238] 세계패권의 유지와 확장을 분명히 하고 있다. 상기 지역은 사실상 유라시아 대륙 전체를 포괄하고 있기 때문이다. "지금 현재는 미국에 필적하는 경쟁자가 없으나, 지역 강대국이 미국의 이해와 직결되는 안정을 해칠 수 있는 충분한 능력을 개발할 가능성은 상존하고 있는데," 바로 그 지역을 동아시아로 보고 있다.[239] 또한 "엄청난 자원을

236) *Ibid.*, p. 323.

237) Thomas M. Kane, *Chinese Grand Strategy and Maritime Power* (London: Frank Cass Publishers, 2001), pp. 36-39, *ibid.*에서 재인용.

238) The US Department of Defense, *Quadrennial Defense Report*, p. 2.

239) *Ibid.*, p. 4.

배경으로 하고 있는 군사적 경쟁자가 이 지역에서 등장할 가능성이 있다"고 하여, 중국을 구체적으로 지칭하고 있다. 따라서, "동아시아 연안은 특히 도전적인 지역(challenging area)이 될 수밖에 없고," 결과적으로, "아시아에서 안정된 균형을 유지하는 것은 복잡한 과제가 될 것이라고" 예측하고 있다.[240] 부시 행정부의 군사전략이 상당부분 중국을 겨냥하고 있다는 사실을 알 수 있다.

상기의 지정학적 계산 및 9.11 테러에 대한 대응방안의 모색, 그리고 군사기술의 획기적인 발전 등을 고려한 미국의 군사전략은 과거와는 달리 과감하게 변했다. "상대국의 자멸을 유도하는 대규모 살상무기의 보복적 성격에 기초하여, 냉전시절 유지되었던 억지전략(deterrence)은, 대량살상무기와 테러의 확산으로, 더 이상 유용하지 않게 되었다"고 주장하며, "미국은 필요하다면 선제공격(act preemptively)을 하겠다"고 선언한 것이다.[241] 선제공격(strike first)의 범주가 어디까지인가라는 의문이 당연히 제기될 수밖에 없는데, 물론 불량국가 및 테러리스트가 일차 목표라고 하겠으나, 그것이 핵전략과 맞물릴 때는 다른 결론도 가능해진다.

우선 핵무기의 용도에 대해, 과거와는 달리 "방어기술의 발달로 공격에 대한 억지 혹은 보호력(deterrence and protection)을 제공하는 데 도움이 되는 능동 및 수동적(active and passive) 방어와 핵 및 비핵 전력을 결합하는 것이 가능해질 것이라고" 평가하며 핵무기에 대한 기존 관념을 변화시키려 하고 있다.[242] 즉 핵과 비핵전력이 통합되어 운용 및 활용될 수

---

240) *Ibid.*

241) President Bush, "Prevent our Enemies from Threatening us, our Allies, and our Friends with Weapons of Mass Destruction," *The Speech at West Point*, New York, June 1, 2002, The White House, *The National Security Strategy of the United States of America*, September 2002, *www.whitehouse.gov/nsc/nss.pdf*, p. 15.

242) The US Department of Defense, *Nuclear Posture Review{Excerpts}*, January 8, 2002, *www.globalsecurity.org/wmd/library/policy/dod/npr.htm* (공개 안된 원문의 p. 7). 참고로 同 보고서의 원문은 공개된 적이 없다. 2001년 12월 31일 미 국방부가 의회에 보고한 것으로 되어 있는 보고서는 비공개되었으나 언론에 일부가 유출되자, 국방부가 拔萃本 [Excerpts]의 형식으로 보고서 일부를 공개한 것이다. 따라서 이 발췌본이 원문 내용

있다는 것이다. "핵, 비핵 그리고 방어 전력의 새로운 혼합(mix)이 필요한 이유는 잠재 적국군의 다양화(과거 공산권에 한정되었던 것과는 달리)와 예측 불가능한 위협 때문이다."[243] 여기서 새로운 전략은 특히 다음의 신무기체계로 강화된다. "잠재 적국의 전략 및 실행적(strategic and operational) 계산에 대해 효과가 있는 미사일방어체제(MD)가 부상하기 시작한 바, 지금 현재에도 단거리 및 중거리 미사일에 대한 적극적인 방어를 가능하게 해 주기" 때문이다.[244]

새로운 전략의 효율적인 실천을 위해서는 구체적인 위협상황에 대한 분류가 필요하다. 여기서 우발상황(contingencies)은 세 가지로 분류되는데, "긴급한(immediate), 잠재적인(potential) 그리고 예상치 못한(unexpected)" 상황 등이 그것이다. 북한, 이라크, 이란, 시리아, 리비아 그리고 중국과 러시아로부터의 위협이 상기의 기준으로 분류된다.[245] 우선 "여전히 전략적 목표를 발전시키고 있고 아울러 핵 및 비핵 군사력을 현대화시키고 있다는 사실을 종합해 볼 때, 중국은 긴급한 그리고 잠재적인 우발상황에 연루될 수 있다"고 판단하고 있다.[246] 그리고 러시아의 경우 "미국

을 얼마만큼 충실히 전달하고 있는지는 의문이다. 추측컨대 민감한 내용들은 공개하지 않은 것으로 사료된다. 따라서 본 논문에서는 중요 내용을 담은 원문을 그대로 인용한다. 그리고 그에 대한 해석을 위해 다양한 분석을 소개한다.

243) *Ibid.* (원문, p. 7).

244) *Ibid.* (원문, p. 9).

245) 우선 긴급 상황은 "잘 조직화된 진행형의 위협을 의미하는 바, 이스라엘 혹은 그 인접국들에 대한 이라크의 공격, 한국에 대한 북한의 공격, 대만에서의 무력충돌 등이 이에 해당한다." 잠재적 상황은 "일어날 가능성은 있으나 긴박한 것은 아닌 것으로서, 미국과 미국의 동맹국들에 대한 새로운 적대적인 동맹관계의 출현 및 한 개 혹은 그 이상의 국가가 대량살상무기(WMD) 또는 그 운반 수단을 획득하는 경우" 등을 의미한다. 마지막으로 예상치 못한 상황이란 "급작스럽고 예상하지 못한 안보 도전을 말하는데, 구체적으로 적대 세력이 핵무기나 대량살상무기를 취득하는 경우를 지칭하는 바, 예를 들어 쿠바 미사일 위기 등"이 이에 해당한다. 여기서 중요한 것은 "북한, 이라크, 이란, 시리아, 그리고 리비아가 위의 세 가지 우발상황에 모두 연루될 수 있는 국가들"이라는 것이다. 특히 이라크와 북한의 경우는 더욱 그렇다 (*Ibid.*, 원문, pp. 16-17).

246) *Ibid.*

이외에 가장 가공할만한 핵 군사력과 핵문제보다는 덜 긴박한 것이지만 실질적인 재래식 전력을 보유하고 있으며, 따라서 러시아는 핵공격 (nuclear strike)이라는 우발상황에 연계될 가능성을 부인할 수는 없으나 (plausible) 그렇게 예견되지는 않는다"고 애매하게 평가하고 있다.[247]

여기서 두 가지의 핵심 사안이 특히 중요함을 알 수 있다. 하나는 선제공격의 수단에 핵무기가 포함되느냐는 것이고 다음으로 그 대상은 구체적으로 누구인가 하는 것이다. 전자의 경우 위의 언급을 종합해 보면, 핵무기를 선제공격의 수단으로 사용하겠다고 이해하는 데는 무리가 없고, 사용 가능한 국면이 곧 세 가지의 우발상황임으로 결국 위의 7개국 모두가 선제 핵공격의 대상이 된다는 해석 또한 가능하다.[248]

결국 NPR(Nuclear Posture Review)을 통해 "핵정책의 방향은 미국이 주도하는 일극적 핵질서를 추구함"을 알 수 있다. "전술 핵무기와 재래식 무기의 통합 운영, MD의 강행, 전략핵의 첨단화, 지휘통제 체제의 강화 등으로 대변되는 전쟁전략(warfighting)의 본질은 러시아나 중국에 대해 확고한 우위를 점하는 데 있으며, 미국이 이것을 완성한다면 이론상 러

---

247) *Ibid.*

248) 보고서의 내용을 처음 공개한 L.A. Times의 경우, NPR이 "적어도 (상기의) 7개국에 대한 핵무기 사용을 위한 상황 계획을 마련하라"는 미대통령의 지시에 의해 준비된 것으로 보도하고 있다. 따라서 보고서를 통해 "부시 행정부는 핵무기가 최후 수단의 무기로 분류되었던 지난 20여년의 긴 전통을 역전시켰다"고 평가하고 있다. *Los Anageles Times*, "Nuclear Warfare; Secret Plan Outlines the Unthinkable," March 10, 2002. 국내에서도 동일한 해석이 주조를 이루고 있는데 대표적으로 국방연구원 김태우 박사의 경우, "핵무기 사용 3가지 상황 설정," "새로운 전술핵 개발을 통한 핵대응 선택폭 확대," 그리고 "핵 공격 (대상 7개국) 선정" 등의 용어를 사용하여 NPR을 자세히 분석함으로써 미국 전략의 변화를 분명히 짚고 있다. 김태우, "핵태세검토서(NPR)와 미국의 신핵정책," 국방대학교 안보문제연구소 주최, *한반도 핵문제 재조명과 한국의 안보*, 발표 논문, 2002년 6월 20일, pp. 3-4. 그 밖에 "NPR은 북한, 이라크, 리비아, 시리아 등을 포함한 비핵국가들에게도 핵무기를 사용할 권리를 보유한다고 명시적으로 밝히고 있으며, 나아가 핵 공격에 대한 대응 수단으로 한정하였던 핵무기의 용도를 생화학 무기, 심지어는 재래식 무기까지 확장 적용하는 권리를 미국이 갖게 된다"는 분석도 제시되고 있다. Joseph Cirincione and Jon Wolfsthal, "A Change in U.S. Nuclear Policy," *Carnegie Analysis*, March 11, 2002, *www.ceip.org/files/nonprolif/templates.article.asp/NewsID=2460.*

시아와 중국의 핵 군사력은 무력화된다."[249) 미국의 군사전략이 억지(deterrence) 혹은 단순 봉쇄(containment)를 넘어 상대방을 패배(defeat)시키기 위한 선제공격(핵무기의 사용이 가능한)의 수준에까지 이르렀음을 알 수 있다.[250)

4. 군사기술혁명(RMA)과 균형의 변화 가능성

동아시아의 세력균형에 있어 가장 중요한 변수인 중국, 그리고 부차적이긴 하지만 아직도 상당한 군사적 능력을 보유하고 있는 러시아, 두 국가가 미국 군사전략의 주 대상임을 부인 할 수 없게 되었다. 이는 역으로 특히 중국이 미국의 새로운 전략에 효과적으로 대응해야만 하는 큰 부담을 떠안게 되었음을 의미한다. 여기서 중국의 군사 기술적 대응 능력을 한번 짚어 볼 필요가 있다. RMA라는 관점에서 중국의 군사력 발전 추이를 살펴보면 향후 중국의 대응 수준을 어느 정도 가늠해 볼 수 있는데, 1994년을 기준으로 우선 군사기술 연구 및 개발(military R&D) 지출에서 중국은 미국의 1/40 수준에 머무르고 있다.[251)

249) 김태우, "핵태세검토서(NPR)와 미국의 신핵정책," pp. 8-9.
250) 상대를 패배(defeat)시키겠다는 전략과 의지가 공개적으로 표출된 것은 부시 대통령에 의해서였다. "우리의 최우선 과제는 세계에 걸쳐 있는 테러분자들의 조직을 분쇄하여 파괴하는 것이다. 즉, 그들의 리더쉽, 지휘체계, 등 모든 것을 공격하는 것이다." 물론 이 논리는 "WMD와 관련해서도 그대로 적용된다." President Bush, "Strengthening Alliances to Defeat Global Terrorism and Work to Prevent Attacks against Us and Our Friends," *The National Cathedral Speech*, September 14, 2001, The White House, *The National Security Strategy of the United States of America*, pp. 5-6.
251) 미국의 경우 연간 420억 달러를 지출하는 데 반해, 중국은 불과 10억 달러 수준을 기록하고 있을 뿐이다. Bates Gill, "China and the Revolution in Military Affairs: Assessing Economic and Socio-Cultural Factors," *Strategic Studies Institute*, May 20, 1996, Table 2, p. 15, *www.fas.org/nuke/guide/china/doctrine/chinarma.pdf*. 최근의 추세에 대한 정확한 통계는 발견되지 않으나 본문에서 언급한 1994년의 통계치에 기초 2002년 중국의 GDP 수준과 국가 전체의 R&D 지출을 근거로 2002년 군사 R&D 규모를 추산해 볼 수 있다. 1994년 중국의 총 R&D 지출(정부 지출)은 35.9억 달러

그러나 R&D 분야만이 고려하여야 할 변수의 전부는 아니다. 군사기술도 결국 한 국가의 전체 기술수준과 연계되어 있음으로, 군사기술의 발전은 순수 군사분야에 대한 투자 차원을 넘어 이루어질 수밖에 없다. 따라서 사회의 개방성, 정치체제의 유연성, 경제의 자유화 정도, 그리고 사회 구성원의 문화수준 등이 종합적으로 고려되어야만 한다. 물론 정확한 계측이 어렵다는 문제가 있기는 하나 다음의 언급은 주목할 만하다. 군사기술 발전에 있어 중국이 "가장 어려움을 느끼는 분야는 기술혁신, 통합, 유연성, 적응력(adaptability) 등인데, 여기서는 각 분야의 자체 속성이 가장 중요한 변수이다."[252] 즉 논의는 극도의 자유로움을 요구하는 상기의 속성에 중국 및 중국민들이 그들의 사고와 체제를 적응시킬 수 있느냐는 문제로 귀결된다. 결국 정치, 경제 및 사회의 전체적인 혁신 없이는 군사기술의 발전에도 한계가 있다는 사실을 알 수 있다.[253]

를 기록하고 있다(총 GDP의 0.7퍼센트). 따라서 당시 10억 달러가 군사 R&D로 지출되었음으로 전체 R&D에서 약 28퍼센트가 군사분야에 지출되었음을 알 수 있다. 반면 2002년 중국의 총 R&D 지출은 155.6억 달러였음으로(총 GDP의 1.23퍼센트), 약 28퍼센트가 군사 R&D로 지출되었다고 가정하는 경우 최소 약 43.8억 달러가 소요되었다고 추정할 수 있다. 21세기 들어와 중국이 군사분야의 발전에 더욱 매진하고 있다는 사실을 감안하면 수치는 다소 올라갈 수 있을 것이다. 반면 같은 방식으로 미국의 통계를 추정하면, 1994년 미국의 총 R&D 지출은 1,693억 달러를 기록하고 있고(총 GDP의 2.52퍼센트), 2002년에는 2,922억 달러에 이르고 있음으로(총 GDP의 2.82퍼센트), 2002년 최소 약 725억 달러가 군사 R&D로 지출되었다고 추정된다. 따라서 1994년 미국의 군사 R&D의 약 2.5퍼센트에 불과하던 중국의 지출이 2002년에는 약 6퍼센트로 상향되었다는 사실이 확인되나, 현재에도 미국과는 너무 현격한 격차를 보이고 있어 통계적 수치가 갖는 의미는 거의 없다고 볼 수 있다. 설사 향후 중국이 미국과 비슷한 수준의 지출을 한다고 가정하더라도 약 50여년 이상 누적된 투자 및 기술상의 차이가 쉽게 메워질 수 있다고 보기는 어렵다. 따라서 군사기술 투자 한 분야에서도 양국의 격차가 엄청나다는 사실을 통계적으로 확인한 데서 그나마 의미를 찾아야 할 것 같다. 韓國産業技術振興協會, "중국의 연구개발비," 1999년 통계요람 및 2003년 통계 요람; 韓國産業技術振興協會, "주요국 연구개발비 추이," 1999년 통계요람 및 2003년 통계 요람; 그리고 환율통계는 통계청, 국제통계연감 2003.

252) Gill, "China and the Revolution in Military Affairs: Assessing Economic and Socio-Cultural Factors," p. 27.

253) 다음과 같은 분석을 통해서도 위의 사실이 검증되는데, 미국의 경우 "민간 분야의

특히 IT 시대에는 그러한 경향이 더욱 두드러질 수밖에 없다.254) "IT 시대에 사회는 지식이 군사분야의 변혁을 일으키기 전에 知力(knowledge power)을 습득하여야만 한다. 여기서 폐쇄적인 권위주의 체제는 상상과 기술혁신(innovation)을 질식시키고, 정치 및 학문적 담론(discourses)에 많은 금기 사항을 강요하게 된다. 중국은 천천히 개방되고 있다. 중국의 국가 구조가 덜 경직되어 있다 하더라도 사회적 제약은 견고하며 오랫동안 지속될 것이다. 결국 (중국 군사기술의 혁신에 있어) 체제적 제약은 중국의 사회 및 정치체제에 뿌리를 두고 있는 셈이다."255)

깜짝 놀란 만한 변화를 만들어내고 있는 기술의 진보에 의해 RMA가 이루지고 있다"는 것이다, Freedman, *The Revolution in Strategic Affairs*, p. 22. 이는 자유로운 민간 분야에서의 기술진보 없이 RMA의 혁신은 불가능하다는 것을 암시하고 있다. 같은 분석을 중국에 적용하는 경우 논리적으로 상기의 부정적인 결론이 가능해지는 것이다. 결론적으로 Gill의 경우, 중국의 현 군사기술 수준이 "RMA에 진입하기 위한 초기의 기초단계 정도에 머무르고 있다"고 결론짓고 있다, 나아가 "향후 10년 정도는 RMA의 본 궤도에 진입하지 못할 것으로 예측"하고 있다. Gill, "China and the Revolution in Military Affairs: Assessing Economic and Socio-Cultural Factors," p. 30. 그리고 향후의 진보가 "경제 및 사회문화적 요인에 의해 결정될 것이라는 사실"을 분명히 하고 있다(*Ibid.*).

254) IT 산업이 눈부시게 발전한 21세기에 접어들자 RMA의 실제 발전 방향과 RMA 에 대한 연구는 1990년대와 비교하여 IT의 특성을 더욱 많이 반영하는 경향을 보이고 있다[각주 234) 참조]. RMA에 대한 정의에서도 이를 엿볼 수 있다: "전쟁의 양상은 두 가지의 속성으로 특징지어 지는데, 하나는 정밀유도 무기이고 다른 하나는 IT 기술에 기초한 이른바 C4IRS 체제이다(Command, Control, Communications, Computers, Intelligence, and Reconnaissance Systems)." 따라서 "RMA는 실시간으로 작동하는(real-time operational) C4IRS를 산출하기 위해 과정정보(process information)에 IT를 사용하는 체제들의 모음(collection of systems)을 의미한다." Andrew Nien-Dzu Yang, "China's Revolution in Military Affairs: Rattling Mao's Army," Emily O. Goldman and Thomas G. Mahnken, eds., *The Information Revolution in Military Affairs in Asia* (New York: Palgrave MacMillan, 2004), p. 125.

255) You Ji, "Learning and Catching Up: China's Revolution in Military Affairs Initiative," Goldman and Mahnken, *The Information Revolution in Military Affairs in Asia*, p. 114. 앞에서 인용한 Gill의 10년 전 연구와 You Ji의 가장 최근 연구가 동일한 분석 결과를 내놓고 있다는 점은 주목할 필요가 있다. 적어도 군사과학 분야의 발전 추이를 서구의 경험을 통해 짚어 보면 동일한 결론이 나오게 됨을 알 수 있다. 또한 이러한 결론이 나오게 되는 가장 중요한 이유는 기술의 진보가 민간분야에서 주로 이루어진다는 경험 및 논리적 사실에 기초하고 있다. 중국의 경우도 최근 군사기술의 민간 의존이 가시적으로 증대되고 있다는 연구 결과가 있다: "국방과 관련된

구체적으로 "중국 인민해방군의 목표는 미국이 지난 15년간 보여준 (군사 기술상의) 진보를 이해하고 복사하는 것이다."[256] 특히 걸프전에서 미국이 시현했던 군사적 능력과 비슷한 것을 취득하려 하지만 그렇게 되는 데는 최소한 10-20년 이상이 걸릴 것이다.[257] 만약 그 기간 후에 그들의 목표가 달성된다면 그것은 현대적 의미의 RMA, 즉 혁명적 수준이 될 것인가? "그렇지 않다. 미국을 필두로 많은 국가들이 그 동안 더욱 많은 군사혁신을 이룰 것이고, 따라서 남이 성공한 (기술)혁명을 쫓아가는 것은 자신의 혁명이 될 수 없기 때문이다."[258]

R&D는 세계시장에 밀접히 연계되어 있으며, 급속히 성장하고 있는 중국의 비정부 기업들에 의존하고 있다. 인민해방군(PLA)이 무기의 고도화와 군사분야의 현대화를 위해 민간부분에 의존하는 정도가 점증하고 있는 것이다(Ibid., p. 109)."

256) Lonnie Henly, "China's Capacity for Achieving A Revolution in Military Affairs," *Strategic Studies Institute*, May 20, 1996, p. 5, *www.fas.org/nuke/guide/china/doctrine/chinarma.pdf.*

257) *Ibid.*, p. 7. 이 기간에 대해 Yang은 무기와 관련하여 보다 구체적인 전망을 내놓고 있다. 미국과 소련에서는 이미 1970년대에 배치가 완료된 ABM(anti-ballistic missile)의 경우, "러시아가 중국의 ABM 체제의 개발에 관여하고 있는 것으로 알려지고 있으나, 중국의 ABM 능력이 향후 10-20년 내에 작동할 수는 없을 것"으로 예측하고 있다. Yang, "China's Revolution in Military Affairs: Rattling Mao's Army," p. 131. 참고로 ABM도 첨단무기이기는 하나 현대의 정보전을 선도하고 있는 핵심적인 수단으로 보기는 어려움으로 이를 통해 21세기 정보전이라는 관점에서 중국의 현 군사기술 수준이 어느 정도 뒤져있는지를 가늠해 볼 수 있다. 보다 포괄적인 연구 결과도 발견되는데, 특히 IT 부분이 강조된 IT-RMA의 관점에서 미국과 다른 나라의 격차는 더욱 크다고 보는 주장도 있다: "동아시아 국가 중 (일본을 포함 한)어느 나라도 수십년 내에 IT-RMA를 완성할 가능성은 없다. 따라서 일본의 경우 대규모(full-scale) RMA는 전략적으로 시급한 사안이 아니다." Sugio Takahashi, "The Japanese Perception of the Information Technology-Revolution in Military Affairs: Toward a Defense Information-Based Transformation," Goldman and Mahnken, *The Information Revolution in Military Affairs in Asia*, p. 92. 한편 중국 군대가 현대전의 실상을 아는 데 결정적인 역할을 한 것은 걸프전이었다고 한다: "걸프전은 중국인들에게 인민해방군(PLA)이 접할 미래전쟁의 구체적인 그림을 제공했다. (따라서) 1992년 말경 처음으로 중국의 중앙군사위원회(Central Military Commission)가 '첨단기술 조건하의 제한전 수행(fighting a limited war under high-tech conditions)'을 위한 새로운 전략을 개발했던 것이다. 구체적인 내용은 군대의 재구성, 무기의 개발, 군인들의 훈련, 교육 및 중국의 잠재적 위협에 대항하는 전쟁게임의 공식화 등이었다." Ji, "Learning and Catching up: China's Revolution in Military Affairs Initiative," p. 106.

걸프전은 사실상 정보전쟁으로 불리고 있는데, 중국이 디지털 전쟁을 수행할 정보능력을 갖출 수 있는가의 문제를 떼어서 보면, 예측은 더욱 부정적이다.[259] 앞서 언급한 바와 같이, "그것은 단순히 이용 가능한 기술의 존재 여부의 문제가 아니고, 더욱이 기술 적용상의 창의성을 뜻하는 것도 아니다. 정보혁명을 이루기 위해 중국이 당면한 가장 큰 걸림돌은 (정보통신의 특성상 놀랍게도) 권위주의적인 정치체제이기" 때문이다.[260] 결국 중국과 미국의 군사력 격차가 오히려 더 벌어질 가능성조차 있는 것이다.

이상을 통해 냉전 이후 미국의 동아시아 전략이 점진적으로 구체화되고 있다는 사실을 알 수 있다. 우선 외교적으로 동맹관계의 강화를 통해 동아시아에서 세력균형상의 우위를 지속적으로 확보하겠다는 의지를 분명히 하고 있다. 물론 조약상의 동맹관계에 있는 한국과 일본이 세력균형 유지의 중심축임은 두말할 필요가 없다. 최근에는 대만도 같은 범주에 속하고 있음을 숨기지 않고 있는데, 대만에서의 무력충돌을 북한의 한국에 대한 침략과 같은 수준으로 간주하여 긴급한 우발상황(immediate contingency)으로 분류하고 있기 때문이다.[261] 즉 북한의 침공 시 미국이 한국전에 개입하듯, 중국의 대만에 대한 무력사용 시에도 동일한 원칙이

---

258) Henly, "China's Capacity for Achieving A Revolution in Military Affairs," p. 8.

259) 정밀유도, 원격조정, 목표의 정확한 지정, 전자전쟁 등의 용어가 이미 익숙해진 것은 1970년대 초반 이후인데, 따라서 "RMA의 핵심 기술은 1970년대에는 등장하기 시작한 것으로 평가할 수 있다." Freedman, *The Revolution in Strategic Affairs*, p. 21. RMA의 정의에 부합되는 전쟁수행 능력이 완전히 검증된 것은 1991년 걸프전이었다(*Ibid.*, p. 32). 그러므로 RMA의 요체가 군사적 기술과 정보능력의 획득 여부에 있다고 할 때 걸프전쟁이 정보전이었다는 평가는 타당한 것이며, 그 때문에 현대 첨단전쟁의 가장 중요한 예인 걸프전에 중국의 관심이 집중되고 있는 것이다.

260) Henly, "China's Capacity for Achieving A Revolution in Military Affairs," p. 8. You Ji도 동일한 결론을 내리고 있다: "강대국을 추구하는 중국의 입장에서 가장 큰 도전은 지금의 기술적 낙후가 아니라 그들의 경직된 정치체제인 것이다." Ji, "Learning and Catching up: China's Revolution in Military Affairs Initiative," p. 117.

261) The US Department of Defense, *Nuclear Posture Review{Excerpts}*, (원문, p. 16).

적용될 수 있음을 암시하고 있다. 그리고 특히 부시 행정부의 의사를 대변하는 각종 보고서와 대통령의 연설에서 동맹국의 중요성을 누누이 강조하면서, 그들에 대한 침해는 곧 미국의 이해임을 분명히 하고 있다. 결국 개입 의사를 천명하고 있는 것이다.262)

다음으로 미국이 누리고 있는 세력균형의 우위에 도전할 수 있는 잠재세력으로 중국을 지목함으로써 중국과의 경쟁을 분명히 하고 있고, 나아가 중국을 포위하고 억제하겠다는 의사를 숨기지 않고 있다. 여기서 한국과 일본을 시발점으로 대만, 필리핀 그리고 호주, 나아가 중앙아시아를 잇는 세력의 연계선은 바로 상기 전략의 지정학적 표출이라고 이해할 수 있다. 그리고 경제적으로는 중요한 전략물자의 통제라는 노림수가 숨겨져 있다는 사실 또한 부인할 수 없다. 러시아의 국제적 위상 및 중국과의 관계 그리고 미러관계를 고려하면 러시아가 미국의 이해를 뛰어 넘어 행동할 가능성은 낮음으로 중국 북쪽의 방대한 지역에 국경을 접하고 있는 러시아도 중국에 대한 포위망까지는 아닐지라도 중국에 어느 정도 부담으로 작용하고 있는 것만은 분명하다.

또한 앞서 인용한 다양한 보고서들은 군사력의 절대 우위를 통해 중국 및 (관심도는 떨어지지만) 러시아의 도전을 용납하지 않겠다는 미국의 분명한 의사를 잘 보여주고 있다. 즉 현 시점을 자신과 다른 국가들 간의 군사력 격차를 최대한 넓힐 수 있는 호기로 보는 미국의 판단이 숨겨져 있는 것이다. 미국이 선도하고 발전시키는 RMA 수준으로 볼 때, 당분간 미국에 근접하는 군사강국이 출현한다고 가정하는 것은 비현실적일 수밖에 없다는 인식에 기초하면 미국의 전략이 의미하는 바가 보다 분명해진다.

---

262) 앞서 인용한 보고서들 모두에 동맹국에 대한 언급이 지속적으로 이어지고 있다: The US Department of Defense, *Quadrennial Defense Report;* The White House, *The National Security Strategy of the United States of America;* The US Department of Defense, *Nuclear Posture Review{Excerpts}.*

5. 일본의 利害

상기의 분석에 기초하여 일본의 향후 전략을 평가해 볼 수 있을 것이
다. 일본의 전략적 사고 형성에 영향을 미치는 가장 중요한 변수가 중국
과 미국임은 이미 설명한 바와 같다. 중국이 어느 정도 강해질 수 있는가
가 문제인데 그것은 미국이 어느 정도 약해지고 미국의 동아시아에 대한
개입 의사에 어떤 변화가 있는가의 문제와 연계되어 있다. 앞서 제시한
미국의 전략과 중국의 향후 발전 가능성에 대한 분석은 당분간 현재의
국면, 즉 세력균형의 측면에서 미국이 다른 국가보다 우위에 있는 상황
에 변화가 있을 가능성이 희박함을 보여주고 있다. 따라서 앞서 소개한
일본이 택할 수 있는 전략적 선택의 세 가지 유형은 원론적이며 대단히
장기적인 가정에 기초하고 있음을 알 수 있다.[263]

냉전 시절 일본의 대외정책은 전후 질서의 기본 테두리를 벗어날 수
없었다. 단지 1970년대 초반 닉슨 독트린 정도가 상대적으로 영향을 미
쳤다고 볼 수 있다. 일본의 입장에서는 당시 미국의 동아시아에 대한 개
입 의지가 약화되었다는 것도 우려의 대상이었지만, 장기적으로는 미국
의 쇠퇴 기미가 포착되었다는 것이 더욱 큰 문제였다.[264] 그러나 일본의
안보를 위해 미국을 대신할 상대는 존재하지 않았다. 또한 동아시아 세
력균형 자체에도 큰 변화는 없었다. 여기서 미국과 일본의 관계가 전후
안보동맹의 틀에서 벗어 날 수 없었던 근본적인 이유가 설명된다.

논리적으로 미국 힘에 한계가 노정되었다면 그 공백이 메워져야 했는
데, 같은 논리가 미일관계에 투영되면, 논의는 결국 일본 자위대의 활동

---

263) 각주 213), 214) 참조.

264) 닉슨 독트린은 앞서 살펴 본 바와 같이 기존의 동맹국에 적용되는 원칙은 아니었
다. 따라서 일본과 한국은 사실상 독트린으로부터 벗어나 있었다. 당시에는 월남에
서 발을 빼는 것이 가장 중요한 목표였던 것이다. 하지만 그 여파로 주한미군 중 1
개 사단이 철수하였음으로 일본이 어느 정도 반응을 보인 것은 무리가 아니었다. 각
주 74), 75) 참조.

범위를 어디까지 넓히며 일본의 안보역할을 재조정하느냐의 문제로 귀결
될 수밖에 없다. 1978년의 미일 방위협력지침(Defense Guidelines)은 바로
그 문제에 대한 양국의 공식적인 의견 접근으로 볼 수 있다. 일본의 방위
에만 국한되었던 일본 자위대의 활동 폭을 넓히는 것이 방위협력 지침의
핵심 내용이었기 때문이다. 구체적으로 우선 "해양 교통로(sea lane)의 방
위를 일본에 대한 직접 공격의 일부로 간주하는" 내용이 포함되었고, 다
음으로, "양국 관계사상 처음으로 일본의 방위를 위한 군사 계획과 훈련
을 합리화시켰다." 동북아시아(동아시아 포함) 봉쇄정책이라는 미국의 기
존 전략에 일본의 군사적 역할이 부가되는 형식을 취하며 이른바 일본의
'군사적 문호개방'이 시작된 것이다.265) 결론적으로 일본의 안보 역할 혹
은 부담을 확대시키며 미일동맹을 강화하는 방향으로 양국 간에 의견 접
근이 이루어졌음을 알 수 있다.

  같은 추세는 줄곧 이어졌다. 1980년대 레이건 행정부가 對蘇 강경노
선을 지향한 가운데 미일안보협력 문제는 1978년의 지침을 토대로 더욱
세부적인 협의를 거치게 된다. 당시 4가지 사안이 논의의 주 대상이었는
데, "미일 공동작전, 해양교통로 방위의 구체적 방안, 전쟁 시 지원문제,
그리고 상호 간의 공동행동 지침" 등이 그것이다.266) 일본의 역할 확대
를 인정하며 조정되었던 미일 간의 안보협력이 제일의 가상 적국 소련에
대한 대응을 목표로 하고 있다는 사실을 부인할 수는 없었다. 1,000해리
해로에 대한 일본의 방위 약속이 대표적인데, 그 거리는 소련해군을 오
오츠크해에서 봉쇄시키는 데 충분한 것이었기 때문이다.267) 결과적으로

265) Michael J. Green, "Balance of Power," Steven K. Vogel, ed., *U.S.-Japan Relations in a Changing World* (Washington D.C.: Brookings Institution Press, 2002), p. 20.
266) Sheila A. Smith, "The Evolution of Military Cooperation in U.S.-Japan Alliance," Michael J. Green and Patrick M. Cronin, eds., *The U.S.-Japan Alliance: Past, Present, and Future* (New York: Council on Foreign Relations Press, 1999), p. 81. 구체적으로 일본 해상자위대와 미군의 공동 군사연습이 1981년 최초로 이루어졌고, 1984년 12월 상기 네 가지 문제에 대한 양국의 공동연구 결과가 비밀리에 보고 된 바 있다 (*Ibid.*, pp. 81-82).

1980년대 미일동맹관계의 재정립은 "일본이 미국의 소련에 대한 봉쇄전략에 있어 능동적인 행위자가 된 것"을 의미했다. 따라서 소련의 입장에서는 "미일동맹을 세계적인 재래식 및 핵 억지의 한 부분으로 인식해야만"하는 상황이 전개된 것이다.[268]

그런데 여기서 소련이라는 변수가 사라지면 어떻게 될 것인가. 1990년대 초반 그것은 단지 가정이 아닌 현실 문제로 다가왔다. 소련이 미일동맹 강화의 가장 중요한 목표였다면 소련 붕괴의 여파는 정도의 문제이지 어느 정도는 있을 수밖에 없었다. 1996년 4월 미국 클린턴 대통령과 일본 하시모토 총리의 동경 정상회담에서 발표된 '미일안보공동선언'은 새로운 상황을 반영하는 것이었다.[269] 1978년 이후 사실상 처음으로 조정된 새로운 방위협력지침(Defense Guideline)의 성격을 띠고 있었는데, 同선언의 배경에는 탈냉전 시대에 맞게 미일안보동맹을 새롭게 정의하고 운영할 필요성을 제기한 1994년의 이른바 '나이 이니셔티브(Nye Initiative)'가 있다.[270] 즉 소련에 대한 봉쇄 및 일본의 방위가 목적이었던 옛 지침

---

267) Green, "Balance of Power," p. 21. 해양보급선 1,000 해리에 대한 일본의 방위 분담은 미국의 요구였는데, 1981년 5월 스즈키 수상의 미국 방문 시 사실상 타결되었다. 즉 "1,000 해리(nautical mile)의 해로를 일본이 방위한다는 것"이었다. 소련과의 관계에 비추어 볼 때, 미국은 그것에 기초하여, "소련의 대유럽 공격에 대한 대응으로 오오츠크해의 소련 함정(특히 잠수함)을 공격하는 해군전략을 발전시켰다(Ibid., p. 22)."

268) Ibid., p. 23. 이러한 사실은 1987년 미국방백서 및 대외정책청서(Defense White Paper and Foreign Policy Blue Book)를 통해 가장 극명하게 드러난다. "일본은 이제 (지역동맹을 넘어) '서방동맹(a Western ally)'이 되었다"는 것이다(Ibid.).

269) 1997년 6월 공동선언의 구체적인 내용을 담은 중간 보고서가 발표되고, 이어 9월에 최종 보고서가 채택되었다. 최종 보고서의 원문은 "Completion of the Review of the Guidelines for U.S.-Japanese Defense Cooperation," U.S.-Japan Security Consultative Committee, New York, September 23, 1997라는 제목으로 공개되었다(www.jda.go.jp/e/index_.html).

270) 나이(Joseph Nye)는 탈냉전 이후 동아시아에서 미군의 철수가 이어지는 상황에 대해 우려하며 미일동맹에 대한 재평가를 시도하였다. 실제로 1990년 130,000명이던 역내 주둔 미군의 규모가 1994년에는 100,000명으로 줄어든 상태였다. 부시 대통령 시절인 1992년 미국의 전략은 그 숫자를 90,000명 수준까지 낮추는 것이었다. 당시 페리(William Perry) 국방부 장관과 나이 국방차관보는 제1차 세계대전, 제2차

을 아시아·태평양 지역의 안정과 평화라는 보다 포괄적이고 탈냉전 시대에 어울리는 새로운 목적에 부합하도록 변화시키자는 것이었다.[271]

초점은 아태지역 안보를 위해 일본의 활동 동인 및 범위를 넓혀야 한다는 데 맞추어질 수밖에 없었다. 우선 과거 일본에 대한 직접적인 공격에서 "일본 주변 유사에의 대처(일본의 주변 유사 시)"로 일본의 대응 범위가 확장되었다. 구체적으로는 한반도의 위기를 상정하고 있다고 보아도 무방할 것이다.[272] 다음으로 대상 지역도 과거 한반도 및 동북아시아에서 일본 주변지역으로 확대되었다. 모호한 점이 있기는 하나, 확대 해석하는 경우 걸프지역까지 포함되는 것으로 볼 수 있다.[273]

결국 미일동맹은 일본의 역할이 확대되면서 오히려 강화되는 방향으로 발전해 온 사실을 알 수 있다. 동아시아의 세력균형을 위해 중요한 점은 동맹이 중국과는 어떠한 관계가 있느냐는 것이다. 중국은 1996년 미일 정상회담 공동선언에서 표출된 "역내 문제의 평화적인 해결 원칙 (peaceful resolution of problems in the region)"을 대만에 대한 의사표시로 해석하고 있다.[274] 대만문제의 해결을 위한 중국의 무력사용 시 양국이

세계대전, 한국전 그리고 월남전 이후 미국이 군대를 이 지역에서 급속히 철수함으로써 세계적인 불안정이 초래된 경험에 비추어, 탈냉전의 상황에서도 비슷한 현상이 되풀이되는 것은 막아야 한다는 데 의견을 같이 했다. 즉 똑같은 역사적인 실수를 반복하지 않아야 된다는 전략적 인식을 공유했던 것이다. 나이의 평가로는 2개의 지역분쟁(페르시아 걸프와 한반도)을 동시에 치를 수 있는 군사력이 있어야 하는 바, 따라서 100,000명의 미군은 최소한의 규모라고 주장했다. 바로 이러한 군사전략의 논리가 미일동맹의 재정립으로 이어졌던 것이다. Yoichi Funabashi, *Alliance Adrift* (New York: Council on Foreign Relations Press, 1999), ch. 12 "The Nye Initiative," pp. 248-254, 결국 소련 붕괴 초기에는 미국이 중국을 견제하겠다는 의사를 분명히 가지고 있지는 않았음을 알 수 있다.

271) 尹德敏, "美日 防衛協力 指針 개정과 韓國의 對應," *국제문제* 325호, 1997년 9월, p. 49.

272) *Ibid.*, p. 53.

273) *Ibid.* 그리고 활동 범위도 과거 기지 제공 혹은 영내에서의 편의 제공에 머물렀던 것이 과거의 영역을 포함, 자위대가 직접 참가하는 병참지원, 기뢰제거, 臨檢, 감시 경계, 비전투원 피난 등으로까지 확대된 것으로 해석되고 있다(*Ibid.*, p. 54).

274) James Przystup, "China, Japan, and the United States," Green and Cronin, eds.,

공동 입장을 취할 근거라는 것이다. 즉 중국은 이를 자국에 대한 봉쇄의 증거로 인식하고 있다.[275] 중국을 견제하여야 한다는 이해를 미국과 일본이 전략적으로 공유하고 있다는 사실은 이미 언급한 바와 같다. 따라서 상기의 공동선언이 중국을 염두에 두고 있다는 사실을 부인하기는 힘들다.

군사적인 측면에서 중국과 관련하여 또 하나의 중요한 변화가 목격된다. 핵전력의 배분에 있어 중국이 가장 민감하게 생각하는 TMD의 연구와 역내 배치에 미국과 일본이 합의를 본 것이다. 미국의 NMD와 TMD 실전배치 공식선언은 2000년 6월이었지만, 그 분야에 대한 연구는 과거에도 지속적으로 이루어져 왔다. TMD의 실전 배치를 필요로 하는 가장 중요한 전략지역은 당연히 동북아시아, 특히 일본일 수밖에 없었음으로 미국과 일본의 협력은 TMD의 성공을 위해서도 필수적인 것이었다.[276]

The U.S.-Japan Alliance: Past, Present, and Future, p. 35. 원문에는 다음과 같이 되어 있다: "두 정상은 역내 문제의 평화적인 해결의 중요성을 강조했다. 그들은 같은 맥락에서 중국이 긍정적이고 건설적인 역할을 하는 것이 역내 안정과 번영을 위해 지극히 중요하다고 강조했다." Japanes-U.S. Joint Declaration on Stability-Alliance for the 21st Century, April 17, 1996, Tokyo, 제7항 "Regional Cooperation," www.jda.go.jp/e/index_.html. 따라서 중국의 해석은 타당한 것이라 할 수 있다. 왜냐하면 중국의 역내 책임을 분명히 했기 때문이다. 이점에 대해서는 국내 전문가도 비슷한 의견을 개진하고 있다: "이번 방위협력 지침의 개정에 있어서 그 적용 범위 내에 대만해협도 포함되어 있다고 볼 수 있으며, 이는 南沙群島의 영유권 주장, 대만문제, 미사일 수출, 인권 등으로 대립을 일삼는 중국을 견제하려는 의도가 있다고 볼 수 있다... 즉 어느 정도 중국이 일탈되는 행동을 하는 경우 미일이 협력할 것임을 경고하는 의미가 있다." 尹德敏, "美日 防衛協力 指針 개정과 韓國의 對應," p. 52.

275) Robert Manning, "Waiting for Godot? Northeast Asian Future Shock and the U.S.-Japan Alliance," Green and Cronin, eds., The U.S.-Japan Alliance: Past, Present, and Future, p. 63. 실제로 중국 외교부 대변인은 "우리는 일본에게 조심해서 행동하라고 촉구한다"라는 강한 경고를 일본에게 보냈다(Ibid.).

276) TMD는 일본의 향후 RMA 계획에 있어 가장 중요한 분야로 간주되고 있다. "RMA의 요체가 첨단기술을 통한 정보의 공유(information sharing)와 정교한 첨단 무기의 체계적 이용(systemic use)라고 할 때, 위성과 같은 센서로부터의 정보 취득, 고속 정보네트웍을 통한 하위 체계들 간의 정보 공유, 그리고 발달된 요격 수단(hit-to-kill interceptors) 등은 BMD(ballistic missile defenses)의 핵심 내용이다. 결국 BMD의 핵심 요소들은 정보 RMA(information-based RMA)의 그것들과 일치한다.

클린튼의 실전배치 선언 약 2년 전인 1998년 9월 미일안보협의회의에서 TMD의 공동 기술연구에 양국이 이미 합의한 사실은 미국과 일본의 전략적 이해를 잘 보여주고 있다. 특히 1996년 4월 미일 간의 안보지침을 새롭게 정립한 미일정상의 공동성명, 그리고 그 후속 조치로 1997년 9월 완성 및 보고된 미일안보협력 지침이 공개된지 약 1년 후에 양국이 TMD 공동연구에 합의한 것을 보면 미국과 일본이 동아시아 안보를 어떤 시각에서 바라보고 있는지를 유추할 수 있다.

1999년 8월 양국이 TMD 공동기술에 관한 교환 및 양해각서를 체결하며 공동연구가 본격화되는데, 가장 중요한 내용은 TMD의 4가지 핵심 부품에 대한 설계와 제작을 함께 수행한다는 것이었다.[277] 2002년 12월 워싱턴에서 개최된 미일안보협의회에서는 TMD 공동개발의 중요성, 긴급성 및 필요성을 재확인하고, 덧붙여 일본은 TMD의 개발 배치를 검토한다고 하여 연구단계의 TMD을 배치 수준으로 끌어 올렸다.[278] 즉 미국의 TMD 체제에 일본이 완전히 들어가게 된 것이다.

물론 외형적으로는 1998년 8월 발사된 북한의 대포동 미사일 발사가 일본의 TMD 참여에 결정적인 역할을 한 것으로 비쳐지고 있으나, 일본의 TMD 참여는 전략적으로 훨씬 더 복잡한 의미를 지니고 있다. 우선

따라서 BMD는 진실로 RMA의 일부인 것이다." Tkahashi, "The Japanese Perception of the Information Technology-Revolution in Military Affairs: Toward a Defense Information-Based Transformation," pp. 90-91. 그러므로, "BMD는 (일본이) IT-RMA을 성취하는 데 있어 첫 걸음일 수 있다…나아가 크루즈 미사일(cruise missile)의 발견과 요격도 일본에게는 중요한데, 이 경우 본질상 발견이 어려운 크루즈 미사일을 포착하는(detect) 것이 핵심기술이 된다. 따라서 BMD와 크루즈 미사일 방어체계는 일본 IT-RMA의 가장 중요한 중심축인 것이다(*Ibid.*)."

277) 네 가지의 주요 부품은 미사일의 가장 앞부분에 장착되어 탄두를 보호하는 Nose Cone, 목표 미사일을 직접 맞추는 Kinetic 탄두, Kinetic 탄두의 끝에 부착되어 목표물을 찾아내는 적외선 추적기, 그리고 TMD에 맞게 미사일 추진력을 제공하는 2단식 로켓 모터엔진 등이다. 김성철, "미일동맹 강화와 TMD," 김성철 편, *미일동맹외교* (성남: 세종연구소, 2001), p. 101.

278) 김성철, "미일 동맹과 일본의 안보외교: 9.11 미테러사건을 전후하여," *세종연구소 세종정책연구* 2003-21, pp. 28-29.

TMD 체제는 논리적으로 중국의 핵전력을 무력화시키는 의미를 지니고 있음으로 미국과 일본의 의도가 무엇이든 중국의 반발은 피할 수 없다. 특히 이지스함을 활용한 TMD(이른바 Navy MD)의 경우 기술적으로 대만 해협을 활동범위에 포함시킬 수 있음으로 중국에게는 전략적으로 대단히 중요한 지역을 겨냥하게 된다.[279) 기술적으로 MD의 발전은 중국 군사력의 무력화 혹은 약화를 초래한다.[280) 그러므로 중국은 미국과의 관계를 의미하는 NMD에 반대하고 있고, 미국과 일본이 추진하고 있는 미일 TMD에도 거부의사를 분명히 하고 있으며, 특히 대만에 TMD가 설치되거나 대만이 TMD체제를 소유하는 것에 대해 극력 반대하고 있는 것이다.[281)

지금까지의 분석은 1970년대 이후 미국이 허용하는 범위 내에서 힘의 공백을 일본의 강력한 경제 및 군사력이 점진적으로 메우며 미일동맹이 강화되는 방향으로 양국관계가 진전되어 왔음을 보여주고 있다. 중국의 급성장이 가시화된 1990년대 이후 양국의 안보관계는 과거보다 오히려 밀착되는 양상을 보이고 있다. 따라서 "일본이 미국의 보조자로서 그들의 역할을 재조정하든, 혹은 국제정치에서 핵심 세력으로 등장하는 상황을 준비하는 과정에 있다"는 진단이 가능하다면,[282) 일본은 현재까지는 미국의 보조자로서의 역할에 충실하고 있다고 볼 수 있다.

따라서 앞서 소개한 바 있는, "미국과의 동맹관계에 기초한 현재의 외교정책을 그대로 답습하던가, 아마도 중국과 일종의 파트너쉽을 유지하며, 유럽연합과 비슷한 아시아 정치연합체를 발전시키든지, 혹은 그들 나

---

279) 지금 현재 미국과 일본이 일본의 방위를 위해 집중적으로 연구하고 있는 TMD 체제는 이지스함으로부터 요격미사일을 발사하여 높은 고도에서 상대국의 탄도탄을 파괴하는 해상발사형 상층시스템(NTWD: Navy Theater Wide Defense)이다. 김성철, "미일동맹 강화와 TMD," p. 103.

280) 각주 226), 227), 228) 참조.

281) Cha, "Nuclear Weapons, Missile Defense, and Stability," p. 489.

282) 각주 213) 참조.

름으로 국가이익을 극대화시키는 비동맹과 비슷한 정책을 추진하든가"
등의 일본 선택범위에 대한 예측은 첫 번째 항목을 제외하고는 당분간
단지 공론적(speculative) 차원의 논의에 그칠 가능성이 크다.[283]

두 가지 논리로 설명이 가능하다. 지금까지의 분석이 보여주듯 우선
중국의 군사력을 포함한 전체 국력이 미국의 그것에 필적하는 수준에 오
르기에는 구조적으로 아직도 넘어야 할 산이 많고, 또한 많은 세월을 필
요로 하다는 사실이 어느 정도는 분명히 드러나고 있기 때문이다. 그러
나 중국에 대한 그나마 그 정도의 긍정적 평가도 중국이 인류 역사상 한
번도 시험된 적이 없는 13억 인구의 단일시장을 사회적 시장경제(socialist
market system)라는 초유의 정치경제체제를 통해 향후 적어도 수십년 동
안 아무 문제없이 지속적으로 발전하는 것을 전제로 하고 있다. 따라서
정치, 경제 및 사회적인 측면에서 중국이 대내외적으로 어떠한 문제에
직면하게 되면 그나마 기존의 호의적 평가도 어렵게 되는 것이다. 그리
고 일본의 선택에 영향을 주는 미국의 의사 또한 날이 갈수록 분명해지
고 있다. 특히 부시 정권에서 발표된 안보 관련 주요 보고서는 한결같이
일본의 안보와 연계되어 있는 한반도 및 대만 문제의 중요성을 강조하고
있음은 물론, 그에 대한 미국의 전략을 분명히 하고 있다. 즉 어떠한 후
퇴도 없다는 의지를 누누이 피력하고 있는 것이다.[284]

일본의 전통적인 인식 또한 중요하다. 그것은 일본과 중국 사이의 오
랜 역사적 관계를 반영하고 있으며, 그럼으로써 양국관계에 대한 두 나
라 국민 및 정책결정자들의 기본 생각에 많은 영향을 미치기 때문이다.
같은 맥락에서 다음의 분석은 주목할 만 하다. "일본의 전략은 다음 두
가지의 상호 모순적인 우발상황에 맞추어야만 한다. 하나는 중국이 현대
화의 압력을 견디지 못하고 분해되는 것이고 다른 하나는 현대화에 성공
하여 점점 강해지는 상황이다. 어느 경우든 일본은 중국의 패권추구 야

283) 각주 214) 참조.
284) 각주 262) 참조.

망에 대한 견제막(barrier)을 구축해야만 하고, 특히 외부 열강의 간섭을 자아낼 수밖에 없는 중국 내부의 재앙이 발생하는 경우 단순히 방관자로 머물러서는 안된다."[285] 이 말은 곧 일본이 중국을 끝까지 견제해야 한다는 것을 의미한다.

같은 맥락에서 일본의 대외경제정책을 다음과 같이 해석하는 것도 무리는 아니다. "그러한 목적의 중요성은 일본의 대아시아 투자 패턴을 통해 잘 드러난다. 투자가 중국의 힘을 봉쇄하고, 나아가 그들의 영향력이 주변의 상황에 종속되도록 만들 수 있는 대만으로부터 베트남을 거쳐 우즈베키스탄으로 이어지는 중국의 바로 변방(periphery)에 집중되고 있는 것이다."[286] 또한 "일본경제가 침체 상태인데도 불구하고 1997년 동아시아 경제위기 시 역내 국가들에게 돈을 빌려 준 사실도 (전략적으로는) 비슷한 맥락에서 이해될 수 있다."[287]

결국 동아시아 질서는 냉전 직후의 약간은 덜 정돈된 상태를 벗어나 구조적인 측면에서 착근의 시기로 접어들었음을 알 수 있다. 미국과 일본이 동맹관계를 강화하며 향후 중국의 도전에 대응하는 것을 주 내용으로 하는 기본 구도가 형성되기 시작한 것이다. 한 걸음 나아가 중국에 대

---

285) Henry Kissinger, *Does America Need a Foreign Policy? Toward a Diplomacy for the 21st Century* (New York: A Touchstone Book, 2001), p. 125. 이 분석은 이름이 공개되지 않은 일본의 저명한 인사가 키신저에게 사적으로 이야기 한 것으로 소개되고 있다.

286) *Ibid.*

287) *Ibid.*, p. 126. 키신저는 일본의 전략과 의향이 그러하더라도 미국과 중국 간에 심각한 대립이 있게 되고, 그 대립이 미국에 의해 촉발된 것이라고 인식하게 되면, 미일동맹은 심각한 긴장을 맞게 될 것이라고 예견하고 있다(*Ibid.*). 하지만 이 가설은 중국의 국력이 상당히 신장되어 미국에 대한 억지력이 충분히 갖추어졌을 때나 가능한 일이다. 현재에도 중국에 대한 큰 구도의 지정학적 압박을 미국과 일본이 일부는 공개적으로 일부는 묵시적으로 행하고 있다. 아울러 한국과 대만 같은 전략 요충지에 내재되어 있는 중국의 이해에 대한 압력이 지속적으로 가해지는 상황에서도 중국의 확실한 대응은 거의 없는 실정이다. 결국 그러한 가설은 예측이 어려운 너무 먼 미래의 변화를 상정하고 있다고 이해될 수 있는데, 따라서 현 시점에서는 설득력이 떨어질 수밖에 없다.

한 양국의 포위전략이 가시화된 점도 중요한 변화로 볼 수 있다. 과거와
는 다른 새로운 전략적 포석은 동아시아 세력균형의 변형이라는 큰 틀에
서 이해될 수 있다.

1970년대 초반 소련과 중국의 결별로 인해 동아시아 공산권 내에서
힘의 분지현상이 발생하자 그 틈새를 미국이 메우며 부상했던 것이 이른
바 차이나 카드였다. 논리적으로 카드는 소련이 존재하는 한 유효하며
따라서 과거 동아시아 질서의 중심축 역할을 했던 것이다. 여기서 소련
이라는 존재가 사라지면 차이나 카드의 효력이 약해지거나 혹은 소멸되
는 것은 당연한 일이다.[288] 그 다음의 논리는 다시 전통으로 돌아갈 수밖
에 없다. 국제관계에서 국가는 생존과 번영을 위해 무한의 권력을 추구
하게 되고 그것이 강대국의 수준에서는 패권추구로 나타난다는 명제가
다시 유효해지는 것이다.

6. 세력균형의 대안 모색: ASEAN 집단안보

마지막으로 세력균형의 원칙이 지배하는 동아시아 질서하에서도 유럽
의 예와 비슷하게 안보문제에 대한 체계적 조정(systematic arrangement)의
노력이 가시화되고 있다는 사실은 한번 짚어 볼 필요가 있다. 현실성이
떨어지긴 하나 동아시아에서는 처음 목격되고, 역내 안보 비전의 제시라
는 다소 이상적 측면이 새로운 시도를 포장하고 있기 때문이다. 경쟁과
견제, 그리고 억제와 봉쇄 등에 기초한 세력균형 중심의 동아시아 안보
질서를 보다 비경쟁적이며 평화적인 방안으로 대체하여야 한다는 당위론
은 비교적 오래전부터 존재하여 왔다. 곧 안보의 제도화를 의미하는데,
그 취지에 가장 가까이 접근한 것으로 평가되고 있는 것이 ASEAN 안보

---

288) 이런 점에서 역설적으로 중국의 제일 적국인 소련이 계속 살아남았다면 중국에게
지금보다는 유리한 상황이 전개되었을 가능성이 있다는 주장이 가능해 진다. 즉 소
련의 조기 붕괴로 중국에게는 불리한 세력균형이 그들이 충분히 강력해지기도 전에
형성된 셈이다.

체제이다. 동남아시아 국제정치에서 ASEAN의 역할은 앞서 자세히 설명한 바 있다. 냉전 시절 ASEAN의 안보가 지역의 미묘한 세력균형에 기초하고 있었다는 것은 이미 주지의 사실이다.

소련이 ASEAN 국가들에 효과적으로 침투하지 못한 채 소멸되어 버림으로써 동남아시아는 새로운 국제환경을 맞게 된다. 인도차이나 문제의 해결은 ASEAN을 위해 남긴 소련의 마지막 선물이 되었다. 소련이 사라졌다는 것은, 과거 미국의 후퇴와 같은 정도는 아니지만, 어쨌든 힘의 공백을 의미했다. 그런데 과거와는 달리 이미 캄보디아에서 철수한 베트남에 의해 공백이 메우질 수는 없었다. 그렇다고 현재 부상중인 중국이 그것을 관철시킬 의사와 능력이 있다고 볼 수도 없었으며, 일본의 경우도 경제적인 측면에서는 몰라도 군사력이 제한된 상태에서 같은 일을 추진할 수는 없었다. 결국 미국이 어떠한 태도를 취하는가가 다시 한 번 중요할 수밖에 없는데, 미국의 적극적인 진출 의사가 없다면 힘의 공백은 존재하되 특정 강국에 의해 즉각 메워지지 않으면서 시간이 흐름에 따라 공백이 더 큰 균형의 일부로 전환될 것이다.

그러나 당사자인 ASEAN의 입장에서 어느 정도의 불안감은 피할 수 없었다. 유럽과 같은 외형상 다자안보구도가 정립되어 있는 것도 아니었고 동북아시아와 같이 분명한 양자구도(쌍무적 방위조약에 기초한 안정된 안보질서)가 존재하지도 않았기 때문이다. 바로 그러한 어정쩡한 상황을 극복하기 위해 마련된 것이 1994년 7월 방콕에서 처음 개최된 ASEAN 지역포럼(ARF: ASEAN Regional Forum)이었다. 아이디어는 간단했다. 역내 국가 및 역외 관련국, 즉 동남아시아에 어떤 식으로든 영향을 미칠 수 있는 주변국이 함께 모여 각각의 안보관을 피력함으로써 동남아시아의 안보 불안요소가 무엇인지를 확인하고 나아가 해법이 있으면 찾아보자는 것이었다.[289]

---

289) 따라서 1980년대에 ASEAN에 가입한 브루나이를 포함한 ASEAN 6개국과 ASEAN의 7개 대화 상대국인 미국, 일본, 호주, 뉴질랜드, 캐나다, EU 그리고 한국,

현재까지 여러 번의 회합이 이루어졌으나 ARF가 동아시아 안보문제에 가시적인 공헌을 했거나 혹은 현실적인 측면에서 영향력을 행사한 바는 거의 없었다. 그 이유는 다양하게 설명될 수 있다. 우선 ASEAN의 국제적 위상 자체에 문제가 있다는 점을 지적할 수 있다. 군사적으로나 경제적으로 ASEAN이 동아시아에서 차지하는 비중은 미미할 뿐이다.290) 따라서 ASEAN이 어떤 아이디어를 제시한다고 하여도 그것의 실행은 ASEAN의 의지와 능력을 넘는 문제일 수밖에 없다.

결국 ASEAN 외부에 존재하는 힘의 구도가 중요한데, ASEAN의 지정학에 비추어 미국, 중국 그리고 일본의 이해와 입장이 핵심 요소임을 알 수 있다. 힘의 투사능력을 고려하면 당연히 미국이 가장 중요한 변수일 것이고, 능력과 역사적 관성을 고려하면 중국이 다음의 위치에 있다고 볼 수 있다. 일본의 경우 경제적인 측면에서는 상당한 영향력을 지니고 있으나 군사적으로는 한계가 있음으로 힘의 투사능력을 기준으로 판단하면 두 국가에 비해서는 다소 떨어질 수밖에 없다. 나아가 동남아시아에서 일본의 경제활동은 세력권이라는 관점에서 크게 보아 미국이 설정한 한계선을 벗어나지 않고 있다.291)

미국과 중국의 ARF에 대한 시각은 현재 동아시아를 감싸고 있는 힘의 역학구도와 미중 양국의 이해를 반영하고 있다. 그것은 ASEAN 국가들이 그렇게 느끼고 이해하고 있다는 데서도 찾아진다. 우선 중국의 경우

나아가 ASEAN의 3개 옵저버 국가인 베트남, 라오스, 그리고 파푸아뉴기니, 마지막으로 ASEAN의 2개 협력 상대국인 중국과 러시아가 회의에 참가하였다. 사실상 아태지역의 거의 모든 국가가 망라된 것이다. 흥미로운 점은 냉전시절의 적대 관계를 유지하던 국가들이 모두 참여했다는 사실이다. 배긍찬, "ASEAN과 ARF," 국제문제 344호, 1999년 4월, pp. 33-34.

290) 대표적으로 다음의 경제 통계는 ASEAN의 국제적 위상을 잘 보여주고 있다. 2001년 현재 ASEAN 핵심 7개국 모두를 합한 총 GDP는 5,440억 달러인데, 이는 한국의 GDP 4,200억 달러를 약간 상회하고 있는 수준이다. 외교통상부, ASEM 개황, 2002. 9., p. 127.

291) 그러한 사실은 동아시아 지역주의 문제에서 극명하게 드러나는데, 이에 대해서는 다음 章에서 상술하기로 한다.

안보문제에 대한 다자대화의 효용성 자체를 의심해 왔다. 따라서 마지못해 다자대화에 참여는 하고 있으나 방어적 입장을 취하는 경우가 많다.292) 그러나 중국의 전략적 계산은 겉으로 드러난 것보다 복잡하다. 중국은 동아시아 질서의 현상유지(status quo)를 바라지 않고 있다. 중국이 현대화되는 동안 안정적인 외부환경(stable environment)을 원하고 있다고 여겨지는 것은 사실이나, 여기서 말하는 안정이 현상유지를 의미하지는 않는다. "다른 아시아 강대국들의 위상은 낮추면서 동시에 중국과 미국의 능력 차이는 줄이는 가운데, 그들의 위상과 힘을 증진시키고 중국의 정통성을 지지하는 상황"을 상정하고 있는 것이다.293) 그것이 일본과 미국의 이해에 反함은 물론이다.

따라서 ARF가 중국이 의도하는 것에 대한 걸림돌, 즉 철저히 현상유지를 위한 제도적인 틀이라면 중국이 그것을 반길 이유는 없는 것이다. 역으로 ARF가 특히 미국과 일본에 의해 중국을 견제 혹은 봉쇄하는 수단으로 활용될 가능성 또한 배제할 수 없음으로 이에 대한 우려는 여전히 남아 있다.294) 비슷한 맥락에서 중국의 입장에 대한 다음의 진단은 주

292) 배긍찬, "ASEAN과 아태지역 다자안보대화: ARF를 중심으로," 국제문제 330호, 1998년 2월, p. 29.

293) Muthiah Alagappa, "Constructing Security Order in Asia: Conceptions and Issues," Alagappa, ed., Asian Security Order: Instrument and Normative Feature, p. 86.

294) 중국이 가장 우려하는 것은 본문에서 설명한 바와 같이, 反중국 연대로서 ARF가 활용되는 경우와 "ARF가 서방의 영향력 하에 (복잡한) 중국의 내부 문제에 개입하는 도구로 이용되는 경우"이다. Amitav Acharya, "Regional Institutions and Asian Security Order: Norms, Power, and Prospects for Peaceful Change," Alagappa, ed., Asian Security Order: Instrument and Normative Feature, p. 230. 아차랴(Acharya)는 다자접근에 대한 중국의 우려가 최근 들어 완화되고 있다고 주장한다(Ibid.). 그러나 그의 논문 전체는 규범이라는 동아시아에서는 다소 생소한 개념에 기초하고 있음으로 냉혹한 현실주의적 입장에서는 이상적인 측면이 너무 강하다는 비판을 피할 수 없다. 반면 배긍찬 박사는 보다 현실적인 진단을 내놓고 있다: 중국이 "원론적으로는 상호이해 증진을 위해 의견을 교환하는 다자안보대화를 지지하지만, 실제로는 주권 등 자국의 중요한 이해관계가 걸린 사안에 대해서는 여전히 비타협적인 태도로 일관한다. 또한 중국은 항상 이러한 다자안보대화가 실질적으로 자국을 견제하려는 메커니즘으로 작동하고 있는 것은 아닌지 경계하는 태도를 늦추지 않고 있기 때문에 당분간 아태지역 안보대화에 적극적이지는 않을 것으로 보인다." 배긍찬, "ASEAN

목할 만 하다: ARF의 장래가 불투명한 점에 비추어 향후 "UN 안보이
사회와 같이 미국의 일방주의를 억제하고 자신들의 영향력을 확대할 수
있는 수단으로서의 ARF에 대해 지지를 표명하는 방향으로 태도를 변화
해 온 것은 사실이나, 그렇다고 분쟁예방 역할에 있어 ARF에 많은 권한
이 주어지는 것은 꺼리고 있다."295)

반면 미국은 전후 동아시아에서 구축된 쌍무적(bilateralism) 안보관계가
현재 원하는 수준으로 유지되고 있고, 또한 그들의 이해를 잘 반영하고
있음으로 그것을 변화시킬 이유가 없다. 다자안보대화가 쌍무관계를 보
조하되 미국의 이해를 증진시키는 경우 굳이 반대할 이유는 없으나 쌍무
주의를 대체하는 수단으로 다자주의가 발전하는 것은 그들의 이해와 反
하는 것으로 인식하고 있다. 따라서 현상유지정책을 통한 영향력의 확대
로 족한 것이다. 미국의 그러한 이해는 1990년대 초 부시 대통령의 ARF
에 대한 반대에서도 잘 드러난다. 클린턴 행정부가 들어오면서 입장이
다소 변했는데, 미국이 절대적인 위상을 보이고 있는 지역(동아시아)에서
기존 질서를 그대로 반영하여 룰(rule)을 만드는 작업인 경우 미국의 이해
에 反하는 것으로 볼 수는 없고, 더욱이 ARF가 최대 동맹국인 일본과
(미국 및) 일본의 영향력이 미치는 ASEAN이 주도하는 것임으로 참가하
는 것은 무방하다는 결론을 내렸던 것이다.296)

미국이 ASEAN에 대해 보다 전향적인 자세를 보인 것은 2001년 9.11
테러 이후 ASEAN을 對테러전을 위한 단합의 장으로 활용하기 위해서
였다. 여기서 그동안 쌍무적인 관계에 주안점을 두던 노선을 유연하게
다자관계에까지 확대하는 공식적인 언급이 처음 발견된다. 對테러전을

과 아태지역 다자안보대화: ARF를 중심으로," p. 29.
295) Alagappa, "Constructing Security Order in Asia," p. 97.
296) Muthiah Alagappa, "Asian Practice of Security: Key Features and Explanations,"
Alagappa, ed., *Asian Security Practice: Material and Ideational Influences*, p. 636. 결국
미국의 참여와 지지가 있었기 때문에 1994년 ARF의 출범이 가능했던 것이다. 배긍
찬, "ASEAN과 아태지역 다자안보대화: ARF를 중심으로," p. 28.

위해 아태지역에서는 한국, 일본, 호주 등 전통적 동맹국들과의 관계를
더욱 발전시키고, 태국과 필리핀과 같은 동맹 파트너(alliance partner)와의
협력을 강화하며, 싱가포르와 뉴질랜드와 같은 친구(friend)로부터 도움을
얻음과 동시에, "ASEAN과 APEC과 같은 기구(institution)를 통해 안정을
창출할 것인 바, 즉 이 역동적인 지역에서의 변화를 다루기 위해 '지역
및 쌍무적인 전략(regional and bilateral stratgies)'의 혼합 발전"을 부시 대
통령이 공개적으로 언급한 것이다.[297]

그동안 ASEAN은 미국의 부인할 수 없는 헤게모니를 수용하는 가운
데, 구체적으로는 역내에서 미국의 존재가 지역 안정자(stabilizer)의 역할
을 한다고 인정하는 태도를 취해왔다.[298] 그것은 역으로 ASEAN이 미국
의 힘을 의도적으로 억제하는 편승정책(예를 들어 중국과의 동맹 혹은 군사
협력)을 택하지 않는다는 것을 의미했고, 실제로도 ASEAN은 그렇게 행
동해 왔다.[299] ASEAN의 태도가 그렇게 되는 가장 큰 이유는 "체제적
차원에서 찾아진다. 즉 동남아시아의 식자층(regional elites)은 아시아·태
평양이라는 범지역적 차원에서 미국의 존재 가치를 지속적으로 인정하고
있고, 지역의 세력균형을 포함한 경제 및 지정학적 이유로 미국과의 협
력은 필수적이라는 사실을 현재에도 느끼고 있기 때문이다."[300] 반테러

---

297) President Bush, "Develop Agendas for Cooperative Action with the Other Main Centers of Global Power," *President Speech in West Point*, June 1, 2002, The White House, *The National Security Strategy of the United States of America*, p. 26.

298) Acharya, "Regional Institutions and Asian Security Order," p. 233. 그렇다고 ASEAN이 헤게모니라는 이해로부터 유도된 미국의 안보전략에 순종하는 것을 의미하지는 않는다는 것이 ASEAN 입장의 특징이라고 할 수 있다(*Ibid.*).

299) David Capie, "Between a hegemon and a hard place: the 'war on terror' and Southeast Asian-US relations," *The Pacific Review* 17/2, June 2004, p. 236.

300) *Ibid.*, p. 238. 그러한 시각이 태국 및 필리핀과 같은 미국의 전통적인 안보유대 국가들에게는 당연하다고 할지라도, 미국에 대해 어느 정도는 독립적인 행보를 보여온 ASEAN의 가장 핵심 국가인 인도네시아와 말레이시아도 비슷한 시각을 공유하고 있다는 사실은 주목할 만 하다. 즉 "쿠알라룸프나 자카르타도 아태지역에서의 미국의 안정자 역할(stabilizing role)에 대해 지속적으로 그 가치를 인정하고 있다(*Ibid.*, p. 237)."

를 위한 ASEAN의 협력은 2002년 8월 '국제테러 전투의 협력을 위한 미-아세안 공동 선언(Unites States-ASEAN Joint Declaration for Cooperation to Combat International Terrorism)'의 형식으로 이루어졌다.[301] 아무튼 같은 해에 ARF의 이름으로 공표된 반테러를 위한 ARF 성명을 함께 고려하면,[302] ASEAN에 대한 미국의 영향력을 가늠해 볼 수 있다. 미국의 위상이 과거 소련의 그것과는 비교할 수 없다는 사실을 쉽게 알 수 있다.

미국의 동아시아 다자안보체제에 대한 재평가가 그러함에도 불구하고, 테러문제 하나만 놓고 보아도 테러와 관련된 중요한 합의는 주로 쌍무적인 차원에서 이루어졌다는 사실을 주목할 필요가 있다. 對테러 협력협정이 미국과 필리핀, 인도네시아 그리고 말레이시아 사이에 이루어졌고(캄보디아와 태국은 나중에 부분적으로 가입), 미국의 주도하에 同 협정 가입국들과 미국, 호주 그리고 싱가포르 사이에 비공식적 협력관계가 이루어진바 있다. 상기 협정의 구체적인 실천 방안을 모색하기 위해 2003년 1월 마닐라에서 관련국들의 다자간 시뮬레이션 연습(Multilateral Simulation Exercise)이 미국의 주도하에 열린 적도 있다. 이 모든 움직임은 그러나 ASEAN의 틀을 벗어나 이루어졌다.[303] 쌍무주의의 위력이 다시 한번 확인된 셈이다.

'지역 및 쌍무적인 전략의 혼합'은 결국 미국의 기존 이해인 쌍무주의를 우선시하는 가운데, ARF와 같은 다자틀을 상황에 따라 활용하겠다는 것임을 알 수 있다. 즉 미국의 쌍무주의 우선 원칙에는 큰 변화가 없는 셈이다. 그것은 역으로 미국이 ASEAN 국가들을 개별적으로도 얼마든지

---

301) *Ibid.*, p. 239.

302) 같은 해 미국의 강력한 요청으로 '테러리스트 자금원 봉쇄를 위한 방안과 관련된 ARF 성명(ARF Statement on Measures Against Terrorist Financing)'이 발표되었다. 특히 "과거 ARF의 합의가 참가국의 자발성에 기초하고 있는 데 반해, 이 반테러 성명은 사실상 미국에 의해 강요된(required) 측면이 강하다(*Ibid.*)"는 사실을 통해 미국의 영향력이 어떠한가를 짐작할 수 있다.

303) *Ibid.*, p. 240.

다룰 수 있다는 것을 의미한다.[304] 동남아시아 각국에 미치는 미국의 영
향력이 여전히 강력하다는 사실과 ASEAN의 미미한 국제적 위상, 그리
고 ASEAN 나아가 ARF라는 기구의 결속력 한계 등이 동남아시아에서
조차 쌍무주의 원칙이 지속적으로 유효하게 작동하는 원인임을 알 수 있
다.

여기서 한 가지 짚고 넘어가야 할 사항은 미국이 동남아시아의 가치를
재평가하고 있는가이다. 물론 탈냉전 시대를 맞으며 미국의 對ASEAN
행보가 예전보다 활발해진 것은 부인할 수 없다. 그러나 그것이 미국의
재개입을 의미하는 것으로 해석하는 데는 무리가 있다. 전략적 측면에서
동남아시아는 미국의 우선 이해 지역이 아니다. 동아시아에서의 최우선
이해 지역은 당연히 대규모의 미군을 주둔시키고 있는 동북아시아, 특히
한반도일 수밖에 없고 또 다른 주요 이해 지역은 역시 중동이다.[305] 베트
남에서 철수한 후 도미노 이론이 기우임이 밝혀지면서 미국의 입장에서
동남아시아의 전략적 가치는 사실상 급락했다고 볼 수 있다. 또한 1970
년대 초반 중국이 미국 편으로 돌아서면서 동남아시아의 가치는 다시 한
번 추락했다. 나아가 동남아시아 국가들은 경제적인 측면에서도 균형에
영향을 줄 정도의 변수는 아니다.[306] 후에 더욱 자세하게 설명되겠지만,
동아시아 경제의 축은 당연히 한국, 일본 그리고 중국일 수밖에 없기 때
문이다. 결국 이 모든 것이 ASEAN의 현실이고 능력임을 알 수 있다. 아
이러니하게도 그 정도의 국제적 위상과 전략적 가치 때문에 강대국의 적
극적인 개입을 역으로 피할 수 있었다고 볼 수도 있다.

아무튼 동아시아 안보문제에 대한 이해 당사국들의 의견을 개진해 볼

---

304) 카피에(Capie)는 그 밖의 다른 많은 예를 소개하고 있다. 9.11 테러 이후 미국과
    필리핀이 필리핀 남부에서 행한 공동연습, 상호병참지원협정(MLSA: Mutual Logistics
    Support Agreement)의 체결, 그리고 미국과 말레이시아 간의 반테러 합의(accord
    against terrorism) 등이 대표적이다(Ibid.).
305) 이점에 대해서는 카피에도 동일한 의견을 개진하고 있다(Ibid.).
306) 각주 290) 참조.

수 있는 토론의 장이 존재한다는 것 자체를 관련국들이 반대할 이유는
없다. 그러나 ASEAN의 위상 강화 혹은 동남아 지역의 전략적 가치 상
승 없이는 ARF의 실질적인 발전이 사실상 어렵다는 것도 부인할 수 없
는 현실이다. 현재로서는 그럴 가능성이 희박하지만 ASEAN과 중국 간
의 자유무역협정이 예정대로 2010년 성공적으로 체결된 이후 ASEAN이
군사적인 측면에서 친중국 노선을 분명히 하는 경우 미국과 일본이
ASEAN을 전략적으로 재평가할 가능성은 남아 있다.

이상의 외부적 변수 이외에 역내 안보라는 관점에서 ARF를 평가해 볼
수도 있다. 소련이 붕괴하기 전에 베트남이 캄보디아로부터 철수함으로
써 인도차이나 문제는 일단 해결되었다. 그것은 역으로 베트남의 팽창
의사가 더 이상 존재하지 않음을 의미한다. 베트남 자신도 캄보디아로부
터의 철군이 이루어지기 3년 전인 1986년 12월 제6차 공산당 전국대표
대회에서 이른바 '도이 머이(Doi Moi, 刷新)' 정책을 공식적으로 채택하며
경제발전을 국가 정책의 최우선 과제로 설정한 바 있다.[307] 베트남의 의
도가 확인된 이상 ASEAN과 베트남 관계에서 마찰음이 들릴 이유는 없
었다. 그 결과가 바로 1995년 베트남의 ASEAN 가입이었다. 이어 1997
년에는 라오스와 미얀마도 회원국이 되었다.[308] 따라서 동남아시아 내부
의 안보 불안 요인은 일단 해소되었다고 볼 수 있는데, ASEAN의 가장
큰 공헌은 바로 여기서 찾을 수 있을 것이다.

그렇다면 ASEAN 회원국인 베트남이 연루되어 있는 문제, 구체적으로
중국과의 분쟁 지역인 남지나해 군도에 대한 ASEAN의 입장이 중요해질

---

307) 도이머이의 핵심 내용은 "사회주의체제의 근간인 공유에 기반한 소유제의 도입"
　　이다. 이한우, "사회주의 권 쇠퇴 이후 베트남 사회주의 체제의 지속과 변화: 소유제
　　개혁을 중심으로," 윤진표 편, 동남아의 경제성장과 발전전략, pp. 287-288.

308) 구체적으로 베트남의 ASEAN 가입은 1995년 7월 이루어졌다. 1997년 7월 라오
　　스와 미얀마가 가입하게 되고, 마지막으로 1999년 4월 캄보디아도 가입했다. 인도
　　차이나의 모든 국가가 회원국이 됨으로써 ASEAN은 지역적으로 동남아시아 전 지
　　역을 포괄하는 협력체가 되었다. *Association of Southeast Asian Nations*, Homepage,
　　www.aseansec.org/64.htm.

수밖에 없다. ASEAN의 중국에 대한 시각을 엿 볼 수 있는 중요한 잣대
가 될 수 있기 때문이다. 우선 1995년 4월 ASEAN과 중국과의 대화에서
ASEAN은 중국의 남지나해에 대한 영유권 주장을 비판한 바 있다.309)
ASEAN 회원국 모두가 과거와 같이 중국이 이 지역에 강력한 영향력을
행사하는 것에 대해서는 일단 거부감을 분명히 한 셈이다.310) 베트남의
전략적 가치에 비추어 보면 ASEAN의 입장이 보다 잘 이해된다. 과거
및 최근의 역사가 보여주듯 ASEAN의 입장에서 베트남은 분명히 중국의
팽창에 대한 억지 역할을 해 왔다. 따라서 베트남의 ASEAN 가입은 중
국 영향력의 억제와 균형이라는 효과를 ASEAN 전체 수준에서 자동적으
로 창출하는 측면이 있다.

1997년 3월 베트남 중부의 동쪽에 위치한 대륙붕의 천연가스 탐사를
위해 중국이 탐사선을 발진하며 작업에 돌입하자 베트남이 반발하면서
또 한 차례의 입장정리가 필요한 상황이 전개되었다. 베트남이 ASEAN
에게 협조를 요청하자 ASEAN의 입장은 "우리는 베트남의 대륙붕에 대
한 중국의 주장을 인정하지 않고 있다. 또한 과거에 그러했다는 식의 중
국 측 주장도 인정하지 않고 있다. 그 점에서 우리 모두(ASEAN)는 하나
이다"였다.311) ASEAN이 적어도 회원국의 이해에 관한 한 중국의 의사
에 얼마든지 반대할 수 있음을 보여 준 것이다. 나아가 미국과 긴밀한 관

---

309) Kim Ninh, "Vietnam: Struggle and Cooperation," Alagappa, ed., *Asian Security Practice*, p. 463.

310) 심지어는 '중국에 대한 공포(fear of China)'는 아시아를 뭉치게 하는 새로운 접착
제(glue)라는 주장까지 제기되고 있다(*Ibid.*).

311) Michael Vatikiotis, Murray Hiebert, Nigel Holloway, and Matt Forney, "Drawn
to The Fray," *Far Easter Economic Review*, April 3, 1997, p. 14. 이상은 ASEAN 고위
공직자의 발언 내용이다. 따라서 그동안 중국과 베트남 간의 문제를 양자관계로 치
부하며 중립적인 입장을 견지해 왔던 ASEAN의 태도는 공식적으로 확실히 정리된
셈이다(*Ibid.*). 이러한 ASEAN 태도의 배경에 대해, "우리가 베트남의 관심 사항을
고려하지 않는다면 ASEAN이라는 것이 무슨 의미가 있겠는가"라는 전문가(Mak
Joon Num, research director at the Malaysian Institute of Maritime Affairs)의 설명
은 ASEAN이 지향하는 바를 단적으로 보여주고 있다(*Ibid.*).

계를 맺고 있는 ASEAN을 통해 베트남이 미국에 접근했던 사실은 중국
변수에 대한 ASEAN 국가들의 속내를 보다 분명하게 보여주고 있다.[312]
따라서 ASEAN과 ARF의 가치는 당분간 역내 안보문제에 대한 동남아시
아 국가들의 공통 의견 수렴 및 일치된 행동을 위한 공식창구 역할에서
찾아야 할 것 같다.

---

312) Kim Ninh, "Vietnam: Struggle and Cooperation," p. 462. 실제로 베트남은 1997
    년 3월 ASEAN을 통해 미국과의 군사협력 가능성을 타진했고, 미국의 태평양함대
    사령관인 Joseph Prueher 제독이 같은 달 월남전 이후 처음으로 베트남을 방문했다
    (*Ibid.*, p. 463). 미국과의 협력 가능성이 베트남으로부터 처음 타진 된 때는 가스 탐
    사선 사건 직후였다. "그 때 베트남은 미국과의 군사협력 가능성을 타진할 수 있는
    대화창구를 개설하고 협의를 진행시킴으로써, 미국의 군사적 주둔에 의해 이 지역에
    서 행해지고 있는 봉쇄전략에 대한 중국의 공포를 이용하려 했다." Vatikiotis, et.
    al., "Drawn to The Fray," p. 14.

제3장

동아시아 경제관계의 역학구도

I. 동아시아 경제관계의 정치적 **理解**

II. 전후 국제경제질서: 안보와의 연계구도

III. 국제경제체제의 패권구도

IV. 동아시아 경제의 특징: 국제경제와의 연계구도

V. 동아시아 지역주의

VI. 동아시아 환율시스템과 영향력 구도: 국제체제와의 연계

VII. 세력균형 경쟁: APEC과 ASEM

제3장 동아시아 경제관계의 역학구도

I. 동아시아 경제관계의 정치적 理解

1. 동아시아 경제의 기본 구도와 위상

동아시아 경제가 주목의 대상이 된 것은 1980년대 이후이다. 그 이전만 해도 동아시아 대부분의 국가는 식민지 통치의 후유증을 치유하고 경제의 기본 틀을 다지는 수준에 머무르고 있었다. 일본만이 예외였는데, 비록 전쟁에 패하기는 하였으나 미국과의 밀착 관계를 유지하며 자본주의가 확실히 뿌리내리는 가운데 전쟁의 후유증을 급속히 치유함으로써 이미 1960년대부터 자본주의 열강 대열에 다시 합류하기 시작했다. 독일의 경우도 미국, 영국 그리고 프랑스 점령지가 하나로 합해지며, 과거 독일제국의 정통성을 사실상 서독이 계승하게 되는데, 그 결과 서방의 일원으로 편입됨으로써 서독 역시 일본과 같이 조속한 회복이 가능했다. 동아시아와 서유럽 모두에서 전쟁이 기존 강대국의 잠재력까지 빼앗아가지는 않는다는 역사적 사실이 다시 한번 증명된 셈이다.

일본 이외의 국가들이 경제발전을 이룩하지 못했다면 동아시아가 하나의 큰 경제단위로서 세계의 주목을 받으며 전략적으로 중요한 위치를 점하지는 못했을 것이다. 일본만이 논의의 대상이 되었을 가능성이 크다. 동아시아의 약진은 그러나 경제적 성장의 산물만은 아니었다. 미국의 의도가 상당히 중요했는데, 한국전에 개입하며 공산주의의 세계적 팽창이라는 가설의 현실성을 직접 경험한 후 미국은 봉쇄정책이 동아시아 전체로 확장되어야 한다는 교훈을 얻었다.

한반도의 남쪽을 방위하기 위해 미군이 주둔함으로써 한국에 문제가 발생하는 경우 미국은 자동적으로 개입하게 되었다. 대만과 일본도 같은 범주의 국가로 취급되었는데, 여기서 중요한 것은 그 이후 미국 특유의 對外政策觀이 동아시아에 적용되기 시작했다는 사실이다. 전략적으로 중요한 지역의 공산세력에 대한 방어는 단순히 군사적 차원의 문제가 아니라고 생각했다. 동맹국들이 자본주의에 기초, 강력한 경제력을 지니고 있어야 한다고 여겼고, 자본주의와는 동전의 양면 격인 정치체제 즉 민주주의의 착근도 필요하다고 인식했다. 일본의 경우 이미 선진국이었음으로 별 어려움 없이 미국의 의도가 현실화될 수 있었으나 다른 주요 국가들의 사정은 달랐다.

따라서 체계적인 기획이 필요했다. 이른바 수출주도형 경제성장정책이라는 새로운 개발모델이 제시되었는데, 그것의 성공을 위해서는 미국이 동맹국의 경제문제 즉 내정에도 개입하여야만 했다. 바로 이러한 미국의 생각과 의도가 가장 먼저 그리고 적극적으로 관철된 국가가 한국과 대만이었다. 그 후 같은 계획이 남부 베트남에도 적용되었던 사실은 이미 살펴 본 바와 같다. 결과적인 이야기이지만 한국과 대만에서는 새로운 시도가 성공을 거둔 반면, 베트남에서는 실패했다. 특히 한국의 예가 중요한데, 두 가지 이유에서 그렇다. 한국은 후진국 개발역사상 신기록을 가지고 있다. 1960년대 중반부터 가시화된 고도 경제성장은 그 후 20여 년간 이어졌고 성장률은 지금도 기록으로 남아 있는 연평균 10퍼센트 이상이었다. 또한 일본을 제외한 동아시아 국가 중 유일하게 대규모 장치산업의 육성을 통해서만 가능한 대단위의 기간산업 기반을 갖춘 국가가 되었다.

한국과 대만의 성공에 자유무역항인 홍콩과 싱가포르가 가세하며 이른바 4마리의 용이라는 경제 기적의 주역이 동아시아에서 탄생했던 것이다. 한국의 성공은 다른 지역으로 급속히 전파되었는데, 동남아시아는 물론 중국도 경제발전을 위해 한국모델을 적극 수용하는 자세를 보였다. 결과는 성공적이었다. 요컨대 한국은 후발 국가들의 경제개발 모델이 되었던 것이다. 따라서 논리적으로 한국의 경제발전 단계와 과정을 아는 것은 사실상 동아시아 다른 경제단위의 개발전략에 대한 이해를 의미한다. 특히 중국의 경제성장이 눈부셨는데, 중국의 급성장은 규모경제(economy scales)의 위력을 보여주었다. 2004년 현재 세계 10위권의 경제 대국 중 셋이 同 지역에 존재한다는 사실만으로도 동아시아는 세계의 이목과 경쟁의 대상이 되기에 충분하다.

크게 봐서 한국의 경제개발 모델은 과거와는 달리 한 국가의 경제가 세계자본주의 경제체제에 점진적으로 편입되는 것을 전제로 한다. 외부지향형 경제정책의 성공을 위해서는 정의상, 자본 및 기술 그리고 방대한 시장 등이 외부로부터 제공되는 것이 필수적이기 때문에 이 정책을 시행하는 국가는 그들의 의도가 어떠하든 세계 자본주의의 거대한 네트워크에 편입되는 것을 피할 수 없다. 세계 자본주의체제도 국제관계의 일부로 이해한다면 누군가에 의해 지배 및 통제될 수밖에 없는데, 따라서 한국을 위시한 대부분의 동아시아 국가들은 경제발전의 성격과 과정 때문에 국제경제체제, 구체적으로는 경제패권국으로부터 다양한 영향을 받는 구조를 지니게 되었다. 동아시아의 군사 및 경제문제에 깊이 개입하게 되면서, 미국은 애초부터 그러한 구도를 이미 상정했다고 여겨진다. 왜냐하면 미국도 18-19세기 당시 서유럽 특히 영국 중심의 국제 자본주의체제에 편입되며 경제발전을 이룩했고, 능력이 배양되자 세계경제패권을 차지하는 기회를 잡을 수 있었기 때문이다.

바로 같은 논리의 연장선에서 경제로부터 파생되는 영향력의 문제가 대두된다. 나아가 영향력의 범위가 커지는 경우 더 큰 규모의 경쟁인 패권 문제가 발생하는 것이다. 미국이 공산주의의 봉쇄를 위해 군사 및 경제를 혼합한 새로운 접근을 시도한 것은 그 자체로서 하나의 전략이었다. 왜냐하면 그 이전 어느 국가도 두 가지를 그들 이해의 확대를 위해 체계화시키고 전 세계에 적용한 사례가 없기 때문이다. 미국의 이해는 일차적으로 자본주의의 확산을 통해 공산주의를 봉쇄하는 것이었다. 그런데 그것은 그들이 정점에 있는 세계 자본주의체제의 발전을 도모함으로써 자신의 패권이 더욱 강화될 수 있다는 논리에 기초하고 있다. 이런 점에서 미국의 접근은 매우 독특하고 스케일이 큰 것이었다. 미국을 소련과는 달리, 다차원의 강국(multi-dimensional power)으로 부르는 이유가 여기에 있다.

2. 동아시아 경제관계의 권력구도와 세력균형

경제관계의 권력구도를 파헤치는 것은 다소 생소한 작업이다. 우선 경제이론을 살펴보면 그 이유를 알 수 있다. 대부분의 경제이론은 시장의 원리에 따라 국가 간에 경제교류가 이루어지면 참가자들 모두에게 이익이 돌아가고, 각 국가의 복지수준이 향상된다는 사실을 논리적으로 보여준다. 물론 정부의 개입 정도가 늘 논쟁거리로 남아있기는 하지만 기본 논리에는 큰 변화가 없다. 권력이 개입될 여지가 없는 것이다. 따라서 권력구도를 논한다는 것 자체가 경제논리상으로는 하나의 넌센스일 수밖에 없다.

그러나 모든 인간의 행위에서와 같이 경제관계에서도 권력요소는 피할 수 없다는 것이 정치학의 입장이다. 그 간의 논의는 주로 쌍무적인 차원에서 이루어졌는데, 여기서는 특정 국가의 경제력에 따라 상대국에 대해 더 많은 영향력을 가질 수도 있고 그 반대일 수도 있다. 보호주의의 강화, 투자원금의 이탈(capital flight)이나 투자의 축소 혹은 중단, 원조의 중단이나 축소, 봉쇄(blockade)등을 포괄하는 경제제재(economic sanctions), 그 밖의 다양한 경제적 강압(economic coercion) 수단의 동원 등은 주로 특정 국가에 대한 영향력 행사의 차원에서 이루어졌다. 애초 국제경제관계를 이해하려는 대부분의 경제학 및 정치학 모델이 체제가 아닌 양자 간의 관계, 즉 쌍무적 수준(bilateral)의 설명에 기초하고 있다는 사실을 알 수 있다.[1]

그러나 경제의 규모가 어느 수준을 넘게 되면 쌍무적인 수준은 물론 체제적 차원에서도 강력한 영향력이 창출된다. 따라서 국가를 구성 단위로 하는 특정 지역 혹은 세계 전체의 경제관계에 대한 권력구도 탐구는 단순히 양자 차원의 理解를 벗어나는 것이다. 물론 양자적 관계가 세력 구도 형성의 기본 단위가 되기는 하지만 이것만으로 전체 구조를 이해할 수는 없다. 전후 동아시아 경제질서는 어느 특정 국가에 기준을 맞춰 형성된 것이 아니다. 특히 미국의 정책을 살펴보면 이 점이 분명해 지는데, 그들의 세계전략, 그리고 그것에서 유추되는 동아시아의 전략적 가치, 나아가 큰 전략에 비추어 본 개별 국가들에 대한 평가 등에 기초하여 동아시아 경제질서가 형성된 것이다.

따라서 동아시아의 경제질서 그리고 이에 배태되어 있는 권력구도의 실상을 파악하기 위해서는 우선 동아시아 보다 큰 규모의 외부질서에 대

---

1) 대표적으로 경제학의 경우 리카르도(David Ricardo)의 비교우위의 원리가 이른바 2 by 2 모델에 기초하고 있다는 예를 들 수 있다. 즉 두 국가를 상정하고, 생산품을 두 가지로, 그리고 생산요소를 하나로 가정하여 무역관계를 분석함으로써 무역이 가져다주는 이익을 계산한 후 그 논리를 국제무역 전체에 적용했던 것이다. David Ricardo, *The Principle of Political Economy and Taxation*, first published in 1817 (London: J. M. Dent & Sons Ltd, 1911), pp. 82-83. 그 밖에 대표적인 무역이론인 스톨퍼-사뮤엘슨 정리(Stolper-Samuelson Theorem), 산업 간 무역이론(Intraindustry Trade), 그리고 전략무역이론(Strategic Trade Theory) 등도 두 국가의 쌍무적인 관계를 분석의 대상으로 하고 있다. 정치학적 접근도 비슷한 방법으로 이루어졌는데, 즉 양자 혹은 두 집단 간의 관계에서 경제적 수단을 통해 특정 국가가 창출할 수 있는 영향력이 연구의 주된 관심사였다: Albert O. Hirschman, *National Power and the Structure of Foreign Trade* (Berkeley: University of California Press, 1980); Klaus Knorr, *The Power of Nations: The Political Economy of International Relations* (New York: Basic Books, 1975); David A. Baldwin, *Economic Statecraft* (Princeton: Princeton University Press, 1985); Henry Bienen, ed., *Power, Economics, and Security* (Boulder: Westview, 1992) 등을 참조할 것.

한 이해가 필요함을 알 수 있다. 바로 그러한 이유로 경제패권 문제가 거론되는 것이며 경제의 전략적 변수에 대한 고찰이 이루어지는 것이다. 그러나 문제가 복잡해지는 이유는 이와 같은 외부체제로부터의 영향이라는 변수로만 동아시아 경제질서를 이해하는 데는 또 다른 한계가 있다는 사실 때문이다.

앞서 설명한 바와 같이 전략적으로 기획된 측면이 많은 동아시아 경제는 서구의 경제체제와는 상당히 다른 모습을 하고 있다. 자본의 의도적 동원과 집약, 노동집약 산업에 대한 지나친 의존, 정부의 강력한 영향력 행사, 시장의 왜곡, 그리고 외부에 대한 지나친 경제의존 등은 압축성장을 피할 수 없었던 동아시아 경제의 특징이 되었다. 문제는 역내 경제구조가 대내외적으로 여러 가지 취약점을 지니고 있다는 사실에서 우선 발견되고, 나아가 그러한 독특한 구조적 성격 자체가 권력 요소를 창출한다는 데 있다. 동아시아 경제의 권력구조에 대한 분석이 단순한 작업이 아님을 알 수 있다. 다차원의 접근이 필요한 것이다. 자세한 분석은 본문에 맡기기로 하고, 보다 논쟁적이며 다소는 생소한 문제를 잠시 짚어 보기로 한다.

특정 지역의 경제구도를 세력균형이라는 정치적 개념으로 이해할 수 있을까? 경제분석에서는 흔히들 세력균형이라는 용어를 사용하지 않는다. 또한 역사상 특정의 강대국이 군사분야에서와 같이 세력균형이라는 개념을 염두에 두고 다른 국가 혹은 집단을 경제적으로 억제하거나 조정한 예는 극히 드물다. 세력균형은 전체의 힘을 조절하여 견제와 균형을 이룸으로써 특정 국가 혹은 이들 집단의 독주를 막고, 그것을 통해 안정을 기할 수 있다는, 즉 분쟁을 피하거나 남을 지배할 수 있다는 생각임으로, 여기서 정치 및 경제학의 전통적 접근법인 양자관계 탐구는 전체의 균형을 보완하는 하나의 수단으로 간주될 수밖에 없다. 따라서 국제경제관계에 세력균형, 즉 전체적인 밸런스(systemic balance)라는 개념이 도입되면 논리적으로 당연히 어색해지는 것이다.

세력균형이라는 용어를 적용할 수 있는 실제의 사례는 아마도 양극체제, 즉 세계적 차원에서 이루어진 체제 수준의 경제적 단절에서 찾을 수 있을 것이다. 물론 이것은 대단히 단순한 형태의 균형을 의미한다. 자본주의와 공산주의 간의 체제적 대립은 많은 경우 경제적 경쟁을 동반했다. 전 세계적으로 더 많은 자본주의 국가 혹은 반대로 더 많은 공산주의 국가가 탄생할수록 일방은 타방에 대해 힘의 균형이 그들에게 유리하게 전개될 것이라고 생각했고, 따라서 전통적 국제경제관과는 다른 이른바 제로섬적 사고가 세계를 지배했던 것이다. 여기서 균형은 체제적으로 자본주의와 공산주의라는 서로 다른 두 요소에 의해 창출되는 것임으로 2人 게임의 단순한 모형이었다. 즉 세력균형에 대한 전통적인 가정인 3人 이상의 다자 게임은 아니었던 셈이다.

나아가 경제패권의 개념이 짙게 드리워진 것도 냉전 이후라고 볼 수 있다. 물론 그 이전 영국의 경제패권이라는 개념이 존재했던 것은 사실이나 그것이 어느 특정 집단에 대해 균형을 추구하는 방향으로 사용된 경우는 거의 없었고, 패권 자체도 제도화되지는 않았다. 시장의 움직임에서 파생되는 자연스런 영향력의 강화 정도로 인식되었던 것이다. 그러나 양극체제는 상대의 경제적 팽창이 곧 나의 경제적 축소를 의미하는 제로섬의 틀에 뿌리를 두고 있었음으로 분명한 敵을 가정한 이분법적 개념을 이미 내포하고 있었다. 아울러 두 상이한 체제의 패권국인 미국과 소련이 체제적 경쟁을 사실상 관리하였음으로 과거와는 다른 다음과 같은 경제패권의 개념이 창출될 수밖에 없었다.

미국의 경우 자본주의 경제체제의 위축은 그들의 체제적 영향력, 즉 패권의 약화를 의미했고 따라서 미국은 자신이 속한 체제의 확장 혹은 최소한 상대 진영의 팽창 저지를 위해 전력을 다할 수밖에 없었다. 소련도 마찬가지였다. 어느 특정 시점에서 패권에 금이 가게 되는 경우 악순환적인 가속도가 붙으며 패권국의 몰락으로 이어질 수 있다는 두려움이 양 진영의 대표 주자 모두에게 뿌리 깊게 자리 잡고 있었던 것이다. 그런데 흥미롭게도 1960년대 후반 비슷한 현상이 두 체제 내부에서 공히 발생했음에도 불구하고 패권이 와해되지는 않았다.

1960년대 말 서유럽의 경제적 도전으로 미국이 달러화의 금태환 금지 조치를 단행한 것이나, 비슷한 시기에 소련에 대한 중국의 도전이 거세지며 공산진영이 사실상 양분되었던 역사적 예가 이에 해당한다고 볼 수 있다. 두 경우 모두에서 패권이 유지됐던 가장 큰 이유는 분지의 정도가 패권국의 영향력에 비해 그 가중치에 있어 상대적으로 미약했기 때문이다. 중국과 서유럽은 소련과 미국의 적수가 아니었던 것이다. 적대 진영의 공세에 의해서 발생한 것이 아닌 체제 내의 문제이긴 했으나 아무튼 그러한 상황에서도 제로섬적 논리를 적용하면 결국 상대 진영의 이득은 피할 수 없는 것이었다.

그러나 상기의 독특한 체제적 수준의 균형 게임은 소련의 멸망으로 역사 속으로 사라졌다. 그 다음 문제는 자본주의 체제의 분지 현상이었다. 새로운 움직임을 가장 극적으로 표현한 예는 역시 유럽의 통합에서 비롯된 지역주의의 세계적 확산에서 찾을 수 있다. 지역주의라는 개념은 원래 국제경제의 고전 논리로는 필요도 없고 이해도 가지 않는 현상일 뿐이다. 하지만 체제적 차원에서는 지역주의가 전혀 다른 문제를 파생시킨다. 지역주의가 권역 수준의 영향력을 창출하기 때문이다. 지역주의가 생성되는 경우 그것이 경제적으로 무역창출효과(trade creation), 즉 역외 지역의 경제를 위해 긍정적인 효과가 있다고 설명되더라도, 다른 지역 혹은 국가들에 대한 차별은 피할 수 없다.

더욱 중요한 것은 지역주의가 규모의 경제(economy scales)와 연계되어 있다는 사실이다. 특정 집단의 경제규모가 커지면 국제사회에서 그들의 교섭권(bargaining leverage)은 당연히 강화된다. 그러므로 국제경제체제의 운영에 적극 개입할 수 있는 기회가 확대되면서 그들의 이익을 확장하고 보호할 수 있는 능력을 확보할 수 있게 된다. 이것이 극한 상황으로 발전하는 경우 경제패권 경쟁이라는 또 다른 큰 규모의 게임이 펼쳐지는 것이다. 다음으로 경제이론상 일부 설명이 되지만, 규모의 경제는 대규모 투자를 필요로 하고 특히 사업상 위험 요소가 대단히 큰 첨단산업의 발전에 결정적인 도움이 된다.[2] 장기적인 경쟁에서 다른 지역 혹은 국가보다 경제적으로 우위에 설 수 있는 기회가 창출되는 것이다. 경제 외적인 분야에서도 파급효과가 있을 수 있는데, 강력하고 방대한 경제력 그리고 첨단기술의 보유와 발전은 군사력의 강화에 필수적인 요소임으로, 규모의 경제를 이루고 있는 경제단위의 군사적 팽창에는 논리적으로 큰 장애가 없다. 이 경우 경제주체의 의사와 이해만이 문제가 될 뿐이다.[3]

유럽통합은 우선 북미대륙의 통합이라는 대응수를 불러 왔다. 아울러 두 지역에 필적하는 경제단위인 동아시아의 경제통합 문제를 수면 위로 부상시켰다. 만약 동아시아 경제가 어떤 식으로든 통합되면 세계는 비슷한 경제규모를 가진 세 블럭이 상호 경쟁하는 양상을 보이게 된다. 바로 앞서 설명한 이유들 때문에 현실 세계에서도 규모가 큰 경제단위 간의 지역주의 경쟁이 실제로 벌어지게 되는 것이다.

여기서 세력균형의 법칙이 본격적으로 적용되는데, 세계경제가 세 블

2) 바로 이 점을 논증한 것이 전략무역이론이다: 우선 이론의 효시적 주장으로는 다음이 있다: Barbara J. Spencer and James A. Brander, "International R&D Rivalry and Industrial Strategy," *Review of Economic Studies* 50(1983), pp. 707-21. 그 후 아래의 저술들을 통해 이론은 더욱 세련된 논리 틀을 갖추게 된다: James Brander and Barbara Spencer, "Export Subsidies and International Market Share Rivalry," *Journal of International Economics* 18(1985), pp. 83-100; Elhanan Helpman and Paul Krugman, *Market Sturcture and Foreign Trade: Increasing Returns, Imperfect Competition, and the International Economy* (Cambridge: MIT Press, 1985); Gene M. Grossman and David J. Richardson, "Strategic Trade Policy: A Survey of Issues and Early Analysis," *Special Papers in International Economics* 15(1985), Princeton University Press; Jonathan Eaton and Gene M. Grossman, "Optimal Trade and Industrial Policy under Oligopoly," *Quarterly Journal of Economics* 101(1986), pp. 383-406, 그리고 Paul R. Krugman, "Strategic Sectors and International Competition," Robert M. Stern, ed., *U.S. Trade Policies in a Changing World Economy* (Cambridge: MIT Press, 1987), pp. 207-232.

3) 특히 유럽의 경우가 그러한데, 다음을 참조할 것: 로버트 케이건, *미국 VS 유럽: 갈등에 관한 보고서* 홍수원 역 (서울: 세종연구원, 2003), 특히 pp. 79-93. 그리고 本書, 제2장, 각주 205) 참조.

력으로 나누어지는 경우 각 지역은 그들의 이해 증진을 위해 다른 지역과 협력 및 경쟁을 반복하며 자신들에게 유리한 균형을 추구하게 될 것이다. 그런데 흥미로운 점은 삼극체제가 형성되기도 전에 이미 경쟁이 본격화되었다는 사실이다. 특히 경제적 기득권을 누리고 있는 미국 측의 태도가 적극적이었다. 세 개의 권역이 균형을 추구하는 것 보다는 현재 막 태동 중인 지역주의를 그들의 영향권에 넣는 것이 훨씬 유리하다고 판단했던 것이다. 판단을 현실화시키는 경우 동아시아에서 어느 국가보다도 강력한 영향력을 지니고 있는 미국은 다른 국가 혹은 집단보다 유리한 입장에 설 수밖에 없다. 미국은 현재까지 효과적으로 동아시아 지역주의를 막아왔고 나아가 그들의 역내 영향력을 다양한 수단을 통해 증대시키고 있다.

3. 논점

이상의 논의를 통해 권력구도 혹은 세력균형이라는 프리즘에 비추어 동아시아 경제관계를 이해하기 위해서는 동아시아 경제의 특성과 그 위에 존재하는 국제체제의 기본 틀 모두에 대한 분석이 필요함을 알 수 있다. 논의는 다음과 같이 세분화되어 진행될 수 있을 것이다. 우선 국제경제의 패권은 어떠한 구도에 기초하고 있으며 그 구도의 지속 가능성은 어떻게 평가할 수 있을 것인가. 이를 위해서는 국제경제관계에서 가장 중요한 두 분야에 대한 패권구도를 살펴보아야 한다. 즉 국제통상과 국제통화 혹은 금융질서의 권력구도에 대한 이해가 있어야 한다.

다음으로 국제통상 및 통화체제와 동아시아 경제는 어떻게 연계되어 있는가도 밝혀져야 한다. 동아시아의 어떤 국가도 아직 경제적으로 패권의 수준에 도달하지는 못했다. 동아시아 경제는 사실상 국제정치 및 경제체제의 하위 개념으로 존재하고 있는 셈이다. 따라서 국제경제질서, 구체적으로는 세계경제패권으로부터의 영향은 피할 수가 없다. 또한 동아시아 경제의 특성에 대한 탐구가 이루어져야 하는데, 그 이유는 이미 설명한 바와 같이 동아시아의 독특한 경제구조가 권력적 요소를 창출하기 때문이다. 동아시아 외환위기는 이러한 경제구조의 특성을 가장 잘 보여준 예라고 할 수 있다. 구체적으로 경제위기는 일본을 제외한 동아시아 경제들이 어떤 구조를 지니고 있으며 국제경제와 어떻게 연계되어 있는지, 나아가 권력의 인입 메커니즘이 무엇인지 등을 분명하게 보여주고 있다. 아울러 경제관계에서 패권적 영향력이 어떤 구도를 통해 행사되고 있는지도 잘 드러난다. 동아시아 경제위기에 대한 분석은 그러므로 동아시아 경제의 내부 구조 및 국제적 위상에 대한 중요한 정보인 셈이다.

세 번째로 역내에서 실제로 논의된 바 있으나, 현재에는 잠복 상태로 있는 동아시아 지역주의에 대한 구체적인 이해가 필요하다. 동아시아 지역주의의 동인은 무엇이고 그 논리는 어떠한 것인지. 나아가 지역주의는 어느 국가가 주도했으며, 다른 나라들의 이해는 어떻게 투영되고 있는지. 역내 지역주의의 파급 효과는 어떤 방식으로 계산될 수 있는지. 지역주의의 저해 요인은 무엇인지. 혹은 동아시아 지역주의와 세계패권 혹은 전 세계적 세력균형과는 어떠한 관계가 있는지 등에 대한 대답이 구체적으로 제시되어야 할 것이다. 그리고 경제통합의 모델인 유럽의 통합과정과 동아시아의 실상도 상호 비교 검토될 필요가 있다. 동아시아 지역주의의 현실과 문제점 등이 비교 분석을 통해 자세히 들어 날 것이기 때문이다.

네 번째로, 현 국제경제질서에 세력균형의 요소가 있다면 그것은 앞서 설명한 바와 같이 지역통합이 되지 않은 동아시아에 대한 경쟁으로 나타날 수밖에 없다. 그러한 경쟁의 실체는 무엇인지. 즉 경쟁의 주체는 누구이고, 경쟁의 목적은 무엇인지. 현재까지 경쟁은 누구에게 유리한 방향으로 진행되어 왔으며, 여기서 경제세력균형의 원칙은 어떻게 적용되고 있는지. 나아가 새로운 균형을 창출하는 메커니즘은 무엇인지 등에 대한 답변이 제시되어야 지역주의에 기초한 체제적 경쟁의 성격을 이해할 수 있을 것이다.

마지막으로 우리의 좌표에 대한 고찰도 빠질 수가 없다. 우선 한국은 경제적으로 어떤 전략을 통해 성공할 수 있었는지가 분석되어야 한다. 이것은 부분적으로 한국경제가 외부와 어떠한 연계구도를 가지고 있는지에 대한 설명이기도 하다. 한국경제가 전후 개발도상국 중 국제체제와의 연계구도를 창출한 첫 번째 예이며, 아울러 유일의 성공적인 경제개발 모델로 간주되고 있기 때문이다. 그것은 또한 한국의 경제발전에 있어 결정적인 영향을 미친 변수들에 대한 理解를 포함하고 있다. 여기서 한국경제의 특수한 환경에 대한 또 다른 차원의 고찰이 필요하다. 강대국들이 그들의 전략을 구체적으로 투사하는 요충지에 한국이 위치하고 있다는 지정 및 지경학적 특성 때문에 한국의 경우 경제와 안보가 상호 간에 어떻게 영향을 미치며 발전되었지도 중요한 논점이 될 수밖에 없다. 따라서 한국경제에 대한 분석은 두 가지의 중요한 관심 사항에 대한 이해의 실마리를 제공해 줄 수 있을 것이다. 하나는 특정 지역에서 안보와 경제는 어떤 연계구도하에서 상호 영향을 미치며 발전하는가에 대한 설명이고, 다른 하나는 경제적인 차원에서 한국경제의 발전 과정이 중국을 포함한 동아시아 모든 국가들의 모델이 되고 있음으로 한국경제에 대한 이해는 곧 동아시아 각국의 경제구조에 대한 설명으로 이어질 수 있다는 사실이다.

그와는 별개로 한국의 입장에서 경제전략상 대외경제관계의 중요한 파트너는 어떻게 구분할 수 있는지에 대한 대답도 제시되어야 한다. 향후 한국의 대외전략이 바로 그 점에서부터 출발하기 때문이다. 여기서 구조적 접근의 필요성이 제기되는데, 이를 위해서는 한국의 경제구조 자체에 깊숙이 개입되어 있는 변수들의 확인이 우선 필요하고 그 가중치가 계측되어야 한다. 일반적으로 경제학에서는 다루지 않는 문제이지만, 대외경제관계는 구조적으로 얽혀있는 관계(structural)와 수평적 관계(horizontal)로 나누어 볼 수 있다. 정의상 구조적인 관계를 만들어내는 변수들의 한국경제에 대한 영향력이 당연히 클 수밖에 없다. 따라서 구조적 접근을 통해 향후 대외경제전략을 위한 기본 가이드라인, 즉 변수들의 가중치 변별이 가능해질 것이다. 경제전략이라는 개념은 경제적 영향력, 지속적인 경제발전을 위한 주요 변수의 구분과 환경 조성, 그리고 안보와 경제 관계의 조화 등을 모두 포함하고 있다. 동아시아의 방대한 규모, 역내에 상존하는 다양성(다양한 국가 및 정치경제체제), 그리고 역내외적으로 강도를 더해가는 강대국들의 치열한 경쟁 등에 비추어 세계 10위권의 경제 강국인 한국도 이제는 전략적인 판단을 예리하게 내려야 할 시점이 되었기 때문에 경제전략에 대한 심도 있는 분석이 더욱 절실해지는 것이다.[4]

---

4) 한국의 안보와 대외경제관계는 本 書, 제4장에서 별도로 다루기로 한다.

II. 전후 국제경제질서: 안보와의 연계구도

1. 브레튼우즈체제의 성립

1944년 브레튼우즈의 회합에서 논의된 전후 국제경제질서는 전 세계 국가를 포괄하는 화합과 협력에 기초하고 있었다. 세계대전의 원인이었던 국제경제상의 혼란을 되풀이하지 않는다는 의미에서 강력한 국제무역기구, 그리고 무역과 분리되어 생각할 수 없는 환율 및 통화를 총괄하는 국제통화기구의 설립을 구상하게 된 것이다. 그러나 전쟁의 종료와 더불어 가시화된 소련과 서방의 대립은 초기 브레튼우즈 구상에 근본적인 변화를 초래했다. 애초 합의되었던 강력한 국제무역기구, ITO(International Trade Organization)가 死藏됨으로써 관세문제를 주로 다루던 GATT (General Agreement on Tariffs and Trade)가 ITO를 대신해야만 하는 대단히 불안정한 국제무역질서가 형성될 수밖에 없었다.5) 같은 맥락에서 국제금융 문제를 다루어야 할 국제통화기금(IMF)과 세계은행(IBRD)도 공산권을 배제한 채 서방 중심의 한정된 규모로 출발하였다.

냉전이라는 새로운 상황에서 범세계적 이해에 비추어 서유럽은 관심

---

5) ITO의 설립의 직접적인 걸림돌은 미국의회의 비준 거부였지만 트루먼 대통령이 1950년 ITO 헌장(Havana Charter)에 대한 더 이상의 비준을 포기한 가장 큰 이유는 다음과 같다. 냉전의 격화로 세계적 규모의 국제무역기구 설립이 사실상 불가능해졌고, 나아가 소련에 대응하는 자본주의 세계의 결속이라는 눈앞의 긴박한 목적을 우선 달성해야만 했다. 결국 ITO의 설립을 위해 또 다른 투자를 하기에는 시간이 너무 없다고 미국이 판단한 것이다. 따라서 관세 문제를 전담하기 위해 설립됐던 GATT를 국제무역기구로 격상시키며 급한 대로 내부 결속에 우선 주력할 수밖에 없었다. 정치 및 군사 우위의 생각과 현실이 당시 국제경제관계에 어떻게 영향을 미쳤는지를 알 수 있는 대목이다. 자세한 내용은 다음을 참조할 것: William Adams Brown, *The United States and the Restoration of World Trade: An Analysis and Appraisal of the ITO Charter and the General Agreement on Tariffs and Trade* (Washington D.C.: The Brookings Institution, 1950)와 William Diebold, *The End of ITO* (Princeton: Princeton University Press, 1952). ITO 규정의 주요 내용에 대해서는 각주 57) 참조.

의 우선 대상일 수밖에 없었다. 이른바 마샬플랜의 입안과 실천이 그것
을 잘 대변하고 있는데, 마샬플랜만큼 정치 및 군사적 요인이 경제적 이
해를 압도한 예도 찾기 힘들 것이다. 국제정세의 급격한 변화, 특히 공산
주의 팽창에 대응하는 새로운 자본주의 국제경제질서의 구축에 가장 결
정적인 영향을 미친 구상이 마샬플랜이었기 때문이다.

마샬플랜의 경제논리는 시장원리에 기초하고 있다. 전후 자유무역질서
는 결국 시장기능의 국제적 활성화를 전제로 하고 있었다. 그러므로 전
쟁으로 인하여 자본주의 강국들의 시장기능 자체에 문제가 생겼다면 새
로운 무역질서의 복원은 단지 이상에 그칠 가능성이 높았다. 서유럽 국
가들의 경우 국내경제가 전쟁으로 이미 피폐되었음으로 자유무역이 활성
화될 수 있는 기본 조건은 애초부터 충족될 수 없었다. 즉 국내경제의 붕
괴로 시장이 기능할 수 없었는데, 당시 유럽의 경우 우선 국가의 부족한
자원을 정부의 재정상태에 따라 외국으로부터 구해야만 하는 절박한 상
황을 맞고 있었다. 정부관리하의 통제무역이 시행되었던 것이다.6)

결과적으로 국제무역기구가 지향하는 바, 시장원리에 기초한 다자주의
(multilateralism)의 실현은 미국 이외의 국가에서는 현실적으로 불가능한
것이었다. 안보적 측면도 중요했는데, 공산주의의 팽창에 대항하는 자본
주의의 결속이라는 매우 급박한 목표가 대두되었기 때문이다. 그것을 우
선 달성하는 것이 자국의 이해라고 인식하기 시작한 미국으로서는 자본
주의 국가들의 경제적 부흥이 무엇보다도 중요할 수밖에 없었고 따라서
정치적으로 특단의 조치가 필요했다.

당시 서유럽 국가들의 경제상황은 엉망이었다. 특히 물가상승과 만성
적인 국제수지 적자는 치명적이었다. 구체적으로 "특정 물품의 부족, 인
력의 부족, 실업문제, 그리고 교통, 통신, 물류망의 와해 등은 국내적으로

---

6) Fred L. Block, *The Origins of International Economic Disorder: A Study of United States International Monetary Policy from World War II to the Present* (Berkeley: University of California Press, 1977), pp. 76-82.

인플레이션을 유발할 수밖에 없었고, 이는 곧 심각한 국제수지상의 불균
형으로 이어졌다."7) 그러므로 서유럽 국가들이 "외부로부터의 재정지원
없이 미국산 물품을 구입한다는 것은 불가능하였고," 그것은 시장원리에
입각한 국제무역이 사실상 어렵다는 것을 의미했다.8) 결국 원조 등을 통
한 외부의 자금 수혈 이외에는 대안이 없었던 것이다. 마샬플랜에 대한
국제경제적 이해는 다음과 같이 정리될 수 있다. "서유럽 국가들로 하여
금 다자주의를 배척하도록 만드는 모든 요인들을 동시에 공격하게 함으
로써" 다자주의의 국제적 부활을 도모했던 것이다.9)

2. 국제경제체제의 형성과 안보 변수

1947년 6월에 발표된 마샬플랜은 종전 직후의 정세로부터 결정적인
영향을 받았다. "당시 냉전이라는 국제정치상의 상황 변화가 없었더라면
미국의회가 그것을 승인하기는 어려웠을 것"이라는 정치적 분석이 이를
대변해 준다.10) 미국 국무장관 딘 에치슨(Dean Acheson)의 다음과 같은
언급은 마샬플랜을 둘러싼 정치와 경제의 연계를 잘 보여주고 있다: "소
련과의 상호신뢰 결여 그리고 그들의 끊임없는 팽창으로 인하여 소련과
의 외교적 타협이 불가능한 현 시점에서 우리는 다음과 같은 결론에 도
달하였다. 소련의 팽창에 효과적으로 대처하기 위하여 외교정책에 있어
두 번째의 강력한 수단인 경제력을 사용하여야만 한다."11) 정치적 목적
의 달성을 위해 사안 연계전략(issue-linkage strategy)이 구사된 것이다.12)

7) *Ibid.*

8) *Ibid,.* p. 82.

9) *Ibid.*, p. 83.

10) *Ibid.*

11) 1947년 4월 18일 애치슨의 연설, Daniel Yergin, *Shattered Peace: The Origins of the Cold War and the National Security State* (Boston: Houghton Mifflin Company, 1977), p. 308에서 재인용.

안보 우위의 사고가 상황을 지배했는데, 안보 상황의 급변이 경제를 비
롯한 모든 사안에 영향을 미친 셈이다.[13] 결국 "애치슨이 의미하는 바는
전후 문제의 처리를 위한 루즈벨트식 접근은 실패하였고 따라서 특히 경
제적인 측면에 초점을 맞춘 봉쇄정책(containment policy)이 적절한 대안일
수밖에 없다는 것이었다."[14]

브레튼우즈체제, 트루만 독트린, 그리고 마샬플랜이 한 울타리 내에서
상호 연계되어 있음을 알 수 있다. 소련과의 대치 상황이 확실해지자 트
루만 독트린이라는 정치적 결단을 통해 봉쇄정책이 가시화되었고, 같은
논리로 서유럽 자본주의의 부흥을 통해 소련의 팽창에 대응하며 전 세계
적으로 자유주의 경제질서를 구축하겠다는 생각이 구체화된 것이다. 다
음의 해석은 당시 정치와 경제의 연계를 잘 설명해 주고 있다: "1947년
의 위기는 브레튼우즈에서 예견되었던 전후 세계적 수준의 정치 그리고
경제적 균형의 조건이 현실적으로 결여되어 있다는 사실을 명백히 해 준
셈이다. 그러므로 미국정부는 트루만 독트린과 마샬플랜을 통해 이 균형

12) 국제관계에 있어 정치와 경제의 이러한 밀접한 연계에 대해서는 다음을 참조할 것:
Baldwin, *Economic Statecraft*, pp. 79-87. 특히 미국의 달러외교(Dollar Diplomacy)에
대해서는 pp. 93-95; 국제관계상 경제적 위약성과 경제의 정치도구화에 대해서는
다음을 참조할 것: Beverly Crawford, *Economic Vulnerability in International Relations:
East-West Trade, Investment, and Finance* (New York: Columbia University Press,
1993), 특히 pp. 46-83. 경제적 위약성에 대한 이론적 접근에 대해서는 다음을 참조
할 것: Robert Keohane and Joseph S. Nye, *Power and Interdependence* (Boston: Scott,
Foresman and Company, 1989), pp. 11-19, 그리고 Knorr, *The Power of Nations*, pp.
134-165.

13) "국제경제정책은 국가 안보정책의 가장 기본적인 수단으로 간주되었다. 경제적 수
단에 부여된 첫 번째 임무는 유럽의 여러 국가들에서 모스크바의 지령하에 활동하
고 있는 국내 공산당들이 고대하는 것과 같이 국내적으로 경제가 와해되는 위협으
로부터 유럽을 재건하는 것이었다." Douglas Nelson, "The Domestic Political
Preconditions of U.S. Trade Policy: Liberal Structure and Protectionist Dynamics,"
Paper presented at Conference on Political Economy of Trade, World Bank, Washington
D.C., 1987, p. 15, Jagdish Bhagwati, *Protectionism* (Cambridge: The MIT Press,
1988), p. 39에서 재인용. 그리고 루즈벨트식 접근에 대해서는 **本 書**, 제2장, I. "전
후 질서의 배경," 참조.

14) Yergin, *Shattered Peace*, p. 308.

을 회복시키려 했던 것이다."[15]

1945년 12월 국제통화기금(IMF)과 세계은행(IBRD)이 출범하였다. 애초 화이트案과 케인즈案의 대립에서 잘 드러나듯이 전후 국제통화질서는 자본주의 강국인 미국과 영국에 의해 주도되었다. 소련은 애초부터 국제금융질서를 구축할 능력을 인정받은 바 없었고, 1947년의 위기를 겪으면서 국제통화기금의 회원국이 될 가능성도 사라졌다. 따라서 국제통화기금과 세계은행은 공산권을 제외한 자본주의 국가들의 경제적 연계를 전담하는 기구가 되었고 그 전통은 현재에도 이어지고 있다.

한편 1947년 제네바에서의 첫 회합을 통해 관세와 무역에 관한 일반협정(GATT)이 출범하게 되고, 추후 무산되기는 했으나 1948년 하바나헌장의 조인으로 국제무역기구(ITO)의 설립이 확정되며 국제무역체제가 형성되었다. 물론 IMF에서와 같이 공산권 국가들은 포함되지 않았다. 이미 설명한 바와 같이 GATT가 ITO를 대신한 것은 미국의 절박한 국제적 이해를 반영하고 있었다.

미국은 정치적인 목적을 위하여 그들의 경제적 이해를 어느 정도 제한하는 조치를 취하게 된다. 유럽국가들에 대한 양보가 눈에 띄는데 "Payment Union과 유럽석탄철강공동체(ECSC: European Coal and Steel Community) 형태의 역외에 대한 차별적인 무역정책이 GATT 체제 내에서 허용된 것"이 가장 대표적인 예이다.[16] 즉 가드너(Richard Gardner)의 분석대로 "브레튼우즈체제를 통한 세계적 규모의 다자주의를 추구하는 대신 서유럽의 경제회복과 통합이라는 보다 제한적인 목적을 달성하려는

---

15) Richard N. Gardner, *Sterling-Dollar Diplomacy in Current Perspective: The Origins and the Prospects of Our International Economic Order* (New York: Columbia University Press, 1980), p. 304. 참고로 투르만 독트린은 1947년 3월 발표되었다. 그 배경에 대해서는, 本 書, 제2장, I. "전후 질서의 배경" 참조.

16) James Foreman-Peck, *A History of World Economy: International Economic Relations since 1850* (Brington, U.K.: Wheatsheaf Book Ltd., 1983), p. 285. 그 중에서도 영국이 가장 많은 특혜를 향유한 것으로 여겨졌는데, 무역상의 양적 제한조치에 대한 기득권의 인정이 특히 많았다. Gardner, *Sterling-Dollar Diplomacy*, ch. 14.

방향으로 정책의 중심이 이동되었던 것이다."17)

아울러 유럽에 대한 미국의 본격적인 개입을 의미하는 북대서양 조약 기구(North Atlantic Treaty Organization)가 1949년 결성됨으로써 공산주의 봉쇄정책에 대한 미국의 의지는 군사적으로도 확실해졌다. NATO는 전후 안보질서의 사실상 모범답안 역할을 했는데, 미국을 중심으로 쌍무적 혹은 다자적인 군사동맹이 전략적으로 중요한 지역을 중심으로 거미줄처럼 얽히는 전례 없는 동맹안보체제가 창출된 것이다. 따라서 전후 안보 및 경제질서의 기본 골격은 전쟁이 종료된 지 불과 수 년만에 완성되었음을 알 수 있다.

유럽의 질서가 중요한 이유는 전후 질서의 기본 축이 형성된 계기가 유럽으로부터 제공되었고 이에 기초, 동아시아와 한국의 위상이 결정되었기 때문이다. 세계질서를 근본적으로 바꾼 제2차 세계대전의 주요 무대가 유럽이었고 주요 강대국들이 거의 유럽에 자리 잡고 있었던 당시의 상황은 세계무대에서 유럽의 위상을 잘 보여주고 있다. 물론 제2차 세계대전의 또 다른 주요 무대인 동아시아의 주역이 일본이었던 것은 사실이나, "일본의 패망이 독일의 그것을 의미하지는 않지만, 독일의 패망은 곧 일본의 패망을 의미한다"는 당시 주요 전쟁 당사국들의 전략적 인식은 종전 전후의 동아시아 위상을 말해 주고 있다.18)

---

17) *Ibid.*, p. 305.

18) Robert E. Sherwood, *Roosevelt and Hopkins: An Intimate History* (New York: Harper & Brothers, 1948), p. 605, Henry Kissinger, *Diplomacy* (New York: Simon & Schuster, 1994), pp. 403-404에서 재인용.

III. 국제경제체제의 패권구도

1. 국제통화패권

1) 국제통화체제의 영향력 창출 구조

국제통화는 논리적으로 "국제통화관계에 있어 세 가지의 분리된 구조적 문제, 즉 조절(adjustment), 유동성(liquidity) 그리고 신뢰성(confidence)"의 기능을 원활히 수행하여야 한다.[19] 여기서 "조절기능은 국제수지의 균형을 유지하고 회복시키는 국가의 능력을 지칭한다."[20] 국제수지의 불균형과 환율의 불안정이 국내외적으로 비용을 유발한다는 사실은 재삼 설명이 필요 없을 정도로 명백하다.[21] 따라서 비용을 최소화시킬 수 있는 기능 자체가 국제통화에 내재되어 있다면 가장 이상적인 조건이 될 것이다.

유동성은 국제통화가 국제거래에 필요한 만큼 적절하고 원활히 공급되는 것을 의미한다. 그것은 곧 국제무역이 원활히 이루어지도록 통화의 공급이 이루어져야 하며, 또한 국제수지의 조절 및 보유(reserves)에 필요한 통화가 원활히 제공되는 것을 의미한다. 특히 중요한 것은 후자인데,

---

19) Benjamin J. Cohen, *Organizing the World's Money: The Political Economy of International Monetary Relations* (New York: Basic Books, 1977), p. 28.

20) *Ibid.*

21) 코헨(Cohen)은 조절 비용(adjustment cost)을 두 가지로 구분하고 있다. 하나는 "continuing cost of adjustment인데, 국제수지의 불균형에서 비롯되는 이득의 손실을 의미한다." 따라서 그것은 경제학적으로 기회비용에 해당한다. 다른 하나는 "transitional cost of adjustment인 바, 국제수지의 균형화 과정에서 발생하는 세계 산출량의 손실(loss of real global output)을 의미한다(*Ibid.*, p. 29)." 즉 조절의 transitional cost는 기회비용이 아닌 실질비용인 것이다. 조절비용은 경제적 관점에서 현재에도 끊임없이 문제점으로 간주되고 있는 적정환율의 문제와 깊은 연관이 있다. 나아가 국내적으로 미시 및 거시경제 문제와 연계되어 있다. 예를 들어 특히 "국제수지 적자(혹은 흑자)가 국내적으로 실업(혹은 인플레)와 연계되어 발생하는 경우 비용은 더욱 증가하게 된다(*Ibid.*, p. 31)."

"국제수지의 조절에 있어 마치 일반 용해제와 같은 역할을 위해 특정의 체제는 어느 정도 양의 통화(외환)보유고가 필요하다. 이 보유 외환은 국제수지조절의 윤활유와 같은 역할을 함으로써 비용을 감소시킨다."[22]

신뢰성의 문제는 공식 외환보유고의 구성문제에서 야기된다. 일반적으로 외환보유는 다양한 국제통화 및 자산으로 구성되어 있는데 "그들 사이에 불안정적인 변화(shift)의 가능성이 늘 존재하고 있는 것이다."[23] 이 경우 신뢰의 문제가 발생하여 무역 및 투자 등 국제거래에 부정적인 영향을 미치게 되고 나아가 조절의 어려움도 유발된다. 따라서 "신뢰성의 문제는 현재 보유 중인 국제자산을 변화시키는 교란적 시도와 신뢰성의 국제적 변화에 어떻게 대응하느냐의 문제로 귀착된다."[24] 논리적으로는 하나의 국제통화만을 외환보유의 전부로 하면 그만이나(문제가 사라지나), 현실이 그렇지 않다는 데에 문제가 있다.[25]

19세기 영국이 주도한 금본위제도는 바로 상기의 국제통화 요건을 충

---

22) *Ibid.*, p. 34. 따라서 "파이낸스 목적을 위한 적정 외환보유고(reserves)의 공급을 어떻게 확실히 하는가는 통화질서의 중요한 요인이 될 수밖에 없다(*Ibid.*)." 여기서 외환보유고에는 "정부 보유의 금, 태환 가능한 외국 통화, SDR, IMF에서의 순수 reserve position 등이 있다. 이러한 공식 보유고를 국제유동성(international liquidity)이라고 한다(*Ibid.*)."

23) *Ibid.*, p. 37.

24) *Ibid.* 예를 들어 그래샴의 악화가 양화를 구축한다는 법칙과 같이 두 가지 이상의 국제통화로 구성된 외환보유 상태에서 그들의 가격이 고정되지 않은 경우 가격상승의 가능성이 있는 통화의 구매 증가와 그 반대의 경우는 늘 일어난다. 이 경우 자산구성은 수시로 변할 수밖에 없다. 개인 투기의 목적으로 이와 같은 일이 행해졌을 때는 중앙은행 간의 협조(recycling the private funds)로 문제를 극복할 수 있지만(이 경우를 private confidence problem이라 한다), 정부에 의해 보유고의 구성이 의도적으로 바뀌어 혼란이 야기되는 불안정적 시도가 있는 경우 상황은 달라진다(이 경우를 official confidence problem이라 한다). *Ibid.*, pp. 37-38.

25) *Ibid.* 이는 마치 세계정부가 존재한다면 자유무역이 이루어질 수 있다는 리스트(List)의 주장과 일맥 상통한다: "세계정부 같은 것이 존재하지 않는 현실에서 국가는 자신을 보호하기 위해 산업(industry)을 일으키고 발전시킬 필요가 있다. 전쟁이나 전쟁의 위협이 있는 경우를 대비해 강대국(Great Power)은 산업기반을 반드시 갖추고 있어야 한다." Friedrich List, *The Natural System of Political Economy*, first published in 1817 (London: Frank Cass and Company Ltd., 1983), ch. 2, pp. 30-32.

족시키는 것으로 간주되었다. 금이 곧 국내 통화 나아가 대외 결제수단
이 되고, 금 자체의 국가 간 거래가 자유로운 체제하에서는 환율안정과
국제수지의 균형을 위한 자동조절 메커니즘(automatic adjustment mechanism)
이 창출되어 작동한다는 것이 금본위제도의 가장 중요한 내용이다. 이론
적으로는 데이비드 흄(David Hume)이 제안한 소위 price-specie-flow 모델
을 통하여 잘 설명되고 있는데, 결국 금의 유통이 국내 화폐공급량의 변
화에 연계되어 있다는 사실과 그것을 통해 국제수지의 자동조절이 가능
하다는 점이 핵심 내용이다.[26]

　시장원리에 기초한 통화제도였지만 국제통화패권은 자연히 생성될 수
밖에 없었다. 금융제도(banking system)의 발달로 인해 신용창조(creation of
money)가 중앙은행 이외에서도 가능해진 것이 통화패권의 첫 걸음이었
다. 금융시장의 발달로 영국정부가 발행하는 증권 혹은 민간 부분의 채
권 등을 통해 유사 화폐인 민간신용이 창출된다는 것은 금 이외의 통화
가 별도로 만들어지는 것을 의미한다. 민간부분의 신용창조가 국제적으
로 이루어질 수 있다는 게 문제였다. 그런데 국제적 신용창조는 런던과
같이 잘 발달되고 대외적으로 믿을 만하다고 여겨지는 세계적 규모의 私
금융시장을 통해서만 가능함으로, 결국 영국만이 통화 창출의 또 다른
메커니즘을 갖게 되는 셈이다. 따라서 런던 금융시장의 민간신용에 대한
자의적 조정이 가능하다면, 영국정부는 그것을 통해 세계 통화량을 조절
할 수 있게 된다. 여기서 금의 가치중립적인 성질이 침해되는데, 곧 이어
설명하는 재할인율은 영국정부의 대표적인 신용 및 통화량 조절 수단이
었다. 이런 상황에서는 자동조절 메커니즘 역시 약화될 수밖에 없었다.

---

26) 블룸필드(Arthur Bloomfield)는 금본위제도의 특징을 다음과 같이 요약하고 있다.
　"우선 국내 통화단위가 금의 특정 양에 맞추어 결정된다. 다음으로 중앙은행이나 재
　무부는 국내통화를 기준으로 특정의 고정 가격에 금을 살고 팔 준비가 되어 있다.
　금은 자유로이 주조될 수 있고, 금화가 현재 통용되는 국내화폐의 상당 부분을 차지
　하고 있다. 금의 수출입은 자유로이 이루어진다." Richard N. Cooper, *The
　International Monetary System* (Cambridge: The MIT Press, 1987), p. 45에서 재인용.

또한 원래 고정환율을 고수하기 위해 금의 매매가 자유로워야 함에도 불구하고 영국정부는 물가 억제 등 국내경제 조절을 위한 통화정책을 우선적으로 시행함으로써 상기의 메커니즘은 더욱 약화되었다. 결국 국제통화의 운용이 가치중립적으로 이루어지지 않았던 것이다. 국제통화체제가 런던의 금융시장과 사실상 통합되어 운영됨으로써 영국은 세계통화량을 상당 부분 조정할 수 있는 능력을 갖게 되었다. 구체적으로 할인율(이자율)의 자의적인 등락을 통해 영국 중앙은행은 금의 유출입을 국제적으로 조절할 수 있었다. 나아가 신용의 국제적 공여에 대한 조정도 가능했다. 영국이 세계 통화정책을 사실상 좌지우지했던 셈이다. 결국 할인율의 조절을 통해 국제적으로 신용공급, 금의 유출입, 그리고 (국제)물가에 영향을 미칠 수 있었고 그 결과 영국은 국제무역, 자본이동, 나아가 국민소득에도 막강한 영향력을 행사할 수 있었다.[27]

국제통화체제를 지배하는 국가는 부의 축적과 영향력 창출을 자의적으로 극대화시킬 수 있다는 사실을 알 수 있다. 특히 私금융제도의 발달에 의해 세계금융시장의 중심지가 되는 경우 그 국가의 정부는 더욱 다양한 영향력 창출 메커니즘을 지니게 된다. 국제경제관계의 가장 중요한 분야인 국제무역과 투자 역시 국제통화체제로부터 심대한 영향을 받는다는 점도 과거 금본위제도의 경험은 잘 보여주고 있다. 어떻게 보면 국제무역과 자본의 이동은 겉으로 드러나는 현상에 불과하고 그 심연에는 통화제도라는 정교하고 복잡한 메커니즘이 자리 잡고 있다는 사실 또한 부인할 수 없게 되었다. 따라서 국제통화제도와 이를 둘러싼 권력관계에 대한 이해가 중요한 이유를 여기서 발견할 수 있다.

27) Robert Gilpin, *The Political Economy of International Relations* (New Jersey: Princeton University Press, 1987), pp. 124-125. 이는 당시의 실증 자료를 통해서도 밝혀졌는데, 다음을 참조할 것: Cooper, *The International Monetary System*, pp. 44-60.

2) 전후 국제통화체제와 통화패권

가. 새로운 통화질서와 패권의 메커니즘

금본위제도의 쇠퇴와 더불어 국제경제질서에 혼돈이 발생했다. 양차 세계대전 사이(interwar period)에 발생한 국제경제상의 혼란은 새로운 세계대전의 중요한 원인이 될 만큼 심각했다. 따라서 전후 세계경제의 부흥을 위해서는 새로운 계획이 수립되어야만 했다. 논의 초점은 의외로 간단했는데, 우선 안정된 국제무역질서의 구축이 중요했고, 나아가 활발한 무역관계를 위해 잘 정비된 새로운 국제통화제도의 창출도 필요했다.

과거 한 때 국제통화체제의 중심국으로서 세계경제를 운영한 경험이 있는 영국과 새로이 초강국으로 부상한 미국이 국제통화제도 설립의 주역이 된 것은 자연스런 일이었다. 1943년 양국은 각각 국제청산동맹안(International Clearing Union)과 안정기금안(Stabilization Fund)을 제안하게 된다. 그것을 주도한 인물이 영국의 저명한 경제학자 케인즈(John M. Keynes)와 미국의 재무성 차관 화이트(Harry Dexter White)였기에 전자를 케인즈案 그리고 후자를 화이트案이라고 부른다. 두 안이 지향하는 바는 매우 흡사했는데, 모두가 "양차대전 사이에 발생한 국제통화상의 어려움에 비추어 다자주의적 무역환경과 국내적 완전고용이라는 목표에 맞도록 기획되었다."[28]

공동의 목적에도 불구하고 국제통화질서의 근간이 되는 몇 개의 주요한 사안에서는 양국의 입장이 달랐다. 그 중에서 후일 국제통화패권과 관련하여 가장 중요한 문제인 국제통화기구의 기본 성격, 즉 發券力은 논쟁의 초점이었다. 영국의 경우 국제통화기구 회원국의 출자 할당액, 즉 쿼터와 상관없이 국제통화기구가 金과 일정한 등가관계를 지닌 국제통화를 발행할 수 있어야 한다고 주장했다. 나아가 회원국이 기구로부터 초과 인출을 필요로 하는 경우 그것을 가능하게 함으로써 국제통화기구에

---

28) Gardner, *Sterling-Dollar Diplomacy in Current Perspective*, p. 71.

신용창조 기능까지 부여할 것을 주장하였다. 이는 현실적으로 국제기구 사상 유래가 없을 정도로 강력한 권한을 가진 국제중앙은행의 설립을 의미하는 것이었다. 그러나 미국의 화이트안은 반대였다. 우선 국제통화기구의 발권력을 인정하지 않았고, 신용창조 기능 또한 부인하였다. 이 경우 회원국은 그들의 출자액 범위 내에서 자금지원을 받을 수밖에 없다. 국제통화기구의 권한이 그만큼 축소되는 것이다. 환율체제에 대해서도 兩案은 대립하였는데 케인즈안이 변동환율제를 주장한 반면 화이트안은 고정환율제를 제안하였다.[29]

외형적으로 화이트안은 통화안정에 주안점을 두고 입안되었음을 알 수 있다. 특히 고정환율제를 주장한 것이나 국제기구의 발권력 및 신용창조 기능에 대해 반대 입장을 취한 사실을 보면, 외형적으로는 국제통화기구를 중심으로 무질서가 유발되는 것을 경계했던 것이다. 같은 맥락에서 화이트안이 안정기금안으로 명명된 이유를 알 수 있다. 그러나 국제유동성 창출권과 환율의 조율 및 국제수지의 균형을 위한 대출의 권한을 국제통화기구가 아닌 미국이 향유하겠다는 복선이 드리워져 있다는 측면에서 그것은 단순한 경제논리 이상의 함의를 갖는다.

아무튼 1945년 12월 국제통화기금 협정문이 조인됨으로써 IMF로 대변되는 전후 국제통화체제가 공식 출범하였다. IMF는 기존의 미국案이 거의 수용된 형태를 띠고 있었다. 당시 전쟁을 승리로 이끌며 자본주의 세계의 리더로 부상한 초강대국 미국이 주도하는 새로운 국제정치의 역학관계가 국제통화체제에도 그대로 반영되었던 것이다.[30]

---

29) *Ibid.*, pp. 71-100; Block, *The Origins of International Economic Disorder*, pp. 42-50; 특히 화이트안의 심층적 의미에 대해서는 Cohen, *Organizing the World's Money*, pp. 90-97.

30) 일반적으로 국제정치상 영국의 쇠퇴가 표면에 드러난 계기를 투르만 독트린의 선언에서 찾는다. 그리스와 터키에 문제가 발생했음에도 불구하고 영국은 개입할 (특히 경제적)능력이 없었다. 투르만 독트린이 1947년 3월에 공표된 반면, 마샬플랜은 동년 7월에 발표됐다. 따라서 미국을 상대로 협상하기에는 영국은 이미 역부족이었다. 특히 1947년 발생한 영국 파운드화의 호환성(convertibility) 위기는 이를 잘 반

IMF 체제의 특징 중 미국의 통화패권과 관련하여 가장 중요한 것으로 다음을 들 수 있다. 국제통화제도의 가장 핵심적인 기능인 국제유동성의 공급은 금환본위제(gold exchange standard)에 기초하여 이루어지도록 하고, 회원국의 국제수지조정 문제는 화이트안에서 제안된 바와 같이 고정환율제(fixed exchange rate)와 기금 인출제(fund drawings)를 통해 해결하도록 하였다. 여기에서 특히 금환본위제도는 정치적으로 매우 중요한 의미를 지니고 있다. 우선 경제적 측면에서 국제통화의 안정을 위해 무언가 확실한 기준이 필요했으나 과거 금본위제를 부활시킬 만큼 금의 공급량이 충분하지는 않았다. 국제유동성에 대한 당시의 수요는 과거와는 비교할 수 없을 만큼 증가한 상태였음으로 금본위제의 채택은 애초부터 고려되지 않았다.[31] 따라서 유일한 대안은 오직 한 국가의 통화를 금과 연계시킴으로써 금에 대한 수요를 절감시키고 금과 연계된 화폐를 기축통화로 인정함으로써 국제통화의 안정을 기하는 것이 될 수밖에 없었다.

금환본위제도하에서의 기축통화는 당연히 달러화였음으로 미국만이 대외 지불수단을 모두 금으로 보유한 금본위 국가였고 다른 국가들은 대외 지불수단으로 금과 미국의 달러화를 보유하게 되었다. 금 1온스에 35달러로 달러의 금 교환비율이 결정되었고 양자 간의 교환은 자유로웠음으로 달러만이 금태환이 가능한 국제통화가 된 것이다. 결국 미국 이외

증하고 있다. Barry Eichengreen, *Globalizing Capital: A History of the International Monetary System* (Princeton: Princeton University Press, 1996), pp. 102-106.

31) 국제유동성에 비해 금이 부족한 현상은 1920년대 후반 이미 케인즈에 의해 지적된 바 있는데 1929년 당시 새로운 금의 공급 증가율이 2퍼센트에 그친 반면 원활한 국제유동성의 공급을 위해서는 증가율이 최소한 3퍼센트는 되어야만 했다. 이후 국제통화기금의 출범 시기인 1940년대에는 1940년을 정점으로 이후 약 7년간 금 공급량은 오히려 급격히 감소하였다. 1970년대 들어와 같은 현상이 반복되는데 1960년대 후반부터 그 동안 증가하던 금 공급량은 다시 급속한 감소 추세를 보였다 (Cooper, *The International Monetary System*, pp. 56-60, 특히 그림 2.3 참조). 금 공급량의 감소 원인은 발굴 및 채광조건이라는 자연적인 제약에서 우선 찾을 수 있고 또한 적정 금값이 책정되지 않았던 당시의 상황에서도 발견된다. 1940년대 이후 금 공급량의 감소는 양자 모두에 원인이 있다고 볼 수 있는데, 특히 국제 금값에 대해서는 후론하기로 한다.

의 회원국 화폐는 달러화와의 교환비율을 통해서만 금과의 가치 비교가 가능했다. 따라서 회원국 간의 환율도 각 회원국 화폐의 달러화에 대한 교환비율을 통해 간접적으로 결정될 수밖에 없었다.

　IMF의 독자적인 신용창조 기능이 원천적으로 부인됨으로써 국제유동성은 금의 공급이 한정되는 경우 사실상 전적으로 달러화의 공급에 의존하게 된다. 그것은 곧 국제통화체제와 이에 귀속된 각국의 통화가 전적으로 달러화에 종속되는 상황을 의미하는데, 바로 여기서 달러 패권의 일단을 엿볼 수 있다. 또한 초기 IMF체제의 특징인 고정환율제도 현실적으로는 달러화에 대단히 유리한 제도였다. 국제수지의 불균형은 환율의 변동을 통해 시정될 수밖에 없다. 회원국의 환율조정은 평가기준으로부터 1퍼센트라는 극히 제한된 범위 내에서 허용되었고 다만 근본적인 혹은 심각한 불균형 문제가 있을 시 10퍼센트까지 환율조정이 가능했다. 반대로 미국은 달러화의 안정을 위해 금과의 교환비율을 변화시킬 수 없는 대신 달러화의 발행, 즉 대외적자를 통해 국제수지 문제를 상당 기간 덮을 수 있었다. 여기서 달러화의 과도한 발행은 당연히 미국 통화의 가치 하락으로 이어져야 했으나, 환율이 고정되어 있었음으로 그런 일이 발생하지 않았던 것이다. 결국 발권력은 물론 고정환율제도 다른 국가가 문제 제기를 하지 않는 한 미국에게는 유리한 제도였다.

　IMF 출범 이후 오래 지나지 않아 상기의 다소 부자연스러운 제도에 문제점이 노출되기 시작했다. 전후 다른 국가들의 급속한 경제회복에 힘입어 국제무역이 양적으로 눈에 띄게 팽창하자 국제적으로 더 많은 유동성이 필요했다. 당연히 국제유동성의 원천인 달러화에 대한 수요가 증가할 수밖에 없었다. 결국 국제유동성의 창출은 미국의 무역적자를 통한 달러의 대외적 공급에 의존할 수밖에 없는 상황이 전개된 것인데, 이러한 사태는 금환본위제도가 지니는 성격 자체로부터 기인하는 것이었다. 미국은 다른 국가와는 달리 국제수지의 적자를 외부로부터의 차입이나 수출의 증대를 통해 보전할 필요가 없었다. 발권력을 통해서도 문제 해결이 가능했던 것이다.32) 그러나 그 대신 국제통화의 가장 중요한 요소인 신뢰성(confidence)이 잠식되는 것은 피할 수 없었다. 유동성의 창출과 신뢰성은 서로 역비례 관계에 있기 때문이다.33)

국제수지가 오랫동안 적자인 경우 국내적 희생을 전제로 문제를 해결해야만 하는 다른 국가들과는 달리 위의 상황은 미국에게 불리할 것이 없었다. 경제적인 이득은 물론, 그 외 미국의 전략적 이해와도 부합되는 측면이 있었다. "미국의 국제수지 적자에서 야기되는 미국경제의 약화보다는, 유럽경제의 강화 및 종전 직후에는 기대할 수 없었던 세계무역의 균형 등이 당시에는 전략상 더욱 중요한 것으로 치부되었던 것이다."34)

결과적으로 IMF 설립 시 금 1온스당 35달러로 달러화와 금값이 동결된 사실은 일정 기간 동안, 즉 1950년대와 60년대 초반까지 달러화의 안정을 보장해 주었다. 그러나 당시의 금값과는 상당히 괴리된 1930년대 초의 금값이 IMF 설립 시 적용되어 1960년대까지 고수됨으로써 금값은 사상 유례없이 저평가되었다. 수급 논리상으로도 금의 충분한 공급은 기대할 수 없었던 것이다. 당연히 미국을 제외한 다른 국가의 대외 결제수

---

32) 그것은 통화제도상 세뇨리지(seignorage) 문제로 이해된다. 화폐를 발행할 때 드는 실제 비용과 화폐가 유통상 지니게 되는 가치 즉 구매력과의 차액을 의미한다. 이는 귀금속 화폐가 아닌 지폐가 통용되면서 중요한 문제로 대두되었는데, 국내적으로는 중앙은행 그리고 국제적으로는 기축 통화국만이 그 혜택을 누릴 수 있다. 따라서 기축통화국인 미국은 그들의 국내 물자 혹은 용역의 희생 없이 외국의 그것들을 발권을 통해서 자유로이 취득할 수 있었던 것이다. 실제로 "1961년 미국이 취한 세뇨리지 이득은 무려 18억 달러에 달한다"는 통계가 있다. Foreman-Peck, *A History of The World Economy*, p. 335.

33) 이를 흔히들 트리핀의 딜레마(Triffin's dilemma)라고 부른다. Robert Triffin, *Gold and the Dollar Crisis: The Future of Convertibility* (New Haven: Yale University Press, 1960).

34) 즉 미국의 국제수지 적자 누적은 그것을 통해 유럽이 부흥하였으니 좋은 것이라고 이해될 수 있었고, 전후 상당 기간 미국이 일방적인 흑자를 기록했던 유럽 및 일본과의 무역이 이번에는 미국의 적자로 역전됐으니 균형이 이루어졌다고 치부될 수 있었던 것이다. Robert A. Pollard and Samuel F. Wells, Jr., "The Era of American Economic Hegemony," William H. Becker and Samuel F. Wells, Jr., eds., *Economics & World Power: an Assessment of American Diplomacy since 1789* (New York: Columbia University Press, 1984), p. 379.

단은 달러화에 거의 의존할 수밖에 없었고, 따라서 거의 절대적인 미국의 통화 지배가 현실화될 수 있었다.

아울러 IMF에 신용창조 기능을 부여하지 않음으로써 미국 중앙은행만이 국제통화의 유일한 발권력을 갖게 되었음은 이미 설명한 바와 같다. 국제경제 전체는 물론 여타 국가의 경제가 미국 중앙은행의 발권력에 영향을 받는 역사상 전무후무한 국제통화패권이 성립된 것이다. 그러므로 금의 저평가, 금값의 고정, 그리고 IMF의 발권력 부재 및 미국의 발권력(신용창조) 독점 등이 달러패권의 핵심 내용이라고 할 수 있다.

나. 통화패권에 대한 도전과 체제의 붕괴

트리핀의 딜레마는 1960년대 후반에 이르러 현실화되기 시작했다. 국제시장에 달러화의 공급을 가능하게 했던 국제수지 적자는 미국의 해외투자, 대외원조, 그리고 군사비 지출의 증가 등이 주된 원인이었다. 그 와중에 심화된 동서갈등은 미국의 월남전 개입을 가속화시켰다. 역사상 유례가 없는 값비싼 지구전에 미국경제가 휩쓸리게 된 것이다. 달러화의 남발은 1960년대 들어 더욱 가시화되었다. 그와는 반대로 일본을 위시한 서유럽 국가들의 경제는 눈에 띄게 회복되었다. 미국의 국제수지는 더욱 악화되었고 전비 및 복지국가(Great Society) 건설을 위한 정부지출의 증가로 국내적으로는 인플레이션이 급습하였다. 국제적으로 특히 문제가 된 것은 미국의 인플레이션이 다른 국가로 수출된다는 사실이었다. 달러화의 남발에 비해 미국 국내의 인플레이션 압력은 적었던 것이다.

달러화의 공급이 증가했던 반면, 달러화 가치는 금값에 고정되어 있었음으로 미국의 금 보유고와 통화량 간의 괴리는 확대될 수밖에 없었다. 당연히 달러화의 실제가치와 명목가치 간의 차이가 커지자 IMF 출범 시 상정한 가정은 현실성을 잃게 되었다. 그 결과 미국은 1971년 8월 달러화의 금태환을 금지시키는 조치를 단행함으로써 국제경제질서의 버팀목을 포기할 수밖에 없었다. 후속 조치로 달러화의 평가절하가 이루어졌고,

달러화의 가치 안정을 전제로 한 고정환율제 또한 변화를 피할 수 없게
되었다.[35]

그것과 관련하여 IMF 설립 시 논쟁의 대상이었던 국제통화기구의 발
권력 문제도 다시 제기되었다. 미국의 반대로 무산되었던 당시 영국의
제안이 달러화의 약세, 통화정책에 부여된 의무사항의 불이행에서 비롯
된 기축통화의 신뢰성 상실, 그리고 만성적인 국제유동성 부족이라는 상
황을 배경으로 다시 수면위로 부상한 것이다. 1963년부터 토의된 IMF의
발권 문제는 달러화의 위기가 극에 달했던 1969년에 SDR(special drawing
rights)로 불리는 새로운 국제결제수단의 창출로 결론지어졌다. 과거 케인
즈案의 일부가 부활된 것이다. 그러나 현재까지 SDR의 사용은 통화당국
자 간의 거래에 한정됨으로써 기축통화의 보조 기능을 넘지 못하고 있
다.[36]

1976년 1월 킹스턴에서의 합의에 따라 변동환율제가 공식화되었다.
그러나 새로 도입된 변동환율제는 환율의 극심한 변동이라는 새로운 문
제를 파생시켰다. 당연히 환율이 시장원리에 따라 움직이도록 방치하는

35) 1971년 8월 닉슨 선언 4개월 후인 12월에 스미소니언 통화회의가 개최되어 우선
  달러화가 7.89퍼센트 평가절하 되었고, 이어 1973년 2월 달러화에 대한 2차 평가가
  이루어져 10퍼센트의 평가절하가 추가로 단행되었다. 곧 이어 3월에는 달러화에 대
  한 도전을 주도했던 서유럽의 유럽공동체가 공동변동환율제(joint floating system)을
  채택함으로써 IMF의 고정환율제는 완전히 붕괴되었다. 브레튼우즈체제가 사실상 종
  말을 고했던 것이다(Eichengreen, *Globalizing Capital*, pp. 133-134). 불과 2년 사이에
  달러화는 17퍼센트 평가 절하된 셈이다. 당시 미국 경제의 추락한 위상을 알 수 있
  는 대목이다.
36) SDR의 보다 자세한 등장 배경에 대해서는 *Ibid.*, pp. 117-120. 우선 SDR의 사용은
  중앙은행 간의 결제에 국한되었다. 그밖에 세계은행과 같은 15개의 국제금융기구만
  이 이를 사용할 수 있었다. 따라서 SDR에는 가치척도의 기능은 있었으나 보다 중요
  한 교환매개의 기능이 사실상 없는 셈이다. 애초부터 SDR은 1965년 이후 가시화
  된 달러위기, 즉 시장의 달러 값이 애초 설정된 금-달러 간의 고정교환 비율과 괴리
  되는 현상(dollar liabilities)을 극복하기 위한 한시적인 방책의 성격을 벗어나지 못했
  던 것이다. Paul De Grauwe, *International Money: Post-War Trends and Theories*
  (Oxford: Clarendon Press, 1989), pp. 24, 29-30. 즉 국제유동성의 실질적인 통제 권
  한이 IMF에게 모두 위임되지 않는 한 SDR의 기능에는 계속 한계가 있을 수밖에 없
  다.

것이 위험하다는 인식이 확산되었다. 그러나 환율의 조정이 쉽지 않음에
는 주로 국내적인 요인이 컸다. 1970년대 후반 미국은 인플레이션을 잡
기 위하여 긴축정책을 고수하였다. 즉 고이자율과 고환율정책이 지속된
것이다. 문제는 국내 우선시 정책이 국제시장의 왜곡을 초래한다는 사실
이였다. 달러화의 의도적인 고평가로 인해 다른 국가들에게 인플레이션
압력이 가해졌기 때문이다. 1985년에 가서야 해결의 실마리를 찾게 되는
데, 9월의 플라자 협정이 그것이다.[37] 주요 경제강국들이 적정 환율을
유지하여야 한다는 데 동의하였고, 이어 1987년 2월 루브르 합의를 통해
변동환율제의 안정화 노력이 보다 가시화됨으로써 1988년부터는 상대적
으로 안정된 국제환율체제가 자리 잡게 된다.[38]

플라자 회합을 통해 새로운 국제통화질서가 정착되었다. 금환본위제도
폐지를 골자로 한 미국의 급작스럽고 일방적인 새로운 통화정책의 발표

[37] 플라자 합의의 요체는 미국 달러화의 평가절하를 유도하기 위한 서방 선진 5개국
의 외환시장 공동개입이었다. Yoich Funabashi, *Managing the Dollar: From the Plaza to the Louvre* (Washington D.C.: Institute for International Economics, 1988), pp. 9-41.

[38] 루브르 회의에서는 환율의 안정을 위한 보다 구체적인 아이디어가 제안되었다. 변
동환율제의 반대 편에 있는 고정환율제의 원리를 일부 원용하자는 것이었는데 이른
바 목표환율대(target zone)의 설정이 그것이다. 보다 구체적인 목표환율체제 운용
방식은 한참 후인 1994년 7월 IMF/세계은행 연차총회에서 제안되었는데, 3대 기축
통화라고 할 수 있는 달러, 마르크 그리고 엔화의 환율변동 폭을 설정하고 해당국은
그 변동 폭을 고수하는 안이 제시된 것이다. 이는 사실상 변동환율제와 고정환율제
의 결합을 의미한다. 그러나 미국, 독일, 일본은 새로운 안을 적극적으로 수용하지
않고 있는 실정이다. 그렇게 되는 경우 국내경제 운용이 환율정책에 종속되는 결과
가 초래되기 때문이다. 이해 당사국의 협력을 바탕으로 변동환율제가 고수되어야 한
다고 주장하는 학자로 쿠퍼(Richard Cooper)를 들 수 있다. 쿠퍼는 변동환율제의 장
점을 높이 평가하며 아래의 주장을 펴고 있다. 우선 변동환율제 자체가 과연 세계경
제의 불안 요인이 되는가에 대하여 그렇지 않다고 생각한다. 국내 요인의 다양성으
로 인하여 변동환율제의 위약성이 드러나기보다는 오히려 그 유연성으로 인하여
"세계경제에 필요한 완충 역할(a necessary shock absorber)을" 하고 있다는 것이다.
따라서 개방경제 시대에 맞는 제도로서의 가치는 충분히 있다고 평가하고 있다
(Cooper, *The International Monetary System*, pp. 112-113). 이와 같은 주장은 과거 고
정환율제의 장점에 대한 확고한 신념과는 사뭇 다른 것이다. 루브르-플라자 합의의
보다 자세한 내용을 위해서는 다음을 참조할 것: Funabashi, *Managing the Dollar*. 그
리고 고정환율제와 변동환율제의 장단점에 대한 구체적인 논의는 각주 235) 참조.

에서 보듯이 미국은 다른 국가들과 상의 없이 사실상 그들의 의도대로
국제통화정책을 마음대로 변경하여 왔다. 그러나 플라자 회의를 통해 미
국조차도 다른 국가들과 협의 없이 그들만의 이해를 추구하는 것은 더
이상 불가능하다는 사실이 표면화되기 시작한 것이다. 플라자 회의가 개
최되기 전까지만 해도 "환율의 조정을 위해 공동으로 시장에 개입하자는
다른 선진국들의 계속되는 요구에 대해, (미국은) 환율이란 기본적으로 경
제의 근본(fundamentals)에 의해 결정되는 것이고 환율의 의도적 변동이란
그 근본이 국가 간에 눈에 띄게 차이가 날 때만 취할 수 있는 것"이라고
주장해 왔다.[39] 그때까지만 해도 미국의 일방주의에는 큰 변화가 없었던
셈이다. 그럼에도 불구하고 다른 서방 선진국의 달러화 평가절하 요구를
받아들인 이유는 "미국 내의 정치적 압력과 높아 가는 보호주의 추세에
대응하여 미국의 심각한 무역역조 문제를 해결해야 하는 필요성 때문"이
었다.[40] 결국 미국이 다른 국가들과의 협의 없이 일방적으로 자신의 경
제정책을 추구하며 이익을 극대화시키던 시대가 저물어 가기 시작한 것
이다.

　1971년을 기점으로 미국 달러화의 신뢰성이 실추되었고, IMF의 발권
력 또한 인정되지 않았던 상황에서 달러화의 공백은 독일의 마르크화와
일본의 엔화가 메울 수밖에 없었다. 군사력의 균형원리에서와 같이 힘의
공백이 다른 강력한 변수에 의해 채워지는 현상이 경제관계에서도 목격
되었던 것이다. 애초 금환본위제의 요체는 국제통화의 가치보존에 관한
메커니즘이었다. 미국 달러화를 금과 연계시킴으로써 달러화의 안정을
기반으로 재화나 용역의 객관적인 가치를 상정하자는 것이었다. 따라서
국제통화 가치의 현실적 척도인 각국의 외환보유고(international reserves)

---

39) Funabashi, *Managing the Dollar*, p. 68. 특히 이 문제와 관련된 배경을 자세히 설명
　　하고 있는 ch. 3, pp. 65-86을 참조할 것.

40) *Ibid.*, p. 85. 강한 달러 정책은 결국 미국산업의 대외경쟁력 약화를 초래해 만성적
　　인 무역적자의 확대 재생산은 물론 미국산업의 쇠퇴를 부추긴다는 것이 미국 산업
　　계의 주장이었다(*Ibid.*, 특히 p. 73).

에서도 금과 연계된 달러화는 당연히 절대적일 수밖에 없었다.

1971년 이후 달러화의 신인도에 문제가 발생하자 각국 외환보유고의 구성 요소에 서서히 변화가 일기 시작했다. 1970년대 말부터 가시화되기 시작하여 1987년에는 미국 달러화의 비중이 70.6퍼센트로 하락한 반면 독일의 마르크화는 16.5퍼센트로 증가하였고 일본의 엔화도 6.6퍼센트로 상승하였다.[41] 그러나 흥미로운 점은 1980년대 삼국 통화 사이의 보유 비율이 큰 변화 없이 1990년대에도 그대로 유지되고 있다는 사실이다. 1996년에는 달러화의 비중이 64퍼센트였으나 마르크화는 오히려 14퍼센트로 하락하였고 엔화의 경우 6퍼센트에 머물러 큰 변화를 보이지 않고 있다. 미국경제의 국제적 위상이 상대적으로 위축되었음에도 불구하고 힘의 공백이 다른 경제강국에 의해 효율적으로 메워지지는 못했던 것이다. 외환보유고를 기준으로 계측된 달러화의 위상 하락, 즉 달러 보유 비율의 축소가 다른 강대국의 화폐가 아닌 금 등과 같은 통화 이외의 수단으로 대치되었을 뿐이다.[42]

---

41) 이는 각국의 외환보유고 중 달러, 마르크, 엔화가 각각 차지하는 비율의 평균치이다. Stanley W. Black, "The International Use of Currency," Yoshio Suzuki, Junichi Miyake, and Mitsuaki Okabe, eds., *The Evolution of the International Monetary System: How Can Efficiency and Stability Be Attained?* (Tokyo, University of Tokyo Press, 1990), 특히 p. 183의 Table 7.9. 참고로 국제환율체제의 안정이 도모되기 시작한 1970년대 후반, 1979년의 삼국 국제통화 보유 비율은 달러화가 83.5퍼센트로 절대적 우위를 점하고 있는 반면 마르크화는 9.4퍼센트 그리고 엔화는 2.6퍼센트에 불과했다. 10년이 안 되는 기간에 가시적인 변화가 있었던 것이다.

42) Richard N. Cooper, "Key Currency after the Euro," *World Economy* 22/1, 1999, pp. 6-7. 그리고 프란켈(Frankel)이 추정한 25년간의 통계도 같은 사실을 보여주고 있다: Jeffrey A. Frankel, "Still the Lingua Franca: The Exaggerated Death of the Dollar," *Foreign Affairs* 74/4, July/August 1995, p. 10의 Foreign Exchange Reserves에 대한 3개 기축통화 비율의 그래프는 1980년대 이후 마르크화와 엔화의 보유비율이 크게 변하지 않았음을 보여주고 있다. 그러한 추세는 다른 분야에서도 비슷하게 감지된다. 1996년을 기준으로 국제자본시장에서 중요 통화의 유통 비율은 달러화가 54.5퍼센트인데 반해 마르크화는 10.9퍼센트 그리고 엔화는 7.5퍼센트에 그치고 있다. 또한 국제채권 시장에서도 달러화의 비율이 43.5퍼센트인데 반해 마르크화는 14.1퍼센트 그리고 엔화도 11.1퍼센트에 머물고 있다. 달러화의 비율이 외환보유고에서 보다는 낮게 나타나고 있으나 1975년에 이미 자본시장과 채권시장에서의 달러화의

3) 제도화의 실패와 패권 지속의 검증

가. 통화패권의 관성

앞서의 통계치는 달러화가 지난 30년 동안 전성기 때의 위상을 어느 정도 잃은 것은 사실이나, 국제통화로서 달러화의 기능에 가시적인 손상이 가해진 것은 아니라는 점을 보여주고 있다. 즉 달러화의 통화패권이 지속되고 있는 것이다. 미국의 외형적 경제위상과는 다소 괴리된 것처럼 보이는 달러화의 지속적인 영향력의 원인은 무엇인가. 몇 개의 변수로는 설명되기 어려운 대단히 복잡한 문제일 수밖에 없다.

우선 미국의 약화를 어떻게 볼 것인가라는 의문을 제기해 볼 수 있다. 전후 미국의 절대적인 위상은 역사적으로 그 예를 찾기 힘든 대단히 특별한 경우에 해당한다. 같은 연장선상에서 당시의 국제통화체제도 달러화에 대한 절대적인 의존이라는 관점에 비추어 대단히 특이한 제도였음이 불과 20여년 만에 드러난 셈이다. 이러한 예외적인 제도는 세계대전의 승전국으로서 자국의 본토가 피해를 입지 않은 유일한 국가였던 당시 미국의 특수한 위상으로부터 기인하는 것으로 이해될 수 있다.

따라서 금환본위제와 고정환율제는 애초부터 이행되기 어려운 국제적 합의였음을 알 수 있다. 당시 영국의 케인즈案은 그러한 현실을 잘 반영하고 있었던 것이다. 아무튼 미국이 전후의 특이한 상황을 자국의 통화패권을 확립하기 위해 적절히 활용했던 것만은 분명하다. 그러므로 경제의 기본과 기술력이 탄탄했던 기타 자본주의 강국들이 전쟁 후 기력을 급속히 회복했고, 그 결과 미국의 위상이 상대적으로 위축된 것은 어찌 보면 당연한 일이었는지 모른다. 여기서 미국의 위상이 상대적으로는 변했는지는 모르지만 절대적으로는 그렇지 않다는 추론이 가능한 것이다.

비율이 각각 74.3퍼센트와 51.2퍼센트에 불과했던 사실에 비추어 달러화 비율의 하락 폭은 외환보유고 분야 보다는 다른 두 분야에서 오히려 낮았다고 볼 수 있다 (*Ibid.*, p. 5, Table 1; Black, "The International Use of Currency," Table 7.9).

바로 같은 이유 때문에 미국의 통화패권이 지속되고 있다고 설명할 수도 있을 것이다. 만약 미국의 위상이 절대적으로 쇠퇴하였다면 통화패권이 닉슨쇼크 이후에도 지속된 상황은 설명하기 어렵게 된다.

위의 분석은 미국을 대신할 강대국의 출현이 없었다는 현상과도 어느 정도 관계가 있다. 미국의 절대적인 쇠퇴와 다른 국가들의 약진이 합해지며 창출될 수 있는 승수효과가 적었기에 미국을 대신할 경제 강대국의 출현이 어려웠다고 유추하는 것은 적어도 논리적으로는 무리가 아니다. 1960년대와 70년대 미국의 성장 둔화와 독일 및 일본을 비롯한 서방 강국의 급속한 회복이 있었던 것은 사실이나 미국의 발전 역시 지속되는 상황에서 그들 중 어느 국가도 미국을 앞서는 경제력을 보유하지는 못했다. 앞서 인용한 통계에서도 드러나듯이 특히 1990년대 들어 미국경제가 회복되어 호황을 이루자 1980년대의 결과가 이후 약 10여년간 그대로 지속되며 정체되는 현상이 전개된 것이다.

다음으로 통화에 대한 인간의 심리적 가정도 달러화의 패권이 쉽게 바뀔 수 없는 이유 중의 하나로 지적될 수 있다. 지폐의 등장으로 화폐의 본원적 가치가 특정 정부의 정치적 권위와 경제력에 대한 인간의 믿음에 의존하게 됨으로써 통화에 대한 심리적 가정은 통화의 가치 결정에 더욱 중요한 요소가 될 수밖에 없었다. 그것은 통화이론의 체계화가 가능한 이유를 화폐에 대한 인간 심리를 일반화시킬 수 있다는 가정에서 찾은 케인즈의 논리와 흡사한 것이다. 일단 달러화에 대한 절대적인 신뢰가 구축된 이후 이를 대신할 수 있는 다른 유력한 수단이 존재하지 않는 가운데, 달러에 대한 신뢰가 기대 이하로 저하되는 상황을 인간의 심리에 기초하여 상정하기는 어렵다. 설사 달러를 대신할 유력한 대체 통화 혹은 결제수단이 존재한다고 하여도 이미 오랫동안 구축된 달러에 대한 일반적 신뢰가 변하는 데는 상당한 시간이 필요하다. 하물며 그렇지 않은 상황에서 달러화에 대한 일반의 기대 심리가 급속히 변화하는 것을 기대할 수는 없다. 그리고 현재까지 킨들버거(Charles Kindlberger)가 지적한 최후의 대부자(lender of last resort)는 객관적인 경제지표로도 여전히 미국일 수밖에 없다.[43)

같은 연장선상에서 국제통화기구의 발권력을 제한하고 있는 현 상황도 달러의 패권을 연장하는 데 중요한 역할을 하고 있다고 볼 수 있다. 미국 이외의 국가들이 외환보유고로 달러를 선호하는 한 달러의 발행을 통한 국제유동성 공급은 지속될 것이고 그만큼 달러의 발권력에 기초한 영향력은 유지될 수밖에 없다. 그러므로 발권의 특권(seginorage)이 전쟁 직후의 상황과는 비교할 수 없겠지만 여전히 유효한 것이다. 미국의 국제무역수지 적자가 미국은 물론 국제경제에도 유리하다는 인식이 트리핀 딜레마가 제기되었던 시절뿐만 아니라 현재에도 사라지지 않는 이유도 여기에서 찾을 수 있을 것이다.

국제체제에서 미국의 변하지 않는 우월적인 지위 또한 통화패권의 또 다른 이유로 간주될 수 있다. 국제체제 자체를 변화시킬 수 있는 능력, 즉 체제적 영향력을 아직까지 미국만이 향유하고 있다는 사실은 미국의 위상을 상징적으로 대변하고 있다. 만약 기존의 국제통화체제가 근본적으로 변화될 수밖에 없는 새로운 상황이 전개되는 경우 1990년대 새로운 국제무역질서의 구축에서 드러난 미국의 주도적 역할이 다시 한번 가시화될 것이다. 미국의 체제적 영향력을 가능하게 하는 배경이 단순히 경제력에 국한되지 않는다는 사실을 접하게 되면 체제적 차원에서 미국과 다른 국가들과의 차이는 더욱 분명해진다. 다른 국가들과는 비교할

---

43) 결국 국제시장의 불완전성이 문제인데, 미국과 같은 패권국의 다음과 같은 역할이 지속될 때 국제경제체제는 원활이 유지, 운영될 수 있다는 것이다: "maintaining a relatively open market for distress goods; providing countercyclical, or at least stable, long-term lending; policing a relatively stable system of exchange rates; ensuring the coordination of macroeconomic policies; acting as a lender of last resort by discounting or otherwise providing liquidity in financial crisis." Charles P. Kindleberger, *The World in Depression 1929-1939* (Berkely: University of California Press, 1973), pp. 288-305. 같은 맥락에서 이 4가지 요소를 현재까지는 미국보다 더 잘 수행할 수 있는 국가가 없다는 것이다.

수 없는 강력한 군사력 그리고 요사이 강조되고 있는 소프트 파워(soft power) 등의 다양한 요소가 미국의 체제적 영향력을 배가시키고 있기 때문이다.

나. 유로화의 도전과 패권의 변화 가능성

확실한 것은 1970년대 이후 달러화도 국제통화의 삼대 요건인 조절, 유동성 및 신뢰성에서 문제를 드러냈다는 사실이다. 같은 맥락에서 만약 달러화를 대신할 수 있는 강력한 통화단위가 출현한다면 달러화의 지배에도 한계가 있을 수밖에 없다는 추론이 가능하다. 그러므로 1999년 출범한 유럽연합의 단일통화인 유로화는 논쟁의 대상이 될 수밖에 없다. 유로화가 적어도 외형적으로는 달러화에 못지 않은 강력한 배경을 지니고 있기 때문이다.

유로화와 달러화의 관계에 대한 논쟁은 다양하다. 우선 유로화의 잠재력과 달러화의 위약성으로 인하여, 유로화가 달러화와 비슷한 국제적 위상을 얻게 될 것이며 그 결과 단극체제의 국제통화질서는 변할 것이라는 주장이 있다. 버그스틴(Fred Bergsten)이 대표적인데, 그 이유를 다음과 같이 설명하고 있다. 무엇보다도 "유로에 가입한 유럽국가들을 모두 합한 경제규모가 미국에 필적하고, 향후 참가할 국가를 고려하면 미국의 그것을 상회한다." 즉 경제규모(economy scales)에서 유럽은 미국의 경쟁자가 되기에 충분하다는 것이다. 또한 "유럽연합이 국제재정 분야에서 강력한 채권자의 입지를 견지하고 있는 반면 미국의 대외채무는 무려 2조 달러($2 trillion)에 달한다." 즉 미국이 세계재정의 중심지라는 위상 및 달러화의 발권력에서 비롯되는 이점 때문에 아직 심각한 문제에 직면하고 있지는 않지만 달러화의 가치에 대한 懷疑가 발생하는 경우 대외채무는 문제가 아닐 수 없다는 것이다.

그것은 미국의 무역적자와 관련이 있다. 미국의 계속되는 대규모 무역적자로 인해, "마치 1970년 초 이후 매 10년마다 그랬던 것처럼 곧 달러

화의 급격한 추락이 있을 것이다." 특히 유럽의 무역흑자를 고려하면 달
러화의 위상 추락은 특히 유로화에 대해 그럴 것이라는 예측이 가능하
다.[44] 이 경우 미국의 막대한 외채는 부담으로 작용할 수밖에 없다. 결국
미국이 그 동안 누려 왔던 발권의 위력은 현저히 감소할 것이고, 그 여파
로 미국은 새로운 토대 위에 그들의 경제를 운용해야만 하는 상황에 처
하게 될 가능성이 높다. 국제통화체제의 근본적인 변화가 예고되는 것이
다.

버그스틴은 상기의 논리에 근거, 유로화와 달러화가 대등한 위치에 서
게 되는 2개 기축통화의 새로운 국제통화질서(bipolar monetary order)를
예견하고 있다.[45] 그러나 동아시아 특히 일본의 엔화가 그에 상응하는
성장을 보일 것으로 예상하지는 않고 있다. 그보다는 대서양을 사이에
두고 양 진영이 협력과 경쟁을 반복하는 새로운 질서가 세계를 주도할
가능성이 더 높을 것으로 전망하고 있다.[46] 하지만 동아시아의 경제협력
나아가 통합 움직임이 새로운 국제경제질서의 중요한 변수가 됨을 부인
할 수는 없다고 주장한다. 그것은 동아시아에서의 새로운 움직임에 대해
국제경제질서 전체가 영향을 받을 수밖에 없다는 것을 의미한다.[47]

반대로 지금과 같이 미국 달러화의 독주가 지속될 것이라는 주장도 강
력히 제기되고 있다. 쿠퍼(Richard Cooper)가 대표적인 인물인데, 예측 가

---

44) C. Fred Bergsten, "America and Europe: Clash of the Titans," *Foreign Affairs* 78/2,
March/April 1999, pp. 26-28. 이 경우 "국내적으로 인플레의 압력이 있을 것이다.
결과적으로 이자율이 높아지고 추락하는 통화에 대해 외국의 추가 수익 요구가 상
승함으로써(foreign demand for higher returns), 그 여파로 주식가격이 하락하여 시
장이 얼어붙는 경기침체가 유발될 것이다(*Ibid.*).

45) *Ibid.*, p. 33-34; 버그스틴, "달러-유로 2국 통화체제로," *한국경제신문*, 1998. 5. 2.

46) *Ibid.* 버그스틴이 2년전 발표한 논문에서는 장래 국제통화의 비율을 달러와 유로화
공히 40퍼센트로 보고 엔화와 스위스 프랑 그리고 그 밖의 통화들이 나머지 20퍼센
트를 차지할 것으로 구체적으로 예견한 바 있다. C. Fred Bergsten, "The Dollar and
the Euro," *Foreign Affairs* 76/4, July/August 1997, p. 84.

47) C. Fred Bergsten, "Towards a tripartite world," *The Economist*, July 13th 2000,
www.economist.com.

능한 미래에 유로화가 달러화를 대신할 수 없는 이유를 다음과 같이 설명하고 있다. 일반적으로 화폐는 편리한 가치척도(unit of account)의 수단으로 인식되는데 이는 화폐가 지니는 전체 의미의 일부에 불과하다는 것이다. "유로 혹은 달러라고 할 때 그것은 보다 복잡한 현상의 은유일 뿐이다. 사람들은 달러를 소유하는 것이 아니라 달러 표시의 자산(dollar-dominated asset)을 소유하는 것이다."[48] 쿠퍼의 주장은 앞서 설명한 화폐에 대한 사람의 기본 심리, 즉 특정 통화에 대한 개인적 믿음과 그것을 기초로 형성되는 인간들의 믿음체계를 의미하는 것으로 이해될 수 있다. 상기의 믿음체계를 전제로 달러로 표시되거나 달러와 연계된 자산에 신뢰성이 부여되는 것이다.

쿠퍼는 대단히 유동적인 2차 금융시장(highly liquid secondary market)을 예로 들고 있다. 과거 런던의 금융시장이 그랬던 것처럼 미국의 뉴욕을 위시한 금융시장에서 美재무부 증권은 24시간 내내 익명으로 쉽게 사고 팔 수 있다. 많은 보유자들에게 재무부 증권은 "이자가 포함된 화폐"가 되며 따라서 증권은 실질적으로 아무런 추가 비용 없이 지불수단으로 쉽게 전환될 수 있는 것이다. 정부증권의 하루 거래액은 무려 400-500억 달러에 이른다.[49] 2차 시장의 유동성이 대단히 풍부하다는 사실을 알 수 있다. 그러나 유럽이나 일본에서는 비슷한 시장을 찾아 볼 수 없으며 수십 년 내에 유사한 시장이 발달될 가능성도 없어 보인다. 즉 유로의 등장으로 참여국들의 통화는 통일되었지만 그 자체만으로 대단히 유동적인 2차 금융시장이 창출될 수는 없다는 것이다.[50]

중요한 것은 금융상품의 유동성이 네트워크 외부효과(network externalities)에 의존하고 있다는 사실이다. 즉 더 많은 사람 혹은 업자들이 증권을 소

---

48) Cooper, "Key Currencies After the Euro," p. 11.

49) *Ibid.* 그리고 *本 章*, 1., 1) "국제통화체제의 구조와 영향력 창출"에서 소개한 런던 금융시장의 움직임에 대한 설명을 참조할 것.

50) *Ibid.*, p. 12.

유할수록, 또한 더욱 자주 거래할수록, 증권은 유동성이 더욱 풍부해지게 된다. 유럽과 일본이 외면적으로 충분한 크기의 국내시장을 모두 성공적으로 발전시켜 규모의 경제를 이루었음으로 그들의 통화가 달러화에 버금가는 기축통화로서의 위상을 지닐 수 있다는 주장은 외부효과를 전혀 고려하지 않은 외형적인 논리일 뿐이라는 것이다.[51]

흥미롭게도 버그스틴이 현재의 유로와 달러 관계가 과거 파운드화로부터 달러화로 통화패권이 넘어갈 때(1930-40년대)의 양국 통화관계와 대단히 유사하다고 주장하는 반면,[52] 쿠퍼는 그렇지 않다고 맞서고 있다. 우선 양차 세계대전을 통해 영국의 국내경제와 대외적 위상이 엉망이 된데 반해, 현재의 미국은 전혀 그렇지 않다는 것이다. 당시 파운드화의 국제적 유용성(usability)은 극도로 위축되어 영국 및 파운드화 권역을 제외한 다른 국가들 사이의 무역에서 파운드화의 사용 빈도는 급격히 제한되었다고 주장한다. 그러나 현재 혹은 예측 가능한 미래에 달러화가 같은 상황에 처하리라는 징후는 전혀 포착할 수 없다는 것이다.[53]

그 밖에 프랑켈(Jeffrey Frankel)도 달러 패권이 상당기간 지속될 것으로 예측하고 있는데 그의 주장은 보다 추상적이며 스케일이 크다. 달러 패권은 영어가 세계적으로 쓰이는 것과 유사하다고 보고 있다. 영어가 언어 자체의 우수함 때문에 세계적인 언어인 것이 아니고 많은 사람들이 쓰고 있고 그 숫자가 날이 갈수록 늘어나기 때문에 세계 언어이듯이, 달러화도 세계경제의 주도적 역할에 적합하기에 국제통화인 것이 아니라 여러 사람들이 사용함으로 또 다른 사람들이 쓰게 되고 결과적으로 더욱 많은 사람들이 이용하게 됨으로써 국제통화가 될 수 있었다는 것이다.[54]

---

51) *Ibid.*, pp. 12-13. 바로 이점은 앞서 소개한 버그스틴의 주장과 정면으로 배치되는 것이다. 버그스틴이 유로존의 경제규모와 달러화 구역의 그것이 비슷함을 양 통화의 국제성을 비교하는 제1차적인 기준으로 삼은데 반해 쿠퍼는 그것이 옳은 판단이 아니라고 반박하고 있는 셈이다.

52) Bergsten, "The Dollar and the Euro," pp. 94-95.

53) Cooper, "Key Currencies After the Euro," p. 14.

그러므로 이러한 전통이 급작스레 무너지는 것은 상상하기 힘들다고 주장한다. 보다 구체적으로 국제통화를 결정짓는 4가지의 중요한 요소로 경제규모(economic size), 발달된 금융시장(developed financial markets), 역사적 관성(historical inertia), 그리고 통화에 대한 신뢰(confidence in the value of the currency) 등을 들 수 있는데, 네 가지 요소에 비추어 달러화가 쇠퇴한다는 증거는 포착되지 않는다는 것이다. 1990년대 들어 각국의 달러화 보유 비율이 다시 증가하고 있는 현상은 그것의 좋은 증거라고 논증하고 있다.[55]

2. 국제통상패권

1) 전후 국제무역질서와 통상패권의 확립

양차 세계대전 사이(interwar period)에 발생한 주요 강대국 간의 심각한 해외시장 쟁탈전과 국제적 경제불황이 세계대전의 또 다른 중요한 원인이었다는 주장에는 큰 무리가 없다. 당시 범세계적 경제대란은 국가 간의 경제분규를 규율할 수 있는 국제조직이 존재하지 않았던 현실에 기인한다는 자각이 뒤따랐다.[56] 따라서 전후 강력한 국제경제기구의 설립은

---

54) Frankel, "Still the Langua Franca," p. 9.

55) *Ibid.*

56) 자본주의 운영에 있어 가장 기본적인 수단인 시장이 불안정해짐으로써 세계경제는 항상 무질서를 겪을 가능성을 지니고 있다. 따라서 이를 보완하기 위해서는 경제적으로 절대 강대국이 존재하여야 한다는 것이 이른바 패권적 안정이론의 핵심 내용이다. 그러한 이론적인 설명이 없었더라도 아무튼 무언가 세계적 규모의 조정 기관이 존재하여야 한다는 당시의 합의가 새로운 국제질서 형성의 기본 가정이 되었던 것만은 분명하다. 이론의 효시적 접근으로는 다음이 있다: Kindleberger, *The World in Depression 1929-1939.* 킨들버거의 관찰을 패권적 안정이론이라 부른 최초의 논문은: Robert O. Keohane, "The Theory of Hegemonic Stability and Changes in International Economic Regimes, 1967-1977," Ole R. Holsti, Randolph M. Silverson, and Alexander L. George, eds., *Changes in International System* (Boulder: Westview Press, 1980), ch. 6. 그 밖에 다음의 논문도 중요하다: Stephen D. Krasner, "State Power and the Structure of International Trade," *World Politics*

가장 중요한 의제가 될 수밖에 없었다.

전쟁의 종료 직전인 1944년 브레튼우즈(Bretton Woods)에서의 회합을 통해 애초에 모색되었던 강력한 국제무역기구의 실체는 하바나 헌장 (Havana Charter)에 잘 구현되어 있다. 헌장이 미국의회로부터 비준을 얻지 못함에 따라 ITO의 설립이 무산된 사실은 이미 설명한 바 있다.[57]

강력한 국제기구가 설립된다는 것은 결국 회원국들의 주권이 대폭 양도되는 것을 전제로 하고 있는 바, ITO와 같은 강력한 기구의 탄생에 미국의회가 비협조적이었다는 사실은 여러 가지를 시사해 준다. 우선 법적으로 미국의 경우 "국제경제문제에 관한한 미국의회는 그것이 의회의 관할 사항임을 주장할 만한 여러 근거를 미합중국 헌법에서 찾을 수 있다"는[58] 해석이 존재한다. 국민생활에 지대한 영향을 미치는 경제활동에 관한 국가의 권한은 절대적인 것으로서 행정부조차도 그 권한을 임의로 처분하는 것은 불가능하다는 국가운영상의 원칙에 대외경제관계도 결코 예

28(1976), pp. 317-47; Robert Gilpin, *War and Changes in World Politics* (Cambridge: Cambridge University Press, 1982). 이론의 논리적 결함을 지적한 논문으로 대표적인 것은 Dancan Snidal, "The Limits of Hegemonic Stability," *International Organization* 39(1985), pp. 579-614. 그리고 패권적 안정의 구체적인 메커니즘에 대해서는 각주 43)을 참조할 것.

57) ITO의 설립 계획과 추진 과정에 대해서는 각주 5) 참조. ITO의 강력함은 당시로부터 무려 반세기 후에 설립된 세계무역기구(WTO)에서 조차 구현되지 않았던 불공정무역 행위(unfair trade practices)에 대한 규제가 ITO에서는 별도의 독립된 章에 규정되어 있었다는 사실로 잘 확인된다. 따라서 ITO에서는 불공정 무역 행위에 대한 일반규제가 가능했던 것이다. 구체적으로 하바나 헌장 제5장은 불공정 무역행위를 통제하는 일반 사항을 규정하고 있다; "ITO 회원국은 생산과 무역의 확대에 유해한 효과를 주고 하바나 헌장의 목적 달성을 저해하는 경우에 국제무역에 영향을 주는 경쟁 제한적인 민간기업 활동을 방지할 적절한 조치를 취할 의무를 부담하여야 하였다. 이러한 민간기업 활동에는 가격 고정, 영토적 분할 협정, 특정 기업에 대한 차별, 생산제한, 기술의 발전을 제한하는 행위 및 지적 재산권의 부당한 확장 적용이 규정되어 있었다." 박노형, "WTO 반덤핑 협정의 법적 분석과 EU의 관련 이행법안 검토," 김기수 편, *WTO와 반덤핑관세: 정치, 경제, 법적 분석과 우리의 대응* (서울: 세종연구소, 1995), p. 63.

58) 대표적으로 미국헌법 1조 8항(Article I, Section 8)을 들 수 있다. John H. Jackson, *The World Trading System: Law and Policy of International Economic Relations* (Cambridge: The MIT Press, 1989), pp. 61-2.

외일 수는 없다는 것이다. 강력한 국제무역기구의 탄생에 대한 미국의 이러한 태도에는 정치적인 의미도 내포되어 있었다. 통상에 관한 미국의 권한을 다른 데 넘길 수는 없다는 것이 당시 미국의 입장이었다면, 그것은 역으로 향후 통상패권을 향유할 것이 확실한 마당에 국제기구를 통해 그들의 권한을 축소시킬 이유가 없다는 의도로 이해될 수 있기 때문이다.

아무튼 ITO의 설립이 무산됨으로써 관세와 무역에 관한 일반협정 (General Agreement on Tariffs and Trade)이 엉뚱하게도 ITO를 대신해야만 하는 기형적인 사태가 초래되었다. GATT는 원래 그 명칭이 의미하는 바와 같이 관세만을 전담하도록 구상된 별도의 협의체였다.[59] 따라서 GATT로 대변되는 전후의 국제무역기구는 애초부터 불완전한 것이었다. 그러나 당시 공산주의의 팽창이 가시화됨에 따라 우선 무역기구를 출범시키는 것 자체가 시급한 과제였다. 무역기구는 공산주의에 대한 자본주의 국가의 단합이라는 정치적 효과가 있었기 때문이다. 즉 이미 설명한 바와 같이 안보가 그 무엇보다도 우선하는 국제환경이 조성되기 시작한 것이다.

결국 전쟁 직후 예상하지 못했던 국제정치상의 난기류가 애초 연합국들의 단합을 전제로 모색되었던 이상적인 다자주의의 실현을 결정적으로 제한한 것으로 볼 수 있다. 앞서의 설명에서 잘 드러나지만 GATT는 태생적인 한계를 지닐 수밖에 없었다. 그럼에도 불구하고 적어도 1970년대를 전후한 시점까지 GATT는 비교적 순탄하게 발전한다. GATT의 불완

---

59) GATT와 ITO의 관계, 그리고 전후 국제무역기구의 특징에 관해서는 다음을 참조하라: Kenneth W. Dam, *The GATT: Law and the International Economic Organization* (Chicago: The University of Chicago Press, 1970, The Midway Reprint, 1977), 특히 ch. 2. 외교적 시각이 특히 강조된 분석을 위해서는 다음을 참조할 것: Gerard Curzon, *Multilateral Commercial Diplomacy: General Agreement on Tariffs and Trade and its Impact on National Commercial Policies and Techniques* (New York: Frederick A. Praeger Publisher, 1965); Gardner, *Sterling-Dollar Diplomacy in Current Perspective*, 그리고 Robert E. Hudec, *The GATT Legal System and World Trade Diplomacy* (New York: Praeger Publishers, 1975).

전성은 우선 그 규정상의 미비점에서 찾을 수 있다.[60] 그러므로 GATT
는 라운드(round)라고 불리는 수 차례의 다자간 협의를 통해 수정, 보완
되어야만 했다. 1947년 제네바에서의 합의에 의해 사실상 활동을 개시한
GATT는 1960년대까지 여섯 차례에 걸친 다자간 협의를 거치며 기능을
확대해 갔다.[61] 적어도 1960년대 말까지만 해도 투명성의 원칙이 비교
적 잘 지켜져 국제무역의 총체적 관리에는 큰 문제가 없었다. 물론 각 라
운드를 주관한 국가는 미국이었다.

2) 통상패권의 변형과 힘의 행사

1960년대 말을 기점으로 국제무역환경에 변화가 초래된 이유는 우선
국제체제 자체의 변이에서 찾을 수 있다. 전후 국제무역기구의 설립 배
경에 대한 앞서의 설명에서 잘 드러나듯이 브레튼우즈로 불리는 국제경
제체제는 양극체제라는 국제정치적 환경을 배경으로 구축되었다. 그리고
미국과 같은 절대적인 영향력을 가지고 있는 자본주의 초강대국의 강력
한 의지와 영향력하에 탄생되고, 유지 및 발전되었다. 결국 양극체제와
자본주의 초강대국의 존재는 전후 국제무역질서의 탄생과 운영에 있어
가장 중요한 상황적 조건이었던 것이다. 따라서 조건상에 변화가 있을
경우 국제무역체제도 영향을 받을 수밖에 없다는 가정이 가능해진다.

1960년대 말에 이르러 국제체제의 사실상 관리자였던 미국의 역할에
변화가 발생한다. 앞서 설명한 달러화의 금태환정지 결정은 1970년대 초

---

60) 규정상의 미비점 중 특히 두드러지는 것은 각 조항에 예외 규정이 지나치게 많다
　는 것이며, 아울러 규정의 위반 시 이를 재판, 강제할 권력이 사실상 不在하였다는
　사실이다.

61) 1차 Geneva Round를 시작으로 2차 Annecy Round (1949년), 3차 Torquay
　Round(1950), 4차 Geneva Round(1956), 5차 Dillion Round(1960-61), 6차 Kennedy
　Round(1962-67)까지 총 6차례에 걸쳐 다자간 무역협의가 이루어졌다. 이후 7차
　Tokyo Round(1979) 그리고 8차 Uruguay Round(1986-93)를 거쳐 세계무역기구
　(WTO)의 탄생으로 이어진다. 따라서 현재 진행 중인 도하 개발 어젠다는 전체로서
　는 9차, WTO 기준으로는 첫 번째 다자협의가 되는 셈이다.

에 이르러 미국이 패권국가로서의 한계를 드러내기 시작한 것을 의미했다. 패권적 안정이론을 들먹일 필요도 없이 국제무역의 실질적인 관리자였던 미국의 상대적 쇠퇴는 어떤 형식으로든 국제무역체제에 영향을 미칠 수밖에 없었다.

안정자로서 패권국의 여러 가지 역할은 겉으로 보기에는 서로 분리되어 있는 것처럼 보이지만 실제로는 상호 긴밀히 연계되어 있다. 결론적으로 패권국의 국내경제가 다른 국가들에 비해 월등히 견실할 때 패권국의 역할이 가능한 것이다. 패권국 국내경제의 부실화는 국제무대에서 패권국의 통화가치의 하락으로 나타난다. 여기서 패권국은 국제수지의 악화를 겪게 되는데, 왜냐하면 국내경제의 국제적 반영이 곧 국제시장에서 한 국가의 통화가치이며 국제수지이기 때문이다. 그러한 상황에서는 환율 안정자로서의 패권국의 역할을 기대하기 힘들게 되며, 나아가 할인 혹은 유동성의 제공을 통해 국제경제를 안정시키는 역할도 기대하기 어렵게 된다.

닉슨 쇼크를 통해 국제통화체제가 붕괴하자 국제무역상의 혼란은 불가피 했다. 이후 보호주의의 발흥은 혼란의 표출이었다. 1970년대 중반부터 세계 무역신장율은 눈에 띄게 저하되었고 비관세 장벽(NTBs: nontariff barriers), 즉 쿼타(quotas), 수출자율규제(voluntary export restraints: VERs) 등이 주종을 이루는 보호주의 경향이 뚜렷해졌다.[62] 보호주의정책은 패권적 안정이론이 예견하는 바와 같이 주로 미국이 주도하였는데, 당시만 하여도 악화되는 국제수지를 방어하는 것이 미국 보호주의의 주된 목표였다. 따라서 미국이 원용했던 쿼타 혹은 수출자율규제와 같은 보호주의 방책은 미국의 국내시장을 보호하기 위한 것으로서 고전적인 보호주의의 변형이었다. 여러 차례의 다자 간 협의를 통해 선진국의 관

---

62) 세계 총교역은 1953년부터 10년간 연평균 약 6.1퍼센트 성장하고, 1963년부터 10년간은 약 8.9퍼센트의 성장을 보인 반면, 1973년부터 10년간은 2.8퍼센트에 그친다. Gary C. Hufbauer and Jeffrey J. Schott, *Trading for Growth* (Washington D.C.: Institute for International Economics, 1985), p. 97.

세율은 이미 낮아져 있었음으로 국내시장을 보호하기 위한 무역정책은 당연히 쿼터와 같은 수량규제에 초점이 맞추어 질 수밖에 없었다.[63]

1980년대에 들어오면서 보호주의는 새로운 양상을 띠며 발전하게 되는데, 국제무대에서 미국의 위상이 변화하는 것과 무관하지 않다. 1970년대까지만 해도 미국의 쇠퇴 현상은 월남전으로 인한 국력의 약화라는 절대적인 측면과 서방 선진국들의 급격한 경제회복으로 인하여 미국이 위축된 상대적인 측면 모두를 지니고 있었다. 그러나 1980년대 들어오면서 미국이 경제적으로 거의 답보 상태를 벗어나지 못했던데 반해 서방 선진국의 경제적 약진은 더욱 두드러졌다. 그중에서 특히 일본의 성장은 괄목할 만 한 것이었는데, 따라서 1980년대 미국의 쇠퇴는 상대적인 성격을 강하게 띠고 있었다. 아무튼 미국의 쇠퇴는 미국 산업경쟁력의 약화로 나타났고 결국 국제수지의 만성적인 적자로 이어지게 된다.[64]

1980년대 미국의 위상 변화는 미국으로 하여금 보다 공격적인 보호주의정책을 추구하도록 부추겼다. 1970년대와는 달리 무역상대국의 시장을 적극적으로 개방하려는 더욱 공격적인 무역정책이 선을 보이기 시작한 것이다. 미국은 통상압력(market-opening trade pressure)과 같은 공격적인 무역정책을 논리적으로 합리화시키기 위하여 불공정 무역행위(unfair trade practices)의 시정을 새로운 정책의 목표로 제시하였다.

즉 자유무역질서는 공정한 무역행위를 통해서만 유지 및 발전될 수 있음으로 불공정 무역행위는 당연히 제재의 대상이 되어야 한다는 것이다.

---

63) 1967년에 종결된 케네디라운드 이후 선진국의 평균 관세율은 8.7퍼센트에 불과했는데, 1970년대의 동경라운드를 거치면서 4.7퍼센트로 더욱 하락하게 된다. Jackson, The World Trading System, p. 53.

64) 미국의 소위 말하는 쌍둥이 적자, 즉 재정 및 무역 적자는 경제원리상 미국의 저축률이 경쟁 상대국, 특히 일본의 그것보다 상대적으로 낮아 발생하는 것으로 되어 있다. 그러나 국가 간의 무역에서 발생하는 적자는 국내적인 요인을 배제하는 경우 결국 한 국가의 기술력에 비하여 그들의 소득이 높게 평가되기 때문에 발생하는 것으로 볼 수 있다. 따라서 그것은 일반적으로 산업경쟁력의 상대적인 약화로 무역수지가 악화되는 것으로 이해될 수 있는 것이다.

따라서 미국은 특정 수입시장이 폐쇄적인 것도 결국 불공정 무역행위에 해당함으로 시장을 개방시키기 위한 통상압력은 합당하다는 주장을 하게 된다. 그들의 주장은 신상호주의(new reciprocity)라는 새로운 이론으로 무장되어 있는데,[65] 논리의 핵심은 'tit-for-tat' 전략이었다.[66] 그러나 맞받아치기를 의미하는 이 전략을 통해서 자유무역질서가 보다 잘 유지, 운영된다는 주장이 이론적으로나 실제적으로 입증된 바는 없다.[67] 따라서 새로운 강압정책은 정치적인 관점에서 볼 때 일방적인 힘의 행사로 비쳐질 수밖에 없었다.

1990년대 이후에도 공격적 보호주의의 경향은 수그러들 기미를 보이

---

[65] 상호주의는 원래 경제학적으로 이해되어 왔다. 'Tit-for-tat'이 의미하는 바와 같은 보복(retaliation)이 아닌 양보(concession)가 고전적 상호주의의 전제였다. 이러한 경제적 논리는 GATT의 기본 규범인 '상호주의'의 해석에 있어 그대로 원용되는데, 바그와티(Bhagwati) 교수에 따르면 GATT에서의 상호주의는 애초에 회원국이 처한 무역 환경은 그대로 인정한 채 더 이상의 개방을 위한 상호 간의 양보를 의미하는 것이다. 따라서 바그와티는 이러한 상호주의를 'first-difference reciprocity'라고 칭하고 있다. Jagdish N. Bhagwati and Douglas Irwin, "The Return of the Reciprocitarians-US Trade Policy Today," *The World Economy* 10/2 (1987), p. 117.

[66] 'Tit-for-tat' 이론은 원래 게임이론에 기초, 정치학자들에 의해 개발되었다. 이론의 효용성이 알려진 후에 일부 정치학자와 경제학자들이 그것을 국제무역의 분석에 원용한 것이다. 이론의 효시로 다음의 논문이 있다. Robert Axelord, "The Emergence of Cooperation among Egoists," *American Political Science Review* 75(1981), pp. 306-18. 정치학자의 국제무역 분석으로는 다음의 논문이 있다: Robert O. Keohane "Reciprocity in International Relations," *International Organization* 40(1986), pp. 1-28; Carolyn Rhodes, "Reciprocity in Trade: the Utility of a Bargaining Strategies," *International Organization* 43(1986), pp. 273-99. 경제학자에 의한 이론의 원용은: William Cline, "Reciprocity: A New Approach to World Trade Policy," William Cline, ed., *Trade Policy in the 1980s* (Washington D.C.: Institute for Internaitonal Economics, 1983), pp. 121-58; Avinash Dixit, "How Should the United States Respond to Other Countries' Trade Policy?" Robert M. Stern, ed., *U.S. Trade Policies in a Changing World Economy* (Cambridge: The MIT Press, 1987), pp. 245-82.

[67] 'Tit-for-tat' 이론에 대한 비판을 위해서는 다음을 참조할 것: James A. Brander, "Rationales for Strategic Trade and Industrial Policy," Paul R. Krugman, ed., *Strategic Trade Policy and the New International Economics* (Cambridge: The MIT Press, 1986), 특히 pp. 41-2; Jagdish N. Bhagwati, *Protectionism* (Cambridge: The MIT Press, 1988), 특히 pp. 42, 109.

지 않고 있다. 1990년대는 과거 1980년대와는 달리 체제적 차원에서 또 한 차례의 중요한 변혁을 겪게 된다. 앞서 설명한 바와 같이 자본주의와 공산주의 간의 대립인 양극체제는 전후 국제무역질서의 또 다른 체제적 조건이었다. 따라서 공산진영의 붕괴로 인하여 양극체제가 소멸되었다는 것은 1970년대 목격되었던 것과 비슷한 체제적 변화가 1990년대에도 일 어났음을 의미한다.

  논리적으로 체제상의 변화는 以前의 것과는 다른 새로운 질서가 탄생 될 수 있는 외적인 조건이 형성되었다는 것을 암시한다. 그렇다면 현실 적으로 과거의 질서를 대체할 만 한 새로운 무엇이 형성되었는가. 만약 새로운 질서가 성립되었다면 그 특성은 무엇이고, 나아가 그것은 미국의 대외무역정책과 어떠한 관련이 있는가 등의 질문이 아울러 제기될 수 있 다.

3) 영향력 행사의 다변화

  1980년대의 공격적 보호주의와 1990년대의 그것 간에는 다소 차이가 있다. 1980년대의 통상압력은 주로 상대국의 상품시장을 개방시키고 대 외적으로 드리워져 있는 무역장벽을 제거하기 위한 것이었다. 반면 1990 년대에는 통상압력이 상품시장 이외의 다른 분야, 즉 서비스 등 지식산 업에까지 확산되었고, 나아가 외적으로 드러난 무역장벽 이외에 무역에 영향을 미치는 국내제도 및 여러 가지 사업관행에 대해서도 구조적인 개 선을 요구하는 수준에까지 이르게 된다. 따라서 1980년대의 공격적 보호 주의가 양적인 접근에 기초하고 있다면 1990년대의 그것은 질적인 것을 추구하는 보다 고차원적인 성격을 띠고 있음을 알 수 있다. 권력의 행사 가 더욱 노골화 된 셈인데, 상대국의 내부 경제구조에까지 미국의 영향 력이 행사되기 때문이다.

  아무튼 1970년대 이후 성행한 보호주의는 그것이 방어적인 것이든, 혹은 공격적인 것이든 무역문제가 당사자 간의 교섭과 타협을 통해 해결되는 특징을 지니고 있음으로 쌍무주의에 기초하고 있다고 볼 수 있다. 따라서 1970년대 이래 GATT체제에서의 국제무역은 사실상 쌍무주의로 점철되었다고 하여도 과언이 아니다. 그런데 문제는 국가 간의 무역분규를 대변하는 쌍무주의가 미국에 의해 주도되었다는 사실이다. 제2차 세계대전 직후 주요 유럽국가들이 쌍무주의에 기초한 관리무역에 치중함으로써 국제무역의 활성화에 적신호가 켜진 적이 있다. 이를 타개하고 다자주의를 정착시키기 위해 마샬플랜과 같은 혁신적인 정책을 구사한 장본인이 미국이었다는 역사적 사실에 비추어 보면 미국의 새로운 보호주의는 아이러니가 아닐 수 없다.

쌍무주의가 한참 기승을 부리던 1980년대에 GATT체제는 사실상 유명무실해졌고 그것은 곧 다자주의의 위기를 의미했다. 그러나 1990년대 들어서서 GATT체제가 정비되어 새로운 무역기구인 WTO가 탄생함으로써 다자주의는 일단 그 死藏을 면하게 된다. 다자주의는 국가 간의 무역문제를 당사자가 아닌 국제기구의 규범을 통해 해결하려는 원칙이므로 원리상 쌍무주의와는 반대되는 개념이다.

1990년대 들어오자 과거에는 볼 수 없었던 새로운 무역형태인 지역주의가 선을 보이게 된다. 지역주의 발상지는 유럽이었다. 그 역사는 이미 GATT의 설립 시기까지 거슬러 올라간다. 서유럽 국가들의 특정 사안에 대한 지역적 이해 추구를 GATT가 예외적으로 인정한 다양한 사례는 이미 언급한 바와 같다.[68] 초기의 유럽통합 움직임에 대하여 미국은 매우 호의적이었다. 전후 국제경제질서의 창출과 관련한 미국의 전략적 계산이 서유럽에 그대로 적용되었기 때문이다. 1950년대만 하여도 서유럽의 단합은 그것이 어떠한 형태를 띠든 공산진영의 팽창을 억제한다는 측면에서 바람직하다고 여겨졌다.

---

68) 유럽에 대한 예외로 후일 유럽 공동체의 모체가 되었던 ECSC(European Coal and Steel Community)를 들 수 있는데, GATT도 다자주의의 일반원칙을 배제한 채 그것의 결성과 활동을 예외적으로 인정하였다. 자세한 내용은 각주 16) 참조.

즉 안보 우선의 논리가 초기의 지역주의 움직임에서도 그대로 반영되었던 것이다. 그러나 미국의 태도에 근본적인 변화가 일기 시작한 것은 1960년대 후반 유럽의 통합이 현실화될 것처럼 보이던 때부터였다. 흥미롭게도 태도 변화의 시기는 미국이 패권국으로서의 역할을 포기하기 시작한 시점과 거의 일치한다.[69] 당시 미국의 태도는 1990년대까지 이어진다. 유럽이 단일시장을 이루자 북미자유무역협정(NAFTA)을 발효시키는 등 미국 중심의 또 다른 지역주의로 유럽에 대응한 것만 보아도 미국의 지역주의에 대한 전략적 판단은 분명해진다.[70] 아무튼 1990년대 들어 지역주의는 하나의 중요한 무역패턴으로 자리잡게 되었다. 지역주의는 논리상 다자주의를 훼손하는 것으로 인식되고 있으나 WTO조차 지역주의를 다자주의와 어떻게 조화시킬 것인지에 대해서는 아직 확실한 원칙을 정하지 못하고 있다.

결국 다자주의, 쌍무주의, 그리고 지역주의라는 세 가지의 중요한 무역 패턴이 공존하고 있다는 사실이 현재 우리가 접하고 있는 국제무역질서의 가장 큰 특징이라고 할 수 있다. 무역관계가 과거 GATT 시절보다는 훨씬 복잡해진 것이다. 흥미로운 점은 양극체제의 붕괴, 다자주의의 재생 그리고 지역주의의 확산 등이 1990년대 초 거의 동시에 이루어졌다는 사실이다. 그러므로 양극체제의 붕괴에서 비롯된 전후 질서의 체제

---

69) 1970년대 초반 미국과 서유럽의 이해는 특히 경제적인 측면에서 본격적으로 갈라지기 시작하는데, 월남전의 후유증으로 인한 미국의 세력 약화가 주된 이유 중의 하나였다. 특히, "1971년 달러의 금태환 금지조치를 포함한 닉슨의 신경제정책은 서유럽 및 일본과 심각한 마찰을 일으켰다." Block, *The Origins of International Economic Disorder*, p. 197. 보다 자세한 분석을 위하여 다음의 논문도 참조할 것: Wayne Sandholtz and John Zysman, "1992: Recasting the European Bargain," *World Politics* 42/1 (1989), pp. 1-30. 유럽통합에 대한 미국의 부정적인 경계심은 1971년 닉슨 대통령의 보고서에서 공식적으로 표출되었다. 자세한 내용은 각주 192) 참조.

70) 유럽의 통합이 현실화되자 미국은 북미시장의 통합에 적극 나서게 되는데, 첫 대상은 물론 캐나다였다. 북미시장의 통합을 시기적으로 분석해 보면 미국의 급작스런 움직임에 유럽에 대한 대응수가 숨겨져 있다는 사실을 쉽게 알 수 있다. 자세한 내용은 각주 271) 참조.

적 변화는 국제무역질서의 재편이라는 관점에서 다시 음미해 볼 만 하다.

소련의 붕괴와 더불어 냉전체제가 종말을 고함으로써 전후 질서를 지탱하던 체제적 특징은 사실상 거의 사라졌다. 다만 미국의 상대적 약화에도 불구하고 경제적으로나 정치적으로 아직 미국의 힘을 능가할 만 한 실체는 존재하지 않는다는 사실에 기초, 미국의 패권이 계속 유지되고 있는 것이다. 그러한 체제적 특성은 국제무역에 있어 다음과 같은 중요한 의미를 지닌다. 우선 냉전체제의 산물인 안보 우선의 논리에 미국이 더 이상 구속될 이유가 없어졌다. 즉 안보를 위하여 경제적 희생을 어느 정도 감수해야만 했던 체제적 조건으로부터 미국은 사실상 자유스러워진 셈이다.

적어도 체제적 조건상으로는 미국이 대외무역을 장기적인 관점에서 전략적으로 이용할 수 있는 기회가 증대된 것이다. 그러나 그와 같은 정책의 시행은 그만한 힘을 필요로 한다. 따라서 미국의 패권이 현재까지 유지되고 있다는 사실은 매우 중요한 것을 시사해 주고 있다. 미국이 자국의 경제적 이해를 추구함에 있어 상대 국가의 강력한 도전과 같은 결정적 장애가 적어도 현재까지는 존재하지 않고 있는 것이다.[71]

그렇다면 이러한 체제적 조건에서 미국이 그리고 있는 새로운 무역질서와 전략은 어떠한 것인가. 이미 설명한 바와 같이 다자주의, 지역주의 그리고 쌍무주의가 공존하고 있는 현 체제에서 세 가지 무역패턴은 결국 국가 이해의 집산물이라고 할 수 있는데, 같은 맥락에서 새로운 질서의 정립에 가장 지대한 영향을 미친 미국의 이해를 살펴보면 현 무역질서의 성격과 작동원리를 보다 자세히 파악할 수 있다. 국가는 국제무대에서

---

71) 그 설명은 국제무대에서 국가는 필연적으로 權力과 富를 추구한다는 가정에 입각하고 있다. 이 경우 국가 간의 경제관계에는 단순히 부의 확대 생산뿐만 아니라 영향력 창출의 기능도 있게 된다. 역으로 영향력을 통하여 富가 창출될 수도 있다. 따라서 현재의 국제무역질서하에서는 미국과 같은 초강대국이 목적과 수단을 그들의 利害에 따라 보다 자유로이 조합할 수 있다. 보다 자세한 내용은 다음을 참조할 것: 김기수, "국제 무역 질서의 분석적 고찰," *IRI 리뷰* 1/1 (1996), pp. 10-16.

그들의 自存과 繁榮을 위하여 무한의 영향력을 필요로 한다는 가정이 있다.[72] 그 영향력를 특정 지역 혹은 세계적 규모로 추구하는 것을 흔히들 覇權이라고 한다. 그런데 국제무역을 현실주의 시각에 비추어 보면 무역 관계가 영향력의 확대를 위해 대단히 유효한 수단으로 활용될 수 있다는 사실이 유추된다.[73] 국가는 무역을 통해 富를 창출한다는 경제학적 가정을 감안하면 결국 무역을 위시한 국제경제관계를 통하여 국가는 富와 影響力을 동시에 추구한다고 볼 수 있는 것이다.[74]

따라서 통상관계를 활용하여 영향력과 경제적 利害를 추구하는 것은 오히려 당연하다고 할 수 있는데, 단지 이해 추구의 정도가 시대와 환경

---

72) 이 가정이 바로 각주 71)에서 설명한 부와 영향력을 무한히 추구하는 국가 행위를 설명해 주는 핵심 논리이다. 그것을 흔히 홉스적 시각(Hobbesian View)이라고 하는데 이론적으로 정치적 현실주의의 모체가 된다. Thomas Hobbes, *Liviathan*, C.B. Macpherson, ed., (London: Penguin Books, 1985), 특히 chs. 11, 13, 14, 21, 30을 참조하라. 그것과 관련하여 홉스의 원문에는 다음과 같은 구절이 발견된다: "he cannot assume the power and means to live well, which he hath present, without the acquisition of more(ch. 11, p. 161)." 이를 현대적으로 계승한 대표적인 저술로 다음을 들 수 있다: Hans J. Morgethau, *Politics among Nations: The Struggle for Power and Peace*, fifth edition (New York: Alfred A. Knoff, 1973); Kenneth Waltz, *Theory of International Politics* (New York: Random House, 1979); Hedley Bull, "Society and Anarchy in International Relations," Herbert Butterfield and Martin Wight, eds., *Diplomatic Investigations: Essays in the Theory of International Politics* (London: George Allen & Unwin, 1966), pp. 35-50; John J. Mearsheimer, *The Tragedy of Great Power Politics* (New York: W. W. Norton & Company, 2001).

73) 무역관계를 통해 국가 간에 영향력이 창출되는 메커니즘을 최초로 정확히 밝힌 저술로는 다음을 들 수 있다: Hirschman, *National Power and the Structure of Foreign Trade*. 이의 현대적 해석을 위해서는 다음을 참조하라: David A. Baldwin, *Economic Statecraft*, 특히 ch. 5, 그리고 Robert O. Kohane and Joseph S. Nye, *Power and Interdependence*, second edition (Boston: Scott and Foresman and Company, 1989), 특히 pp. 11-19.

74) 이 문제를 심도있게 다룬 대표적인 저술로 다음을 들 수 있다: 경제학자의 저술로는 Charles P. Kindleberger, *Power and Money: The Economics of International Politics and the Politics of International Economics* (New York: Basic Books, 1970), 그리고 정치학자의 저술로는 Baldwin, *Economic Statecraft*와 Klaus Knorr, "International Economic Leverage and its Uses," Klaus Knorr and Frank N. Trager, eds., *Economic Issues and National Security* (Lawrence, Kansas: the University Press of Kansas, 1977), pp. 99-126.

에 따라 상이하게 나타날 뿐이다. 전후 국제질서의 체제적 조건은 미국의 이해 추구를 오히려 억제하는 역할을 하였다고 볼 수 있다. 따라서 앞서 설명한 바와 같이 체제적 조건이 소멸된 현재의 국제질서하에서 미국은 보다 자유스럽게 그들의 이해를 추구할 수 있게 된 것이다. 여기서 미국의 利害는 당연히 富와 影響力의 확대이다.75)

우선 쌍무주의를 통하여 미국은 富와 影響力을 동시에 추구할 수 있다. 1980년대 이래 본격화된 미국의 상대국에 대한 통상압력이 그러한 현상을 잘 설명해 주고 있다. 그러므로 미국의 입장에서 쌍무적 압력을 가함으로써 그들의 이해에 反하는 상황이 펼쳐지거나, 혹은 공격적 무역정책을 제약하는 체제적 조건이 만들어지지 않는 한 그토록 유효한 수단인 쌍무주의를 포기할 논리적인 이유는 없다. 현재의 국제무역질서하에서 그와 같은 제약적 조건은 존재하지 않는다. 따라서 쌍무주의가 단시일 내에 개선되기는 어렵다는 사실을 알 수 있다.

반면 지역주의는 세계적 차원에서 지역분할과 지역패권의 확립이라는 의미를 내포하고 있다. 지역주의에 무역창출효과(trade creation)가 있다 하더라도, 적어도 정치적 관점에서 지역주의가 배타적인 블록을 형성시키고 새로운 영향력을 창출한다는 사실을 부인할 수는 없다. EU의 설립에 대한 미국의 반응이 대응 블럭, 즉 NAFTA의 결성이었던 사실에서 지역주의가 현실적으로 어떻게 인식되고 있는지를 알 수 있다. 나아가 APEC을 강화함으로써 아·태지역에서 기존의 영향력을 고수하겠다는 미국의 의지를 고려하면 지역주의가 지닌 정치 및 경제적 의미는 더욱 분명해진다. 따라서 강대국 중심의 지역블록 형성 및 확대가 이미 경쟁의 양상을 띠고 있음에 비추어 지역주의의 확산은 당분간 피할 수 없는 현실이 되었다.76)

---

75) 이하의 쌍무주의, 지역주의 그리고 다자주의와 관련된 미국의 이해는 다음에 기초하고 있다: 김기수, "국제 무역 질서의 분석적 고찰," pp. 24-25.

76) 지역주의에 대한 전략적 분석을 위해서는 다음을 참조할 것: Kisoo Kim, "APEC:

다자주의는 이미 설명한 바와 같이 원래 자유무역을 세계적으로 촉진, 발전시키려는 의도에서 비롯되었다. 양차 세계대전 사이(interwar period)에 목격되었던 국제무역상의 혼란은 무역을 범세계적 차원에서 규율해야만 할 필요성을 증대시켰고 그 결과 제2차 세계대전 이후 GATT 체제가 출범했던 것이다.[77] 따라서 다자주의는 이론적으로나 실제적으로 자유무역의 상징으로 간주되어 왔고, 적어도 논리상 쌍무주의는 물론 지역주의와도 양립하기 힘든 원칙이다. 다자주의의 실패는 곧 자유무역의 범세계적 확장에 대한 심대한 타격을 의미한다. 따라서 다자주의를 대변하는 국제무역기구가 기능을 잘 하든 혹은 그렇지 않든 국제기구가 존립한다는 것 자체가 자유무역이 건재하고 있다는 최소한의 논리와 명분을 제공해주고 있는 셈이다. 같은 맥락에서 미국과 같은 강대국조차도 이 대원칙을 먼저 파괴한다면 자유무역에 대한 나름의 정통성(legitimate ground)을 상실하는 위험을 안게 된다.

그리고 다자주의를 통해 얻어지는 경제적 실익도 다자주의 존립의 또다른 이유가 된다. 특히 미국의 경우 다자주의를 통해 그들의 주권은 약화시키지 않으면서 상대 국가의 무역에 대한 국가 통제를 완화시키는 효과를 거둘 수 있다. 그것이 가능한 이유는 미국이 다른 어느 국가보다도 정부의 간섭이 적은 경제체제를 유지하고 있기 때문인데, 과거 우루과이 라운드 협상에서도 미국의 그러한 입지는 분명히 드러난 바 있다. 대표적으로 국가의 주권 행위로 간주되어 왔던 정부보조금 협상에서 WTO 규정을 강화함으로써 무역에 대한 다른 국가의 권한을 축소시킨 반면 정부보조금 활동이 상대적으로 적었던 미국정부의 권한은 별로 침해되지 않은 결과를 도출할 수 있었다. WTO의 운영에 있어서도 미국의 이해는

Toward a New Asia-Pacific Regionalism." Kisoo Kim, et. al., eds., *APEC and A New Pacific Community: Issues and Prospects* (Seoul: The Sejong Institute, 1995). 보다 자세한 내용은 本 章, VII. "세력균형 경쟁: APEC과 ASEM"을 참조할 것.

77) 양차 대전 사이에 발생했던 국제 무역상의 혼란에 대해서는 다음을 참조할 것: Kindleberger, *The World in Depression 1929-1939*.

잘 드러나고 있는데, 대표적인 예로 경쟁라운드(competition round)를 들수 있다. 경쟁라운드를 통해 미국은 그들의 기존 입장과 이해를 침해시키지 않으면서 타국의 보호주의를 억제시키는 효과를 거둘 수 있기 때문이다.

따라서 새로운 무역질서에 내재되어 있는 미국의 이해는 분명해진다. 미국은 다자주의, 지역주의, 혹은 쌍무주의 모두를 통해 이득을 취할 수 있다. 체제적으로는 그것이 어떠한 형태이건 자국의 利害가 존재하는 한 그것을 극대화시킨다는 국제정치상의 고전적 논리가 현 국제경제관계에서 오히려 더욱 실감나게 적용되고 있는 셈이다.

4) 통상패권국의 향후 행보

1980년대로 들어오면서 더욱 심화된 보호주의는 정치적인 측면을 과거보다는 많이 반영하고 있다는 사실을 알 수 있다. 국가 간의 교역이 富의 확대 문제를 넘어 영향력 창출의 수단으로 활용되고 있는 것이다. 적어도 현실주의적 관점에서는 국제관계가 무정부 상태를 벗어나지 못하는 한 완전한 자유무역의 실현은 불가능다고 보고 있다.[78] 같은 맥락에서 현실주의자들의 체제안정에 대한 논의는 국제무역에 대한 거시적 분석에 도움이 된다.

역사적 경험이나 논리적 유추를 통해 국제체제의 안정은 크게 두 가지 조건하에서 가능한 것으로 여겨져 왔다. 각국의 행위를 일률적으로 통제 관리할 수 있는 중앙정부 즉 세계정부(universal republic)가 존재하거나, 혹은 각국에 절대적인 영향력을 행사하며 마치 세계정부와 비슷한 역할을 할 수 있는 세계적 규모의 패권국이 존재하는 경우(세계정부가 존재하는 것과 비슷한 상황), 또는 상당한 영향력을 가지고 있는 강대국들 간에 상

78) 이 점을 가장 예리하게 지적한 선구자로 리스트(List)를 들 수 있다. 그러나 놀랍게도 그는 경제학자였다: List, *The Natural System of Political Economy*, 특히 pp. 30-32. 각주 25) 참조.

호 견제를 바탕으로 한 힘의 균형이 존재하는 경우(세력균형) 등이 그것이다. 따라서 두 경우의 어느 것에도 해당되지 않는 상황에서 분쟁 勃發의 가능성이 높아진다고 할 수 있는데, 힘의 공백(power vacuum)이 그렇게 되는 주된 이유이다.

국제통화질서와 비교해 볼 때, 힘의 공백은 무역관계에서 상대적으로 더 많이 존재한다고 볼 수 있다. 우선 세 가지의 무역패턴이 공존하고 있다는 사실에서 그 이유를 찾을 수 있다. 다소 과도기적 상황임에도 불구하고 현재의 질서는 매우 독특한 특성을 지니고 있다. 앞서 설명한 바와 같이 특히 EU의 약진으로 미국의 상대적인 약화는 부인할 수 없으나 그렇다고 미국에 버금가거나 혹은 대등한 세력이 형성된 것은 아니기 때문이다. 따라서 힘의 공백이 어느 정도는 존재하지만 미국의 영향력 또한 여전한 상황이 전개되고 있는 셈이다. 그러나 중요한 것은 현재에도 미국이 원하는 바를 성취하는 데 큰 어려움을 느낄 정도의 장애 요인이 눈에 두드러지지는 않는다는 사실이다.

미국의 체제적 영향력을 살펴보면 이유를 보다 잘 이해할 수 있다. 미국은 현재까지도 다른 국가들이 향유하고 있지 않은 체제적 수준의 영향력을 가지고 있다. 다시 말해 국제체제의 성격 자체를 바꿀 수 있는 능력이 미국에게는 있는 것이다. 새로운 국제무역질서의 특징인 다양한 무역패턴의 공존도 실제로는 미국에 의해 만들어진 점을 감안하면 미국이 지닌 체제적 영향력의 정도는 더욱 분명해진다. 지역주의에 대한 미국의 입장도 미국의 체제적 영향력을 실감하게 한다. 즉 유럽국가의 지역통합이 미국의 이해와 가시적으로 反하는 경우에 대비, 미국에게 유리한 지역 대결구도를 사전에 준비하기 위하여 북미자유무역협정을 체결하고, 아울러 아태 경제협력을 추진한 것을 보면 미국의 체제적 능력은 상당한 것이라고 할 수 있다. 하지만 쌍무적인 수준에서는 미국의 영향력이 자주, 그리고 매우 가시적으로 드러나는 반면 체제적 수준에서는 영향력의 행사가 별로 눈에 띄지 않는다. 주로 국제체제 전체의 변화가 불가피한 특정의 시점에서만 감지될 수 있을 뿐이다. 구체적으로 전후 새로운 국제무역질서의 창출, 혹은 WTO의 설립과 지역주의의 강화 등에서 목격된 미국의 영향력을 예로 들 수 있다.

미국의 체제적 영향력은 미국의 현 지위가 상당히 오랫동안 유지될 가능성이 높다는 사실을 암시한다. 왜냐하면 미국은 쌍무적 수준의 영향력뿐만 아니라 다른 국가들에게서는 거의 찾아 볼 수 없는 체제적 영향력도 아울러 지니고 있기 때문이다. 그것은 미국이 쇠퇴하고 다른 강국들이 부상하여 상호 간 힘의 균형이 이루어지는 시기가 빨리 오지는 않는다는 것을 암시한다. 결국 미국의 상대적인 패권이 유지되는 가운데 과거에 비해서는 보호주의 색채가 강하면서 미국에게는 유리하고 다소 무질서(disorder)하게 보이는 현재의 질서가 비교적 오랫동안 지속될 가능성이 높은 것이다. 물론 이러한 예측은 기존의 질서가 미국의 利害를 지속적으로 반영한다는 것을 전제로 한다.

가변적 요소가 있다면 통합유럽의 미국에 대한 경제적 도전이 현실화되는 경우를 들 수 있는데, 이때 미국의 정책은 다자주의에 큰 손상이 일어나더라도 지역주의를 강화하는 방향으로 선회할 가능성이 높다. 1996년 초 아시아-유럽회의(Asia-Europe Meeting: ASEM)에서 비슷한 징조가 목격된 바 있다. 유럽이 동아시아에서 절대적인 영향력을 행사하는 미국의 위상을 잠식하겠다는 의도를 보이기 시작한 것이다. 아직은 미국이 대응수단을 강구할 정도의 사태가 벌어진 것은 아니지만, 문제가 심각해지는 경우 동아시아 지역주의에 대한 미국의 개입은 보다 노골화될 가능성이 크다.

IV. 동아시아 경제의 특징: 국제경제와의 연계구도

1. 금융위기와 경제구조의 특징

1) 구조적 결함

동아시아의 고속 경제성장은 잘 알려진 사실이다. 고속 압축성장을 달성하기 위해 동아시아 국가들이 택한 경제성장 전략은 대략 다음의 특징을 지니고 있다. 우선 수출주도형 정책이 돋보인다.[79] 여기서 더욱 중요한 것은 새로운 경제전략의 성공을 위해 국내경제구조가 전면 재편됐다는 점이다. 자본과 노동의 대량 동원체제가 형성됐는데,[80] 그 중 현재까지 논란의 대상이 되고 있는 것이 동아시아의 독특한 금융체제이다.

정부의 역할이 과거 수입대체 산업정책의 시행 때 보다 오히려 증대되었다.[81] 독립적인 통화정책의 보루인 중앙은행의 독자성이 유보된 것이다. 민간은행은 물론 중앙은행의 역할도 정부의 고도성장정책을 위한 도구로 새로이 기획됐다. 압축성장에 필수적인 다량의 자본을 효과적으로 확보하는 것과 정책 순위에 따른 자금의 배분이 금융정책의 핵심 사안이었다.

---

79) 수출주도형 경제성장정책에 대한 국제정치경제적 해석은 다음을 참조하라: 김기수, "한국 대외경제정책의 평가와 발전방향: 환율제도와 정책의 변화를 중심으로," 이대우 편, *한국 대외정책의 평가와 발전방향* (성남: 세종연구소, 2000), pp. 173-203; 김기수, "대외경제정책," 백종천·김태현 편, *탈냉전기 한국 대외정책의 분석과 평가* (성남: 세종연구소, 1998), pp. 137-169.

80) 크루그만(Paul Krugman)은 이를 다음과 같이 평가하고 있다: "산출(output)의 급속한 증가는 고용의 확대, 교육수준의 상승, 물질적 자본(기계, 건물, 도로 등)에 대한 대규모 투자 등 투입(input)의 급속한 확대로 충분히 설명된다." Paul R. Krugman, "The Myth of Asia's Miracle," *Foreign Affairs*, November/December 1994, pp. 63, 66. 동아시아와 과거 동구 공산권의 급속한 성장은 바로 이러한 단순 원리에 기초하고 있다는 것이다.

81) 대규모 동원이 가능한 정치체제, 즉 "집단적이며 권위주의적인 정부"가 필연적으로 추가된다. 외형상으로는 "이러한 체제가 자유시장 민주주의보다도 오히려 효율적인 것"처럼 보이기까지 한다(*Ibid.*, p. 65).

필요한 자금의 수요가 엄청난 가운데 그것을 충당하는 방법은 크게 세 가지가 있다. 우선 국내적으로 저축을 증대시켜 자금을 국내에서 조달하는 방안이 있다. 자금수요를 국내적으로 충당하지 못하는 경우 다른 두 가지 방법이 활용된다. 우선 외부로부터의 자본 주입이 있는데, 외자 도입이 이에 해당한다.[82] 그리고 국내 금융제도를 이용하여 신용창조를 확대함으로써 필요한 자본을 편법적으로 조달하는 방식이 있다.

은행이 보유한 현금의 몇 배에 해당하는 사실상 새로운 통화의 창출을 의미하는 신용창조는 일반은행과 중앙은행 간의 관계에서 가능하다. 일반은행의 지불준비율과 지불준비금에 문제가 있을 시 재할인이라는 제도를 통해 중앙은행이 자금을 지원하는 것이 신용창조의 핵심 메커니즘이다. 선진국의 경우 재할인을 통한 중앙은행의 자금지원은 문자 그대로 법정 지불준비금이 고갈되는 경우 단기자금이 중앙은행으로부터 지원되는 것을 의미하는데 반해, 한국과 일본을 비롯한 동아시아 국가들은 그렇지 않은 상황에서도 상시적으로 이 제도가 활용됐다. 일반은행은 선진국의 그것에 비해 월등히 많은 규모의 신용창조가 가능했고 그렇게 조성된 대규모의 자금이 산업발전에 원용된 것이다.[83] 그러므로 동아시아 경

---

82) 이를 "경상수지적자 자금조달〔CA(current account)-deficit-based finance〕"이라 부른다. 즉 개발도상국은 상품을 생산할 자본재를 수입하여야 하고 생산된 상품을 수출해야 했음으로 수출경쟁력이 확보되지 않은 상황에서 한국이 과거 수십년간 경험했던 것과 같이 무역수지 적자는 피할 수 없게 된다. 그렇게 발생한 "경상수지 적자는 외국으로부터의 차입으로 보전될 수밖에 없는데, 결국 국내자본 확충을 위해 미래의 소비를 대신하여 현재의 산출(present output)을 수입한 셈이다." Terutomo Ozawa, "Bank loan capitalism and financial crises: Japanese and Korean experiences," Alan M. Rugman and Gavin Boyd, eds., *Deepening Integration in the Pacific Economies: Corporate Alliances and Contestable Markets and Free Trade* (Cheltenham, U.K.: Edward Elgar Publishing, 1999), p. 216.

83) 이상은 다음을 요약하였음: *Ibid.*, pp. 214-248. 신용창조를 통한 자본확충을 '중앙은행 중심의 금융(central bank-based finance)'이라 부른다. 재할인 제도의 이 같은 편법적 운영은 다음의 두 가지 문제를 파생시킨다. 정부 경제정책의 양대 축인 재정과 통화정책에 있어서 통화정책의 기능이 현저히 저하된다. 즉 재할인 제도를 선진국과 같이 운영할수록 통화정책의 정책적 기능은 높아진다. 다음으로 인플레이션의 위험이 상존할 수밖에 없다. 그러나 이 점에 대해서는 다음의 구분이 가능하다. 신

제는 다음과 같은 특징을 지니게 됐다.

국내저축의 증대를 위한 지속적인 정부의 노력으로 동아시아 국가들의 저축율은 다른 어떤 지역보다도 월등히 높다.[84] 높은 가계저축은 투자율 상승으로 이어져 고도성장으로 귀결됐다. 그러나 문제가 있었다. 미국 및 그 밖의 서구 국가들과는 달리 증권 및 채권시장 등 기업의 직접금융시장이 발달하지 못한 것이다. 일반은행의 풍부한 자금에 기초한 손쉬운 기업융자제도가 있었음으로 이보다 상대적으로 어려운 증권시장 등을 통한 직접금융의 필요성이 적어진 것이다. 당연한 결과로 기업은 높은 부채를 지게 됐으나 시스템이 작동하는 한 부채 자체는 문제가 되지 않았다.

외부로부터의 자본유입은 크게 세 가지로 나눌 수 있다. 외국의 국내기업에 대한 직접투자(foreign direct investment), 증권 혹은 채권 등에 대한 투자(portfolio investment), 그리고 공공차관 또는 외국 私금융기관으로부터 차입을 의미하는 융자(loan) 등이 그것이다. 포트폴리오 투자와 융자는 환율과 밀접한 관련이 있고, 특히 외국으로부터 들어오는 단기자본의 경우 급격한 자본이탈(capital flight)의 가능성이 늘 있기 때문에 포트폴리오와 융자에는 위험이 항상 깃들어 있다. 급격한 환율변동을 수반하는

용창조가 일반 소비를 위한 것이 아닌 자본의 조달 즉 기업을 위한 것인 경우 인플레이션은 그리 걱정할 바가 아니라는 주장이 있다(credit inflation for capital formation vs. credit inflation for consumption). 신용창조를 통해 기업에 제공된 자금으로 기업의 추가 총수요(additional aggregate demand)가 발생하여 인플레이션의 위험이 있는 것처럼 보이지만 기업의 기술 혁신을 통해 공급이 증가함으로 (additional supply of goods) 인플레이션은 논리적으로 완전히 상쇄된다는 것이다 〔이상은 슘페터의 설명에 기초하고 있다: Joseph A Shumpeter, *The Theory of Economic Development,* first published in 1934 (Oxford: Oxford University Press, 1961), p. 110, *ibid.,* p. 218에서 재인용〕.

84) "인도네시아, 한국, 말레이시아 그리고 태국의 경우 그들 GDP의 1/3 이상을 저축하는데 반해 미국의 국민저축율(national savings)은 GDP의 17퍼센트에 불과하다." Joseph Stiglitz, "The Role of International Financial Institutions in the Current Global Economy," *Address to the Chicago Council on Foreign Relations*, Chicago, February 27, 1998, *www.worldbank.org/html/extdr/extme/jssp022798.htm*, p. 2.

외환위기의 가능성을 부인할 수 없는 것이다.[85]

그리고 중앙은행이 개입된 자의적 신용창조 또한 일반은행의 독자적 경영능력 함양의 필요성을 감소시킨다. 중앙은행 및 일반은행으로부터 특혜 대출이 가능한 상황에서 기업의 투명경영 혹은 시장경쟁적 경영의 필요성이 감소되어 민간부분(private sector) 전체가 도덕적 해이(moral hazard)라는 문제를 안게 되는 것이다.[86] 결국 중앙은행을 중심으로 한 동원체제식의 금융제도와 높은 가계 저축율은 서구 국가들과는 상이한 현 동아시아 금융제도의 핵심 내용인 셈이다. 문제는 경기의 급감이나 이자율의 급상승과 같은 돌발사태가 발생하는 경우에도 정부는 구제금융의 태세를 완비하고 있음으로 기업과 일반 금융기관은 이를 걱정할 이유가 없는 기이한 현상이 발생한다는 사실이다. 동아시아 경제체제가 정실자본주의(crony capitalism) 혹은 결탁자본주의(alliance capitalism)로 불리는 이유가 여기에 있다.

상기의 구조적인 문제를 안은 채 동아시아는 금융위기를 맞게 됐다. 당연히 위기의 원인에 대한 진단이 내려지게 되었는데, 우선 외형적 현상에 초점을 맞춘 미시적 분석이 제시되었다. 이 경우 위기는 일단 외환시장의 불안에서 비롯되었음으로 시장의 불안정이 논의의 주제가 될 수밖에 없다. 여기서 위기는 일반 경제주체들의 투자에 대한 심리가 불안

---

85) 특히 1997년 한국의 외환위기는 이 문제가 심각하게 불거진 경우라 할 수 있다. 1994년까지 500억 달러에 머무르던 총외채가 1996년부터는 급증하기 시작했다. 1995년 784억 달러를 시작으로 1996년에는 1,047억 달러를 기록하게 되고 1997년에는 무려 1,208억 달러에 이르러 3년 만에 2배 이상 폭증했다. 외채의 증가는 대외자산의 증식이 아니라 대부분의 경우 경상수지 적자를 보전하기 위한 방책의 결과였다. 신인석, "90년대 환율정책과 외환거래 자유화정책 분석: 외환위기의 정책적 원인과 교훈," *정책연구시리즈 98-07* (서울: 한국개발원, 1998), pp. 1-11; 이영섭·이종욱, "한국의 외환위기 예측 가능했는가?" 이종욱 외, *한국의 금융·외환위기와 IMF* (서울: 경문사, 1998), pp. 20-31. 더욱이 놀라운 것은 총외채 중 단기외채의 비율이 50퍼센트를 넘었고, 공공부문을 제외한 민간 및 금융부문의 외채가 전체의 약 90퍼센트를 상회했다는 사실이다(*Ibid.*).

86) Ozawa, "Bank loan capitalism and financial crises," p. 235.

해지면서 일시적으로 발생한 일종의 돌발사태와 비슷한 현상으로 이해됐다. 위기에 봉착했던 5개국의 외형적 거시경제 지표에는 별 문제가 없었다. 그렇다면 1990년대에 급속히 진행된 금융자유화(financial liberalization)와 외부로부터의 대규모 자본유입 그리고 그 유입자본의 구성이 주목의 대상일 수밖에 없다.

국제적으로는 미국과 일본의 저금리가 투자자들이 동아시아 국가들에게 관심을 집중시킨 계기가 됐다.[87] "외국 투자자들의 신뢰를 충분히 확보할 정도의 고도성장, 광범위하게 진행된 금융자율화 조치, 금융자율화에는 못 미친 정부의 감독기능, 단일 기축통화인 달러화에 연계된 환율의 안정과 예측 가능성, 외국으로부터의 차입을 독려하는 정부의 인센티브(특히 태국과 필리핀)"등의 내부 요인 또한 동아시아에 대한 투자 가치를 상승시켰다.[88]

대규모 자본이 외국으로부터 유입됨으로써 외국자본의 구성비에서 공공차관이 아닌 민간 베이스의 차입 비중이 절대적으로 높아졌다. 단기자본의 비중이 높아진 사실이 특히 문제였다. 1997년 중반을 기준으로 한

---

87) Steven Radelet and Jeffrey Sachs, "The Onset of the East Asian Financial Crisis," *paper presented at a seminar at USAID*, January 29, 1998, and *at the National Bureau of Economic Research(NBER) Currency Crises Conference*, February 6-7, 1998, recopy on March 30, 1998, p. 9. 당시 국제금융시장의 조건에 대한 보다 자세한 내용은 다음을 참조할 것: Steven Radelet and Jeffrey D. Sachs, "The East Asian Financial Crisis: Diagnosis, Remedies, Prospects," *Brookings Papers on Economic Activity* 1: 1998, pp. 30-35. 이 논문은 다음의 web site에서 찾아 볼 수 있다: *http://www.hiid.harvard.edu/caer2/htm/content/papers/paper29/paper29.pdf*.

88) Radelet and Sachs, "The Onset of the East Asian Financial Crisis," p. 9. 특히 금융자율화를 따르지 못한 개발도상국 정부의 규제 혹은 法制는 많은 경우 대단히 자유화된 은행 거래를 지원할 능력을 결여하고 있었다. 특히 금융거래상 문제가 있을 시 반드시 작동하여야 할 '최후 대부자(lender of last resort)'로서의 기능에 문제가 있었다. 이로서 금융거래상 발생할 수 있는 예금자 신뢰의 급격한 변화라는 돌발사태 시 충분한 유동성 공급이 불가능한 상황이 발생하는 것이다. Radelet and Sachs, "The East Asian Financial Crisis: Diagnosis, Remedies, Prospects," p. 18. 삭스(Sachs)는 최후 대부자로서의 기능에 대해 미국과 과거 멕시코 및 아르헨티나의 예가 어느 정도 차이를 보이는지를 설명함으로써 개발도상국에서 이 기능의 중요성을 강조하고 있다(*Ibid*, pp. 14-17).

국의 경우 총외채 중 단기자본 비율은 약 68퍼센트에 이르렀다.[89]

대규모의 외부자본 유입으로 환율이 인하됨으로써(appreciation) 국내통화는 상대적으로 고평가되는 효과가 있었고 그 결과 수출경쟁력이 약화되었다. 무역수지에 문제가 발생하자 외채가 증가할 수밖에 없는 악순환적 구조가 형성된 것이다.[90] 이 상황에서 외환시장의 불안이 시작되자 외국 투자자들 사이에 공황적 심리가 확산됐다. 그 결과 일시적으로 대규모의 자본이 해외로 유출됨으로써 금융 및 외환위기가 도래한 것이다. 그렇다면 투자자들이 지녔던 불안심리의 근본적인 원인은 무엇인가.

특히 태국의 경우 금융기관의 운영실책에서 기인하는 "은행의 실패(bank failure)"를 들 수 있고, 한국에서는 "기업의 실패(corporate failure)"가 문제점으로 거론되기도 한다. 정권 교체의 가능성에서 비롯된 "정치적 불확실성(political uncertainty)," 그리고 증거와 객관적 분석이 결여된 가운데 투자자들이 지닌 "전염 효과에 대한 우려심리(contagion)," 마지막으

---

89) 일반은행과 종합금융회사의 차입이 전체 외채의 약 95퍼센트를 점함으로써 공공부분을 제외한 민간부분의 자본도입이 절대적인 비중을 차지하고 있었다. 반면 당시 외환보유고는 340억 달러에 불과했다(*Ibid.*, p. 26, Table 5에서 계산). 1990년대 우리나라의 자본유입은 주로 금융기관의 차입형태로 이루어졌는데 1997년의 급격한 자본유출 또한 금융기관을 중심으로 발생했다. 이는 곧 외자유입이 직접 금융시장보다는 간접 금융시장인 은행 간의 대출시장을 통해 이루어졌음을 의미한다. 임준환, "외환위기의 발생과 대응과정," 이종욱 외, *한국의 금융·외환위기와 IMF*, p. 70. 다른 동아시아 국가들의 외채구조도 수치에는 차이가 있지만 한국과 비슷한 구성을 보이고 있다. Radelet and Sachs, "The East Asian Financial Crisis: Diagnosis, Remedies, Prospects," p. 26.

90) 삭스(Sachs) 뿐만 아니라 스티글릿츠(Stiglitz)도 위기 이전 동아시아 경제의 건전성을 강조한다. "미국이 1997년 그들의 재정적자를 220억달러 수준(GDP의 0.3퍼센트)으로 축소시켰다고 우쭐대고 있을 때 태국은 GDP의 1.6퍼센트에 이르는 재정흑자를 시현했고 인도네시아의 경우도 그 수치는 1.4퍼센트에 달했다. 그리고 국가가 그들의 능력 이상으로 질주했는가의 가장 중요한 지표인 인플레이션의 경우도 동아시아 위기 당사국은 그 비율이 낮았다. 특히 위기 *勃發* 수개월 전에는 그 수치가 더욱 낮아졌다." Stiglitz, "The Role of International Financial Institutions in the Current Global Economy," p. 2. 경제의 건전성과는 별도로 이유야 어떻게 됐건 1994년부터 1996년까지 단지 3년 동안 위기를 겪은 동아시아 5개국에 인입된 외부 자금(capital inflows)의 총 규모는 무려 2,110억 달러에 달했다. Radelet and Sachs, "The Onset of the East Asian Financial Crisis," p. 30.

로 금융기관의 영업중단 혹은 폐쇄를 권고한 IMF와 같은 국제금융기구
의 잘못된 간섭(international intervention) 등이 불안 심리의 원인으로 지적
된다.[91]

우선 국제금융시장 자체가 공황적 심리 상황에 대단히 취약하다는 사
실이 고려되어야 한다.[92] 여기서 "다른 투자자들의 행위에 대한 투자자
(creditor)들의 예측(expectation)에 극적인 변화가 있는 경우 이것에 의해
자기충족적인(self-fulfilling) 금융공황이 유발될 수 있다"는 사실이 위기의
가장 중요한 勃發 메커니즘이다.[93] 정부에 의한 정책실수의 존재 여부를
떠나 다른 투자자들의 행태에 자신의 투자행동을 맞추려는 일종의 군중
심리가 국제자본시장을 교란시킬 수 있으며, 같은 논리로 특정국 경제의
건강 유무와 상관없이 그 국가의 금융시장이 혼란에 빠질 수 있는 것이
다.[94]

이러한 설명과는 상반되는 입장에서 동아시아 경제구조 자체의 결함
이 위기의 원인이라는 주장도 제기되고 있다. 즉 동아시아 경제체제가
지니고 있는 구조적 문제에 분석의 초점이 맞춰져야 한다는 것이 주장의

---

91) *Ibid.*, p. 19.

92) *Ibid.*, p. 31.

93) Radelet and Sachs, "The East Asian Financial Crisis: Diagnosis, Remedies,
Prospects," p. 43. 이러한 논리와 잘 맞아떨어지는 당시의 상황으로 다음을 들 수
있다: 동아시아 국가들은 단기자본의 비중이 높았고 위기 초기 투자 군중심리에 휩
싸였다는 사실, 위기의 성격을 전혀 예측할 수 없었다는 사실, 그리고 위기 직전까
지도 외국으로부터 자본이 지속적으로 빠르게 유입됐다는 사실, 위기의 초기 때 외
환과 금융시장이 과민반응을 보였다는(overshooting) 사실 등(*Ibid.*).

94) 특히 케인즈의 설명과 같이 "변덕스런 심리적 요인(volatile psychological factors)이
투자에 영향을 미치고 비즈니스 사이클을 발생시키는데, 이러한 경제행위는 합리적
인 설명(rational explanation)을 벗어나 있고 오히려 동물적 본성에 가깝다." Stiglitz,
"The Role of International Financial Institutions in the Current Global Economy,"
pp. 6-7에서 재인용. 같은 맥락에서 그린스펀(Alan Greenspan)에 의해 최근 회자되
고 있는 경제용어인 "비합리의 충만(irrational exuberance)"이 동아시아에서는 "비합
리적 비관주의(irrational pessimism)"로 나타난 것으로 볼 수 있다. 즉 "예측은 변덕
스런 것이므로 잘 관리되고 있는(managed) 경제도 어떤 때는 감성의 변화(change in
sentiment)에 압도당할 수 있는 것이다(*Ibid.*)."

핵심 내용이다. 당연히 정실자본주의(crony capitalism) 혹은 결탁자본주의 (alliance capitalism)라고 불리는 경제구조 자체가 논의의 대상일 수밖에 없 다.

정부의 자의적 정책에서 비롯된 銀行圈의 과도한 신용창조 그리고 은 행의 경영의식 부재가 정실자본주의를 상징하는 은행권 부실의 가장 중 요한 요인이다. 은행으로부터 특혜 대출이 가능한 상황에서 민간부분 특 히 기업의 도덕적 해이(moral hazard)는 불가피하다. 그 결과 기업의 경쟁 력은 당연히 저하될 수밖에 없다. "동아시아 비즈니스맨의 성공은 많은 경우 무엇을 아는가(knowledge) 보다는 누구를 아는가(connection)에 더욱 많이 의존했던" 것이다.[95] 이에 대해서는 1990년대 초반 경제학적으로 보다 깊이 있는 분석이 제시된 바 있다. "투입, 한 단위당 산출 증가의 개념이 아닌 투입의 단순 증가에 의존한 경제성장은 필연적으로 수확체 감의 법칙에 의해 지배를 받게 된다"는 주장이 그것인데,[96] 과거 동아시 아의 고도성장 국가들(newly industrializing countries)이 바로 이런 제약을 받고 있다는 것이다.

상기의 분석은 금융위기를 외환시장의 혼란과 최후 신용공급의 부족 등 단순한 통화위기(currency crisis)로 파악하는 데는 한계가 있다는 사실

---

95) Paul Krugman, "Saving Asia: It's Time to Get Radical," Part 1. Asia: What Went Wrong, *Fortune Investor* 1998/09/07, *www.fortune.com/fortune/investor/1998/980907/sol.html*, p. 1.

96) Krugman, "The Myth of Asia's Miracle," p. 63. 구체적으로 "투입 한 단위 당 산출 의 증가가 투입의 단순 증가 혹은 보다 나은 경영 및 경제정책으로 이루어지지 않 는 것은 아니다. 그러나 장기적으로는 지식(knowledge)의 발전에 우선 지배를 받게 된다(*Ibid.*, p. 66)." 여기서 지식이란 기술(technology)를 의미하는데, 따라서 기술의 지속적인 발전만이 장기적으로 투입 단위당 산출을 증가시키고, 결국 수확체감의 법 칙을 극복하는 요체인 것이다. 국가 전체로 보아서는 "총 요소의 생산성(total factor productivity)"이라는 개념으로 이 문제를 이해할 수 있다. "기술의 진보(technological advances)만이 총 요소 생산성의 계속적 증대, 즉 투입 한 단위당 소득의 지속적 증 가를 가능하게 하는 것이다(*Ibid.*, pp. 67-68)." 솔로우(Robert Solow)의 경우, "미국 일인당 국민소득의 장기적 증가는 약 80퍼센트가 기술진보에서 비롯됐다고" 주장하 고 있다(*Ibid.*, p. 68).

을 보여주고 있다. 그렇다면 통화위기 뒤에 숨어 있는 "금융기관의 역할 (role of financial intermediaries)"과 "자본 혹은 부동산과 같은 실질자산의 가격"에 관심이 모아질 수밖에 없다.[97] 경제구조 자체가 유발하는 도덕적 해이 이외에 1990년대 동아시아 경제는 미시적 수준의 또 다른 도덕적 해이를 드러냈다. 많은 은행과 類似 금융기관이 새로이 설립된 것이다. 금융기관에 대한 정부의 감독 역시 소홀했다. 여기서 "금융기관에 대해 돈을 빌려준 대부자들(특히 international creditors)은 그들의 대출이 정부에 의해 명시적으로 보장된 것은 아니지만 사실상 그렇다고 믿는다는 사실"이 특히 문제였다.[98] 그 결과 은행권은 장기적으로 낮은 예상수익율(lower expected return)에도 불구하고 위험한 투자(risky investment)를 감행하게 되고 그 때문에 투자왜곡이 초래됨으로써 사회적 손실(deadweight social loss)이 불가피해졌다는 것이다.[99]

위험한 투자는 투기를 의미하는 바, 특히 부동산과 같은 실질자산의 가치를 부풀리게 한다. 여기서 "은행권의 생산적 활동(productive activities)을 저해하는 결과"는 피할 수 없다.[100] 그러므로 자본의 급격한 유출과 환율의 급등으로 국내자산 가치에 대한 급격한 평가절하(depreciation)가

---

97) Paul Krugman,"What Happened to Asia," January 1998, *http://web.mit.edu/krugman/ www/DISINTER. html,* p. 1. 여기서 'financial intermediaries'는 은행 그리고 은행과 유사한 역할을 하는 금융기관을 포괄한다. 한국의 경우 제2금융권도 이에 포함된다.

98) *Ibid.,* p. 3. 두 가지 이유 때문에 그러한데 우선 금융기관 소유주들과 정치인 사이의 긴밀한 유착 현상을 들 수 있다. 다음으로 설사 그러한 유착을 배제한다 하여도 외국 대부자들에 대한 채무불이행이 실제로 발생하는 경우 국가가 입을 장단기적 손실은 상상을 초월함으로 정부는 이를 방치할 수 없다는 교묘한 계산 또한 그런 믿음을 가능하게 한다. 따라서 "현실적으로 은행부채는 발생과 동시에 국유화의 과정(the process of being nationalized)을 밟게 되는 것이다(*Ibid.*)."

99) *Ibid.,* p. 4. 여기서 중요한 것은 은행권이 투자를 위해 동원한 자본이 외부로부터 조달됐다는 사실이다. 따라서 투자에 문제가 생겨 은행이 파산하는 경우에도 차입한 자금에 손실이 가해질 뿐, 은행기관 소유주들의 개인재산이 침해받는 경우는 없다. 은행들이 위험한 투자를 거리낌 없이 감행할 수 있는 중요한 배경인 셈이다(*Ibid.,* pp. 5-6).

100) *Ibid.,* pp. 8-9.

이루어지는 경우 국내총생산의 위축은 불가피하다.101) 결국 은행의 부실
(bad bank)이 문제인 것이다.102) 특히 조기 유동화가 어려운(illiquid) 분야
에 대한 장기적인 투자는 은행의 유동성 문제와 직결된다. 즉 금융권이
일시적 공황과 같은 급격한 변화에 더욱 취약해 질 수밖에 없는데, 이 경
우에는 은행도 결코 안전한 곳이 될 수 없다. 위기 감지 시 신속한 예금
인출만이 예금자의 이익을 보호할 수 있는 수단이기 때문이다.103) 문제
는 국내에만 국한되지 않았다. 국제적으로도 "여신 공여가 해당국 정부
에 의해 보장된다고 생각했고 나아가 최악의 경우 IMF의 지원 프로그램
을 통한 간접적인 구제에 의해 효과적으로 보장될 수 있다고 추정했던
것이다."104)

2) IMF 개입의 경제적 평가

동아시아 금융위기에 대한 IMF의 처방은 과거의 예와 비교하여 큰 차
이가 없었다. 정부지출의 축소, 세율의 인상, 그리고 통화정책상 신용의
축소 등이 가장 핵심적인 내용이다. 그러나 경제구조 자체의 변화까지도
요구했다는 측면에서 과거보다는 오히려 강력한 처방이 동아시아에 내려

---

101) *Ibid.*, p. 9.

102) *Ibid.* 피셔(Stanley Fischer)도 이에 동조하고 있다. "동아시아의 잘못된 금융체계는
오랫동안 왜곡된 대출 관행 그리고 부적절한 정부의 감독과 규제의 산물인 바, 바로
이러한 행태가 대출의 급속한 팽창과 과도한 위험 부담으로 이어졌다"는 것이다.
Stanley Fischer, "Economic Crises and the Financial Sector," *Paper Prepared for the
Federal Deposit Insurance Corporation Conference on Deposit Insurance*, Mayflower Hotel,
Washington D.C., September 10, 1998, *www.imf.org/external/np/speeches/1998/091098.
htm*, p. 3. 그러한 현상을 가장 극명하게 보여주는 예로 피셔는 한국의 제2금융권
(merchant bank)과 태국의 금융회사(finance company)를 들고 있다(*Ibid.*).

103) Paul Krugman, "Paradigm of Panic: Asia goes back to the future," *msn slate, the
dismal science slate archives, http://slate.msn.com/Dismal.asp*, pp. 2-3.

104) Giancarlo Corsetti, Paolo Pesenti, and Nouriel Roubini, "What caused the Asian
currency and financial crisis?" *www.stern.nyu.edu/globalmacro/asiacri2.pdf*, p. 4. 구체적으
로 "1996년까지 금융위기 관련 국가를 기준으로 해외 단기자본은 전체 외자의 50
퍼센트를 상회하였고 단기자본 총액은 이미 각국의 외환보유고를 웃돌았다(*Ibid.*)."

진 것으로 볼 수 있다.[105] 금융체제에 대한 개혁안이 문제였다. "자본이 잠식된 금융기관의 자본 확충, 허약한 금융기관에 대한 철저한 감독, 생존 불가능한 금융기관의 폐쇄(주주 자본의 상각을 포함), 감독 및 규제 기준의 강화(향상), 국내금융체제에 대한 외국의 참여 증진" 등을 IMF가 요구한 것이다.[106] 강력한 구조조정의 이유로 시장 효율성의 향상, 정부, 금융기관 및 기업의 유착관계 차단, 그리고 자본시장 자체의 자유화 등의 필요성이 제기됐다.[107] 과거 중남미의 경제위기 시와는 달리 동아시아의 경우 구조조정이라는 처방이 하나 더 추가된 것이다.[108]

IMF의 개입이 있은 후 얼마 지나지 않아 IMF가 제시한 처방의 적실성에 대한 논쟁이 불붙기 시작했다. 위기의 원인을 앞서 설명한 정실 혹은 결탁자본주의의 폐해에서 찾는 경우, IMF 처방은 비록 무리한 면이 있다 하더라도 비교적 좋은 정책으로 간주될 수 있다. 하지만 시장기능의 한계와 당시 동아시아가 처해있던 특수한 상황, 즉 단기부채의 급증과 외환보유고의 부족 등을 위기의 원인으로 이해할 경우 IMF 정책처방은 당연히 논란의 대상이 될 수밖에 없다.

경제구조 자체가 문제가 된다면 동아시아 경제위기를 왜 정확히 예측하지 못했는가라는 의문이 제기된다.[109] 앞서 설명한 바와 같이 당시 동아시아의 거시경제지표에는 거의 문제가 없었다. 재정, 국내 저축과 투자

---

105) Martin Feldstein, "Refocusing the IMF," *Foreign Affairs* 77/2, March/April 1998, pp. 23-24.

106) Fischer, "Economic Crises and the Financial Sector," p. 4.

107) *Ibid*.

108) 구조조정의 범위는 대단히 광범위한 것이었다: "무역체제의 개혁, 독점의 불식, 사유화의 가속화를 포함하여 경제체제의 투명성과 경쟁력을 증진시키기 위한 지배체제 자체의 개혁과 구조적인 실천방안"등이 처방됐다. Radalet and Sachs, "The East Asian Financial Crisis: Diagnosis, Remedies, Prospects," p. 51.

109) 이에 대해 IMF측은 적어도 태국의 외환위기는 예측됐다고 주장한다. IMF의 충고가 있었음에도 불구하고 태국정부가 그것을 무시했다는 것이다. Stanley Fischer, "The IMF and the Asian Crisis," *www.asiapoint.net/insight/asia/regional/crisis/reg_imfasia.htm*, p. 8.

율, 물가 상승률 등이 모두 양호했다. 국제경제환경도 라틴아메리카 경제 위기 시와는 달랐다. 국제금리의 상승이 있었던 것도 아니고, 상품가격이 변덕스럽게 변한 것도 아니었다. 또한 선진국들의 경제성장률도 낮지 않았다.[110]

군이 위기의 징조를 찾는다면 환율의 상대적 인하로 인한 국내통화의 고평가(appreciation)와 수출 증가율의 둔화 그리고 경상수지 적자 등을 들 수 있다. 그러나 그 자체도 심각한 정도는 아니었다.[111] 무엇보다도 중요한 것은 "동아시아의 은행 혹은 기업에 대출한 국제금융기관 자신들은 그들이 안전하다고 생각했고 나아가 많은 이익의 창출이 가능하며 채무불이행 가능성 또한 대단히 낮다고 생각"한 사실이다.[112] 논쟁의 여지가 있는 이러한 금융상의 지표들이 "위기에 취약하다는 사실을 보여준다고는 말할 수 있으나 그렇다고 위기의 시작을 증명하는 것은 아니다."[113] 결국 위기는 대부분의 경우 예측되지 못했다.[114]

우선 IMF의 개입 자체가 시장의 신뢰를 회복시켜 주지는 못했다. 금융위기가 심리적 요인인 자기충족적(self-fulfilling) 공황에서 비롯된 것이 아니라 구조적 결함에서 비롯됐다고 언명함으로써 불신은 오히려 증폭됐다. 금융시장의 구조조정이라는 강력한 대응이 국제채권자들을 안심시켜 만기가 도래한 단기부채를 대출 연장시킬 것이라는, 현실과 동떨어진 가정을 한 셈이다.[115]

---

110) Radelet and Sachs, "The Onset of East Asian Financial Crisis," pp. 12-13.

111) *Ibid.*, pp. 13-18.

112) Radelet and Sachs, "The East Asian Financial Crisis: Diagnosis, Remedies, Prospects," p. 42.

113) Radelet and Sachs, "The Onset of the East Asian Financial Crisis," p. 18.

114) Radelet and Sachs, "The East Asian Financial Crisis: Diagnosis, Remedies, Prospects," p. 42.

115) 그러나 이론적으로나 경험적으로 "공황 상태에서 금융기관을 폐쇄하거나 금융감독 기능을 강화한다고 하여 시장의 신뢰가 회복된다고 믿을 근거는 아무 데도 없다 (*Ibid.*, p. 62)."

IMF의 통화 및 재정정책도 비판의 대상이었다. 외국자본의 이탈로 긴축의 효과가 이미 있는 상태에서 재정적자에 허덕이지 않고 있는 국가에 대해 재정흑자를 달성한다는 미명하에 강력한 재정긴축을 강행한 것이다. 금리의 인상이 통화의 안정에 도움이 된다는 전통적인 통화정책도 그대로 고수되었다. 그러나 채권자 공황이라는 극단의 상황에서 이러한 통화정책이 원래의 목적에 부합된다는 증거는 이론적으로나 경험적으로 존재하지 않는다.[116) 또한 IMF는 최후 대부자(lender of last resort)로서의 신뢰를 잃고 있었다. 실현 가능성이 불확실한 IMF의 (구제)대출 금액을 발표하는 것만으로는 채권자들의 이탈을 막을 수 없었다.[117)

구조조정안이 특히 문제였다. 부실자산 혹은 부실채권을 짊어지고 있는 금융기관의 비율이 지나치게 높아 부실은행을 인수할 수 있는 우량은행의 수가 별로 없었다. 선진국에 비해 금융구조 자체가 복잡했던 것이다. 일반은행의 예금에 대한 보장을 정부가 공식적으로 철회하는 경우 일반은행은 사실상 파산에 이를 수밖에 없다.[118) 이 상황에서는 구조조정이 없었으면 살아났을 기업도 채무 지불불능 상태에 몰릴 수 있고, 따라서 전체적인 신용위기는 피할 수 없게 된다. 신용위기는 결국 다른 기업의 유동성 위기 및 지불불능으로 이어져, 급기야 신용문제가 금융분야 전체로 파급되어 국민총생산의 위축으로까지 발전하는 것이다.[119)

---

116) "위기 혹은 통화가치 하락(depreciation)의 두려움이 존재하지 않는 비탄력적 기대 (inelastic expectation)하에서 이자율의 인상은 외국자본을 끌어들여 유동성을 안정시키기 위한 현금의 공급에 도움이 되나, 그 반대의 경우, 즉 가격하락, 파산, 혹은 환율인상(통화가치 하락)이 예견되는 탄력적 기대하에서는 이자율이 인상되는 경우 외국자본은 이탈한다." Charles Kindleberger, *Manias, Panics, and Crashes: A History of Financial Crisis,* Third Edition (New York: John Wiley and Sons, 1996), p. 9, *ibid.,* p. 65에서 재인용.

117) 이상 IMF 실패의 다섯 가지 요인은 다음을 요약하였다: Radelet and Sachs, "The East Asian Financial Crisis: Diagnosis, Remedies, Prospects," pp. 61-67.

118) Stiglitz, "The Role of International Financial Institutions in the Current Global Economy," p. 9.

119) *Ibid.*

한국에 제시된 IMF 정책에 대한 비판이 특히 심했다. 거시지표에 문제가 없었음은 물론 외형상으로도 심각한 문제가 발견되지는 않는다는 주장이 가능하기 때문이다. 단지 1997년 10월까지 단기외채가 1,100억 달러에 달했다는 사실이 문제로 지적된다.[120] 그러나 한국의 당시 총외채는 국내총생산(GDP)의 30퍼센트에 불과해 개발도상국 중 거의 최하였다는 사실을 감안하면 심각한 문제는 아니었다. 여기서 한국은 지불불능(fundamental insolvency)이 아닌 일시적인 유동성 부족(temporary illiquidity) 상태를 맞았을 뿐이라는 해석이 가능해진다.[121]

상황이 그런데도 가장 강력한 긴축과 구조조정 압력이 가해졌다는 것은 이해하기 어렵다는 것이다.[122] 외환보유고의 부족과 원화의 평가절하에 대한 우려로 투자자들이 원화를 조기에 집단적으로 대량 매각함으로써 스스로 우려했던 과정을 만든 셈이다.[123] 따라서 한국에 대해서는 IMF가 우선 "한국경제의 약점을 부각하기보다는 장점을 강조하여 시장을 안정시켰어야 했다"는 주장이 설득력을 얻게 된다.[124]

IMF는 현재까지 상기의 비판을 받아들이지 않고 있다. 위기의 재발을 막는 것이 IMF의 장기전략이 될 수밖에 없고 이를 위해서 고통은 감수

120) Feldstein, "Refocusing the IMF," p. 25.
121) 이상은 *Ibid.*, pp. 24-25를 요약하였음.
122) 특히 한국에 대한 IMF의 긴축 요구는 심각한 것이었다. IMF 개입 이후 1년 사이에 원화는 무려 80퍼센트 평가절하 됐다(1$:840元이 1$:1,565元으로 하락). 원화 평가절하는 국내물가의 상승 요인이 될 수 있었는데, 물가상승을 억제한다는 명목으로 (물가 상승률은 1997년 4.2퍼센트, 1998년에는 5.2퍼센트에 불과) 무자비한 긴축 통화정책이 시행되었다. 구체적으로 국내금리를 거의 100퍼센트 인상하는 조치가 단행되었다(12.5퍼센트에서 21퍼센트로 인상). 한국 정부로 하여금 위기를 극복하려는 강력한 의지를 갖게 하기 위해 이러한 정책이 필요했다고 IMF는 항변하지만 그 결과는 참혹한 것이었다. 공황상태는 더욱 심화되었고 은행의 여신 연장이 거부되자 재벌들조차 파산하는 결과가 초래됐다. 재정의 긴축 또한 강력했는데 재정규모를 국내총생산의 1-1.5퍼센트로 제한하는 조치가 단행된 것이다. 그리고 IMF는 30개의 일반은행 중 9개를 폐쇄하는 구조조정도 요구하였다. Jeffrey Sachs, "IMF is a power unto itself," *www.stern.nyu.edu/-nroubini/asia/AsiaCrisisSachsViewFT1297.html*, pp. 2-3.
123) Feldstein, "Refocusing the IMF," p. 25.
124) Sachs, "IMF is a power unto itself," p. 3.

되어야 한다는 것이다. 위기 시에나 강력한 개혁이 가능하지, 그렇지 않은 경우 개혁은 더욱 어려워진다는 주장도 함께 제기된다.[125] 이유야 어떻든 금융대출의 왜곡에서 비롯된 도덕적 해이까지도 덮어두는 것은 직무유기가 될 수 있다는 것이다.

"동아시아의 경우 정치가 개인과 금융기관 사이에 깊숙이 자리잡고 있다. 정치적으로 영향력이 있는 인물이 은행을 사실상 지배하는 상황에서 (태국의 금융회사, 인도네시아 수하르토 일가의 금융지배, 한국의 재벌에 의한 금융지배 등) 채권에 대한 정부의 보장은 암암리에 존재하는 것으로 인식될 수밖에 없고, 그러한 상황에서 은행이 정부의 적절한 감독을 받을 것이라고 기대하는 것은 무리이다. 이는 사실상 시스템이 존재하지 않는 것과 흡사한데(nonsystem), 1990년대 동아시아에서 발생한 것과 같이 시스템 부재의 상황에서 외국자본의 유입이 자유로워지는 경우 위험은 증폭될 수밖에 없다."[126] 더욱 중요한 것은 "동아시아 국가들은 체제적 모순의 딜레마에 진정으로 맞서 본 적이 없다"는 사실이다.[127]

동아시아의 경우 통화의 고평가 혹은 자산의 과대평가 등에서 비롯되는 경제의 거품현상이 존재했던 것은 분명함으로 거품이 꺼질 때 경제가 급강하하는 것은 당연한 일이고 거품이 상기의 왜곡된 경제구조에서 비롯됐다는 것까지 부인할 수는 없다. 그러므로 위기는 올 것이 온 것일 뿐

---

125) IMF의 처방과 그 이유 그리고 이를 통한 교훈은 IMF 수석 부총재인 피셔(Stanley Fischer)의 다음 논문에 가장 잘 드러나고 있다: Fischer, "Economic Crises and the Financial Sector"; Stanley Fischer, "The Asian Crisis and Implications for Other Economics," *Paper prepared for delivery at the seminar on The Brazilian and the World economic Outlook organized by Internews*, Sao Paulo, Brazil, June 19, 1998, *www.imf. org/external/np/speeches/1998/061988.htm*; Fischer, "The IMF and the Asian Crisis."

126) Paul Krugman, "Will Asia bounce back?" *web.mit.edu/krugman/www/suisse.html*, p. 4.

127) *Ibid*. 이러한 제도가 지니는 위험성의 구체적인 메커니즘은 다음과 같다: "일단 정부가 금융기관의 기존 채권을 구제하기 위해 엄청난 돈을 쓰게 되는 경우, 새로운 채권자들의 보장을 위해 또 다른 많은 돈이 쓰여 질 수는 없다. 결국 돈이 말라버려, 더욱 많은 금융기관들을 훼손시키는 전체적인 신용경색과 통화위기가 발생하는 것이다(*Ibid.*)."

이라는 것이다.[128] 그러나 크루그만(Paul Krugman)도 "결국 삭스(Jeffrey Sachs)와 같이 위기의 깊이가 동아시아가 저지른 잘못 보다 컸다는 데는 동의"하고 있다.[129]

IMF는 긴축통화정책과 관련하여 외환보유고가 고갈되어 가는 상황에서 이자율을 높이는 것 이외의 대안은 없었다고 주장한다.[130] 한국과 인도네시아의 경우 외환시장 불안은 1992년 영국의 그것과는 비교할 수 없을 정도였고 필연적으로 엄청난 물가상승의 압력이 뒤따름으로 이자율 상승 이외는 물가를 제어할 방법이 없었다는 것이다.[131] IMF가 마지막 대부자로서의 역할만을 했어야 했다는 주장이 있으나 이 또한 현실과 괴리된다고 주장한다. 구조조정 없이는 지원자금이 부정 등을 통해 없어질 가능성이 상존하기 때문이다.[132]

이상 소개한 서로 상반되는 두 주장은 그러나 공통점이 있다. 모두가 동아시아 경제의 구조적 문제를 부인하지 않고 있다는 사실이다. 단지 경제구조가 위기의 직접적인 원인이냐에 대해 의견이 엇갈릴 뿐이다.

---

128) *Ibid.*, p. 5.

129) *Ibid.*

130) 이 때 "가장 중요한 것은 통화의 신뢰회복이다. 그것을 위해서는 통화를 더욱 매력적으로 만들어야 하는데, 허약한 은행과 기업의 상황을 악화시킨다 할지라도 이자율을 높이는 것 이외는 대안이 없다." Stanley Fischer, "In Defense of the IMF," *Foreign Affairs* 77/4, July/August 1998, pp. 104-105. 결국 IMF는 통화에 대한 신뢰의 회복이 그 무엇보다도 중요했다고 판단했던 것이다.

131) Paul Krugman, "Saving Asia: It's Time to Get Radical," Part 3. The Critics, *www.fortune.com/fortune/investor/1998/980907/sol3.html,* p. 2. 삭스(Sachs) 류의 설명은 환율 문제를 전혀 다루고 있지 않다고 크루그만은 비판한다. 구체적으로 "1997년 말 원화는 불과 수주일만에 그 가치가 반으로 떨어졌다. 만약 한국이 이자율을 올리지 않았다면, 그 하락 폭은 더욱 커졌을 것이고 아마 자유낙하와 같은 현상이 일어났을 것이다. 이 경우 인플레이션의 압력은 말할 것도 없고 달러화 표시 부채를 엄청나게 지고 있는 은행과 기업은 파산하지 않을 수 없다"는 것이다(*Ibid.*).

132) 이상은 Krugman, "Will Asia bounce back?" pp. 5-7를 요약하였음. 비판의 또 다른 대상인 긴축재정의 경우도, "금융 구조조정에 소요되는 자금을 조달하고 경상수지 적자를 줄이기 위해 긴축재정이 필요했다. 그러나 이는 유연한 것이어서 경제상황이 예상보다 악화되면 긴축을 완화하도록 되어 있었다"라고 반박한다. Fischer, "In Defense of the IMF," p. 105.

IMF가 개입한지 약 1년이 지난 1998년 말경이 되자 IMF의 개입에 대한 현실적 효과가 검증되기 시작했다. 1998년에 동아시아 경제는 더욱 악화됐다.[133] IMF의 처방에 대해 비판이 일기 시작한 것은 당연한 일이다.[134] 현실적으로 중요한 것은 IMF 정책에 대해 동아시아 국가들이 반기를 들면서, 즉 이자율을 낮추고 긴축재정을 확대재정으로 전환하면서부터 경제가 회복되기 시작했다는 사실이다. 동아시아의 경우 적어도 IMF 정책을 성공작으로 볼 수는 없다는 데 공감대가 형성될 수 있는 좋은 근거가 제시된 셈이다.

동아시아 경제의 특징은 이미 설명한 바와 같이 일단 풍부한 금융자본이 존재한다는 사실이다. 월등히 높은 저축율과 은행의 신용창조 때문에 기업은 필요한 자본조달을 위해 은행대출 이외의 다른 방안을 찾을 필요가 없었다. 따라서 '은행대출 자본주의(bank-loan capitalism)'가 오히려 이러한 체제를 묘사하는 적절한 용어일 것이다.[135] 자본 집중적 경제구조가 없었다면 일본과 한국을 포함한 동아시아 국가들이 그토록 빠른 시일 내에 고도 압축성장을 할 수는 없었을 것이다. 이 명제를 실증적으로나 논리적으로 부인하기는 어렵다.

그러므로 초기 산업발전에 유효한 금융체제가 산업이 고도화된 단계에서도 그대로 유효한가를 따져보는 것이 합리적인 접근방법이라 할 수

---

133) 이는 크루그만조차도 인정하고 있는 사실이다. Paul Krugman, "Saving Asia: It's Time to Get Radical," Part 4. Why Plan A Hasn't Worked, *www.fortune.com/fortune /investor/1998/980907/sol4.html*, p. 1.

134) IMF 처방이 초기에 실효를 거두지 못했던 이유를 크루그만은 다음과 같이 설명하고 있다. 우선 긴축재정정책은 잘못이었다고 진단한다. 즉, "경기침체를 더욱 악화시키는 불필요한 디플레이션 정책으로서 정부지출을 줄이고 세금을 올리는 정책을 강행했던 것이다." 다음으로 기업의 부채비율이 너무 높아 다른 어느 나라에서도 볼 수 없을 정도로 경제가 취약했다는 사실을 지적한다. 따라서 멕시코의 경우 75퍼센트에 이르는 이자율 상승에도 문제가 없었던데 반해 동아시아에서의 이자율 상승은 다른 결과를 초래했다. 끝으로 동아시아 경제의 중요한 기관차 역할을 담당하고 있는 일본의 역할이 부재하였다는 점도 꼬집고 있다(*Ibid.*).

135) 은행대출 자본주의라는 용어는 Ozawa, "Bank Loan Capitalism and Financial Crisis,"에서 인용하였다.

있다. 일본의 경우는 물론, 한국도 국내기업이 세계적인 경쟁력을 갖게
되자 기업은 은행을 통하지 않고 자본의 내부축적 혹은 국내외의 직접금
융을 통해 자금조달이 가능해졌다. 반면 가계 저축율은 높은 상태로 유
지되고 있었기 때문에 은행의 여유 돈은 더욱 풍부해졌다. 국내적으로
자본의 투기가 가능한 상황이 전개된 것이다. 투기에 의한 거품이 꺼지
는 경우 부실 채권의 양산은 피할 수 없게 된다. 그러나 중요한 것은 "그
러한 현상이 변덕스런 외국자본의 유입 혹은 갑작스런 유출과는 아무 관
계가 없다는 사실이다."[136]

그렇다면 과연 높은 저축율이 문제가 되는가. 경제 논리상 높은 저축
율이 문제라고 지적된 적은 거의 없다. 그보다는 선진국과는 다른 과도
한 은행 신용창조가 우선 문제점으로 지적될 수 있을 것이다. 1990년대
벌어진 일이지만 급속한 금융개방을 통해 외국의 투기적 단기자본이 대
량 유입됨으로써 은행의 유동성이 과도하게 팽창됐다는 사실도 문제점으
로 간주될 수 있을 것이다. 은행의 투기적 투자가 증가하였다는 사실은
이를 반증한다. 그러나 내면에는 보다 복잡한 요인이 자리 잡고 있다.
"동아시아 국가들은 (증권 혹은 채권시장 등의 직접 금융시장과 같은) 현대적
이며 발전된 금융제도와 능력을 개발시키기도 전에 금융분야의 자유화를
급속히 단행함으로써 그들 자신을 변덕스러운 외국자본의 위험에 노출시
킨 것이다."[137]

급속한 금융자유화에 대한 보완책은 다급한 과제이다. 우선 정부의 금
융기관에 대한 적절한 감독과 외환위기 시 겉으로 드러난 메커니즘상의
문제점에 대한 보완 혹은 수술로 어느 정도의 대응은 가능하다. 그러나
구조조정은 보다 큰 문제로 남아 있다. 장기적인 과제의 성격을 띠고 있
음으로 동아시아 경제구조의 장단점에 대한 깊은 통찰이 우선되어야 한

---

136) 이상은 *ibid.*, pp. 243-244를 요약 및 인용하였음.

137) *Ibid.*, p. 234. 동아시아 환율문제에 대해서는 本 章, VI. "동아시아 환율체제"에서
    자세히 다루도록 한다.

다. 무엇보다도 단점에 대한 컨센서스가 이루어져야 한다. 현재까지의 논의에 비추어 보면 동아시아 경제가 지니고 있는 장점도 생각보다는 많을 수 있다. 장점을 계승, 발전시킬 경우 자본주의의 새로운 모델이 탄생하지 말라는 법도 없는 것이다. 결국 이 모든 것은 동아시아인 전체의 향후 과제일 수밖에 없다. 국제통화 및 금융체제와 관련하여 동아시아 경제위기가 주는 또 하나의 중요한 교훈이 발견된다. 달러화의 국제통화 및 금융체제에 대한 지배력과 동아시아 경제 간에 상당한 상관관계가 있다는 사실이 실증된 것이다. 그렇다면 국제통화 및 금융체제는 동아시아 경제위기에 구체적으로 어떠한 영향을 미쳤는지를 살펴볼 필요가 있다.

2. 통화권력과의 연계구도

동아시아 경제위기에 대한 분석은 국제통화질서와 관련하여 대단히 중요한 토의 논제를 제시하고 있다. 1990년대 중반 동아시아 경제의 대외경쟁력은 급속히 약화되었다. 그 구체적인 증상인 수출 감소, 경상수지 악화, 외부 단기자본의 대규모 유입, 외환위기 등이 궤를 같이 하며 동시다발적으로 진행된 것이다. 금융위기의 근본 원인을 무엇으로 보느냐에 상관없이 모든 전문가들이 그런 상황의 문제점을 지적했다. 그 이면에는 동아시아 각국들의 통화가 달러화라는 단일 통화에 연계되어 있다는 사실이 감추어져 있었는데, 이 경우 환율체제의 획일성이 동아시아 금융위기의 주요 원인이었다는 주장이 가능해진다.[138]

동아시아 국가들은 환율제도를 통해 미국에 상당히 종속되어 있다. 이는 역으로 미국의 통화 및 금융정책이 환율제도를 통해 동아시아에 영향을 미칠 수밖에 없다는 것을 의미한다. 미국은 동아시아에 대해 또 하나

---

[138] 본 연구를 위해 인용한 거의 모든 참고 문헌에서 같은 문제가 공통적으로 지적되고 있음으로 구체적인 인용은 피한다. 보다 자세한 내용은 각주 226), 227), 228), 229) 참조. 그리고 동아시아 환율체제에 대해서는 本 章, VI. "동아시아 환율시스템"에서 더욱 자세히 다루도록 한다.

의 강력한 통제 메커니즘을 보유하고 있는 셈이다. 미국이 가지고 있는 경제적 영향력의 다양성을 엿볼 수 있는 대목이다. IMF도 국제통화 및 금융체제와 밀접히 연계되어 있다. 달러화를 기축으로 한 전후 국제통화 질서에서 IMF의 가장 중요한 목적은 고정환율제의 원활한 운영이었다. 달러화가 금과 연계된 상태에서 각국의 환율이 안정된다면 국제통화제도의 운영에 큰 문제가 없다는 것이 초기의 생각이었다. 그러나 1971년 달러화의 금태환 금지조치로 고정환율제가 무너지자 IMF는 새로운 역할이 필요했다. 그 후부터 세계 각국의 경제위기 시 IMF의 역할이 강조되기 시작했다.[139] IMF에 새로운 중요한 임무가 부과된 것이다. 그것을 위해서는 최후의 대부자(lender of last resort) 역할과 경제정책 입안 및 집행 능력이 필요했다.

최후 대부자로서의 역할 문제는 단순한 것이 아니다. 설립 당시 IMF가 발권력을 갖지 못했던 역사적 사실은 이미 언급한 바 있다. 현 국제통화체제의 가장 중요한 특징 중의 하나인 발권력 부재 문제는 최후 대부자의 역할에서도 그대로 드러난다. "만약 자금조달이 전적으로 국내문제인 경우 국내통화의 확충만으로 충분하고 이 때 정부는 그들이 원하는 만큼의 통화를 발행하면 그만이다. 동아시아 금융위기 시 인도네시아가 필요로 했던 것은 달러였으나 인도네시아 정부는 물론 IMF도 충분한 양의 달러를 공급할 수 없었다."[140] 신용창조에 한계가 있음이 IMF의 새로운 역할에서도 분명해진 것이다.

IMF의 구제금융은 신용공여조건(conditionalities)과 함께 제공된다. 신용공여조건은 사실상 특정 국가의 경제운용을 대신하는 것을 의미한다. 당연히 엄청난 권력 요소가 내재되어 있을 수밖에 없다. 1980년대 발생한 중남미 국가들의 외채위기 시, IMF는 긴축 경제운영 원칙을 고수했

---

139) Feldstein, "Refocusing the IMF," p. 20. IMF의 새로운 기능에 대한 정의를 위해 다음을 참조할 것: Fischer, "The IMF and the Asian Crisis," pp. 1-7.

140) Krugman, "Asia goes back to the future," p. 4. 각주 148) 참조.

다. 그때까지만 해도 IMF의 역할은 긍정적이었다. 그 후 동구 유럽국가들이 겪은 경제위기에서도 IMF의 적극 개입이 있었는데 이때부터 IMF의 처방에 대한 비판이 일기 시작했다. IMF의 신용공여는 그들이 제시한 정책조건의 반대 급부라는 사실이 각인되며 IMF의 활동이 상당 부분 권력의 행사로 비춰지기 시작한 것이다. 그리고 최근의 동아시아 경제위기에서는 IMF의 처방이 잘못됐다는 비판이 노골화됐다. IMF를 대신하는 새로운 무언가가 국제적으로 모색되어야 한다는 주장이 강력히 제기되고 있을 정도이다.[141]

IMF의 과도한 권력문제가 도마에 오른 것은 정치경제적 측면에서 매우 흥미로운 일이다. 특히 경제학자들이 그것을 정면으로 제기함으로써 IMF 권력문제는 더욱 공론화되기 시작했다. 구체적으로 "우선 IMF는 지나치게 많은 권력을 가지고 있다. 단지 한 조직이 개발도상국 경제정책을 총괄한다는 것 자체가 말이 안된다. 다음으로 IMF 이사회(executive board)는 지금과 같이 고무도장이나 찍는 역할에서 벗어나 실무진들을 철저히 감독하는 기능을 수행하여야 한다. 끝으로 IMF의 활동은 지금과 같은 비밀주의를 벗어나 철저히 공개적으로 이루어져야 한다"는 주장이 개진된 것이다.[142]

동아시아 위기만큼 IMF의 권력행사가 두드러진 경우도 별로 없었다. IMF의 단순 정책이 권력과 연계되어 있다는 기존의 비판 수준을 훨씬 넘어 문제점이 제기되었다. 특히 IMF의 구조조정 요구는 권능을 넘는 과도한 권력행사라는 비판이 고개를 들었는데, 아무튼 강력한 구조조정의 결과는 아사 직전까지 몰린 경제상황이었다. 비판의 목소리가 높아지는 것은 당연했다. 그러한 현상이 체제적으로 중요한 이유는 IMF 자체를 사실상 미국이 지배하고 있고 IMF 권력의 가장 중요한 원천인 신용공여

---

141) 이상 1980년대 이후 경제위기와 IMF 개입의 세가지 예는 Feldstein, "Refocusing the IMF," pp. 20-22를 요약했다.

142) Sachs, "IMF is a power unto itself," p. 3.

수단이 곧 달러화이기 때문이다. 미국은 IMF 권한 및 역할의 축소를 줄
곧 반대하여 왔다. IMF를 통해 특히 개발도상국 경제에 막강한 영향력을
행사할 수 있다는 사실에 비추어 결국 미국은 IMF라는 또 다른 중요한
권력 수단을 보유하고 있는 셈이다.

미국의 일반 국제금융에 대한 지배력 역시 동아시아 금융위기와 관련
하여 짚어볼 필요가 있다. 우선 동아시아는 세계 최대의 잉여저축 지역
이다. 총 2조 달러에 육박하는 외환보유고를 자랑하는 세계최대의 잉여
자본 축적 지역이다. 그러나 외환보유고의 대부분은 미국의 채권 혹은
예금 형태로 보관되어 있다. 일본, 대만, 싱가포르 등은 서구에 대해 큰
채권국이기도 하다. 흥미로운 점은 통계상으로 부유함을 부인하기 힘든
동아시아에서 가용 외환의 부족으로 외환위기가 발생했다는 사실이
다.[143]

이 지역의 저축 중 상당 부분을 연리 5퍼센트의 예금이나 미국 재무부
채권의 형태로 서구가 차용하고 있다. 역으로 동아시아 국가들은 서구의
금융기관으로부터 연리 10퍼센트 혹은 그 이상의 금리로 자금을 대출받
아 쓰고 있다. 5퍼센트 이상의 차액이 위험수당(risk premium)으로 유출되
고 있는 것이다.[144] 위험을 줄일 수만 있다면 상당한 규모의 잉여자본을
역내 국가들이 싼 가격에 활용할 수 있게 된다.

위의 논의를 통해 미국의 통화패권이 단순히 추상적인 개념이 아닌 구
체성을 띤 실제의 권력이라는 사실이 분명해진다. 가장 안정된 통화인
달러화에 대한 연계에도 불구하고 외환시장 불안정 가능성의 대가로 값
비싼 위험수당이 지불되고 있는 것이다. 엄청난 금액의 외환보유고를 유
지하여야 하는 현실이 이를 잘 대변해 주고 있다. 결국 대외경제관계의

---

143) Robert Wade and Frank Veneroso, "The resources lie within," *The Economist*,
November 7th, 1998, p. 20. 현재는 1조 달러를 훨씬 넘고 있다. 2004년 5월 현재
한중일 삼국의 외환 보유고만 총 1조 4,400억 달러를 기록하고 있다. 한국무역협회,
207개 경제·무역·사회 지표로 본 대한민국, 2004, p. i.

144) *Ibid.*, p. 21.

안정을 위해 국내자본이 희생되고 있는 셈이다. 동아시아의 위험수당은 주로 미국과 같은 통화 및 금융 패권국의 몫으로 돌아간다. 뉴욕을 중심으로 한 국제금융시장 또한 미국정부의 영향력하에 있고 IMF 역시 사실상 미국의 지배를 받고 있음으로 이 모든 연계는 미국의 통화 및 금융패권으로부터 창출되는 유효한 통제 수단으로 이해될 수 있다. 동아시아의 경제위기가 미국의 통화 및 금융패권과 관련이 있다는 것이 밝혀진 이상 역내 국가들이 새로운 탈출구를 모색하는 것은 당연한 일이다.145) 특히 대응책으로 논의된 바 있는 동아시아 지역주의 그리고 환율협조방안 등을 자세히 살펴보기로 한다.

---

145) 여기서 통화 및 금융패권이 자의적으로 동아시아의 금융위기를 조장했다는 것을 주장하는 것은 아니다. 패권을 둘러싼 다양한 금융 메커니즘 자체가 위기의 원인이라는 것이다.

V. 동아시아 지역주의

1. 동아시아 지역주의 구상

1) 동아시아 통화기금(Asian Monetary Fund)

동아시아 국가들은 역사상 처음으로 국제경제체제 문제를 자신의 현안으로 인식하며 고민하기 시작했다. 동아시아 통화협력에 대한 논의는 바로 그러한 고민의 산물이라고 볼 수 있다. 동남아시아에서 발생한 외환위기가 계속 확산되자 그 대응으로 일본과 동남아시아 국가들은 1997년 9월 ASEM 재무장관 회의 중 아시아 통화기금(AMF: Asian Monetary Fund)의 설립을 처음 제안한 바 있다. 미화 1000억 달러에 달하는 지역기금을 조성하여 외환위기 시와 같이 긴급 유동성이 필요한 경우 역내 국가를 지원하자는 것이었다. 흥미로운 것은 제안의 주체가 일본이었고, 일본이 필요 금액의 절반을 부담할 의사가 있음이 처음으로 공개된 사실이다.

일본과 동남아 11개국의 총의가 처음 모아졌음에도 불구하고 가장 중요한 한국과 중국은 다소 다른 입장을 보였다. 사실상 제안자이자 주도국인 일본의 동아시아에 대한 영향력 증대에 대한 우려가 중국을 유보적인 입장에 서게 했다. 한국의 경우 경제적인 이해로는 반대할 이유가 별로 없는 것처럼 보였으나 같은 해 외환위기를 겪게 되자 새로운 제안에 신경 쓸 겨를이 없었다. 동아시아의 정치 및 경제에 가장 큰 영향력을 행사하고 있는 미국의 태도는 더욱 중요한 변수였다. AMF가 처음 제안된 직후 동년 11월 마닐라 회의를 통해 그것을 구체화하려는 움직임이 있자 미국의 반대가 가시화되었다. IMF의 영향력 축소, 동아시아 경제의 도덕적 해이, 그리고 AMF와 IMF의 기능 중복 등에 대한 우려가 반대의 이유였다.

1997년 말 동남아시아의 외환위기가 한국에까지 확산되자 일본은 1998년 10월 3일 이른바 미야자와 案(Miyazawa Plan)이라는 새로운 제안을 하게 된다.146) 동아시아 국가에 대한 재정적 지원이 내용의 골자였다. 일본의 태도는 보다 적극적이었는데, 동아시아에서 발생한 외환위기를 극복하기 위해 IMF가 제시한 처방의 적실성에 의문을 제기한 것이다. 이는 사실상 현존하는 국제통화체제에 대한 일종의 도전으로 해석될 수도 있다. 구체적으로 2년 내에 300억 달러의 긴급 자금을 조성하여 금융위기 국가의 유동성 부족을 지원하겠다고 나선 것이다. 일련의 사건을 통해 과거와는 달리 일본이 동아시아 통화 및 금융체제의 운영과 발전에 중요한 역할을 할 의사와 능력이 있음이 분명해진 셈이다.

일본의 적극성은 다음과 같은 경제논리에 기초하고 있다. 우선 동아시아 개발도상국의 외환위기는 "적절한 외환제도의 확충과 적당한 거시경제정책의 이행이 건전한 금융 메커니즘의 필수 요소라는 사실, 둘째로 현재의 불완전한 동아시아 국가들의 금융제도에 대처하기 위해서는 각국이 완전한 통화정책을 고수할 수 있어야 한다는 사실, 마지막으로 개발도상국의 경우 한 국가의 위기가 다른 국가로 쉽게 전이될 수 있다는 사실" 등을 우리에게 가르쳐 주고 있다는 것이다.147) 바로 이 연장선상에서 AMF의 필요성을 찾을 수 있는데 우선 "아시아 국가들은 각국 국내경제에 대한 정확한 관찰과 솔직한 의견 교환이 필요하다. 위기를 사전에 방지하기 위해 필수적이기 때문이다. 다음으로 위기의 발생 시 IMF의

---

146) 실제로 미야자와 재무상은 1998년 10월 IMF-World Bank 연차 총회에서 소위 미야자와 플랜을 발표하며 달러화에 대한 과도한 의존이 동아시아 금융위기의 중요한 원인이라고 설파했다: "미국 달러화에 대한 과도한 의존이 지난 해의 아시아 경제위기 요인 중 하나라는 것은 명백하며 이것은 아시아 각국으로 하여금 엔화의 역할 증대를 기대하도록 만들었다." 文字植, "EURO의 도입과 ASEM 통화금융협력," 産業硏究院 정책세미나, 아시아 경제위기 극복과 ASEM의 역할: 새로운 다이내미즘의 창출, 1998년 11월 10일, p. 15.

147) Koich Hamada, "From the AMF to the Miyazawa Initiative: Observations on Japan's Currency Diplomacy," *The Journal of East Asian Affairs* 13/1, 1999, pp. 35-36.

지원은 불충분하며 따라서 AMF의 추가 지원을 통해 부족분이 보충되어
야 한다"는 것이다.[148] 그러므로 일본은 그들의 제안이 IMF의 기존 기
능을 대체하겠다는 것도 아니고 도덕적 해이를 유발시키자는 것도 아니
라고 주장하며 미국의 반대를 논리적으로 반박하고 있다.[149]

　동아시아의 통화협력문제는 역내 경제위기가 상당히 극복되어 어느
정도 안정을 되찾은 후에도 지속적으로 제기되고 있다. 1999년 11월 마
닐라에서 개최된 ASEAN+3 정상회의에서 지역경제협력 방안의 모색을
위한 민간차원의 구체적인 연구에 착수하기로 합의한 것이다. 그리고
2000년 5월 태국의 치앙마이에서 열린 아시아개발은행(Asian Development
Bank) 연차 총회에서 역내 국가들의 새로운 외환위기 발생 시 필요한 외
환을 상호 지원하는 통화스와프에 원칙적인 합의가 도출됨으로써 통화협
력을 위한 보다 구체적인 진전이 이루어졌다.[150]

　정치경제적 시각에서 동아시아 통화협력은 겉으로는 그렇게 보이지
않으나 장기적으로는 다음의 의미를 지니고 있다. 우선 일본의 엔화 혹
은 다른 형태의 통화블럭이 탄생할 가능성이 있고, 나아가 통화협력에
기초하여 무역블럭이 형성될 개연성이 존재하는 것이다. 따라서 AMF는
정치적으로 미국이 주도하는 기존 동아시아 경제질서의 변화를 의미한
다. 결국 미국의 기존 입장과 새로운 움직임 간의 利害 차이를 어떻게 조
율하느냐는 것이 동아시아 통화협력의 핵심 과제라고 할 수 있다. IMF의

148) *Ibid.*, p. 36. 구체적으로 오가와 에이치 일본 히토쓰바시대학 교수의 경우 "외환
　위기를 겪은 역내 국가에 대한 국제사회의 원조 중 국제통화기금(IMF)의 지원은 1/3
　에 불과했다"고 주장하며, "AMF가 IMF의 금융지원 부족 분을 보완하는 한편 역내
　자본이동을 감시할 수 있음으로 이를 통해 역내 금융위기를 효과적으로 예방할 수
　있다고 덧붙이고 있다." *조선일보*, "東아시아 경제통합 서둘러야 : 韓·日·호주 4
　개大 국제 심포지움," 2001년 5월 12일, p. 14. 결국 동아시아의 경제위기를 통해
　IMF는 국제사회에서 최후의 대부자 역할을 못하고 있다는 사실이 밝혀진 셈이다.
149) *Ibid.*
150) 이는 2001년 5월 9일 하와이에 열린 아시아 개발은행(ADB) 연차총회에서 합의된
　것이다. *한국경제신문*, "韓日 통화스왑규모 70억弗로 확대," 2001년 5월 10일. 통화
　스왑에 대한 자세한 논의는 각주 257) 참조.

역할에 대한 비판은 과거 지속적으로 제기되어 왔다. 근자에 이르러 비판이 더욱 두드러진 이유는 앞서 살펴 본 바와 같이 동구 공산체제의 붕괴 시 드러난 IMF의 무능과 동아시아의 외환위기에서 불거진 IMF 기능에 대한 懷疑 때문이다. 미국에서조차 IMF의 역할에 대해 비판이 제기되는 것은 매우 흥미로운 현상이다.

케이시 울프(Kathy Wolf)는 IMF의 기능과 역할은 이미 실패했다고 단정하고 AMF는 동아시아 지역에서 중요한 대안이 될 수 있다고 주장한다.[151] 아울러 "치앙마이에서의 13개국 합의는 미국과 유럽이 좋아하든 싫어하든 AMF로 가는 발판을 마련한 것"으로 평가하고 있다.[152] IMF는 신뢰를 이미 상실하였고 가용기금 조차 거의 고갈된 상태이므로 13개국의 총 외환보유고가 8,000억 달러가 넘는 이 지역에서 통화체제의 성립은 IMF의 보완이 아니라 대체기구로의 발전을 의미한다는 것이다.[153]

IMF 구제금융조치에 대한 비판의 증대로 IMF 기능 및 정통성에 대한 신뢰에 어느 정도는 금이 갈 수밖에 없는 상황이 전개되었다.[154] 그러나 외적인 조건과는 별개로 AMF에 대한 역내 합의의 도출도 쉬운 일은 아니다. 역내 통화협력 구상은 가장 강한 경제력을 지니고 있는 일본이 중심에 서고 이에 ASEAN 국가들이 동의하는 형태를 보이고 있다. 한국 또한 거부감을 가지고 있지는 않았는데 문제는 중국이 현재까지 유보적

---

151) 케이시 울프여사와의 국내신문 대담: *조선일보* 08/02, 2000 그리고 *주간내일신문* 345호 (08/16, 2000). 울프여사는 과거 러시아와 동유럽 그리고 동독 문제에 대한 IMF의 처방이 얼마나 잘못되었는가를 꼬집으며(*주간내일신문*), IMF의 역사적 오류를 지적하고 있다. 특히 한국의 경우 IMF 처방을 완전한 실패로 단정짓고 있다. 한국은 기타 개발도상 국가들과는 다른 산업구조를 지니고 있어 금융위기는 단지 유동성의 위기에 불과했다고 생각한다. 따라서 "연계대출(bridge loan)과 채권은행들의 손실분담(bail-in)으로 해결할 수 있었다"는 것이다(*조선일보*). 참고로 케이시 울프는 EIR(Executive Intelligence Report)의 경제분석가로 활동하고 있다.

152) *조선일보* 08/02.

153) *Ibid.* 울프여사가 제시한 외환보유고 수치는 외환위기 시의 통계를 기준으로 하고 있다. 지금 현재의 외환보유고는 그 2배를 상회한다. 각주 143) 참조.

154) 외환위기를 같이 겪은 말레이시아가 IMF의 개입을 거절한 채 한국의 경우와 비슷한 경제회복을 보였던 사실 또한 이러한 주장에 무게를 실어주고 있다.

입장을 취하고 있다는 사실이다.

동아시아 통화협력의 열쇠를 사실상 동북아 삼국이 쥐고 있다는 현실을 감안하면 중국의 유보적 태도는 역내 통화협력의 진전에 중요한 장애일 수밖에 없다. 흥미로운 사실은 중국의 유보적 태도의 원인이 미국이 AMF의 설립에 반대하는 이유와 매우 흡사하다는 점이다. 즉 체제적 차원의 이유가 존재하는 것이다. AMF와 같이 독자적인 지역통화체제가 성립되는 것은 과거 반세기 동안 유지되어 온 미국의 범세계적 통화패권은 물론 동아시아의 실질적인 지배자인 미국의 현 위상을 위협하는 것으로 간주되기 때문에 미국은 이를 반대하고 있다. 비슷한 맥락에서 AMF 등을 통해 역내에 일본의 통화패권이 확립될 가능성을 중국도 우려하고 있는 것이다. 그러나 최근 들어 중국의 태도에 다소 변화가 감지되고 있다는 주장이 있기는 하다.[155] 아무튼 이러한 장애물을 극복하기 위해 실천 가능한 접근법이 제시되고 있는 것도 사실이다.

동아시아의 금융위기가 달러연계 환율제도(dollar pegged system)하에서 환율의 급격한 변동에 기인했다고 판단된다면 역시 역내 환율안정 방안의 모색은 통화협력의 가장 중요한 첫 걸음이라 할 수 있다.[156] 이를 위해서는 경제발전 정도에 따라 상이한 역내 국가들의 경제상황을 감안하여 각국에 적합한 적정 환율제도에 대한 공동의 연구가 우선 필요할 것이다.[157] 그것은 달러화라는 단일 통화에 연계된 역내 국가들의 통화가

---

155) 동아시아 통화협력의 실질적인 입안자 중 한 사람인 사카키바라 전 재무성 차관은, "최근엔 중국도 공식적으로 발표한 적은 없지만 AMF 신설안에 대해 매우 우호적인 태도를 보이고 있다"고 전한다. *한국경제신문*, "미스터 엔 日 사카키바라 <게이오대 교수>에게 듣는다," 2001년 5월 21일.
156) 동아시아 국가들의 달러화에 대한 지나친 연계 때문에 환율이 각국의 경제상황을 반영하지 못하고 있고, 따라서 적절한 경제조정(economic adjustment)이 어렵다는 사실이 지적되고 있다. 보다 자세한 내용은 각주 237) 참조.
157) 이론상 "가장 바람직한 환율제도는 실질실효환율의 균형 이탈을 방지할 수 있도록 시장의 기능을 제고하되, 급격한 자본 유출입에 의해 환율의 지나친 변동이 야기되는 것을 방지하는" 제도를 의미한다. 王允鍾 外, *동아시아 경제협력: 금융협력* (서울: 대외경제정책연구원, 2000), p. 10. 아무튼 동아시아 환율협력에 대해서는 本 章,

치 평가 즉 환율제도에 대한 근본적인 검토를 포함하고 있다. 현실적으로 동아시아 개별 국가들의 환율 혹은 대외무역은 엔화와 달러화 간의 환율로부터 많은 영향을 받는다. 따라서 자세한 내용은 후술하겠지만, 역내 환율 및 무역관계의 안정을 위해 엔화의 국제화가 필요하다는 주장이 제기되고 있는 것이다.[158]

유동성 위기에 대비한 역내의 독자적 유동성 지원제도의 구축도 생각해 볼 수 있다. 태국 치앙마이에서의 진전은 이를 구체화시킨 것으로 간주할 수 있다. 다자간 통화스왑제도는 다수의 의견 조율을 필요로 함으로 그것이 현실적으로 어려운 경우, 주요 국가 사이에 쌍무적 스왑제도를 우선 정착시키고 이를 다자 제도로 발전시키는 방안이 제시되고 있다.[159] 동북아 삼국의 자본시장 발전 및 금융시스템 강화방안, 혹은 무역 촉진을 위한 보조적 기능으로서 수출상호 신용보증제도의 도입 등 미시적인 협력은 상기의 큰 협력 틀 안에서 강구될 수 있는 실천 방안인 셈이다. 특히 엔화 표시 채권시장의 역내 확대는 현실적인 대안으로 간주되고 있다.[160] 이상의 논의는 특히 중국과 같이 유보적인 입장을 취하는 국가의 입장을 극복할 수 있는 대안이라는 성격을 지니고 있다.

반면 역외의 가장 큰 걸림돌인 미국의 입장을 고려한 방안도 제시되고 있다. 그들이 지배하고 있는 IMF의 영향력 축소에 대한 우려가 미국이 AMF를 반대하는 핵심 이유라는 사실을 감안, 역내 금융감시체제에 주안점을 둔 금융협력방안이 제기되고 있다. 즉 IMF를 대신하는 것이 아닌, 보완적인 기능을 강조하고 있는 것이다. IMF에 대한 가장 큰 비판은 경제위기 시 IMF가 강제하는 과도한 신용공여조건(conditionalities)의 적실성에 집중되어 있다. 또한 사후적 처방 이외에 IMF가 위기 예방 기능을

VI. "동아시아 환율체제,"에서 자세히 다루도록 한다.

158) *Ibid.*

159) 각주 257) 참조.

160) *Ibid.*

제대로 수행하지 못하고 있다는 비판도 많은 지지를 받고 있다. 그러므로 활동범위를 동아시아 지역에 한정하여 지역적으로 보다 전문화된 감시체제를 설립하는 것은 논리적으로 반대하기 힘든 합목적성을 지니고 있다. 여기서 AMF의 주요 기능 중 위기에 대한 예방적 역할이 특히 강조되고 있는 이유를 발견할 수 있다. 그 연장선에서 일본 대장성의 사카키바라 차관은 IMF와 비슷한 신용공여조건을 AMF가 답습하고 그 운영을 IMF 관리하에 둠으로써 AMF가 IMF를 보완하는 형식을 제안하고 있다.[161)

한편 미국 전문가들은 AMF와 같이 동아시아 지역에 한정된 통화협력체 대신 미국을 위시하여 태평양 국가 모두를 포괄하는 APMF(Asia Pacific Monetary Fund)안을 선호하고 있다. AMF가 아닌 보다 광역의 APMF가 필요한 이유를 버그스틴(Fred Bergsten)은 다음과 같이 설명하고 있다. 아시아에서는 우선 지역통화협력안을 주도할 국가가 존재하지 않는다는 것이다. 일본의 주도적 행위는 이미 다른 국가들에 의해 거부된 바 있고 중국 또한 주도적인 역할을 수행하기에는 역부족이라는 점을 지적한다. 다음으로 미국의 의도가 보다 솔직히 드러난 APMF의 논리이지만, AMF와 같은 지엽적인 논의는 태평양을 기준으로 양 진영을 통합하기보다는 분리시킴으로써 상호의존의 추세에 역행한다는 것이다. 마지막으로 APMF의 설립과 운영에 미국의 주도적인 역할을 기대할 수 있다는 점도 지적하고 있다. IMF의 실질적인 운영자인 미국으로부터 IMF와 APMF가 상호 보완적으로 발전하기 위해 필요한 실질적인 역할을 기대할 수 있다는 주장이다.[162)

이를 이해하기 위해서는 1990년대 이후 미국의 국제경제전략 및 동아시아 정책을 살펴 볼 필요가 있다. 이미 약 10여 년 전에 AMF와 비슷한

---

161) 왕윤종 외, 동아시아 경제협력, p. 78.

162) C. Fred Bergsten, "Reviving the Asian Monetary Fund," *IIE International Economics Policy Briefs, http://www.iie.com//NEWSLETTER/news98-8.htm*, pp. 3-4.

아이디어가 무역분야에서 제시된 바 있다. 마하티르(Mahathir) 수상이 제
안한 동아시아 경제협력안(East Asian Economic Caucus: EAEC)이 그것인데,
미국은 물론 반대하였다. 대신 미국은 APEC을 정상회담으로 격상시키며
동아시아의 지역주의 움직임을 미국이 주도하는 보다 광역의 지역협력체
로 흡수해 버렸다. 따라서 APMF는 APEC의 통화 버전인 셈이다.163) 그
러나 그러한 외형적인 논리와는 사뭇 다르게 재원은 일본으로부터 제공
받고,164) 주도권은 미국이 행사하겠다는 것이 APMF를 주장하는 미국의
숨겨진 의도라고 볼 수 있다.

미국 측은 APMF안과 유사한 제안이 동아시아에서 이미 성공한 예가
있다고 주장한다. 아시아 개발은행(Asian Development Bank: ADB)이 그것
인데 ADB는 세계은행(World Bank)과 상호 보완적인 역할을 수행함으로
써 성공적으로 운영되어 왔음을 강조하고 있다.165) 같은 맥락에서 동북
아시아의 풍부한 자원과 인력의 개발을 위한 사회간접자본의 확충을 위
해 국제금융시장에서 자금을 동원할 수 있는 지역금융기구가 필요하다는
논리에 기초, 동북아시아 개발은행(Northeast Asian Development Bank)의
설립이 제기되고 있는 현실은 미국의 입장이 상당히 반영된 결과라고 볼
수 있다.166)

---

163) 실제로 1997년 APEC 포럼의 대다수 멤버들이 만든 이른바 마닐라 Framework가
APMF의 기초였음은 사실이다(*Ibid.*, p. 2).

164) 버그스틴도 이를 부인하지 않는다. AMF의 초기 제안 시 일본이 제안한 약 500억
달러에 이르는 기금 공여를 APMF의 재원으로 원용할 수 있다고 주장하고 있다
(*Ibid.*, p. 3).

165) *Ibid.*, p. 1.

166) 사공일, "韓中日 경제협력틀 만들자," 동아일보, 08/10, 2000. 이는 역사적으로 가
장 첨예한 대립을 보여왔던 동북아 삼국의 신뢰회복과 경제협력의 조율, 나아가 남
북한 문제의 경제적 해결책 모색에 초점을 맞춘 제안으로 볼 수 있다. 미국이 그것
을 반대할 이유도 겉으로는 존재하지 않는다. 사공박사는 또한 과거와는 다르게 경
제위기가 다른 국가들에게 쉽게 전염되는 국제경제질서에 우리가 산다고 생각한다.
지역개발은행이 세계은행을 훌륭히 보완했듯이 전염병을 방지하기 위한 지역통화기
금 역시 IMF의 훌륭한 보완책이 될 수 있다고 주장한다(司空壹, "세계금융체제에
관한 논의, 어떻게 되고 있나," 세계경제연구원, *세계경제지평* 2000/02/10). 따라서

아무튼 현재 동아시아 국가들의 외환보유고가 무려 2조 달러에 이르고 있으며 나아가 일본, 대만, 싱가포르 등이 서구에 대해 큰 규모의 채권자라는 사실에 비추어, 동아시아가 다른 지역보다 월등히 우월한 재정축적을 이루고 있다는 점을 부인할 수는 없다. 그럼에도 거대한 채무국인 미국으로 자본이 일시적으로 대량 이탈하며 전대미문의 위기를 맞은 사실은 논리적으로는 설명하기 힘든 아이러니가 아닐 수 없다. 결국 AMF의 설립을 위한 자금의 모금에는 전혀 문제가 없는 셈이다. AMF를 통해 단기자금을 쉽게 차입할 수 있다는 것은 IMF식의 구조개혁 없이도 단기적인 유동성 위기를 쉽게 극복할 수 있다는 것을 의미한다. AMF의 필요성에 대한 가장 든든한 논리가 현실적으로 존재하고 있는 것이다.

현재의 IMF와 비슷한 기능을 수행할 수 있는 지역통화협력체가 가까운 미래에 설립되는 것은 쉽지 않으나 최소한 단계적인 접근을 통해 이 문제가 지속적으로 재론될 가능성은 있다. 정치적으로는 역시 미국의 반대가 중요할 수밖에 없는데 역내의 다양한 의견이 어떤 합일점을 이루는 경우 미국과 정치적 협상을 통해 문제가 최종적으로 타결될 가능성을 배제할 수는 없다. 아무튼 계속 이어지는 다음의 분석들을 통해 AMF의 현실성이 더욱 검증 될 수 있을 것이다. 논리적으로나 경험적으로 통화협력은 무역협력과 떼어서 생각하기 힘들다. 이 문제를 자세히 짚어보기로 한다.

2) 동아시아 자유무역협정: 통화협력과의 연계

가. 동아시아 자유무역지대 창설案

지역경제협력의 중요한 예인 서유럽의 경험은 경제협력 나아가 경제통합이 무역으로부터 시작하여 금융 및 통화협력으로 발전한다는 사실을 보여주고 있다. 즉 시장단일화를 우선 이룬 연후에 단일통화에 기초한

사공박사의 주장은 미국의 논리적 한계를 넘는 것이라 볼 수 있다.

금융 및 통화정책의 통합이 가능하다는 것이다. 이에 비추어 동아시아 경제통합은 그 수순이 뒤바뀐 감이 있다. 금융부분의 위기가 닥치자 무역자유화와는 별도로 금융문제의 해결이 시급했기 때문에 금융분야의 협력이 우선 과제가 됐던 것이다. 그러나 무역은 금융과 불가분의 관계를 맺고 있다. 자유무역협정 없이 통화협력만을 거쳐 단일통화가 완성되는 것은 논리적으로 자연스런 수순이 아니다. 동아시아의 경우 자유무역지대의 형성과 통화협력이 사실상 동시에 진행되는 첫 사례일 것이다.

동아시아의 자유무역지대에 대한 관심은 외부적 충격의 산물이었다. 1990년대 초 서유럽을 필두로 세계적으로 지역주의 경향이 가시화되자, 동아시아도 자유무역협정에 관심을 갖게 된다. 자유무역지대 구상에 관한 한 말레이지아의 마하티르(Mahathir bin Mohamad) 수상은 선구자였다. 1990년 2월 동아시아 경제협력체(EAEC)라는 역사상 첫 지역협력안을 제안했기 때문이다. 미국은 당연히 반대했다. EAEC 구상이 떠오른 직후 미국은 APEC에 관심을 갖기 시작했다. 동아시아 국가들의 지역주의에 대한 관심을 분산시킬 필요가 있었고, 同 지역이 미국의 영향권에 있다는 사실을 분명히 하려 했기 때문이다. 아무튼 EAEC가 미국의 반대로 무산된 후 비슷한 아이디어가 역내에서 재론된 적은 없다. 그러나 특정 지역에서의 자유무역지대 설립 혹은 쌍무적이거나 소수 국가들 간의 자유무역협정의 체결이 1990년대를 거치며 하나의 추세로 자리 잡자, 동아시아 각국은 다시금 이 문제에 관심을 갖지 않을 수 없었다. 그 중 가장 중요한 움직임이 최근에 한국과 일본 관계에서 포착된다.

1990년대를 거치며 통상 강국인 한국에게 한 가지 고민이 생겼다. WTO가 통상관계를 확실히 대변할 수 있는 국제기구였다면 한국은 WTO 회원국으로서 WTO에 의존해 국제무역의 다양한 문제를 해결하면 족했을 것이다. 그러나 WTO가 국제무역의 모든 문제를 해결하지 못한다는 것이 명백히 드러났고 다자주의와는 논리적으로 배치되는 지역주의 혹은 쌍무주의가 위세를 더해 가는 새로운 국제무역질서에서 한국도 무언가 대응책을 마련할 필요가 있었다. 특히 쌍무적인 자유무역협정이 주목의 대상으로 떠올랐다. 자유무역협정에 한국의 관심이 고조된 것은 김대중 정부 시절부터인데 당시 자유무역협정과 관련하여 민간 혹은 정부차원에서 거론된 국가는 10여 개 국에 이른다.[167] 그 중 칠레와의 FTA만이 발효된 상태이다. 현 정부로 들어오면서 FTA에 대한 인식이 과거의 단순한 관심 수준을 벗어나 타결되어야 할 중요 사안으로 바뀌면서 한국의 FTA에 대한 열의가 가시화되었다. 2004년 11월 한·싱가포르 FTA가 전격 타결되었고, 동시에 ASEAN과는 2009년까지 FTA 체결에 합의함으로써 한국의 FTA 추진은 가속이 붙게 되었다.[168]

일본은 한국보다 오히려 자유무역협정 체결에 다소 소극적인 태도를 견지해 왔다. 그러나 최근 태도를 돌변, 2001년 1월 싱가포르와 자유무역협정을 전격 체결하였다. 양국 간의 자유무역협정은 상품 이외에 인력, 자본 등 모든 경제자원이 자유로이 이동할 수 있는 대단히 포괄적인 성격을 띠고 있다. 그러나 일본이 농수산물 강국들과는 자유무역협정 체결을 피해왔다는 사실에 주목할 필요가 있다.

---

167) 1990년대 말 김대중 정부 출범 이후 거론된 검토 대상 국가는 다음과 같다. 칠레와의 협정은 이미 완결되었다. 태국, 남아공화국, 이스라엘, 터키의 경우는 당시 외교통상부의 한덕수 통상교섭본부장이 의견을 피력한 바 있다. 미국의 경우는 외교안보연구원이 그 필요성을 제기했고 현재 가능성이 계속 타진되고 있다. 호주의 경우는 한덕수 통상교섭본부장과 티모시 피셔 호주 부수상겸 통상장관의 회담에서 거론됐다. 뉴질랜드 경우도 한·뉴질랜드 정상회담에서 정부, 민간인, 연구소들로 구성된 연구그룹을 두고 자유무역협정 체결을 중점적으로 검토하기로 합의한 바 있다. 멕시코 무역협회도 한·멕시코 간 자유무역협정을 제안한 적이 있다(이상은 김대중 정부 출범 이후 발간된 每日經濟新聞의 보도에 기초하고 있다). 참고로 최근에 타결된 한·싱가포르 FTA는 당시에는 정부 간 교섭 중이었다.

168) 현 정부가 들어온 후 거론 혹은 기획되고 있는 FTA 대상 국가들은 2004년 말 현재 다음과 같다: 일본과는 5차례의 공식협상이 이미 끝난 상태이고, 유럽자유무역연합(EFTA)의 경우 두 차례의 공동연구가 완료되어 2005년 말 체결을 목표로 공식협상이 권고되었다. 멕시코와는 2004년 10월 제1차 회의를 갖은 바 있고, 2005년 8월까지 매 2개월 마다 공동연구를 진행할 예정이다. 인도 및 남미공동시장(MERCOSUR)의 경우 타당성 조사를 위한 공동 연구그룹의 구성에 합의하였고, 미국과 캐나다와는 FTA 체결 노력을 계속한다는 상호 이해가 이루어진 상태이다. 문화일보, "한국의 FTA 추진 현황," 2004.11.30.

나. 한·일 자유무역협정: 새로운 균형의 창출 가능성

과거 단순한 구상 수준에 머무르던 한·일 자유무역협정은 한국의 김대중 정부 출범 이후 영향력 있는 양국의 단체들을 통해 구체화되기 시작했다. 1998년 11월 한국의 全經聯이 산하 연구기관을 통해 한국, 일본, 중국 간의 자유무역협정이 모두에게 이득이 된다는 보고서를 내어 주의를 상기시킨 바 있다.[169] 1990년대 초반만 해도 한국의 자유무역협정 대상으로 미국이 자주 거론되었던 사실에 비추어 보면 대단한 변화라 할 수 있다. 이어 1999년 3월 당시 오부치 일본 수상의 한국 방문 시 1965년이래 지속되어 온 한일 경제협력의 기존 틀을 넘는 "韓日 경제협력 의제 21"을 제안함으로써 양국 간 경제협력의 강화는 물론 자유무역협정에 대한 의견을 간접적으로 피력한 바 있다.

보다 논리적이고 체계적인 논의는 양국의 경제싱크탱크를 통해 이루어졌다. 한국의 대외경제정책연구원과 일본의 무역진흥회 산하 아시아경제연구소가 공동으로 연구를 진행, 2000년 5월 그 결과가 공개됐다. 경제력에서 열세인 한국의 입장에서 자유무역협정은 단기 및 정태적으로 무역역조의 심화 등 부정적인 효과가 있음이 입증됐다.[170] 그러나 장기 및 동태적으로는 상당히 긍정적인 효과도 기대할 수 있다는 주장 또한 제기됐다. 자유무역협정이 체결되는 경우 투자효과의 극대화, 규모경제의 실현 및 산업의 경쟁력 강화를 통한 생산성 향상 등을 이룰 수 있다는 사실은 협정의 가장 큰 장점으로 간주된다. 일본의 對韓투자가 자유무역협정 이후 더욱 증가되면 과거 40년 가까이 지속되어 왔던 대일 무역역조 현상이 획기적으로 개선될 수도 있다는 지적은 자유무역협정에 대한 한국의 기대를 높이고 있다.[171]

---

169) 每日經濟新聞, "전경련 한·중·일 자유무역협정 기대효과 분석," 1998/11/30.

170) 여기서 정태적 효과란 관세철폐, 비관세장벽 완화, 서비스시장 추가 개방 등이 있을 시 파급효과를 의미한다. 對外經濟政策硏究院, "한·일 자유무역협정(FTA)의 경제적 효과와 정책방향," 對外經濟政策硏究院·亞細亞經濟硏究所 主管 한일공동심퍼 지움, 韓·日 자유무역협정(FTA) 의 構想 評價와 展望, 5월 24일, 2000, pp. 35-43.

일본 측의 분석은 보다 광범위하다. 정태적 효과의 경우 한국에 약간 불리한 점이 있더라도 큰 문제가 되지는 않을 것으로 보고 있다. 장기적이고 동태적 효과가 훨씬 중요하다는 것이다. 한일 양국의 통합 시장규모는 인구 1억 7천만에 총 GDP가 약 5조 달러에 이름으로써 전체적으로 미국의 2/3에 해당하는 규모경제의 창출이 가능하다고 주장한다. 그리고 일본이 인구의 고령화로 총 소비의 감소를 피할 수 없는 반면 일본에 비해 한국은 약 20년 정도의 여유가 있어 일본경제에 대한 보완기능을 기대할 수 있다는 것이다.[172] 동태적 효과에 대한 그 밖의 분석은 한국 측과 별 차이를 보이지 않는다.[173]

한일 자유무역협정이 단기적으로는 한국에 불리한 반면 장기적으로는 유리하다는 분석 결과는 경제 이론적으로는 설득력이 있어 보이나 이를 어떻게 정치적 결정으로 승화시키냐는 것은 전혀 별개의 문제이다. 무역협정이 체결되는 경우 연간 60.9억 달러의 추가 대일무역적자가 발생한다는 분석 결과를 바탕으로 국내적으로 정치적 합의점을 도출해 내는 것은 쉬운 일이 아니기 때문이다.[174] 약자인 한국에서는 "일본 업계로부터

---

171) *Ibid.*, pp. 43-51.

172) 日本貿易振興會, "21세기 일·한 경제관계를 어떻게 해야 할 것인가," 對外經濟政策研究院·亞細亞經濟研究所 主管 한일공동심퍼지움, *韓·日 자유무역협정(FTA)의 構想 評價와 展望*, 5월 24일, 2000, p. 154.

173) 일본과 한국 간의 경쟁이 심화되어 기업의 국제경쟁력이 향상되고, 동시에 양국 기업 간의 전략적 제휴가 활발하게 이루어져 경쟁력 강화를 촉진한다. 나아가 아시아 진출을 꾀하는 서구의 기업을 유인하는 강력한 인센티브가 창출된다(*Ibid.*, p. 155).

174) 對外經濟政策研究院, "한일 자유무역협정(FTA)의 경제적 효과와 정책방향," p. 38. 물론 보고서에 따르면 일본과의 무역역조는 심화되는 반면 한국의 제삼국에 대한 수출 증가로 연간 45억 달러 정도의 추가 흑자를 기록할 것임으로 총무역적자는 15억 달러에 그칠 것으로 예상하고 있다(*Ibid.*, 표-11). 그러나 이 문제가 단순히 경제적 차원으로만 이해될 수는 없다. 과거 한국이 대외무역에서 흑자를 구가할 때도 한일 무역역조는 점진적으로 증가하며 지속되어 왔다. 따라서 전체 무역수지상 흑자가 시현됐다고 이 문제가 해결되는 것으로 볼 수는 없는 것이다. 대일 무역역조는 비전문가들도 익히 알고 있듯이 한국 대외무역의 가장 고질적인 구조적 문제로 간주되어 왔기 때문이다. 本 書, 제4장, 각주 40), 41), 42), 43) 참조.

기술과 자본도입을 서둘러야 하며 일부사업(부품소재)을 이양 받을 필요성"이 있다는 주장도 제기되고 있다.[175]

현재 정부 간의 공식 교섭단계에 이른 한일 자유무역협정 구상을 자세히 살펴 본 이유는 本 협정이 동아시아 경제균형의 중요한 요소가 될 수 있기 때문이다. 한국과 일본이 FTA를 통해 경제적으로 더욱 밀착의 길을 가게 되는 경우, 동아시아 내부의 경제균형은 일본 쪽으로 유리하게 기울게 된다. 동아시아를 대표하는 경제단위인 한국, 일본 그리고 중국 중 두 국가가 하나로 뭉치는 것이기 때문이다. 반면 역내 패권을 둘러싸고 일본과는 경쟁적 관계를 유지하고 있고, 일본에 대해 정치 및 경제적으로 깊은 불신을 가지고 있는 중국은 그들의 영향권에 있다고 스스로 여기고 있는 아세안과 2004년부터 협정을 단계적으로 체결하여 2010년까지 FTA를 완성하겠다고 공언함으로써 일본과는 대립 각을 분명히 하고 있다.[176] 따라서 한일 FTA가 단순 경제적 차원의 이야기만은 아님을 알 수 있다. 즉 한일 FTA가 형성되는 경우 한·ASEAN 혹은 일·ASEAN FTA에도 속도가 붙을 가능성이 크기 때문이다.

여기서 한중일 삼국의 연대가 현재로써 어려운 이유를 짚어 볼 필요가 있다. 삼국 간의 FTA가 체결되는 경우 한국과 일본은 중국의 농산물 공세를 견딜 수 없다는 것이 표면적인 이유로 거론되고 있으나, 不可의 보다 큰 이유는 역사적이며 경험적인 것이다. 서로 다른 정치 및 경제체제를 지닌 국가들 사이에 자유무역협정이 체결된 예가 거의 없다는 사실이 우선 지적된다. 중국은 정치적으로 엄연히 사회주의 국가이기 때문이다. 일본의 전문가들은 보다 전략적 시각에서 삼국 FTA에 부정적이다. 중국, 대만, 홍콩은 물론 동남아시아의 많은 국가에서 화교를 중심으로 한 중

---

175) 이한구, "한일자유무역지대 챙길 것들 ~," 韓國經濟新聞 (www.hankyung.com), 1999/04/12.

176) 김기수, 자유무역협정(FTA)의 전략적 평가: 한국의 정책기조를 위한 제언, 세종 정책보고서 2003-02, 2003년 2월, 세종연구소, p. 11.

화상권이 이미 형성되어 있음으로 이 국가들은 사실상 중국의 경제권에 속한다고 볼 수 있다는 것이다. 이 논리가 맞다면 한국과 일본은 고립되어 있는 셈이다.[177] 따라서 역내 역학구도상으로도 한일무역협정이 논리적으로 타당하다고 주장한다.[178]

현재까지 미국의 공식적인 입장 표명은 목격되지 않는다. 과거 EAEC의 전례로 볼 때 한중일 자유무역지대의 창설을 달가워하지는 않을 것이다. 그러나 한일 양국 간의 자유무역협정을 미국이 반대할 이유는 없다. 중국이 배제된 한일 간의 협력은 중국을 견제하려는 미국의 입장에 오히려 부합될 수도 있고 미국의 전통적인 동아시아 동맹 축인 한미일 관계를 공고히 하는 데 기여할 수도 있기 때문이다.

2. 동아시아 지역주의의 전략적 평가: 통화 및 통상패권과의 연계구도

경제위기를 통해 동아시아 국가들은 달러화에 대한 과도한 의존이 제2의 위기를 유발할 수도 있다는 사실을 인식하기 시작했다. 역내 문제이기는 하지만, 동아시아 경제의 장점을 살리며 발전하는 방법이 무엇인가라는 명제에 대해서도 진지한 고민이 시작됐다. 따라서 동아시아 국가들이 국제통화 및 금융체제의 변화와 같은 거시적이고 규모가 큰 움직임에 관심을 갖는 것은 어쩌면 당연한 일이다.

달러화 중심의 국제통화체제에 어떤 형태의 변화가 있는 경우 달러화

---

177) 그러나 실제로 한국과 일본의 의사를 떠보려 했는지는 모르겠으나, 2002년 11월 4일 ASEAN+3에 참석 중이던 주룽지 총리가 한중일 FTA를 제안 한 적이 있다. 이에 대해 일본은 거부의사를 표명하였다. 김기수, *자유무역협정(FTA)의 전략적 평가,* p. 15. 중화경제권에 대해서는 *本 書,* 제4장, II., 2. "중국경제의 평가"를 참조할 것.

178) 야노 마사히데, "日本 大韓投資의 過去, 現在, 그리고 未來," 고려대학교 기업경영연구원 아시아경영센타 주체, 김완순 교수 정년퇴임 기념세미나, *IMF 이후의 국내외국인 투자실태* 2000년 9월 15일, p. 9. 참고로 야노 마사히데씨는 한국미쓰비시상사 주식회사 대표이사 사장으로 근무하고 있다.

라는 일국 기축통화를 전제로 성립되었던 기존의 국제경제질서는 근본적
인 변화를 맞게 될 것이다. IMF와 세계은행은 물론 국제통화질서와 밀접
한 관계를 맺고 있는 국제무역체제도 현재와는 다른 모습으로 발전할 가
능성이 크다. 한 가지 분명한 것은 다극화가 될수록 다양성은 더욱 증가
한다는 사실이다. 그것은 이미 국제정치적 논의에서도 증명된 바 있다.
다극체제하에서 보다 다양한 외교가 가능하다는 사실은 이미 상식에 속
하기 때문이다.179)

그러면 이러한 논리가 국제경제질서 특히 국제통화체제에 주는 의미
는 무엇인가. 국제경제관계는 기본적으로 시장원리에 기초하고 있다. 시
장의 가장 큰 특징 중의 하나는 외부의 간섭이 없는 상태에서 다수 참여
자들의 이해가 다양하게 표출될 때 효율이 극대화된다는 원칙이다. 여기
서 간섭의 최소화와 참여자 수의 증가는 이익 배분의 확산을 의미한다.
그러므로 다극체제가 체제 제한적(systemic constraint) 요소를 덜 갖고 있
다는 사실은 쉽게 짐작할 수 있고, 결과적으로 다극체제에서 참여자들의
이익이 더욱 증가할 수 있다는 추론이 가능한 것이다.

국제통화체제의 변화는 동아시아 국가들에게 외부적 조건의 변화를
의미할 뿐이다. 그렇다면 동아시아의 역내 다이내미즘에 의한 변화는 대
내외적으로 어떠한 영향을 미칠 것인가도 중요한 논제일 수밖에 없다.
구체적으로 아시아 통화기금(AMF)이 출범하는 경우 동아시아가 향유할
혜택은 무엇인가.

우선 동아시아 국가들은 역내 자금을 큰 폭으로 절약할 수 있을 것이
다. 현재 이들은 금융위기의 충격이후 다량의 외환을 보유하고 있다.180)

---

179) 가장 대표적인 예로 1800년대 초 유럽의 비엔나체제를 들수 있다. 다음의 저술은
당시 외교의 다양성과 유연성을 잘 보여주고 있다. 바로 이러한 다극체제의 성격이
1800년대 약 100년간의 평화를 보장하였다는 주장이 제기되고 있는 것이다: Henry
A. Kissinger, *A World Restored: Metternich, Castlereagh, and the Problem of Peace
1812-1822* (Boston: Houghton Mifflin Co., 1973); Harold Nicholson, *The Congress of
Vienna: a study in Allied unity, 1812-1822*, first published in 1946 (New York: The
Viking Press, 1965).

AMF가 설립되는 경우 각국은 현재와 같이 대규모의 외환을 상시적으로 보유할 필요가 없어진다.[181) 곧 위험수당이 현저히 감소하는 것이다. 이렇게 해서 형성된 대량의 잉여자금을 통해 동아시아 국가 및 민간인들은 구체적으로 다음의 혜택을 누릴 수 있다. "AMF가 설립되면 대부자(lender)들은 5퍼센트 안팎의 금리로 자금을 빌려 줄 수 있을 것이고, 그 결과 아시아의 차용자(borrower)들은 6퍼센트 내외의 지금보다는 훨씬 싼 이자로 자본을 차입할 수 있게 된다. 또한 역내 채무국가들은 비싼 서구의 외채를 갚을 수도 있을 것이다. 따라서 그것은 현재 동아시아가 외채(혹은 외국의 예금) 등의 형태로 서구에 지급하고 있는 위험수당의 대부분을 되찾게 되는 것을 의미한다."[182)

그리고 "그 과정을 통해 가장 손해를 보는 측은 원래는 그럴 가치가 없지만 위험수당을 철저히 챙겨 온 서구의 투기꾼일 것이다."[183) 만약 AMF가 성공적으로 정착하는 경우 필연적으로 유럽에서와 같이 지역 공

---

180) 인도네시아는 GDP의 20퍼센트 한국은 25퍼센트 그리고 대만은 35퍼센트를 외환 보유고로 축적하고 있다. *한국경제신문*, "KIEP 아시아 경제패널 세미나: 주요 발표 내용," 2001년 4월 28일. 현재 동아시아의 외환보유고에 대해서는 각주 143) 참조.

181) 이는 두 가지 이유로 설명된다. 우선 "97년과 98년 발생한 아시아지역 외환위기 이후 대부분 국가들이 변동 환율제를 도입, 환율을 방어하기 위한 외환수요가 거의 없어졌다"는 것이다(박영철, "KIEP 아시아 경제패널 세미나: 주요 발표내용"). 다음으로 IMF가 수행하지 못하고 있는 최후 대부자로서의 역할이 AMF의 공동협력에 의해 지역적으로 가능하게 되는 경우 동아시아 국가들은 다량의 외환을 쌓아두며 보낼 이유가 없는 것이다. 이점에 대해 박영철 교수는 "단기적으로 돈이 부족한 국가에 자금을 지원해 줄 수 있는 국제금융기구가 있어야 불필요한 외환보유고를 낮출 수 있다"고 주장한다(*Ibid.*).

182) Wade and Veneroso, "The resources lie within," p. 21. 각주 144) 참조.

183) *Ibid.* 실제로 동아시아의 외환위기 시 투기자들의 활동이 있었다는 사실은 부인할 수 없다. 일본의 사카키바라는 "한국이 IMF 구제금융을 받기 2개월 전에 조지 소로스로부터 「다음의 타겟은 한국」이라는 말을 들었다고" 실토하고 있다. *조선일보*, "〔소로스〕 다음 타겟은 한국, IMF 두 달전 말했었다," 1999년 11월 10일. 보다 분석적인 차원에서 사카키바라는 "또 세계 금융위기는 미국 주도의 자본주의에서 「사이버자본주의」로 이동하는 데 따른 「경련현상」이라고 분석했다. 그는 시장 참여자들이 세계 각지의 정보를 실시간으로 처리 또는 조작하면서 거대한 자금을 동원해 이익을 챙기려 하고 있으며, 아시아 금융위기는 그러한 「사이버자본주의」의 흐름에 뒤쳐졌기 때문"이라고 설명하고 있다(*Ibid.*).

동화폐가 도입될 가능성은 충분히 있다.[184] 이 경우 AMF의 창설 수준을 넘는 체제적 변화, 즉 새로운 국제통화질서하에서 동아시아 국가들은 보다 독자적인 경제발전을 추구할 수 있게 된다. 국제통화체제상의 다양성은 바로 여기서 찾을 수 있는 것이다.

국제통화 및 금융체제와 연계된 동아시아의 새로운 움직임에 대해 미국이 반대하고 있다는 사실은 동아시아가 세계경제의 주체로 등장할 가능성이 있다는 것을 의미한다. 즉 미국의 입장에서는 경제패권과 관련된 문제인 것이다. 그러나 상기의 利害 혹은 당위론과는 달리 동아시아 통화체제의 재편 문제는 역내외적으로 많은 장애 요인을 안고 있다. 권력변수가 개입되는 경우 장애의 폭은 더욱 넓어질 수밖에 없다. 따라서 그들 요소에 대한 총체적인 판단이 있어야 동아시아 통화문제에 대한 향후 전망이 가능한 것이다.

현재까지의 다양한 논쟁을 고려하건데 AMF나 동아시아 자유무역협정에 대한 향후 전망을 위해서는 보다 고차원적인 理解와 계산이 필요함을 알 수 있다. 특히 동북아시아 주변의 이해는 그것이 경제문제라 하더라도 단순히 경제적 차원에 국한될 수 없고 또한 지역적으로도 동아시아 문제만으로 한정되지 않는다는 특징을 지니고 있다.

그러므로 우선 체제적 차원에서 동아시아 통화협력이 조명되어야만 한다. 현 국제경제체제에 가장 큰 영향력을 행사하고 있는 미국의 입장은 따라서 가장 중요한 변수일 수밖에 없다. 미국의 반대는 이미 설명한 바와 같다. 한 가지 특이한 점은 1990년대 지역주의가 확산된 이후 미국의 일관된 행보 하나가 발견된다는 사실이다. 동아시아에 지역주의 움직임이 있자 그것을 무작정 반대하는 것은 논리적으로 무리가 있다고 생각하여, 미국을 위시한 태평양 연안국가들의 협력체를 역으로 제안함으로

---

184) 구체적으로 우선 아시아통화제도(Asian Monetary System)의 도입, 다음 단계로 아시아중앙은행(Asian Central Bank) 설립, 마지막으로 단일통화의 구축이라는 그림이 제시되고 있다. 한국경제신문, "아시안 유로화 도입 전망: 공동화폐 움직임 어디까지 왔나," 2001년 5월 10일.

써 동아시아를 이 큰 틀에 묶어두려는 지속적인 의도가 엿보인다. APEC
과 APMF는 이러한 미국의 정책을 대변한다고 볼 수 있다.

그러나 미국의 태도와는 달리 흥미롭게도 유럽은 동아시아 통화협력
에 찬성하고 있다. 유로화를 새로 출범시킨 유럽의 입장에서 동아시아의
통화협력은 그들에게도 중요한 사안일 수밖에 없다. 유로 가치의 안정과
국제무대에서 유로화의 위상 강화를 위해서는 유로화에 대한 대외 수요
의 증대가 필수적인데 그것을 기대할 수 있는 지역은 사실상 동아시아
지역밖에 없기 때문이다. AMF의 기본 발상이 동아시아 국가들의 통화가
치가 미국의 달러화에 지나치게 의존되어 있다는 반성에서 비롯됐다는
사실 및 유럽의 동아시아에 대한 적극적 행보 등을 감안하면 동아시아와
유럽은 공동의 이해를 어느 정도 향유하고 있는 셈이다.

상기의 논의 자체는 결국 동아시아 통화협력 문제가 국제통화체제 전
체에 영향을 미칠 수 있는 국제체제 수준의 사안임을 여실히 보여주고
있다. 현실적으로 가장 큰 장애는 역시 미국의 부정적 태도라고 보아야
할 것이다. 그렇기 때문에 미국의 반대를 극복할 수 있는 명분과 현실적
인 대안을 찾는 것이 통화협력의 발전을 위한 가장 중요한 과제임을 알
수 있다.

그러나 현실적으로 미국의 입장과 결부된 문제는 그렇게 간단하지 않
다. 동아시아 전체에 대해 미국이 가지고 있는 힘의 투사(power projection)
능력과 깊은 관계가 있기 때문이다. 이는 크게 보아 안보구도와 연계하
여 경제문제를 판단해야 함을 의미한다. 이미 설명한 바와 같이 힘의 투
사는 경제 및 안보분야 모두에서 효과적으로 이루어지고 있기 때문이다.
적어도 안보문제에 관한 한 미국은 동북아시아의 사실상 覇者로 군림하
고 있다. 특히 일본과 한국은 현재에도 그들의 안보를 미국에 의존하고
있다.

부시 행정부는 중국을 경쟁자로 못 박으며 군사적으로 중국을 압박하
고 있다. 동남아시아에 대한 미국의 영향력을 대체할 세력 또한 현재까

지는 존재하지 않는다. 그러므로 미국이 배제된 동북아 및 동아시아 질
서는 상상하기 힘들고 기존의 구도가 쉽게 변화할 것이라고 예측할 수도
없다. 북한 문제만 해도 과거 약 10년 가까이 북미관계를 축으로 한반도
문제의 해법이 논의되어 왔다는 사실은 미국의 실체를 잘 대변해 주고
있다. 미국과 외교 및 경제관계가 전혀 없는 북한조차도 그들의 문제를
미국을 통해 해결해야만 하는 상황이 전개되고 있는 것이다.

　따라서 역내에서는 미국에 대해 상대적으로 독립된 실체인 중국 변수
가 중요함을 알 수 있는데, 그것은 중국의 입장과 외부 환경, 즉 미국, 중
국, 그리고 일본의 상호관계를 함께 고려함으로써 이해될 수 있다. AMF
구상에 중국이 유보적인 태도를 견지했던 것도 그러한 역학 구도의 결과
라고 볼 수 있다. 특히 AMF 案은 안보구도와 일치하지 않는 면이 있다.
나아가 중국이 우려하는 역내 일본의 경제패권 성립도 반드시 경제문제
에 국한된 견해로 보기는 어렵다. 일본이 미국의 정치적 영향권에 있다
고 가정할 때, 일본의 지역 소패권은 결국 미국의 대패권을 이중으로 강
화시켜 중국에 대한 속박이 될 수 있기 때문이다. 미사일방어계획(MD:
missile defense)에 대해 일본이 찬성한 반면 중국은 극력 반대함으로써 상
반된 안보상의 利害가 존재함이 분명해졌다. 그것이 대만까지 확장되는
문제에 이르게 되면 이해의 대립은 더욱 심각해진다.

　부시 행정부의 출범으로 MD가 본격적으로 추진되자 적어도 군사적으
로는 동아시아가 냉전시대의 대립 구도로 일부 회기되는 현상까지 나타
나고 있는 사실은 동아시아 지역에서 군사문제의 중요성을 잘 보여주고
있다. 정치 및 군사적 대립 요소는 동아시아 경제협력에 어떠한 형태로
든 영향을 미칠 수밖에 없다. 동아시아의 경제협력문제가 유럽에서와는
달리 대단히 복잡하다는 사실이 다시 한번 확인되는 것이다. 그러나 흥
미로운 점은 AMF 및 아시아 통화협력의 주창자가 다름 아닌 일본이라
는 사실이다.

　이상 역학상의 논의는 다음의 의문을 자아낸다. 과연 일본은 미국과의

관계에 있어서 政經분리의 원칙을 고수하고 있는가. 즉 안보는 미국에
의존하며, 경제는 미국으로부터 독립을 추구하고 있는가. 나아가 일본은
보다 적극적으로 엔화의 국제화를 위한 노력을 할 의사와 능력이 있는가.
전자의 경우 AMF에 대한 미국의 반대가 분명하자 일본은 더 이상 이 문
제를 거론하지 않고 있다. 안보 및 경제를 모두 고려한 전략적 계산의 결
과로 이해할 수 있을 것이다. 즉 일본이 그들의 의사를 관철시키기에는 능
력에 한계가 있으며, 나아가 얻는 것보다는 잃는 것이 훨씬 많다는 현실이
일본의 행보를 멈추게 하고 있는 셈이다. 그리고 후자의 경우 엔화의 국제
화를 위해서는 일본의 경제적 희생이 어느 정도 필요한데 현재까지 이를
적극적으로 부담, 수용하겠다는 일본의 의사는 확인된 바 없다.[185]

문제는 AMF를 반대하는 미국의 논리가 설득력이 떨어진다는 데 있다.
역내 다수 국가들이 AMF 안을 지지하고 있고, 그 필요성 또한 설득력이
있음으로 동아시아 자유무역지대 형성과 통화협력에 대한 논의는 그것이
쌍무적이든 혹은 다자형태를 띠든 계속 잠복한 문제로 남을 수밖에 없
다.[186] 바로 그러한 현실을 반영하는 것이 이른바 소지역주의(subregionalism)

---

185) 가장 대표적으로 일본이 역내 국가들에게 무역적자를 감수하며 엔화의 역내수요
를 창출할 의도가 있는가라고 물었을 때 긍정적인 대답이 나올 정도로 일본의 태도
가 변했던 경우는 현재까지 찾을 수 없다. 실제로 기존의 많은 분석은 동아시아 국
가들만의 경제블럭 형성 가능성에 대해 대부분 부정적인 견해를 보여 왔는데, 역사
적 공유인식의 부족과 경제강국인 일본의 의지 미흡을 가장 중요한 이유로 꼽고 있
다. Peter A. Petri, "The East Asian Trading Bloc: An Analytical History," Jeffrey A.
Frankel and Miles Kahler, eds., *Regionalism and Rivalry: Japan and the United States
in Pacific Asia* (Chicago: The University of Chicago Press, 1993), p. 45. 특히 특정
무역블럭의 성립 조건인 강력한 통화의 부상 가능성에 대한 懷疑가 부정적 예측을
뒷받침하는 중요한 근거로 제시되곤 한다. Jeffrey A. Frankel, "Is Japan Creating a
Yen Bloc in East Asia and the Pacific?" Frankel and Kahler, *Regionalism and Rivalry*,
pp. 53-85. 간접 금융시장의 중요성을 강조하는 쿠퍼(Cooper)의 경우도 단시간 내에
엔화가 국제화될 가능성에 대해 회의적이다(Cooper, "Key Currency after the Euro,"
pp. 15-16). 그와는 반대로 동아시아 금융위기 이후 지역협력의 필요성이 다시 제기
되는 시점에 맞추어 엔 블럭의 가능성을 강력히 주장하는 경우도 있다. C. H.
Kwan, "Towards a Yen Bloc in Asia," *NRI Quarterly*, 1999 Summer (8/2), Nomura
Research Institute.

186) 2001년 1월 스위스 다보스에서 개최된 제31차 세계경제포럼(WEF)에서도 "일본,

인데, 한일 FTA 그리고 중국과 ASEAN 간의 자유무역협정 움직임 등이
대표적인 예가 될 수 있다. 소지역주의의 경우 일본과 중국이 정면으로
경쟁하는 것이 아니고, 미국 또한 반대할 뚜렷한 명분이 없음으로 현실
화될 가능성이 높다. 그리고 통화협력 분야에서도 FTA와 비슷한 일종의
회피전략이 목격된다. AMF보다는 훨씬 낮은 수준이라고 볼 수 있는 통
화스왑, 환율안정을 위한 협력방안, 동북아 개발은행의 설립 등이 실행
혹은 거론되고 있다. 장기적인 관점에서 AMF가 성립되는 경우, 이는
"IMF와 경쟁하는 존재가 될 것이다. IMF는 경쟁자를 원한다. 그러나
IMF가 AMF와 반대 방향으로 가는 일 또한 없을 것"이라는 주장은 주목
할 만 하다.[187]

이상 동아시아의 지역주의 움직임을 현안 별로 나누어 살펴보았다. 보
다 체계적인 이해를 위해 지역주의 문제를 체제적 변수, 초강대국의 이
해, 그리고 역내 변수라는 보다 큰 범주로 나누어 분석해 보기로 한다.
우선 체제적 변수에서 가장 중요한 것은 역시 지역주의를 세계적으로 확
장시킨 계기를 제공한 유럽의 통합이다. 유럽의 통합, 소련의 해체 그리
고 냉전의 종식은 아래의 새로운 변수를 제공하고 있다. 아울러 국제체
제를 미국이 사실상 주도하여 왔음으로 체제적 변수는 또한 초강대국 미
국의 이해를 결정하는 가장 중요한 요소이기도 하다.

냉전의 종식으로 전 세계는 군사적 양립구도에서 벗어날 수 있었다.
특히 유럽과 미주는 국제체제상 군사적 압박으로부터 사실상 해방되었
다. 적어도 러시아 등 동유럽을 포함한 유럽 전체와 미국을 위시한 북미
대륙에서는 정치적으로 민주주의, 경제적으로 자유주의가 국내적으로 뿌
리내리며 이른바 칸트적 국제관(Kantian view)에 기초한 자유주의적 낙관

태국, 필리핀의 정부 관계자들은 아세안과 한국, 중국, 일본을 포괄하는 자유무역협
정의 필요성을 적극 제기"하고 있다. 동아일보, "아시아 자유무역협정 시급," 2001
년 1월 28일.
187) *The Economist*, "The resources lie within," p. 21.

론(liberal optimism)이 설득력을 얻게 되었다. 즉 자유주의에 기초, 자본주의를 영위하고 민주적 정치제도를 운영하는 국가들 사이에서는 군사적 대립을 피할 수 있다는 오래된 가설이 힘을 얻고 있는 것이다.

애초 국가 간의 경제관계는 그것이 시장원리에 기초하는 한 포지티브 섬(positive sum)의 세계라는 것이 이론상 정설이다. 참가자 모두에게 경제적 이득이 보장되는 것이다. 적어도 쌍무적인 관계를 기준으로 국제경제를 파악할 때 이론상 반대 논리는 상정하기 힘들다. 그러나 경제관계에 힘(power)의 논리가 개입되는 경우 이야기는 달라진다. 가장 극명한 예는 아마도 제2차 세계대전 이후 미국에 의해 주도된 브레튼우즈 체제에서 찾을 수 있을 것이다. 국제통화체제의 성립과 달러화의 패권 인정 부분이 특히 그러하다. 이미 설명한 바와 같이 미국의 발권력 독점은 힘의 논리 이외의 다른 변수로는 설명하기 힘들다. 경제적 관점에서는 IMF를 중립적인 기구로 만들어 그 통제를 주요 국가들이 하는 가운데 IMF가 발권력을 갖는 것이 가장 이상적이기 때문이다.

미국의 통화패권은 현재까지 지속되고 있다. 1970년대 달러화의 금태환 금지로 국제통화체제에 혼란이 있었던 것은 사실이나 일단 성립된 달러화 중심의 통화질서는 쉽게 붕괴되거나 다른 제도로 대체되기 어렵다는 것이 현재까지의 경험이다. 바로 여기서 유럽의 통합이 권력적 요소를 수반하고 있다는 사실이 발견된다. 유럽의 통합은 일차적으로 시장의 통합 그리고 이차적으로는 공동화폐의 출범으로 요약될 수 있다. 두 요소는 유럽이 하나의 경제단위로 재형성되며, 어마어마한 규모의 단일경제권(economy scales)이 창출되었다는 것을 의미한다. 미국 중심의 국제경제체제는 유로화라는 새로운 세계적 규모의 통화로부터 도전을 받게 되며 그 결과는 국제경제질서의 근본적인 변화일 수도 있기에 미국이 유럽의 경제통합에 민감하게 반응할 수밖에 없는 것이다.

일단 하나의 거대한 경제영향권 형성이 체제적 변화를 유도하게 되는 경우 그 효과는 단순히 협력의 확대를 통한 경제적 이득의 증대 문제에 국한되지 않는다. 새로운 영향력의 창출과 그로 인한 체제적 이득의 문제로 비화되는 것이다. 그러므로 유럽의 통합과 냉전의 종식이 국제경제체제를 근본적으로 변화시킬 가능성이 있는 가장 중요한 체제적 변수로 간주되는 것이다.

동아시아 지역주의에 비추어 본 체제적 변수의 의미는 다양하다. 우선 미국과 유럽의 경쟁관계가 분명해지는 한 남은 지역에 대한 영향력 확보는 곧 세계경제패권의 향방을 결정하게 된다. 양자는 당연히 동아시아에 대한 협력을 강화할 수밖에 없다. 그러나 양자의 태도에는 차이가 있는데 동아시아를 전통적으로 그들의 영향권으로 인식하고 있는 미국은 당연히 현 질서의 현상유지(status quo)를 최상의 목표로 삼고 있다. 즉 미국 중심의 쌍무적 군사관계를 그대로 유지하여 군사적 영향력을 보존하고, 나아가 동아시아만의 지역주의가 성립되어 미국이 배제된 가운데 동아시아 국가들이 그들의 경제적 이해를 마음대로 추구하는 구도를 막는 것이다.

반면 유럽은 동아시아의 현 구도를 변화시키려는 의도를 갖고 있다. 구도의 변화는 곧 미국 영향권으로부터 동아시아가 자유스러워지는 것을 의미한다. 따라서 쌍무적인 군사관계가 다자관계로 변화하는 것을 찬성하며 아울러 동아시아가 유럽과 같이 역내 통합을 성공적으로 달성하도록 종용하고 있는 것이다. 하지만 군사 및 경제패권의 건재함에 비추어 미국이 동아시아의 정치 및 경제질서에 절대적인 영향력을 행사하고 있다는 사실을 부인하기는 힘들다. 따라서 미국의 영향력에 변화가 없고 미국의 동아시아 지역주의에 대한 반대가 지속되는 한 동아시아 지역주의의 성립은 어려울 수밖에 없다.[188]

다음으로 역내의 복잡한 역학 구도 또한 동아시아 지역주의의 향배를 결정하는 중요한 변수일 수밖에 없다. 그렇다면 역시 한국, 중국, 그리고 일본의 입장이 중요한데, 앞서 설명한 바와 같이 중국과 일본 간의 의견

---

188) 동아시아에 대한 미국과 유럽의 경쟁은 本 章, VII. "세력균형 경쟁: APEC과 ASEM"에서 자세히 살펴보기로 한다.

조율이 안되고 있는 상황이다. 현재까지 동아시아 지역주의를 실제로 이끌 수 있는 경제력을 보유한 국가는 일본밖에 없다. 그러나 일본의 움직임은 미국에 의해 철저히 통제되고 있고, 미국의 의사에 반하는 행위를 일본이 적극적으로 추구한 예는 거의 없었다. 따라서 미국과 일본이라는 동맹 축에 의해 동아시아가 전체적으로 영향 받고 있다고 생각하는 중국의 경우 일본이 제안한 지역경협안에는 늘 소극적인 자세를 견지해 온 것이다.

그러나 지역주의가 세계적인 추세이고 동아시아 국가들이 이에 뒤질 이유는 없음으로 상기의 복잡한 역내 역학구도를 감안하여 가능한 대안이 모색되고 있다는 사실은 이미 설명한 바 있다. 중국이 추진하려는 아세안과의 자유무역지대 설립안 그리고 일본이 생각하고 있는 한일 FTA는 사실상 대립적 개념이다. 소지역주의의 진전에 대해서는 FTA를 적극적으로 추진하고 있는 미국으로서도 반대할 뚜렷한 명분과 利害가 없음으로,[189] 소지역주의 혹은 쌍무적 수준의 FTA 등이 동아시아 지역주의의 첫 번째 유형이 될 것임은 분명하다.

그 이후의 진행 상황은 일단 국제경제질서의 주도권에 대한 변화와 밀

---

[189] 반면 동아시아 경제에 가장 큰 영향력을 행사하고 있는 미국의 경우 최근 들어 NAFTA 이외의 FTA 체결에 더욱 적극적이다. FTA를 향후 대외전략의 주요 수단으로 활용하겠다는 의지를 분명히 하고 있음에 비추어 동아시아 국가들의 FTA 체결을 억제할 명분은 사라진 셈이다. 최근 USTR의 로버트 죌릭(Robert Zoellick) 대표는 미국의 원대한 FTA 전략을 발표한 바 있는데, 그 일차적 목표는 2005년부터 미주 전 대륙을 하나로 묶는 미주자유무역지대(FTAA) 창설이다. 그 밖에도 여건이 되는 국가들과는 쌍무적인 FTA를 지속적으로 추진하겠다는 의사를 숨기지 않고 있다. 현재까지 미국에 의해 논의되고 있고 실제 체결된 FTA는 대략 다음과 같다: FTAA와는 별도로 중남미 34개국과 쌍무적 FTA 추진, 이집트와는 FTA 추진에 원칙적으로 합의, ASEAN 8개국과 FTA 추진, 싱가포르 및 칠레와는 협상 중, 호주와는 FTA 협상 시작, 이스라엘, 모로코 그리고 요르단과는 FTA 이미 체결. 특히 정치적인 관점에서 돋보이는 것은 경제적 실익이 덜한 이스라엘, 요르단 및 모로코와 FTA를 맺은 것인데, 이스라엘과의 경제적 동맹형태의 FTA 체결은 미국의 정치적 이익을 증대시킬 것으로 예견되고, 요르단과 모로코의 경우도 경제적으로는 큰 실익이 없으나 아랍권의 중간자적 입장을 대변하는 국가와의 경제동맹 성격이 짙은 것으로 해석할 수 있다. 김기수, "자유무역협정(FTA)의 전략적 평가," pp. 11-12.

접히 관련되어 있다고 보여지는데 그 중 가장 중요한 점은, 유로화의 영향력 확대가 성공적으로 이루어져 동아시아가 달러화에 대한 절대 의존에서 벗어날 수 있느냐는 것이다. 동아시아의 대외결제수단 및 환율결정에 있어 유로화의 영향력이 강화되는 경우 그만큼 미국의 경제적 영향력은 줄어들 것으로 예견됨으로 그 경우 동아시아 지역주의가 보다 자의적으로 발전될 가능성은 남아 있다.

3. 지역주의의 역사적 예: 유럽통합

1) 유럽통합의 전략적 동인

애초 유럽의 통합은 미국의 묵인 혹은 지지하에 추진되었다. 유럽 공동체라는 이름으로 출발한 서유럽의 통합은 대략 다음의 동인을 지니고 있었다. 우선 소련을 중심으로 거의 완전한 형태의 정치 및 경제적 동맹 체제를 결성한 동유럽에 대항하는 강력한 결속체를 서유럽에도 구축할 필요가 있었다. 그리고 역사적으로 끊임없이 불화가 반복되고 있던 프랑스와 독일의 화합이라는 정치적 동기도 있었다.[190] 다음으로 금세기에만 두 차례의 세계대전을 일으킨 독일의 경제력을 중화시키려는 의도도 내포되어 있었는데, 원래 서유럽 공동체의 모체가 1951년 파리조약에 의해 탄생된 유럽석탄철강공동체(European Coal and Steel Community: ECSC)였다는 사실에서 숨은 의중을 엿볼 수 있다. 유럽석탄철강공동체는 서유럽 최대의 석탄 및 철강 생산국인 독일의 자원을 공동으로 관리, 발전시키자는 목적이 있었기 때문이다.

이미 군사력을 상실한 독일이 경제적으로도 서유럽이라는 큰 네트워크에 합쳐지면 그것은 전략적으로 독일의 힘이 中和되는(neutralized) 것을 의미한다. 프랑스의 의도는 명확했다. 향후 독일의 재부상에 대비하여 미국과의 관계를 강화하기 보다는 유럽의 통합을 주도함으로써 독일의 힘

---

190) Kisoo Kim, "APEC: Toward a New Asia-Pacific Regionalism," p. 53.

을 중화시키겠다는 장기적 계산을 한 것이다. 아이디어는 의외로 간단했
다. 통합이라는 확실한 목표가 설정된 가운데 경제 및 인적 교류 등을 통
하여 국가 간의 비정치적 관계가 밀접해지면, 이전효과(spillover effect)에
의해 비정치 분야의 통합이 우선 이루어지고 나아가 정치적 통합도 가능
해진다는 것이었다. 이것이 바로 초기 통합이론 즉 기능주의 논리의 핵
심 내용이다.191) 아무튼 당시 패전국인 독일은 그것을 반대할 명분과 힘
을 가지고 있지 않았다.

　서유럽 통합의 동기가 그러하므로 대외전략상 미국이 애초부터 통합
을 반대할 이유는 없었다. 그러나 1970년을 전후하여 미국의 상대적 쇠
퇴가 가시화되기 시작하고 유럽통합이 급진전되자 미국의 통합유럽에 대
한 기존의 시각에 변화가 초래된다. 닉슨(Richard Nixon) 대통령의 다음과
같은 언급은 이를 잘 보여주고 있다. "과거 오랫동안 통합된 서유럽은 미
국에 지워진 짐을 덜어 줄 것이라고 무조건 믿어 왔다. 그러나 진실은 그
렇게 간단하지 않다. 유럽의 통합이 미국의 정책에 있어 문제로 등장할
가능성이 있다. 왜냐하면 그들이 우리와는 다른 집단의식과 행동을 발전
시키고 있기 때문이다."192)

　미국의 새로운 시각은 적어도 패권이라는 개념이 없이는 쉽게 설명되
지 않는다. 미국과 소련으로 대변되는 양극체제는 군사적 측면에서 세계

191) 초기의 통합이론은 통합의 자동발전메커니즘(automatic mechanism of integration)
에 초점을 맞추고 있다. 이러한 발상은 사실 경제학에서 주장되는 시장의 자동조절
기능(automatic adjustment mechanism of market)으로부터 아이디어를 빌어 온 측면
이 많은데, 따라서 초기의 통합 이론가들은 자유주의 경제학으로부터 많은 영향을
받았다고 볼 수 있다. 다음은 초기 통합이론의 대표적인 저술이다: Karl W.
Deutsch, et. al., *Political Community and the North Atlantic Area* (Princeton: Princeton
University Press, 1957); David Mitrany, *A Working Peace System* (Chicago:
Quatrangle Books, 1966); Ernst B. Haas, *The Uniting of Europe: Political, Economic
and Social Forces, 1950-1957*, first published in 1958 (Stanford: Stanford University
Press, 1968).

192) President Richard Nixon, *United States Foreign Policy for the 1970s: A Report by
President Richard Nixon to the Congress*, February 25, 1971 (New York: Harper and
Row Publisher, 1971), pp. 16-17.

가 미국과 소련이라는 두 초군사강국에 의해 패권적으로 지배되고 있는 상황을 의미한다. 반면 경제적으로는 자본주의를 대표하는 미국에 대해 공산경제라는 비효율적인 체제를 지니고 있었던 소련은 애초부터 적수가 아니었다. 전후 세계경제는 사실상 미국에 의해 주도되었다고 하여도 과언이 아니다. 결국 미국만이 경제패권국으로서 사실상 세계를 지배하고 있었던 것이다. 따라서 1970년대를 전후한 미국의 상대적 쇠퇴는 곧 경제패권의 약화를 의미하는 것이었고, 그 원인 중의 하나가 서유럽의 경제부흥에 따른 미국경제의 상대적인 위상 저하였음으로 서유럽이 경제적으로 하나의 공동집단으로 발전하는 것은 미국에게는 경제패권의 문제였던 것이다.

2) 유럽통합의 과정: 내적 다이내믹(Interest)과 체제적 충격(Systemic Impact)

프랑스와 독일의 입장이 정리되었다고 하더라도 또 다른 강국인 영국의 태도에는 흥미로운 점이 있다. 영국의 유럽공동체에 대한 초기, 즉 1950년대의 입장을 살펴보면 특히 그러하다. 제2차 세계대전 중 영국은 서유럽을 대표하여 얄타회담과 같은 주요 전략회의에 전후 문제를 직접 다루기 위해 참석한 강대국이었다. 물론 트루만 독트린으로 영국의 경제적 한계가 적나라하게 드러나 국제적인 위상이 급속히 저하되고 있었던 것은 사실이나 1950년대만 해도 서유럽에서는 상당한 영향력을 행사할 수 있는 위치에 있었다. 그런데 문제는 1950년대 태동한 유럽공동체의 결성에 영국이 참여는 하였으면서도 공동체의 일원이 되는 것은 거부했다는 사실이다. 서유럽 공동체가 국제적 측면에서 장기적으로 강한 영향력을 지니는 결속체가 될 가능성이 있다는 당시의 일반적인 예상에 비추어 영국의 불참은 국제정치적 관점에서 매우 예외적인 일이었다.

그람시(Antonio Gramsci)의 헤게모니 분석은 그러한 예외적인 현상에 대한 설명을 제공해 준다. "영국은 떠오르는 유럽 공동체의 가장 영향력

있는 국가가 될 수 있는 역사적인 시기인 1950년대에 (유럽대륙이 아닌)
미국과 영연방의 관계에 주안점을 두었다. 이러한 좋은 기회가 지나쳐간
이유는 영국의 장기적인 이해 득실에 기초한 합리적인 계산으로는 쉽게
설명되지 않는다. 그러나 영국의 리더쉽이라는 의식의 성격을 그람시적
으로 분석하는 경우 그와 같은 비합리적인 정책의 현실적 선택에 대한
이해가 가능하다. 영국 지배계급의 세계관은 제국주의와 제국의 오랜 역
사 그리고 제2차 세계대전 시 미국과의 긴밀한 동맹관계를 통해 형성되
었다. 따라서 이것이 앵글로색슨이라는 문화적 국수주의로 승화된 것이
다."193) "그람시적인 접근이 국제관계를 계급차원에서 파악하는 것은 사
실이지만 그것이 특히 이데올로기와 문화를 강조한다는 측면에서 (상기와
같은) 국가 관계의 특정 측면은 오히려 더 잘 설명한다."194)

   그러나 이데올로기와 문화 중심의 패권개념이 권력의 부정적인 속성
에 기초한 전통적인 현실주의적 해석을 대체할 수는 없다. 적어도 영국
의 경우에도 상기 해석의 타당성은 1950년대의 영국 외교정책을 설명하
는 데 한정될 가능성이 높기 때문이다. 1961년에 영국은 기존의 태도를
바꿔 유럽공동체의 구성원이 되기 위해 교섭을 시작하며, 1967년에는 공
동체 가입을 정식으로 요청하게 된다. 결국 1972년 초 영국은 공동체의
일원이 되었다.195) 1970년을 전후하여 국제질서의 상대적인 변화를 통

---

193) Stephen Gill and David Law, *The Global Political Economy: Perspectives, Problems, and Policies* (Baltimore: The Johns Hopkins University Press, 1988), p. 79.

194) *Ibid.*, pp. 78-79.

195) 1971년 1월 23일에 룩셈부르크 협정으로 영국의 공동체 가입조건이 타결됨으로
써 가입은 사실상 타결된다. 같은 해 2월 25일 앞서 언급한 닉슨대통령의 대의회 보
고서가 나오게 되고, 8월 15일 닉슨 대통령의 달러화에 대한 금태환 금지조치가 단
행되었다. 이어 1972년 1월 18일 영국의 유럽공동체 가입조약이 체결된다. 그러한
일련의 사태가 보여 주는 바는 영국도 결국 미국과의 문화 및 이데올로기 차원의
패권 공유를 포기하고 실리적 패권 즉 유럽공동체라는 새로운 패권의 싹에 몸을 싣
게 된다는 사실이다. 영국의 움직임이 미국으로 하여금 유럽공동체를 경쟁의 대상으
로 여기기 시작하는 데 얼마만큼의 역할을 하였는지는 분명하지 않으나 적어도 시
기적으로는 이 두 움직임이 일치한다.

해 분명해진 것은 그람시적 해석에 기초한 패권은 그 적용 범위가 한정
될 수밖에 없다는 사실이다.

1970년을 전후하여 급속한 통합 움직임을 보이던 유럽공동체는 한동
안 정체 상태를 경험하게 된다. 적어도 논리적으로는 자유주의 가정에
기초한 통합의 논리가 현실과는 괴리되어 있다는 사실이 드러난 것이다.
실무적인 차원에서는 1964년 공동체기구 통합에 합의가 이루어짐으로써
서유럽의 통합은 더욱 구체화되는 것처럼 보였다. 물론 농업, 재정협정
문제를 둘러싸고 불만이 폭발되어 1965년 프랑스가 각료 이사회에 참가
하기를 거부함에 따라 이른바 空席政治라는 일시적인 위기는 있었으나
이듬해 룩셈부르크의 타협, 즉 국가의 중대한 이익이 걸린 문제에 대해
서는 특별 다수결이 아닌 만장일치로 의사를 결정한다는 합의가 도출되
고 프랑스가 각료 이사회에 복귀함으로써 문제는 일단락되었다.

그 후 1967년 유럽공동체 집행부 통합조약이 발표되고 첫 번째 유럽
공동체 통합 각료이사회가 개최됨으로써 공동체는 명실상부 통합기능을
수행하게 된다. 1968년에는 관세동맹(Customs Union)이 완성되는데, 그
내용은 EEC 회원국들 간에 공산품 관세를 전면 폐지하고 공동대외관세
(CCT: Common Customs Tariffs)가 각국의 관세제도를 대체하도록 하는 것
이었다. 대외적인 측면에서 가장 중요한 관세 일원화가 이루어진 것이다.
1970년 유럽공동체 예산의 고유 재정원이 확보됨으로써 통합은 거침없
이 순조롭게 이루어졌다. 1972년에는 그동안 해결을 보지 못했던 영국의
가입이 확정되고 아울러 아일랜드, 덴마크, 노르웨이도 회원국이 됨으로
써 통합은 질적인 성숙과 더불어 양적인 팽창의 시대를 맞게 된다. 특히
같은 해 유럽공동체와 유럽자유무역연합(EFTA: European Free Trade Association)
간에 자유무역협정이 체결됨으로써 통합은 더욱 빛을 발하게 된다. 유럽
공동체에 가입하지 않은 별도의 경제협력체인 EFTA는 오스트리아, 핀란
드, 아이슬랜드, 포르투갈, 스위스, 스웨덴 등 비교적 중립적 입장을 취하
던 국가들이 회원국이었음으로 위의 자유무역협정은 공동체 영역이 대폭

확대되는 것을 의미했다.

따라서 미국이 1970년대 초 유럽통합의 진척에 대해 예민한 반응을 보이기 시작한 것은 바로 상기의 배경이 원인이었다고도 할 수 있다. 그러나 국제적으로 특정 사안의 성공 여부는 외부 충격과 같은 실험을 통해 검증되어야 한다. 1973년 이른바 오일쇼크라는 외부로부터의 강한 충격이 가해지자 통합의 실효성에 대한 국제적 검증이 가능해졌다. 석유값의 폭등으로 인하여 유럽경제가 심각한 타격을 받자 공동체 회원국들은 위기에 대해 공동으로 대응하지 못하고 각국의 사적인 이익을 추구하기에 급급한 태도를 견지한다. 결과적으로 유럽경제는 침체를 겪게 되고 공동체의 실효성에 근본적인 한계가 있다는 사실이 입증된 것이다.

회원국 간의 상품유통은 관세동맹의 체결로 자유화 되었음으로 공동체 국가들의 서로 다른 화폐를 어떻게 통합하는가의 문제가 이후 중요한 사안으로 등장할 수밖에 없었다. 통화는 일반상품과는 달리 국가의 주권문제와 관련이 있었음으로 화폐통합의 완성을 위해서는 당연히 정치적인 결속도 어느 정도는 병행되어야만 했다. 같은 맥락에서 유럽경제통화연합(EMU: European Economic and Monetary Union)과 유럽정치연합(EPU: European Political Union)이 동시에 추진된 것은 이해가 가는 일이었다.

그러나 오일쇼크로 인하여 두 계획의 추진은 벽에 부딪칠 수밖에 없었다. 당시 서유럽 국가들은 당면한 경제적 이해에 급급하였음으로 고도의 정치적 결단이 필요한 위의 두 사안은 거론조차 될 수 없었다. 결국 1970년대의 유럽통합은 정체를 벗어나지 못했던 셈이다. 영국, 아일랜드의 가입으로 통합체의 부피는 늘어났으나, 유럽통화연합이라는 거창한 논의를 접어둔 채 통화통합의 기반 조성을 의미하는 유럽통화제도(European Monetary System: EMS)와 유럽통화단위(European Currency Unit: ECU)의 창설에 합의했을 뿐이다. 이해가 다른 국가 간의 통합이 얼마나 어려운 것인가를 다시 한번 확인시켜준 것이다.

1980년대 들어 공동체의 회원국들은 통합의 기초를 다시 다지는 작업을 시작한다. 후일 유럽통합의 획기적인 전기로 평가되는 유럽단일의정서(European Single Act)의 조인이 1986년에 이루어진 점을 감안하면 아무래도 1980년대는 유럽통합의 전기가 마련된 시기라고 할 수 있다. 주목할 점은 1970년대의 부진이 1980년대의 진전으로 전환된 배경이다. 배경에 대한 설명 없이 유럽통합이 가시화되고 소련의 멸망으로 냉전이 종식됨으로써 국제질서의 새로운 재편이 이루어지고 있는 현재의 국제정세를 이해하는 것은 사실상 불가능하기 때문이다.

애초 유럽경제공동체(EEC)와 북대서양조약기구(NATO: North Atlantic Treaty Organization)가 냉전의 산물이었던데 반해 1980년대 유럽통합의 가시적인 진전은 냉전과는 별 관계없이 이루어졌다. 서방과 소련 사이의 군사적 대치는 이미 안정 수준을 유지하고 있었기 때문이다. 당시 서유럽은 안보상 커다란 위협을 느낄 위치에 있지 않았고 더욱이 서유럽이 통합된다고 기존의 안보망이 강화되는 것도 아니었다. 그보다는 새로운 종류의 외부적 압력에 서유럽은 노출되어 있었다.

주로 경제적인 요인이었는데 1980년대 들어 첨단산업의 비약적인 발전으로 인하여 첨단기술로 무장된 과점적 기업이 세계경제를 지배하는 새로운 유형의 경제 및 기술 진보의 시대가 펼쳐지기 시작한 것이다.[196] 여기서는 당연히 논리적으로 규모의 경제(economy scales)가 중요할 수밖에 없다. 일시적으로 많은 투자를 필요로 하는 새로운 첨단산업은 규모가 클 수밖에 없고 그 결과 세계시장은 과점적 성격을 띠게 되기 때문이다. 요컨대 기술의 발전과 나아가 국가의 경제적 장래를 결정짓는 새로운 변수가 등장한 것이다. 그것은 서유럽 개별 국가들의 경제규모와 기

---

196) 새로운 경제현상을 가장 잘 반영하고 있는 지적 논의가 전략무역이론이었다. 새 이론의 대두가 시기적으로 유럽통합의 재개와 거의 비슷하다는 사실은 당시 국제경제 상황에 대한 선진 제국들의 인식을 잘 보여주고 있다. 전략무역이론에 대해서는 각주 2) 참조; 그리고 전략무역 논쟁이 논리의 전개 수준을 넘어 실제의 경쟁으로 현실화되고 있음을 보여주는 분석이 다양하게 제시된 바 있는데, 논의의 핵심은 국경을 넘는 기업경쟁이 제로섬의 환경을 만들고, 또한 그러한 세계에서의 경쟁은 국가의 개입을 초래한다는 것이었다. 보다 자세한 내용은 각주 278) 참조.

술수준으로는 감내하기 어려운 환경이었다.

다음으로 아시아 국가들의 급성장과 그에 따른 국제경제의 재편 조짐
도 과거 수세기에 걸친 지속적인 경제발전으로 이미 활력을 상실, 노후
기미를 보이기 시작한 유럽의 위기를 더욱 부채질하였다. 특히 일본이라
는 거대 경제단위의 등장과 네 마리의 용으로 지칭되며 가장 두드러진
경제성장을 구가하고 있던 동아시아 4개국의 눈부신 발전이 관심의 초점
일 수밖에 없었다. 그리고 1970년대 후반 급속히 개방되며 자본주의 국
가로 빠른 경제성장을 보이고 있던 중국의 약진도 유럽에 가해지는 아시
아로부터의 압력을 배가시키고 있었다. 특히 일본의 팽창은 주목할 만
한 것이었다. 우선 경제의 규모에 있어 일본은 서유럽 경제강국인 서독,
프랑스 그리고 영국을 합친 규모를 상회할 태세였고, 지속적인 무역흑자
에 기초한 가공할 일본의 자금력은 서유럽의 개별 국가들로서는 감내하
기 힘든 힘을 국제사회에서 발휘하기 시작했다. 결론적으로 경제정책의
통합과 규모의 경제가 실현되어 급속한 기술개발이 이루어지지 않고는
극복이 불가능한 새로운 도전에 서유럽이 직면하게 된 것이다.

미국의 유럽에 대한 새로운 시각과 정책도 유럽의 위기감을 부추기는
역할을 했다. 이미 언급한 바 있지만 소련과의 관계가 안정되기 시작한
1960년대 후반에 이르러 미국에 대한 군사적 위협 요소는 통제 가능한
수준으로 제어되기 시작했다. 따라서 미국이 향후 국제질서에 영향을 미
칠 새로운 변수에 신경을 쓰기 시작한 것은 오히려 당연한 일이었다.
1971년 미국 대통령의 유럽 경계발언은 이미 언급한 바와 같다. 장래 미
국과 경쟁을 벌이게 될 국가들에 대해 주의를 갖기 시작한 것이다. 1980
년대 들어와 일본과의 치열한 경제경쟁에서 패색을 보였던 미국이 경제
적으로 통합된 유럽을 보는 시각은 당연히 경쟁자일 수밖에 없었다.
1970년대 초 오일쇼크에서 비롯된 세계경제의 침체를 미국은 유럽에 대
한 지원 감소의 핑계로 활용했다. 그러므로 1980년대 서유럽은 이미 미
국이 경제적인 측면에서 그들의 후원자가 아니라는 사실을 감지하기 시

작했다.197) 결과적으로 미국의 유럽에 대한 새로운 시각은 유럽국가들에게 통합의 필요성을 일깨워주는 촉매 역할을 했다고 볼 수 있다.

나아가 1980년대부터 본격화되기 시작한 보호주의와 쌍무적 무역마찰의 심화는 주요 경제강국 혹은 특정 경제권역 간의 경쟁을 촉발시켰다. 특히 미국과 일본 간의 통상마찰과 그에 못지않게 강도를 더해가던 미국과 서유럽 국가들 사이의 경제갈등은 유럽으로 하여금 국제경제의 새로운 양상, 즉 경제경쟁의 심화를 더욱 실감나게 하였다. 따라서 대비책은 경제통합일 수밖에 없었다.

1966년 프랑스의 드골(Charles de Gaulle) 대통령이 주장한 중요 국익과 관련된 사안에 대한 회원국의 거부권 보유는 유럽공동체의 의사결정을 사실상 만장일치제로 만드는 결과를 초래했다. 공동체의 발전을 저해한 주요 원인이었던 셈이다. 여기서 논리적인 공방이 있게 되는데, 드골은 초국가적(supranationality)인 것을 곧 연방제로 인식하였고 그 경우 유럽공동체 회원국의 권한은 사실상 없어지는 것으로 생각하였다. 그러므로 연방제를 배격한 드골의 입장에서 공동체의 중요 의사결정 메커니즘은 당연히 만장일치제이어야만 했다. 반면 기능주의자들이 주장한 초국가적인 기구의 성격은 그와는 다른 것이었는데, 초국가성은 곧 의사결정의 과정과 형태에 관한 것으로 이해되었다. 따라서 "참가국들이 의제에 무조건적으로 거부권을 행사하는 것을 억제하는 점증적 조정방식(cumulative pattern of accomodation)"이 의사결정 수단이어야만 했다. 그것은 곧 "고차원의 공동 이해에 대한 타협에 의해 합의를 추구하는 방식"을 의미하는 것이었다.198) 표현상의 모호성은 있지만 초국가성을 띤 기구는 결국

---

197) Robert O. Keohane and Stanley Hoffman, "Institutional Change in Europe in the 1980s," Robert O. Keohane and Stanley Hoffman, eds., *The New European Community: Decisionmaking and Institutional Change* (Boulder: Westview Press, 1991), p. 5.

198) Ernst B. Haas, "Technocracy, Pluralism and the New Europe," Stephen R. Graubard, ed., *A New Europe?* (Boston: Hughton Mifflin, 1964), p. 66.

"기존의 국제기구와 연방의 양축에서 반드시 같지는 않지만 연방 쪽에 더욱 가까운 의사결정제도를 갖춘 공동체"를 말한다.[199]

상기의 논의가 중요한 이유는 1966년부터 약 20년간 견지되었던 거부권 체제에 대한 개혁이 이루어져야 한다는 합의가 1980년대 중반 도출되었기 때문이다. 즉 경직된 의사결정방식이 유럽의 통합 움직임을 정체화시킨 중요한 원인으로 인식되기 시작한 것이다. 극복책으로 새로운 제도적 접근(institutional approach)이 제시되었다. 여기서 제도적 접근은 결국 제도 내 의사결정 방식의 유연화를 의미하는 것이다. 1986년에 역사적인 조인이 이루어진 유럽단일의정서(European Single Act)는 바로 새로운 자각의 결실이었다. 1992년 말까지 유럽 단일통합시장의 창설, 공동체 권한 영역의 확대, 그리고 대외문제에 대한 정치협력의 제도화 등을 중요 내용으로 하고 있는 새로운 법안은 의사결정 방식에 획기적인 변화를 추구하여 완전 합의제가 아닌 이른바 질적인 다수결(qualified majority)을 공동체의 의사결정 방식으로 채택하고 있다. 또한 회원국의 국력에 따라 의사결정에 가중치도 도입되었다. 따라서 일국 일표의 획일적인 의사결정방식이 개선된 것이다. 결국 1960년대 이론적으로 주장된 초국가적인 의사결정 방식이 약 20년 뒤에 채택된 셈이다.

그리고 사안의 우선 순위에 대한 보다 현실적인 접근도 이루어졌다. 단일통화의 실현 혹은 외교와 국방문제에서의 공동보조안 마련 등과 같이 극히 정치적인 사안, 즉 국가의 주권과 밀접히 관련되어 있고, 공동 합의가 현실적으로 어려운 문제를 뒤로 미루고 변화하는 국제관계에 적절히 대응하여 생존을 확보한다는 인식에 기초, 보다 실현 가능한 사안을 우선 다루기 시작했다. 따라서 유럽단일시장의 형성을 최우선 과제로 선정하여 통합의 실질적인 진척을 이루도록 한 것이다.[200] 특히 일본의

199) Haas, *The Uniting of Europe: Political, Economic and Social Forces, 1950-1957*, p. 59.
200) 실질적인 논제의 설정과 의사결정 방법의 현실화에는 집행위원장인 쟈크 들로르(Jacques Delors)의 역할이 지대하였다. 1985년 9월과 10월에 그는 중대한 결심을

강력한 도전에서 비롯된 국제경쟁의 심화가 유럽의 시장통합에 결정적인 역할을 했다는 점은 이미 밝힌 바와 같다.[201] 결국 과거 공동체가 지니고 있던 제도상 문제에 대한 반성에서 비롯된 공동체 의사결정 방식의 혁신, 실행 가능한 의제의 선택을 통한 논제의 순위화, 그리고 급변하는 국제정세가 부여하는 통합의 절박성 등이 어우러져 1980년대 중반 유럽통합은 다시 한번 급류를 탈 수 있었던 것이다.

3) 유럽통합의 전략적 평가: 동아시아 지역주의와의 비교

동아시아는 역내 국가들 간의 연대의식 혹은 통합에 대한 필요성의 인식, 그리고 그것을 달성하는 실제적인 방법의 개발 등에 있어서 지역통합의 모델인 유럽과 비교하여 통합의 필요조건을 거의 충족시키지 못하고 있다. 여러 가지 이유가 있겠으나 우선 근대 국가의 성립이 대단히 늦었고 식민지 혹은 반식민지 상태를 벗어나 독립국가를 형성한 것도 불과 반세기에 지나지 않으며, 독립 후에도 냉전의 영향으로 대립과 갈등의 깊은 수렁을 오랫동안 벗어나지 못했기 때문일 것이다. 또한 외교다운 외교를 전개할 기회가 거의 없었기 때문에 국가관계에서도 현대적 의미의 그것과 전통 및 지역적 요소가 공존하여 왔다고 봄이 옳을 것이다.

그러므로 근대 국가의 국경을 허무는 가장 발달된 국제관계의 유형인 경제통합 모델을 동아시아에 적용하는 것은 애초부터 무리인지도 모른다. 그러나 지역주의가 역외적으로 배타성을 지니고 있는 것은 사실이고, 지역주의라는 세계적인 추세에 뒤떨어지는 것 또한 국익과 부합하지 않는다는 인식이 자리 잡으면서 동아시아도 지역주의에 관심을 갖지 않을

하게 되는데 단일통화를 위한 통화 및 사회개혁을 포기하고 대신 통합시장의 구현과 다수투표에 의한 의사결정을 통합의 가장 중요한 의제로 설정하여 이를 관철시켰기 때문이다. Keohane and Hoffman, "Institutional Change in Europe in the 1980s," p. 66.

201) Wayne Sandholtz and John Zysman, "1992: Recasting the European Bargain," *World Politics* 42/1 (1989), pp. 1-30.

수 없는 상황이 전개된 것이다. 결국 준비는 되어 있지 않은 상태에서 수요 혹은 필요가 창출된 셈이다.

서유럽의 경우 이미 소련과의 군사적 대립이 거의 균형상태를 이루게 된 1970년대 이후 사실상 안보위협에서 벗어나기 시작했고, 1990년대 초 소련의 붕괴로 위협은 더 이상 존재하지 않았다. 따라서 안보문제가 경제통합의 걸림돌로 작용할 소지는 처음부터 적었다. 독일이 군사적으로 무력화됨으로써 서유럽 내부의 불안 요소는 존재하지 않았고 1950년대 초 냉전으로부터 비롯된 역외의 안보위협은 초기 유럽통합에 오히려 긍정적으로 작용했다.

반면 동아시아는 한반도를 중심으로 심각한 안보상의 대치구도가 상존하고 있고 또한 중국과 일본이라는 두 강대국이 군사적인 측면에서 경쟁관계를 해소시키지 못하고 있다. 군사적 경쟁관계는 지엽적으로는 국가 생존, 지역적으로는 패권의 문제로 귀결된다. 따라서 동아시아라는 지역 차원에서 진행되고 있는 지역주의에 대한 논의는 한계가 있을 수밖에 없다. 안보 혹은 정치문제가 부여하는 압력을 경제분야가 극복하지 못하는 현상이 지속되고 있는 것이다.

그리고 경제문제로 논의를 국한시켜도 문제는 여전히 상존한다. 각국의 경제발전 수준이 상이하여 경제 강대국의 움직임이 곧 세력권 혹은 영향력의 확장이라는 등식으로 받아들여지고 있음으로 국가 간의 경협확대가 상당히 정치화되는 양상을 보여주고 있다. 일본에 의해 주도된 AMF 구상에 대해 중국이 거부의사를 표명한 것은 좋은 예라고 할 수 있다. 일본 엔화의 영향력 증대에 대한 우려가 중국의 거부감을 산 가장 중요한 이유였기 때문이다.

유럽이 통합이론에 기초한 점진주의적 통합방식을 취한데 반해 동아시아는 통합의 수순에서도 유럽과는 다른 새로운 접근을 보여주고 있다. 관계 국가들의 자유로운 물류 이동을 의미하는 좁은 의미의 FTA, 역외 국가들에게 공동의 관세를 적용하는 관세동맹(Custom Union), 생산요소의 자유로운 이동을 보장하는 공동시장(Common Market), 회원 국가들 간에 공동의 경제정책을 시행하는 경제공동체(Economic Community), 마지막으로 단일통화에 기초한 완전한 시장통합을 의미하는 단일시장(Single Market)의 완성 등 점진적인 통합(incrementalism)이 동아시아에서는 적어도 현재까지는 그대로 적용되지 않고 있다.

동아시아에서는 오히려 통화동맹과 자유무역지대의 논의가 동시에 진행되는 양상이 목격된다. 물론 동아시아만의 독특한 경험에서 비롯된 것으로 이해될 수 있지만, 서구에서 과거 수백년간에 걸쳐 이룩한 경제발전을 수십년만에 압축하여 달성하려는 동아시아의 속성과 운명이 그러한 시도를 이끌어 낸 배경이라고 볼 수도 있다. 아무튼 자유무역 중심의 시장통합과 통화동맹 중심의 화폐통합이 동시에 달성된다면 그것은 분명히 지역통합의 새로운 모델이 될 것이다.202)

마지막으로 미국이라는 매우 강력한 매개변수가 존재한다. EAEC에 대한 대응으로 APEC을 가동한 데서 이해할 수 있듯이 화폐통합의 움직임이 있자 미국은 비슷한 제안을 하게 된다. 물론 미국 정부의 공식적인 견해는 아니지만 향후 동아시아 국가들의 화폐통합에 대한 미국의 대응으로 이해될 수 있음으로 APMF(Asia-Pacific Monetary Fund)는 주목을 끈다. APMF에 대해서는 이미 자세히 설명한 바 있다. 아무튼 이러한 논의를 통해 적어도 미국이 동아시아 국가들만의 자유무역지대 설립이나 통화협력에 반대하고 있다는 사실만은 분명해진다.

동아시아 전체를 아우르는 경제협력에 대한 구체안이 동아시아 국가들 사이에 합의된 바는 없다. 특히 중국과 일본의 입장은 상반된다. 최근

---

202) 동아시아의 압축성장에 대한 평가는 극명하게 둘로 갈린다. 우선 동아시아 경제는 질적 성장에 기초한 것이 아니라 단지 양적인 팽창에 기초하고 있어 부실이 내재되어 있다는 주장이 있다: Krugman, "The Myth of Asia's Miracle." 반대로 동아시아의 경제성장은 경제의 질적 향상에 기초하고 있고 과거 공산주의식 양적 팽창과는 질적으로 다르다는 의견도 제기되고 있다: Radelet and Sachs, "The East Asian Financial Crisis." 보다 자세한 논의는 각주 96) 참조.

중국의 한중일 자유무역협정 제안에 대해 일본이 반대 의사를 표명한 사실은 이를 잘 보여주고 있다. 양국 간의 이해 조율이 가능하지 않는 한 동아시아의 지역주의는 실현 가능성이 낮아 보인다. 왜 그러한 상황이 전개되고 있는지는 이미 설명한 바와 같다. 특히 전략적으로 중요한 것은 중국과 일본이 대립이라고는 할 수 없을지 모르지만 군사적 경쟁관계에 있는 것만은 분명하다는 사실이다. 군사적으로 경쟁관계에 있는 국가 간에 자유무역협정이 체결된 적이 없다는 역사적 경험은 양국의 역내 이해와 입지를 잘 설명해 주고 있다. 그러한 정치적 상황은 결국 양국이 역내 패권에 대한 경쟁의식을 가지고 있다는 것을 의미하며, 경제관계도 그것의 예외가 될 수는 없다고 봐야 한다. 따라서 양국 간의 경쟁 및 불신 관계가 프랑스와 독일 간의 관계와 비슷하게 승화되려면 상당한 시간이 필요할 것이다.

동아시아의 지역주의는 그 필요성에도 불구하고 결국 초기 유럽의 통합 방식보다도 더 낮은 단계로부터 출발하는 점진주의를 택할 수밖에 없을 것 같다. 이 경우 쌍무적 자유무역협정이나 낮은 수준의 통화협력이 우선 고려의 대상이 될 수 있다. 구체적으로 중국은 아세안 국가들과 2010년까지 자유무역협정 체결을 합의한 바 있고, 일본은 싱가포르와 자유무역협정을 체결함으로써 FTA를 시험 가동하기 시작했다. 한편 한국과 일본 간의 FTA는 논의의 수준이 정부 간 교섭으로 격상되며 본 궤도로 진입 중이다.

통화분야에서도 협력은 쌍무적 수준으로 이루어지고 있다. 미국을 제외한 동아시아 국가들만의 통화협력체가 미국의 반대 그리고 일본과 중국 간의 이견으로 불가능하다면 다른 방법이 모색될 수밖에 없다. 대안으로 추진되었던 가장 초보적 수준의 쌍무적 통화스왑협정은 상당한 진척을 보이고 있다. 협정이 방어적 성격을 띠고 있는 것은 사실이나, 동아시아 통화협력을 위한 가장 기본적인 틀은 마련되었다고 평가할 수 있다. 통화스왑협정에 대해서는 다시 후술하기로 한다.

VI. 동아시아 환율시스템과 영향력 구도: 국제체제와의 연계

1. 국제환율체제

1) 동아시아 외환위기와 환율문제

　동아시아를 외부경제와 연계시키는 연결고리는 다양하다. 무역과 금융 분야가 가장 대표적이라고 할 수 있다. 하지만 동아시아의 경제위기가 외환위기로 표현되듯, 외환분야도 외부의 영향에 대단히 민감한 영역이 라는 점이 분명해졌다. 따라서 향후 제2의 외환위기를 피할 수 있는 방법은 무엇인지에 대한 논의가 활발해 질 수밖에 없다. 역내 총 외환보유 고가 무려 2조 달러에 이르는 현실과는 달리 역내 국가들이 유동성 위기를 맞았다는 사실이 자각의 출발점이었다.

　위기 당사국들의 거시 경제지표 또한 양호하였고 과거 경제위기를 겪은 중남미 국가들이나 동유럽 국가들과 비교하면 국내경제 자체에는 더더구나 문제가 없었다. 반면 당시 일본과 중국을 제외한 동아시아 국가들의 환율은 고평가 되었다고 일반적으로 인정되고 있다. 통화의 고평가가 수출경쟁력을 저하시키고 그 결과 무역수지 적자가 유발되어 외채의 증가로 이어진다는 경제적 사실은 굳이 자세한 설명을 필요로 하지 않는다.

　위기가 외형적으로 환율의 불안정에서 비롯되었다면 역내 환율의 안정을 위한 방안이 당연히 모색되어야 한다. 그러나 동아시아 경제가 외부와 깊이 연계되어 있기 때문에 새로운 방안의 도출이 동아시아 내의 문제만은 아니라는 사실이 논의를 더욱 복잡하게 한다. 일본을 제외한 대부분의 동아시아 국가는 최근에 와서야 제도적으로 성숙된 변동환율제를 채택하고 있다. 즉 환율의 결정을 시장에 더욱 의존하는 제도가 도입되기 시작한 것이다. 그것은 동아시아 경제가 한 단계 성숙한 것을 의미하는 동시에 국제경제질서에 더욱 편입되어, 국제체제와 하나의 덩어리를 이루며 변화 및 발전해가는 것을 뜻하기도 한다.

동아시아의 환율제도에 대한 분석을 위해서는 우선 국제환율체제에 대한 이해가 있어야 한다. 동아시아 환율제도도 결국 국제환율질서의 일부분으로 작동하기 때문이다. 환율제도에 대한 경제학적 분석은 많이 존재한다. 그러나 앞서의 분석에서도 명확히 드러나듯 특히 국제경제 현상에 내재되어 있는 영향력 관계는 전략적인 변수가 개입되는 경우 더욱 복잡해진다. 하지만 이러한 상황에 대한 분석없이 역내 환율체제의 구도와 작동원리를 정치 및 경제적으로 이해하는 것은 불가능하다. 따라서 여기에서는 환율체제와 연관되어 있는 정치적 변수를 추가하여 동아시아 환율문제를 종합적으로 다루어 보기로 한다.

2) 국제환율체제의 역사적 추이

금본위제, 영국의 통화패권, 그리고 고정환율제의 역사에 대해서는 이미 살펴본 바 있다. 금본위제도하에서의 환율제도는 안정적으로 운용되었다. 제1차 세계대전으로 금본위제도가 종말을 고하자 국제환율제도 또한 무질서의 시대를 맞게 된다. 이를 기점으로 미국경제는 국제경제의 중심축으로 서서히 자리 잡게 되는데, 당시 미국만이 자국 통화의 금태환을 유지하고 있었다는 사실은 그때의 상황을 잘 반증한다. 1925년 금평가제(gold parity)의 도입으로 금본위제의 기틀과 환율안정의 메커니즘이 다시 마련되었으나 전쟁을 치른 영국의 경제적 위상이 예전과 같지는 않았고 그렇다고 미국이 통화패권을 대신할 수도 없는 상황에서 금본위제도의 부활은 애초부터 무리였다. 그런 와중에 발생한 대공황은 금융체제 자체의 붕괴를 초래했고 곧 각국 통화의 금태환에 대한 불신으로 이어져 금평가제는 성공할 수 없었다.[203] 국제적으로 환율의 안정도 이룰

203) Francisco L. Rivera-Batiz and Luis Rivera-Batiz, *International Finance and Open Economy Microeconomics* (New York: MacMillan Publishing Co., 1985), pp. 518-519.

수 없었음은 물론이다.

제2차 세계대전의 종식과 더불어 IMF의 설립을 통해 새로운 환율제도 가 도입되는데, 당시 금환본위제도(gold exchange standard)로 불리는 類似 금본위제도가 채택되었음으로,[204] 환율은 당연히 고정환율제일 수밖에 없었다. 즉 앞서 설명한 바와 같이 경제적으로 가장 강력한 국가의 화폐 를 기축통화로 하여 이를 금과 연계시키고, 다른 국가의 통화가치를 기 축통화에 고정시킴으로써 국제적으로 통화와 환율의 안정을 기하자는 것 이었다.

여기서 금의 공급이 한정되는 경우 논리적으로 국제유동성은 사실상 전적으로 달러화의 공급에 의존할 수밖에 없는 상황이 전개된다.[205] 미 국이 대규모 무역적자를 통해 유동성 공급을 확대하였음에도 불구하고 전후 서유럽 국가들과 일본의 급속한 경제회복으로 국제유동성 수요는 더욱 증가하였다. 금의 공급이 제한된 가운데 거의 달러화에만 의존할 수밖에 없는 상황에서 달러화의 공급에도 한계가 있었음으로 국제유동성 의 만성적 부족 현상은 피할 수 없었다.[206] 그 결과가 닉슨 쇼크였음은 이미 설명한 바와 같다.

후속 조치로 달러화의 평가절하가 단행됨으로써 달러화 가치의 안정 을 전제로 시행되던 고정환율제는 붕괴되었다.[207] 1976년 킹스턴 회의 를 거치며 고정환율제를 대신하여 변동환율제가 공식 채택되었는데, 이 는 곧 환율의 불안정으로 이어졌다. 따라서 문제를 해결하기 위해서는 주요 선진국들 간의 의견조율이 필요했다. 1985년 플라자 그리고 1987

---

204) 국제유동성에 비해 금이 부족한 현상에 대해서는 이미 자세히 설명한 바 있다. 각 주 31), 33) 참조.

205) 미국의 통화패권과 관련하여 가장 중요한 원칙이었던 미국 달러화와 금값의 연계 문제는 각주 34)의 본문 참조.

206) 즉 트리핀의 딜레마(Triffin's dilemma) 현상이 발생한 것이다. 각주 33) 참조.

207) 1971년 8월 닉슨 선언이 있은 후 4개월 후인 12월에 스미소니언 통화회의가 개 최된다. 이에 대해서는 각주 35) 참조.

년 루브르 회합을 통해 환율의 안정을 위한 선진국 간의 의견 조율이 처음으로 이루어졌다.[208]

여기서 중요한 것은 과거 파운드화 전성시절 목격되었던 국제통화·금융 메커니즘이 전후 달러 기축통화 시절에도 거의 그대로 작동되고 있다는 사실이다. 영국 파운드화의 전성 시절, 런던 금융시장이 세계경제의 중심지로 떠오르면서 영국은 세계경제에 막강한 영향력을 행사할 수 있었다. 이는 다시 반복되어 달러가 국제기축통화로 자리 잡으면서 국제금융시장은 뉴욕을 중심으로 형성되었고, 그 결과 뉴욕 금융시장이 미국 통화패권의 기둥 역할을 하고 있다는 사실은 이미 설명한 바와 같다.

2. 국제환율체제의 권력 메커니즘과 동아시아

체제적 차원의 권력관계가 연장된 것이긴 하지만 환율체제도 역시 기축 통화국에게 정치적 영향력이라는 부차적인 권력 메커니즘을 제공하게 된다. 단지 다른 점은 환율제도를 통한 권력 메커니즘이 체제적 기축통화 권력보다는 상대적으로 미시적이고 쌍무적인 특징을 지니고 있다는 사실이다. 환율제도와 관련된 권력관계의 기본 가정은 환율의 안정화 성향과 그러한 기대 심리에 기초하고 있다. 즉 어느 국가든 환율의 급격한 변동을 원치 않는다는 것이다. 이는 논리적으로나 실증적으로 큰 무리가 없는 가정으로 받아들여지고 있다. 우선 환율안정에 대한 희구는 통화에 대한 가치 중립적 인식에 기초한다. 즉 국제통화의 가장 기본적인 역할이 국제무역의 활성화라면 환율은 당연히 안정되어야 한다. 통화의 또 다른 중요한 역할인 가치저장 기능의 경우에도 통화가 금과 같은 귀금속(precious metal)과 연계되어 있다면 문제는 간단히 해결된다. 통화가치의 안정과 환율의 안정을 통해 안정적 가치의 보전이 가능하기 때문이다. 어떠한 경우든 환율안정이라는 목표는 가치중립적인 통화의 속성 혹은

---

208) 플라자와 루브르회의에 대해서는 각주 38) 참조.

목적에 비추어 당연한 것일 수밖에 없다. 국제통화에 대한 그러한 가치관이 현실적으로 잘 반영된 제도가 바로 금본위제도였다.

국제경제관계 특히 국제금융제도의 급속한 발전으로 통화의 기능이 더욱 다원화되면서 상기의 기본 통화가치관에 변화가 없었던 것은 아니나 국가는 여전히 환율의 안정에 집착하고 있다. 환율안정이라는 목적을 위해 채택된 전후 고정환율제하에서도 회원국은 그들의 국내 사정에 따라 IMF와 협의를 거쳐 환율을 조정할 수 있었음은 이미 설명한 바와 같다. 그러나 환율변동을 정책의 수단으로 유용하게 사용한 국가는 별로 없다. 환율안정에 집착하기 때문인데, 한국이 가장 대표적인 예이다. 예외가 있다면 통화패권국일 것이다.

1) 환율의 정치경제: 한국의 예

건국 초기 대부분의 신생독립국들은 수입대체산업정책(import substitution policy)을 시행하였다.[209] 대외경제관계에 비추어 다음과 같은 현상은 환율과 관련된 당시의 문제점을 잘 설명해 주고 있다. 기초 원자재 이외에 외국에 팔 물건이 별로 없는 가운데, 기술의 부진으로 중간재의 수입은 불가피하였고 국내조달이 불가능한 기초 원자재도 수입할 수밖에 없었음으로 만성적인 경상수지 적자는 피할 수 없었다. 당연히 외환의 지속적인 부족현상이 발생했다. 국내적으로도 과도한 재정지출은 만성적인 인플레를 불러왔다. 그러한 상황에서 환율조정이 없는 경우 국내경제는 대외적으로 고평가 된다. 수출입을 놓고 볼 때는 국내에서 생산된 물품의 가격이 상대적으로 높게 형성된다. 당연히 수출은 어려워지게 되고, 외환의 공급이 지속적으로 부족한 악순환의 고리가 만들어지는 것이다.[210]

---

209) 수입대체정책의 핵심은 역시 물품의 국내생산에 특혜가 제공되는 것이라고 할 수 있다. 즉 외국으로부터의 상품수입을 국내생산으로 대체하겠다는 발상이다. Anne O. Krueger, "Export-led Industrial Growth Reconsidered," Wontack Hong and Lawrence B. Krause, eds., *Trade and Growth of the Advanced Developing Countries in the Pacific Basin* (Seoul: Korea Development Institute, 1981), pp. 8-9.

　환율안정에 대한 정부의 집착 이유는 정치 및 경제적으로 설명이 가능하다. 통화의 급격한 평가절하는 우선 경제적으로 국내물가를 자극하게 된다. 일반 소비자들이 민감해지는 것은 당연하다. 외채의 부담이 있는 경우 대외부채의 상환금액이 급등하여 금융비용이 증가하게 된다. 그리고 경제 전체와 관련된 것이지만 결국 국민 생활수준의 저하가 불가피하고 그것은 곧 국내경제의 대외신인도 약화로 이어진다.[211] 즉 외국자본의 국내유입에 장애가 형성되는 것이다. 반대로 평가절상이 급격히 이루어지는 경우 우선 수출이 부진해 진다. 무역의존도가 높은 국가에서는 치명적인 결과가 초래될 수 있다. 그리고 국내경제의 비정상적인 고평가로 수입의 증가를 포함한 대외경비 지출이 급증하게 된다. 즉 국부의 해외유출이 가속화되는 것이다.

　환율변동의 정치적 함의는 더욱 복잡하다. 특히 수입대체정책이 시행되던 당시, 만성적인 부족 현상으로 인해 외환은 정부의 통제하에 할당되었다. 많은 경우 정치 및 경제적으로 권력에 대한 접근 통로를 확보하고 있던 집단만이 외환을 활용할 수 있었다. 국내통화가 임의적으로 고평가된 가운데 외환을 획득한다는 것은 그 자체로 엄청난 시세 차액을 의미했다. 즉 경제적 특혜가 정치권력에 의해 배분되는 현상이 발생한 것이다. 따라서 환율의 급격한 변동, 즉 평가절하는 곧 경제적 기득권의 훼손을 의미했고 이는 곧 정치 문제가 될 수밖에 없었다.[212] 한국의 경우 혁명적인 정변으로 기존의 정치적 기득권층이 사라진 이후 새 정부가 수출주도형 경제성장정책이라 불리는 새로운 경제정책을 시행하면서 문제

---

210) 김기수, "한국 대외경제정책의 평가와 발전 방향," 그리고 김기수, "국내 환율정책의 정치 및 경제적 평가 : 부적정 환율의 방지를 위한 대책," *세종정책보고서* 2000-02, 세종연구소 2002, 특히, pp. 3-8.

211) 외채상환에 대한 부담은 특히 1990년대 동아시아 국가들에게 공통적으로 나타난 현상이다. 다음을 참조할 것: 김기수, "한국 대외경제정책의 평가와 발전방향," pp. 197-198.

212) 보다 자세한 내용은 다음을 참조할 것: *Ibid.*, pp. 177-180; 김기수, "국내 환율정책의 정치 및 경제적 평가," pp. 6-7.

가 해결될 수 있었다.[213] 결국 기득권층의 변화라는 획기적인 정치 환경 변화가 있은 후에야 보다 유연한 새로운 환율제도를 도입할 수 있었던 것이다.

다소 차이는 있으나 선진국의 경우도 예외는 아니다. 가장 대표적인 예로 1970년대 중반 IMF의 고정환율제가 붕괴하며 도입된 변동환율제 하에서의 선진국 환율정책을 들 수 있다. 1970년대 초 닉슨 대통령의 일방적 선언으로 달러화에 대한 평가절하가 있었음에도 불구하고 달러화의 고평가는 1970년대 줄곧 문제가 되었다. 그러나 미국의 태도는 완고했다. 국내적으로 가중된 인플레이션 압력을 해소하기 위해 미국정부는 긴축정책을 고수했다. 즉 고이자율과 고환율정책이 유지되었던 것이다.[214] 문제는 국내경제를 우선시한 미국의 환율 및 금융정책 때문에 다른 주요 선진국들이 인플레이션 압력을 피할 수 없다는 데 있었다. 1985년 플라자회담에 이르러서야 해결의 실마리를 찾게 된다. 국내적으로 인플레이션의 위험성과 그것의 정치적 함의는 선후진국을 막론하고 동일하다. 위의 예는 강대국의 환율정책이 자국의 이해를 우선적으로 추구한다는 목적을 위해 자의적으로 입안, 조정되고 있다는 사실을 극명하게 보여주고 있다.

2) 환율조정과 통화권력

상기의 논의를 통해 국가가 환율안정에 집착하는 이유를 살펴보았다. 그렇다면 환율안정을 위해 국가는 자국 통화를 가장 안정적이라고 인정되는 외국의 통화와 연계시켜 평가하려 할 것이다. 그러므로 기축통화

---

213) 수출의 촉진과 국내경제의 개혁을 위해 우선 환율제도의 개선이 이루어졌다. 1964년 5월 미화 1달러 대 130원 하던 원화의 환율이 무려 250원으로 인상됨으로써 급격한 환율변동이 이루어졌다. 그리고 다음해 보다 유연한 방식의 환율제도가 도입되어 기존의 고정환율제도가 단일변동환율제도로 대체되었다. 김기수, "한국 대외경제정책의 평가와 발전방향," p. 182.

214) 루브르 및 플라자 회의에서의 환율문제 논의에 대해서는 각주 38) 참조.

문제는 당연히 중요해질 수밖에 없었는데, 논리적으로도 자국통화의 평가 척도가 쉽게 변동하면 환율은 더욱 불안정해지기 때문이다. 금본위 혹은 금환본위제도하에서의 기축통화는 그 가치가 사실상 고정되어 있었다. 바로 그러한 이유로 모든 화폐의 평가가 전후 달러화를 기준으로 이루어졌던 것이다. 따라서 환율 메커니즘의 성격상 상대적으로 강한 통화를 소유한 국가가 약세 통화국에게 영향력을 행사하는 상황을 상상하는 것은 어려운 일이 아니다.215)

우선 환율을 조작할 수 있다는 가설은 외환시장에서 시장의 자율조절 기능을 통한 균형(equilibrium)이 일반적으로 이루어지지 않고, 또한 균형에 대한 기준을 마련하는 것도 쉽지 않다는 실증적 경험에 기초하고 있다. 환율이 늘 균형으로 되돌아가려는 강한 관성이 존재한다면 설사 환율을 임의적으로 조작한다 하더라도 논리적으로 조작의 효과에는 한계가 있을 수밖에 없다. 그러나 현실적으로는 외환시장이 그러하지 않다는 사실 때문에 환율조작의 가설이 설득력을 갖게 되는 것이다.

換率理論史의 가장 빛나는 업적 중의 하나로 간주되는 환구매력평가설(the theory of purchasing power parity)의 경우도 통화가 지니는 구매력에 기초하여 각국의 통화는 외환시장에서 평가되며, 따라서 환율변동은 각국 인플레이션율의 절대 종속변수라는 사실을 주장하고 있으나 현실은 그렇지 않다는 데 문제가 있다. 흥미로운 점은 환구매력평가설의 창시자인 카셀(Gustav Cassel)조차도 이론의 효용성을 시장에서의 "자연력(natural force)의 모델이 아닌 정책가이드"에서 찾고 있다는 사실이다.216) 그러나

---

215) 앞서 기술한 1970년대 그리고 1980년대 초반 미국의 고환율정책은 대표적인 예이다. 미국의 고환율정책을 제지할 뚜렷한 무기를 그 밖의 선진국들은 보유하고 있지 못했다. 기축통화국의 권력이 입증된 것이다. 플라자 회의에서 미국의 정책선회는 오히려 국내적 압력에 기인하는 바가 더 컸다: 각주 40) 참조.

216) Jonathan Kirshner, *Currency and Coercion: The International Political Economy of International Monetary Power* (Princeton: Princeton University Press, 1995), pp. 34-35. 즉 그렇게 될 것 혹은 될 수밖에 없다가 아니라 그렇게 되는 것이 바람직하다는 수준으로 이론의 효용성이 한정되어 있다는 것이다.

문제는 그 밖의 다른 이론도 위의 가설이 지니고 있는 한계를 넘지는 못
하고 있다 점이다. 저명한 경제학자인 로빈슨 여사(Joan Robinson)의 다음
과 같은 해석은 균형의 개념이 얼마나 현실과 괴리되어 있는가를 잘 설
명해 주고 있다: "균형점에 대한 생각, 즉 그것이 유지될 것이며 설사
일탈 현상이 있더라도 균형점으로 다시 회복된다는 생각은 황금시대 신
화에 대한 경제학자적 환상에 불과하다."[217]

현실적으로 국가는 다른 나라에 대해 그들의 통화를 매입 혹은 매출하
는 방식을 통해 특정 국가의 환율을 조정할 수 있다. 물론 그 경우 환율
조정 능력은 강한 통화의 소유국이 더 클 것이다. 환율에 대한 조정 혹은
조작이 특정국에 유리할 경우 이는 당근에 해당되는 긍정적(positive) 권력
의 행사가 될 것이고 그 반대의 경우는 부정적(negative) 혹은 약탈적
(predatory) 영향력 행사가 될 것이다. 환율조정 혹은 조작이 가능하다는
가정하에 특정 국가의 요구가 있을 시 상대국이 그들의 요구를 수용하거
나 거부하는 경우 모두 영향력 행사로 볼 수 있다.[218] 만약 여기서 환율
이 특정 균형점으로 회기하려는 강한 경제적 반동력을 지니고 있지 않다
면 조작의 효과는 더욱 커질 수밖에 없다.

---

217) "an economist's version of the myth of the golden age"로 표현하고 있다: Joan
Robinson, "Exchange Equilibrium," *Collected Economic Papers*, vol 1, 1950, reprinted
(Oxford: Basil Blackwell, 1966), p. 215, *ibid*., pp. 35-36에서 재인용. 곧 환율이 예
상치와는 항상 괴리되며 임의로 혹은 예측 불가능하게 움직인다는 것을 의미한다.
대표적인 예로 커쉬너(Kirshner)는 1980년대 미일 간의 환율을 들고 있다. 1980년
12월에 달러화와 엔화의 환율이 1:203에서 1982년 11월에는 1:278로 변동하였고
1985년 2월에는 1:263을 기록한 반면 1989년 5월에는 1:120으로 평가 절상되었다
(*Ibid*., p. 36).
218) 커쉬너(Kirshner)는 영향력 관계를 4가지로 나누고 있다. 우선 긍정적 권력행사로
적극적인 행동에 입각, 상대국의 통화를 방어하는 방어적(protective) 조정 행위, 그
리고 방관적 입장을 취함으로써 상대국이 그들의 통화를 그들에게 유리하도록 조작
하는 것을 방관하는 관용적(permissive) 조정행위를 들고 있다. 다음으로 부정적 영
향력의 행사로 적극적인 행동에 입각, 특정국의 통화를 그들이 원하지 않는 방향으
로 환율 조정하는 약탈적(predatory) 행위 그리고 특정국의 통화를 방어하기 위해 취
했던 조치를 거두어들이는 수동적(passive) 행위 등을 예시하고 있다(*Ibid*., pp. 46-
48).

실증적으로 전후 환율체제 변동의 역사는 통화 강대국의 환율조정 능력과 그것을 통한 영향력 행사의 가능성을 보여주고 있다. 1971년 닉슨 대통령의 달러화에 대한 금태환 금지조치가 있은 후 고정환율제가 붕괴되자 국제환율체제의 불안정이 상당히 오랫동안 지속되었고 당시 미국의 의도적인 환율조작이 있었다는 역사적 사실은 이미 기술한 바와 같다. 1985년 9월에 개최된 플라자 회의는 달러화의 평가절하를 유도하기 위해 서방 선진 5개국이 외환시장에 공동으로 개입할 것을 합의하고자 모인 회합이었다.[219] 주요 경제강국들이 변동환율제 도입 이후 처음으로 적정 환율에 대한 의견 통일을 이룬 것이다.

이어 1987년 2월 루브르에서 또 한 차례의 회합을 통해 환율안정을 위한 보다 구체적인 생각이 개진된 바 있다. 변동환율제의 반대편에 있는 고정환율제의 아이디어를 일부 원용하자는 것이었는데 앞서 이미 설명한 바 있는 이른바 목표환율대(target zone)의 설정이 그것이다. 사실상 변동환율제와 고정환율제가 결합된 형태의 새로운 환율제도가 제안된 것이다. 그러나 미국, 독일 그리고 일본은 현재까지 이를 적극적으로 수용하지 않고 있다.[220] 국내경제 운용이 환율정책에 종속되는 현상을 우려하기 때문이다. 특히 미국의 경우 환율조정 능력에 기초한 영향력이 위축되는 것을 염려한다. 아무튼 루브르 합의를 통해 변동환율의 안정화 노력이 보다 가시화됨으로써 1988년 이후에는 상대적으로 안정된 국제 환율질서가 자리 잡게 된다.

플라자와 루브르 이후의 환율운영은 기본적으로 당시의 합의를 크게 벗어나지 않는다. 한 가지 분명한 것은 현재에도 환율조정 메커니즘의 열쇠를 쥐고 있는 국가는 여전히 미국이라는 사실이다. 미국 통화권력의 원천에 대해서는 다양한 논의가 있을 수 있으나 현재까지 기존의 구도에 큰 변화가 있을 것이라는 뚜렷한 징후는 발견되지 않는다.[221]

---

219) Funabashi, *Managing the Dollar*, pp. 9-41.

220) 자세한 내용은 각주 38) 참조.

결국 환율을 매개로 한 통화권력의 행사는 상호의존을 전제하고 있음을 알 수 있다. 권력행사의 메커니즘은 국제정치 연구에서 위약성(vulnerability)과 민감성(sensitivity)라는 용어로 이미 도식화 된 바 있다. 즉 국가 간의 관계를 일방적이 아닌 상호적인 것으로 파악할 때, 상호의존 관계 때문에 특정 국가는 다른 국가에 대해 위약성과 민감성을 지니게 된다는 것이다. 다시 말해 한 국가에서 발생하는 일이 다른 국가에 영향을 미치게 되는 경우가 생기는데 이때 비용(costs)이 수반될 수 있다는 것이다. 비용과 주어진 혜택(benefits) 간의 크고 작음이 상호의존의 비대칭성을 창출하고 나아가 영향력의 정도를 결정하는 셈이다.[222]

3) 환율변동의 달러 연계구조

동아시아의 대외경제관계에 초점을 맞추어 외환위기의 원인을 분석할 때 많은 분석가들은 다음의 상황을 우선 지적한다. 1990년대 들어 이 지역에서 급속히 진행된 금융자유화(financial liberalization)와 외부로부터의

---

221) 환율결정에 동원되는 미국 영향력의 원천과 그것의 변화 가능성에 대한 논의는 새로 출범하는 유로화의 장래와 이에 기초한 달러화의 위상변화에 대한 논쟁에서 가장 잘 드러난다. 유로화 출범 이후 달러화의 국제적 위상에 변화가 있을 것이라고 생각하는 분석가들은 환율에 대한 달러화의 기존 조정능력이 저하될 것으로 예측하고 있다: 대표적으로 C. Fred Bergsten, "America and Europe: Clash of the Titans." 그러나 소위 "2차 금융시장(highly liquid secondary market)"의 존재 여부를 통화권력의 원천으로 생각하는 분석가들은 이와는 반대되는 견해를 피력하고 있다: 대표적으로 Cooper, "Key Currencies After the Euro." 각주 44), 48), 49), 50), 51) 참조.

222) Keohane and Nye, *Power and Interdependence*, pp. 11-19. 민감성과 위약성의 중요한 차이점은 민감성은 외부로부터의 비용을 수반하는 영향이 있을 때 국가의 정책을 바꾸지 않은 상태에서의 부담을 의미하는 반면, 위약성은 정책을 바꾼 이후에 가해지는 부담을 의미한다. 따라서 민감성은 국가 간의 교류(interaction)를 바탕으로 한 상호성으로부터 파생되는 효과에 초점을 두고 있는 반면, 위약성은 정체 상태에서의 일방성에 초점을 맞추고 있다. 이러한 영향력 관계에 대한 보다 현실주의적인 분석과 그 예를 위해 다음을 참조할 것: Kenneth N. Waltz, "The Myth of National Interdependence," Charles P. Kindleberger, ed., *The International Corporation* (Cambridge: The MIT Press, 1970); Beverly Crawford, *Economic Vulnerability in International Relations: The Case of East-West Trade, Investment, and Finance* (New York: Columbia University Press, 1993).

대규모 자본유입 그리고 그 자본의 구성 등이 문제였다는 것이다. 우선 미국과 일본의 저금리가 투자자들의 관심을 동아시아 국가들에게 집중시키는 계기를 제공했다는 사실이 지적된다.[223] 동아시아 각국의 고도성장, 금융자율화 조치의 시행, 이에 따른 정부감독기능의 이완, 달러화에 연계된 환율의 안정성, 정부의 인센티브 등이 외국자본을 집중시킨 배경이었다는 사실은 이미 설명한 바와 같다.[224]

민간 베이스 차입 비중의 증가와 단기자본의 유입 급증이 특히 문제였다. 아울러 급속한 금융시장의 개방도 위기의 원인이었다. 정부의 관리능력이 부재한 가운데 대외금융관계에서 급격한 변화가 발생한 것이다. 1997년 중반기를 기준으로 한국의 경우 총외채 중 단기자본의 비율이 높았고(약 68퍼센트), 일반은행과 종합금융회사의 차입이 전체 외채의 대부분을 차지했던 사실은 이미 지적한 바와 같다.[225] 반면 당시 외환보유고는 340억 달러에 불과했다.

여기서 환율문제가 발생했는데, 외국자본의 대규모 유입은 환율인하(평가절상: appreciation)로 이어질 수밖에 없었고 따라서 동아시아 국가들의 통화는 상당기간 고평가되었다. 수출경쟁력은 당연히 약화될 수밖에 없었다. 결과적으로 무역수지 적자를 보전하기 위해 외채가 증가할 수밖에 없는 악순환적 구조가 형성된 것이다. 역설적으로 동아시아 국가들의 경제적 잠재성이 오히려 화를 부른 셈이다.

여기서 언급한 동아시아 국가들의 부적정 환율 현상은 상당 부분 시장원리에 기초한 장기간의 환율인하 현상을 지칭하고 있다. 그러나 환율조정 혹은 조작이라는 관점에서 동아시아의 환율문제를 조명해 보면 역내 환율 메커니즘의 또 다른 측면이 부각된다. 우선 동아시아 각국의 통

223) 보다 자세한 내용은 각주 88) 참조.
224) 각주 89) 참조.
225) 1997년 중반 단기자본 비율이 약 68퍼센트에 이르는 등의 문제점에 대해서는 각주 89) 참조.

화는 달러화라는 단일 통화에 사실상 연계되어 있다. 각국 통화의 달러
화에 대한 종속 혹은 연계는 국제통화체제에서 달러화의 위상에 비추어
오랫동안 당연한 것으로 받아 들여졌다. 동아시아 각국들은 1990년대 중
반 이후 경상수지 적자를 겪게 된다. 경상수지를 보전하기 위해서는 외
국자본이 필요했고 이때 추진된 금융자유화는 외국 단기자본의 유입을
촉진시켰다. 여기서 환율문제만 떼어놓고 보면 동아시아 국가들의 통화
가 고평가된 것과 맞물려 다음과 같은 현상이 목격된다.

1995년과 1997년 사이 일본 엔화의 대달러화 환율이 급격히 상승(평
가절하)하였다. 비례하여 아시아 각국들의 통화는 사실상 평가절상 되었
다.226) 그리고 거의 같은 시기인 1994년 중국 위완화의 50퍼센트 평가
절하도 일본 엔화정도는 아니지만 비슷한 효과를 유발한 것으로 추정된
다.227) 일본과 중국의 통화가치 하락이 다른 동아시아 국가들의 수출을
비롯한 대외경제관계 전체에 영향을 미치는 이유는 현 국제통화질서의
성격과 그에 따른 환율체제의 특성으로부터 기인한다고 볼 수 있다.

달러화의 위상이 절대적인 상황에서 동아시아 국가들은 달러화에 연
계된(dollar-pegged) 환율체제를 운영하여 왔다.228) 일반적인 이야기이지만

226) 1995년 달러 대 엔화의 비율이 연평균 1:94.05였던데 반해, 1997년에는 1:120.99
로 급등했다. 김기수, "한국 대외경제정책의 평가와 발전 방향," p. 201의 표 2. 참
고로 일본 엔화는 1995년 봄 미화 1달러대 80엔까지 강세를 보인 적이 있다. 따라
서 최저치와 최고치(1:127)를 기준으로 계산하면 1995년 봄부터 1997년 여름까지
일본 엔화는 무려 약 56퍼센트 평가절하 되었다. Corsetti, Pesenti, and Roubini,
"What caused the Asian currency and financial crisis?" p. 21, footnote 40); Radelet
and Sachs, "The East Asian Financial Crisis: Diagnosis, Remedies, Prospects," p. 34.
227) 애초 많은 전문가들은 중국 위완화의 급작스런 환율상승이 다른 동아시아 국가들
의 대외 가격경쟁력에 큰 영향을 준 것으로 생각하였으나 반드시 그렇지만은 않다
는 연구 결과가 최근에 제시되어 흥미를 끈다. "1993년까지 중국 대외거래의 80퍼
센트 정도가 스왑시장환율(swap market rate)로 이미 이루어졌고, 따라서 공식환율
을 적용받는 거래량은 20퍼센트에 불과했다"는 것이다(Ibid., p. 5). 다수의 전문가가
이러한 주장을 제기하고 있는데, 그들에 대해서는 Roubini, et. al., "What caused
the Asian currency and financial crisis?"의 인용문헌을 참조하라.
228) 홍콩을 제외한 동아시아 국가들은 외형상 통화바스켓제도에 입각한 환율운용을
견지하고 있어 겉으로는 달러화와의 연계가 다소 감추어져 있다. 그러나 실제로는

외국자본의 유입 촉진과 이탈 방지를 위해 역내 국가들은 환율안정에 집착하지 않을 수 없다. 이때 엔화나 위완화가 평가절하되는 경우 다른 국가들의 통화가 상대적으로 고평가되는 것은 피할 수 없게 된다. 즉 달러와 엔화 간의 환율변동을 흡수할 메커니즘이 결여되어 있는 것이다. 당연한 이야기이지만 통화가치의 상승은 곧 경상수지 악화로 이어진다.[229]

그렇다면 동아시아 통화들의 달러화에 대한 단일 연계는 불가피한 것인가. 달러화가 기축통화로서의 안정성이 다른 어느 통화에 비해 앞서 있는 한, "달러화에 연계된 환율체제는 국내경제발전을 위해 필요한 외부금융(external financing)을 용이하게 한다. 믿을 만한 기축통화와의 연계(credible peg)는 국제투자자들이 부과하는 통화위험 프리미엄(currency risk premium)을 낮추어 차입비용을 절감시키기 때문이다."[230] 따라서 동아시아 국가들이 압축 고도성장을 지향하고, 이를 위해 외자의 수요가 많은 한 그것은 어쩔 수 없는 선택일 것이다. 중요한 것은 "동아시아 국가들이 겪은 수출 상대가격의 증가 즉 경쟁력 약화가, 1995년부터 달러화의 초강세가 두드러진 이후, 각국 통화의 달러연계에서 비롯되었다는 사실이 증명된 점이다."[231]

통화바스켓에서 달러화의 비중이 절대적이므로 이들 국가의 환율체제는 사실상 달러본위제라고 하여도 과언이 아니다(*Ibid.*, p. 21). 동아시아 국가들의 화폐가 달러화라는 하나의 통화에 연계됨으로써 나타나는 문제점으로, 환율이 각국의 경제상황을 정확히 반영하지 못하는 상황이 초래되고 그러므로 적절한 경제조정(economic adjustment)을 저해하고 있다는 사실이 지적된다. 특히 "생산성의 차이(productivity diffrential)"가 환율에 반영되지 않는 치명적인 결함이 발견된다는 것이다. Menzie David Chinn and Michael P. Dooley, "International monetary arrangements in the Asia-Pacific region," *The Pacific Review* 12/2, 1999, pp. 302-303, 314.

229) 보다 구체적으로, "환율안정모델(exchange rate stabilization model)에 따르면 성공적인 인플레 억제 프로그램 이후 이어지는 전형적인 투자와 소비의 붐은, 통화의 평가절상(appreciation)으로 인해, 비교역 물품의 상대가격을 교역물품의 그것에 비해 상승시키고 경상수지를 악화시키게 된다." Corsetti, Pesenti, and Roubini, "What caused the Asian currency and financial crisis?" p. 22.

230) *Ibid.*

231) *Ibid.*

동아시아 국가들이 환율제도를 통해 미국에 상당히 종속되어 있다는 사실이 적나라하게 표출된 것이다. 즉 미국의 통화 및 금융정책이 환율이라는 메커니즘을 통해 동아시아 경제에 직접적인 영향을 미칠 수 있음이 보다 구체적으로 드러난 셈이다. 미국이 지닌 대외영향력의 다양성을 엿볼 수 있는 대목이다.

3. 동아시아 환율협력

1) 동아시아 환율체제의 특징

흔히 환율체제를 논할 때 특정 국가의 환율제도가 고정환율제인지 아니면 변동환율제인지를 묻게 된다. 고정환율제는 과거 금본위제도와 브레튼우즈체제를 통해 검증된 바와 같이, 정의상 환율의 안정적 운영을 목적으로 하고 있음으로 변동환율제도에 비해 일반적으로 환율의 변동폭이 대단히 작은 것이 특징이다. 그러나 브레튼우즈체제의 붕괴 이후 고정환율제 역시 역사의 장으로 사라졌음은 이미 설명한 바와 같다. 일찍이 선진국의 대열에 진입한 일본은 당연히 변동환율제를 서구 열강들과 같이 채택하였으나, 환율의 변동폭이 큰 변동환율제를 개발도상 국가로 분류되는 그 밖의 동아시아 국가들이 어느 시점에서 채택하였는가는 관심의 대상일 수밖에 없다.

전 세계적으로 변동환율제가 도입되기 시작한 시점은 1971년 달러화의 금태환 정지선언 이후이다. 이미 설명한 바와 같이 1976년 킹스턴 회의를 거치며 변동환율제도가 공식적으로 정착하게 된다. 체제적 변화는 동아시아에도 영향을 미쳤는데, 한국의 경우 1980년 2월 복수통화바스켓페그 변동환율제가 도입됨으로써 실질적인 변동환율 시대가 열리게 된다.[232] 홍콩의 경우 1974년 변동환율제가 도입되었고, 인도네시아는 한

---

232) 김기수, "국내 환율정책의 정치 및 경제적 평가," p. 13-16; 김태준·유재원, "동아시아의 통화블럭 가능성과 적정환율제도의 모색," *무역학회보* 26/1, p. 5, 표 1.

국보다 앞선 1978년에 변동환율제를 채택하였다. 그러나 흥미로운 점은 태국의 경우 1996년까지 줄곧 고정환율제를 유지하였다는 사실이고, 싱가포르도 1973년 이래 변동환율제를 시행하였으나 1978년에는 오히려 고정환율제로 전환하였다가 1987년이 되서야 변동환율제를 다시 도입했다는 사실이다. 필리핀의 경우는 1973년 이래 줄곧 변동환율제를 유지하였다. 외환위기 이후 다른 국가들과는 달리 1998년 9월 고정환율제를 전격적으로 도입하여 세계를 놀라게 했던 말레이시아의 경우 1973년 이래 단 2년간 변동환율제를 시행한 후 1975년 이후 1991년까지 고정환율제를 유지였으며 이후 1992년부터는 변동환율제를 다시 도입한 바 있다.233)

여기서 우선 제기되는 의문은 변동환율제와 고정환율제가 환율의 안정과 각기 어떠한 상관관계를 갖고 있는가이다. 적어도 동아시아의 경우 환율제도는 환율의 안정과 큰 관계가 없다는 사실이 과거 약 30년간의 통계를 통해 입증되고 있다. 한국, 인도네시아 그리고 필리핀의 환율변동폭은 대단히 유동적이고 불안정적이었던 데 반해, 홍콩, 말레이시아, 태국의 환율은 대단히 안정적이었다. 특히 홍콩의 경우가 가장 안정적이었다.234)

한국과 인도네시아 그리고 필리핀의 경우 1980년대 중반 이후에는 모두 변동환율제를 채택하였다고 볼 수 있고, 환율의 변동이 상대적으로 더욱 심하였던 시기도 1980년대 중반 이후이므로 변동환율제하에서 환율이 큰 폭으로 변하였다고 말할 수 있다. 그러나 홍콩의 경우 1973년 이후 줄곧 변동환율제를 시행하였고, 싱가포르도 1987년 이후 변동환율제를 도입하였으며, 말레이시아 역시 1992년 이후 변동환율제를 시행하였음에도 불구하고 환율은 대단히 안정적이었다. 적어도 동아시아 지역에서는 변동환율제가 곧 환율의 불안정이라는 등식이 항상 성립할 수 없

---

233) *Ibid.*
234) *Ibid.*, p. 6, 그림 1.

다는 사실을 알 수 있다. 태국의 경우가 특이한데, 1996년까지 줄곧 고
정환율제를 유지하였고 환율 또한 대단히 안정적이었다. 그렇다면 고정
환율제가 일반적인 인식과 같이 환율안정과 관계가 있는가라는 질문이
가능하다. 그러나 싱가포르와 말레이시아의 경우 고정환율제하에서의 환
율변동과 변동환율제하에서의 그것 사이에 별반 차이가 없었다는 역사적
사실은 일반적 통념의 적실성에 의문을 갖게 한다.[235]

한 가지 분명한 사실은 동아시아의 경우 변동환율제하에서도 환율변
동 폭은 대단히 제한적으로 운영되었다는 점이다. 즉 "명목상의 환율제
도가 변화하였음(변동환율제)에도 불구하고 정책당국의 자의적 판단에 따

---

235) 환율제도 자체의 유효성에 대한 논의는 분분하다. 특히 환율의 안정을 기하면서,
아울러 경제의 실 상황을 반영하는 바람직한 환율제도의 논의에 있어서 고정환율제
와 변동환율제의 장점에 대한 의견은 거의 평행선을 그리고 있는 실정이다. 고정환
율제의 장점을 강조하는 측은 환율의 변동성 증대가 교역 및 자본의 흐름에 부정적
인 영향을 준다는 입장에서 고정환율제의 우월성을 주장한다〔대표적으로 다음을
참조할 것: Charles P. Kindleberger, "The Case for Fixed Exchange Rates," *The
International Adjustment Mechanism*, Conference Series No. 2, Federal Reserve Bank of
Boston, 1969, pp. 93-108, 왕윤종, "동아시아 통화협력체제의 경제적 의미," 김기
수·왕윤종, *국제통화체제와 동아시아 통화협력: 통화권력과 경제적 이해* (성남: 세
종연구소, 2001), p. 114에서 재인용〕. 반면 이해 당사국의 협력을 바탕으로 변동환
율제도가 고수되어야 한다는 주장도 존재한다. 우선 변동환율제 자체가 과연 세계경
제의 불안 요인이 되는가에 대하여 변동환율제 옹호자들은 그렇지 않다고 생각한다.
국내 요인의 다양성으로 인하여 변동환율제의 위약성이 드러나기보다는 오히려 그
유연성으로 인하여 "세계경제에 필요한 완충 역할(a necessary shock absorber)"을 하
고 있다는 것이다. 따라서 개방경제 시대에 맞는 제도로서의 가치는 충분히 있다고
평가한다. 대표적으로 다음을 참조할 것: Cooper, *The International Monetary System*,
특히, pp. 112-113. 그렇다면 이러한 일반론은 동아시아의 상황에 어떻게 적용될 수
있을까? 변동환율제를 채택하고 있는 선진국의 경우 "환율변동이 교역에 부정적인
영향을 미쳤다는 실증적 증거는 밝혀지지 않고 있다(왕윤종, "동아시아 통화협력체
제의 경제적 의미," p. 113)." 그러나 문제는 선진국의 경우 외환시장의 발달로 환
위험을 헷징할 수 있는 능력이 있는 반면, 동아시아의 경우 그렇지 못하다는 사실이
다. 이를 감안하면, "환율변동을 충분히 헷징할 수 없는 개발도상국의 경우는 환율
변동성이 교역에 영향을 미친다고 볼 수 있다(*Ibid.*, p. 114)." 반면 동아시아 경제위
기를 겪고 난 후 오히려 변동환율제의 장점을 재평가한 경우도 있다. 즉 환율제도의
경직된 운영이 동아시아 외환위기 원인이라는 것이다. Elizabeth M. Boschee,
"Floating Exchange Rate: The Only Viable Solution," *http:/woodrow.mpls.frb.fed.
us/econed/essay/1-96.html.* 루브르 및 플라자 회의에서 논의된 환율문제 개선 방안에
대해서는 각주 38) 참조.

른 외환시장 개입이 빈번하고 강력하게 이루어졌다."[236] 이는 변동환율제하에서의 환율이 실질환율을 그대로 반영하고 있었는가의 의문을 자아내게 한다. 동아시아 외환위기에 대한 분석에서도 그러한 의문이 증폭되기 때문에 분석의 초점이 환율제도의 현실적인 실효성, 즉 기존의 환율제도가 현실을 어느 정도 잘 반영하고 있는가에 맞추어지는 것이다.

2) 부적정 환율의 지속

동아시아의 외환위기는 1997년 7월 태국이 변동환율제을 도입하며, 구체적으로는 복수통화바스켓제도에서 변동환율제로 전환하며 발생하였다. 태국의 바트화가 급작스럽게 폭락하기 시작한 것이다. 적어도 외형적으로는 바트화가 그 동안 고평가되었던 셈이고, 고정환율제하에서 바트화의 평가절하가 의도적으로 억제되어 왔다는 것을 의미한다. 변동환율제로의 전환은 시장 참여자들로 하여금 태국 바트화의 평가절하가 임박했음을 암시했던 것으로 이해될 수 있다. 외환시장이 군중심리에 휩싸이는 것은 당연했다.

1990년대 중반 일본과 중국을 제외한 동아시아 국가들의 통화가 고평가되었음은 이미 주지의 사실이다. 동아시아 통화의 달러에 대한 과도한 의존이 문제라는 사실은 많은 전문가들이 지적한 바 있다. 그러므로 동아시아 통화의 달러화에 대한 지나친 의존이 당연히 논의의 초점이 될 수밖에 없다. 한 국가의 통화가 어느 특정의 국제통화에 강력히 연계되는 이유는 이미 짚어 보았다. 그러한 메커니즘이 환율을 매개로 한 통화권력의 중요한 요소임도 밝힌 바 있다. 그러면 동아시아의 경우 실증적으로 달러화에 대한 의존도가 어느 정도인가?

달러화에 대한 의존도는 두 가지 측면에서 살펴 볼 수 있다. 우선 대외 결제에서 특정 통화를 사용하는 빈도수로 통화의존도를 가늠할 수 있다. 1995년을 기준으로 한국의 경우 수출 결제에서 주요 통화의 사용 비

---

236) *Ibid.*, p. 4.

율은 다음과 같다. 달러화 85퍼센트, 엔화 9퍼센트, 마르크화가 2퍼센트, 그리고 다른 통화 혹은 그 밖의 결재 수단이 4퍼센트를 각각 점하고 있다. 말레이시아의 경우는 달러화의 비율이 무려 95퍼센트에 달하고 있고, 태국은 달러화 91퍼센트 그리고 엔화 0.8퍼센트의 점유율을 보이고 있다. 인도네시아는 96퍼센트를 달러화로, 1.4퍼센트만을 엔화로 결재하고 있다. 필리핀도 예외는 아니어서 달러화의 비중이 90퍼센트를 웃돌고 있다.[237] 특정 통화, 즉 달러화의 사용 비율이 90퍼센트를 상회한다는 것은 적어도 외형적으로는 달러화에 대한 절대 의존을 의미한다.

다음으로 환율결정에 있어서 특정 통화의 영향력이 어느 정도인가를 살펴봄으로써 특정 통화의 지배력을 가늠해 볼 수 있다. 홍콩의 경우 달러화라는 단일 통화에만 연계되어(pegged) 있어 홍콩통화의 환율은 달러화의 가치에 전적으로 의존하고 있다. 다른 동아시아 국가들은 완전 자율변동제로 전환하기 전까지 복수통화바스켓제도에 기초한 관리변동환율제도(managed floating)를 채택하고 있었음으로 주요 국제통화가 그들의 환율에 모두 영향을 미치도록 되어 있다.

하지만 실증적인 연구 결과는 상기의 제도하에서도 달러화에 대한 절대 의존 현상을 다시 한번 보여주고 있다.[238] 1990년부터 1996년까지 환율 결정에 있어서 동아시아 각국 통화의 달러화 의존도는 엔화와 달러화의 비중이 상대적으로 높게 나타난 싱가포르를 제외하고는 거의 절대적이었다. 특히 외환위기를 겪은 "인도네시아, 한국, 필리핀의 경우 추정된 계수치가 1에 접근한 것으로 나타나 실질적으로 달러 페그제가 시행되고 있다고 할 수 있다."[239] "말레이시아, 태국 및 대만의 경우에는 달

---

237) 이재웅, "우리나라 換率制度 推移와 아세아 各國과 比較한 適正換率制度의 研究," 숭실경영경제연구 Vol. 27, 1997, pp. 494-495.

238) Frankel과 Wei 접근법을 통해 검증하였다. 이를 위해서 다음을 참조 할 것: Jeffrey Frankel and Shang-Jin Wei, "Yen Bloc or Dollar Bloc?: Exchange Rate Policies of the East Asian Economies," Takatoshi Ito and Ann Krueger, eds., *Macroeconomic Linkage: Savings, Exchange Rate and Capital Flows* (Chicago: The University of Chicago Press, 1994).

러화의 비중이 상대적으로 낮은 편"이나, 그렇다고 이들 국가에서 나타
나는 "마르크화 혹은 엔화(의 비중)도 통계적으로 유의성(통계적인 의미)을
찾아보기는 힘들다." 결국, "아시아 국가들의 경우 기준 통화로서의 엔화
(혹은 마르크화)의 중요성이 상당히 낮을 뿐만 아니라, 명확한 추세를 발
견하기도 힘들다."[240]

표 (1) 1990년대 외부여건과 한국경제

	1991	1992	1993	1994	1995	1996	1997
¥/$ 환율(연평균)	134.71	126.65	111.20	102.21	94.06	108.78	120.99
W/$ 환율 (연평균)	733.35	780.65	802.67	803.45	771.27	804.45	886.04
무역수지(10억불)	-9.7	-5.1	-1.6	-6.3	-10.0	-20.6	-8.5
수출 증가(%)	10.5	6.6	7.3	16.8	30.3	3.7	5.0
GDP성장(%)	9.2	5.4	5.5	8.3	8.9	6.8	5.0
설비투자증가율(%)	12.1	-1.1	0.2	23.6	15.8	8.3	-11.3

자료: 한국무역협회, *주요무역동향지표* 1999; 전국경제인연합회, *한국경제연감* 1999; 대한민국
통계청 〔통계 DB〕 대미불환율, *http://www.nso.go.kr/cgi-bin/sws_999.cgi.*

주: 1997년 한화의 대달러 환율은 1월부터 8월까지의 월 환율을 평균하였다. 왜냐하면 동년 9월부
터 외환시장의 불안이 시작되었고 이후 원화의 대달러 환율이 급등하여 12월에는 1:1,415까지
치솟은 것을 감안, 9월부터 12월까지 4개월 간의 환율은 정상적인 환율로 볼 수 없기 때문이
다.

결론적으로 동아시아 국가들의 미국 달러화에 대한 의존이 대단히 심
하다는 것이 실증적으로 드러난 셈이다. 다른 지역과 비교하면 그 의존
도는 더욱 두드러진다. 유럽의 경우 달러화에 대한 의존도는 동아시아
국가들과 비교할 수 없으리만큼 낮은 수준을 유지하고 있기 때문이

239) 김태준·유재원, "아시아 適正通貨바스켓과 通貨블럭에 관한 연구," *계간경제분석*
6/4, 2000, 한국은행 특별연구실, p. 173. 상기의 Frankel and Wei 모델도 같은 논
문에서 인용하였다. 여기서 계수 1이란 다음을 의미한다: 예를 들어 달러화=a, 엔화
=b, 그리고 마르크화=c인 경우 a,b,c는 달러, 엔, 그리고 마르크의 비중을 의미하
고, 따라서 a+b+c=1이다. 만약 홍콩과 같이 단일 통화 달러화에만 환율을 고정시
키는 경우 a=1이 된다. 따라서 지수가 1에 가까울수록 사용 비중은 높아진다(*Ibid.*,
p. 172).

240) *Ibid.*, p. 173.

다.[241] 달러화에 대한 과도한 의존이 어떠한 형태로 외환위기와 연계되었는가는 이미 살펴본 바 있다. 즉 달러화와 엔화 사이의 환율게임에서 연유되는 다른 동아시아 국가들의 부적정 환율이 문제였다. 한국의 예는 외환위기 직전의 부적정 환율과 대외경쟁력이 어떠한 상관관계를 갖고 있었는가를 잘 보여주고 있다.

일본의 대달러 환율이 급격히 변화하기 시작한 1995년 이후부터 외환위기 시까지 엔화의 환율변동을 살펴보면 표 1)에서 나타나듯 엔화의 대달러 환율은 1996년에 15.6퍼센트, 다음 해인 1997년에는 11.2퍼센트 상승하여, 결과적으로 1995년부터 1997년 사이 28.6퍼센트의 급격한 평가절하가 이루어진다. 반면 원화는 1996년 4.3퍼센트, 1997년에는 10.1퍼센트 환율상승을 기록했을 뿐이다. 따라서 1995년과 1997년 사이 평가 절하율은 14.9퍼센트에 불과하여 일본 엔화의 그것에 비해 약 절반 수준에 그치고 있다.[242]

그러나 당시 한국의 경우 다른 동아시아 국가들에 비해 환율 운영이 상대적으로 탄력적이었음으로 다른 국가들의 환율은 더욱 고평가되었던 것으로 분석되고 있다.[243] 또한 표 1)에서 보듯이 1995년부터 1997년까지 3 년간 한국의 대외무역수지 적자가 가장 큰 폭으로 증가, 누적되었

---

241) 같은 방법으로 브레튼우즈체제 붕괴 이후 1970년대 독일을 제외한 14개 유럽연합 회원국들의 기축통화 의존도를 조사한 결과는 동아시아의 그것과 사뭇 다르다. 달러화의 비중이 높은 경우는 그리스, 이태리, 스페인 3개국에 불과한 반면, 마르크화의 비중이 높은 국가는 오스트리아, 벨기에, 덴마크, 룩셈부르크, 네덜란드, 포루투갈, 그리고 스웨덴 등 7개국에 이르고, 달러화와 마르크화의 비중이 비슷한 경우가 나머지 4개국, 즉 영국, 아일랜드, 프랑스, 그리고 핀란드였다(*Ibid.*, pp. 173-174).

242) 바로 이러한 단순 비교는 흥미롭게도 통화의 고평가율에 대한 전문적 분석과 거의 일치한다. 즉 엔화의 환율이 28.6퍼센트 상승하였고 원화의 그것은 14.9퍼센트에 그쳤음으로 그 차이는 약 13퍼센트다. 그런데 Radelet과 Sachs는 1997년 초 원화의 환율이 약 12퍼센트 정도 고평가되었다고 주장하여, 고평가율에 대한 수치가 거의 비슷함을 알 수 있다. Radelet and Sachs, "The Onset of the East Asian Financial Crisis," pp. 14-15.

243) 반면 1990 이후 1997년까지 다른 동남아시아 국가들의 환율은 약 25퍼센트 정도 고평가되었던 것으로 보고 있다(*Ibid.*).

다는 사실은 당시 환율의 적정 여부를 간접적으로 보여주고 있다. 또한 외환위기가 진정된 후 2000년 그리고 2001년 한화의 대달러 환율이 1달러 대 1,300원 내외에서 안정된 사실은 당시 환율의 고평가 수준을 간접적으로 보여주고 있다.

결국 엔화의 환율변동이 그 밖의 동아시아 국가들의 대달러 환율에 그대로 반영되어야 함이 정상이나 그렇지 못했던 것이다. 즉, "엔화 약세는 한국 수출품의 경쟁력 약화를 의미하는 것이고, 이에 따라 한국기업의 실적 악화를 예상한 외국인 증권투자자들은 한국기업에 대한 투자비중을 줄이려고 할 것이다. 이러한 예상을 대다수의 외국인 투자자뿐만 아니라 국내투자자들도 공유하게 될 것이다. 이에 따라 전반적으로 엔화 약세는 주식시장의 약세와 외국인 증권투자 자본의 유출, 그리고 원화 약세를 가져오는 요인으로 작용하고 있다."[244] 그러므로 문제가 엄연히 있음에도 불구하고 한국 및 다른 동아시아 국가들의 환율제도가 그것을 정확히 반영하지 못하는 현실이 쟁점이 되는 것이다.

4. 동아시아의 대응

1) 환율 불안정의 대외적 연계구도

1997년 태국이 변동환율제로 이행하며 환율인상을 억제하던 족쇄가 풀리자 바트화의 환율은 일순간에 걷잡을 수 없는 수준까지 인상되었다.

---

244) 왕윤종, "동아시아 통화협력체제의 경제적 의미," p. 115. 동아시아 각국의 수출상품 구조가 서로 비슷하다는 것이 일본 및 다른 나라의 환율 변동에 역내 국가들이 민감하게 영향 받는 가장 큰 요인이다. 수출 경쟁관계에 있는 국가들 사이에 수출품의 대경쟁국 상대가격이 변화하면 상품 경쟁력이 약화된 국가의 해외시장은 경쟁력이 강화된 국가에 의해 잠식되기 때문이다. "동아시아 국가들의 명목환율은 변동환율제도를 채택하고 있는 한 자국의 기초 경제여건에 관계없이 주변국의 환율에 민감하게 반응할 것이다. 이는 각국의 통화당국이 의도적으로 환율의 평가절하를 유도하는 경쟁적 평가절하(competitive devaluation)와는 기본적으로 구분되어야 할 것이나, 그 결과는 매우 유사한 형태를 보일 것이다(Ibid., p. 115-116)." 이 메커니즘에 대한 보다 자세한 분석은 후술하기로 한다.

1997년 말까지 한국을 위시한 동아시아 5개국이 같은 현상을 겪게 되는데, 위기 당사국들은 환율안정을 위해 외환시장에 적극 개입하였고 결과적으로 짧은 기간에 보유 외환을 거의 탕진하게 된다. 외환이 부족하자 당연히 구제금융이 필요했다. 동아시아 최대의 자산국인 일본의 역할이 부진하자 IMF 구제금융에 의존하며 위기를 탈출할 수밖에 없었다. 급작스런 충격과 그것의 극복과정에 대해 다음과 같은 의문이 제기된다.

우선 왜 동아시아의 위기가 사전에 감지되지 않았는가? 국제금융기구는 어떠한 역할을 하였는가? 의문은 IMF 정책개입에 대한 비판이라는 맥락에서 제기되고 있다. 즉 위기 당사국에 대한 IMF의 정책 처방이 옳은 것이라면 왜 IMF는 그토록 심각한 역내 경제위기를 정확히 예측하지 못했는가.[245] 비판은 만약 위기의 징조가 조기에 포착되었다면 위기의 극복이 가능했었다는 가정을 내포하고 있다. 상기의 의문과 비판은 그러나 보다 세부적이고 복잡한 문제와 연계되어 있다: 위기의 징조가 뚜렷했었는데 이를 포착하지 못한 것인지 혹은 위기라고 볼 수 있는 별다른 징후가 없었기 때문에 위기의 징후가 포착될 수 없었던 것인지.

위기의 징후가 분명했음에도 그것을 포착하지 못했다면 IMF는 비판을 면하기 어려울 것이다. 하지만 애초에 위기까지 갈 필요가 없을 정도로 당시 동아시아 경제가 정상적으로 운영되었다면 위기를 포착하기는 어려웠을 것이다. 이 같은 경우에도 정상적인 경제에 일시적인 시장 교란이 있었다고 해서 사후 약방식으로 취해진 강도 높은 IMF 정책은 비판의 대상이 될 수밖에 없다.[246]

---

245) 적어도 태국의 외환위기가 예측되었다는 IMF 측의 주장은 이미 소개한 바 있다 〔각주 109) 참조〕. 그러나 이 주장에도 의견이 분분하고 나아가 동아시아 경제위기 전체를 고려하면 IMF의 사전 모니터링 능력에 신뢰를 줄 수는 없다.

246) 앞서 설명한 바와 같이 당시 동아시아의 거시경제 운용 및 지표에는 별문제가 없었다. 대표적으로 1980년대 라틴아메리카 경제위기의 가장 중요한 원인이었던 정부 재정(government budget)의 부실이 동아시아에서는 목격되지 않았고 재정은 오히려 흑자를 기록하고 있었다. 국내 저축과 투자율 또한 비교적 높았다. 다른 주요 지표인 물가상승율 역시 낮았다. 그리고 국제경제 환경도 라틴아메리카 경제위기 시와는

논의의 초점인 환율의 고평가 문제만 해도, 단기 외국자본의 가시적인
증가와 환율의 상대적 인하로 동아시아 국가들의 통화가 고평가
(appreciation)됨으로써 특히 1996년과 1997년에 수출 증가율이 현저하게
둔화된 사실이 목격되기는 하나, 과거 라틴아메리카 국가들에 비해서는
환율의 고평가 정도가 훨씬 덜했다. 수출의 둔화로 나타나는 경상수지
적자도 태국 혹은 말레이시아와는 달리 인도네시아와 한국에서는 비교적
적었고, 특히 말레이시아의 경상수지는 1996년을 기점으로 전년에 비해
현저히 개선되어 가고 있었다.247) 결국 그런 제반 현상이 "위기에 취약
하다는 사실을 보여준다고는 말할 수 있으나 그렇다고 위기의 시작을 증
명하는 것은 아니라는" 주장을 가능하게 한다.248)

하지만 환율이 고평가 되었고 동아시아 환율 메커니즘에 문제가 있음
을 부인하는 경우는 없다. 문제는 그 정도다. 특히 한국의 경우 외환보
유고의 부족과 원화의 평가절하에 대한 우려로 투자자들이 원화를 조기
에 집단적으로 대량 매각함으로써 스스로 우려했던 과정을 만든 셈이
다.249) 부적정 환율이 위기의 빌미로 작용했음을 부인할 수 없는 것이다.
역으로 IMF 정책개입의 문제점에 초점을 맞추는 입장에서 보면, IMF는

달랐다. 즉 1980년대와는 달리 국제금리가 상승했던 것도 아니고, 상품가격이 변덕
스러웠던 것도 아니었으며, 개발도상국 경제의 활력소에 해당하는 선진국들의 경제
성장률도 낮지 않았다. Radelet and Sachs, "The Onset of East Asian Financial
Crisis," pp. 12-13.

247) *Ibid.*, pp. 13-18. 통화의 고평가와 경상수지 적자 문제에 대해 펠스타인(Feldstein)
은 더욱 낙관적인 해석을 한다: "대규모의 경상수지 적자는 필연적으로 국내통화가
치의 하락을 가져와 대출자로 하여금 대출금 상환에 대한 염려를 불러일으킨다. 그
러나 태국의 경우 높은 이자율과 정부재정의 흑자 때문에 대출자들은 상당한 신뢰
를 갖게 되었고 외국자본이 계속 머무르고 있는 가운데 더욱 많은 외국자본이 유입
되었던 것이다. 특히 높은 이자율과 미화 1달러 대 25 바트의 고정환율이 유지되는
상황에서 외국 자본가들은 자본공급을 기피할 이유가 전혀 없었다." Feldstein,
"Refocusing the IMF," pp. 22-23.

248) Radelet and Sachs, "The Onset of the East Asian Financial Crisis," p. 18.

249) Feldstein, "Refocusing the IMF," p. 25. 시장에서의 그런 군중심리는 경제분석상
골칫거리고 간주되어 왔는데, 자세한 설명은 각주 94) 참조.

우선 "한국경제의 약점을 부각하기보다는 장점을 강조하여 시장을 안정시킴으로써" 외환시장의 교란을 최소화시켰어야 했다.250) 이는 당시 한국이 근본적인 지불불능(fundamental insolvency)이 아닌 일시적인 유동성 부족(temporary illiquidity) 상태에 처했을 뿐이라는 것을 의미한다.251) 즉, 당시 한국에게 필요했던 것은 단기 외채의 상환이었음으로 IMF는 단기 유동성을 지원하고 외채의 기간과 상환조건을 재조정하도록 도움을 주었어야만 했다는 주장이 가능한 것이다.252) 결국 환율에 문제가 있었음으로 처방은 외환시장 안정을 위한 방안의 마련으로 족했다.

그렇다면 동아시아 외환위기와 관련하여 IMF의 역할은 어떻게 조명되어야 하며, 특히 환율에 초점을 맞추는 경우 이 문제는 어떻게 해석될 수 있는가? 이유야 어떻든 동아시아에서 외환 및 금융위기는 분명히 발생했고 그 결과 위기 당사국들은 경제적으로 엄청난 대가를 치러야 했다. 위기와 관련하여 국제경제기구가 제 역할을 못했다면 대안을 모색하는 것은 당연한 일이다. 1971년 닉슨 쇼크를 통해 고정환율제가 무너지자 IMF가 새로운 역할을 모색해야만 했던 상황은 이미 설명한 바 있다.253)

회원국의 경제위기, 특히 금융위기 시 이를 극복하기 위한 처방의 제시가 IMF의 가장 중요한 역할로 새로이 부상했다. 이를 위해서 IMF는 우선 최후 대부자(lender of last resort)의 역할을 할 수 있어야만 한다. 그리고 경제회복을 위해 필요한 정책의 입안과 집행 능력도 갖추어야 한다. 아울러 사후 처방적 정책의 시행 뿐 아니라 위험의 사전 감시와 위기의 예방도 IMF의 중요한 역할일 수밖에 없다. 그러나 현실적으로는 분명한 한계가 있었다.

---

250) Sachs, "IMF is a power unto itself," p. 3. 당시 IMF의 한국에 대한 처방이 얼마나 혹독했던가에 대한 통계적 분석은 각주 122) 참조.

251) Feldstein, "Refocusing the IMF," pp. 24-25.

252) *Ibid*, p. 25. 과거 라틴아메리카의 경우 채권자들은 그들의 채권이 부실화되는 것보다는 이 과정을 선호한다는 것이 증명되었다(*Ibid*.).

253) 각주 141) 참조.

위기의 사전 감지 및 예방기능에 문제가 있음은 이미 기술한 바와 같다. 나아가 최후 대부자의 역할에 대해서도 회의론이 제기되고 있다. 주지의 사실이지만 애초 설립 당시부터 IMF는 발권력을 지니지 못했다. 따라서 IMF가 자력으로 유동성을 확보하는 데는 한계가 있을 수밖에 없다. 특히 동아시아 위기는 IMF 신용창조의 근본적인 문제점을 실증해 주었다.[254]

여기서 동아시아 외환위기 및 환율제도와 관련하여 다음의 중요한 교훈이 도출된다. 우선 IMF의 위기에 대한 사전 감지 및 예방기능에 한계가 있다는 것이고 이는 IMF의 원래 기능이 고정환율제하에서의 환율안정 도모였었다는 사실에 비추어 그럴 수밖에 없다는 해석을 가능하게 한다. 그리고 사후 약방문식의 정책 제시와 시행에 대해서도 적어도 동아시아의 경험은 IMF에 큰 신뢰를 줄 수 없게 하고 있다. 다음으로 긴급구제금융도 제한적일 수밖에 없다는 사실 또한 부인할 수 없게 됐다.

그렇다면 향후 환율 불안정의 해소를 위한 IMF의 역할은 지극히 제한적일 수밖에 없다는 결론이 가능하다. 우선 환율의 불안정을 예측할 수 있는 능력이 결여되어 있고, 나아가 환율의 불안정에서 비롯된 위기의 勃發 시 그것을 극복하기 위한 자금의 공급도 원활하지 못하다는 사실을 지적할 수 있다. 환율문제와 관련한 동아시아 국가들의 향후 대응은 바로 그와 같은 현실 인식에 기초하고 있다.

2) 동아시아의 대응책 모색과 정치경제적 한계

태국이 변동환율제로 이행하며 동아시아의 위기가 시작되었다는 사실에도 불구하고 변동환율제 그 자체가 환율 불안정과 관계있다는 증거는 이미 설명한 바와 같이 존재하지 않는다. 그렇다면 동아시아의 환율안정

---

254) Krugman, "Asia goes back to the future," p. 4. 위기 당사자에 대한 유동성 지원에서 IMF의 기여도가 1/3에 불과했다는 사실은 이미 지적한 바 있다. 각주 148) 참조.

책에 대한 논의는 각국이 어떠한 환율제도를 채택하느냐의 문제보다 환율 불안정 요소를 미리 파악하여 그것을 사전에 모니터함과 동시에 불안정을 미리 예방하는 방안의 모색에 집중될 수밖에 없다.

환율 불안정에서 비롯될 수 있는 위기의 사전 모니터링을 위해 다음의 방안이 제시되고 있다. 우선 역내 사정에 정통하고 지역적으로 특화된 AMF(Asian Monetary Fund)와 같은 지역통화기구를 설립하여 보다 효율적인 감시를 하자는 아이디어가 제안된 적이 있다는 사실은 이미 설명한 바와 같다. 그러나 역내 다자기구의 설립이 어렵다면, 쌍무적인 차원에서 이해 당사국의 금융 및 외환시스템을 상호 감시하는 협정을 체결하자는 방안도 떠오르고 있다. 쌍무적 차원의 감시 시스템 구축에는 AMF에 대한 미국의 반대를 회피하려는 의도가 숨어 있다. 쌍무적 수준의 협정이 현실화되는 경우 특정국의 외환 및 금융시스템에 대한 객관적 감시가 위기 예방에 얼마나 중요한 역할을 할 수 있는지가 밝혀질 것이며, 그것은 AMF와 같은 지역통화기구 설립의 논리적 근거로 활용될 가능성이 크다.

외환위기의 勃發 시 위기 당사국들은 외환시장에 개입한 지 얼마 지나지 않아 보유 외환을 대부분 탕진한 바 있다. 즉 외환보유고의 부족 현상이 심각했던 것이다. 따라서 외화위기의 勃發 시 충분한 외환보유고를 유지하였다면 위기를 피할 수도 있었다는 주장이 가능해진다. 아무튼 위기 당사국들은 외환위기 전에 비해 보다 많은 외환을 보유하고 있다. 대표적으로 한국의 경우 위기 이전 300-350억 달러 수준의 외환보유고가 위기 이후 얼마 지나지 않아 약 1,000억 달러 이상으로 급증하였다. 만약 각국이 필요한 외환을 공동풀제로 운영할 수 있다면, 다량의 외환을 각국이 보유해야만 하는 부담을 당연히 완화시킬 수 있을 것이다.[255]

위기 시 유동성 확보를 위한 새로운 방안이 모색되고 있는데, 미국의 반대를 피하기 위해서인지 새로운 접근은 쌍무적 관계에 기초하고 있다.

---

255) 이종욱 외, *한국의 금융·외환위기와 IMF* (서울: 경문사, 1998), p. 25, 그림 1-10. 2004년 말 현재 한국의 외환보유고는 무려 2,000억 달러에 육박하고 있다.

2000년 5월 태국의 치앙마이에서 열린 아시아 개발은행(Asian Development Bank) 연차 총회에서 새로운 외환위기 발생 시 필요한 외환을 상호 지원하는 통화스왑에 원칙적인 합의가 도출되었다. 통화스왑협정은 두 가지로 구성되어 있는데, 하나는 이미 1977년 당시 ASEAN 5개국이 도입한 통화스왑협정을 현재의 ASEAN 10개국으로 확대 적용하는 것이고 다른 하나는 한국, 중국, 일본이 포함된 순수 양자 간의 협정으로 통화지원을 이끌어내는 것이다.256) 특히 쌍무적 스왑협정이 중요한데, 동아시아의 경제강국들이 모두 포함되어 있기 때문이다.257)

평시의 유동성 절약이라는 차원에서 또 다른 방안을 모색 중이다. 쌍무적인 수준에서 양자 간의 수출입을 국제통화가 아닌 자국통화로 결제하는 방안이 제시되고 있다. 쌍무적인 수준에서 수출입 물량만큼의 국제통화를 절약하자는 것이다. 태국과 말레이시아 간에 현재 이 방법이 시행 중인데, 만약 같은 협정이 동아시아 전 지역으로 확산되는 경우 외환절약 효과는 무시 못 할 수준이 될 것이다.

고정 혹은 변동환율제 자체가 환율안정과는 별 상관이 없다는 분석은 이미 소개한 바와 같다. 하지만 동아시아 환율제도와 관련하여 중요한

256) 안충영·왕윤종, "금융·통화협력," 안충영·이창재 편, 동아시아 경제협력: 통합의 첫걸음 (서울: 박영사, 2003), p. 274.

257) 2003년 말 현재, 다수의 쌍무협정이 체결되었는데, 일본이 가장 중심 역할을 하고 있음을 알 수 있다. 일본은 2001년 7월 한국과 70억달러 규모의 협정을 체결했고, 같은 달 조금 늦게 태국과 30억 달러, 다음 달 필리핀과 30억 달러, 10월에는 말레이시아와 35억 달러, 2002년 3월 중국과 30억 달러, 그리고 2003년 2월 인도네시아와 30억 달러 규모의 협정을 각각 체결했다. 경제대국답게 모두가 일본의 일방적인 지원을 약속한 일방협정이었는데, 다만 중국과의 협정은 예외여서 양방협정의 형식을 띠고 있다. 다음으로 한국의 경우, 상기 일본과의 협정을 포함하여, 2002년 6월 중국과 20억 달러, 같은 달 태국과 10억 달러, 다음 달에는 말레이시아와 10억 달러, 8월에는 필리핀과 10억 달러 규모의 협정을 체결한 바 있다. 한국이 체결한 협정은 일본과의 그것을 제외하고는 모두 쌍방지원을 내용으로 하고 있다. 중국의 경우, 한국 및 일본과의 상기 협정 이외에, 2001년 12월 태국과 20억 달러, 2002년 10월 말레이시아와 20억 달러 규모의 협정을 각각 체결하였다. 한국과 일본의 경우를 제외하고는 모두가 중국의 지원을 약속한 일방협정이었다(Ibid., p. 274, 표 IV-2-1).

것은 역내 국가들의 통화가 달러화에 지나치게 연계되어 있다는 사실이
다. 환율 불안정의 가장 중요한 요인 중의 하나이기 때문이다. 앞서 간단
히 설명한 바 있으나 엔화와 달러화 간의 환율이 동아시아 여타 국가들
의 대외경제에 영향을 미치는 보다 구체적인 메커니즘을 살펴보면 다음
과 같다.

우선 엔화가 달러화에 대해 약세(depreciation)를 보일 경우 일본의 수출
상품 가격이 낮아지므로 그와 경합관계에 있는 다른 국가의 수출상품 가
격이 상대적으로 높아져 국제시장에서 상품의 경쟁력은 저하된다. 두 번
째로, 일본 내에서의 상품생산 비용이 다른 동아시아 국가들에 비해 상
대적으로 저하됨으로 공장을 다른 국가에 이전할 일본기업들의 동기가
줄어든다. 따라서 다른 국가들은 직접투자로 들어오는 일본으로부터의
외환유입 감소를 겪게 된다. 셋째로, 자기자본 비율(capital adequacy ratio)
의 감소를 겪게 되는 일본은행들은 BIS 기준을 맞추기 위해 다른 국가들
에게 빌려준 자금을 회수하게 된다. 네 번째는, 이상의 효과와는 다르게
일본에 중간재 수입을 의존하고 있는 다른 국가들의 對日 수입비용이 절
감된다. 마지막으로, 역내 국가들이 지고 있는 엔화 표시 부채의 상환 비
용이 낮아진다. 앞의 세 조건은 다른 국가들의 경제성장에 부정적인 영
향을 미치는 반면 뒤의 두 조건은 그 반대임으로 양자는 서로를 상쇄하
는 효과가 있다.[258] 동아시아에 대한 실증적 연구는 상기의 메커니즘이
동아시아 국가들에게 부정적인 효과를 더 많이 가져다준다는 사실을 보
여주고 있다.[259]

그렇다면 환율제도에 있어서 달러화에 대한 의존을 탈피하는 방법은
무엇이고 그 효과는 어떠할까? 크게 두 가지 방법이 고려될 수 있다. 하

---

258) Chi Hung Kwan, *Yen Bloc: Toward Economic Integration in Asia* (Washington D.C.: Brookings Institution Press, 2001), pp. 63-64.

259) *Ibid.* 보다 구체적으로 엔화의 평가절하는 일본과 무역구조가 비슷해 직접적인 경쟁관계에 있는 한국과 같은 고소득 국가에게는 부정적인 효과가 더욱 크고 인도네시아 등과 같이 저임금 국가들에게는 효과가 상대적으로 작다(*Ibid.*).

나는 통화바스켓에 자국통화을 연계(pegged)시키되 달러화의 가중치를 낮추고 엔화의 그것을 높여 엔화의 대달러화 환율이 자국통화에 직접 반영되도록 하는 것이다. 이 경우 엔화의 가중치가 문제가 되는데, 동아시아 국가들의 경우 자국화폐가 엔화의 등락을 그대로 따라가는 것이 바람직함으로 엔화의 가중치는 상당히 높아야 할 것이다. 그러나 문제는 상존한다. 각국 통화정책의 독립성이 훼손되고, 투기적 공격에 여전히 취약하며, 모든 쌍무적(bilateral) 환율이 변동하기에 거래비용이 증가할 수밖에 없기 때문이다.260)

다음으로 연계의 개념을 무시한 완전 변동환율제를 고려할 수 있다. 환율의 결정을 시장에 전적으로 의존하는 것이다. 통화정책의 독립성을 기할 수 있고 나아가 외환위기 시 드러났던 환율방어 부담이 경감될 수 있다는 장점이 있다. 우선 자유스런 환율 자체가 시장에서의 환율압력을 흡수할 수 있으며 투기꾼들이 공정환율제에서와 같이 고평가 혹은 저평가의 한 방향으로만 통화를 공격하는 것이 불가능하기 때문이다. 그러나 문제는 시장환율이 앞서 지적한 바와 같이 합리적 균형(rational expectation)을 이탈하는 경우가 많다는 데 있다.261) 바로 이때 무역과 투자에 부정적인 영향이 미치게 되는데, 결과적으로 국제거래에 있어 비용 증가는 피할 수 없게 된다. 특히 국내적으로 발달된 금융시장을 지니고 있지 않은 개발도상국은 등락의 폭이 큰 환율을 헷징할 능력이 결여되어 있음으로 그 피해는 더 커질 수 있다. 그리고 외국으로부터의 자본차입에도 문제가 발생할 수밖에 없다. 외국환 표시 외채의 경우 외채의 가치는 종잡을 수가 없게 될 가능성이 있고 특히 자국 통화의 급속한 평가절하가 이루어지는 경우 문제는 심각해질 수 있다.262)

---

260) *Ibid.*, pp. 69-70.
261) *Ibid.*, pp. 72-73. 앞서 인용한 조안 로빈슨(Robinson) 여사의 설명을 참조할 것[각주 217]. 그리고 그린스펀과 케인즈의 경제심리적 동요 현상도 참조할 것[각주 94].
262) *Ibid.*

상기의 분석에 기초하면 결국 환율안정과 지속적이고 안정적인 경제 발전이라는 두 목적을 견지한 채, 달러화에 대한 의존을 줄이는 방안의 모색이 쉽지 않다는 것을 알 수 있다. 통화바스켓의 설정과 엔화의 가중 치 증가를 통해 적정 환율의 추구가 가능하다는 앞서의 설명으로부터 만 약 달러화와 엔화 간의 환율변동이 안정적이라면 이 제도가 지니고 있는 단점의 상당 부분이 극복될 수 있다는 사실을 알 수 있다. 같은 맥락에서 미국과 일본이 쌍무적인 합의를 통해 달러-엔 환율의 변동을 상하 5퍼센 트로 제한(target zone)하자는 안이 제시되고 있다.[263] 그러나 자세히 후술 하는 바와 같이 새로운 제안은 단순히 경제적 논리를 넘는, 즉 정치적 결 단이 필요한 사안이다.

끝으로 환율제도 자체와는 상관이 없어 보이나 환율의 안정과는 밀접 한 관련이 있는 문제가 있다. 해외자본의 유출입에 대한 통제(capital control)가 그것이다. 동아시아 금융위기는 통제의 중요성을 잘 보여주고 있다. 위기 이전 동아시아 국가들의 자본시장이 개방되었고 그 결과 대 단히 유동적인 단기 해외자금이 대규모로 유입되었다. 외국자본의 급작 스런 이탈이 외환시장의 불안과 겹쳐 악순환의 고리를 형성함으로써 위 기가 도래했다는 사실은 자본통제의 필요성을 증대시킨다.[264] 논리적으

263) 대표적으로 다음을 들 수 있다: Ronald I. Mckinnon and Kenich Ohno, *Dollar and Yen: Revolving Economic Conflict between the United States and Japan* (Boston: The MIT Press, 1997), *ibid.*, p. 69에서 재인용. 앞서 설명한 바와 같이 국제통화의 변동 폭을 제한하여 환율안정을 도모하자는 주장은 이미 오래 전에 제기된 바 있다. 달 러, 엔, 마르크 3대 통화에 대한 목표환율대 설정안이 가장 대표적인 예인데, 제안의 이론 및 실증적 분석을 위해 다음을 참조하라: John Williamson and Marcus H. Miller, *Target and Indicators: A Blue Print for the International Coordination of Economic Policy*, Policy Analyses in International Economics 22 (Washington D.C.: Institute for International Economics, 1987); C. Fred Bergsten and C. Randall Henning, *Global Economic Leadership and the Group of Seven* (Washington D.C.: Institute for International Economics, 1996); C. Fred Bergsten, Olivier Davanne, and Pierre Jacquet, "The Case for Joint Management of Exchange Rate Flexibility," *Working Paper* 99-9 (Washington D.C.: Institute for International Economics, 1999). 그리고 각주 38) 참조.
264) 외국 민간자본의 유입과 관련된 다양한 문제에 대해서는 각주 89), 90) 참조.

로 자본통제의 장점은 환율의 안정과 통화정책의 독립성을 동시에 달성할 수 있다는 데 있다.[265] 동아시아 외환위기 당시 중국의 예방적 자본통제 그리고 위기의 극복을 위해 말레이시아가 취한 비슷한 방식의 통제 등은 이 정책의 장점에 대한 대단히 중요한 현실적 증거를 제공하고 있다.[266] 분석가들 사이에서도 자본통제가 역내 환율안정 및 지속적인 경제성장을 위해 필요하다는 데 큰 이견은 없다.

5. 환율의 국제정치

경제위기 이후 동아시아 국가들은 많은 경우 자유변동환율제를 도입하여 시장의 힘으로 환율변동의 충격을 흡수하려는 정책을 시행하고 있다. 그리고 자본에 대한 통제를 강화하여 해외자본 유출입을 조절하고 있다. 문제는 다양한 조치들이 환율안정에 어느 정도 긍정적인 효과가 있는가이다.

우선 달러화와 엔화 간의 급격한 환율변동이 동아시아의 다른 국가들에게 미치는 부정적인 영향은 자유변동환율제를 통해 다소 완화될 수는 있겠으나 불식되기는 힘들어 보인다. 앞서의 설명과 같이 통화바스켓을 설정, 엔화에 대한 가중치를 의도적으로 높임으로써 효과를 극대화시킬 수 있을지는 모르나, 자연스런 문제의 해결은 일본 엔화에 대한 국제수요의 증대 없이는 불가능하다. 아무튼 위기 이후 동아시아 국가들 중에 통화바스켓제도를 도입, 가중치의 조정을 통해 문제를 해결하려는 국가는 현재까지 없다. 결국 문제가 현존하는 국제통화질서에서 달러화를 비롯한 주요 통화의 위상 그리고 그것을 결정하는 요인이 무엇인가라는 기

---

265) Kwan, *Yen Bloc*, p. 80.

266) 중국의 경우 철저한 자본통제를 통해 위완화에 대한 투기적 공격을 완화시킬 수 있었고 아울러 팽창적 재정 및 통화정책을 시행하여 국내수요를 진작시킨 바 있다. 말레이시아의 경우 위기 직후인 1998년 9월 강력한 자본통제를 실시하여 경제 구조 조정을 위한 시간을 벌 수 있었다(*Ibid.*).

본적인 논제와 직결되어 있음을 알 수 있다.

체제적 차원의 논의 이전에 우선 달러화와 엔화 간의 환율이 안정되거나 최소한 예측 가능한 범위 내에서 합리적으로 변동한다면 동아시아 국가들의 통화가 달러화에 과도하게 의존하는 데서 파생되는 문제의 상당 부분이 해소될 수 있을 것이다. 여기서 두 가지 방안이 고려될 수 있다. 우선 앞서 소개한 환율변동 폭의 의도적인 제한을 통해 미일 간의 환율안정을 도모하는 방법을 생각해 볼 수 있다. 그러나 이 문제는 이미 오래 전에 제시된 미국, 일본, 독일 간의 목표환율대(target zone) 설정 안이 줄곧 시행되지 않고 있는 현실에 비추어 이해될 수 있을 것이다.

특히 미국의 태도가 문제인데, 목표환율대가 설정되는 경우 그것은 경제운용이 환율정책에 종속되어야 하는 것을 의미하기 때문이다. 1970년대 초반 고정환율제가 폐지된 이후 환율을 둘러싼 주요 서방국가들 간의 대립이 주로 미국의 국내경제 우선시 정책에서 비롯되었다는 현실을 감안하면 미국이 상기의 조건을 수용할 가능성은 낮다.267) 또한 미국은 사실상 유일한 통화패권국이고 그 지위를 통해 다양한 정치 및 경제적 이득을 향유하고 있음으로 논리적으로도 미국이 위의 제안을 받아들여야 할 이유는 존재하지 않는다. 구체적으로 국제환율을 조절할 능력이 있는 국가의 환율정책은 그 자체로 영향력 행사의 기능을 내포하고 있음으로 목표환율대의 설정은 정치적인 맥락에서 영향력 축소를 의미한다. 미국이 환율통제정책을 수용할 가능성이 낮은 또 다른 이유가 있는 것이다.

만약 목표환율대의 설정과 같은 가시적인 합의 혹은 협정이 불가능한 경우 미국과 일본 간의 환율안정을 위한 정책협조를 통해 동아시아의 환율 불안정 문제를 희석시킬 수 있다는 주장도 제기되고 있다.268) 그러나

267) 미국이 1970년대 줄곧 다른 국가의 반대에도 불구하고 국내적으로 긴축정책의 지속을 위해 강한 달러 정책을 고수한 것은 좋은 예이다. 각주 37)의 본문 참조. 그리고 80년대 미국이 국내정책을 우선시한 예는 각주 40)의 본문 참조.
268) 맥키논(Ronald McKinnon)이 이를 주장하는 대표적인 인물이다. 맥키논은 우선 외환위기 이전 동아시아의 환율제도인 비공식적 달러연계제도(informal dollar peg)가

과거의 예는 그 가능성에 대한 기대를 저하시키고 있다. 외환위기 직후
인 1998년 5월 이후 미국이 경제개혁을 통해 일본의 경기회복을 종용하
기 위한 수단으로 환율을 조작했다는 주장이 제기되고 있기 때문이다.
여기서 경제개혁이란 구체적으로 부실채권의 신속한 정리, 금융시장 구
조조정, 그리고 항구적인 감세안의 실행, 적극적인 경기부양책의 시행 등
을 의미한다.

미국의 요구에 일본정부가 미온적인 태도를 보이자 미국이 환율압력
을 통해 일본을 압박했다는 것이다. 구체적으로 같은 해 5월 엔화는 1달
러 대 137.5엔까지 가치가 하락하게 되고, 이어 다음 달인 6월에는 1991
년 이래 처음으로 140엔을 돌파하여 무려 146.3엔까지 엔화의 가치가
폭락하는 사태가 벌어졌다. 일본이 구조조정과 경제활성화를 위한 구체
적인 조치를 취하겠다는 약속이 있은 후에야, 미국정부의 외환시장 개입
이 이루어져 6월 중순 환율은 다시 137엔까지 회복하나, 7월에 들어 일
본정부의 태도가 다시 모호해지자, 미국의 경고가 있은 후 8월 초 환율
은 다시 145엔으로 상승하였다. 더 이상의 환율인상이 있는 경우 금융
및 외환시장 자체의 불안이 조성될 수도 있는 수준까지 압력이 가해졌던
것이다.[269]

대단히 유효했다고 반박하고 있다. 우선 동아시아의 환율이 장기간 비교적 안정됐었
고, 동아시아 국가들 사이에 경쟁적 환율인상(beggar-thy-neighbour devaluation)이
없었으며, 역내 국가들 대부분이 집단적으로 달러화 연계제도를 추구함으로써 국내
물가수준을 안정시킬 수 있었다는 것이다. 그러나 그도 달러화와 엔화의 환율이 급
격히 변동함으로써 다른 국가들의 경쟁력이 저하되었던 문제점은 인정하고 있다. 따
라서 동아시아 국가들이 자본통제를 강화하고 미국이 대엔화 환율을 그들의 무역적
자 보전을 위한 수단으로 남용하지 않는다면 달러연계체제는 여전히 가장 유효한
제도라는 것이다. 결국 그의 주장은 미국과 일본 간의 건전한 정책 공조를 전제로
하고 있는 셈이다. Ronald I. Mckinnon, "The East Asian Dollar Standard, Life after
Death?" *Workshop on Rethinking the East Asian Miracle for Economic Development*,
Institute World Bank at The Asia Foundation, San Francisco, California, February
16-7, 1999(revised July, 1999), *http//www.econ.stanford.edu/faculty/workp/swp99017.pdf.*,
특히, pp. 2-4, 25-26.

269) 이상은 다음을 요약하였다: 이근, "환율정책과 국가권력: 아시아 금융위기, 국제통
화력, 그리고 미국 행정부의 독자적 영역," *국제지역연구* 9/4, 2000년 겨울, pp.

미일 간의 환율이 상호 호의적 조율보다는 일방적 압력에 의해 조정되
는 경우가 많으며, 이 때 미국은 자신의 목적을 달성하기 위해 환율조작
이라는 수단을 적절히 활용하고 있다는 사실이 드러난 것이다. 나아가
경제위기 이전 그토록 문제가 되었던 엔화의 급속한 평가절하가 동아시
아 경제위기 이후에도 반복되었다는 사실 또한 밝혀진 셈이다. 상기의
실증적 분석에 기초하면 앞서 언급한 맥키논(Ronald Mckinnon)의 주장은
현실과 괴리되어 있음을 알 수 있다. 즉 환율과 관련된 권력행사가 고려
되는 경우 시장원리에 기초한 경제적 정책공조는 상대적으로 비현실적일
수밖에 없다는 주장이 가능한 것이다.

그리고 환율을 둘러싼 다양한 문제와는 별도로 정부 또한 환율과 관련
하여 국내 정치적인 제약을 피할 수가 없다. 국가가 환율을 안정적으로
운영하려는 강한 경제적 동기를 가지고 있다는 것은 이미 설명한 바와
같으나, 여기에는 정치적 의미도 상당히 내포되어 있다는 사실이 과거
사례를 통해 드러나고 있다. 즉 유연한 환율운영을 상당히 어렵게 하는
정치적 압력이 존재하는 것이다. 환율의 변동이 급작스럽게 상당한 폭으
로 발생하는 경우 국내경제 운영상 문제가 발생하는 것은 당연하고 이는
쉽게 정치문제로 비화될 수 있기 때문이다. 대표적으로 환율인상 즉 평
가절하의 요인이 존재함에도 불구하고 국내정치 및 경제적 충격을 우려,
평가절하를 시행하지 못하는 경우가 특히 개발도상국에서는 자주 목격된
다. 경제적 표현으로는 대단히 경직적으로 환율이 운영되고 있는 것이
다.[270] 결국 환율의 운용에 있어 정부의 정치적 독립성은 환율제도의 종
류와 상관없이 여전히 풀어야 할 문제로 남아 있는 셈이다.

7-10.

270) 대표적으로 1950년대 자유당 정부 시절의 환율정책을 예로 들 수 있다. 당시 원
    화가 상당히 고평가 되었음에도 불구하고 정부는 이를 현실화시키지 못했다. 가장
    큰 정치적 이유는 원화의 고평가를 활용하여 경제적 이득을 취하는 강력한 계층이
    존재하였고, 이들은 자유당에 정치자금을 제공하며 유착하여 그들의 경제적 이해를
    보존할 수 있었기 때문이다. 자세한 내용은 本 章, VI., 2., 1) "환율의 정치경제: 한
    국의 예" 참조.

위기 이후 동아시아 국가들은 다음과 같은 방식을 통하여 기존의 문제점을 극복하려 하고 있다. 말레이시아의 경우 고정환율제를 시행하며 환율 안정을 추구하고 있는 반면, 한국을 위시한 그 밖의 국가들은 자유변동환율제를 채택하며 시장원리의 극대화를 통해 문제 해결을 시도하고 있다. 서로 상이한 두 제도가 동시에 같은 지역에서 시험되고 있는 것이다. 어떠한 환율제도든 장단점이 있을 수밖에 없다는 사실은 이미 설명한 바와 같다. 따라서 동아시아 국가들은 어떤 환율제도를 선택하느냐의 문제에 신경 쓰기보다는 그 외 여타 조건의 개선에 노력을 경주하고 있다. 그러나 문제는 환율제도의 선택은 단순히 경제논리에 국한될 수 있으나 그 밖의 조건에 대한 개선은 정치적인 문제일 수밖에 없다는 데 있다.

아무튼 어떠한 환율제도를 도입하든 달러화에 과도하게 의존함으로써 파생되는 다양한 문제가 근본적으로 해결되기는 힘들다는 사실이 앞서의 논의를 통해 밝혀진 셈이다. 외환위기와 더불어 동아시아 국가들이 위기의 극복 혹은 향후 위기의 예방을 위해 구상했던 다양한 아이디어 중 대부분은 동아시아 대외경제관계의 기본 틀을 변화시켜야 성사가 가능한 것들이다. 중요한 것은 과거 약 50년간 당연한 것으로 받아 들여졌던 기존의 국제통화제도가 동아시아의 정치 및 경제적 이해를 더 이상 대변하지 않을 수도 있다는 점을 역내 국가들이 인식하기 시작했다는 사실이다. 그러나 장애의 극복은 결국 대담한 권력행사가 어느 정도 가능한가의 문제로 귀결된다. 구조적으로 동아시아 국가들이 결정적인 영향력을 창출할 가능성은 당분간 낮아 보임으로, 문제의 해결을 위해서는 어느 정도의 시간과 상황의 변화가 필요함을 알 수 있다.

VII. 세력균형 경쟁: APEC과 ASEM

1. APEC의 전략적 배경

1) NAFTA와 미국의 지역주의 전략

과거 유럽의 움직임에서 비롯된 국제질서의 변화에 대한 미국의 대응이 이미 1970년대부터 감지되고 있었다는 사실에서 드러나듯 최근 유럽의 또 다른 새로운 움직임에 대한 미국의 대처 역시 신속했다. 우선 유럽의 시장통합이 확실시되던 1980년대 말 미국은 카나다와의 자유무역협정을 준비하며 유럽의 움직임에 대응하게 된다. 양측의 움직임을 시기적으로 비교해 보면 매우 흥미로운 사실이 발견된다.

미국과 카나다가 자유무역협정에 대한 생각을 처음 공개한 것은 1985년 8월 퀘벡시에서 열린 레이건(Ronald Reagan) 대통령과 멀로니(Brian Mulroney) 수상 간의 정상회담에서였다. '상품과 서비스 무역에 관한 선언(Declaration on Trade in Goods and Services)'이 채택되면서 보다 자유로운 무역을 위한 양측 간의 합의가 이루어졌다. 자유무역협정을 위한 운을 뗐던 것이다. 그 후 1986년 6월부터 다음 해 9월까지 무려 22차례에 걸친 FTA 협상이 진행된 후, 1987년 10월 미국-카나다 자유무역 假협정(U.S.-Canada Free Trade and Referendum Agreement)이 체결되었다. 가협정이 체결된 것은 매우 이례적인 일이었는데, 아무튼 1988년 1월 2일 양측 정상이 FTA 협정에 정식으로 서명함으로써 EC 이후 두 번째 큰 규모의 지역주의가 출범하게 됐다.[271]

한편 유럽의 새로운 움직임 중 가장 눈에 띄는 것은 역시 통합의 전기

---

[271] 大韓貿易振興公社, 美·카 自由貿易協定의 經濟的 效果 分析: 4個 분석모델 別 效果測定 (서울: 대한무역진흥공사, 1988), pp. 8-9. 同 협정은 1989년 1월 1일부터 발효하였다. 大韓貿易振興公社, "美·카 自由貿易協定과 俄國의 對應方案," 國際貿易懸案 Report, 무공자료 89-04-18, 1989년 9월 28일, p. 3.

를 마련한 것으로 평가되는 유럽단일의정서(European Single Act)의 체결
이었다. 1985년 1월 EC 집행위원장으로 쟈크 들로르(Jacques Delors)가
취임하며 유럽단일시장 구상이 구체화되기 시작했는데, 여러 차례의 정
부 간 협의를 거쳐 1985년 12월 룩셈부르크 유럽이사회에서 단일의정서
案이 처음으로 공식 채택된 후 이듬해 2월 협정안이 헤이그에서 조인되
었다. 그 후 각국의 비준을 거친 후, 1987년 7월 1일 유럽단일의정서가
정식 발효된다.272) 가장 중요한 단일의정서가 성공적으로 발효하자,
1992년 2월 유럽연합(EU) 창설을 위한 마스트리히트 조약의 조인, 1993
년 1월 1일 유럽 통합단일시장의 탄생, 그리고 같은 해 11월의 마스트리
히트 조약의 발효 등의 통합계획은 비교적 순조로운 여정일 수밖에 없었
다.

　유럽통합의 상징인 단일시장의 구성안이 1985년 1월 들로르의 취임
과 함께 구체화되자, 미국은 같은 해 8월 미국-카나다 자유무역협정을
추진하기 시작한다. 여기서 시기적으로 미국이 유럽의 새로운 움직임에
구체적으로 대응하기 시작한 사실을 숨기기는 어렵다. 1985년 12월 유
럽단일의정서 안이 공식 채택되고 이듬해 2월 조인되자, 미국과 카나다
간의 FTA 공식 협상이 1986년 6월부터 시작되었다. 협상은 1년 3개월
동안 과속으로 비쳐질 정도로 빨리 진행되었다. 1987년 7월 유럽단일의
정서가 발효하자, 같은 해 10월 무역협정을 가조인 하면서까지 미국이
열의를 보이게 되고, 다음해 1월 협정이 발효되었다. 이어 1992년 2월
마스트리히트조약이 서명되자, 같은 해 12월 미국, 카나다, 멕시코 간에
북미자유무역협정(NAFTA)이 조인되었던 것이다. 이상의 분석은 유럽의
새로운 움직임에 적어도 시기적으로는 미국이 곧바로 대응했음을 알 수
있다.

　NAFTA는 사실상 미국-카나다 자유무역협정이 제3자에게 연장된 형

272) 장홍, 유럽통합의 역사와 현실 (서울: 고려원, 1994), pp. 361-362 ; 강원택·조홍
　식, 유럽의 부활: 유럽연합의 발전과 전망 (서울: 푸른길, 1999), pp. 77-78.

식이었다(trilateral version of the Canada-U.S. FTA).273) 경제발전의 수준을
감안할 때 미국-카나다 자유무역협정의 조건들을 멕시코가 수용한다는
것은 현실적으로 불가능하였기 때문에 적어도 경제논리만으로는 세 나라
간의 자유무역협정을 쉽게 설명할 수 없다. 그럼에도 미국은 멕시코에
상당한 예외를 인정하며 NAFTA를 성급히 출범시켰다.274)

미국이 유럽의 통합에 대해 경계심을 갖은 이유는 통합된 유럽이 미국
의 패권에 도전할 가능성이 있기 때문이다. 우선 유럽은 거대한 힘의 결
정체가 될 수 있다. 현실적 국제관계에서 거대 정치단위체 간의 경쟁은
불가피하다는 가정에 비추어 보면 통합유럽이 향후 미국의 경쟁상대가
될 가능성이 있다는 판단에는 큰 무리가 없다. 따라서 경쟁이 가시화되
는 경우, 물론 정도의 차이는 있겠지만, 유럽의 통합은 결국 미국의 패권
에 대한 도전을 의미할 수도 있다는 거시적 예측이 가능한 것이다. 1990
년대 초 이루어진 유럽시장의 통합은 우선 지역적으로 배타성을 띠고 있
다는 사실 때문에 지역주의(regionalism)의 대두로 인식될 수 있다. 따라서
경쟁이라는 측면에서 미국도 자신이 속한 지역을 경제적으로 통합하여
나름의 확실한 세력권을 구축할 필요성을 느꼈던 것이다.

논리적으로도 미국과 카나다만의 자유무역협정은 북미를 포괄한다고
볼 수 없고, 나아가 외형상으로도 두 국가 간의 쌍무협정에 불과하므로

---

273) Gary Clyde Hufbauer and Jeffrey J. Schott, *North American Free Trade: Issues and
    Recommendations* (Washington D.C.: Institute for International Economics, 1992), p.
    330.

274) 따라서 이는 "the hybrid trilateral approach"라 불린다(*Ibid.*, p. 35). 용어에 암시되
    어 있듯이 미국의 입장은 다소 급했다. 멕시코는 미국에게 중요했는데, 적어도 북미
    지역을 모두 통합했다는 이야기를 들으려면 미-카나다 자유무역협정으로는 부족했
    고 멕시코를 포함해야만 했다. 형식적으로도 미-카나다 무역협정은 엄연히 쌍무적인
    협정에 불과했다. 만약 멕시코가 제외되는 경우 미국은 지역통합조차도 이루지 못한
    다는 비판을 감수해야만 하고, 나아가 미-카나다 FTA가 개발도상국에 대한 차별정
    책이라는 비판도 감내해야만 했다. 그것은 유럽이라는 지역주의에 대응하는 미국 지
    역주의의 정통성 문제를 야기시킬 수 있으며, 아울러 개발도상국이 다수인 동아시아
    를 염두에 두면 더욱 치명적인 논리적 결함으로 발전될 가능성이 있었다.

현실적으로 다수의 국가를 대상으로 하는 지역주의와는 거리가 먼 것이었다. 유럽에 대해 지역주의적 대응이라는 전략적 목적을 설정한 미국으로서는 북미자유무역협정의 체결에 있어 멕시코의 경제발전 수준을 논할 처지가 아니었던 것이다.

물론 미국의 의도가 유럽에 대한 대응이라는 사실이 객관적으로 증명된 바는 없다. 그러나 중요한 것은 국제경제에 있어 지역주의는 이미 돌이킬 수 없는 하나의 중요한 패턴이 되었다는 사실이다. 지역주의는 국제무역을 진흥시키는 긍정적인 효과(trade creation)가 있다는 일부의 주장에도 불구하고 지역통합의 역외 지역에 대한 배타성은 정도 차이의 문제이지 부인하기 힘들다. 지역주의에 대한 정치적 해석의 필요성이 제기되는 가장 큰 이유가 바로 이 배타성에 있는 것이다.

국제관계사는 사실상 국가들 간의 세력권 싸움으로 점철되었다고 하여도 과언이 아니다. 권력의 불신 요소 때문에 국제관계에서 국가는 그들의 생존과 번영을 위하여 일정의 세력권을 형성하여야만 한다. 강대국인 경우 세력권의 자의적 형성은 더욱 중요한 문제일 수밖에 없다. 전후 국제질서는 이데올로기적 이분법에 기초한 영향권 확장경쟁이라는 특징을 지니고 있었지만 세력권의 확대라는 정치적 목적에서는 과거와 차이를 보이지 않는다. 그러므로 지역주의를 지역을 기반으로 한 강대국 중심의 세력권 확장경쟁으로 해석한다면 현실주의적 관점에서 세력권 간의 라이벌 관계는 피할 수 없게 된다. 지역주의를 기반으로 한 새로운 경쟁은 과거와는 다르게 군사적 요소가 상당히 배제된 채 일단은 경제적 이해에 따라 이루어지고 있다.

NAFTA의 결성은 냉전 이후 미국 대외경제정책의 중요한 패턴을 공개적으로 드러낸 측면이 있다. 미국이 달러화의 금태환 정지를 선언함으로써 스스로 기획하여 설립한 브레튼우즈체제를 붕괴시킨 사실은 이미 언급한 바와 같다. 마샬플랜을 입안 및 실행하며 다자주의를 통해 자본주의 국가들의 결속을 다져야 한다는 그들의 전후 국제경제관은 이미

1970년대부터 변화하기 시작했다고 볼 수 있다. 다자주의가 침해되더라도 국제무역상 미국의 이익이 우선적으로 추구되어야 한다는 기본 노선이 설정되었던 것이다. 1970년대 미국에 의해 선도된 보호무역주의가 국내산업의 보호를 위한 방어적인 것이었던데 반해, 1980년대에는 방어적 조치가 공격적으로 변하게 된다. 이른바 상호주의에 입각, 무역상대국의 문호를 적극적으로 개방함으로써 자국의 수출을 증대시키려는 새로운 정책을 미국이 추구하기 시작한 것이다.275)

미국의 입장에서 쌍무주의는 국가의 부를 의도적으로 증대시키는 중요한 수단이 될 수 있다. 나아가 무역 상대국에 대하여 엄청난 영향력을 창출하는 기능도 내재되어 있다. 따라서 쌍무주의는 앞서 언급한 지역주의와 같이 극히 강한 경쟁적 요소를 지니고 있다는 사실을 알 수 있다. 지역주의가 세력권 형성에 초점을 맞추고 있다면 쌍무주의는 개별 국가 수준에서의 영향력 행사 혹은 경제적 이익의 증대를 목표로 하고 있는 것이다.

2) 동아시아의 전략적 가치

유럽으로부터의 도전에 대한 미국의 대응은 단지 미주지역에 국한되지 않았다. 북미자유무역지대의 창출이 지역주의를 기반으로 한 세력권 형성의 기초 작업이었다면, 같은 움직임이 동아시아에까지 확장되는 경우 이는 국제체제 수준의 세력재편을 의미한다. 미국의 주도하에 1993년 말 아-태경제협력(APEC: Asia-Pacific Economic Cooperation) 정상회담이 개최됨으로써 미국의 동아시아정책은 새로운 전기를 맞게 된다. APEC은 유럽연합이나 북미자유무역협정과 같이 단일시장에 기초한 지역블록은 아니지만, 일단 역내 국가들의 무역과 투자 자유화 그리고 경제교류 활성화를 중심 의제로 채택함으로써 지역 경제협력체의 성격을 지니게 됐다.

---

275) 이른바 신상호주의로 불리는 미국의 공격적 대외무역정책은 사실상 권력행사라고 볼 수 있다. 각주 67) 참조.

미국이 APEC을 주도한 배경은 다음과 같다. 1967년 결성된 태평양연안 경제위원회(PBEC: Pacific Basin Economic Committee)는 아시아-태평양지역 경제협의체의 사실상 출발이었다. 활동은 비공식적인(informal consultative) 사안에 한정되었다. 1980년에는 태평양 경제협력회의(PECC: Pacific Economic Cooperation Conference)가 출범하였으나 역시 태평양연안 경제위원회의 활동 범주를 넘지는 못했다. 그러나 1989년 아-태경제협력(APEC)이 출범함으로써 당시까지의 미미한 역내 활동은 새로운 전기를 맞게 된다. APEC은 상기의 회의체와는 달리 보다 공식적인 정부간(intergovernmental) 협의체였기 때문이다.

여기서 한 가지 흥미로운 점은 APEC의 결성이 유럽단일의정서 그리고 미국-카나다 자유무역협정의 체결과 시기적으로 일치한다는 사실이다. 유럽과 미주에서의 새로운 움직임에 아시아 및 오세아니아 국가들이 반응하기 시작했다는 것을 암시하는 대목이다. 그러나 아-태지역 국가들 사이에서도 역외에서의 새로운 움직임이 후일 무엇을 의미하는지를 염두에 두고 당시 아-태 경제협력체에 참여한 국가는 별로 없었다. 아-태협력체의 결성에 미국이 깊숙이 개입하지 않은 것만 보아도 이와 같은 해석은 무리가 아니다. APEC의 출범 당시 미국은 커다란 관심을 보이지 않았다. 일본의 경우 내면적으로는 적극적이었다는 주장이 제기되기도 하나 적어도 외형상으로는 미국과 큰 차이가 없었다. 아세안 국가들조차도 미지근한 반응을 보였다. 당시만 해도 유럽통합의 미래가 불투명했고, 설사 유럽의 시장통합이 실현되더라도 그 형태가 오늘날과 같이 강력한 집합체일 것이라고는 생각하지 않았든지 혹은 통합의 세계적인 파급효과에 대한 수 읽기가 부족했기 때문이었을 것이다.

APEC에 대한 미지근한 역내 국가들의 태도는 국제체제상의 큰 변화와 더불어 돌변하게 된다. 1991년 말 소련제국이 붕괴되고 동시에 서유럽의 시장통합이 성공적으로 이루어졌다. 세계무역체제에 대한 懷疑는 여전한 상황에서 북미자유무역협정마저 체결되자, 당시까지 주도적 입장을 보이지 못한 아·태지역 국가들의 새로운 인식이 표면화되기 시작했던 것이다. 그러나 무엇보다도 중요한 것은 전후 태평양 연안지역의 질서를 사실상 주도해 왔던 미국의 태도였다. 미국은 유럽의 시장통합이 이루어지자 북미자유무역지대를 결성하며 우선 대응했다. 나아가 세계 패권국답게 유럽에 대한 대응을 미주지역에 한정하지도 않았다. 그들의 또 다른 핵심 이해 지역인 동아시아 국가들에 대한 단속에 들어감으로써 범세계적인 세력권 형성을 과거와는 다른 방식으로 추구하기 시작한 것이다.

APEC에 대해 미온적이었던 미국은 태도를 바꾸어 1993년 말 APEC 첫 정상회담을 자국의 시애틀에서 개최한다. 기존의 회의가 각료급이었음에 비추어 미국의 주도하에 회의가 정상회담으로 격상된 것은 급변하는 국제정세에 미국이 얼마만큼 민감하게 반응하였는지를 여실히 보여주고 있다. 미국이 아태지역의 이해를 다시 계산하기 시작한 것이다.

우선 소련의 붕괴로 연유된 냉전의 종식으로 경쟁의 주된 무대가 군사에서 경제분야로 변화될 수밖에 없는 새로운 국제질서의 특징을 미국이 정확히 간파했다고 이해할 수 있다. 새로운 무대에서 미국의 가상 경쟁자로 유력시 되는 국가 혹은 국가군은 통합유럽과 일본 혹은 미래의 중국이 될 것인 바,[276] 따라서 APEC은 미국에게 중요한 의미를 지니게 된다. 우선 유럽이 시장의 통합을 넘어 화폐 통합까지 성공적으로 이루는 경우, 미국의 세계패권에 대한 도전이 현실화될 가능성이 있음으로 그에 대한 대비책으로 북미지역에 한정된 NAFTA로는 한계가 있다고 인식한 것이다. 미국의 세계적 지위는 북미지역에 한정된 것이 아니기 때문이

---

276) 장기적으로 삼극체제(tripolar system)의 등장을 예견하고 있는 주장으로 다음을 들 수 있다. 여기서 극을 이루는 주체는 물론 미국, 통합유럽, 그리고 일본인데 이것은 철저히 현재의 경제력과 미래의 잠재력에 근거한 추론이다: C. Fred Bergersten, "The Primacy of Economics," *Foreign Policy* 87(1992), pp. 3-24; Lester Thurow, *Head to Head: The Coming Economic Battle Among Japan, Europe, and America* (New York: William Morrow and Company, Inc., 1992). 그러나 최근 일본경제의 장기적 침체 그리고 중국의 급속한 경제발전에 기초하여 중국을 일본 대신, 경제축으로 상정하는 견해도 개진되고 있다.

다.277) 따라서 동아시아에 대한 미국의 적극적인 개입은 유럽과 미주 이외의 또 다른 주요 세력권인 동아시아에 대한 선점 및 기존 영향력의 확인 혹은 확대의 의미를 지니고 있다.278)

같은 맥락에서 APEC은 유럽에 대한 견제의 의미를 지니고 있는 반면, 국제경제의 또 다른 강자인 일본을 미국의 영향권에 묶어 놓는 효과도 있다. 장래에 가장 역동적인 경제 주체가 될 한국과 중국도 비슷한 맥락에서 다루어지고 있는 셈이다. 전후 기적적인 경제성장으로 아시아 경제권의 중요한 주체로 등장하기 시작한 한국은 안보와 경제 등 모든 면에서 전통적으로 미국의 영향권에 속해 있는 국가이다. 남북한 문제의 진전이 향후 역내 정치질서의 중요한 요인이 된다는 점에서 한국에 대한

---

277) 미국과 유럽의 라이벌 관계는 앞서 언급한 바와 같이 1970년대부터 이미 감지된다. 물론 현실주의적 논리에 따르면 라이벌 관계의 설정은 오히려 당연한 측면이 있다. 전 세계 모든 지역에서 활발히 진행되고 있는 지역블록의 형성에 대한 논의가 미국과 유럽 사이에서는 사실상 이루어지지 않고 있기 때문이다. 일명 범대서양무역지대(Trans-Atlantic Free Trade Area)는 단지 명칭으로만 남아 있다.

278) 여기서 한 가지 중요한 사실은 경쟁에 대한 새로운 해석과 논쟁이다. 원래 시장원리를 근간으로 하는 자본주의 체제에서의 경쟁은 포지티브 섬(positive-sum)의 세계이다. 즉 참여자 모두에게 이득이 돌아가는 것이다. 그러나 최근 전통적 논리의 국제적 적용에 한계가 있다는 지적이 제기되고 있는데, 우선 첨단산업과 관련한 국가 간의 경쟁에 대한 새로운 시각인 전략무역이론이 대표적인 예라고 할 수 있다. 여기서 논쟁의 핵심은 국가 간의 경제 경쟁이 과거와는 달리 제로섬(zero-sum)적인 성격을 띠게 된다는 것이다. 따라서 새로운 시대의 경제관계는 정치적 성격이 강하게 배어 있는 또 다른 형태의 전쟁인 셈이다. 새로운 환경에 국가가 적응하여 생존 및 번영하기 위해서는 전략적 사고는 필수적이다. 그러므로 논의는 전략무역이론에서와 같이 단순히 무역문제에 대한 논쟁의 범주를 벗어나 국제체제 혹은 경제현상과 관련한 기본 가정에 대한 논쟁으로 확대되고 있다. 대표적으로 다음의 논문이 있다: Paul R. Krugman, "Competitiveness: A Dangerous Obssession," *Foreign Affairs*, March/April 1994, pp. 28-44. 그리고 이에 대한 반론으로는: Clyde V. Prestowitz, Jr., Lester C. Thurow, Rudolf Scharping, and Stephen S, Cohen, "The Fight over Competitiveness: A Zero-Sum Debate?" *Foreign Affairs*, July/August 1994, pp. 186-203. 경쟁의 현실 세계에는 제로섬과 포지티브섬 양자의 논리가 모두 내포되어 있는 것이 아닌가 싶다. 이 문제에 대한 이론적 논쟁을 정리한 필자의 다음 저술을 참조 할 것: 김기수, "국제정치경제학의 등장과 발전과정," 안병준, *국제정치경제와 한반도* (서울: 박영사, 1997), pp. 3-26. 같은 맥락에서 강대국들이 경제세력권의 형성을 의미하는 지역주의에 골몰하고 있는 이유가 잘 설명된다. 전략무역이론에 대해서는 각주 2) 참조.

미국의 관심은 과거보다 오히려 증가되고 있는 추세이다. 중국의 경우도 장래에 동아시아 나아가 아시아 전역에 독자적인 영향권을 형성할 가능성이 있음으로 APEC에는 이들에 대한 견제와 사전 통제의 의미도 있다.279)

사태의 진전을 보다 체계적으로 이해하기 위해 동아시아가 국제무대에서 어떠한 위상을 지니고 있는가를 우선 살펴 볼 필요가 있다. 아태지역 역내 국가들의 대외무역고는 1990년대 들어 이미 전 세계 무역의 40퍼센트를 넘고 있다.280) 결국 세계 3대 경제세력권 중 하나가 동아시아인 셈이다. 그런데 문제는 동아시아를 하나로 묶는 중심축이 현재까지 역내에는 존재하지 않는다는 사실이다. 유럽의 경우 여러 국가들이 하나의 컨소시움 형태로 통합을 이루어냈다.281) 시장의 통합을 이루어내고 화폐통합에 성공한 현 시점에서 정도의 차이는 있겠지만 국제사회의 한 축으로 통합유럽이 부상할 것이라는 예측에는 큰 무리가 없다. 따라서

279) 이점은 다음과 같은 사실을 통해 잘 입증되고 있다. 미주 및 오세아니아 국가들을 제외한 동아시아 국가들만의 경제협력체인 EAEC(East Asian Economic Caucus)의 결성 제안에 미국이 강력히 반대함으로써 일본은 유보적인 태도를 취할 수밖에 없었다. 즉 일본이 중심이 되는 동아시아의 무역블록 결성에 일본 자신이 "공식적으로는 반대하고 있는 것이다. 그러나 일부의 공무원과 고위경영자들이 사적으로는 이러한 구상에 긍정적인 태도를 보이기도 한다." Petri, "The East Asian Trading Bloc: An Analytical History," p. 45. 나아가 유럽과는 달리 일본의 경우 나름의 독자 세력권 추진을 위해서는 통화권의 형성 문제를 안게 되는데, 엔 블럭의 형성에 대해서 일본 자신은 부정적이다. Frnakel, "Is Japan Creating a Yen Bloc in East Asia and the Pacific?" 그리고 각주 185) 참조.
280) 2001년을 기준으로 APEC 국가들의 총 GDP는 전 세계의 약 62퍼센트를 기록하고 있고 교역은 전 세계의 약 48퍼센트에 점하고 있다. ASEM 및 동아시아 경제규모에 대한 자세한 통계는 각주 286) 참조.
281) 타협과 협력의 전통이 국제사회라는 새로운 개념하에 유럽에서 가시화된 것은 19세기 들어서이다. 이 때부터 소위 말하는 현대적 의미의 외교관례와 국가 간의 문제에 대한 이해 조종의 메커니즘이 본격적으로 발전하기 시작한다. 가장 대표적인 예로 유럽협조체제(European Concert)를 들 수 있다: Ian Clark, *The Hierachy of States: Reform and Resistance in the International Order* (Cambridge: Cambridge University Press, 1989), pp. 112-130. 따라서 유럽 국가들 간의 타협과 이해 조율의 전통은 뿌리가 깊은 것임을 알 수 있다. 결국 유럽의 통합도 이러한 외교적 전통이 있었기에 가능했다고 생각할 여지가 있는 것이다. 각주 179) 및 284) 참조.

APEC에 대한 미국의 숨겨진 의도를 유럽에 대한 견제와 동아시아 국가들의 단속이라는 두 측면에서 이해하려는 것이다.

2. 통합유럽의 세력화와 ASEM

1) 전후 유럽의 부침과 미국의 진출

동아시아와 유럽은 대단히 오랜 교류 역사를 공유하고 있다. 그러나 근세에 이르러 교류는 사실상 일방적인 것이었다. 西勢東漸의 결과 유럽은 식민통치를 통해 동아시아 국가들에게 많은 영향을 미쳤다. 제2차 세계대전의 후유증으로 유럽이 힘의 한계를 보이게 되자 동아시아도 새로운 역사의 흐름에 편입되게 된다. 우선 서유럽 세력이 퇴조하기 시작한 것이다. 그리고 유럽의 현상이었던 공산주의의 팽창이 동아시아에도 급작스레 이루어졌다. 유럽의 퇴조와 공산주의의 확장이라는 두 가지의 커다란 체제적 움직임에서 연유된 역내 질서의 재편 작업은 힘의 공백을 만들어 냈는데, 이를 메우는 역할은 당시의 역학구도상 일차적으로 미국의 몫이 될 수밖에 없었다.

미국을 중심으로 한 새로운 영향권의 형성은 두 가지 중요 문제에 대한 미국의 대응에 기초하고 있다. 동아시아 국가들의 안보문제에 미국이 적극 개입한 것이 하나이고 다음은 전후 낙후된 동아시아 경제의 부흥을 위한 미국의 적극적인 역할이었다. 미국의 원조정책이 유럽에 한정되지 않고 동아시아에까지 연장된 것이다.[282] 군사적으로도 가장 중요한 사건

---

282) 미국 경제원조 프로그램의 기본 목적과 의도에 대해서는 앞서 마샬플랜에 대한 설명에서 이미 짚어보았다. 전후 미국의 원조가 주로 서유럽에 치중되었다는 것은 주지의 사실이다. 그러나 1950년대 초 아시아에 대한 전략적 평가가 달라지면서 아시아 지역은 유럽 다음의 경제 및 군사원조의 수혜지역으로 부상하게 된다. Earl Conteh-Morgan, *American Foreign Aid and Global Power Projection: The Geopolitics of Resource Allocation* (Brookfield, Vermont: Gower Publishing Company, 1990), pp. 14-17. 한국전과 월남전을 겪으면서 동아시아 국가들은 미국 원조의 최혜국이 되었다. 1959년을 기준으로 미국 대외군사원조 수혜국 상위 5위의 국가 중 대만과 한국이 각각 1위와 4위를 기록하고 있고, 1970년에는 월남이 1위, 한국이 2위, 대만이

이 동아시아에서 발생하였다. 전후 국지전의 성격을 띤 동서 간의 대규모 충돌이 동아시아에서 일어났는데, 미국이 이에 적극적으로 개입한 것이다. 한국전과 월남전에 대한 미국의 개입은 당시 동아시아가 전략적으로 미국에게 어떠한 의미를 지니고 있는지를 잘 보여주고 있다.

물론 월남전 이후 미국이 국력의 한계를 보인 적은 있으나, 1950년대와 60년대 미국의 깊숙한 개입으로 동아시아는 미국의 영향권에 급속히 편입되었고, 그 후 동아시아에 대한 미국의 영향력은 하나의 움직일 수 없는 변수가 되었다. 그러므로 1990년대 탈냉전이라는 새로운 국제질서의 형성기에 미국이 동아시아에서 보여준 경제적 행보는 과거 오랫동안 형성된 자신의 세력권을 새로운 방법으로 확인하는 절차였다고 볼 수 있다.

군사적으로는 물론 경제적으로도 미국은 동아시아에 절대 지분을 견지해 왔다. 미국의 개발전략인 수출주도형 경제성장정책이 동아시아에서 시행되었고 아울러 미국은 방대한 수출시장을 제공하였다. 일본경제의 부흥에도 미국은 결정적인 역할을 했다. 일본이 강대한 산업국가로 재건된 것도 사실은 미국 세계전략의 일환으로 이해될 수 있다. 아무튼 후일 동아시아를 대표하는 경제 실력자로 부상하는 이들 국가들에 대한 미국의 초기 경제원조는 시간이 지나면서 미국의 방대한 수입시장 제공으로 대치되었다.[283]

3위, 그리고 캄보디아가 5위를 점함으로써 상위 5개국 중 무려 네 곳이 동아시아 국가였다(Ibid., p. 26). 미국 대외원조에 대한 경제적 분석을 위해 다음을 참조할 것: Anne O. Krueger, et. al., *Aid and Development* (Baltimore: The Johns Hopkins University Press, 1989). 그리고 미국의 원조에 대한 정치경제적 분석은 다음을 참조할 것: George M. Guess, *The Politics of United States Foreign Aid* (London: Croom Helm, 1987); Robert F. Zimmerman, *Dollars Diplomacy and Dependency* (Boulder: Lynne Rienner Publishers, 1993).

283) 이러한 새로운 경제관계의 패턴을 가장 극명하게 보여준 예가 한국경제의 탈바꿈이다. 한국의 경우 수출주도형 경제정책이 본격적으로 추진되기 시작한 시기는 1965년으로 볼 수 있다. 그때 수출을 촉진하기 위해 한국 원화에 대한 평가절하가 처음으로 이루어지기 때문이다. 이를 기점으로 1965년부터 미국의 경제원조는 감소

전후 동아시아에서 유럽이 퇴진한 사실은 이미 설명한 바와 같다. 유럽의 동아시아에 대한 새로운 관심은 월남전의 결과 미국이 약화되고, 반면 유럽이 착실한 경제성장을 이루어 강대국으로서의 위상을 점차 회복함으로써 재개될 수 있었다. 유럽의 동아시아에 대한 관심은 크게 두 가지로 나누어 볼 수 있다. 우선 경제적으로 부상함으로써 서유럽은 아시아 국가들과의 경제교류를 급속히 활성화시킬 수 있었다.

다음으로 정치적 관심이 재현되었다는 점이 주목을 끈다. 서유럽 국가들은 그들의 전매특허인 전통적 국제관계의 복원에 우선 관심을 쏟기 시작했다. 프랑스의 아이디어인 긴장완화(détente)라는 새로운 정책과 독일의 탈냉전 외교정책인 동방정책(Ostopolitik)은 그것을 잘 대변하고 있다. 새로운 발상은 다음의 논리로 무장되어 있다. 우선 냉전체제에서 지속되고 있는 무한의 세력권 경쟁과 그에 따른 블록 간의 동질성 상실 그리고 대화 및 타협의 부재는 결국 건전한 혹은 이성적인 국제관계로 볼 수 없다는 것이다. 따라서 과거 오래 전 유럽의 비엔나체제에서 원활히 이루어진 바 있는 강대국 간의 대화와 타협의 전통이 양극체제에서도 구현되어야 한다는 생각이 유럽식 사고의 한 축을 형성하고 있었던 셈이다.[284]

세로 돌아서게 되고 5년 후인 1970년에는 1960년 초반 평균치의 반에도 못 미치는 8,200만 달러에 그친다. 이어 2년 뒤인 1972년에는 500만 달러로 하락하고, 그 후 미국의 경제원조는 사실상 소멸된다. 반면 한국의 수출은 1972년에 이르러 1964년 액수의 거의 10배를 기록하게 된다. 특히 중요한 것은 1972년 한국 수출 총액의 약 50퍼센트가 미국의 수입으로 이루어졌다는 점이다. 또한 1965년 일본과의 국교정상화가 이루어진 후, 일본자본이 자본재의 수입 형태로 대거 유입되면서 과거 미국의 원조를 상당부분 대치하게 된다: Anne O. Krueger, *The Developmental Role of the Foeign Sector and Aid* (Cambridge, Mass.: Harvard University Press, 1979), pp. 75-81, 117-158; 김수근, "한국의 경제발전과 미국의 역할," 김덕중 외, *한미관계의 재조명* (서울: 경남대 출판부, 1988), pp. 182-183. 그리고 本 書, 제4장, 표 (1)과 (2) 참조.

284) 그것은 나폴레옹 전쟁의 종식 이후 새로운 유럽질서의 모색을 위한 노력이었다. 여기서 당시 유럽의 강대국들이 합의한 것은 국제체제의 안정이었다. 현재 강력한 영향력을 행사하거나 미래에 그럴 가능성이 있는 강대국 모두의 동의에 기초한 국제체제만이 안정성을 확보할 수 있으며 평화를 보장한다고 여겨졌다. 따라서 당시 패전국이었던 프랑스를 승전국과 동등하게 대우할 필요가 있었고, 아울러 강대국 간

실리적인 측면에서도 새로운 움직임의 필요성이 이해될 수 있다. 양극체제는 곧 미국과 소련의 패권으로 세계가 지속적으로 양분되는 것을 의미했다. 따라서 국제적으로 서유럽의 활동무대가 제약될 수밖에 없었는데, 양극체제의 이완은 국제무대에서 힘의 공백이 생기는 것을 의미하였음으로 국제무대로의 복귀를 원하는 서유럽의 실리와도 잘 어울렸다.

문제는 현실적으로 새로운 구상이 어떻게 실천될 수 있고, 유럽이 지닌 힘의 원천은 무엇인가였다. 드골 대통령 시절, 프랑스와 그 밖의 서유럽 국가들은 새로운 부흥기를 맞는다. 서유럽의 급속한 경제회복과 역내 통합의 급진전이 특히 그러했다. 따라서 서유럽의 새로운 외교 이니셔티브는 그들의 약진에 바탕을 두고 있다고 볼 수도 있다.

프랑스가 주도한 서유럽 국가들의 새로운 외교구상은 당시 국제정세의 큰 변화와 맞물리면서 더욱 빛을 보게 된다. 변화의 하나는 월남전으로 인한 미국의 상대적 쇠퇴였고 다른 하나는 공산제국의 분열 및 중국의 재등장이었다. 월남전에서 과도히 국력을 소진한 미국은 소련과 새로운 관계를 모색할 필요가 있었는데, 때마침 군사적으로 중요한 계기가 마련된다. 1970년대 초까지 계속된 미소 간의 무한 군비경쟁으로 양국은 모두 충분한 제2차 타격능력(second strike)을 보유하게 되었다. 따라서 더 이상의 무기경쟁이 의미를 상실한 것이다. 결과적으로 미국은 소련과 처음으로 전략무기감축협상(SALT: Strategic Arms Limitation Talks)을 시작할 수 있었다.

다음으로 1960년대 이르러 더욱 두드러지기 시작한 중국과 소련 사이의 불화는 1969년에 발생한 珍寶島(Damanski 섬) 무력 충돌에서 그 정점을 이루며 공산권의 분열이 표면화되었다. 전통 외교의 복원을 의미하는 긴장완화의 원리상 중국과 같이 방대한 국가가 국제무대에서 일정의 역

의 외교채널이 상설화되어 하나의 협의체(concert)로 발전되어야만 했다. Kissinger, *A World Restored: Metternich, Castlereagh and the Problems of Peace 1812-1822*, pp. 1-6. 이를 곧 비엔나 시스템이라고 한다. 각주 179) 및 281) 참조.

할을 하지 않는 것은 그 자체로 국제체제의 불안 요인이 된다는 것이 당시 서유럽, 특히 프랑스의 논리였음으로 공산세계의 분열은 중국의 외교적 재등장을 가능하게 하는 계기를 제공한 셈이다. 그 결과 닉슨 대통령이 중국을 방문하게 되고 동시에 중국의 국제무대 복귀가 이루어짐으로써 동아시아의 현 구도가 구축되는 계기가 마련되었음은 자세히 설명한바 있다. 다음으로 경제적 문제에 한정된 감은 있으나 일본의 강력한 부상이 유럽에 어떠한 영향을 미쳤는가도 이미 기술한 바와 같다. 아무튼 경제대국 일본의 약진이 동아시아의 전략적 가치에 대한 서유럽의 인식을 새로이 하는 데 한 몫을 한 것은 숨길 수 없다.[285]

상기의 변화를 겪으면서 미국의 영향권에 있었던 동아시아는 다소 이완된 질서를 유지하며 1990년대를 맞게 된다. 소련의 멸망으로 기존 질서에 변화가 있었던 1990년대 초 미국과 유럽의 대응은 이미 살펴본 바와 같다. 유럽연합(EU)과 북미자유무역지대(NAFTA), 그리고 동아시아는 경제규모 면에서 상호 등가성을 인정받을 수 있는 세계의 중심 지역들이다. 북미지역이 미국 중심의 세력권을 형성하고 유럽 또한 통합을 통해 단합을 과시한 반면 동아시아 국가들 간의 연대는 그 결속력에 있어 북미나 유럽에 비해 현저히 떨어진다. 따라서 경제규모 면에서는 다른 두지역에 필적함에도 불구하고 양 지역과 같이 통합된 힘을 발휘할 수는 없었다. 이러한 배경하에서 APEC을 미국의 기득권 확인으로 이해한다면, 유럽이 동아시아에 비슷한 접근을 하여도 크게 이상한 일은 아닐 것이다.[286]

---

285) Keohane and Hoffman, "Institutional Change in Europe in the 1980s" 참조.

286) 2001년을 기준으로 동아시아와 유럽연합 회원국(ASEM)의 국내총생산(GDP)은 약 14조 달러를 상회하여 전 세계 GDP의 약 46퍼센트를 점하고 있다. 반면 아태경제협력체(APEC) 회원국의 총 GDP는 약 19조 달러로 세계 총 GDP의 약 62퍼센트에 달한다. 그리고 ASEM 회원국의 총교역량은 약 7조(6조 8,900) 달러로 전 세계 교역의 약 54.4퍼센트를 차지하고 있는 반면 APEC의 경우는 약 6조 달러로 47.6퍼센트를 점하고 있다. 참고로 동아시아 국가들의 총 GDP는 약 6조 3천억 달러로 전 세계 GDP 31조 달러의 약 20.3퍼센트를 기록하고 있다. 동아시아 국가들의 총 교역

2) 유럽의 동아시아 우선 정책

1996년 방콕에서 처음으로 개최된 아시아-유럽회의(ASEM: Asia -Europe Meeting)는 APEC과 같은 정상회담이다. 회원국은 중국, 한국, 일본 및 아세안 7개국과 유럽연합 15개국 그리고 유럽연합 집행위원회 등이다. 동아시아와 통합유럽 간에 긴밀한 협조체제 구축을 목적으로 출범한 ASEM은 1998년 제2차 런던 회의를 마칠 때까지는 초기의 발족 수준을 넘지 못했으나 2000년 서울에서 열린 제3차 회의부터는 양 지역의 이해가 보다 공개적으로 표출되면서 협의의 수준도 향상되었다.

ASEM을 논의하기 전에 우선 통합유럽의 대외정책을 살펴볼 필요가 있다. 유럽의 대외관계 비전과 對동아시아 전략을 보다 잘 이해할 수 있기 때문이다. 흥미롭게도 유럽시장이 통합된 직후인 1993년 7월 유럽연합은 처음으로 공동외교전략을 공개하였는데 그 대상 지역이 바로 동아시아였다.[287] 특이한 점은 통합유럽의 새로운 대아시아 정책이 안보와 경제 두 분야를 공히 섭렵하고 있다는 사실이다. 동아시아의 경제적 약진이 유럽의 통합 자체에도 영향을 미친 사실에 비추어 동아시아가 지니는 경제적 가치에 이끌려 통합유럽이 이 지역에 관심을 갖는 이유는 쉽게 이해가 가나, 안보분야에 대한 공동가치 추구를 새로운 외교전략의

은 약 2조 4천억 달러로 전 세계 교역액 10조 달러의 약 19퍼센트를 점하고 있다 (외교통상부, *ASEM 개황*, 2002.9., p. 127에서 계산). 따라서 적어도 통계상으로는 동아시아 지역과 긴밀한 경제관계를 맺는 국가 혹은 지역이 곧 세계경제를 좌우하는 규모를 창출할 수 있음을 알 수 있다. 참고로 NAFTA의 경우 역내 총 GDP가 약 11조 5천억 달러로 세계 총 GDP의 37퍼센트를 점하고 있고, 교역 규모는 2조 7천억 달러로 세계 무역고 12조 7천억 달러의 21.5퍼센트를 기록하고 있다. EU의 경우는 총 GDP 약 7조 9천억 달러로 약 25퍼센트를, 교역의 경우는 총 4조 5천억 달러로 약 36퍼센트의 점유율을 보이고 있다(*Ibid.*).

287) 구체적으로: "유럽연합의 새로운 아시아 전략: 유럽연합 이사회용 집행위원회의 보고서,"라는 제목의 보고서에 대아시아 외교의 일반목표, 아시아와의 관계에서 유럽연합의 정책수단, 아시아에 대한 유럽연합의 새로운 정치적 접근, 통상 및 협력분야에서 유럽연합의 새로운 대아시아 전략 등이 상세히 기술되어 있다. 보다 자세한 내용을 위해 다음을 참조할 것: 조홍식·김기수, *동아시아와 유럽* (성남: 세종연구소, 1998), pp. 129-170.

핵심 사안으로 설정한 것은 다소 의외일 수 있다.

우선, "유럽연합은 자신의 이익과 가치들을 수호하고 세계정치에서 건설적인 역할을 담당하기 위해 공동 외교안보정책을 수행하여야 할 책임을 지고 있다"고 하여 안보에 대한 기본 입장을 설정한 뒤, "아시아의 평화와 안정을 유지하는 것이 이 지역에서 경제적 이익을 포함한 유럽연합의 전체적 이익을 지키기 위해서뿐만 아니라 유럽연합의 안보 자체가 달려있는 국제조약과 의무의 준수(예를 들면, 핵확산방지분야)를 위해서도 중요한 일"이라고 그들의 안보 이해를 명시하고 있다.[288] "따라서 유럽연합은 이 지역에서 자신의 독자역할을 수행하기 위한 능력을 개발하지 않으면 안된다"고 하여 유럽이 아시아에 대해 어느 정도 적극적인 자세를 지니고 있는가를 보여주고 있다.[289] 다음과 같은 해석이 가능한데, "유럽의 아시아에 대한 관심은 공동외교안보정책을 수행하는 과정에서 당연하고 자연스럽게 부상한다는 논리인 바, 공동외교안보정책이 마스트리히트 조약을 통해서 명문화된 정책분야라는 점을 감안하면 (통합유럽의) 관료체제의 제도적 강화가 새로운 정책범위를 계속 강화시키는" 현상의 일환으로 이해될 수 있다는 것이다.[290]

하지만 아시아 안보에 대한 유럽의 관심이 단순히 추상적 차원의 이야기만은 아니다. 아시아에서 미국의 안보 위상, 현재의 안보 현황, 그리고 미래에 유럽이 파고들 수 있는 경우의 수를 유럽연합은 치밀하게 계산하고 있다. 우선, "안보라는 측면에서 미국은 아시아의 중요 행위자로 남아 있으며, 현재 상황은 미국과 아시아의 여러 개별 국가 간에 쌍무적 안보협정이 체결되어 있다. 아직까지는 어떠한 아시아 국가나 외부의 열강도 미국이 수행하고 있는 역할을 담당할 만한 위치에 있는 것 같지는 않다"고 진단하며 아시아의 안보 현실을 직시하고 있다.[291] 그러나 그러한 쌍

---

288) "유럽연합의 새로운 아시아 전략," pp. 138-139.

289) *Ibid.*

290) 조홍식, "유럽의 신아시아 전략," 조홍식·김기수, 동아시아와 유럽, p. 55.

무적 안보체제는 장기적으로 변화할 가능성이 있고, 새로운 변화가 있는 경우 혹은 그 이전에라도 유럽이 적극 개입할 것이라는 주장을 서슴치 않고 있다.

안보환경의 변화를 통합유럽은 다음과 같이 예견하고 있다. 상황 조건으로 두 가지를 거론하고 있는데, 첫째 미국이 경제 우선의 실용주의를 대아시아 정책의 근간으로 삼고 있고, 다음으로 세계적인 긴장완화로 아시아 국가들이 안보문제에 대한 아시아적 접근방식을 추구하는 것이 가능해졌다는 것이다.[292] 그러한 진단의 연장선상에서 아시아지역 집단안보체의 등장 가능성을 눈여겨보고 있다. 그러므로 과거 80년대에 체결된 유럽과 아세안 사이의 협정에 따라 유럽연합이 아세안의 연례 확대각료회의에 참가하고 있는 것을 높이 평가하며 향후의 진전 방향을 다음과 같이 예견하고 있다: "(이 회의는) 최근 창설된 안보문제를 위한 지역포럼, 즉 아세안지역포럼으로 그 활동이 확대될 전망이다."[293]

그러나 안보문제에 대한 장기적인 전망은 보다 현실적이다. 동북아 문제만을 다루는 별도의 안보포럼이 생성될 가능성이 있으며, 따라서 아시아의 안보가 국지적 포럼을 통해 다루어질 가능성을 예견하고 있는 가운데, 그렇게 되는 경우 집단안보체제에 관한 한 유럽안보협력회의를 성공적으로 이끈 경험이 있는 유럽이 비교우위를 갖고 있다는 점을 강조하고 있다. 즉 새로운 상황에서는 유럽연합이 미국에 비해 비교우위에 있으며 아시아 문제에 대한 발언권 혹은 영향력을 높일 수 있다고 계산하고 있는 것이다.[294] 아시아의 평화와 안정에 유럽연합이 적극적으로 기여할

---

291) "유럽연합의 새로운 아시아 전략," p. 139.

292) 보고서의 원문은 다음과 같다: "미국은 현재 아시아와 보다 실용적인 관계를 설정하는 과정에 있다. 냉전시기 미국이 공산주의 팽창을 억제한다는 목표를 위해 자신의 경제적 이익을 유보하였다고 한다면, 현재 미국은 점점 더 경제적 측면에 몰두하고 있다(Ibid.)." 반면, "세계적인 긴장완화는 아시아 국가들로 하여금 아시아적 정체성을 발전시키고, 비록 국지적 차원에서 시작되었지만 역내 문제들에 대한 아시아적 접근 방식을 찾는 것을 가능케 하였다(Ibid., p. 140)."

293) Ibid., p. 141.

의사는 물론 능력이 있다는 사실이 공개적으로 표명됨으로써 정치문제는 유럽연합 신아시아정책의 핵심 사안이 되었다.295)

　일반적으로 ASEM을 논할 때 ASEM의 일차 목적을 경제협력의 강화로 보는 경우가 많다. 상기의 정치적 목적이 대단히 장기적인 전략에 기초하고 있는데 반해 경제적인 것은 상대적으로 단기적인 성격을 띠고 있다. 유럽은 아시아에 대한 그들의 경제적 利害를 다음의 세 가지로 이해하고 있다: 우선 세계에서 가장 빠른 경제성장을 보이고 있는 이 지역의 경제적 비중이 2000년대 초 세계경제의 1/3정도를 점할 것으로 예견되는 가운데, 역내의 경제적 잠재력을 활용하고 또한 경제적 도전에도 대응한다는 것이다. 다음으로 과거 국가주의 경제체제를 유지하고 있던 중국, 인도, 베트남과 같은 국가를 개방시켜 세계무역체제에 편입시키는 것이다. 마지막으로 아시아의 빈곤문제 해결을 위해 함께 싸우는 것이다.296)

　아시아와 유럽 간의 경제적 상호의존 증가는 이미 주지의 사실이다. 그것에 기초하여 유럽은 아시아에서 진행되고 있는 가시적인 경제발전과 변화를 세 가지의 주요 변수를 통해 이해하고 있다. 우선 일본의 동아시아에 대한 투자가 엄청나다는 사실과 그것을 통한 일본의 역내 영향력 증가를 주시하고 있다. 다음으로 국지적인 차원에서 동아시아 경제의 축인 일본, 한국 그리고 중국 간의 관계가 과거에 비해 더욱 긴밀해졌다는 사실에 주목하고 있다. 특히 중국과 일본 간의 긴밀한 경제협력관계를

---

294) 그 문제에 대해 보고서 원문은 다음과 같이 분석하고 있다: "비록 아세안포럼이 시간이 경과함에 따라 아시아 지역의 안보문제를 다루는 포괄적 포럼으로 발전할 가능성이 있다고 하더라도, 동북아시아 문제와 같이 특정 문제를 다룰 국지적 포럼들이 출현할 가능성이 높다. 이러한 국지적 포럼들이 아세안지역포럼의 틀 속에서 활동할 수도 있지만 단정할 수는 없다. 유럽은 유럽안보협력회의(CSCE: Conference on Security and Cooperation in Europe)의 창설과 운영을 통해 축적한 경험을 가지고 이 같은 문제에 도움을 줄 수 있을 것이다(Ibid.)."

295) 조흥식, "유럽의 신아시아 전략," p. 55.

296) "유럽연합의 새로운 아시아 전략," p. 147.

아시아 경제의 가장 중요한 변수로 보고 있다. 그리고 미국의 대아시아 정책 역시 유럽으로서는 관심의 대상일 수밖에 없는데, "미국이 점차 아시아를 중시하기 시작했다"는 사실을 인정하고 APEC에 대한 미국의 태도를 그 증거로 제시하고 있다.[297]

여기서 중요한 것은 유럽이 아시아라는 포괄적인 용어를 사용하였지만 아시아 경제의 축이 한국, 일본 그리고 중국이라는 현실을 직시, 결국 동북아시아가 아시아 전략의 핵심 대상임을 인정하고 있다는 점이다. 다음으로 미국의 대아시아 전략이 유럽의 이해와 결부되어 있다는 사실에 입각, 유럽의 동아시아에 대한 접근에 미국이라는 변수가 있음을 숨기지 않고 있다.

동아시아에 대한 유럽의 전략적 관심은 다음의 언급을 통해 잘 드러난다. "유럽연합은 아시아에서의 치열한 경쟁으로 인해 이 지역의 경제적 기적에 동승하지 못하고 절호의 기회를 놓쳐버릴 위험을 안고 있다"고 고백하고 있다. 동승에 실패하는 경우, 아시아를 파트너라기보다 위협으로 간주해야 하는 비극적인 사태가 초래될 수 있고 그 결과 아시아 시장이 제공하는 기회 가능성의 축소로 유럽은 악순환적인 쇠퇴의 길을 가게 될 것이라는 점을 아울러 인지하고 있다.[298]

유럽의 다소 절박한 사정은 미국과는 달리, 정치분야에서도 유럽의 색다른 접근을 가능하게 하고 있다. 유럽연합은 그들의 식민통치 경험이 없는 지역에서 경제 기적이 일어났다는 사실에 주목하고 있다. 구체적으로 한국, 중국, 그리고 일본을 지칭하는 것으로 보이는데, 따라서 "이것이 의미하는 바는 유럽적 가치와 관습을 아시아가 자동적으로 받아들이도록 할 수는 없다는 점이다."[299] 그러한 이유로, "유럽연합의 새로운 전략은 개별국가들의 정치, 경제, 사회 및 문화적 특성들에 대한 평가에 기

---

297) *Ibid.*, pp. 152-153.
298) *Ibid.*, p. 154.
299) *Ibid.*

초하여야 한다"고 함으로써, 비경제분야에서 유럽의 가치만을 고집하지는 않을 것임을 천명하고 있다.[300]

이상 논의된 유럽연합의 보고서가 발표된 후 얼마 지나지 않아 유럽의 대아시아 접근이 공식적으로 가시화되었는데 그것이 바로 1996년 처음으로 정상회담 수준으로 치러진 ASEM회의였다. 상기의 보고서에 대한 면밀한 검토를 통해 다음을 알 수 있다. 동아시아에 대한 유럽의 이해가 전략적 차원에서 대단히 중요할 뿐 아니라 장기적으로 핵심적인 사안이 될 수밖에 없다는 사실을 유럽연합은 인정하고 있다. 다음으로 동아시아 지역에 기득권을 향유하고 있는 미국과 이해의 상충이 존재할 수 있다는 사실을 숨기지 않는 가운데, 미국과는 차별화된 접근을 시도하겠다는 의사 또한 분명히 하고 있다.

3) 유럽의 세계전략과 ASEM: 미국에 대한 도전적 측면

일단 유럽의 동아시아 접근에 대한 이해가 양 진영에 의해 공식화되었고, 2년마다 열리는 지역 간의 공식 외교채널이 형성되었다는 점에서 1996년 제1차 ASEM 회의의 의미를 찾을 수 있다. 다음으로 1998년 4월 제2차 회의가 영국에서 개최되었는데 여기서 ASEM의 가치에 대한 재평가가 이루어진다.

ASEM의 중요성이 상대적으로 강조된 데는 바로 한 해 전 동아시아에서 발생한 외환위기가 결정적인 역할을 했다. 동아시아의 금융 및 경제 상황에 대한 진단과 유럽의 대응 내용이 담긴 금융성명서가 별도로 발표되었기 때문이다. 우선 ASEM을 향후 다음의 세 가지 차원(dimension)에서 운영하겠다는 가장 중요한 ASEM 원칙이 천명되었다. 정치대화의 활성화, 경제협력의 강화 및 다른 분야에서의 협력증진 등이 그것이다.[301]

---

300) *Ibid.*

301) "Chairman's Statement of the Second Asia-Europe Meeting," London, 4 April, 1998, 조홍식 · 김기수, *동아시아와 유럽*, pp. 185-2001에서 재인용.

여기서 중요한 것은 앞서 유럽집행위원회의 보고서에서와 같이 정치문제를 경제문제와 동등하게 취급하겠다는 의지가 표명된 사실이다. 다음으로 ASEM의 제도화 원칙이 처음으로 공개되었다.

단기적인 차원에서는 경제문제가 중요할 수밖에 없었다. 따라서 경제전략적 측면에서 제2차 ASEM 회의에서 표명된 다음과 같은 언급은 주의를 끌 만 하다. 유럽에서 시장의 통합을 넘어 유럽통화협력(European Economic and Monetary Union: EMU)에 중대한 진전이 있었다는 점을 지적하며 유로화의 도입이 비록 유럽 내에서의 경제적 진전이기는 하지만 유럽은 물론 동아시아의 경제발전에 긍정적인 역할을 할 것으로 예견하고 있다.302) 이 언급이 중요한 이유는 제3차 회의에서 드러난 유럽의 대아시아 통화정책 혹은 전략의 기초가 되기 때문이다. 유럽에서 발생한 가장 획기적인 경제적 변화가 화폐통합이었다면 동아시아에서 발생한 가장 중요한 경제적 사건은 역시 외환위기였다.

외환위기는 유럽이 동아시아에 더욱 접근할 수 있는 계기를 제공했는데 유럽은 기회를 놓치지 않았다. 우선 동아시아 경제위기에 대한 다자 혹은 양자적 협력을 유럽이 약속한다는 대원칙이 표명되었다. 구체적으로 마닐라회합 원칙(Manila Framework)에 입각, 국제통화 및 금융시스템이 개혁되어야 한다는 데 합의가 이루어졌다.303) 논의는 보다 구체화되

---

302) *Ibid.*

303) "Financial Statement of The Second Asia-Europe Meeting: The Financial and Economic Situation in Asia," 조홍식·김기수, *동아시아와 유럽*, pp. 203-211. 여기서 마닐라 원칙이란 1997년 11월 아세안 각료회의에서 거론됐던 위기의 극복과 재발방지를 위한 대기성 차입기구인 이른바 협동금융제도의 설립을 지칭한다. 이는 동년 9월 ASEM 재무장관회의에서 일본이 제안한 1,000억달러 규모의 공동펀드 설립을 구체화하는 의미를 지니고 있다. 그러한 일본의 제안을 아시아통화기금(Asian Monetary Fund)의 효시로 보는데, 따라서 유럽이 마닐라 원칙을 지지한다는 것은 곧 통화기금설립 안을 지지하는 것으로 해석할 수 있다. 또한 공동펀드의 역할에 아시아 경제에 대한 감시기능을 추가함으로써 펀드를 IMF의 보완적인 기구로 발전시키겠다는 구체적인 계획이 언급되었다. 그때부터 미국의 AMF에 대한 반대가 공식화된다. 이런 맥락에서 동아시아 금융위기는 유럽과 미국의 아시아에 대한 이해가 서로 다름을 분명히 하는 계기가 되었다고 볼 수 있다. 자세한 논의는 本 章, V., 1.,

데, IMF 역할의 한계에 대한 인식을 바탕으로 대출 기능강화가 필요하다는 데 의견을 같이하고, 나아가 IMF가 동아시아 금융위기를 사전에 감시하지 못한 책임을 직시, 새로운 역내 감시체제(new regional surveillance mechanism)의 설립을 지지하겠다는 의사가 표명되었다.304)

겉으로는 별 의미가 없어 보이는 그러한 합의는 그러나 내막적으로는 아시아만의 공동펀드(Asian Monetary Fund)의 설립과 이를 통한 감시 기능의 강화를 유럽이 지지하는 것을 의미하고, 나아가 미국이 지배하고 있는 기존 IMF체제에 대한 비판을 담고 있음으로 미국의 의향과는 사실상 배치되는 것이다. 동아시아 경제위기를 계기로 미국과 유럽의 이 지역에 대한 이해가 서로 엇갈리고 있다는 사실이 처음으로 확인된 셈이다.

유럽과 동아시아에서의 상황 전개를 배경으로 가시적인 진척을 보인 제2차 ASEM회의의 논제는 2000년 10월에 개최된 제3차 서울회의에서 보다 다양화 및 구체화된다. 동아시아 경제위기를 기점으로 표면화된 미국과 동아시아 간의 이해 불일치를 유럽연합은 더욱 파고들었다. 우선 1999년 11월 마닐라에서 개최된 ASEAN＋한중일 정상회의에 대한 유럽의 지지 의사가 표명되었다. 그리고 2000년 5월 치앙마이에서 열린 ASEAN＋3 재무장관회의와 동년 7월 방콕에서 개최된 ASEAN＋3 외무장관회의에 대한 유럽의 지지도 확인되었다.305)

유럽의 그러한 움직임이 전략적으로 중요한 이유는 유럽이 동아시아의 독자적 외교행태를 지지하며 일면 부추기고 있다는 데 있다. 상기의 마닐라 정상회담에서는 지역경제협력 방안의 모색을 위한 민간차원의 구체적인 연구에 착수할 것을 합의한 바 있고, 치앙마이 회의에서는 역내 국가들의 새로운 외환위기 발생 시 필요한 외화를 상호 지원하는 통화스

---

1) "동아시아 통화기금"을 참조할 것.

304) Ibid., p. 205.

305) 김기수, "Asia-Europe Meeting(ASEM) 서울회의의 전략적 평가," 세종연구소 정책 보고서 2000-10, 2000년 11월, p. 10.

왑제의 도입에 합의가 이루어졌기 때문이다.306)

ASEAN+한중일 회의는 동아시아 국가들만의 회합이다. 약 10여 년 전 말레이시아의 마하티르 수상에 의해 제안되었던 동아시아경제협력체 (East Asian Economic Caucus: EAEC)의 구성멤버 그대로가 회합의 주체이다. 당시 동아시아 국가들만의 자유무역지대 설립을 목표로 했던 EAEC 는 미국의 반대로 결국 무산되었다. 물론 자유무역지대의 설립과 같은 특정의 배타적 목표가 설정된 것은 아니지만 같은 회원국이 동일한 회합을 정기적으로 연다는 의미가 있고, 토의 내용 또한 역내 경제협력을 강화하는 측면이 있는 ASEAN+한중일 회의에 대해 유럽이 지지의사를 표명한 것은 엄밀하게 미국의 의사와는 반대되는 것이다. 다음으로 통화스왑제도는 AMF의 설립에 미국이 완강히 반대하자 미국의 반대를 피하면서 역내 통화협력을 활성화시키기 위한 차선책으로 이해될 수 있다. 따라서 유럽이 이 제도를 지지한 것 역시 미국의 의사와는 어느 정도 반대되는 입장을 유럽이 표명한 것으로 해석될 수 있다.

동아시아의 독자적인 경제행보에 대한 유럽의 利害는 그들의 내부 경제상황과 대외경제전략에 기초하여 理解될 수 있다. 유럽경제통합의 최종 단계로 간주되는 화폐통합이 과감하게 추진되어 유로화가 탄생하였고, 2002년부터 일반 거래에도 통용됨으로써 유럽의 경제통합은 사실상 완료되었다. 그렇다면 그 후 유럽의 관심은 당연히 유로화의 국제적 지위 향상일 수밖에 없는데 유럽은 동아시아가 그 열쇠를 쥐고 있다고 판단하고 있다.

유로화의 국제화는 결국 유럽 이외의 많은 국가에서 유로화에 대한 수요가 증대되어야 이루어질 수 있다. 따라서 이를 충족시킬 있는 지역은 경제발전의 수준이나 권역별 특성을 감안하건데 동아시아 이외에는 존재하지 않는다. 제3차 회의에서는 동아시아 국가들이 유로화가 통합유럽에

---

306) 각주 257) 참조.

도입된 데 대해 환영을 표하고, 유로화의 환율안정 기능을 언급함으로써 유로화에 대해 전향적인 자세를 취할 수 있음을 보여주었다.

그 반대 급부로 유럽은 동아시아의 독립적 움직임을 지지하는 것은 물론, EMU(Economic and Monetary Union)의 예에서 본 바와 같이 국제금융 분야의 안정성 제고를 위해 지역 경제·통화협력의 중요성을 인정함으로써 AMF에 대한 지지를 간접적으로 표방하였다. 그리고 목적의 달성을 위해 ASEM 유럽회원국들의 지역 경제·통화협력 경험을 다른 아시아 회원국들이 공유할 수 있는 방안을 적극 모색하겠다는 약속을 하기에 이른다. 그 외에 금융분야와 관련된 또 다른 중요한 언급이 목격된다. 동아시아의 금융위기가 급작스런 금융자유화에 기인했던 사실을 인정, 순차적인 금융자유화(orderly financial liberalization)를 지지함으로써 신자유주의의 세계적 확장이라는 목표하에 미국의 주도로 단행된 전 세계적 금융자유화에 유럽이 반대한다는 입장도 개진되었다.[307]

또 다른 주요 분야인 안보문제에 대해 구체적인 언급은 피하고 있으나 유럽의 대아시아 전략보고서에 담긴 기본 방향은 다시 확인되고 있다. 즉 유럽의 공동 안보·방위정책에 대한 진전을 양 진영이 평가하고 그 연장선 위에 아시아 유일의 다자안보협의체인 아세안지역안보포럼(ASEAN Regional Forum)의 강화를 위한 유럽의 지지의사를 표명함으로써 쌍무적 안보구도에 변화가 있을 시 유럽이 적극적인 행동을 보이겠다는 의지를 암암리에 내비치고 있다.[308]

아무튼 ASEM을 추진하는 유럽의 입장은 1993년 유럽의 대아시아 보고서 내용과 거의 일치한다. 1996년 제1차 회의부터 제3차 회의에 이르기까지 유럽의 동아시아에 대한 利害는 보다 선명해졌고 그들의 시야가 동아시아는 물론 세계를 무대로 하고 있다는 사실을 숨기지 않고 있다. 상기의 보고서와 여러 차례의 ASEM 정상회담을 통해 동아시아에 대한

---

307) 김기수, "Asia-Europe Meeting(ASEM) 서울회의의 전략적 평가," pp. 10-14.
308) *Ibid.*, p. 10.

유럽의 利害가 일반인이 생각하는 것보다는 더욱 깊다는 사실을 알 수 있다. 따라서 APEC의 등장 배경과 ASEM의 전략적 계산을 살펴본 현재까지의 분석에 기초하면 미국과 유럽이 동아시아를 대상으로 경쟁관계에 서서히 돌입하기 시작했다는 사실을 부인할 수는 없을 것 같다.

3. APEC과 ASEM의 전략적 비교

APEC의 창설 배경은 이미 설명한 바와 같다. 그 중 ASEM과 비교하여 중요한 것은 역시 APEC에 유럽통합을 견제하려는 미국의 의도가 상당히 내포되어 있다는 사실이다. 물론 미국의 의도가 공개적으로 천명된 경우는 없었다. 그러나 이미 언급한 바와 같이 1970년대 초반부터 변화의 기미를 보이기 시작한 유럽에 대한 미국의 태도, 미-카나다 자유무역협정의 성립 시기, NAFTA의 출범 배경과 시점, 그리고 APEC에 대한 미국의 태도 변화 등에 대한 분석은 유럽의 변화와 미국의 대외전략이 밀접히 연계되어 있다는 사실을 부인하기 어렵게 한다.

APEC에 유럽의 통합과 세력확장에 대비하여 미국이 그들의 동아시아에 대한 기득권을 확인하려는 목적이 있다면, 그것은 향후 유럽에서의 획기적인 변화가 없는 경우 APEC 정상회담의 기존 회의 논제에 큰 변화가 없을 것이라는 예측을 가능하게 한다. 왜냐하면 전후 약 50년간 동아시아의 사실상 맹주였던 미국의 위상과 그들의 역내 이해가 강한 외부적 충격이 없이는 변화하기 힘들기 때문이다.

그러한 미국의 계산이 가장 잘 표출된 사례를 초기 APEC 정상회담에서 합의된 가장 핵심적인 운영원칙에서 찾을 수 있다. 이른바 개방적 지역주의(open regionalism)로 명명된 APEC의 대원칙은 미국의 입장과 이해를 잘 반영하고 있다. 특히 "최혜국대우를 원칙으로 지역간(interregional) 무역자유화를 촉진한다"[309]는 운영원칙은 미국의 이중적 태도를 내포하

309) Asia-Pacific Economic Cooperation Secretariat, *Achieving APEC Vision: Free and*

고 있다. 우선 정의상 개방적 지역주의라는 용어는 존재할 수 없다. 개방
된 것은 지역주의가 아니기 때문이다. 이런 논리적인 공격에 대한 미국
의 해석 또한 여전히 모호하다. "APEC 회원국들이 APEC 내의 자유화
에 따른 과실을 역외 국가에 이전하는 것은 자유인 바, 그것은 조건적으
로 이루어 질 수도 있고, 역외 국가들과 자유무역에 대한 교섭의 결과로
이루어질 수도 있으며, 혹은 무조건적으로(unconditional MFN basis)이루어
질 수도 있다"고 하여 애매한 입장을 가중시키고 있다.310)

　미국의 모호한 태도는 다음과 같은 전략적 계산에 기초하여 이해될 수
있다. 즉 후일 있을지도 모를 경제블록화에 대비하여 미국이 이곳의 맹
주라는 사실을 APEC을 통해 확인한 것만으로 현재까지는 충분하다는
것이다. 따라서 APEC을 지역주의로 몰아 다른 지역에서의 지역주의 발
로를 부추길 필요는 없으며 미국의 경우 이미 NAFTA라는 미국 중심의
확고한 지역주의 기반을 갖추고 있음으로 동아시아에서는 한발 정도 걸
치는 것으로 족한 것이다. 앞서 말한 애매한 원칙은 내부 운영에 있어서
도 그대로 드러난다. 1993년 제1차 정상회의가 있은 후 현재까지 10여
차례의 회합이 있었지만 무역자유화 혹은 투자자유화에 대한 가시적인
진척이 목격된 바는 없다.

　APEC에 대한 미국의 태도와 APEC의 성격이 국제체제의 변화 혹은
유럽의 통합과 같은 APEC 역외의 움직임에 기초하여 이해될 수 있는 반
면, 역내의 움직임에 대한 미국의 利害를 통해서도 APEC은 또 다른 각
도에서 해석될 수 있다. APEC에는 역외의 움직임에 대한 장기적인 대응
이라는 목적 이외에 역내 국가들의 소지역주의(subregionalism)에 대응하
기 위한 포석도 내재되어 있기 때문이다. 같은 맥락에서 마하티르 수상

Open Trade in the Asia Pacific, Second Report of the Eminent Persons Group, pp.
29-35.
310) *Ibid*., p. 33. 이는 엄밀히 말해 존재할 필요가 없는 조건인 것이다. 즉 상기의 원
　칙이 없더라도 운영은 같은 방식으로 이루어지기 때문이다.

이 제안한 동아시아만의 지역주의인 EAEC안은 중요한 의미를 지닌다. 미국이 제외된 동아시아 국가들만의 자유무역지대 창설은, 결국 세계를 미국, 유럽, 동아시아로 사실상 3분하는 것을 의미함으로, 동아시아에 대한 미국 영향력의 쇠퇴를 암시하고 있다. 극단적인 경우 미국 세계패권의 종식으로 발전할 수도 있는 것이다.

동아시아에서의 새로운 움직임에 주도적 역할을 할 수 있는 국가는 물론 중국과 일본이다. APEC 정상회담이 처음으로 열렸던 약 10년 전만 해도 중국은 중요 변수가 아니었다. 1980년대 전성기를 구가하며 유럽의 통합에까지 영향을 미쳤고 당시 동남아시아에 막강한 영향력을 행사하고 있던 일본의 향배가 더욱 문제였다. 그러나 이후 경제침체기를 겪으며 일본이 10년 이상 허송세월을 보낸 반면 중국은 가히 혁명적인 급성장을 이룩했다. 국민 총생산이 일본의 약 절반에 육박하며 연 8퍼센트 이상의 고도성장을 계속하고 있고, 2001년에는 WTO 가입에 성공함으로써 중국경제의 국제적 위상은 근본적으로 변할 수밖에 없었다. 1997년 동아시아의 경제위기 시 AMF의 창설이라는 독자적인 목소리를 낸 적이 있으나 중국의 부상과 더불어 일본은 미국과 더욱 밀착하는 외교노선을 견지하고 있는 것이 현실이다. 그러한 사실은 결국 미국에게 일본과 중국을 어떻게 미국의 영향권에 지속적으로 묶어 둘 수 있느냐는 문제를 제기한다. 그러므로 역내의 일탈 움직임에 대한 미국의 초기 대응으로는 APEC이 그런대로 괜찮았다고 여겨지는 것이다.[311]

따라서 중국과 일본 특히 중국의 향후 태도는 APEC의 발전에 상당한 영향을 미칠 전망이다. 비슷한 맥락에서 중국과 일본 간의 관계 또한 APEC의 미래를 가늠하는 데 중요한 변수인 바, 두 가지의 예를 상정할 수 있다. 하나는 양국 간의 관계가 긴밀해지는 경우인데, 이는 한중일 협

---

311) APEC의 유용성은 1997년 동아시아의 외환위기를 기점으로 동아시아 국가들이 제안한 AMF에 대해 미국이 반대하며 그 대안을 비공식적으로 제시한 예에서도 잘 드러난다. APMF(Asia-Pacific Monetary Fund) 안이 바로 그것인데, 자세한 내용은 각주 162), 163) 그리고 164) 참조.

력관계의 강화를 의미한다. 동아시아의 사실상 대주주인 삼국 간 공동이 해의 창출이 가능해짐으로써 동아시아만의 새로운 경제협력체의 추진에 힘이 붙게 될 것이다. 물론 APEC에는 부정적인 영향이 미칠 것이다. 다음으로 중국과 일본 간의 전통적인 대립관계가 현재와 같이 지속되는 상황을 상정할 수 있다. 이 경우 동아시아만의 움직임에는 한계가 있을 수밖에 없으나 중국의 위상이 급상승하여 동남아시아에 대한 영향력이 일본의 그것을 능가하는 경우 APEC에는 부정적인 영향을 미칠 수도 있다. 그러나 앞에서 살펴본 ASEAN의 이해를 고려하면 그런 현상이 쉽게 일어나기는 힘들다는 것을 알 수 있다.

상기의 논의에 기초하면 애초 미국의 동아시아에 대한 접근은 양자관계를 포함한 다자관계의 설정에 기초하고 있다는 사실을 알 수 있다. 즉 기본적으로는 양자관계에 뿌리를 두고 있는 것이다. 그러므로 지역 대 지역의 대화인 ASEM과는 근본적으로 다르다는 점을 알 수 있다. 결국 미국을 중심으로 펼쳐진 양자관계를 하나로 묶어 다자관계의 포장 아래 양자관계를 더욱 강화시키려는 미국의 숨은 전략이 APEC에 내포되어 있는 것이다. 그것은 두 가지 측면에서 이해될 수 있다. 우선 동아시아의 안보구도가 여전히 양자관계에 기초하고 있으며 경제적으로도 쌍무적 무역마찰 혹은 양자적 경제협력이 APEC이라는 다자의 틀에 전혀 흡수되지 않고 있다는 사실이 이를 반증한다. 여기서 미국을 중심으로 한 동아시아의 양자관계는 사실상 미국의 기득권인 셈이다.

단위체라는 측면에서 APEC과 ASEM을 비교해 보면 두 회합의 상대적인 차이가 발견된다. 유럽은 동아시아를 하나의 단위체로 간주하며 이 지역에 접근하고 있다. 지역 대 지역 형식의 접근인 것이다. 우선 유럽은 동아시아에 대한 기득권을 갖고 있지 않다. 비록 과거 제국주의 시절 다수의 동남아시아 국가들에 대한 지배를 통해 정치, 경제, 특히 문화적 유대를 유산으로 갖고 있기는 하나 유럽의 대아시아 보고서에서도 드러나듯, 유럽과는 그러한 역사적 유대가 사실상 없는 한중일 삼국에 의해 동아시아가 대표된다는 현실에 기초하면, 유럽의 기득권은 사실상 존재하지 않는 셈이다. 따라서 유럽은 미국과는 달리 양자관계에 얽매일 이유가 없다. APEC을 통해 역내 국가들을 단속한다는 APEC의 정치경제적 목적을 ASEM에서는 발견할 수 없는 것이다.

따라서 논리적으로 유럽은 동아시아가 경제협력체의 형태를 띠든 혹은 안보협력체로서의 단합된 구도를 형성하든, 그것을 반대할 이유가 전혀 없다. 오히려 역설적으로 동아시아의 단합이 그들의 이해인 것이다. 앞서 살펴본 유럽의 대아시아 전략과 여러 차례의 ASEM 회의에서 드러나듯 동아시아가 하나의 단위체로서 공동으로 움직이는 것을 유럽이 지지하는 이유는 상기의 논리로 잘 이해될 수 있다.

그러나 문제는 유럽의 태도가 미국의 이해와는 정면으로 배치된다는 점이다. 미국의 기본 입장이 미국을 제외한 동아시아의 어떠한 움직임도 반대한다는 것이라면 유럽의 태도는 미국과 동아시아를 이간질시키는 정책으로도 비춰질 수 있다. EAEC나 AMF에 대해 미국과는 달리 사실상 찬성하는 입장을 견지하고 있는 유럽의 태도는 그러한 면을 잘 반영하고 있다. APEC의 주요 목적 중의 하나가 유럽에 대한 견제라는 사실과 역으로 미국의 세력권인 동아시아에 침투하는 데 실패하면 유럽의 장기적인 장래에 먹구름이 드리워질 것이라는 유럽연합의 시각에 각각 기초하면, ASEM과 APEC은 사실상 정반대의 축에 위치하여 대립하고 있는 셈이다. 현재까지 공동체적 실체가 불분명하고 뚜렷한 역내 지배 세력이 존재하지 않는 동아시아에 대한 블록 수준의 경쟁으로 ASEM과 APEC을 이해하려는 이유가 바로 여기에 있다.

APEC과 ASEM이 동아시아에 대해 역비례 관계의 상반된 이해를 가지고 있다는 사실은 현재 답보상태에 있는 APEC의 장래를 보다 잘 이해할 수 있게 한다. APEC의 부진은 곧 미국의 이해임을 밝힌 바 있다. 따라서 동아시아에 대한 유럽의 접근이 상대적으로 가시화되면 미국도 APEC을 보다 실체화된 협력체로 이끌게 될 것이다. 그런데 흥미로운 점은 그것이 쌍방향적인 성격을 지니고 있다는 사실이다. 즉 역으로 동아시아에 대한 미국의 영향력이 감소하는 경우 유럽은 동아시아에 대해 보다 효과적으로 접근할 수 있게 된다. 유럽이 동아시아의 다자간 안보협력체를 부추긴다던가, EAEC 혹은 AMF를 사실상 지지하고 있는 현실은 위의 역학관계를 잘 반증해 주고 있다. 유럽이 의도하는 방향으로 동아시아가 움직인다는 것은 곧 미국의 역내 영향력 감소로 이어지고, 아울러 유럽의 활동 공간이 그만큼 확장되는 것을 의미하기 때문이다.

APEC과 ASEM의 이해가 역비례 관계에 있다는 사실을 가장 잘 보여주는 예는 바로 동아시아의 금융위기 시 가시화된 바 있는 통화 및 금융관계에 대한 유럽과 미국의 이해 상충일 것이다. 우선 통합과 일반 통용에 성공한 유로화의 장래는 유럽의 향후 국제위상에 결정적인 영향을 미칠 중요한 사안이다. 유로화에 대한 수요를 동아시아에서 찾게 된다면 유로화가 국제기축통화로 자리 잡을 수 있는 중요한 계기가 마련된다. 그것을 위해서는 동아시아의 달러화에 대한 의존이 감소되어야 하는데, 따라서 동아시아 환율체제의 기축통화로 유로화가 참여하는 것, AMF가 발족하는 것, 혹은 동아시아만의 자유무역지대가 설립되는 것 등은 당연히 유럽의 목적에 부합할 수밖에 없다. 즉 유로화의 장래가 상당 부분 동아시아의 독자적인 행보 여부에 달려있는 셈이다.

APEC과 ASEM의 또 다른 중요한 차이점은 APEC에서의 논의가 대부분의 경우 경제문제 그것도 지엽적인 문제에 한정되어 있는데 반해, ASEM에서는 정치, 즉 군사문제가 경제와 같은 수준의 중요한 의제로 채택되고 있다는 사실에서 발견된다. 동아시아의 군사문제에 대해 유럽이 관심을 갖는 이유는 이미 설명한 바와 같다. 미국은 동아시아 군사전략의 요충인 한반도 주변 정세에 절대적인 기득권을 갖고 있음으로 현 구도의 유지로 충분하다는 인식을 가지고 있는 것 같다. 즉 한국과 일본이 쌍무적 군사동맹을 통해 미국의 영향권에 있는 상황에서, 다만 문제가 되는 것은 중국뿐인데 중국도 현재는 물론 향후 상당 기간 동아시아의 기존 군사질서를 어지럽힐 정도의 위협적인 실체로 간주되지는 않는다. 그러므로 미국이 APEC에서 군사문제를 구체적으로 거론할 이유는 없는 셈이다. 반면 동아시아의 쌍무적인 기존 안보질서가 다자적인 형태로 변형될 때, 미국의 역내 영향력은 감소할 가능성이 크고, 역으로 유럽의 운신 폭이 넓어질 수 있기 때문에 ASEM에서는 군사문제가 중요한 안건이 되는 것이다.

비슷한 맥락에서 이해될 수 있는 것이지만, 국가 혹은 지역 간의 협력이 체계화되기 위해서는 유럽통합의 예를 통해 알 수 있듯이 제도화가 필수적이다. APEC에 대한 미국의 이해가 방어적인 것이라면 미국이 APEC의 제도화에 관심을 가질 이유는 별로 없다. 실제로도 과거 약 10여 년간의 APEC 역사는 APEC이 제도화와는 거리가 있다는 사실을 보여주고 있다. 특히 유럽과는 달리, "언어, 종교, 문화, 정치, 그리고 이념적으로는 물론 역사적으로도 공동체 의식을 찾기 힘든 태평양공동체"라는[312] 현실에 기초하면, 제도화에 대한 의도적인 노력이 결여되는 경우 APEC이 모래알 연합 이상의 실체가 되는 것은 상상하기 힘들다. ASEM의 경우도 제도화를 지향하지는 않으나 그 이유가 APEC과 같지는 않다.[313] APEC이 개별 국가들의 모임인 반면 ASEM은 기본적으로 유럽과 동아시아의 지역 간 대화임으로 제도화의 필요성이 덜하기 때문이다.

같은 맥락에서 이해될 수 있는 문제이지만, APEC이 주로 정부 간 협력에 주안점을 두고 있는데 반해 ASEM은 민간 대화와 협력의 활성화를 회합의 주된 목적으로 삼고 있다. 이는 제2차 ASEM 회의에서 명문화된 바 있다. "정부 간의 협력을 넘어, 민간분야와 개인사업자 간의 대화와

---

312) Richard Higgott, Andrew Cooper, and Jenelle Bonnor, "Cooperation Building in the Asia-Pacific Region: APEC and the New Institutionalism," *Pacific Economic Paper* No. 199, Canberra, Australian-Japan Research Center, 1991, p. 3.

313) "Chairman's Statement of the Second Asia-Europe Meeting," pp. 186-187. 구체적으로 ASEM을 비공식적인 대화의 과정(informal process)으로 인식, 다양한 대화의 활성화와 사적인 교류의 증대를 위해 제도화가 필요치 않다고 언급하고 있다.

협력 증진에 필요한 민간인들의 교류 및 연구기관 혹은 인력 간의 협력 증진을 위해 ASEM이 적극적으로 나선다"고 하여 민간 중심의 협력증진을 중요 의제로 분명히 하고 있다.[314] 무역원활화행동계획(TFAP: Trade Facilitation Action Plan)과 투자촉진행동계획(IPAP: Investment Promotion Action Plan)의 실천을 아시아·유럽비즈니스포럼(AEBF: Asia-Europe Business Forum)이라는 민간협력체에 위임한 것은 대표적인 예라고 할 수 있다.[315]

유럽의 이러한 접근은 그들의 통합 경험에 기초한다고 볼 수 있다. 애초 유럽의 통합이 비정치분야의 활성화, 특히 민간분야의 교류 증대를 통해 경제통합 나아가 정치통합을 달성한다는 밑으로부터의 접근(bottom-to-top approach), 즉 통합이론에 기초하고 있었음으로 같은 방법을 ASEM에 원용하는 것은 유럽의 입장에서 자연스런 외교적 접근인 것이다.[316]

---

314) *Ibid.*, p. 186.

315) 제3차 서울회의에서 채택된 안건이다. 김기수, "Asia-Europe(ASEM) 서울회의의 전략적 평가," pp. 12-15.

316) 유럽통합의 논리를 제공한 통합이론(integration theory)이 이를 잘 설명하고 있다. 자세한 내용은 각주 191) 참조.

제4장
한국의 대외경제 및 안보관계

I. 한국의 안보·경제 연계구도
1. 연계구도의 성립 배경
2. 안보와 경제의 연계 강화 방안
3. 한국경제의 국제화
4. 새로운 변수의 가능성

II. 대외경제관계의 전략적 평가: 미국, 일본, 중국 변수의 비교
1. 중국 변수의 등장
2. 중국경제의 평가: 국제적 위상
3. 한·중 경제관계
4. 미국, 일본 그리고 중국 변수: 전략적 평가

제4장 한국의 대외경제 및 안보관계

I. 한국의 안보·경제 연계구도

1. 연계구도의 성립 배경

1) 미국의 개입

한국의 독립이 스스로의 힘으로 이루어지지 않은 사실은 여러 가지를 설명해 준다. 한국의 분단과 서로 다른 체제의 지속적 대립, 미군정, 부적절한 對日 관계의 지속, 한국전쟁 등은 한국의 독립이 불완전한 것이었다는 사실을 상징적으로 보여주고 있다. 미국이 한국에 다시 관심을 갖게 된 이유는 한국이 전후 처리의 한 부분이었기 때문이다. 여기서 전략적으로 중요한 사실은 승전국들, 특히 미국이 한반도 처리에 대한 일관된 계획을 갖고 있었냐는 것이다.

1943년 11월 카이로 회담에서 한국문제가 처음 거론되었는데 적절한 시기(in due course)에 한국을 독립시킨다는 애매한 언급이 전부였다. 곧이어 열린 테헤란 회의에서는 한국이 신탁통치를 거친 후 독립한다는 데 미국과 소련이 잠정 합의하였고,[1] 1945년 얄타 회담에서는 한국에 대한

---

[1] 당시 루즈벨트 대통령은 한국의 완전한 독립에는 약 40년 동안의 훈련기간이 필요하다고 진단하였고 스탈린이 이 제안에 찬동한 것으로 알려지고 있다. 趙淳昇, 한국분단사(Korea in World Politics), (서울: 형성사, 1982), pp. 24-30. 미국이 동아시아 문제를 소련과 긴밀히 협의했던 이유는 일본의 패망을 위해서는 소련의 참전이 필

공식적인 언급이 없는 가운데, 토의 중 4대 강국의 신탁통치를 실시하고 외국군의 주둔은 인정하지 않는다는 데 합의가 이루어졌을 뿐이다.[2] 이 어 루즈벨트(Franklin Roosevelt) 사망 직후 1945년 7월에 열린 포츠담 회 담에서는 한국문제가 직접적으로 논의되지는 않았으나, 향후 한국의 운 명에 심대한 영향을 미치는 합의가 이루어졌다. 회담 중 미국의 원자폭 탄 실험이 성공하였음에도 불구하고 미국은 소련의 對日戰 참여가 필수 적이라는 생각을 버리지 않았던 것이다. 결국 소련의 참전이 합의되었는 데, 당시 미국이 한국을 점령할 준비가 되어 있지 않았다는 마샬(George Marshall 원수)의 언급에 비추어, 그 합의는 "한반도의 점령이 소련의 손 에 달려 있음을 사실상 인정한" 것으로 해석될 수 있다.[3]

1945년 8월 6일 히로시마에 첫 원자탄이 투하되고, 이틀 후 소련의 대일 선전포고가 있은 후 하루 뒤인 9일 나가사끼에 두 번째 원자탄이 투하되면서 동북아시아 질서는 사실상 그 기본 구도를 갖추게 된다. 우 선 참전 5일만에 소련은 이미 북한지역에 들어와 있었고, 미국의 진주가 이루어지지 않은 상태에서 14일에 미국은 일본군의 항복을 받기 위해 한 반도를 38선으로 분할하는 안을 제안하였다. 소련이 제안을 승낙함으로 써 38 이북의 일본군은 소련에 항복하게 된다. 따라서 이 결정은 사실상 한반도를 분할하는 결정적인 정치행위였던 셈이다.[4]

수적이라는 상황 인식 때문이었다. 돌이켜 보면 일본의 패전을 불과 2년도 안 남긴 시점에서 미국의 합동참모본부가 "소련이 협력하더라도 일본을 꺾는 데는 독일 패 전 후 적어도 18개월이 걸릴 것이며 최소한 50만 명의 희생자를 낼 것이다"라고 보 고한 것으로 보아 당시 동아시아에서 소련의 위상은 상당한 것이었음을 알 수 있다 (Ibid., p. 31).

2) Ibid., p. 36.

3) Ibid., p. 46. 쉬운 합의를 가능하게 했던 미국의 정세 판단은 이미 기술한 바와 같이 전쟁 후에도 미국과 소련의 협력이 지속될 것이라는 가정에 기초하고 있었다(Ibid.).

4) 미국의 제안은 불과 11시간 후의 대소 협상을 통해 전격적으로 타결되었다. James Matray, "계산된 위험: 1941년부터 1950년까지에 있어서 미국의 對韓 公約," 金澈 凡 엮음, 한국전쟁: 강대국 정치와 남북한 갈등 (서울: 평민사, 1989), p. 107. 8월 14일에 소련군은 이미 청진과 나남에 상륙했고 16일에는 더욱 남쪽에 위치한 원산 에 상륙작전을 감행하였다. 반면 당시 미군은 한국에서 600마일 이상 떨어져 있었

1945년 12월 모스크바 삼상회의에서 4대국 신탁통치 안을 토대로 통일 독립국가의 형성에 대한 논의가 없었던 것은 아니나 이듬해 3월 서울에서 개최된 제1차 미소공동위원회의 파경에서 드러나듯 통일정부의 수립은 미국과 소련 두 강대국의 협력을 전제로 하는 것이었기에 현실과는 거리가 있을 수밖에 없었다. 미소의 협력을 전제로 기획된 전후 처리 방안이 양국의 불화로 전 세계적으로 엉망이 된 데서 알 수 있듯이 한반도도 예외가 될 수는 없었다. 1948년 8월 남한에 대한민국이 수립되고 이어 같은 해 9월 북한에 조선민주주의인민공화국이 출범함으로써 한반도는 분단되었다

한국의 분단에 대한 이상의 짧은 분석은 전략적 관점에서 다음과 같은 사실을 보여주고 있다. 동유럽의 공산화 과정에서도 어느 정도 드러난 사실이지만, 미국은 일본의 패전 처리에 대한 확실한 입장을 갖고 있지 않았다. 그 배경은 이미 설명한 바와 같다.[5] 패전 일본에 대한 처리는 곧 일본이 지배했던 지역 전체에 대한 정치적 영향력의 재설정을 의미했음에도 미국의 동아시아 전략은 사실상 존재하지 않았던 것이다.

반면 동북아시아를 놓고 과거 일본과 다툰 경험이 있는 러시아를 계승한 소련은 이 지역의 전략적 가치를 경험상 이미 알고 있었다. 소련에게 가장 중요한 지역인 동유럽과 비교할 때 전략적으로 그 중요성이 같다고는 할 수 없을지라도 비용이 적게 든다면 동북아시아 지역을 포기할 이유는 전혀 없었던 것이다. 미국과는 다른 전략적 포석으로 소련은 한반도 이북을 희생 없이 쉽게 그들의 영향권에 두는 외교적 승리를 거둘 수 있었다. 북한에의 진출이 소련에게 중요한 이유는 한국전쟁을 통해 잘 드러난다. 한반도는 봉쇄정책의 의미 그리고 미국의 의도와 힘을 현실적으로 시험할 수 있는 좋은 무대였고, 따라서 그 후 수십 년간 미국의 자

고, 결과적으로 미군의 38 이남 진주는 약 3주 후인 9월 8일에야 이루어졌다. 조순승, 『한국분단사』, pp. 48-55.

5) 本 書, 제2장, II., 2. "패전 일본의 처리" 참조.

원을 고갈시키는 단초를 한반도에서 발견할 수 있었기 때문이다. 아무튼 한국전쟁의 결과 미군이 한국에 주둔하게 되었고, 한국과 미국 간에는 상호방위조약이 체결되었다. 한반도의 남쪽이 미국의 동아시아 군사전략 망에 편입되며 이른바 동북아시아의 전략대치선이 완성된 것이다. 그 후 안정된 힘의 균형이 형성된 채 오늘에 이르고 있다.[6]

2) 초기 경제구도의 정립: 미국 변수

한국과 미국의 경제관계는 당시의 국제정세와 미국의 한반도 전략 그리고 한미 양국의 안보적 이해가 절충되는 가운데 형성되기 시작했다. 따라서 애초부터 경제논리에 따른 관계 설정은 아니었다. 이것이 중요한 이유는 한국이 세계 10위권의 강성한 경제로 성장한 현재에도 한미경제관계는 양국의 안보적 이해를 상당 부분 반영하고 있기 때문이다. 따라서 한미경제관계가 어떠한 배경하에 형성되었는가를 아는 것은 현재의 상황을 이해하는 데도 중요할 수밖에 없다.

1948년 8월 남한만의 단독 정부, 즉 대한민국이 수립된 지 한 달 후에 북한정권이 출범하고 이어서 1948년 12월 소련군이 북한으로부터 철수하면서 미군의 철수문제가 현안으로 등장했다.[7] 앞서의 분석에서 이미 간접적으로 드러난 바와 같이 미국은 애초부터 한국에 주둔할 생각이 없었다. 소련군의 철수 이전에 이미 미군의 철수가 결정되었기 때문이다. 1948년 4월 백악관의 국가안보회의는 대통령에게 한반도 정책을 위한 다음의 세 가지 가능한 방안을 제안한 바 있다: "한국을 포기하는 것, 한국에 대한 정치적, 군사적 책임을 계속 수행하는 것, 그리고 한국정부에 대해서 자체 방위군의 훈련과 무장을 위한 원조를 확대하고 경제적으

---

6) 한국전쟁에 대해서는 이미 자세히 분석한 바 있다: 本 書, 제2장, I., 3. "한국전과 월남전" 참조.

7) 소련군의 철수를 남한에서의 미군 철수를 압박하기 위한 전략으로 이해하는 경우를 의미한다. Franz H. Michael and George E. Taylor, *The Far East in the Modern World* (New York: Holt, Rinehart and Wilson, Inc., 1964), p. 366.

로 붕괴하는 것을 막기 위해 보다 광범위한 경제원조를 제공하는 것" 등
이 그것이다. 안보회의는 그 중 마지막 안을 추천하였고 트루먼 대통령
에 의해 그대로 수용되었다.[8] 따라서 한국경제에 대한 미국의 개입은 당
시 미군철수를 보전하기 위한 방책의 일환으로, 즉 안보적 고려에 의해
이루어졌음을 알 수 있다.

이후 한국에 대한 원조문제가 미국 육군성에서 마샬플랜의 실행과 중
국에 대한 원조를 위해 설립된 경제협력처(ECA: Economic Cooperation
Administration)로 이관되며 미국의 본격적인 경제개입이 시작된다.[9] 한국
도 이승만 정부 출범 직후 미국으로부터의 원조물자를 관리하기 위해 외
자관리청(OSROK: the Office of Supply)을 신설하며 미국과 본격적인 경제
협력을 위한 사전 준비를 하게 된다.[10] 이어 1948년 12월 한미경제협정
이 처음으로 조인되면서 양국의 경제협력은 제도화의 길을 걷기 시작한
다.[11]

그러나 미국의 계획이 순조롭게 진행된 것은 아니었다. 1949년 6월
미군의 마지막 군대가 철수한 시점에 맞추어 한국원조법안이 제출되었으
나 이듬해 1월 하원에서 부결됐기 때문이다.[12] 그러나 對韓 원조의 중요
성을 재차 강조하며 여론이 환기되고, 행정부가 중국 국민당에 대한 원

---

8) Harry S. Truman, *Years of Trial and Hope* (New York: Doubleday and Co., 1956),
   p. 328, 조순승, *한국분단사*, p. 193에서 재인용.

9) Karl Moskowitz, "Issues in the Emerging Partnership," Karl Moskowwitz, ed., *From
   Patron to Partner: The Development of U.S.-Korean Business and Trade Relations*
   (Lexington, Mass.: Lexington Books, 1984), p. 3. 인프라 계획(infrastructure project),
   산업에 대한 기술지원(technical assistance to industry) 등이 포함될 정도로 ECA 프
   로그램은 체계적인 것이었다. 더욱 중요한 것은 과거와는 달리 한국 측 전문가가 정
   부 및 산업 레벨에서 ECA 프로그램에 참여하기 시작했다는 사실이다(*Ibid.*).

10) *Ibid.*

11) 조순승, *한국분단사*, p. 200.

12) 미군의 마지막 전투부대 철수는 6월 29일에 단행되었고, 바로 전인 같은 달 7일에
    트루먼 대통령은 1억 5천만 달러의 대한 원조를 요구하는 메시지를 의회에 보내게
    된다(*Ibid.*, 201; Matray, *계산된 위험*, p. 129).

조를 한국의 그것과 합해서, 즉 한국원조법안을 극동경제원조법으로 대체하여 제출하자, 2월에 하원이 그리고 3월에는 상원이 새로운 법안을 각각 통과시킴으로써 의회의 승인을 받은 對韓 원조 6천만 달러가 처음으로 확정될 수 있었다.13)

그러나 한국과 미국의 정치 및 경제적 밀착 관계는 한국전에 미국이 개입하고, 한국에 대한 전략적 평가가 새로이 이루어지면서 형성되기 시작했다고 보는 것이 타당할 것이다.14) 전쟁이 끝난 후 한국의 전후 복구, 경제개발, 그리고 안보문제가 종합적으로 한 틀 안에서 검토되기 시작했는데, 장기계획은 마샬플랜과 비슷한 발상에 기초하고 있었다. 즉 미군의 주둔을 통한 군사적 억지력만으로는 동북아시아의 정세를 안정시키는 데 한계가 있고, 따라서 한국이 자본주의체제의 부유한 국가가 되어야 완벽한 방어 시스템이 구축될 수 있다고 판단한 것이다. 결국 한국의 경제개발이 안보구상의 일환으로 추진되었음을 알 수 있다.

한국전 직후 미국과 한국의 경제관계는 미국의 한국에 대한 경제원조를 축으로 전후 복구에 초점이 맞추어졌다. 따라서 초기만 해도 미국이 한국의 경제정책에 깊숙이 개입한 흔적은 별로 없다. 당시 한국은 다른 신생 독립국들과 같이 수입대체정책(import substitution policy)을 시행하고 있었다. 물품의 국내생산에 특혜를 제공하여 문자 그대로 상품수입을 국내생산으로 대체하겠다는 것이 정책의 핵심 내용이었다.15) 대외적으로는 수입을 통제하는 보호주의 정책을 취하게 되는데, 국내산업을 보호하기 위해서였다.16) 일종의 폐쇄적 경제정책이었던 것이다. 그러나 자력갱생

---

13) 한국 경제원조를 둘러싼 당시 행정부와 의회와의 관계에 대한 보다 자세한 내용은 다음을 참조할 것: *Ibid.*, pp. 129-136; 조순승, *한국분단사*, pp. 201-204. 그리고 그 외 다른 법안을 통해 1950년 6월 30일에 끝나는 회계연도 동안 행정부는 총 1억 4천만 달러를 한국 원조에 사용할 수 있게 된다. 조순승, *한국분단사*, p. 203.

14) Moskowitz, "Issues in the Emerging Partnership," pp. 4-5.

15) 本 書, 제3장, 각주 209) 참조.

16) 수입대체정책과 보호무역주의와의 관계에 대해서는 다음을 참조할 것: W. Arthur Lewis, *The Theory of Economic Development* (Homewood: Irwin, 1955); I.M.D. Little,

을 위해 필요한 기술과 자본이 국내에는 존재하지 않았다.

문제는 우선 대외경제관계에서 발생했다. 국내에서는 조달이 불가능한 중간재 및 원자재의 수입증가로 무역수지 적자는 피할 수 없었다. 이 경우 수출로 보전이 안 된다면 외환부족 현상이 뒤따를 수밖에 없다. 보호주의 정책하에서 상품의 국내가격은 높아지게 되고, 여기에 정부재원의 부족으로 발생하는 재정지출 팽창은 인플레이션을 가중시킨다. 국내 경제상황은 대외적으로 환율로 평가되며 조정되어야 하는데 환율 메커니즘이 작동하지 않기 때문에 환율을 통한 국내경제의 조절은 사실상 불가능했다. 설상가상으로 정치적 요인 때문에 문제는 더욱 심각해졌다.

수출을 통한 외화 획득이 어렵기 때문에 부족한 외화의 적절한 사용을 위해서는 배급에 기초한 외환 할당제를 실시할 수밖에 없다. 문제는 그 결정권이 곧 권력이라는 데 있다. 권력에 접근 통로를 가지고 있는 계층에게는 외환의 할당이라는 특혜가 제공되는 것이다. 왜냐하면 외환의 부족으로 외환의 시장가격이 공식 환율보다 월등히 높은 상황에서 공정환율로 외환을 할당받는다는 것은 곧 엄청난 시세차액을 의미하기 때문이다.

수입에서도 같은 문제가 발생했다. 통제된 수입구조하에서 저평가된 외환을 이용하여 외국으로부터 물품을 수입하고 이를 상대적으로 높은 가격에 국내시장에 팔면 엄청난 시세차액을 얻을 수 있기 때문이다. 정경유착이 불가피한 경제구조가 형성되었던 것이다. 결국 고평가된 자국화폐의 환율을 현실화한다는 것은 곧 고평가의 메커니즘으로 파생된 기득권의 포기를 의미함으로 환율 정상화 문제는 기존 정치체제의 변화가 있기 전에는 해결되기 어려운 난제로 남을 수밖에 없었다. 자국 화폐의 평가절하를 통한 국제경제와의 균형은 무엇보다도 정치적으로 어려웠던

Tibor Sditovsky, and Maurice Scott, *Industry and Trade in Some Developing Countries* (New York: Oxford University Press, 1970); Anne O. Krueger and Baran Tuncer, "An Empirical Test of the Infant Industry Argument," *American Economic Review* 72 (1982), pp. 1142-1152.

것이다.[17]

표 (1) 한국 경제성장정책의 변화와 대외경제관계

(단위: 미화 백만 불)

연 도	미국의 경제원조	차 관	총 수 출	총 수 입
1952	161.3		27.7	214.2
1953	194.2		39.6	345.4
1954	153.9		24.2	243.3
1955	236.7		18.0	341.6
1956	326.7		24.6	386.1
1957	382.9		22.2	442.2
1958	321.3		16.5	378.2
1959	222.2	12.3	19.2	303.8
1960	245.4	5.0	31.8	343.5
1961	199.2	3.1	38.6	316.1
1962	232.3	54.3	53.8	421.8
1963	216.4	63.3	81.5	560.3
1964	149.3	98.6	116.4	404.4
1965	131.4	154.5	175.0	463.0

출처: 한국무역협회, 무역연감, 1980/1981; 관세청, 무역통계연감; 김수근, "한국의 경제발전과
미국의 역할," 김덕중, 안병준, 임희성 공편, 한미관계의 재조명 (서울: 경남대 극동문제연
구소, 1988), pp. 182-183, 표 1.

표 (1)은 1950년대 한국의 경제정책과 그 문제점에 대한 보전 방안을
잘 보여주고 있다. 수입대체 산업정책을 채택한 1950년대 내내 수출 부
진과 수입의 증가로 만성적인 무역적자가 가시화되었음을 알 수 있다.
또한 무역부분의 적자는 곧 미국의 원조에 의해 보전되었다는 사실도 쉽
게 드러난다. 문제에 대한 인식은 미국과 한국 모두가 하고 있었다. 한국

---

17) 당시 이렇게 얻어진 수익의 상당 부분이 집권당인 자유당의 정치자금으로 전환되
었다. Stephan Haggard, *Pathways from the Periphery: The Politics of Growth in the
Newly Industrializing Countries* (Ithaca: Cornell University, 1990), pp. 54-60. 수입대
체정책의 시행 시 발생하는 인플레이션 문제에는 한국도 예외가 아니었다. 당시 국
내 물가수준을 살펴보면 1948년 건국 이후 외환제도의 혁신이 이루어진 1964년 사
이 도매물가 상승률은 연평균 49퍼센트를 기록하고 있다. 김수근, "한국의 경제 발
전과 미국의 역할," 김덕중 외, 한미관계의 재조명 (서울: 경남대출판부, 1988), p.
202, 표 7.

이 경제적으로 부강해져야 장기적으로 공산주의에 대항하는 확고한 방어
망이 완성된다는 미국의 기존 생각에는 변함이 없었다. 따라서 미국의
원조에만 의존하는 한국경제의 문제점에 대한 근본적인 개선책이 제시되
어야만 했다.

미국이 적극적으로 나서게 되는데, 1958년 부흥부의 지원하에 미국에서
교육받은 경제전문가들로 구성된 경제개발위원회(Economic Development
Council)가 처음 구성되었다. 그리고 경제개발위원회가 한미경제기획위원
회(Korean-American Economic Board)를 통해 미국과 연계되는 제도적 장치
도 마련되었다.[18] 경제를 체계적으로 개발하려는 의도가 엿보이는데, 여
기서 미국이 제시한 개혁의 핵심 내용은 국내적으로는 경제의 안정화,
그리고 대외적으로는 외환제도의 현실화였다.[19] 결국 환율이 정상화되어
야만 수출 증대가 가능하고 그것을 통해 균형성장을 이룰 수 있다는 것
이 미국 측 제안의 요체였다. 사실상 수출주도형 경제성장정책의 도입을
의미하는데, 하지만 앞서 설명한 바와 같이 이승만 정부는 정치적인 이
유로 미국의 제안을 적극 수용할 수 없었다.[20]

---

18) Haggard, *Pathways from the Periphery*, pp. 57-58. 과거 이승만 그리고 장면 정부 시
절에도 미국은 한국에 대해 대외지향적 경제정책을 추진하도록 강력히 권유하였다.
그러나 이승만 정부의 경우, 새로운 정책은 당시 기득권의 이해와 反하는 것이어서
정치적으로 수용하기 어려웠고 장면 정부는 단명함으로써 새로운 정책에 대한 의지
는 분명하였으나 그것을 실천에 옮기지는 못했다. 따라서 박정희 정권이 출범하기
오래 전부터 미국은 한국에게 새로운 경제개발정책을 종용했음을 알 수 있다. David
C. Cole and Priceton N. Lyman, *Korean Development: The Interplay of Politics and
Economics* (Cambridge: Harvard University Press, 1971), pp. 164-166; Charles R.
Frank, Kwang Suk Kim, and Larry Westphal, *Foreign Trade Regimes and Economic
Development: South Korea* (New York: Columbia University Press, 1975), 특히 ch. 3;
Haggard, *Pathways from the Periphery*, 특히 ch. 2.

19) 우선 국내적으로 과세율을 높이고 재정지출을 축소시켜 재정을 튼튼히 함과 동시
에 관료들의 과도한 권한을 축소시키는 것이 필요했다. 당연한 결과로 인플레이션이
억제되면 이에 기초, 고평가된 한국 화폐의 환율을 현실화시키자는 것이었다. Anne
Krueger, *The Developmental Role of the Foreign Sector and Aid* (Cambridge: Harvard
University Press, 1979), pp. 75-81.

20) 이미 설명한 바와 같이 기존 제도하에서의 특혜 집단과 당시 집권세력인 자유당
정권 간의 유착관계가 분명해진다. Haggard, *Pathways from the Periphery*, pp. 56-59.

2. 안보와 경제의 연계 강화 방안

1) 수출주도형 경제성장정책: 한미일 삼각구도

정권이 교체되어 과거 정치세력과는 단절된 군사정부라는 새로운 정치 실체가 등장하자 미국은 보다 광범위한 경제개혁을 구체적으로 구상하게 된다. 적어도 정치적으로는 자유당 정권의 속성에서 비롯된 개혁의 걸림돌이 제거되었기 때문이다. 과거와는 달리 수출증대에 초점을 맞춘 경제개혁의 색깔이 보다 분명해졌다. 우선 수출이 용이하도록 만성적으로 고평가된 환율이 정상화되어야만 했다. 보다 신축적인 환율제도가 필요했던 것이다. 다음으로 수출품의 생산을 위해 자본이 조성되어야 했다. 그러기 위해서는 당시까지 외국자본의 거의 유일한 파이프라인 구실을 하던 미국의 원조에서 탈피하여 장기적으로 시장 메커니즘에 기초한 외국자본의 선순환 유입구도의 정착이 필요했다. 기술 도입선의 확보도 중요한 문제였다. 그리고 수출상품을 수용할 수 있는 자유로운 해외시장도 제공되어야만 했다.

한국경제의 발전과 안보의 강화를 절묘하게 절충한 방안이 도출되었는데 한국과 일본의 국교정상화가 바로 그것이다. 우선 경제적으로 선진국인 이웃 일본은 한국의 경제발전 조건을 충족시킬 수 있는 위치에 있었다. 역사적 앙금을 어느 정도 극복할 수만 있다면 한국경제의 중요한 외부 동력이 창출되는 것이다. 물론 같은 조건을 미국도 충족시킬 수 있었으나 일본의 개입은 미국 부담의 분산을 의미했다.

어떻게 보면 군사적 측면은 더욱 중요했다. 소련, 중국 그리고 북한은 안보·우호조약을 통해 거의 완벽한 삼각동맹체제를 구축하고 있었던 데 반해, 이에 대항하는 한국, 미국 그리고 일본의 관계는 미국을 중심으로 한 쌍무적 관계에 기초하고 있었음으로 삼각연대로 불릴 정도의 기반이 구축된 것은 아니었다. 한국과 일본 간의 관계가 단절되어 있었기 때문이다. 따라서 한국과 일본의 적대관계가 해소되지 않을 경우 한미일 삼각축에 기초한 동북아시아 방위시스템의 작동에는 한계가 있을 수밖에 없었다. 미국은 한일 사이에 군사동맹은 불가능하더라도 경제적으로 밀착된 관계가 형성되는 경우 한미일의 삼각 방어축(defense axis)이 어느 정도 자리 잡을 수 있다고 생각했던 것이다.[21]

미국의 정치 및 경제적 개입이 본격화됐다. 우선 당시 외무부 장관과 주한 미국대사의 "李·브라운 공동 합의 사항"이라는 각서에서, "한일 현안 문제의 조기 타결을 이룩하는 데 있어 미국은 가능한 모든 방법으로 이를 지원한다"고 명시함으로써 그들의 입장을 공식화했다.[22] 미국의 개입이 처음으로 명문화된 것이다. 식민지 피해 당사국인 한국 내의 반발이 만만치 않았다는 것이 문제였다. 미국의 對韓 압력이 드세진 것은 물론이다.

여기서 미국의 압력은 경제 및 정치적으로 구분하여 설명할 수 있다. 1958년 경제개발위원회와 한미경제기획위원회가 출범하면서 한국에 대한 경제개혁이 본격화되었던 사실은 이미 설명한 바와 같다. 이듬해 1959년 처음으로 차관이 도입되기 시작했는데 이는 곧 원조 일변도의 미국정책이 변화하기 시작했음을 의미한다. 원조를 줄이고 한국이 자력으로 경제를 개발할 수 있는 환경을 만들기 시작한 것이다.[23] 표 (1)은

---

21) 미국의 이러한 입장은 한일 국교정상화 교섭 시 미국이 적극 개입했다는 사실과 그들이 양국에 행사한 영향력을 통해 잘 드러난다: "미국은 월남전의 확전이 진전되자 한일간의 관계개선을 절실히 소망하게 됐고, 당초에는 구미에 맞지 않던 박정권을 강력히 지지하게 됐으며 한일회담을 반대하는 야당과 학생들의 움직임을 철없는 행동으로 인식했다." 金東祚, 回想 30年 韓日會談 (서울: 중앙일보사, 1986), p. 249. 결국 박정권으로 하여금 한일국교정상화를 사활이 걸린 문제로 만든 것이다.

22) Ibid. 그런데 한일 국교정상화는 박정권만의 문제는 아니었다. 이승만 정권에서도 한일교섭이 있었는데 본문에서 설명한 바와 같이, 이박사의 대일 교섭 동기는 미국의 압력 때문이었다(Ibid., p. 210). 한일 국교정상화를 위한 제1차 한일 본회담이 한국전이 한참이던 1952년 2월 15일에 개최되었다(Ibid., p. 40). 따라서 한일 국교정상화 문제는 미국의 오랜 관심사였고, 동북아시아 방어선 구축의 핵심 사안이었음을 알 수 있다.

23) 미국의 개입은 1995년 처음으로 공개된 한국의 비밀외교문서를 통해 입증되고 있다. 미국은 목적을 달성하기 위해 한국정부를 다음과 같은 논리로 설득했다. 한일

당시의 상황을 잘 보여주고 있다.

다음으로 같은 연장선상에서 이해될 수 있는 일이지만, 표 (1)에서 보듯이 1962년과 1965년 사이에 미국의 對韓 원조가 급격히 줄어들었음을 알 수 있다. 한일회담에 임하는 한국에게는 엄청난 압력일 수밖에 없었다. 회담을 타결짓지 못하면, 일본이라는 변수 없이 미국의 원조가 축소되는 가운데 한국경제를 이끌어가야만 하는 절박한 상황을 피할 수 없었던 것이다. 결국 미국이 경제원조를 정치적 압박의 수단으로 사용했음을 알 수 있다.

이승만 대통령의 경우 "대일 교섭에 나선 직접적인 동기는 제1의 우방인 미국의 압력 때문이었다. 미국의 방위 보장을 받기 위해 맥아더의 권유에 따라 대일 교섭에 나섰던 자유당 정부는 휴전 성립 이후 미국이 한국을 포기할 수 없는 방어선으로 설정하고 한미 상호방위조약으로 안전보장을 약속함에 따라 당초부터 내키지 않았던 일에 적극성을 띨 필요가 없어졌다. 게다가 미국의 대한 원조가 매년 2-3억 달러에 이르러서 일본으로부터 자본 도입이나 경제협력의 필요성을 느끼지 않아도 되었다."[24] 이미 이러한 경험이 있는 미국이 한일회담을 성공시키기 위해 한국 측에게 경제적 압력을 행사한 것은 어쩌면 당연한 일이었는지도 모른다.

외교적 압력 또한 가시적이었는데, 우선 새로 들어선 군사정권의 명운을 한일국교정상화와 동일시하는 전략이 구사됐다. "미국은 자국의 세계전략의 일환으로 한일관계의 정상화가 급선무였고, 그 점에서는 그들이 정치적으로 꺼렸던 군정이나 그를 이은 공화당 정부와 이해를 같이 했다."[25] 즉 미국의 박정희 정권에 대한 승인과 한일국교정상화 문제는 상

간의 외교정상화는 그 동안 미국이 한국에게 공여했던 경제원조와 비슷한 외부로부터의 인입 효과가 있다는 것이었다. 한국일보, "1960년과 1964년 사이의 비밀외교 문서 내용," 1995. 1. 16., p. 14.

24) 金東祚, 回想 30年 韓日會談, pp. 210-211.

25) *Ibid.*, p. 250.

호 연계되어 있었던 것이다. 전략적으로도 한일 중 하나를 택한다면 일
본을 택할 것이라는 언급을 통해 한국정부에 대한 외교적 압력은 지속되
었다.[26] 당시 삼국연대에 미국이 얼마나 열성적이었는지를 알 수 있는
대목이다.

아무튼 1965년 6월 드디어 한일조약이 체결되었다. 한미일 삼국관계
에서 그 동안 부재했던 한국과 일본의 연결 끈이 만들어진 것이다. 미국
은 군사적으로 북한, 소련 그리고 중국의 북쪽 삼국동맹과 외형상 비견
되는 남쪽의 삼국연대를 구축하는 데 성공한 셈이고, 과거와는 비교할
수 없는 새로운 차원의 경제개발이 가능해짐으로써 미국이 한국전 참전
이후 지속적으로 추진했던 안보와 경제의 연계전략이 효험을 발휘할 수
있게 되었다. 이로서 동북아시아의 안보구도는 안정권으로 접어들게 된
다.[27]

결국 전략적 관점에서 냉전시대의 특징인 안보 우선의 사고와 정책이
한국의 경제개혁에도 상당히 영향을 미쳤음을 알 수 있다. 일찍이 1951
년 결성되어 유럽통합의 기초가 되었던 유럽철강석탄공동체(ECSC)가 자
본주의 서유럽의 결속과 집단방위, 그리고 프랑스와 독일의 정치적 화해
및 결집에 필요한 조치로 판단되어 추진되었고, 미국이 그것을 지원했던
국제정치적 논리가 동북아시아 삼각연대의 구축에도 유사하게 적용된 셈
이다.[28] 아무튼 1965년에 완성된 한미일 안보 및 경제 삼각구도는 현재
에도 변함없이 유지되고 있고, 한국의 대외 군사 및 경제관계를 규정짓

---

26) 유명한 조지 캐넌 대사는 기고를 통해 "한일관계가 계속 악화된다면 미국은 부득
   불 미국에 더욱 중요한 일본 우선 정책을 밀고 나가 미국의 대한 정책을 재고하게
   될 것이라는 위협적인 주장을 펼 정도였다(*Ibid.*)."

27) 결국 "Moscow-Beijing-Pyongyang"의 북쪽 삼각 축과 "Washington-Tokyo-Seoul"의
   남쪽 삼각 축은 한반도의 분단과 한국전쟁의 부산물이라고 할 수 있다. Byung-Joon
   Ahn, "The Moscow-Beijing-Pyongyang Relationship," Robert A. Scalapino and
   Hongkoo Lee, eds., *Korea-U.S. Relations: The Politics of Trade and Security* (Berkeley:
   University of California Press, 1988), p. 9.

28) 本書, 제3장, V., 3., 1) "유럽통합의 전략적 동인"을 참조할 것.

는 핵심 요소로 자리 잡고 있다.

2) 대외지향형 경제구조와 안보구도의 강화

안보구도가 확고히 정착한 덕에 한국은 본격적으로 경제개발에 몰두할 수 있었고, 미국과 일본이라는 자본주의 강대국과의 연계를 통한 개방경제의 시험을 거쳐 고도성장의 기적을 이루게 된다. 미국이 한국 경제개발의 모델로 오랫동안 추구했던 수출주도형 경제정책이 이제는 본격적으로 시행될 수 있었다. 수출주도형 경제개발정책은 앞서 언급한 수입대체정책과는 정반대 개념이다. 우선 수출업체에 정부지원이 집중된다는 점에서 그렇다. 당연한 결과로 국내의 대부분 기업이 수출사업에 총력을 기울일 수밖에 없는 환경이 조성되는 것이다. 수출주도형 경제성장정책이 수입대체 산업정책과는 달리 대외지향적 정책으로 이해되고 있는 이유가 여기에 있다.

중요한 것은 수출을 위한 수입이 사실상 국가의 통제를 벗어나게 된다는 사실이다. 장기적으로 경제자유화의 결정적 동인이 자연스럽게 제공되는 셈인데, 그것은 곧 시장원리의 착근을 의미한다. 어디에서건 일단 자유화의 물꼬가 터진 경제는 이전효과(spillover effect)에 의해 지속적으로 개방의 물결을 타며 고도화될 수밖에 없다. 대외적으로는 국제경제의 변화에 민감하게 영향을 받는 경제구조가 형성되는 것을 의미한다. 과거 40년간의 경제발전사가 분명히 보여주듯이 한국경제는 국내외적으로 국제정치 및 경제질서를 보다 직접적으로 반영하며 변화하고 발전할 수밖에 없는 환경에 지속적으로 노출되어 왔다.

표 (2) 순환적 모델의 도입과 대외경제관계

(단위 : 미화백만불)

연 도	미국의 경제원조	차 관	총 수 출	총 수 입
1964	149.3	98.6	116.4	404.4
1965	131.4	154.5	175.0	463.0
1966	103.3	172.4	250.0	716.0
1967	97.0	217.5	320.0	996.0
1968	105.9	364.2	455.0	1,463.0
1969	107.3	509.0	622.0	1,824.0
1970	82.6	429.6	835.0	1,984.0
1971	51.2	644.1	1,070.0	2,390.0
1972	5.1	736.1	1,620.0	2,520.0

출처: 표 (1)과 동일.

　수출증대를 위해서는 환율개혁이 우선되어야 했다. 과거에 줄곧 유지되었던 고환율 정책으로는 수출이 불가능했기 때문이다.[29] 1964년 5월 미화 1달러 대 130원하던 한화의 환율이 무려 250원으로 인상됨으로써 거의 두 배에 가까운 평가절하가 전격적으로 단행됐다. 제도 자체도 변화하여 단일관리변동환율제(unitary fluctuating exchange rate system)가 기존의 고정환율제를 대신하여 1965년 3월 처음으로 채택되었다.[30] 새로운 환율제의 도입과 함께 미국의 원조전문위원과 한국 측 경제관련 부처의 고위 공무원으로 구성된 공동수출개발위원회(Joint Export Development Committee)가 출범함으로써 수출주도형 정책은 제도화되었다.

　이미 언급한 바와 같이 1964년부터 미국으로부터의 원조가 감소세로 돌아선 이후 한일 국교정상화를 계기로 미국의 원조는 우리 경제를 위한 핵심 변수로서의 역할을 다하게 된다.[31] 표 (2)는 원조가 차관으로 대체되었음을 보여준다. 차관은 결국 빚임으로 수출증대를 통해 갚을 수밖에

---

29) 자유당 시절의 환율정책과 이에 얽힌 정치 및 경제적 배경에 대해서는 本 書, 제3
　　장, VI., 2., 1) "환율의 정치경제: 한국의 예"를 참조할 것.

30) 이강남, 국제금융론 (서울: 법문사, 1989), pp. 336-37.

31) 미국의 경제원조 프로그램에 한국이 어느 정도의 위상을 지니고 있었는지에 대해
　　서는 本 書, 제3장, 각주 282) 참조.

없다. 새로운 정책과 대외적 자금의 흐름이 어떻게 상호 연계되어 있는
지를 알 수 있는 대목이다. 환율개혁이 이루어진 1964년을 기점으로
1972년까지 8년 동안 수출은 무려 14배 증가하였다. 수입 또한 급증하
였는데 수출을 위해 원자재와 자본재가 대량 도입된 결과였다. 여기서
수입초과 현상 즉 무역수지 적자는 결국 차관으로 보전되었음을 알 수
있다.

이는 한국경제가 국제경제 및 자본시장의 일부분으로 편입되어가는
과정을 밟기 시작했음을 의미한다. 새로운 현상을 더욱 확실히 보여주는
또 다른 증거는, 1960년대에는 국민총생산에 대한 수출입의 기여도가 25
퍼센트에 불과했으나 1970년대 들어와서는 수출입 의존율이 51퍼센트로
급증하였다는 통계에서 찾을 수 있다. 50퍼센트를 상회하는 무역의존도
는 현재에도 그대로 유지되고 있다.[32]

미국의 역할이 과거와는 달라졌는데, 우선 과거 원조 제공국에서 차관
공여국으로 변신하였고, 더욱 중요한 것은 우리 수출의 지속적인 성장을
위해 반드시 필요한 시장을 제공하였다는 사실이다. 이미 1964년 우리의
총수출에서 對美 수출이 차지하는 비중이 30퍼센트를 돌파하였고, 그 후
비율은 지속적으로 증가하여 1968년과 1969년에는 각각 52퍼센트와 51
퍼센트를 기록함으로써 제일 수출시장으로서의 위상을 줄곧 유지하게 된
다.[33] 제2위의 수출시장은 당연히 일본이었는데, 1965년 對日 수출이 우

32) 1950년대 수출입의 총 GNP에 대한 비중은 12퍼센트에 불과했다. 따라서 1960년
대 초반 수출주도형 경제정책이 성공적으로 착근하며 수출입이 한국경제를 떠받치
는 버팀목이 되었음을 알 수 있다. 참고로 1980년대에 그 비율은 더욱 증가하여 무
려 68.6퍼센트에 이르게 된다. 김수근, "한국경제의 발전과 미국의 역할," p. 190,
표 2. 이 추세는 현재까지 큰 변화가 없는데 가장 최근인 2003년 한국경제의 무역
의존도는 여전히 62퍼센트를 기록하고 있다. 한국무역협회, *207개 경제·무역·사회
지표로 본 대한민국*, 무역연구소, 2004.
33) 한국 수출의 비약적인 성장과 시장 다변화로 수치상의 변화가 있기는 하나 1970년
대와 1980년대에도 35퍼센트 내외의 점유율을 기록하며 미국은 제일 수출시장으로
줄곧 군림하게 된다. 梁俊哲·金鴻律, "1990년대 이후 韓·美간 무역구조의 변화," *對
外經濟政策研究院 政策研究* 02-17, p. 23, 표 2-1.

리 총수출에서 차지하는 비율은 26퍼센트였다. 그 후 1970년대까지 연평균 약 25퍼센트 내외의 높은 점유율을 보이게 된다.[34] 우리 수출의 양국 수입시장에 대한 의존율은 1980년대까지 약 60퍼센트 내외를 기록하고 있다.

1958년부터 1964년까지 미국의 우리 수입시장 점유율은 연평균 약 50퍼센트 내외였다. 미국이 사실상 한국의 수입을 주도한 셈이다. 그러나 1965년 한일 국교정상화 이후 미국과 일본의 위상은 역전된다. 1965년에 이미 對日 수입은 우리 총수입의 36퍼센트 점하게 된다. 일본이 최대의 수입선으로 급부상한 것이다. 그 후 1970년대까지 일본의 우리 수입시장 점유율은 40퍼센트 내외를 기록하는데 그 추세는 현재까지도 이어지고 있다. 같은 기간 미국의 비율이 연평균 약 25퍼센트 내외였으므로 우리 수입시장의 약 60퍼센트를 미국과 일본이 점유하며 두 국가는 사실상 한국의 수입을 주도했다.[35] 결국 수출과 수입 두 분야 모두에서 미국과 일본의 점유율은 60퍼센트대를 기록하고 있다. 양국이 한국의 대외무역관계를 사실상 주도했음을 알 수 있다.

상기의 양적 분석 이외에 질적인 결합을 보여주는 다양한 변수가 있다. 원활한 수출입을 가능하게 하는 것은 자본의 도입과 투자, 그리고 장기적으로는 기술의 축적이다. 우선 외국자본의 경우, 1959년부터 1971년까지 차관과 직접투자를 합하여 총 27억 5천만 달러가 도입되었는데, 공공차관 8억 7천만 달러, 상업차관 17억 달러 그리고 직접투자 1억 7천만 달러로 각각 구성되어 있다. 외자 도입원을 살펴보면 공공차관의 경우 미국계가 62퍼센트, 상업차관은 34퍼센트 그리고 직접투자는 65퍼센트를 차지하고 있다. 같은 기간 일본계 자본의 비율은 공공차관 22퍼센

---

34) Kisoo, Kim, "Political Influence and Trade Pressures: The Political Economy of Bilateral Trade Frictions," *Unpublished Ph.D. Thesis*, 1991, pp. 135, 161, Tables 3-3 과 3-10.

35) *Ibid.* 그리고 梁俊皙·金鴻律, "1990년대 이후 韓·美간 무역구조의 변화."

트, 상업차관 25퍼센트 그리고 직접투자 22퍼센트를 기록하는데, 따라서 일본이 미국 다음의 주요 외자원이었음을 알 수 있다.[36) 결국 미국과 일본으로부터의 자본도입이 총 외자에서 차지하는 비율은 무려 68퍼센트를 기록하고 있다. 초기 한국의 경제개발이 사실상 미국과 일본의 자본에 의해 이루어졌음을 알 수 있다.[37) 당시 정부의 외자도입은 곧 외국자본 유입의 전부를 의미했음으로 정부 수준에서 미국과 일본으로부터 대규모 차관이 도입되었다는 것은 양국의 전략적인 이해가 자본 공여에 내재되어 있음을 암시하고 있다.

다음으로 기술도입의 경우도 같은 양상을 보이고 있는데 1962년부터 1976년까지 외국 기술도입은 총 752건으로 그 대가로 1억 1,360만 달러가 지불되었다. 같은 기간 미국으로부터의 기술도입은 총 164건에 지불가격 2,970만 달러를 기록, 건수로는 22퍼센트, 가격으로는 26퍼센트의 비율을 보이고 있다. 일본으로부터는 총 494건이 도입되어 지불가격 6,370만 달러를 기록함으로써 그 비중이 건수로는 66퍼센트, 지불가격으로는 56퍼센트를 점하고 있다.[38) 양국을 합하는 경우 그 비중은 건수로는 88퍼센트, 가격으로는 82퍼센트에 이르게 된다. 결국 초기 한국의 기술도입은 사실상 대부분 두 국가로부터 이루어진 셈이다. 기술도입에 관한 한 미국보다는 일본이 주 공급원이었다는 사실이 특이하다.[39) 이는 한국의 일본에 대한 기술 종속을 의미한다. 우리의 수출에 반드시 필요

---

36) 김수근, "한국의 경제발전과 미국의 역할," p. 207, 표 9.

37) 같은 책에서 계산하였음.

38) 韓國産業技術振興協會, "우리나라의 國別 技術導入件數 및 代價支給現況" 韓國産業技術振興協會 2000 년 통계요람 No.184.

39) 1962년부터 1966년까지 일본으로부터의 기술도입 건수는 11건으로 전체 건수의 33퍼센트에 불과했으나 경협이 본격화된 1967년 이후 1976년까지 일본으로부터의 기술도입 건수는 총483건으로 전체 도입 건수 719건의 무려 67퍼센트를 점함으로써 양국 간 기술교류가 급증했음을 알 수 있다. 金壽鉉, "韓國의 對日本 技術導入 效率化에 關한 연구," 貿易學會誌 제19권 2호, p. 8, 표 3-1. 참고로 외국자본과 기술의 원활한 도입을 위해 外資導入促進法이 1962년에 제정되었다.

한 중간재(intermediate goods)의 수입이 주로 일본으로부터 이루어졌고, 기술의 도입 또한 편중되었다는 사실에 비추어 일본경제가 한국에 어느 정도 영향을 미쳤는지를 짐작할 수 있다.[40] 그러한 특이한 경제관계로 인해 한국의 수출이 증가하는 경우 일본으로부터의 수입이 덩달아 늘어 나는 수출-수입 연계구조가 형성되었고 그 기본 구도는 현재까지 이어지 고 있다.[41]

구조적 문제는 다음과 같이 설명될 수 있다. 한국은 이미 표준화 및 성숙화된 선진국의 기존 산업과 기술을 이용할 수 있는 후발성 발전 이 익을 누릴 수 있었다. 따라서 부품 및 자본재 산업의 육성을 생략한 채 최종 제품의 생산에만 진력하였고, 그 결과 상기의 구조적인 문제를 안 게 된 것이다.[42] 문제의 해결을 위해서는 "독자적인 고부가가치형 부품

40) 한일 무역관계가 어느 정도 자리 잡은 1975년을 기준으로 우리의 대일 수입품 중, 기계기기, 정밀기계, 수송기계, 화학 및 금속제품 등 우리의 기술로는 생산하기 어려 운 중화학 제품의 중간재가 전체 대일 수입의 무려 75퍼센트를 기록하고 있다. 같은 추세가 현재까지도 이어지고 있는데, 1990년을 기준으로 전체 대일 수입 중 같은 중화학 제품의 비중은 오히려 증가하여 82.5퍼센트를 기록하고 있다. 반면 우리의 대일 수출구조는 정반대의 양상을 보이고 있다. 1975년을 기준으로 식료, 원연료, 섬유 및 잡제품 등 비중간재의 비중이 전체 수출의 73.5퍼센트를 차지하고 있고, 기 계류 및 화학제품은 12.5퍼센트에 불과하다. 이후 그와 같은 추세가 개선되어 1990 년에는 각각의 비중이 53퍼센트와 23퍼센트로 변화함으로써 수출구조의 고도화가 어느 정도는 이루어졌으나, 중간재의 수출이 일부 품목에 치중되어 있다는 구조적 한계는 극복되지 않고 있다. 姜正模, "對日 貿易逆調 是正方案에 관한 研究" 慶熙大 學校 經營大學院 貿易經營學科 碩士學位論文, 1992年 2月, pp. 7-9, 표 1-2. 1-3.
41) 참고로 대일무역수지 적자 규모는 99년 83억 달러, 2000년 114억 달러, 2001년 102억 달러, 2002년 147억 달러를 각각 기록함으로써 최근 들어 오히려 증가세를 보이고 있다. 따라서 한일 간의 기술을 둘러싼 구조적 교착이 과거 40년간 거의 변 하지 않고 있다는 사실을 알 수 있다. 朝鮮日報 "산자부, 대일 무역적자 해소 나선 다," 2003.03.28.
42) 즉, "기술, 자본재 및 중간재의 수입의존 - 비교우위를 활용한 수출산업의 신속한 확립 - 수출산업화 - 자본축적 및 (최종 수출품의) 비교우위구조 변화 - 수출주도 부 문의 고도화"로 요약될 수 있다. 姜正模, "對日 貿易逆調 是正方案에 관한 研究" p. 13. 따라서 기술 및 중간재의 수입의존이라는 대명제에는 변함이 없이 양적 팽창이 이루어졌음을 알 수 있다. 반면 일본의 산업구조는 일본이 비교적 조기에 서구의 산 업화 과정에 동참한 결과, "선진 각국의 신산업을 국내에 도입하여 국내산업으로 확 립하고 성숙화 단계에 이르는 과정을 비교적 순조롭게 거쳐왔는데, …중간재, 자본

소재산업 육성만이 사실상의 유일한 대안"일 수밖에 없음으로,[43] 기술의 존의 탈피에는 많은 시간과 노력이 필요함을 알 수 있다.

이상 한일 국교정상화 이후 수출주도형 정책이 완전히 자리잡은 1970 년대까지 한국의 대외경제관계를 살펴보았다. 미국과 일본이 한국의 대외경제관계를 사실상 주도했음은 부인할 수 없다. 이는 결국 일본의 기술과 자본을 결합하여 한국경제를 부흥시키겠다는 목적으로 한일 국교정상화를 강행한 미국의 전략이 적중했음을 의미한다. 아무튼 한일 국교정상화 및 한국경제의 개혁을 통해 1970년대에 이르러서는 안보 및 경제적으로 한미일 삼국이 하나의 연대체제를 형성하였음을 알 수 있다.

3. 한국경제의 국제화

1) 안보구도의 정착: 안정화(Stabilization)

미군의 주둔으로 한반도에서의 세력균형은 성공적으로 작동할 수 있었다. 북한과의 사소한 분쟁이 없었던 것은 아니나 전쟁을 촉발할 정도의 위기가 엄습한 경우는 거의 없었다. 더더구나 북한의 직접적인 도발에 의해 그런 상황이 전개될 수는 없었다. 안보변수가 사실상 상수화된 것이다. 따라서 안보는 한국의 국내경제 및 대외경제관계에 커다란 영향을 미칠 수 없었다. 그것은 경제발전을 위한 안보의 역할이 대단히 충실히 수행됐음을 의미한다. 그렇다면 또 다른 변수는 주한미군 혹은 한미

재 산업의 발달이 함께 이루어져 산업구조 순환을 일찍 다양하게 경험했기 때문이다. …소재, 가공, 조립의 3단계를 한 단위로 유지하는 자급자족적 산업구조를 형성하고 있는" 것이다(*Ibid.*).

43) *朝鮮日報*, "[對日적자] 사상 최고 기록할 듯," 2003.05.02. 구체적으로, "자동차 차세대 브레이크 시스템, NC 선반용 공구대, 소형 정밀모터(*Ibid.*)," 혹은 "인조섬유 장섬유사와 아크릴 섬유, 세라믹 압전기 결정 소자, 현금자동 인출기식 모듈, 하드디스크드라이브용 스핀들 모터, 가스센서, 베어링, 상용차용 자동변속기, 공구용 고속도강 등." *朝鮮日報* "산자부, 대일 무역적자 해소 나선다." 기술집약형 부품의 개발이 산업자원부에 의해 문제의 해결책으로 제시되고 있다.

동맹에 변화가 있는 경우에만 감지할 수 있는데, 이를 살펴봐도 특별한 사항은 발견할 수 없다. 큰 규모의 미군 감축을 유발한 닉슨 독트린을 분석해 보면 상황을 더욱 정확히 이해할 수 있다.

제2차 세계대전 종전 직후 시행된 봉쇄정책(containment policy)의 결함에 대해서는 이미 설명한 바 있다. 예상치 않게도 그 첫 번째 시험무대가 한국이었는데 문제가 여기서 끝나지 않았다는 것이 미국의 고민이었다. 한국전보다 더욱 고통스럽고 장기전의 성격을 띠고 있으며 전쟁의 명분 또한 한국전 보다 약한 월남전이 기다리고 있었던 것이다. 월남전에 미국이 개입한 동기에 대해서는 이미 자세히 살펴 본 바 있다. 월남전은 다음과 같은 메커니즘을 통해 한미관계에 간접적으로 영향을 미쳤다. 월남전에서의 국력 쇠진과 서방 경제강국들의 부상으로부터 기인하는 것이었지만 미국의 경제적 쇠퇴, 그리고 동아시아로부터의 퇴진전략은 그 파급효과가 전 세계적인 것이었다.

우선 국제경제상의 급격한 변화는 한미경제관계에 다음과 같은 영향을 미치게 된다. 수출주도형 경제정책의 필요 요건인 방대하고 개방된 수입시장의 제공자였던 미국이 보호주의로 흐르기 시작함으로써 한국은 유사 이래 처음으로 소위 보호주의의 파고를 경험하게 된다. 당시 미국으로부터 불어 닥친 보호주의가 현재까지 지속되고 있는 셈인데, 아이러니한 것은 국제경제의 새로운 흐름을 통해 한국경제가 더욱 개방됨으로써 이른바 국제화의 초석이 다져지게 된다는 사실이다. 이는 한국이 국제경제에 더욱 편입되는 계기가 마련됐음을 의미한다. 한미 경제관계가 질적인 변화를 겪기 시작한 것이다.

다음으로 미국의 경제적 쇠락은 외교, 군사적으로 과거의 봉쇄정책을 일부 수정하는 새로운 전략을 낳게 된다. 새로 출범한 닉슨 행정부는 외교정책의 근본적인 변화를 모색할 수밖에 없었다. 우선 끝이 보이지 않는 월남으로부터 탈출해야 했다. 국력을 소진한 초강대국 미국도 한숨을 돌릴 시간이 필요했던 것이다. 월남전의 월남화와 동서 간의 긴장완화정책(détente) 등으로 표면화된 새로운 외교 및 군사전략이 동아시아에서는 닉슨 독트린으로 구체화되었다.

한국이 닉슨 독트린의 영향권에서 사실상 벗어나 있었다는 점은 이미 설명한 바와 같다. 그러나 국제체제적인 관점에서 중요한 것은 닉슨 독트린을 기점으로 미국의 대외안보정책이 과거와 달라진 사실만은 분명하고, 따라서 안보질서상 어느 정도의 변화는 불가피했다는 점이다. 원론적인 해석으로는 닉슨 독트린이 한미군사관계에 결정적인 영향을 미치지는 않았던 것으로 평가될 수 있지만, 어느 정도의 파장은 피할 수 없었다.[44]

우선 주한 미군이 감축됐다. 닉슨 대통령의 언급에서 이미 예견되기는 했지만 주한 미군의 대규모 철수는 한국전 이후 사실상 처음 있는 일이었다. 1970년 7월 1개 사단의 감군이 한국 측에 정식으로 통보되었고, 그해 11월 미 제7사단의 기지인 캠프 카이저가 폐쇄됨으로써 1개 사단 병력이 한국을 빠져나갔다.[45] 그러나 주한 미군의 전면적인 철군이 아닌 감축이 무슨 의미가 있는지는 여전히 논란거리다. 당시 미군의 철수는 상징적인 측면이 강하다고 이해되는데, 월남전의 해결을 공약했던 닉슨 행정부로서는 그것을 실천하기 위해 닉슨 독트린을 발표했고, 구체적으

---

44) 닉슨 독트린에 대해 한국이 우려를 하게 된 이유는 닉슨 대통령의 다음과 같은 언급이 있었기 때문이다: "앞으로 세계평화에 대한 가장 중대한 위협이 아시아에서 올 가능성이 있다. 이는 주로 침략전쟁을 추구하는 중공과 북한, 월맹 등에서 오는 위협이 될 것이다. 아시아 국가들은 이 침략에 대비해 대미 의존도를 버리고 집단안보 체제를 수립하여야 할 것이다.... 아시아 국가들이 자립, 국내 안보와 국방 문제를 해결하기를 바란다... 미국의 군사적 개입과 군원계획은 점차 축소될 것이다." 1969년 7월 25일 닉슨 대통령이 괌에서 가진 기지회견 내용, 서울신문사 편, *주한미군 30년* (서울: 행림출판사, 1979), p. 357. 또한 소모전에 대한 미국의 한계도 서슴없이 표현했는데, "2차대전 후 아시아처럼 미국의 국가적 자원을 소모시킨 지역은 일찍이 없었다. 아시아에서 미국의 직접적인 출혈은 더 이상 계속되어서는 안된다(*Ibid.*)." 그리고 本 書, 제2장, 각주 74) 참조.

45) *Ibid.*, pp. 360-365. 결과적으로 1970년 54,000명 수준을 유지하던 미군은 1971년의 철군으로 일단 43,000명으로 줄어들었다. 참고로 1960년대 미군의 수는 줄곧 50,000명 이상을 유지하고 있었다. 한용섭, "주한미군의 위상과 역할," 대한민국 재향군인회 및 한국국제정치학회 주최 세미나, *21세기 한반도 안보와 한미동맹*, 재향군인회관 대강당, 2003년 10월 24일, p. 4, 표 1.

로 아시아에 대한 개입 축소의 증거로서 한반도에서 미군의 감축이 필요
했다고 여겨지기 때문이다.[46]

철군의 대가로 미국은 한국군의 현대화 계획을 지원하게 되었고 이후
자주국방이라는 새로운 용어가 우리 국민들에게 자리 잡기 시작했다. 물
론 프에블로호 사건, EC 121 미국 정찰기 피격사건 등 북한으로부터의
국지적인 도발이 있었던 것은 사실이나, 한국의 안보에 심각한 위해가
가해진 경우는 없었다. 감군에도 불구하고 안보상의 큰 문제가 도출되지
않은 현상은 바로 인계철선(tripwire) 전략을 통해 잘 설명된다. "미국의
한국에 대한 직접적인 개입(direct commitment)은 결코 큰 규모라고 할 수
없다: 2개의 비행 여단, 1개 보병사단, 잡다한 소규모의 분견대 등 총
37,000명에 불과하다."[47] 그러나 미군의 주둔은 한미상호방위조약에 명
문화되어 있지 않은 戰時 미국의 자동개입을 의미한다.[48] 4만 명 안팎의
미군이라는 숫자는 60만의 한국군에 비추어 양적으로는 왜소한 측면이
있다. 따라서 "미국의 보병을 그토록 엄청난 규모의 인력을 지닌 국가에
유지하는 이유는 순전히 정치적인 것"이라는 해석이 가능한 것이다.[49]

인계철선이 한반도에 적용되는 군사원칙이라면, 주한 미군은 미국의
전 세계적 전략에 비추어 한반도를 뛰어 넘는 의미를 지니고 있다는 해
석도 가능하다. "미국은 서울과 휴전선 사이에 미 지상군을 배치하였고
전술핵을 배치함으로써 한국의 휴전선을 공고한 전쟁 억지선으로 만들었

46) "닉슨 정부는 아시아로부터 군사적 철수에 대한 실증적 증거를 미국민들에게 보여
주려 했었기 때문이다." 강성학, "주한미군과 한반도," 강성학, 이춘근, 김태현, 외,
주한미군과 한미 안보협력 (성남: 세종연구소, 1996), p. 28. 자주국방을 위한 한국
군 전력증강 사업이 1974년부터 시행되었다. 1992년까지 3차례에 걸친 대규모 투
자가 이루어졌다. 그 총액은 약 22조 3천 억원에 이른다. 이 수치는 같은 기간 국방
예산의 30퍼센트를 약간 상회하는 수준이었다. 이민룡, *한국안보 정책론* (서울: 진영
사, 1996), pp. 51-104, 특히, p. 63.

47) Doug Bandow, *Tripwire: Korea and U.S. Foreign Policy in a Changed World*
(Washington D.C.: CATO Institute, 1996), p. 35.

48) *Ibid.*

49) 1980년대 초 한미 연합야전군 참모장 John Bahnsen의 분석(*Ibid.*, p. 36).

다. 냉전 기간동안 한반도를 가로지르는 155마일의 휴전선은 동시에 미국과 소련 사이에 그어진 전 세계적 차원의 전략 균형선이었던 것이다."⁵⁰⁾ 즉, "미국이나 소련이 중요하게 생각한 것은 아프가니스탄이나, 월남으로부터 나오는 고유한 이익을 계산하는 것이 아니라 월남, 아프가니스탄의 정치가 변질될 경우 그것이 각각 미국이나 소련에 미칠 전략적 영향이 무엇인가에 관한 것이었다."⁵¹⁾ 그렇게 보면 주한 미군은 전략적 차원에서 더욱 정치적인 성격을 띠고 있다는 사실을 알 수 있다. 바로 이러한 이유로 안보의 상수화라는 설명이 가능하다. 1953년 미군이 주둔한 이후 현재까지 병력 수에서는 증감이 있었다 하더라도 이와 같은 정치적인 이유로 미군의 존재는 그 자체만으로도 한반도에 군사적 억지력을 제공하기에 충분했던 것이다.

2) 한국의 경제발전과 대외경제관계의 질적 변화

1970년대 세계경제질서의 변화는 한국에도 영향을 미치게 된다. 미국에 의한 브레튼우즈체제의 의도적 소멸은 다음의 메시지를 보낸 셈이다. 우선 시장 중심의 국제경제 운용이 불가피해짐으로써 각국은 이에 대비해야만 했다. 환율의 경우가 대표적인데 미국의 달러화에 대한 가치가 재평가되기 시작함으로서 고정환율제를 통한 안정은 더 이상 기대하기 힘들게 되었다. 시장원리에 기초한 변동환율제가 대세일 수밖에 없었는데 경제적 유연성이 떨어지는 개발도상국은 더욱 불리할 수밖에 없었다. 다음으로 미국의 경제적 이해가 정치적 고려를 상당히 벗어나게 됨으로써 미국과 밀접한 경제관계를 맺고 있는 국가들은 미국의 경제적 행보를 더욱 예의 주시할 수밖에 없는 상황이 전개된 것이다.

50) 이춘근, "미국의 신 동아시아 전략과 주한미군," 강성학 외, *주한미군과 한미 안보협력*, p. 58.
51) *Ibid.*, pp. 57-58. 구체적으로, "냉전기간 동안 미국과 소련의 이익관계는 전 세계적 차원에 걸쳐 연계되어 있었다. 미국과 소련의 전략은 똑같은 것으로 양국은 모두 전 세계 차원에서의 전략균형(Global Strategic Balance)을 위해 노력했던 것이다(*Ibid.*)."

한국은 구체적으로 다음의 변화를 겪게 된다. 우선 1970년대 들어서 미국이 보호주의정책을 취하자 한국의 수출에 대해 규제가 가해지기 시작했다. 자국시장 방어 중심의 70년대 보호주의는 80년대 들어서면서 타국 시장의 개방을 통한 미국 수출의 증대라는 보다 공격적인 성격을 띠게 되는데, 한국이 주 대상이었음은 물론이다. 아무튼 중요한 것은 이러한 새로운 흐름을 통해 한국경제가 더욱 개방적으로 변모하며 국제화되었다는 사실이다.

1983년 11월 미국정부가 274개 상품의 수입시장 개방과 130개 품목에 대한 관세인하를 요구하며 국내시장은 본격적으로 개방되기 시작했다. 미국 측은 1987년까지 379개 품목에 대한 시장개방과 433개 품목에 대한 관세 인하를 추가적으로 요구함으로써 시장개방이 한 순간의 파고가 아님을 예고했다.[52] 1980년대 중반 플라자와 루브르 협정에 기초하여 자유변동환율제가 전 세계적으로 뿌리를 내리기 시작할 즈음, 1987년 2월과 9월, 그리고 1988년 1월에는 원화절상 압력도 가해졌다.[53]

일단 양적 측면에서의 조정이 이루어지자 1990년대 들어와서는 한국경제를 질적으로 변화시키는 압력이 가해졌다. 서비스시장의 개방, 지적소유권의 강화, 환율 및 금융제도의 자유화 등을 요구한 것이다. 특히 금융시장의 개방이 중요했는데 한국경제의 근간에 대한 변화를 의미했기 때문이다. 관치의 상징인 정책금융이 도마 위에 오를 수밖에 없었다.[54] 한국이 OECD에 가입하면서 시장개방 압력에 대한 임시적 대응 차원을 넘는 획기적인 변화가 찾아 왔다. 금융기관이 시장가격이라는 조건에서

---

52) 이러한 시장개방 압력은 상당한 효과가 있어 1980년대 말에 이르러 상품시장의 대부분이 개방되었고 1994년을 기준으로 공산품에 대한 평균 수입관세율이 6.25퍼센트로 낮아졌다. 재무부, 『관세율백서』, 1995.

53) 그 결과 1989년 원화의 환율은 기존의 달러당 890원에서 680원으로 가시적인 평가절상을 기록하게 된다. 한국은행, 『국제수지월보』, 1990년 6월.

54) 金重雄・辛鎬柱, 『金融國際化의 當面課題와 政策方向』 (서울: 한국개발연구원, 1984), pp. 16-17.

영업활동을 할 수 있는 능력 혹은 상황에 영향을 미치는 규제를 개선하고, 금융기관의 업무영역과 시장접근에 영향을 주는 규제를 개선 혹은 철폐할 것을 OECD가 요구한 것이다. "금리 및 여신규제, 투자 등 자산운용에 관한 규제, 외환 혹은 자본거래규제 등"이 전자에 속하고, "금융기관의 업무영역규제, 금융기관 소유에 관한 규제 및 외국 금융기관의 진입규제" 등이 후자에 속한다.[55] 따라서 금융산업 전 분야에 걸친 대대적인 구조조정이 불가피해짐으로써 과거와는 다른 질적 변화를 맞게 된다.[56]

금융산업 개방과 자유화의 구체적인 내용 중 가장 중요한 것은 자본자유화, 금융산업의 전면 개방, 그리고 외환분야의 자유화였다.[57] 특히 1999년 7월 4단계 금리자유화 조치는 금융자유화의 가장 가시적인 성과로 볼 수 있다.[58] 환율제도의 자유화를 의미하는 변동환율제가 정착하였고, 그 결과 외환시장에서의 교란만으로도 경제 전체가 심각한 타격을

---

55) 姜文秀, 崔範樹, 羅東敏, 金融의 效率性提高와 金融規制 緩和 (서울: 한국개발연구원, 1996), p. 12.

56) 한국은 1995년 3월 OECD 사무국에 가입 신청서를 제출하였고 금융분야의 경우 1995년 12월 OECD 보험위원회의 가입심사 및 1996년 2월 금융시장위원회의 가입심사를 각각 통과하였다. 1996년 7월 자본이동 및 경상무역외거래 위원회와 국제투자 및 다국적기업 위원회의 두 차례 합동 심사를 끝으로 가입절차가 종결되었고 1996년 10월 11일 OECD 정기이사회에서 가입이 최종 결정되었다. 姜文秀, 崔範樹, 羅東敏, OECD 加入과 金融部門의 政策對應方向 (서울: 한국개발연구원, 1997), p. 3.

57) 자본자유화란 외국인의 주식, 채권 혹은 수익증권 투자의 자유화, 국내 사업자의 해외증권발행 자유화, 국내 개인기업의 상업차관 자유화, 특정 범위 내에서의 현금차관 자유화, 외국인의 기업인수 및 합병의 자유화, 한국기업의 해외직접투자 자유화 등을 의미한다. 금융산업의 개방은 "제2금융권에 대한 외국인 지분제한을 폐지하여 우호적 인수 및 합병이 가능하도록 하고 외국금융기관의 신규진입을 허용하는 등 금융산업에 대한 외국인 직접투자의 자유화"를 지칭한다(Ibid., pp. 4-9).

58) 보통, 당좌, 별단예금을 제외한 모든 예금의 금리가 자유화됨으로써 본격적인 금리자유화 시대가 열리기 시작했다. 미국의 경우 한국금융산업의 자유화에 있어서 금리자유화를 가장 중요한 요소로 인식하고 있었다. 통상압력이 거세던 1980년대 말에 이미 미국은 한국정부에 대해 금리자유화 조치를 요구하며 그 일정을 공개하도록 압력을 가하기 시작했다. 南相祐·金東源, 金利自由化의 課題와 政策方向 (서울: 한국개발연구원, 1991), pp. 12, 34-35. 이에 따라 1991년 11월 제1단계 금리자유화 조치가 전격적으로 단행되었다.

받을 수 있다는 사실이 1997년 외환위기를 통해 실증된 바 있다. 이른바 진정한 의미의 상호의존(interdependence)이 현실화된 셈이다. 또한 산업구 조도 급격히 재편되었는데, 국내적으로 3차 산업이 급성장하는 새로운 계기가 제공되었다.

당연한 결과로 서비스 교역 또한 급속히 증대되었다. 이것이 중요한 이유는 한미경제관계의 질적 변화를 보여주고 있기 때문이다. 1980년 서 비스 교역 규모는 상품교역 대비 15퍼센트를 기록하는데 그쳤다. 그러나 2001년에는 그 비율이 22퍼센트로 증가하였다.[59] 또한 2001년 서비스 교역수지는 35억 달러 적자를 기록함으로써 경제의 고도화가 진행 중인 것은 사실이지만 아직은 선진국 수준에 미치지 못한다는 사실을 보여주 고 있다.[60] 2000년을 기준으로 우리의 미국에 대한 서비스 수출은 90억 달러로 전체 서비스 수출의 29퍼센트를 점하고 있는 반면, 미국으로부터 는 120억 달러를 수입, 그 비중이 우리 전체 서비스 수입의 36퍼센트에 달함으로써 미국은 제1의 서비스 교역국으로 자리매김하고 있다. 같은 해 미국은 한국에 대해 무려 31억 3천만 달러의 서비스 무역흑자를 기록 했다. 특히 로얄티의 대미 적자폭은 1986년 7,200만 달러에 불과하던 것 이 2001년에는 12억 5,700만 달러로 급격히 증가했다.[61] 미국에 대한 기술의존도를 보여주는 대목이다.

---

59) 1980년 우리의 상품교역은 수출 170억 달러, 수입 220억 달러로 총 390억 달러였 으나 서비스 교역은 수출 26억 달러, 수입 33억 달러로 총 59억 달러에 불과했다. 하지만 2001년 상품교역 총액은 2,890억 달러, 서비스 교역 총액은 630억 달러를 각각 기록함으로써 1980년과 비교하여 서비스 교역량이 무려 11배 이상 급신장했 음을 알 수 있다. 한국은행, 경제통계연보(Economic Statistics Yearbook), 2002에서 계산 하였음.

60) 경제의 고도화가 가시화된 1990년대 줄곧 서비스 교역수지는 적자를 보이고 있다. 외환위기가 도래한 1998년 경기 침체로 서비스 수입이 격감함으로써 한 해 동안 10 억 달러의 흑자를 기록한 것이 전부이다(Ibid.). 참고로 2000년 국내총생산 중 서비 스 업종의 비중은 52.6퍼센트로 확대되었다. 서비스산업이 제조업을 앞서는 주력 업 종으로 부상한 것이다. 한국은행, 한국 주요 경제지표(Major Statistics of Korean Economy), 2002.

61) 강선구, "우려되는 서비스수지 적자 구조," LG 주간경제 (2002.12.11), p. 6.

참고로 일본에 대한 서비스 수출은 72억 달러를 기록, 전체 서비스 수출의 23퍼센트를 점하고 있는 반면, 일본으로부터는 65억 달러가 수입되어 전체 수입의 19.5퍼센트를 기록하고 있다. 따라서 미국과 일본의 한국 서비스 교역에 대한 점유율은 수출의 경우 52퍼센트 그리고 수입의 경우는 56퍼센트를 기록하고 있어, 두 국가가 우리의 서비스 교역을 사실상 주도하고 있음을 알 수 있다. 흥미로운 것은 1970년대와 80년대 우리 상품교역을 미국과 일본이 주도한 경우와 비슷한 현상이 재현되고 있다는 사실이다. 상품교역에서 중국이 차지하는 비중이 급속히 증가한데 반해, 신산업인 서비스 업종에서는 미국과 일본의 비중이 절대적임을 알 수 있다. 한국 대외경제관계의 질적 변화를 보여주는 중요한 지표인 셈이다.

외국으로부터의 투자는 1980년대 우리경제가 고도화되면서 과거의 차관을 대신하는 양상을 보이고 있다. 1990년대 들어 한국경제의 대외신인도가 높아지자, 무역 이외의 외국자본 유입 경로는 직접투자, 간접투자 그리고 상업차관이 주류를 이루게 된다. 특히 차관의 형태가 정부에서 민간 주도로 전환된 것은 한국경제의 고도화를 보여주고 있다.

1984년까지만 해도 외국인 직접투자는 연평균 1억 달러를 넘는 해가 거의 없을 정도로 미약했다. 그 후 1995년까지만 해도 신고 수리를 기준으로 연평균 20억 달러를 넘는 경우가 없었다. 그러나 한국경제의 개방화와 국제화를 상징적으로 보여주는 OECD 가입과 시기적으로 일치하며 외국인 직접투자는 가시적으로 증가하기 시작한다. 1996년 32억 달러, 97년 70억 달러, 98년 89억 달러, 99년 155억 달러, 2000년 152억 달러 그리고 2001년에는 113억 달러를 기록하며 직접투자가 급증했다.[62] 특히 환란 이후 국내경제의 과감한 구조조정과 투자유치를 위한 정부의 노력이 외국인 투자증가의 또 다른 주요 요인으로 분석되고 있다.[63]

---

62) 1990년대 이전의 통계는 한국은행, 경제통계연보, 2002, 그 이후는 산업자원부, 외국인투자통계 2003.04.19를 각각 참조하였다.

   1962년부터 1990년까지 일본으로부터의 직접투자가 약 380억 달러에 이르러, 한국에 대한 전체 외국인 직접투자의 48퍼센트를 차지하고 있는 반면, 같은 기간 미국은 28퍼센트로 2위를 점하고 있다. 따라서 1990년까지 총 외국인 직접투자의 76퍼센트가 일본과 미국으로부터 유입된 셈이다. 1990년대에는 일본의 경기침체를 반영, 미국과 일본의 순위가 바뀌었다. 1994년 한해를 제외하고는 미국이 줄곧 1위를 고수하고 있다. 1997년 32억 달러를 기록함으로써 같은 해 총 외국인 직접투자의 46퍼센트를 점한 미국의 투자는 이후 비슷한 규모를 유지하다가 2001년에는 38억 9천만 달러를 기록, 전체 직접투자의 35퍼센트를 점하며 액수로는 최고 수준에 이르게 된다.[64]

   외국인 투자가 최고조에 달한 1999년부터 2001년 사이 미국과 일본으로부터의 투자가 전체 투자에서 차지하는 비중은 1999년 35퍼센트, 2000년 35퍼센트 그리고 2001년에는 42퍼센트를 기록하고 있다. 양국이 외국자본의 직접 유입에 있어 여전히 가장 중요한 역할을 하고 있다는 사실을 알 수 있다.[65] 과거와는 달리 미국과 일본의 비중이 상대적으로 줄어든 이유는 서유럽 국가들의 대규모 투자가 있었기 때문이다.[66]

---

63) 산업자원부, *산업자원백서*, 2001, pp. 63-64.

64) 외국인 직접투자가 정점에 이르렀던 1999년부터 2001년 사이를 살펴보면 미국으로부터의 투자가 99년 37억 달러(24퍼센트), 2000년 29억 달러(19퍼센트), 2001년 39억 달러(35퍼센트)를 기록하고 있는 반면 일본으로부터의 투자는 99년 18억 달러(11퍼센트), 2000년 25억 달러(16퍼센트), 2001년 7억 7,200만 달러(7퍼센트)를 기록, 국내 외국인 직접투자의 1, 2위를 각각 점하고 있다. 산업자원부, *외국인투자통계*.

65) 각주 62) 본문의 계산을 참고할 것.

66) 서유럽을 하나로 묶어 EU를 기준으로 하는 경우 EU의 對韓 직접투자는 1997년 23억 달러를 기록함으로써 미국에 근접하기 시작했고, 1998년 29억 달러 그리고 1999년에는 무려 63억 달러를 기록, 미국을 처음으로 앞선 이후 2000년 44억 달러, 2001년 31억 달러를 기록하며 미국과 선두자리를 놓고 각축을 벌이고 있다. EU 국가 중에서는 네덜란드가 선두를 달리고 있는데 1998년 13억 달러, 1999년 33억 달러, 2000년에는 18억 달러 그리고 2001년에는 12억 달러를 기록, 일본을 능가하는 추세를 보이며 2위를 다투고 있으며, 독일이 그 뒤를 잇고 있다(*Ibid.*).

투자의 대상이 서비스 업종에 집중되었다는 점은 한국경제 및 무역구조의 변화를 보여주고 있다. 1994년 처음으로 서비스업에 대한 투자가 제조업에 대한 그것을 앞선 이래 그 추세는 계속되고 있다. 2000년 서비스업에 대한 투자는 86억 달러, 제조업에 대한 투자는 66억 달러를 각각 기록하고 있다. 2001년에는 서비스업 82억 달러, 제조업 31억 달러를 기록하며 그 차이가 더욱 벌어지고 있다. 따라서 이는 역으로 우리산업의 고도화에 외국인 투자가 일정 역할을 하고 있으며, 그것을 주도하는 국가가 미국이라는 해석을 가능하게 한다.

1990년대의 자본시장 자유화는 또 다른 유형의 외국인 투자가 대량 유입될 수 있는 환경을 제공했다. 외국인의 증권투자(Portfolio Investment)가 그것인데 우리 경제의 국제화에 가장 결정적인 역할을 한 것으로 간주되고 있다. 외국인 증권투자의 전기가 마련된 것은 한국의 OECD 가입과 환란 이후 IMF의 권유에 의한 금융시장의 전면 개방이었다. 금융시장의 개방은 크게 세 가지의 요소로 구성되어 있는데, 주식시장, 채권시장 그리고 외환시장의 완전 개방 및 자유화가 내용의 핵심이다. 1998년을 기점으로 그 이전 이미 개방되기 시작했던 위의 3개 시장이 극히 일부를 제외하고는 전면 자유화되었다. 특히 1999년 기업의 외환거래 자유화를 주 내용으로 하는 1단계 자유화, 그리고 2001년 개인의 그것을 내용으로 하는 2단계 외환시장 자유화를 거치며 자유로운 증권투자를 위한 모든 제도가 갖추어진 것이다.[67]

한국경제의 회복세가 분명해지기 시작한 2000년부터 외국인의 주식투자가 급증하기 시작했다. 외국인의 국내주식 보유 규모 및 시가 총액에서의 비율은 1997년 말 10조 4천억원으로 14.6퍼센트이었던 것이 2000년 말에는 57조원으로 30.1퍼센트를 기록하며 처음으로 30퍼센트대를 넘어섰고 추세는 그대로 이어져 2003년 6월에는 35.1퍼센트로 더욱 상

---

67) 劉容周(삼성경제연구소 수석연구위원), "한국경제의 주인이 외국인으로 바뀌고 있다," 월간조선 2000년 11월.

승한 것으로 조사되었다.[68] 투자를 국적별로 나누어 보면, 투자 등록수
를 기준으로 미국이 39.2퍼센트, 영국 9.0퍼센트, 일본 8.0퍼센트를 기
록, 세 국가가 주식투자를 사실상 주도하고 있음을 알 수 있다. 특히 영
미계가 전체의 50퍼센트를 차지하고 있다.[69] 더욱이 시가 총액 상위 30
위의 국내기업에 대한 외국인 지분이 50퍼센트를 넘고 있다는 사실은 국
내 주식시장에서 외국인의 투자 비중을 잘 보여주고 있다.

비슷한 현상은 외환시장에서도 발견된다. "2000년 2/4분기 현재 선물
환 거래에서 외국인이 차지하는 비중은 61.6퍼센트로" 절대적인 영향력
을 보여주고 있다.[70] 중요한 것은 외환시장과 주식시장이 상호 연계되어
있다는 사실이다. "(외국인들이 2000년) 8월 31일부터 11일 동안 1조
3616억원의 주식을 순매도하여 주가를 20.6퍼센트나 하락시키면서 연중
최저치를 기록하게 만들었다. 이들이 주식 매도자금 중 상당분을 달러로
환전하면서 원/달러 환율이 26.2원(2.4퍼센트 원화 평가절하)이나 상승"한
바 있다.[71] 결국 주식시장에서의 외국인 영향력이 곧바로 외환시장으로
이어지고 있다는 사실을 알 수 있다. 간접투자의 또 다른 주요 유형인 채
권시장의 경우 이미 전면 개방되었으나 외국인 투자의 비중은 미미한 수
준에 머무르고 있다. "국내채권시장이 다양하지 못한 채권만기 구조 등
으로 아직 미발달되고 최근의 저금리 등에 원인"이 있기 때문이다.[72] 그

---

68) 다음에서 계산하였음: 중앙일보 "외국인의 힘 어디서," 2003년 6월 13일; 김진호,
  "외국인 주식투자 현황," *http://home.ewha.ac.kr/~jhkim/project/01invest/1/4-2.htm*; 劉容
  周, "한국경제의 주인이 외국인으로 바뀌고 있다."

69) KOFNET Data Consulting Information, "2001년 1월 외국인 간접투자 동향,"
  http://kofnet.com/DCI/kchart_13.htm. 그러나 매수와 매도를 기준으로 국별 가중치를 넣
  어 계산하는 경우 영미계의 비중은 더욱 높아진다. 2001년 4월을 기준으로 미국계
  의 거래 비중이 40.5퍼센트, 영국계 11.1퍼센트로 영미계의 비중이 50퍼센트를 넘
  고 있다. 김진호, "외국인 주식투자 현황."

70) 劉容周, "한국경제의 주인이 외국인으로 바뀌고 있다," p. 125. 현물환 거래에서도
  외국인 비중은 48.2퍼센트로 높은 편이다. 비중 확대는 주로 금융시장의 개방과 위
  험분산책에 기인하는 것으로 볼 수 있다(*Ibid.*).

71) *Ibid.*

러나 한국경제가 더욱 고도화되면 주식시장에서와 같이 외국인의 진출이
가시화될 것이다.

과거 오랫동안 미국과 일본이 한국의 해외 기술선을 거의 독점하고 있
었던 사실은 이미 기술한 바와 같다. 1990년대 외국에 지불하는 기술도
입 대가 지불액은 오히려 늘어나는 추세를 보이고 있다. 1990년 지불액
이 10억 9,000만 달러를 기록하며 처음으로 10억 달러를 넘은 이래
1999년에는 27억 달러에 이름으로써 10년 만에 거의 2.7배의 증가세를
보이고 있다. 지불액이 연간 20억 달러를 넘기 시작한 1996년부터 1999
년까지의 통계를 보면 4년간 총 지불액은 약 98억 달러에 이른다. 국별
로는 미국에 지불한 액수가 56억 달러로 총액 대비 57퍼센트의 점유율
을 보이고 있고 일본의 경우도 약 23억 달러로 23퍼센트의 절대 비중을
유지하고 있다. 미국과 일본이 우리 기술도입 지급액의 80퍼센트를 점유
하고 있는 셈이다. 1962년부터 1976년 사이의 기술도입 지불액 가운데
미국과 일본이 82퍼센트의 점유율을 보인 것과 비교하여 놀랍게도 거의
변화가 없음을 알 수 있다.[73]

이상의 논의를 통해 한미경제관계는 질적인 변화를 겪으며 발전해 왔
음을 알 수 있다. 미국은 현재에도 한국의 중요한 수출시장이다. 최근 들
어 처음으로 중국에게 1위의 자리를 내주어, 양적 비중에서 과거보다 상
대적으로 위축된 것은 사실이나, 질적으로는 어느 나라와도 비견될 수
없음이 분명하다. 한국경제의 고도화 과정에서 가장 중요한 변수인, 서비
스 무역, 외국으로부터의 직접 및 간접투자, 기술도입 등의 분야에서 미
국의 위상은 여전히 절대적이기 때문이다. 그리고 일본이라는 변수도 한
국의 대외경제관계에 있어 아직까지는 중추적인 역할을 하고 있음을 알

---

72) *Ibid*, pp. 124-125. 2000년 말 현재, 외국인은 총 5,895억원을 소유, 전체 채권 시
    가 총액의 0.14퍼센트를 점유하고 있다. KOFNET Data Consulting Information,
    "2001년 1월 외국인 간접투자 동향."

73) 韓國産業技術振興協會, "우리나라의 國別 技術導入件數 및 代價支給現況," *2000 년
    통계 요람*, No. 184에서 계산하였음.

수 있다. 결과적으로 1960년대 안보를 목적으로 한국의 경제발전을 위해 형성되었던 한미일의 삼각 경제구도가 현재에도 큰 변화 없이 지속되고 있음을 알 수 있다. 안보관계를 상수로 간주하는 경우 1960년대의 구도 가 사실상 현재까지 지속되고 있는 셈이다.

1990년대 이후의 한미경제관계는 과거와는 다른 보다 넓은 시각을 우리에게 요구하고 있다. 우선 고도화 및 자유화를 통해 한국의 경제구조 는 과거와는 다른 새로운 형태를 띠게 됐다. 국내적으로는 시장경제가 확대되고, 대외적으로는 선진국과의 연계가 더욱 강화되었으며, 결과적으로 국내경제와 국제경제가 동시적으로 함께 움직이는 세계화된 새로운 경제체제가 구축된 것이다. 이미 설명한 바와 같이 대외의존의 심화와 경제구조의 정밀함은 변화의 내용을 설명해 주고 있다. 변화를 주도한 외부 변수가 미국이었음은 두말할 나위가 없다. 그러므로 한국경제의 대내외적 환경은 과거 수출주도형 경제성장정책의 초기에 부르짖었던 수출 지상주의라는 좁은 틀로는 이해할 수 없게 되었다. 새로운 시각이 필요 한 이유가 잘 설명된다. 따라서 어떤 의미에서는 한국과 미국이 경제적으로 더욱 밀착되면서 새로운 관계를 추구하고 있다고 볼 수도 있다.

4. 새로운 변수의 가능성

이상의 분석은 한미관계가 제2차 세계대전 이후 미국의 안보전략에 기초하여 성립되었다는 사실을 보여주고 있다. 안보 우선의 사고는 같은 승전국인 소련과의 전후 협조가 불가능하다는 것을 인식한 미국이 봉쇄 정책을 전격적으로 실시함으로써 구체화되었다. 공산주의의 팽창에 대항 하는 자본주의 세계의 결속이 정책의 최우선 목표였는데 따라서 안보 우위의 사고는 전세계적인 것이었다고 할 수 있다. 한반도가 우여곡절을 겪기는 했으나 안보우위의 전략에 기초, 질서의 재편을 경험한 것은 어쩌면 당연한 일이라 할 수 있다.

한국의 경제가 발전하여야 되는 이유도 공산주의에 대항하는 완벽한 방어체제를 구축하기 위한 미국의 의도에서 찾을 수 있다. 북쪽의 삼각 동맹에 비해 취약했던 남쪽 자본주의 국가들의 결속을 위해 당시로서는 무리였던 한일국교정상화가 과감히 추진되었고 그 결과 북쪽에 비견되는 남쪽의 안보 및 경제 연대축이 형성될 수 있었다. 일본의 개입을 통해 미국이 얻고자 한 것은 이미 자세히 설명한 바 있다. 여기서 중요한 것은 국교정상화 이후 미국과 일본이 한국 경제발전을 위한 가장 중요한 외부 변수였다는 사실이다. 자본주의 국가들의 결속은 공산주의 국가들과는 달리 시장을 통한 상호의존이라는 정교한 메커니즘을 통해 더욱 공고히 다져질 수 있다는 점도 한미일 삼각관계를 통해 여실히 드러나고 있다.

아무튼 한국전쟁을 계기로 미국이 한국에 적극 개입한 이후 한국의 안보 및 경제질서가 미국이라는 축을 중심으로 형성되어 왔음은 자명한 사실이다. 미국 축을 중심으로 일본의 개입 등을 통한 안보 및 경제의 재보장(reassurance) 정책이 성공하며 한국의 경제적 약진이 가능해지자 안보는 사실상 상수화되었다. 즉 경제상황에 영향을 미칠 정도의 불안이 발생하기 어려운 확고한 안보체제가 자리잡게 된 것이다.

이후 현재까지 한국 대외관계의 기본 골격에는 큰 변화가 없다. 안보관계에서는 한미 및 미일 안보조약이 그대로 유지되고 있고 일부의 변화는 있으나 주한 및 주일 미군 또한 건재하고 있다. 변화가 있다면 오히려 경제관계에서 찾을 수 있는데, 한미 및 한일 경제관계의 질적 변화가 눈에 띈다. 미국에 의해 주도된 한국경제의 선진 및 국제화는 양적 중심의 성장을 벗어나 질적으로 충실한 경제구조를 국내에 인입시키고 있다. 양적인 측면에서는 중국의 급성장으로 미국과 일본의 비중이 상대적으로 축소된 것이 사실이나 질적 성장을 대변하는 다양한 분야에서 미국과 일본의 역할은 여전히 지대하다. 가중치를 어떻게 계산하느냐에 따라 계산이 틀려지겠지만, 경제가 고도화될수록 서비스 산업 그 중 특히 금융산업의 비중이 높아진다는 점을 감안하면 한국경제에서 미국의 위상에는 큰 변화가 없음을 알 수 있다. 구체적으로 선진경제의 지표라 할 수 있는 자본과 기술 두 분야에서 미국과 일본의 한국에 대한 영향력은 여전히 지대하다.

1990년대 들어 기존의 한반도 경제 및 안보구도에 영향을 미칠 가능성이 있는 변수들이 등장한 것은 사실이다. 우선 소련의 해체로 동아시아에서 과거 소련의 위상을 대체할 북쪽의 세력은 더 이상 존재하지 않는다. 러시아가 있기는 하나 경제적으로 이미 2류 국가로 전락한 상황에서 군사 및 경제적으로 전 세계적인 영향력을 기대할 수는 없기 때문이다. 그런 측면에서 구소련 세력의 후퇴는 이미 상수화되었다고 할 수 있을 것이다.

다음으로 과감한 개혁개방을 통한 중국의 자본주의화와 급속한 경제성장이라는 변수가 있다. 중국의 고도성장은 일단 서방자본의 대량 유입에서 비롯된 것이다. 당연한 결과로 중국의 서방 특히 미국에 대한 경제의존은 커질 수밖에 없다. 따라서 과거 모택동 시절 공산주의 이데오르기에 기초하여 설정되었던 안보관계의 변화는 불가피한데, 그 파장은 한반도에도 미치고 있다. 구체적으로 중국과 북한 간의 안보조약이 유효한지에 대해 의문이 제기될 수밖에 없는 상황이 전개되고 있는 것이다. 그들의 국내 경제적 이해와 서방과의 상호의존적 관계에 비추어 볼 때 한반도 유사 시 중국이 과거처럼 쉽게 군사적으로 개입하기는 상대적으로 어려운 상황이 전개되고 있다. 러시아와 북한 간의 안보조약이 이미 폐기되었음을 감안하면 이 논의의 현실성을 짐작할 수 있다.

결과적으로 냉전시절 동아시아 안보질서의 또 다른 주요 축인 북쪽 동맹은 상당히 이완되었음을 알 수 있다. 반면 남쪽 동맹에서의 뚜렷한 변화는 발견되지 않고 있다. 물론 주한 미군의 한강 이남 배치 및 일부 군대의 철수가 결정된 것은 사실이나 그것으로 인해 대북 억지력에 근본적인 손상이 가해진 것으로 생각하기는 힘들다. 다만 앞서 설명한 '인계철선(tripwire)'에 대한 해석은 계속 논쟁거리로 남을 가능성이 있는데, 그 정치적인 상징성을 첨단의 군사기술이 완전히 극복할 수 있는냐는 문제가 여전히 상존하기 때문이다.

동아시아 지역주의에 대해서는 이미 자세히 분석한 바 있다. 특히 이에 대한 미국의 입장이 분명하고, 일본과 중국 또한 합의점을 도출한 적이 없다. 그 연장선상에서 소지역주의(subregionalism) 움직임이 있다는 사실 또한 이미 지적한 바 있다. 중국은 아세안 국가들과의 자유무역협정 체결을 공식화했고, 일본의 경우는 한국을 자유무역협정 우선 대상국으로 지정, 이미 정부 간 공식협상에 돌입한 상태이다. 역내 두 강대국인 일본과 중국의 이해 합치가 쉽지 않다는 사실을 알 수 있다. 소지역주의에 대해서는 미국이 반대 입장을 표명한 적이 없어 외부의 걸림돌은 없다고 볼 수 있다. 여기서 중요한 것은 한일 자유무역협정이 체결되는 경우 이는 기존 한미일 삼국협력체제를 더욱 강화시키는 효과를 지니고 있다는 사실이다.

새로운 움직임을 안보 시각에 비추어 보면 외형상 경제분야에 한정된 것처럼 보이는 지역주의 움직임에도 안보구도가 영향을 미친다는 사실이 발견된다. 즉 지역주의의 발전 방향이 기존의 안보구도를 쉽게 거스를 수는 없다는 것이다. 일본과 중국은 군사적으로 경쟁관계를 견지하고 있고, 비록 그 강도가 어느 정도 약화되었다고는 하나 중국은 외형상 북한의 후견인이기 때문에 한일 자유무역협정에 대한 정치적 해석이 가능한 것이다. 나아가 군사 및 정치적으로 한국과 일본 뒤에는 미국이 존재하고 있다.

이상의 논의를 통해 적어도 구도상으로는 기존의 한미 안보 및 경제관계가 큰 변화 없이 지속되고 있다는 사실을 알 수 있다. 더욱이 일본이라는 변수의 경우도 한일 국교정상화 이후 그 역할과 기능에 있어 커다란 변화가 있다고 보기는 어렵다. 이 모든 논의는 결국 한미 안보 및 경제관계를 대체할 뚜렷한 대안이 존재하지 않음을 의미하고, 나아가 동북아시아에 대한 미국의 영향력 또한 여전히 건재하다는 사실을 시사하고 있다.

너무 오랫동안 경제적으로 친밀한 관계를 유지해 왔고, 군사적인 위협을 느껴 본 적이 없어 동북아시아 지정학에서 일본 변수의 가중치를 낮게 평가하는 경향이 있다. 그러한 생각이 가능한 이유는 미국과의 동맹관계에서 연유되는 군사적 팽창의 억제 메커니즘을 통해 일본의 국력 사용이 조절되고 있다는 데서 우선 찾을 수 있다. 다음으로 한미 그리고 미일동맹 및 한미일 경제협력구도가 일본의 한국에 대한 영향력을 긍정적인 방향으로 유도하고 있기 때문이기도 하다. 이는 역으로 현 삼국관계에서 미국의 역할이 가시적으로 변화하거나, 혹은 사라지는 경우 일본 변수에 대한 계산은 전혀 달라질 수밖에 없다는 사실을 암시한다. 결국 미국은 안정추(stabilizer) 역할을 하고 있는 셈이다.

II. 대외경제관계의 전략적 평가: 미국, 일본, 중국 변수의 비교

1. 중국 변수의 등장

1992년 한국과 중국 간에 외교관계가 성립된 이후 중국에 대한 우리의 관심은 날이 갈수록 증대되고 있다. 급기야 2001년에는 중국 본토, 홍콩 및 대만 등 이른바 중화경제권에 대한 우리의 수출이 전체 수출의 22퍼센트를 기록하며 오랫동안 부동의 수위를 고수하던 미국 시장이 2위로 밀려나는 현상이 발생했다.[74] 국내 학계와 언론들도 새로운 변화를 비중 있게 다루면서 중화경제권을 하나로 묶어 중국경제를 바라보는 경향을 보이고 있다. 수치상으로도 1992년 한중수교 시 우리의 대중화권 수출비중이 중국 3.34퍼센트, 홍콩 7.71퍼센트 그리고 대만 2.95퍼센트 등 총 14.12퍼센트에 불과했던 것에 비하면 급성장이 아닐 수 없다.

수출주도형 경제성장정책을 채택한 지 어언 40년, 경제성장과 부의 축적은 수출로만 가능하다는 인식이 우리를 오랫동안 지배한 현실에 비추어 중국경제 나아가 중화경제권에 대한 관심이 증폭되는 것은 경제적 측면에서 어찌 보면 당연한 일이라 할 수 있다. 경제교류의 활성화 이외에 중국이 사회주의 국가로서는 그 예를 찾아 볼 수 없는 과감한 개방정책을 실시한 것도 한국의 중국에 대한 관심을 고조시키는 데 일조를 했다. 경제 이외에 문화 등 다양한 분야의 인적 교류가 활발해진 것도 경제교류의 활성화로부터 빚어지는 효과를 배가시키는 역할을 했다.

아울러 중국의 향후 지속적인 경제성장을 낙관하는 보고서가 연이어 발표되고 있다. 급기야 현재 세계 6위 수준인 경제규모가 2010년대 후반

---

74) 참고로 2001년 미국시장이 우리 수출에서 차지하는 비중은 20.75퍼센트였다.

에는 미국에 이어 세계 2위가 될 것이라는 예측이 권위 있는 기관들에 의해 제기되며 우리뿐만 아니라 전 세계 국가들의 관심이 중국에 집중되는 상황이 전개되고 있다. 결국 중국의 잠재력이 이러한 관심을 증폭시키는 데 중요한 역할을 하고 있는 셈이다.[75]

그러나 양적인 측면으로만 모든 것을 판단할 수는 없다. 다음의 다양한 질문이 가능하기 때문이다. 우선 중화경제권은 과연 어느 정도의 실체성을 지니고 있는가. 한국의 대외경제관계에서 대중국권 수출은 질적으로 어떠한 의미를 지니고 있는가. 우리 경제의 지속적인 성장을 위해 필요한 대내외적 요소 중 중국경제가 제공할 수 있는 부분은 무엇인가. 그리고 장기적으로 세력권의 형성으로 발전할 조짐을 보이고 있는 동아시아의 지역주의 움직임에 있어서 중국과 중화경제권은 우리와 어떠한 이해관계를 공유하고 있는가. 경제적 이해가 안보적으로는 어떻게 해석될 수 있는가. 적어도 전략적으로 대외경제관계를 이해하려 한다면 상기의 질문에 대한 답변은 피할 수가 없다.

2. 중국경제의 평가: 국제적 위상

1) 중화경제권

중국경제를 논할 때 흔히들 중화경제권을 하나로 묶어서 보는 경향이 있다. 중국경제의 잠재력이 높이 평가되는 것도 중국을 중심으로 한 이른바 중화경제권이 동일한 이해를 바탕으로 같은 방향으로 움직이고 있고 장기적으로는 그러한 경향이 더욱 뚜렷해질 것이라는 예측에 기인하는 바 크다. 따라서 우선 중국경제를 중화경제권이라는 큰 틀에서 파악해 보고 나아가 중화경제권의 정치 및 경제적 현실성을 짚어보기로 한다.

---

75) 대표적으로 세계적인 투자은행인 도이치뱅크는 중국이 향후 매년 7퍼센트 이상의 경제성장을 기록할 것이고 급기야 2017년에는 경제규모가 미국에 이어 세계 2위로 올라선다는 보고서를 최근에 발표한 바 있다. *조선일보*, "세계적인 투자은행 '도이치뱅크' 보고서, 中경제, 2017년 세계 2위," 2003.04.11.

흔히 중화경제권은 "중국 본토와 대만, 홍콩, 그리고 마카오를 통합하여 이르는 말이다."76) 조금 더 구체적으로는 중국의 광동성, 복건성 그리고 홍콩 및 마카오를 아우르는 화남경제권과 대만과 복건성을 중심으로 한 양안경제권에 초점을 맞추고 있다.77) 그러나 중화경제권을 논할 때 중국 민족의 포괄성을 중시하여 중화경제권을 광의로 해석하는 경우 세계 각국에 흩어져 있는 화교를 통칭하는 용어로 사용되기도 한다. 이보다 협의의 중화경제권은 중국인들이 가장 많이 거주하고 막강한 경제력을 행사하고 있는 동남아시아의 화교 및 그들의 자본을 통칭하게 된다.78) 그러나 경제권이라는 개념이 성립되기 위해서는 가시적이며 구체적인 경제협력 혹은 경제네트워크가 존재하여야 함으로 광의의 중화경제권은 그 추상성을 극복하기 어렵다. 그런 맥락에서 "생산기지 및 시장 중심지로서의 중국, 생산기술 중심지로서의 대만, 자본·금융 중심지로서의 홍콩이 상호보완적이며," 지극히 상호의존적인 관계를 맺고 있는 실체적인 관계임으로 이들을 중화경제권의 핵심 개념으로 이해하는 데는 무리가 없어 보인다.79)

---

76) 趙德九, "華僑資本에 관한 연구," 서경대학교 사회과학연구소, *사회과학 논집* 제13집, 2001.12, p. 13.

77) 이덕훈, "中華經濟圈의 등장과 화교경제," *生産性論集* 12/1 (1997년 12월), p. 282. 중화경제권이라는 개념은 "1980년 홍콩의 사회학자 황즈롄(黃枝蓮)이 중화경제공동체(The Chinese Economic Community)가 1980년대 후반 출현할 것이라고 전망하면서 회자되기 시작하였다(*Ibid*., p. 280)." 그러나 중화경제권이 세계 주요 국가들에 의해 세계경제의 주체로 인식되며 사용되기 시작한 것은, "90년대 초 세계은행과 OECD 등 서방의 국제경제기구들이 경제통합의 형태를 보이기 시작한 중국, 대만 및 홍콩을 CEA(Chinese Economic Area)로 묶어 그 경제력을 평가한 데서 비롯된 것으로, 중국 정부는 정치적인 이유로 아직까지 이 용어를 사용하지 않고 있다." 韓光洙, "15全大와 중화경제권 시대의 개막," *KIET 실물경제*, 1997.8.13., p. 11.

78) 이른바 화교상권을 통칭하는 용어로 대중화경제권(The Great China Economic Zone)을 사용하는 경우이다. 이는 향후 중국의 시대가 도래할 것이라는 중국민족 우위론에 바탕을 두고 있다. 하지만 현재 중국의 경제발전에 있어 동남아시아를 위시한 해외 화교자본의 역할을 무시할 수는 없음으로 경제적 측면을 도외시한 용어는 아니라고 이해된다. 李熙玉, "대중화경제권과 한중정치관계," *中蘇硏究* 통권 76호 (1997/8, 겨울), pp. 31-32.

경제의 규모를 가늠할 수 있는 국내총생산(GDP)에 있어 중화경제권은
만만치 않은 규모를 자랑하고 있다. 중국의 개혁개방이 본격화된 1992
년, 중국 본토 5,060억 달러, 홍콩 780억 달러, 대만 2,100억 달러로 중
화경제권의 총 경제규모는 7,940억 달러였다. 당시 세계 총 GDP 규모
가 23조 달러였음으로 중화경제권의 비중은 약 3.5퍼센트였다. 반면
2001년에는 중국의 GDP가 1조 1,600억 달러, 홍콩이 1,660억 달러, 대
만이 2,820억 달러를 각각 기록함으로써 중화경제권의 총 경제규모는 약
1조 6,000억 달러로 팽창하였다. 2001년 세계 총 GDP 규모가 31조
1200억 달러였음으로 중화경제권의 비중이 5.1퍼센트로 증가했음을 알
수 있다.[80] 중화경제권의 경제규모와 그 팽창 속도를 짐작하게 하는 대
목이다. 중화경제권의 인구 또한 전 세계 인구의 25퍼센트를 점하고 있
다.

한편 대외무역의 경우 한국과 수교가 이루어진 1992년, 중국의 총 수
출은 약 860억 달러, 수입은 820억 달러, 홍콩은 수출 1,195억 달러, 수
입 1,234억 달러, 대만의 경우 수출 814억 달러, 수입 723억 달러, 그리
고 마카오는 수출 18억 달러, 수입 20억 달러를 각각 기록했다. 중화경
제권으로 통합하여 보면 총수출 2,887억 달러 그리고 총수입 2,797억 달
러를 기록하게 되어 이미 만만치 않은 대외경제력을 보여주고 있다. 국

79) 趙德九, "華僑資本에 관한 연구," p. 13. 그리고 같은 맥락에서 중화경제권을 파악
한 저술로 다음을 참조할 것: 安錫敎, "韓國의 中長期 對中經濟政策," 中蘇研究 통권
76호 (1997/8, 겨울), 특히 pp. 23-29, 그리고 金翼謙, "中華經濟圈의 발전 전망," 지
역경제, 1997년 2월호, pp. 105-110.
80) World Bank, World Development Indicators: World Development Report 1994 및 World
Development Indicators database, "Total GDP 2001," April 2003. 그 밖에 World
Bank 기록에 누락되어 있는 대만의 통계는 한국은행 경제통계 DB를 참조하였다.
참고로 1992년 미국의 GDP는 5조 9,200억 달러였음으로 세계 총생산에서의 비중
은 25.7퍼센트였고, 일본의 경우 3조 6,070억 달러로 전체에서의 비율은 15.7퍼센트
였다. 그러나 2001년에는 미국의 GDP가 10조 70달러로 세계 총생산에서 차지하
는 비중이 32퍼센트로 증가한 반면 일본의 그것은 4조 1,400억 달러에 머물러 비중
이 13퍼센트로 하락하였다. 중화경제권의 팽창과 일본의 위축이 대비된다.

민총생산이 증가한 것과 비례하여 2001년에는 더욱 급속한 양적 팽창을 목격하게 된다. 중국 본토의 경우 수출 2,661억 달러, 수입 2,009억 달러, 홍콩은 수출 1,900억 달러, 수입 2,015억 달러, 대만은 수출 1,227억 달러, 수입 1,073억 달러, 그리고 마카오의 경우 수출 23억 달러, 수입은 24억 달러를 각각 기록함으로써 특히 중국 본토와 홍콩의 무역량이 급증했음을 알 수 있다. 이를 중화경제권으로 통합하는 경우 총수출 5,811억 달러, 총수입은 5,121억 달러가 된다. 1992년과 비교하면 총수출은 201퍼센트, 총수입은 183퍼센트 각각 증가한 수치이다.[81]

세계 총무역고 혹은 미국, 일본과 비교하여도 중화경제권의 양적 팽창은 충분히 감지된다. 1992년 세계 총수출은 3조 7,523억 달러, 총수입은 3조 8,653억 달러, 미국의 경우 수출 4,474억 달러, 수입 5,526억 달러, 그리고 일본은 수출 3,399억 달러, 수입 2,328억 달러를 각각 기록하고 있다. 당시 세계무역 총액은 7조 6,176억 달러였고, 미국의 경우 1조 달러, 일본은 5,727억 달러를 각각 보이고 있다. 같은 시기 중화경제권의 총무역고는 5,684억 달러였음으로 세계무역에서 중화경제권이 차지하는 비율은 7.5퍼센트였다.[82]

그러나 2001년이 되면, 세계 총수출은 6조 1,426억 달러, 총수입은 6조 3,651억 달러에 이르게 되고, 미국의 경우 수출 7,309억 달러, 수입은 1조 1,801억 달러, 일본은 수출 4,033억 달러, 수입은 3,491억 달러를 각각 기록한다. 따라서 2001년의 세계 총무역고는 12조 5,077억 달러, 미국의 무역 총액은 1조 9,110억 달러, 그리고 일본의 경우 7,524억 달러로 각각 계산된다. 2001년 중화경제권의 총무역고가 1조 932억 달러였음으로 세계무역에서 중화경제권이 차지하는 비율은 8.7퍼센트가 된다.[83]

---

81) IMF, *Direction of Trade Statistics Yearbook*, 2002년 및 1996년 각 호.

82) *Ibid.*

83) *Ibid.*

우선 세계무역 신장율보다 중화경제권의 그것이 높은 데서 비롯되는 당연한 결과이지만 중화경제권의 세계무역에서 차지하는 비중이 가시적으로 증가했다는 사실이 눈에 띈다. 다음으로 1992년 세계 총무역고에서 미국의 무역이 차지하는 비율이 13퍼센트였고 일본은 7.5퍼센트였던 데 반해 2001년에는 미국의 비중이 15퍼센트, 일본의 그것이 6퍼센트를 기록하고 있다. 일본의 점유율 하락이 눈에 띄는 가운데 미국의 경우 오히려 비중이 증가되었으나, 이는 2001년 무려 4,492억 달러에 달하는 무역적자에 힘입은 바 크므로 중화경제권의 균형 잡힌 대외무역 발전과 같은 진정한 의미의 비율 증가로 보기에는 무리가 있다. 그리고 중요한 것은 1992년에 이미 중화경제권의 총 무역고가 일본의 그것에 거의 필적하는 수준에 이르렀으며, 2001년이 되자 양적인 측면에서 중화경제권의 총 무역고가 1조 달러를 넘어서면서 세계 제2위의 경제대국인 일본의 무역액 7,500억 달러를 훨씬 상회하는 수준으로 발전했다는 사실이다. 적어도 아시아에서는 양적 측면에서 절대적인 위상을 보이기 시작한 것이다.

2) 중국과 중화경제권의 상호 연계구도

중국의 비약적 경제성장은 외부자본의 대규모 유입에 기초하고 있다. 그런데 현재와 같이 외부자본의 선순환적인 증가를 위해서는 특정의 조건이 충족되어야 한다. 그 초기 조건을 만족시키는 역할을 넓은 의미의 화교자본이 담당했다는 데 중화경제권의 경제적 의미가 있다. 따라서 중화경제권을 논할 때 중국, 홍콩, 대만만을 의미하는 협의의 개념을 넘어 전 세계, 특히 동남아시아의 화교도 포함되어야 한다는 주장이 제기될 수 있는 것이다.

중국이 개방정책을 택한 이후 초기의 對중국투자를 화교들이 주도했다는 데 화교자본의 중요성을 찾을 수 있다. 등소평에 의해 개혁개방정책이 과감히 시행되기는 했으나 개방 초기 중국의 사회간접자본 및 법제도는 정비되어 있지 않았다. 서구자본을 유치하는 데는 한계가 있었던 것이다. 바로 그러한 한계 상황의 돌파구 역할을 한 것이 화교자본이었다. 외자유치 촉진책과는 별개로 화교자본을 끌어들이기 위한 특별법이 1980년대 후반 이후 제정되었다.[84] 화교자본을 위한 특별법의 제정이 있은 후 1992년 등소평의 소위 "南巡講話"를 계기로 화교자본이 중국본토에 본격적으로 투입된다.[85]

동남아시아를 포함한 화교자본의 중국 진출에 있어 한 가지 특징적인 것은 많은 경우 투자가 홍콩의 금융시장을 통해 이루어져 왔다는 사실이다. 당연한 결과로 중국에 대한 총 외국인투자에서 홍콩의 비율은 거의 50퍼센트 내외를 유지하고 있다. 홍콩의 對중국투자가 가시화되기 시작한 것은 1980년대 중반인데, 특히 1987년부터 눈에 띄는 증가세를 보이고 있다. 연 20억 달러 이상의 직접투자가 이루어지기 시작한 것은 1988년부터인데 시기적으로 화교투자 촉진을 위한 법률이 제정된 시점과 거의 일치한다.[86]

또 한 가지 흥미로운 점은 대만으로부터의 투자가 1992년 이후 가시적으로 증가했다는 사실이다. 1992년 처음으로 10억 달러를 돌파한 대만의 투자는 1년이 지난 1993년 31억 달러를 기록하며 폭등세를 보인 이후 줄곧 연 30억 달러 이상의 규모를 유지하고 있다. 미국과 일본을 위시한 서방진영의 중국에 대한 투자도 같은 시기에 증가하기 시작했다. 미국의 경우 1992년 5억 달러에 불과하던 투자 총액이 1993년 20억 달러로 급증하였고 1992년 7억 달러에 불과하던 일본의 투자액도 1993년

---

84) 1988년의 〔대만 동포 투자장려 규정〕, 1990년의 〔화교 홍콩, 마카오 동포의 투자 촉진 규정〕, 1994년의 〔대만동포 투자보호법〕 등이 대표적인 예이다. 그리고 〔중화 인민공화국 歸僑 화교특별법〕을 별도로 제정하여 화교가 중국본토에 직접 거주하며 기업 활동하는 것을 더욱 우대하고 있다. 趙德九, "華僑資本에 관한 연구," p. 11.

85) Ibid.

86) 홍콩의 직접투자는 1984년 7.5억 달러에 불과하던 것이 1986년에는 11억 달러로 증가하였고, 1988년에는 21억 달러를 기록하며 對중국 직접투자를 사실상 주도하였다. 1984년부터 1990년까지 누적 투자액의 국가별 비중에서는 홍콩이 전체 對중국 투자의 무려 60퍼센트를 점하고 있다. 中國國家統計局, 中國統計年鑑 ibid., p. 10에서 재인용.

에는 13억 달러로 일년 사이에 거의 두 배 가까운 신장세를 보였다.[87]

앞의 통계는 우선 1992년이 중국에 대한 외국인 투자의 전환점이었다는 사실을 보여주고 있다. 1990년대 초 화교들의 투자유인을 위한 각종 법률안이 제정되고 1992년 등소평의 '南巡講話'를 통해 중국정부가 외국인 투자유치를 위한 강력한 정치적 의지를 피력하자 외국인 투자가 급증하기 시작한 것으로 이해될 수 있다. 1990년대 초 외국으로부터 대규모 투자가 유치되기 전까지는 홍콩이 對중국 투자를 사실상 주도해 왔다. 홍콩의 투자가 동남아시아 화교자본에 의해 많이 이루어졌다는 사실은 개방 초기 화교자본의 역할을 짐작하게 한다. 1980년대 개방 초기에 나타난 사회간접자본의 부족, 외국인투자 유치를 위한 법제도의 미비, 외국자본에 대한 인식 및 경험의 부족 등 중국 내부의 환경적 제약을 화교자본이 약 10여 년 동안 활약하며 극복하여, 외국인 투자유치에 유리한 선순환 구도가 창출된 것이다.

3) 전략적 해석

화교자본을 통해 기초가 다져진 후 홍콩과 대만 그리고 중국 본토 사이의 경제교류는 가시적인 성장세를 보이게 되는데 여기에는 나름의 독특한 경제적 이유가 있다. 중국, 홍콩 그리고 대만은 지역협력 역사에서 보기 드물게 이상적인 분업체제를 이루고 있다. 앞서 설명한 바와 같이 "생산기지 및 시장 중심지로서의 중국, 생산기술 중심지로서의 대만 그리고 자본 및 금융 중심지로서의 홍콩"이 상호 보완적인 경제관계를 이루며 고도성장을 가능하게 한 것이다. 결국 경제협력체로서의 요건은 사실상 갖추고 있는 셈인데,[88] 따라서 세 지역 간의 상호보완성은 중화권

---

87) 이러한 추세는 對중국 투자를 주도한 홍콩에도 영향을 미치는데, 그전까지 연 20억 달러 내외였던 투자금액이 1992년 일시적으로 77억 달러까지 급증하였고 다음해인 1993년도에는 무려 180억 달러로 팽창한데 이어 그 후에는 연평균 200억 달러 수준의 투자 규모를 유지하고 있다(Ibid.).

88) 金翼謙, "中華經濟圈의 발전 전망," p. 106.

의 단결이라는 추상적인 개념을 넘어 어느 정도는 구체성을 띠고 있는
것이 사실이다.

우선 순수 경제적인 측면에서 대만과 홍콩은 심각한 노동력 부족현상
을 오래 전부터 겪어 왔다. 1990년대 후반을 기준으로 대만의 경우 노동
력의 부족은 그들이 필요로 하는 전체 노동력의 7퍼센트에 이르는 것으
로 알려지고 있다. 당연한 결과로 대만과 홍콩은 임금의 비정상적 상승
이라는 문제를 피할 수 없게 되었다. 풍부한 중국의 노동력이 돌파구임
은 당연한 일이다.[89] 또한 홍콩, 마카오, 대만 모두 공업용지 가격의 만
성적인 상승이라는 문제를 안고 있는데, 이는 경제의 대외경쟁력 유지에
위협 요소가 될 수밖에 없다. 중국의 지가가 저렴하다는 사실은 그들로
서는 큰 매력인 것이다.

특히 대만의 경우 지속적인 환율인상의 압박을 받아 왔는데, 1985년
미화 1 달러당 39.85元 하던 대만 화폐의 환율이 1992년의 경우 25.42
元을 기록함으로써 무려 60퍼센트 정도의 평가절상을 경험한 바 있다.
노동집약형 수출이 점점 불가능한 상황이 전개된 것이다. 노동집약적 산
업의 중국 이전은 피할 수 없는 당면 과제였다. 그리고 이미 언급한 바와
같이 홍콩이 국제금융의 중심지이며 대만과 마카오 역시 국제자본시장과
밀접한 관계를 맺고 있음으로 외국으로부터의 자본유입에 사활을 걸고
있는 중국으로서는 역으로 이들이 중요할 수밖에 없다.[90] 특히 중국과

---

89) 액면 그대로 봐도 중국은 방대한 유휴 노동력을 보유하고 있다. 매년 1,500만의 새
   로운 일자리가 필요한 실정이고 더욱이 중국 국유기업 전체가 약 15퍼센트에 달하
   는 음성 잉여 노동력을 보유하고 있는 것으로 파악되고 있다(Ibid., p. 108).

90) Ibid. 참고로 1979년부터 1992년까지 중국이 도입한 외자 가운데 協議 금액을 기준
   으로 홍콩으로부터 들여온 비율이 무려 64퍼센트, 대만 7.7퍼센트, 미국 7퍼센트,
   그리고 일본 5.8퍼센트를 각각 기록하고 있다. 현재에도 그렇지만 홍콩과 대만이 초
   기 중국의 외자유치에 결정적인 역할을 한 사실이 명백해진다. 주목할 점은 이미 언
   급한 바와 같이 홍콩으로부터의 투자 중 상당부분이 동남아 화교를 통해 이루어졌
   다는 사실이다(Ibid.). 이러한 추세는 그 후에도 그대로 이어지고 있는데, 싱가포르까
   지 계산에 넣는 경우 1997년을 기준으로 홍콩, 마카오, 대만, 싱가포르의 對중국 투
   자가 전체의 75퍼센트를 차지하고 있다. 조선일보, "중 외국인 투자, 지난해 첫 감

대만 관계에서 눈에 띄는 것이지만, 첨단기술의 확보, 그리고 그것을 생산 및 경영하는 능력은 대만이 중국에 비해 월등히 앞서 있다.[91] 중국에게는 심히 아쉬운 사항인 것이다.

중화경제권의 삼각구도를 공고히 한 중국은 중국경제의 남쪽 축을 완성하려는 계획을 추진하고 있는 것으로 사료된다. 즉, "해남, 광동, 절강성 → 홍콩, 마카오, 대만 → 아세안(ASEAN) → 호주, 뉴질랜드"로 이어지는 발전축이 그것이다. 이 전략은 또 다른 거시 계획인 북축 혹은 동축에 비해 이미 가시화되어 있어 중국 대외경제관계의 중요한 기본 축을 형성하고 있다. 물론 여기서 전략의 기본 요소는 화교자본이다.[92] 그러나 그러한 실체성에도 불구하고 중화경제권을 정치경제적으로 어떻게 이해하여야 하는가는 여전히 숙제로 남게 된다. 비교우위의 원칙과 지리적 인접성 그리고 같은 민족이라는 동질성에 입각한 대단히 자연스런 경제관계의 활성화임에는 분명하나 서유럽의 경우와 같은 대외적 결속력이 있는 것은 아니기 때문이다.

홍콩은 1997년 7월 중국 특별행정구로 귀속됨으로써 외형상 중국의 영토가 되었다. 그러나 내막은 대단히 복잡하다. 홍콩 특별행정구 기본법으로 불리는 특별법에 기초, 중국은 홍콩에 1국 2체제 방식을 적용하며 기존 제도를 향후 50년간 보장하고 있다. 독립적 사법권, 입법권, 고도의 자치권이 제공된 것이다. 중국이 그들의 경제발전을 위해 절실히 필요한 홍콩의 국제금융 및 무역센터로서의 가치를 향유하기 위해 궁여지책으로

소," 1998.01.19.

91) *Ibid.*

92) 이덕훈, "中華經濟圈의 등장과 화교경제," p. 288. 참고로 북축은 동북 3성과 베이징, 텐진, 산동 지역 → 한반도 → 일본 → 러시아, 몽고를 의미하고, 동축은 장강삼각주 → 한국과 일본(큐슈와 간사이 지역) → 일본, 대만 → 미국, 캐나다 축을 의미한다. 북축은 훈춘을 전략 거점으로 하는 이른바 동북아 경제권을 의미하고 동축은 상하이를 기본 축으로 하는 아시아-태평양 발전 축을 의미한다(*Ibid.*, pp. 287-288). 흥미로운 점은 외부의 환경이야 어떠하던 중국인이 전통적으로 지니고 있는 中華사상이 장기 경제발전 전략에도 그대로 배어있다는 사실이다. 즉 모든 중심에 중국이 있다는 발상이다.

낸 아이디어였던 것이 사실임으로 문제는 상존하고 있다. 전통적으로 가장 자유로운 정치 및 경제체제를 오랫동안 유지하여 왔던 홍콩 자체의 성향과 이를 둘러싼 외세의 영향력이 중국에게는 정치적으로 부담일 수밖에 없는 것이다. 중국이 가장 우려하는 바는 홍콩이 중국 민주화의 전진기지가 되어 중국 본토에 정치적으로 영향을 미치게 되는 경우이다. 나아가 외세의 영향력이 증대되는 경우 중국의 정치적 안정을 보장할 수 없는 상황이 전개될 수 있기 때문이다.

따라서 중국은 홍콩에 대한 외국의 개입을 중국 국내문제에 대한 간섭으로 간주, 단호한 입장을 반복적으로 표명하고 있다. 그러나 외교적으로도 문제는 간단치 않다. 지난 1996년 11월 베이징에서 열린 미중 외교부장관 회담에서 미국의 크리스토퍼(Warren Christopher) 국무장관은 홍콩에 대한 미국의 이해를 확실히 밝힌 바 있다. 즉 홍콩의 중국 반환 직전, "홍콩에는 수많은 미국기업이 진출해 있음으로 반환 후 홍콩의 지위문제는 미국의 국익과 직결된다"고 천명한 것이다. 이는 곧 홍콩이 1국 2체제로 확실히 운영되지 않는 경우 미국이 개입할 수도 있다는 점을 암시하고 있다. 그에 반해 중국의 첸치천(錢其琛) 외교부장은 "홍콩문제는 중국의 내정 문제인 만큼 어느 나라도 간섭해서는 안된다"는 기존 입장을 분명히 하고 있다.93)

결국 아래서 설명할 대만과 함께 홍콩도 여전히 외교문제로 남아있는 셈이고 사태의 진전에 따라 외세의 간섭이 노골화될 소지가 있음을 알 수 있다. 잠재되었던 홍콩 문제는 최근 불거지는 양상을 보이고 있다. 2002년 9월 홍콩보안국으로부터 홍콩 국가안전법(기본법 23조)의 입법안 문건이 발표되며 정치적 소요가 발생한 것이다. 법 자체가 지나치게 포괄적이고 홍콩정부가 안전에 필요하다고 판단하는 경우 표현의 자유 등

---

93) 文日鉉, "중국에 반환되는 홍콩의 운명," 월간중앙 제20호, 1997.01.01, *http://monthly. joins.com/orgwin/199701/p144-1.html.* 리펑(李鵬) 총리는 홍콩 지위에 관한 이른바 3대 원칙, 즉 1국 2체제, 고도의 자치보장, 홍콩인에 의한 홍콩의 통치를 표방하며 홍콩인과 외국의 의구심을 희석시키려 하고 있다(*Ibid.*).

홍콩주민의 기본권을 제한 할 수 있는 내용을 담고 있었기 때문이다.

그 후 간헐적인 법안 반대 집회가 이어졌고, 2003년 2월 홍콩 보안국이 국가안전조례 초안을 공개하자 홍콩의 민주세력이 거국적 저항을 통해 이를 저지하려는 움직임이 본격화되었다. 같은 해 7월 무려 50만명에 이르는 홍콩시민의 반대시위에 직면하면서 중국정부는 한발 물러설 수밖에 없었는데, 대규모 시위 후 일주일만에 입법연기가 공식 발표되었다. 안전법의 옹호자인 레지나입(葉劉淑儀) 홍콩보안국장이 사임하였고, 이어서 앤터니 렁(梁錦松) 재무장관도 물러났다.[94] 중국정부가 쓴 맛을 감수할 수밖에 없는 상황이 전개된 것이다. 나아가 홍콩의 정치집단들은 중국이 임명권을 행사하고 현재 둥젠화(董建華)가 수장으로 있는 홍콩 특구 행정장관직의 주민 직선제까지 요구하고 있는 실정이다.

흥미로운 것은 이 문제가 외교문제로 비화될 가능성이 충분히 있다는 사실이다. 대규모 반대시위가 있기 10일 전 미국 백악관이 새로운 보안법에 의한 홍콩의 자유 훼손에 대해 우려의 목소리를 분명히 했기 때문이다. 홍콩문제는 중국에게 두 가지의 커다란 짐을 지우고 있다. 하나는 홍콩의 민주화 열풍이 중국에 전위되어 과거 천안문 사태와 같은 정치적 충격이 가해지는 것이고, 다른 하나는 서방 강대국들의 개입이 가능하게 되는 상황의 전개이다.

그렇다고 중국이 과거 천안문 사태와 같은 방식으로 새로운 정치적 움직임을 제어하는 것도 한계가 있기 때문에 홍콩 사태는 두고두고 중국에게 부담이 될 가능성이 높다. 과거 천안문 사태 이후 중국이 치른 엄청난 대가를 생각하면 문제가 간단치 않음을 알 수 있다. 아무튼 금번 사태를 보는 국제적 여론도 "경제발전과 개인적 자유의 신장을 제공함으로써 중국 본토의 공산주의자들이 일시적으로 시간을 벌고 있는 것은 사실이나, 홍콩이 중국의 일부가 분명한 이상 홍콩에서 발생하는 사건이 중국에 영

---

94) 조선일보, "中, 대륙으로 불똥 튈라 긴장," 2003.07.13., 그리고 조선일보, "홍콩 보안국장·재정사장 사임," 2003.07.17.

향을 미치는 것은 피할 수 없게 되어 있다"고 함으로써 중국이 홍콩을 다루는 일이 쉽지 않음을 지적하고 있다.95)

대만문제는 정치적으로 더욱 복잡하다. 1979년 미국과 중국이 외교관계를 수립하며 미국은 중화인민공화국이 중국의 유일한 합법 정부임을 인정한 바 있다. 그렇다면 논리적으로 대만은 중국에 귀속되어야 하나 현실적으로는 그렇지 않다는 것이 문제이다. 미국은 당시의 합의가 중국의 그러한 입장을 이해하고 있다는 수준 이상이 아니라는 태도를 견지하며, 같은 해 대만관계법(The Taiwan Relations Act)을 채택함으로써 대만에 대해 무기판매를 지속하고 있다.96)

그 후 현재까지 대만을 둘러싼 미중 간의 갈등은 계속되어 왔고 해결의 기미를 기대하기 어려운 국제정세가 이어지고 있다. 우선 미국의 경우 하나의 중국을 지지하면서도 대만 안보의 실질적인 책임을 지고 있으며, 나아가 중국에 대해서는 대만에 대한 무력사용 포기를 집요하게 요구하고 있다. 반면 중국은 홍콩의 경우에서와 같이 주권문제임을 내세워 미국의 요구를 거부하고 있다.97)

양국의 입장 차이는 1998년 6월 클린턴 대통령의 訪中 시 더욱 분명하게 드러났다. 클린턴 대통령은 중국의 3不政策, 즉 대만독립, 두개의 중국 그리고 대만의 주권 국가자격으로서의 국제기구 가입을 인정하지 않는 원칙에 동의하면서도 다른 한편으로는 대만문제가 국제적 성격을 띠고 있고 반드시 평화적으로 문제가 해결되어야 한다고 주장하고 있다. 즉 중국이 무력을 사용하여 대만을 통일하려 하는 경우 미국이 좌시하지 않을 것임을 분명히 한 것이다. 대만문제에 외교적 이중성이 여전히 내재되어 있음을 알 수 있다.98)

95) *The Economist*, "Hong Kong rebels," July 12th 2003.
96) 특히 대만관계법에 대해서는 本 書, 제2장, 각주 92) 참조.
97) *한국일보*, "〔중국을 다시 본다〕 미국은 친구인가 적인가," 2002.11.19.
98) 윤상현, "코소보 사태와 대만문제," 조선일보, 1999.04.11. 실제로 1995년 리덩휘 (李登輝) 대만 총통이 개인자격으로 미국을 방문하고 2개 국가론을 주장했을 때, 중

현실적으로 대만이나 홍콩 모두 중국의 확실한 주권하에 놓여있다고 보기는 힘든 것이 사실이며, 이는 역으로 두 지역에 대한 특히 미국의 영향력이 상당함을 의미한다. 중요한 것은 홍콩이나 대만문제에 미국이 직간접적으로 개입할 여지가 충분히 존재한다는 점이다. 중국의 향후 경제적 이해와 미국과의 협조 필요성, 그리고 중국의 군사적 한계 등에 비추어 보면 역학적으로 예측 가능한 미래에 홍콩과 대만문제를 중국이 원하는 대로 해결하기는 대단히 어렵다는 것을 알 수 있다.

그러한 상황에 비추어 홍콩과 대만 그리고 중국 본토를 하나의 경제권으로 상정하는 데는 정치 및 경제적으로 무리가 있음을 알 수 있다. 통합 경제권의 대표적인 실례인 서유럽의 경우 통합의 초기에 적어도 회원국가들 간의 외교 및 정치적 문제는 거의 존재하지 않았으며 또한 미국이 선도하던 국제정세, 즉 외부환경도 통합에는 대단히 유리했다. 그리고 순수한 경제적 측면에서도 유럽은 경제통합의 제 단계, 즉 역외 국가들에게 공동의 관세를 부과하는 관세동맹(Customs Union), 회원 국가들 간에 생산요소의 자유로운 이동을 보장하는 공동시장(Common Market), 회원국가들 간에 공동의 경제정책을 시행하는 경제공동체(Economic Community), 마지막으로 회원국의 통화를 단일화시켜 실질적인 경제통합을 이루게 되는 단일시장(Single Market)을 단계적으로 시행한 바 있다. 반면 대만은 물론 홍콩조차도 중국 본토와의 경제관계에서 유럽의 경제통합 단계에 필적하는 밀착 관계를 형성하지는 못하고 있는 것이 현실이다.

중국이 개혁개방 이후 1국 2체제 및 정경분리를 통한 경제개발 등의 유연한 정책에 기초하여 새로이 시도하는 경제부흥이 현재까지 상당한 성공을 거두고 있는 것은 사실이나 어느 특정의 임계점에 도달하면 문제가 노정될 수 있음은 과거의 역사가 보여주고 있다. 즉 정치, 외교 및 안

국이 대만에 대해 무력시위를 감행하자 미국은 즉각 2척의 항공모함을 대만 해협에 파견하여 미국의 평소 입장이 단지 미사여구가 아님을 확실히 보여준 바 있다 (*Ibid.*).

보문제의 해결 없이 국내적으로 경제를 부흥시키거나, 대외적으로 경제 협력을 강화하는 데는 한계가 있는 것이다. 이어 설명하는 한중경제관계를 중화경제권의 경제관계와 비교하면 중화경제권 내의 상호작용이 경제적으로는 한중관계와 큰 차이가 없음을 알게 된다.

3. 한·중 경제관계

중화경제권이 한국의 제일 수출시장으로 부상한 사실은 이미 언급한 바와 같다. 1992년 수교 이후 한중 경제교류의 신장세가 우선 눈에 띈다. 1992년 수교 당시 이미 한국의 對중국 수출은 약 27억 달러를 기록함으로써 우리 전체 수출의 3.5퍼센트를 차지하며 중국은 일약 제6위의 수출시장으로 부상하였다. 그러나 2001년에는 對중국 수출이 182억 달러로 급증하였고, 우리 전체 수출의 12퍼센트를 차지하며 제2위의 수출시장으로 떠올랐다. 같은 중화경제권인 대만의 경우 1992년 23억 달러의 수출을 기록, 7위를 기록한 반면, 2001년에는 58억 달러를 기록, 5위의 시장으로 부상하였다. 홍콩의 경우 1992년에는 59억 달러의 수출이 이루어져 3위의 수출시장이었던데 반해, 2001년에는 95억 달러의 상품이 수출되어 수출시장 규모면에서 4위를 기록 중이다.99) 따라서 2001년을 기준으로 볼 때 중화경제권 전체에 대한 우리의 총 수출규모가 335억 달러에 이르게 됨으로써 과거 줄곧 우리의 제일 수출시장이었던 미국에 대한 수출 312억 달러를 제치고 중화경제권이 최대 규모의 수출시장으로 부상하게 된 것이다.100) 바로 이러한 외형적 통계가 중화경제권에 대한 우리

---

99) 양평섭, "韓·中 貿易構造의 변화와 시사점: 한·중 수교후 10년간의 변화를 중심으로," 무역협회 무역연구소, 2002.8.21., p. 2.

100) 참고로 1992년 대미 수출은 180억 달러를 기록, 우리 전체 수출의 24퍼센트를 점하며 미국은 당시까지 부동의 제일 수출시장으로서의 위상을 유지했었다. 그리고 일본의 경우 같은 해, 116억 달러를 수출, 수출 비중이 15퍼센트를 기록하며 당시까지 제2위의 수출시장으로 군림했다. 2001년의 경우 대미 수출 312억 달러는 우리 전체 수출의 21퍼센트에 해당한다. 같은 해 대일 수출은 165억 달러를 기록, 우리 전체

의 과도한 관심을 유발시키는 주 요인이다.

중국 본토에 한정하여도 중국의 중요성을 강조하는 것이 적어도 외형적으로는 일리가 있음을 알 수 있다. 중국 본토에 대한 우리의 수출 신장이 특히 눈에 띈다. 1992년 수교 이후 2001년까지 연평균 23.8퍼센트의 증가율을 보임으로써 같은 기간 미국의 6.2퍼센트 그리고 일본의 4퍼센트를 앞도하고 있다. 수입까지 고려한 무역 총액에서도 비슷한 흐름이 목격된다. 2001년을 기준으로 한국과 미국의 수출입 총액이 536억 달러인 반면, 중국, 홍콩, 대만을 아우르는 중화경제권과의 총 교역은 524억 달러를 기록하고 있어 미국과 10억 달러 수준의 근소한 차이를 보이며 2위를 점하고 있다.[101]

중국에 대한 우리의 투자 또한 급증세를 보이고 있다. 수교 원년인 1992년까지 총 271건, 2억 달러에 불과하던 對中 투자는 그 후 2002년 6월까지 총 6,634건에 58억 2,700만 달러를 기록, 가히 폭발적으로 증가하였다.[102] 중국의 입장에서 본 한국의 위상도 눈에 띄게 향상되고 있다. 1992년 중국의 한국에 대한 수출은 24억 달러로, 한국은 중국의 제5위 수출시장이었다. 그러나 2001년에는 125억 달러의 수출을 기록, 한국이 중국의 제4위 수출시장으로 부상한 것이다.[103] 한국의 중국에 대한 수출구조를 살펴보면 한국의 기술진보와 중국경제의 고도화가 한 눈에 잡힌다. 수출을 원자재, 자본재, 소비재로 구분할 경우, 1992년 한국의

수출에서 11퍼센트의 점유율을 보이며 일본은 3위의 수출시장으로 밀려나게 됐다 (*Ibid.*).

101) *Ibid.*

102) *Ibid.*, p. 4.

103) 1992년 당시 홍콩에 대한 수출이 375억 달러를 기록하며 홍콩이 중국의 제일 수출시장이었고, 이어서 일본이 117억 달러를 기록 2위였으며, 미국 86억 달러로 3위, 그리고 독일이 4위를 기록하고 있다. 반면 2001년에는 중국의 미국에 대한 수출이 543억 달러를 기록하며 미국이 중국의 제일 수출시장으로 부상했고, 홍콩은 465억 달러를 기록, 2위로 밀려난 반면, 일본은 450억 달러를 기록, 3위에 위치하고 있다 (*Ibid.*, p. 5).

對중국 수출에서는 자본재의 비율이 12.6퍼센트에 불과했으나, 2001년에는 그 비율이 28퍼센트를 기록, 한국 수출의 질적인 변화를 보여 주고 있다.104)

그러나 한중무역관계는 구조적인 측면에서 특별히 기획된 것이 아닌, 사실상 순수한 비교우위에 입각하고 있다는 사실을 주목할 필요가 있다. 이점은 이미 설명한 한미 그리고 한일 경제관계와 비교되는 부분이다. 한국과 중국의 교역구조는 양국의 경제수준을 그대로 반영하며 발전하여 왔다. 중국 경제발전의 초기 단계였던 1992년, 중국은 낮은 공업 수준으로 인해 수출품을 위탁가공 방식으로 생산하여 수출할 수밖에 없었다. 한국의 원자재는 중국 위탁가공업의 중요한 자원이었다. 1992년 우리의 총 對中 수출 중 중국의 위탁가공업에 필요한 원자재의 비율은 81.5퍼센트에 이른 반면 자본재는 12.6퍼센트에 불과했다.105) 그러나 2001년에는 원자재의 비율이 61퍼센트로 낮아졌고 대신 자본재의 비율은 28퍼센트로 급격히 증가한다.106)

경제적인 관점에서 두 가지의 시사점을 발견할 수 있다. 우선 공업수준의 향상에 따라 중국이 단순한 위탁가공 수준을 벗어나 나름의 공업생산품을 제조할 능력을 갖추기 시작하며 자본재의 수입이 급증했다는 사실이 주목된다. 1980년 1차 산업 비중이 30퍼센트, 그리고 2차 산업 비중이 48퍼센트였던 중국의 경제구조가 2000년에는 1차 산업이 16퍼센트로 대폭 하락한 반면, 2차 산업의 비중은 51퍼센트로 증가하게 된다.107) 이는 중국경제의 고도성장과 수출증대가 특히 공업부문의 발전에

---

104) 반면, 원자재의 비중은 1992년 81.5퍼센트에서 2001년 61.2퍼센트로 하락했다 (*Ibid.*, p. 8).

105) *Ibid.*, p. 8. 초기의 위탁가공 무역이란 중국의 풍부한 노동력을 이용, 외국으로부터 원자재 혹은 원료를 수입하여 가공 수출하는 단순 작업을 의미한다. 풍부하고 값싼 노동력을 활용한다는 측면에서 한국이 과거 1960년대 취했던 가장 초보적인 수준의 수출주도형 성장이었던 것이다.

106) *Ibid.*

107) 중국통계적요, 2000, 李起燮, "中國經濟의 浮上과 韓國의 對應戰略," 세종연구소

의해 주도되어 왔다는 것을 의미한다.[108] 대외교역관계에서는 그런 경향
이 더욱 뚜렷해지는데, 1980년 중국 개혁개방 초기의 수출 중 공산품의
비중은 50퍼센트에 불과했던 데 반해, 2000년에는 그 비율이 90퍼센트
를 육박하는 큰 변화가 감지된다.[109]

다음으로 한국의 경우 이미 언급한 대로 중국에 대한 수출에 있어 자
본재의 비율은 1992년 12.6퍼센트에서 2001년에는 28퍼센트로 급증했
다. 이를 통해 중국의 공업발전과 보조를 맞추며 수출의 고도화가 이루
어진 사실을 알 수 있다. 중국의 2차 산업 증가율이 1980년 이래 2000
년까지 연평균 11.6퍼센트였던 데 반해 우리의 자본재 수출 증가율은
1992년부터 2001년까지 연평균 35퍼센트를 기록함으로써 외견상으로는
중국경제의 고도화를 우리의 수출이 충분히 흡수한 것으로 나타난다. 그
러나 원자재의 수출비중은 2001년을 기준으로 여전히 61퍼센트에 달해
수출구조의 고도화에는 한계가 있다는 사실을 알 수 있다.

이는 중국시장에서 우리의 최대 경쟁국인 일본과 대만이 자본재를 경
쟁적으로 공급한 결과로 볼 수 있는데, 2000년을 기준으로 중국 수입시
장의 점유율은 일본이 19.6퍼센트를 차지하며 1위, 대만 12.1퍼센트로 2
위, 한국 11퍼센트로 3위 그리고 미국이 9.5퍼센트로 4위를 기록하고 있
어 한국, 일본 그리고 대만 간의 경쟁이 가장 치열함을 알 수 있다.[110]

세계화 연수과정 수료 논문, 2001.11., p. 8에서 재인용.

108) 李起燮, "중국경제의 부상과 한국의 대응전략," p. 8.

109) 1978년부터 2000년까지 중국의 공업생산액은 11.9배로 증대되어 연평균 11.6퍼
센트의 증가율을 보이고 있다. 1979년부터 2000년 사이 중국의 경제성장률이 연평
균 9.5퍼센트였음으로 공업생산율이 경제성장율을 상회하고 있음을 알 수 있다. 이
러한 이유로 중국의 경제성장이 수출과 외국인 투자에 의존하는 바 컸고 바로 그
배후에 공업생산력의 발전이라는 요소가 숨겨져 있다고 간주할 수 있는 것이다(*Ibid*,
p. 6-8). 그리고 2000년을 기준으로 중국의 수출 공산품 중 고부가가치 상품인 기계,
전자 및 첨단산업 분야의 제품이 약 반을 차지하고 있다는 통계는 중국 산업구조의
급속한 재편을 잘 보여주고 있다(*Ibid*.).

110) 신승관·한혜원, "4대 수출시장에서의 국별 경쟁현황 분석," 무역협회 무역연구소,
2002.11., pp. i, 2, 8-9. 참고로 제5위의 對中 수출국인 독일의 시장 점유율은 2000
년을 기준으로 4.9퍼센트, 홍콩은 제6위로 4.4퍼센트를 각각 기록하고 있다(*Ibid*.).

세 국가가 모두 지리적으로 중국에 인접해 있고 중간재를 생산할 수 있는 공업력 또한 일본을 선두로 한국과 대만이 비슷한 수준에서 경쟁하고 있는 관계이므로 한국의 자본재 수출은 그만큼 치열한 경쟁을 치룰 수밖에 없는 것이다.111)

역으로 한국의 수입시장에 대한 중국수출의 구조를 살펴보면 오히려 중국의 자본재 수출이 괄목할 만 한 신장세를 보이고 있다는 사실을 발견할 수 있다. 1992년 중국의 對한국 수출에서 광산물, 화공품 등 원자재가 차지하는 비중이 76.4퍼센트였던데 반해 2001년에는 그 비중이 40.2퍼센트로 급락하였다. 반면 자본재의 경우 1992년 점유율이 3.8퍼센트에 불과했으나 2001년에는 무려 29.1퍼센트로 급증하였다.112)

이상의 통계는 1978년 중국이 개혁개방을 표방할 당시 중국경제의 낙후성을 감안, 한중경제관계가 한일 간의 관계 정도는 아니더라도 어느 정도는 수직적인 분업형태를 띠며 발전할 것이라던 예측이 적중하지 않고 있음을 보여주고 있다. 2001년을 기준으로 상대적으로 수평적인 분업형태가 자리잡고 있다고 보여지는데 원인은 한국이 과거 20여 년간 지속적인 성장을 하지 못해 기술수준에서 선진국 진입에 실패한 반면 중국은 예상보다 훨씬 빠른 속도로 고도성장을 이룩, 한국의 수준에 상당히 근접했기 때문이다.

결국 이를 통해 중화경제권의 실체는 한중경제관계와 비교하여 별 차이가 없다는 것을 알 수 있다. 이미 언급한 대로 중화경제권의 경제협력은 비교우위의 원칙과 지리적 인접성에 기초한 대단히 자연스런 경제관계의 활성화로 이해할 수 있을 뿐이다. 물론 민족적 동질성에 주안점을 두는 경우가 있으나 그것만으로 체제, 이념, 그리고 정치적 이질성을 극

---

111) 같은 중화경제권인 홍콩의 경우 중국에 대한 제6위의 수출 단위체임에도 불구하고, 2001년 한국의 對중국 수출경쟁지표 비교에서는 한국과 경쟁관계가 아님이 드러났다(*Ibid.*, p. 9).

112) 소비재의 경우 1992년 19.8퍼센트에서 2001년에는 30.6퍼센트로 증가하였다. 양평섭, "한중 무역구조의 변화와 시사점," p. 11.

복하는 데는 한계가 있을 수밖에 없다. 대표적으로 단일민족인 남북한이 체제 및 이념적 이질성으로 인해 현재까지 경제협력의 활성화는 고사하고 적대관계 조차 해소하지 못하는 현실은 민족중심의 가치관 혹은 분석에 한계가 있음을 단적으로 보여주고 있다.

4. 미국, 일본 그리고 중국 변수: 전략적 평가

1) 주요 변수의 해석

한 나라의 대외경제관계를 전략적으로 생각한다는 것은 경제적인 변수는 물론 정치 혹은 그 밖의 요소들을 그 나라의 국익을 극대화시키는 방향으로 장기적인 관점에서 계산하는 것을 의미한다. 우선 경제적인 관점에서 보아도 수출시장의 중요성은 인정되지만 수출이 대외경제관계의 전부이던 시대는 지나갔음을 알 수 있다. 고려해야 할 경제적 변수가 상당히 많아졌는데 한국의 경우 경제구조가 어떤 메커니즘에 기초하고 있고, 아울러 경제가 외부 요소와는 어떻게 연계되며 발전하였는지를 살펴보는 것이 특히 중요하다.

한국의 경제발전전략이 사실상 미국에 의해 기획, 추진되었던 역사적 사실은 이미 기술한 바와 같다. 여기에 일본이라는 절묘한 변수가 인입됨으로써 한국의 경제구조는 미국 및 일본과의 관계를 기본 축으로 그 모습을 갖추게 된다. 즉 개방적이고 자유로운 경제체제로의 전환은 정치 및 경제적인 변수가 모두 고려되어 정밀하게 기획된 것이었다. 경제발전과 대외경제관계의 질적 변화도 특히 미국의 영향을 절대적으로 받으며 이루어지게 되는데 1980년대의 시장개방과 국내경제의 자유화, 1990년대의 보다 개방적인 경제제도의 확립 및 자본시장의 개방을 통한 전면적인 국제화 등이 같은 맥락에서 이해될 수 있다.

반면 한국과 중국의 경제관계는 어떠한 작위 혹은 기획에 의한 것이라기보다는 일단은 양국이 경제적 필요에 의해 어느 특정 국가의 강요나

조정이 배제된 가운데 자연스럽게 이루어졌다는 특징을 지니고 있다. 한미 혹은 한일 경제관계와는 달리 애초부터 어떤 특정의 전략적 계산하에서 한중경제관계가 형성되지는 않았던 것이다. 또한 한국경제가 어느 정도 성장한 이후 후발 주자인 중국과의 경제관계가 형성됨으로써 한일관계에서 나타나는 일방적 의존 현상이 한중관계에서는 되풀이되지 않고 있다.

그러한 사실에 기초하여 중요한 대외경제관계 요소를 살펴보면, 우선 무역에 한정하는 경우 중국이 우리의 제일 수출시장으로 부상한 것은 사실이나 한국의 기술적 우위가 어느 정도 유지되는 가운데 크게 보아 수직적이라기보다는 수평적 분업에 가까운 형태의 한중 통상관계가 형성, 유지되고 있다. 따라서 양국이 지니고 있는 시장을 통한 영향력(market leverage)은 사실상 균형을 이루고 있다고 볼 수 있다.113)

하지만 한미 그리고 한일 무역관계를 살펴보면 상이한 그림이 그려진다. 우선 한미관계에서는 1990년대 이후 일종의 구조적 변화가 눈에 띈다. 1990년대를 거치며 특히 서비스 교역이 급증하는 현상이 목격되고 있다.114) 서비스 교역은 현재에도 우리 대외교역의 중심축을 이루고 있

---

113) 양국의 수출입 구조는 이러한 양상을 잘 반영하고 있다. 1992년 우리의 對中 수출 중 원자재의 비율은 81.5퍼센트, 자본재 12.6퍼센트 그리고 일반 소비재 5.8퍼센트였던 것이 2001년에는 원자재 61.2퍼센트, 자본재 28퍼센트 그리고 소비재 10.8 퍼센트로 변화하였다. 반면 對中 수입의 경우 1992년 원자재 76.4퍼센트, 자본재 3.8퍼센트, 소비재 19.8퍼센트에서 2001년에는 원자재 40.2퍼센트, 자본재 29.1퍼센트 그리고 소비재 30.6퍼센트로 각각 변화하였다. 수출입 모두에서 원자재의 비율이 축소되며 자본재의 비율이 거의 비슷하게 높아지는 변화를 목격할 수 있다. 따라서 상호 간에는 거의 수평적인 분업구조가 형성되어 있다고 보아도 무방할 것이다(양평섭, "韓·中 貿易構造의 변화와 시사점: 한·중 수교 후 10년간의 변화를 중심으로," pp. 8, 11). 시장 영향력의 관점에서 중요한 것은 특정 국가와의 무역관계가 의도적으로 축소 혹은 단절되는 경우 경제적으로 어떤 영향을 미치게 되는가인데, 이때 대체 시장 혹은 수입선의 존재 여부가 영향력 정도의 관건이 된다. 특히 중간재의 경우 수입선 대체가 상대적으로 어려운데, 왜냐하면 사실상 기술도입이라는 성격을 띠고 있기 때문이다. 한국의 대일 무역역조가 중간재에 대한 대일의존 때문에 극복되지 못하고 있는 현실은 이를 잘 반영하고 있다. 따라서 한중 간의 시장균형도 비슷한 맥락에서 이해될 수 있을 것이다.

지만 장기적으로는 중요성이 더욱 증대될 전망이다. 사실상 미국이 우리의 서비스 교역을 주도하고 있다는 사실은 이미 밝힌 바 있다. 같은 분야에서 중국의 역할은 사실상 무시할 수준이다. 따라서 상품시장의 양적 팽창에 기초하여 수출시장의 중요성을 단순히 비교하는 데는 한계가 있음을 알 수 있다.[115]

다음으로 일본의 경우는 우리의 대외수입 관계를 현재까지 주도하고 있고, 더욱 중요한 것은 사실상 우리의 기술 도입원이라 할 수 있는 핵심 중간재의 수입을 구조적으로 지배하고 있다는 사실이다. 고급기술을 필요로 할수록 對日 의존이 오히려 증대되는 현상이 지속되고 있는 것이다.[116] 주요 부품산업에서의 기술 부재와 핵심 생산기계 분야의 생산력 열세, 그리고 기초과학의 미급한 수준 등이 기술의존의 가장 중요한 요인으로 꼽히고 있다.[117]

기술도입 건수에 대한 통계는 지속적인 무역 및 경제성장을 위해 필요한 기술의 도입선이 특정 국가에게 어느 정도 편중되어 있는가를 잘 보여주고 있다. 1962년부터 1976년 사이, 즉 수출주도형 정책 초기에 미국

---

114) 각주 59), 60) 참조.

115) 서비스 교역의 확대 혹은 그 밖의 요소를 고려하지 않은 수출의 단순 양적 비교가 한국의 중국에 대한 일종의 환상을 불러일으키고 있다고 지적한 최근의 논문으로 다음이 있다: "한국인들은 그들의 상품교역에 있어서 미국의 압도적인 우위가 사라져가고 있다고 인식하고 있는데, 특히 중국과 비교하여 그렇다고 생각한다. 그러나 서비스와 투자 등 새로 부상하는 분야에서 미국의 역할은 점증하고 있다. 요컨대, 경제 사이클(economic life)에서 비교적 천천히 성장하는 옛 분야에서는 상대적으로 미국의 기존 우위가 잠식되고 있으나, 더욱 빠르게 팽창하는 새로운 분야에서는 절대적인 우위를 확보해가고 있다." Marcus Noland, "The Strategic Importance of US-Korea Economic Relations," Institute for International Economics, *International Economics Policy Briefs* Number PB 03-6, May 2003, p. 4. 결국 경제고도화의 자연스런 결과라는 것이다. 따라서 중국이 새로운 분야에서 미국과 비교하여 대등한 역할을 하기 전에는 한미경제관계를 한중경제관계와 단순히 비교하는 것은 무리라는 결론이 가능하다. 어찌 보면 놀랜드 박사의 해석을 확대하면 우리의 대외경제관계에서 미국의 역할은 오히려 증대되고 있다고 말할 수도 있다.

116) 각주 40), 41) 참조.

117) 각주 42), 43) 참조.

과 일본에 대한 기술의존이 건수로는 88퍼센트 그리고 비용으로는 82퍼
센트에 달한다는 사실은 이미 밝힌 바 있다.[118] 그 후 수출선과 수입선이
가시적으로 다변화되었음으로 그 비율에 변화가 있어야 정상이나 적어도
수치상으로는 기존의 기술의존율에 거의 변화가 없는 놀라운 현상이 지
속되고 있다.[119] 미국과 일본은 현재까지도 기술의 핵심 공여 국가인 것
이다. 반면 중국이 우리의 기술 도입 혹은 개발에 기여하는 경우는 거의
없다.

주요 국가의 연구개발비 지출(R&D expenditure) 내역을 살펴보면 향후
의 변화 가능성을 짚어 볼 수 있다. 1998년을 기준으로 미국이 2,270억
달러, 즉 GDP의 2.52퍼센트를 지출하며 1위를 기록하고 있는 반면 일
본이 1,130억 달러로 GDP의 2.98퍼센트를 지출, 2위에 있고 이들 두
나라와는 상당한 차이를 보이며 독일이 490억 달러, GDP의 2.32퍼센트
를 지출하며 3위에 올라 있다. 수치상으로도 미국과 일본이 세계 기술개
발을 거의 주도하고 있는 셈이다.[120] 한국의 두 국가에 대한 과도한 기술
의존이 우연만은 아니라는 사실을 알 수 있다. 반면 같은 해 중국의 지출
은 67억 달러로 GDP의 0.7퍼센트에 불과한 실정이다.[121] 따라서 앞으
로 상당 기간 미국 및 일본과 대등한 수준에서, 혹은 그들을 대신하여 중

---

118) 韓國産業技術振興協會, "우리나라의 國別 技術導入件數 및 代價支給現況." 각주
    38), 39) 참조.

119) 이미 언급한 1996년부터 1999년까지의 통계에서 잘 드러나고 있다. 이 기간 중
    미국과 일본은 우리 기술도입 지급액의 80퍼센트를 점유하고 있다. 따라서 경제개
    발 초기 미국과 일본이 82퍼센트의 점유율을 보인 것과 비교하여 거의 차이를 보이
    지 않고 있는 셈이다. 각주 73) 참조.

120) 韓國産業技術振興協會, "國別 研究開發費 比較: 主要國의 年度別 研究開發費 推
    移," 2000 년 통계 요람 No 036.

121) 韓國産業技術振興協會, "中國의 研究開發費," 2000 년 통계 요람, No 116-1. 인용
    통계에서는 1998년 551억 중국 위안을 지출한 것으로 되어 있다. 이를 당시 환율
    8.28 위안: 1 달러로 환산하여 계산하였다(환율 통계-통계청, 국제통계연감 2002).
    참고로 한국의 연구비지출은 1998년 81억 달러로 GDP의 2.52퍼센트를 기록하고
    있다. 韓國産業技術振興協會, "國別 研究開發費 比較: 主要國의 年度別 研究開發費
    推移."

국이 한국의 주요 기술 공여국이 된다는 것은 사실상 불가능하다는 것을 알 수 있다.

다음으로 국내 자본시장의 개방으로 급증하기 시작한 외국인 투자도 한국경제의 매우 중요한 요소로 자리잡고 있다. 외국인 투자 없이 국내 경제가 원활하게 운영되는 것은 사실상 불가능한 상황이 전개되고 있기 때문이다. 앞서 언급한 바와 같이 외환위기 이후 급증한 외국인 직접투 자에서 미국과 일본은 40퍼센트 내외의 점유율을 보이며 가장 중요한 자 본 공여국으로 자리매김 하고 있다. 이미 설명한 바와 같이 기술도입 등 다른 변수에 비해서 미국 및 일본의 직접투자 비율이 상대적으로 낮은 이유는 서유럽 국가들의 대규모 투자가 이루어졌기 때문이다.[122] 아무튼 1999년부터 2001년까지 미국, 일본 그리고 EU로부터의 투자가 총 직접 투자의 70퍼센트를 점한 사실에 비추어, 소위 서방 선진국들이 한국의 외국인 직접투자를 주도하고 있다는 사실을 알 수 있다.[123] 반면 같은 기 간 중국의 비율은 1퍼센트에도 미치지 못함으로써 사실상 자본 공여국으 로서의 역할은 전무한 실정이다. 그리고 외국인 직접투자가 주로 서비스 업종에 집중되고 있다는 사실은 국내 서비스산업의 발전을 서방 선진국 의 투자가 주도하고 있음을 말해주고 있다.

포트폴리오, 즉 간접투자의 경우에도 미국과 일본에 대한 편중은 여전 한데, 미국과 일본의 투자가 외국인 총 간접투자의 50퍼센트에 육박하며 국내 간접투자 시장을 사실상 주도하고 있다. 국내 주식시장 시가 총액 의 약 35퍼센트를 외국인이 소유하고 있다는 가장 최근의 통계는 외국인 의 국내 주식시장에 대한 영향력을 가늠하게 한다. 또한 그 비율은 향후 지속적으로 증가할 것으로 예견된다. 결국 미국과 일본 특히 미국은 국 내 주식시장에서도 상당한 영향력을 행사할 수 있는 위치에 있음을 알 수 있다.[124] 외환시장도 비슷한 상황임은 이미 설명한 바와 같다.[125] 외

---

122) 각주 64), 66) 참조.

123) 산업자원부, *외국인투자통계*.

국인의 국내투자 중 특히 간접투자의 지침이 되는 주요 신용평가회사의 움직임에 한국정부가 긴장할 수밖에 없는 상황 자체가 외국인 투자와 국내경제의 구조적 연계를 잘 보여주고 있다.

예를 들어 2003년 2월 미국의 신용평가회사인 무디스사가 우리의 국가신용 등급을 '긍정적'에서 '부정적'으로 두 단계 하향 조정하자 온 나라가 발칵 뒤집히는 사태가 발생하였다. 곧 이어 정부 최고위 관료들이 진화를 위해 미국을 방문하는 상황이 연출됐다.[126] 한국경제의 대외신용도가 추락하는 경우 어떠한 문제가 발생하는지는 이미 1997년 외환위기 때 경험한 바 있다. 외국자본의 이탈로 국내경제가 붕괴되는 과정을 목격한 정부로서는 당연히 당황할 수밖에 없는 것이다. 1997년과 비교하여 더욱 개방된 금융체제를 지니고 있는 현재, 외국 투자자들의 영향력은 당연히 커질 수밖에 없다. 특히 미국의 영향력이 지대한 것은 부인할 수 없는 현실이다. 반면 같은 맥락에서의 중국의 영향력은 전무함으로 서로 비교 대상이 안 된다고 보는 것이 타당할 것이다.

2) 대외경제전략

10년 정도에 불과한 짧은 관계에 비해 한국에 각인된 중국의 위상은 놀라울 정도이다. 중국 바람이 이미 한국을 휩쓸고 있고 중국은 한국에게 가장 중요한 파트너로 인식되고 있다. 중국과의 경제협력 확대 그리고 다른 분야에서의 교류 급증 등이 빚어낸 중국 중시 현상은 전략적으로 어떻게 판단하여야 하는가.

중화경제권에 대한 분석에서 드러나듯 홍콩은 중국에게 두 가지의 풀기 어려운 중요한 문제를 제시하고 있다. 우선 아시아에서 가장 민주적

---

124) 각주 68), 69) 참조.

125) 각주 70), 71) 참조.

126) 김기수, "미국의 통상압력 강화와 영향력," *세종연구소 정세와 정책* 2003-05, 통권 82호, p. 19.

이고 자유로운 체제를 오랫동안 유지하여 왔던 홍콩이 중국이 요구하는 통제적 정치제도를 받아들일 수 없다는 점과 그것을 강요할 뚜렷한 방안이 중국 당국에게는 없다는 현실을 지적할 수 있다. 따라서 자유와 민주라는 정치 이데오르기를 둘러싼 중국당국과 홍콩의 갈등은 피하기 어려운 당면 문제인 것이다. 결국 본토에 대한 홍콩으로부터의 정치적 파장을 중국이 쉽게 제어하기 어려운 상황이 지속될 가능성은 충분히 있다.

다른 하나는 외교적인 문제인데, 홍콩에 대한 자신들의 利害를 미국을 위시한 서구 열강들이 분명히 하고 있어 홍콩문제에 대한 중국의 과도한 혹은 무리한 개입이 있는 경우 그들이 외교적으로 개입할 가능성 또한 여전하다는 사실을 지적할 수 있다. 이를 종합하여 보면 아이러니하게도 1997년 단행된 홍콩의 중국 귀속이 오히려 정치적으로는 중국에게 짐이 되고 있는 셈이다. 주권이 중국에 반환되지 않았더라도 중국과 홍콩 간에 현 수준의 경제관계가 형성되는 데는 별 문제가 없었을 것이라는 가정에 기초하면 양자 간의 관계가 묘한 양상을 띠고 있음을 알 수 있다.

또한 중화경제권으로 분류되고 있는 대만을 중국경제권에 포함시켜 하나의 묶음으로 간주하는 것에도 한계가 있음을 알 수 있다. EU의 예에 비추어 보면 대만은 엄연히 경제적으로 독립된 실체이기 때문이다. 그러므로 일본과 한국의 중국 수입시장 점유율이 각각 1위와 3위를 기록하듯 한국과는 간발의 차이로 2위를 기록하고 있는 대만의 對中 관계도 한국 및 일본의 경우와 같은 맥락에서 이해되어야 할 것이다.

지리적으로 인접해 있고, 경제적으로 상품생산의 분업, 노동력, 혹은 그 밖의 생산요소 등에서 상호 보완적인 국가들 간의 무역 및 투자관계가 긴밀해 질 수밖에 없다는 것은 논리상 상식에 속하기 때문이다. 경제의 이러한 기본 원칙은 한국, 일본은 물론, 대만 나아가 홍콩에게 조차도 모두 공통적으로 적용된다고 보아야 한다. 안보적인 측면에서 대만은 한국과 같이 미국의 영향권에 속해 있으며 경제발전 과정도 한국과 비슷하다. 따라서 경제적 교류의 증대라는 변수만으로 대만을 중국과 묶어 마치 거대한 중국에 흡수되어 가는 비독립적 실체로 간주하는 것은 무리일 수 있다. 통상관계를 포함하여 중국과 가장 밀접한 경제관계를 유지하고 있는 일본을 대만과 동일선상에 놓고 보지 않는 이유는 일본의 정치 및 경제적 이해가 중국의 그것과 다르기 때문인데, 대만이 독립성을 유지하는 한, 같은 원칙은 대만에게도 적용될 수 있는 타당한 기준일 수밖에 없다.

한국경제의 초기 개발모델과 대외경제관계의 발전 궤적을 살펴보면 한국의 경제발전이 철저히 미국에 의해 기획 및 실행되었음을 알 수 있다. 그 과정에서 세 가지의 중요한 기본 원칙이 목격된다. 첫째, 한국경제를 대외지향형 경제구조로 변화시킴으로써 시장중심의 국제경제질서에 자동적으로 연계되도록 하였고, 그 연장선상에서 국내경제의 자유화도 아울러 이루어지도록 기획되었다. 다음으로 경제개발을 위해 가장 필요한 자본, 기술, 그리고 수출시장의 확보를 위해 기존의 미국 이외에 주요 강대국 일본을 끌어들임으로써 지역경제협력 강화는 물론, 동아시아의 안보관계와 경제질서를 일치시키는 효과가 유발되도록 기획되었다. 마지막으로 경제발전 초기 단계를 지나 경제의 고도화가 진행되는 경우, 국내외적으로 다양한 인적 및 물적 자원의 원활한 조달이 필요한데, 한국경제는 이를 위해 국제경제체제에 더욱 상호의존적인 형태로 변모하며 발전하도록 조정되었다.

한미 그리고 한일경제관계가 치밀한 계획하에 형성, 발전된 반면 한중경제관계는 전혀 다른 모습을 하고 있다는 사실은 이미 언급한 바 있다. 따라서 구조적으로 한국경제는 미국과 일본에게는 대단히 취약한 모습을 지니고 있는 반면 중국과는 상대적으로 균형적인 상호의존관계를 유지하고 있다. 이 사실은 경제관계에 힘의 요소가 개입될 때 대단히 중요한 변수가 된다. 시장의 힘(market power) 혹은 경제적 지렛대(economic leverage)를 파악할 수 있는 지표가 되기 때문이다. 즉 한국과 미국 그리고 한국과 일본 관계에서는 한국이 경제적 위약성(vulnerability)을 보이고 있는 데 반해, 한국과 중국과의 관계에서는 그러한 점이 별로 목격되지 않는다. 미국이 상계관세나 반덤핑관세를 우리 수출상품에 부과하는 경우 우리 경제계 전체가 긴장하게 되지만 중국으로부터 상응하는 조치가 내려지는 경우 별로 위축되지 않는 현상은 위의 역학 관계를 잘 보여주는 예라고 할 수 있다.

한국 대외경제관계의 기본 구도는 세부적인 경제변수의 분석을 통해 더욱 자세히 묘사될 수 있다. 구도의 핵심 변수는 당연히 통상, 기술, 투자, 그리고 세력권의 형성 등일 수밖에 없다. 우선 통상분야을 살펴보면, 2001년 무역 총액이 630억 달러를 기록함으로써 서비스교역은 우리 대외경제관계의 주요 축으로 자리매김하기 시작했다. 그런데 미국과 일본이 우리 서비스 교역의 54퍼센트를 점유하고 있는 반면, 중국의 점유율은 6퍼센트 내외를 기록하고 있어 교역상의 질적 차이가 두드러짐을 알수 있다. 적어도 서비스분야에서는 중국이 우리의 주요 교역상대가 아닌 것이다. 그러므로 중국의 경제수준을 감안하면 향후 당분간 이 구도에 변화가 있을 것으로 기대하기는 힘들다.

우리경제의 고도화와 지속적인 발전을 위해 반드시 필요한 기술도입 분야에서도 미국과 일본은 거의 절대적인 위상을 유지하고 있다. 더욱이 미래의 기술수준을 가늠할 수 있는 기술개발 투자를 살펴보아도 미국과 일본은 사실상 세계 기술개발을 주도하고 있는 반면 중국의 투자는 미미한 수준에 머무르고 있는 실정이다. 중국이 우리에게 중요한 기술공여국으로 성장하는 것은 상당 기간 불가능함을 알 수 있다.

경제의 고도화는 자본시장의 개방으로 이어졌다. 구체적으로 OECD에 가입하고 이후 환란을 겪으면서 국내 자본시장은 사실상 완전 개방되었다. 외국인 투자가 그 어느 때보다도 우리경제의 중요 변수로 부각될 수밖에 없는 상황이 전개되기 시작했는데, 이 분야에서도 미국과 일본 나아가 서유럽의 비중은 가히 절대적이다. 직접투자 분야는 물론, 특히 간접투자 분야에서 상기 국가들의 영향력은 나날이 증대되고 있다. 외국인 간접투자는 한국경제의 대외의존도를 상징적으로 보여주고 있다. 특히 주식시장과 외환시장에서 외국 투자가들의 영향력 증대가 눈에 띈다. 결국 한국경제는 국제경제체제에 사실상 완전히 편입되었고, 국제화라는 용어가 상징하듯 질적으로도 많이 변모하였다. 그것은 역으로 우리경제에 이상 징후가 포착되어 외국인 투자분이 급작스레 큰 규모로 이탈하는 경우 국내 주식시장과 외환시장이 동시에 흔들리며 한국경제가 치명타를 입을 수 있는 구도가 이미 정착된 것을 의미한다. 반면 중국의 비중이 거의 전무하다는 사실은 이미 언급한 바와 같다. 중국의 경제발전 및 자본축적 수준을 감안할 때 예측 가능한 미래에 중국이 주요 자본수출국으로 부상하기는 어려운 것이 현실이다.

경제세력권 형성에 대한 논의에 있어서도 현실적으로 한중일을 하나로 묶는 자유무역협정의 타결에는 여러 장애 요인이 있고, 일본의 적극적인 행보에 힘입어 한일 자유무역협정이 우리의 우선 의제로 상정되어 있는 현실은 한중관계가 한일관계를 앞서는 것이 쉽지만은 않다는 사실을 보여주고 있다. 미국이라는 역외 변수를 고려하면 그림은 더욱 분명해진다. 결국 한중경제관계가 역학구도상 한미, 한일 및 미일관계에 기초하고 있는 이른바 동북아 경제 삼각연대를 앞서기는 어렵다는 사실을 알 수 있다.

그리고 안보라는 지극히 정치적인 변수가 개입되는 경우 한미일 축은 더욱 분명해진다. 한국과 미국 그리고 일본이 미국을 중심으로 동맹관계를 유지하고 있는데 반해 중국은 적어도 아직까지는 안보구도상 미국의 영향권에 있다고 보기는 힘들기 때문이다. 북한이라는 변수를 배제하더라도 중국과 일본의 군사적 경쟁관계가 해소되지 않는 한 기존의 구도가 가시적으로 변할 것이라고 기대하는 것은 무리이다.

마지막으로 미국은 엄연히 세계경제의 패권국이다. 패권은 금융, 통화, 무역 그리고 군사 등의 다양한 분야의 권력 요소가 합해진 결과이다. 중요한 것은 미국이 적어도 그들이 원하는 국제경제질서를 스스로 만들 수 있는 힘과 능력을 가지고 있는 유일한 국가라는 사실이다. 이는 곧 일본

은 물론 중국도 미국의 영향권 밖에서 경제행위를 영위하는 것이 현실적
으로 불가능함을 의미한다. 앞서 살펴본 단순한 양자 간의 경제관계와는
또 다른 차원의 커다란 구도가 우리를 감싸고 있음을 알 수 있다.

참고문헌

제1장(서장 포함)

권용립, 미국 대외정책사 (서울: 민음사, 1997).

金景昌, 東洋外交史 (서울: 集文堂, 1987).

金容九, 世界外交史(上): 빈 會議에서 1次大戰 前夜까지 (서울: 서울대학교 출판부, 1989).

────, 世界外交史(下): 1次大戰에서 冷戰秩序의 形成까지 (서울: 서울대학교 출판부, 1989).

르누벵, 피에르, 동아시아 외교사, 박대원 역 (서울: 서문당, 1988).

申基碩, 新稿 東洋外交史 (서울: 探求堂, 1973).

吳淇坪, 世界外交史: 비엔나에서 眞珠灣까지 (서울: 박영사, 1985).

李基鐸, 國際政治史 (서울: 일신사, 1983).

Albrecht-Carrié, René, *A Diplomatic History of Europe: Since the Congress of Vienna,* revised edition (New York: Harper & Row, 1973).

Bailey, Thomas A., *A Diplomatic History of the American People,* seventh edition (New York: Appleton-Century-Crofts, 1958).

Carr, Edward Hallett, *The Twenty Years' Crisis, 1919-1939: An Introduction to the Study of International Relations* (New York: Harper & Row, 1964).

Clide, Paul H., and Burton F. Beers, *The Far East: The History of Western Impacts and Eastern Responses, 1830-1975,* sixth edition (New Jersey: Prentice -Hall, 1975).

Dallin, David J., *The Rise of Russia in Asia* (New Haven: Yale University Press, 1949).

Iriye, Akira, *After Imperialism: The Search for a New Order in the Far East, 1921-1931* (Cambridge: Havard University Press, 1965).

Jones, F. C., *Japan's New Order in East Asia: Its Rise and Fall,* 1937-45, issued under the auspices of Royal Institute of International Affairs (London: Oxford University Press, 1954).

Kajima, Morinosuke, *A Brief Diplomatic History of Modern Japan* (Tokyo: Charles E. Tuttle Co., 1965).

Kennan, George F., *American Diplomacy: 1900-1950* (Chicago: The University of Chicago Press, 1951).

_____, *The Decline of Bismark's European Order: Franco-Russian Relations, 1875-1890* (Princeton: Princeton University Press, 1979).

Kissinger, Henry A., *Diplomacy* (New York: Simon & Schuster, 1994).

Levi, Werner, *Modern China's Foreign Policy* (Minneapolis: The University of Minnesota Press, 1953).

MacNair, Harley F., and Donald F. Lach, *Modern Far Eastern International Relations*, second edition (New York: D. Van Nostrand Company, 1955).

May, Ernest R., ed., *The American Foreign Policy* (New York: George Braziller, Inc., 1963).

Mearsheimer, John J., *The Tragedy of Great Power Politics* (New York: W. W. Norton & Company, 2001).

Nagai, Yonosuke, and Akira Iriye, eds., *The Origins of the Cold War in Asia* (Tokyo: University of Tokyo Press, 1977).

Ogata, Sadako N., *Defiance in Manchuria: The Making of Japanese Foreign Policy, 1931-1932*, Publications of the Center for Japanese and Korean Studies (Berkeley: University of California Press, 1964).

Price, Ernest Batson, *The Russo-Japanese Treaties of 1907-1916 concerning Manchuria and Mongolia* (Baltimore: The Johns Hopkins Press, 1933).

Taylor, A. J. P., *The Struggle for Mastery in Europe 1848-1918* (Glasgow: Oxford University Press, 1957).

Varg, Paul A., *Open Door Diplomat: The Life of W.W. Rockhill*, Illinois Studies in the Social Sciences, Volume XXXIII (Westport, Connecticut: Greenwood Press, 1974).

제2장

姜太勳 外, 베트남의 政治經濟와 國際關係 (서울: 경남대학교 극동문제연구소, 1987).

姜太勳, "베트남과 日本의 關係," 姜太勳 外, 베트남의 政治經濟와 國際關係

권용립, 미국 대외정책사 (서울: 민음사, 1997).

金基泰, "外交史的으로 본 베트남과 泰國과의 紛爭: 베트남 共産化 前後時期를 中心으로," 姜太勳 外, 베트남의 政治經濟와 國際關係

김국진 외, 아세안의 政治經濟 (서울: 집문당, 1993).

김기수, EU 회원국 확대의 전략적 평가: EU의 국제적 영향력 변화 가능성 진단, 정책보고서 2004-09, 2004년 10월, 세종연구소.

김덕중, 미·중 관계와 러시아 (서울: 태학사, 2002).

김성철 편, 미일동맹외교 (성남: 세종연구소, 2001).

───, "미일 동맹과 일본의 안보외교: 9.11 미테러사건을 전후하여," 세종연구소 세종정책연구 2003-21.

───, "미일동맹 강화와 TMD," 김성철 편, 미일동맹외교

김영명, 동아시아발전 모델의 재검토: 한국과 일본의 경우, 한림과학원총서 40 (서울: 소화, 1996).

金澈凡 엮음, 한국전쟁: 강대국 정치와 남북한 갈등 (서울: 평민사, 1989).

김태우, "핵태세검토서(NPR)와 미국의 신핵정책," 국방대학교 안보문제연구소 주최, 한반도 핵문제 재조명과 한국의 안보, 발표 논문, 2002년 6월 20일.

김학준, 한국전쟁: 원인, 과정, 휴전, 영향 (서울: 박영사, 1989).

나이, 조셉 S., "美國의 新아시아 戰略: 미일 동맹은 아시아전략의 초석, 군사프레젠스를 통해서 독자적인 역할을 담당한다," 국제문제 319, 1997년 3월.

네어, 클라크, 현대 동남아의 이해, 동남아지역연구회 역 (서울: 서울프레스, 1994). (원전) Clark D. Neher, Southeast Asia in the New International Era (Boulder: Westview Press, 1991).

레이퍼, 마이클 편, 東아시아 勢力均衡, 국방대학원 안보문제연구소 역 (서울: 국방대학원, 1987). (원전) Michael Leifer, The Balance of Power in East Asia (Hampshire: Macmillan, 1986).

레이퍼, 마이클, "힘의 均衡問題와 地域秩序," 레이퍼 편, 東아시아 勢力均衡.

──────, "ASEAN의 역할과 역설," 레이퍼 편, 東아시아의 勢力均衡.

마이어, 밀톤 W., 동남아시아 입문, 김기태 역 (서울: 한국 외국어대학 출판부, 1994). (원전) Milton W. Myer, *Southeast Asia: a brief history.*

머트레이, 제임스(Matray, James), "계산된 위험: 1941년부터 1950년까지에 있어서 미국의 對韓 公約," 金澈凡 엮음, 한국전쟁: 강대국 정치와 남북한 갈등.

文首彦, "베트남과 蘇聯關係: 明暗과 前望," 姜太勳 外, 베트남의 政治經濟와 國際關係.

박번순, "동남아 경제의 발전 요인과 특성," 윤진표 편, 동남아의 경제성장과 발전전략: 회고적 재평가.

배긍찬, "ASEAN과 아태지역·다자안보대화: ARF를 중심으로," 국제문제 330호, 1998년 2월.

──────, "ASEAN과 ARF," 국제문제 344호, 1999년 4월.

白京南, 독일의 길 한국의 길 (서울: 한울아카데미, 1999).

베이징 저널, "중국, 올 들어 원유수입 급증," 2004/10/22.

변창구, 아세안과 동남아 국제정치 (서울: 대왕사, 1999).

시걸, 제럴드, "東아시아의 蘇聯," 레이퍼 편, 東아시아의 勢力均衡.

아디스, 존, "印度支那: 紛爭의 舞臺," 레이퍼 편, 東아시아의 勢力均衡.

梁承允, "베트남의 膨脹主義와 아세안," 姜太勳 外, 베트남의 政治經濟와 國際關係.

외교안보연구원, 아프간 전쟁 이후 美國의 對중앙아시아 政策, 主要國際問題 分析, 2002. 7. 15.

외교통상부, ASEM 개황, 2002. 9.

尹德敏, "美日 防衛協力 指針 개정과 韓國의 對應," 국제문제 325호, 1997년 9월.

윤진표 편, 동남아의 경제성장과 발전전략: 회고적 재평가 (서울: 오름, 2004).

이요한, "ASEAN 경제협력의 발전과정: 성장과 한계," 윤진표 편, 동남아의 경제성장과 발전전략: 회고적 재평가.

이한우, "사회주의권 쇠퇴 이후 베트남 사회주의 체제의 지속과 변화: 소유제 개혁을 중심으로," 윤진표 편, 동남아의 경제성장과 발전전략: 회고적 재평가.

장달중·임수호, "부시행정부의 패권전략과 동아시아의 안보딜레마," *국가전략* 10/2, 2004 여름, 세종연구소.

장해광, *현대한미관계론* (서울: 학문사, 1988).

정은숙, *러시아 외교안보정책의 이해: 고르바초프에서 푸틴까지* (성남: 세종연구소, 2004).

鄭天九, "中·越戰爭의 原因과 結果," 姜太勳 外, *베트남의 政治經濟와 國際關係*.

조선일보, "미의회, 200억$ 대테러 예산 승인," 2001/12/21.

———, "美첨단무기에 4080억$ 투입," 2002/02/05.

———, "세계적인 투자은행 '도이치뱅크' 보고서, 中경제, 2017년 세계 2위," 2003/04/11.

조성을 역, *베트남현대사* (서울: 미래사, 1986). (원전) 眞保潤一郎, *베트남 現代史*.

케이건, 로버트, *미국 VS 유럽: 갈등에 관한 보고서*, 홍수원 역 (서울: 세종연구원, 2003). (원전) Robert Kegan, *Of Paradise and Power: America VS Europe in the New World Order* (New York: Alfred A. Knopf, 2003).

키신저, 헨리, *키신저 회고록: 백악관 시절*, 문화방송-경향신문 역 (서울: 문화방송-경향신문, 1979). (원전) Henry A. Kissinger, *The Memoirs of Henry Kissinger: White House Years: 1969-1972* (Boston: Little Brown, 1979).

펠드만, 하비(Feldman, Harvey), "골 깊어지는 미중 갈등," 조선일보, 2000/04/16.

韓國産業技術振興協會, "主要國 研究開發費 推移," *1999년 및 2003년 통계 요람*.

———, "中國의 研究開發費," *1999년 및 2003년 통계 요람*.

한국정치외교사학회 편, *제2차 세계대전 후 열강의 점령정책과 분단국의 독립·통일* (서울: 건국대학교출판부, 1999).

한명화, *한미관계의 정치·경제: 1945-1985* (서울: 평민사, 1986).

黃炳茂, "베트남과 中共關係," 姜太勳 外, *베트남의 政治經濟와 國際關係*.

Acharya, Amitav, "Regional Institutions and Asian Security Order: Norms, Power, and Prospects for Peaceful Change," Alagappa, ed., *Asian Security Order: Instrument and Normative Feature*.

Akrasanee, Narongchai, ed., *ASEAN-Japan Relations: Trade and Development* (Singapore:

Institute of Southeast Asian Studies, 1983).

_____, "ASEAN-Japan Trade and Development: A Synthesis," Akrasanee, ed., *ASEAN-Japan Relations: Trade and Development.*

_____, and Joseph L. H. Tan, eds., *ASEAN-U.S. Economic Relations: Private Enterprise as a Means for Economic Development and Co-operation* (Singapore: Institute of Southeast Asian Studies, 1990).

_____, et. al., *ASEAN-Japan Cooperation: A Foundation for East Asian Community* (Tokyo: Japan Center for International Exchange, 2003).

_____, and Apichart Prasert, "The Evolution of ASEAN-Japan Economic Cooperation," Akrasanee, et. al., *ASEAN-Japan Cooperation: A Foundation for East Asian Community.*

Alagappa, Muthiah, ed., *Asian Security Practice: Material and Ideational Influences* (Stanford: Stanford University Press, 1998).

_____, "Asian Practice of Security: Key Features and Explanations," Alagappa, ed., *Asian Security Practice: Material and Ideational Influences.*

_____, ed., *Asian Security Order: Instrument and Normative Feature* (Stanford: Stanford University Press, 2003).

_____, "Constructing Security Order in Asia: Conceptions and Issues," Alagappa, ed., *Asian Security Order: Instrument and Normative Feature.*

Albrecht-Carrié, René, *A Diplomatic History of Europe: Since the Congress of Vienna,* revised edition (New York: Harper & Row, 1973).

Allen, Richard V., "Peace or Peaceful Coexistence," Dulles and Crane, eds., *Détente: Cold War Strategies in Transition.*

Antolik, Michael, *ASEAN and the Diplomacy of Accommodation* (New York: M. E. Sharpe, Inc., 1990).

Bandow, Doug, *Tripwire: Korea and U.S. Foreign Policy in a Changed World* (Washington D.C.: CATO Institute, 1996).

Barnett, A. Doak, *China and the Major Powers in East Asia* (Washington D.C.: The Brookings Institution, 1977).

Bernstein, Alvin H., "Cam Rahn Bay, Da Nang, and Soviet Power Projection in Southeast Asia," Tanham and Bernstein, eds., *Military Basing and the US/Soviet Military Balance in Southeast Asia.*

Bialer, Seweryn, *The Soviet Paradox: External Expansion, Internal Decline* (New York: Vintage Books, 1986).

Blank, Stephen J., and Alvin Z. Rubinstein, eds., *Imperial Decline: Russia's Changing Role in Asia* (Durham: Duke University Press, 1997).

Blank, Stephen, "Central Asia and the Transformation of Asia's Strategic Geography," *The Journal of East Asian Affairs* 17/2, July 2003.

Bracken, Paul, *Fire in The East: The Rise of Asian Military Power and the Second Nuclear Age* (New York: Harper Collins Publishers, 1999).

Brzezinski, Zbigniew, *The Grand Chessboard: Amercan Primacy and Its Geostrategic Imperatives* (New York: Basic Books, 1997).

_____, *The Choice: Global Domination or Global Leadership* (New York: Basic Books, 2004).

Buszynski, Leszek, *Soviet Foreign Policy and Southeast Asia* (London: Croom Helm Ltd., 1986).

Campbell, Kurt M., and S. Neil MacFarlane, eds., *Gorbachev's Third World Dilemmas* (London: Routledge, 1989).

Capie, David, "Between a hegemon and a hard place: the 'war on terror' and Southeast Asian-US relations," *The Pacific Review* 17/2, June 2004.

Center for Defense Information, "Last of the Big Time Spenders," *http://www.cdi.org/issues/wme/spenders.html*.

_____, "U.S. Military Spending, 1945-1996," *http://www.cdi.org/issues/milspend.html*.

Cha, Victor, "Nuclear Weapons, Missile Defense, and Stability," Alagappa, ed., *Asian Security Order: Instrument and Normative Feature*.

Chan, Steve, *East Asian Dynamism: Growth, Order, and Security in the Pacific Region* (Boulder: Westview Press, 1990).

Chang, Pao-min, *The Sino-Vietnamese Territorial Dispute* (New York: Preager, 1986).

Chee, Chan Heng, "ASEAN: Subregional Resilience," Morley, ed., *Security Interdependence in the Asia Pacific Region*.

Chia, Siow-Yue, and Cheng Bifan, *ASEAN-China Economic Relations: In the Context of Pacific Economic Development and Co-operation* (Singapore: Institute of Southeast Asian Studies, 1992).

Chun, Hongchan, and Charles E. Ziegler, "Russian Federation and South Korea," Blank and Rubinstein, eds., *Imperial Decline: Russia's Changing Role in Asia*.

Cirincione, Joseph, and Jon Wolfsthal, "A Change in U.S. Nuclear Policy," *Carnegie Analysis*, March 11, 2002, *www.ceip.org/files/nonprolif/templates.article.asp/NewsID =2460*.

Clarke, Jeffrey, "On Strategy and the Vietnam War," Mathews and Brown, eds., *Assessing the Vietnam War: A Collection from the Journal of the U.S. Army War College*.

Clinton, William J., *A National Security Strategy of Engagement and Enlargement 1995-1996* (Washington: Brassey's, Inc., 1995).

Clough, Ralph N., *East Asia and U.S. Security* (Washington D.C.: The Brookings Institution, 1975).

Dibb, Paul, "Soviet Capabilities, Interests and Strategies in East Asia in the 1980s," O'Neill, ed., *Security in East Asia*.

Dobbins, James, et. al., *America's Role in Nation-Building: From Germany To Iraq* (Santa Monica: RAND, 2003).

Dreyer, June Teufel, *Chinese Defense and Foreign Policy* (New York: Professors World Peace Academy, 1989).

―――, ed., *Asian-Pacific Regional Security* (Washington D.C.: The Washington Institute Press, 1990).

Duiker, William J., *Vietnam: Nation in Revolution* (Boulder: Westview Press, 1983).

Dulles, Eleanor Lancing, and Robert Dickson Crane, eds., *Détente: Cold War Strategies in Transition* (New York: Frederick A. Praeger, 1965).

Dunn, Keith A., and William O. Staudenmaier, *Military Strategy in Transition: Defense and Deterrence in the 1980s* (Boulder: Westview Press, 1984).

―――, eds., *Alternative Military Strategies for the Future* (Boulder: Westview Press, 1985).

Freedman, Lawrence, *The Revolution in Strategic Affairs*, Adephi Paper 318 (London: Oxford University Press, 1998).

Fukuyama, Francis, *Gorbachev and the New Soviet Agenda in the Third World*, Prepared for the United States Army (Santa Monica: The RAND

Corporation, 1989).

Funabashi, Yoichi, *Alliance Adrift* (New York: Council on Foreign Relations Press, 1999).

Gardner, Richard N., *Sterling-Dollar Diplomacy in Current Perspective: The Origins and the Prospects of Our International Economic Order* (New York: Columbia University Press, 1980).

Gates, John M., "Vietnam: The Debate Goes On," Mathews and Brown, eds., *Assessing the Vietnam War: A Collection from the Journal of the U.S. Army War College.*

Gettleman, Marvin E., Jane Franklin, Marilyn B. Young, and H. Bruce Franklin, eds., *Vietnam and America: The Most Comprehensive Documented History of the Vietnam War* (New York: Grove Press, 1995).

Gill, Bates, "China and the Revolution in Military Affairs: Assessing Economic and Socio-Cultural Factors," *Strategic Studies Institute*, May 20 1996, *www. fas.org/nuke/guide/china/doctrine/chinarma.pdf.*

Giragosian, Richard, "The US Military Engagement in Central Asia and the Southern Caucasus: An Overview," *Journal of Slavic Military Studies* 17, 2004.

Goldman, Emily O., and Thomas G. Mahnken, eds., *The Information Revolution in Military Affairs in Asia* (New York: Palgrave MacMillan, 2004).

Green, Michael J., "Balance of Power," Steven K. Vogel, ed., *U.S.-Japan Relations in a Changing World.*

————, and Patrick M. Cronin, eds., *The U.S.-Japan Alliance: Past, Present, and Future* (New York: Council on Foreign Relations Press, 1999).

Halperin, Morton H., *Limited War in the Nuclear Age* (New York: John Wiley and Sons, 1963).

Hänggi, Heiner, *ASEAN and the ZOPFAN Concept* (Singapore: Institute of Southeast Asian Studies, 1991).

Henly, Lonnie, "China's Capacity for Achieving A Revolution in Military Affairs," *Strategic Studies Institute*, May 20, 1996, *www.fas.org/nuke/guide/china/doctrine/chinarma.pdf.*

Herring, George C., *America's Longest War: The United States and Vietnam,*

1950-1975, second edition (New York: Newbery Awards Record, Inc., 1986).

Hinton, Harold C., et. al., *The U.S.-Korean Security Relationship: Prospects and Challenges for the 1990s,* Special Report 1988 of the Sejong Institute and Institute for Foreign Policy Analysis, Inc. (Washington D.C.: Pergamon -Brassey's International Defense Publishers, 1988).

Hudson, G. F., *The Hard and Bitter Peace: World Politics Since 1945* (New York: Frederick A. Praeger, 1967).

_____, Richard Lowenthal, and Roderick MacFarquhair, *The Sino-Soviet Dispute: Documented and Analysed* (London: The China Quarterly, 1961).

Jackson, Karl D., and M. Hadi Soesastro, eds., *ASEAN Security and Economic Development,* Research Papers and Policy Studies (California: Institute of East Asian Studies, University of California, Berkeley, 1984).

Jackson, Karl D., Sukhumbhand Paribarta, and J. Soedjati Djiwandono, eds., *ASEAN in Regional and Global Context,* Research Papers and Policy Studies (California: Institute of East Asian Studies, University of California, Berkeley, 1986).

Japan Defense Agency, *Japanese-U.S. Joint Declaration on Stability-Alliance for the 21st Century,* April 17, 1996, Tokyo, *www.jda.go.jp/e/index_.html.*

Ji, You, "Learning and Catching Up: China's Revolution in Military Affairs Initiative," Goldman and Mahnken, *The Information Revolution in Military Affairs in Asia.*

Kallgren, Joyce K., et. al., *ASEAN and China: An Evolving Relations* (Berkeley: University of California Press, 1988).

Kane, Thomas M., *Chinese Grand Strategy and Maritime Power* (London: Frank Cass Publishers, 2001).

Kanet, Roger E., Deborah Nutter Miner, and Tamara J. Resler, eds., *Soviet Foreign Policy in Transition* (Cambridge: Cambridge University Press, 1992).

Kennan, George F., *American Diplomacy: 1900-1950* (Chicago: The University of Chicago Press, 1951).

_____, "The Sources of Soviet Conduct," Kennan, *American Diplomacy.*

Khalilzad, Zalmay, et. al., *The United States and Asia: Toward a New U.S. Strategy and Force Posture* (Santa Monica: RAND, 2001).

Kim, Samuel S., ed., *China and the World: Chinese Foreign Policy, Faces the New Millennium,* fourth edition (Boulder: Westview Press, 1998).

Kintanar, Agustin, Jr., and Tan Loong-Hoe, *ASEAN-U.S. Economic Relations: An Overview* (Singapore: Institute of Southeast Asian Studies, 1986).

Kissinger, Henry A., *Diplomacy* (New York: Simon& Schuster, 1994).

―――――, *Does America Need a Foreign Policy? Toward a Diplomacy for the 21st Century* (New York: A Touchstone Book, 2001).

―――――, "Center of Gravity of International Affairs Shifts," *Tirbune Media Services International, www.chosun.com,* 2004.07.04.

Krauss, Ellis S., and T. J. Pempel, eds., *Beyond Bilateralism: U.S.-Japan Relations in the New Asia-Pacific* (Stanford: Stanford University Press, 2004).

Lampton, David M., ed., *The Making of Chinese Foreign and Security Policy in the Era of Reform, 1978-2000* (Stanford: Stanford University Press).

Lawson, Eugene K., *The Sino-Vietnamese Conflict* (New York: Praeger Publishers, 1984).

Lewy, Guenter, *America in Vietnam* (Oxford: Oxford University Press, 1978).

Lieberthal, Kenneth, "Implications of China's Political Situation on ASEAN," Kallgren, et. al., *ASEAN and China: An Evolving Relations.*

Longmire, R. A., *Soviet Relations with South-East Asia: A Historical Survey* (New York: Kegan Paul International Ltd., 1989).

Los Anageles Times, "Nuclear Warfare: Secret Plan Outlines the Unthinkable," March 10, 2002.

Macintyre, Andrew, "American and Japanese Strategies in Asia," Krauss and Pempel, eds., *Beyond Bilateralism: U.S.-Japan Relations in the New Asia-Pacific.*

Manning, Robert, "Waiting for Godot? Northeast Asian Future Shock and the U.S.-Japan Alliance," Green and Cronin, eds., *The U.S.-Japan Alliance: Past, Present, and Future.*

Manwaring, Max G., ed., *Deterrence in the 21st Century* (London: Frank Cass, 2001).

Mathews, Lloyd J., and Dale E. Brown, *Assessing the Vietnam War: A Collection from the Journal of the U.S. Army War College* (Washington: Pergamon-Brassey's International Defense Publishers, 1987).

Maynes, Charles William, "America Discovers Central Asia," *Foreign Affairs* March/April 2003.

McClintock, Robert, *The Meaning of Limited War* (Boston: Houghton Mifflin Company, 1967).

McT.Kahin, George, *Intervention: How America Became Involved in Vietnam* (New York: Alfred A. Knopf, 1986).

Menon, Rajan, "The Soviet Union and Northeast Asia," Saivetz, ed., *The Soviet Union in the Third World* .

————, "Russo-Japanese Relations," Blank and Rubinstein, eds., *Imperial Decline: Russia's Changing Role in Asia.*

Michael, Franz H., and George E. Taylor, *The Far East in the Modern World* (New York: Holt, Rinehart and Winston, Inc., 1964).

Miller, H. Lyman, "The Limits of Chinese-Russian Strategic Collaboration," *Strategic Insights* Vol I, Issue 7 (Sept. 2002), Center for Contemporary Conflict, *www.ccc.nps.navy.mil/si/sept02/eastasia2.asp.*

Miller, Robert F., *Soviet Foreign Policy Today: Gorbachev and the New Political Thinking* (London: Academic Division of Unwin Hyman Ltd., 1991).

Miner, Deborah Nutter, "Soviet reform in international perspective," Kanet, et. al., eds., *Soviet Foreign Policy in Transition.*

Morley, James W., ed., *Security Interdependence in the Asia Pacific Region* (Lexington: D.C. Health and Company, 1986).

————, "The Structure of Regional Security," Morley, ed., *Security Interdependence in the Asia Pacific Region.*

Murata, Koji, "US Military Strategy and East Asia," *Asia-Pacific Review* 10/2, 2003.

Ness, Peter Van, "Globalization and Security in East Asia," *Asian Perspective* 23/4, 1999.

Ninh, Kim, "Vietnam: Struggle and Cooperation," Alagappa, ed., *Asian Security Practice: Material and Ideational Influences.*

Nye, Joseph S., Jr., *The Paradox of American Power: Why The World's Only Superpower Can't Go Alone* (Oxford: Oxford University Press, 2002).

O'Hanlon, Michael E., *Technological Change and the Future of Warfare* (Washington D.C.: Brookings Institution Press, 2000).

───────, *Defense Policy Choices for the Bush Administration 2001-05* (Washington D.C.: Brookings Institution Press, 2001).

O'Neill, Robert, ed., *Security in East Asia*, Adelphi Library (New York: St. Martin's Press, 1984).

Osgood, Robert Endicott, *Limited War: The Challenge to American Strategy* (Chicago: The University of Chicago Press, 1957).

───────, *Ideals and Self-interests in America's Foreign Relations: The Great Transformation of the Twentieth Century* (Chicago: The University of Chicago Press, 1953).

Page, Glenn, *The Korean Decision: June 24-30, 1959* (New York: Free Press, 1968).

Paret, Peter, ed., *Makers of Modern Strategy: from Machiavelli to the Nuclear Age* (New Jersey: Princeton University Press, 1986).

Peters, John E., *The U.S. Military: Ready for the New World Order* (Westport: Greenwood Press, 1993).

Pike, Douglas, *Vietnam and the Soviet Union: Anatomy of an Alliance* (Boulder: Westview Press, 1987).

President Bush, "Strengthening Alliances to Defeat Global Terrorism and Work to Prevent Attacks against Us and Our Friends," *The National Cathedral Speech*, September 14, 2001, The White House, *The National Security Strategy of the United States of America*.

───────, "Develop Agendas for Cooperative Action with the Other Main Centers of Global Power," *President Speech in West Point*, June 1, 2002, The White House, *The National Security Strategy of the United States of America*.

───────, "Prevent our Enemies from Threatening us, our Allies, and our Friends with Weapons of Mass Destruction," *The Speech at West Point*, June 1, 2002, The White House, *The National Security Strategy of the United*

States of America.

President Dwight D. Eisenhower, *The Letter to Ngo Dihn Diem*, Department of State Bulletin 31 (November 15, 1954), Gettleman, et. al., eds., *Vietnam and America: The Most Comprehensive Documented History of the Vietnam War.*

Project Rand Air Force, "The Changing Asian Political-Military Environment," Zalmay Khalilzad, et. al., *The United States and Asia: Toward a New U.S. Strategy and Force Posture.*

Przystup, James, "China, Japan, and the United States," Green and Cronin, eds., *The U.S.-Japan Alliance: Past, Present, and Future.*

Robinson, Thomas W., and David Shambaugh, eds., *Chinese Foreign Policy: Theory and Practice* (Oxford: Clarendon Press, 1994).

Rosecrance, Richard, *The New Great Power Coalition: Toward a World Concert of Nations* (Lanham: Rowman & Littlefield Publishers, Inc., 2001).

Ruane, Kevin, *War and Revolution in Vietnam, 1930-1975* (London: University College London Press, 1998).

Rubinstein, Alvin Z., *Moscow's Third World Strategy* (Princeton: Princeton University Press, 1988).

Sabrosky, Alan Ned, ed., *Alliances in U.S. Foreign Policy: Issues in the Quest for Collective Defense* (Boulder: Westview Press, 1988).

————, "Alliances in U.S. Foreign Policy," Sabrosky, ed., *Alliances in U.S. Foreign Policy: Issues in the Quest for Collective Defense.*

Saivetz, Carol R., ed., *The Soviet Union in the Third World* (Boulder: Westview Press, 1989).

Scheer, Robert, "Behind the Miracle of South Vietnam," Gettleman, et. al., eds., *Vietnam and America: The Most Comprehensive Documented History of the Vietnam War.*

Seton-Watson, Hugh, *Imperialist Revolutionaries: Trend in World Communism in the 1960s and 1970s* (Stanford: Hoover Institution Press, 1978).

Shy, John, and Thomas W. Collier, "Revolutionary War," Paret, ed., *Makers of Modern Strategy: from Machiavelli to the Nuclear Age.*

Simon, Sheldon W., ed., *East Asian Security in the Post-Cold War Era* (New

York: M. E. Sharpe, Inc., 1993).

Singh, Bilveer, "Gorbachev's Southeast Asia Policy: new thinking for new era?" Kanet, et. al., eds., *Soviet Foreign Policy in Transition*.

Smith, Sheila A., "The Evolution of Military Cooperation in U.S.-Japan Alliance," Green and Cronin, eds., *The U.S.-Japan Alliance: Past, Present, and Future*.

Solomon, Richard H., ed., *Asian Security in the 1980s: Problems and Policies for a Time of Transition* (Cambridge Mass.: Oelgeschlager, Gunn & Hain, Publishers, Inc., 1980).

Swee, Goh Keng, "Vietnam and Big-Power Rivalry," Solomon, ed., *Asian Security in the 1980s: Problems and Policies for a Time of Transition*.

Takahashi, Sugio, "The Japanese Perception of the Information Technology -Revolution in Military Affairs: Toward a Defense Information-Based Transformation," Goldman and Mahnken, *The Information Revolution in Military Affairs in Asia*.

Tan, Loong-Hoe, and Narongchai Akrasanee, eds., *ASEAN-U.S. Economic Relations: Changes in the Economic Environment and Opportunities* (Singapore: Institute of Southeast Asian Studies, 1988).

Tanham, George K., and Alvin H. Bernstein, eds., *Military Basing and the US/Soviet Military Balance in Southeast Asia* (New York: Taylor & Francis New York Inc., 1989).

The US Department of Defense, *Nuclear Posture Review{Excerpts}*, January 8, 2002, *www.globalsecurity.org/wmd/library/policy/dod/npr.htm*

––––––, *Quadrennial Defense Report*, September 30, 2001, *www.defenselink.mil/pubs/qdr2001.pdf*.

––––––, "Missile Defense: History of the Missile Defense Organization," *www.defenselink.mil/specials/missiledefense*.

The White House, *The National Security Strategy of the United States of America*, September 2002, *www.whitehouse.gov/nsc/nss.pdf*.

Thomas, Raju G. C., ed., *The Great Power Triangle and Asian Security* (Toronto: D.C. Health and Company, 1983).

Triffin, Robert, *Gold and the Dollar Crisis* (New Haven: Yale University Press,

1960).

Twomey, Christopher P., "Japan, A Circumscribed Balancer: Building on Defensive Realism to Make Predictions about East Asian Security," *Security Studies* 9/4, Summer 2004.

Ulam, Adam B., *Expansion and Coexistence: Soviet Foreign Policy, 1917-73,* third printing (New York: Praeger Publishers, 1976).

U.S.-Japan Security Consultative Committee, "Completion of the Review of the Guidelines for U.S.-Japanese Defense Cooperation," New York, September 23, 1997, *www.jda.go.jp/e/index_.html.*

Vatikiotis, Michael, Murray Hiebert, Nigel Holloway, and Matt Forney, "Drawn to The Fray," *Far Easter Economic Review,* April 3, 1997.

Vogel, Steven K., ed., *U.S.-Japan Relations in a Changing World* (Washington D.C.: Brooings Institution Press, 2002).

Volgyes, Ivan, *Politics in Eastern Europe* (Chicago: The Dorsey Press, 1986).

Wagner, Norbert, ed., *ASEAN and the EC: The Impact of 1992* (Singapore: Institute of Southeast Asian Studies, 1991).

Weinstein, Franklin B., ed., *U.S.-Japan Relations and the Security of East Asia* (Boulder: Westview Press, 1978).

Wong, John, "An Overview of ASEAN-China Economic Relations," Chia and Cheng, eds., *ASEAN-China Economic Relations: Trend and Patterns.*

Wu, Xinbo, "China: Security Practice of a Modernizing and Ascending Power," Alagappa, ed., *Asian Security Practice: Material and Ideational Influences.*

Yahuda, Michael B., "China and Europe: The Significance of a Secondary Relationship," Robinson and Shambaugh, eds., *Chinese Foreign Policy: Theory and Practice.*

Yang, Andrew Nien-Dzu, "China's Revolution in Military Affairs: Rattling Mao's Army," Goldman and Mahnken, eds., *The Information Revolution in Military Affairs in Asia.*

Zagoria, Donald S., "The Changing U.S. Role in Asian Security in the 1990s," Simon, ed., *East Asian Security in the Post-Cold War Era.*

Ziegler, Charles E., *Foreign Policy and East Asia: Learning and adaptation in the Gorbachev era* (Cambridge: Cambridge University Press, 1993).

제3장

강원택·조홍식, *유럽의 부활: 유럽연합의 발전과 전망* (서울: 푸른길, 1999).

국민대학교 경제연구소 편, *한국의 외환위기의 원인 및 대응: 1997-1998* (서울: 비봉출판사, 1999).

김기수 편, *WTO와 반덤핑관세: 정치, 경제, 법적 분석과 우리의 대응* (서울: 세종연구소, 1995).

————, "국제 무역 질서의 분석적 고찰," *IRI 리뷰* 1/1(1996).

————, "국제정치경제학의 등장과 발전과정," 안병준, *국제정치경제와 한반도* (서울: 박영사, 1997).

————, "대외경제정책," 백종천·김태현 편, *탈냉전기 한국 대외정책의 분석과 평가.*

————, "무역이론과 국제정치경제," 여정동·이종찬, *현대 국제정치경제.*

————, "한국 대외경제정책의 평가와 발전방향: 환율제도와 정책의 변화를 중심으로," 이대우 편, *한국 대외정책의 평가와 발전방향.*

————, "Asia-Europe Meeting(ASEM) 서울회의의 전략적 평가," *세종연구소 정책보고서* 2000-10, 2000년 11월.

————, "국내 환율정책의 정치 및 경제적 평가: 부적정 환율의 방지를 위한 대책," *세종 정책보고서* 2000-02, 세종연구소, 2000년 3월.

————, "자유무역협정(FTA)의 전략적 평가: 한국의 정책기조를 위한 제언," *세종 정책보고서* 2003-02, 세종연구소, 2003년 2월.

김기수·왕윤종, *국제통화체제와 동아시아 통화협력: 통화권력과 경제적 이해* (성남: 세종연구소, 2001).

김덕중 외, *한미관계의 재조명* (서울: 경남대 출판부, 1988).

김수근, "한국의 경제발전과 미국의 역할," 김덕중 외, *한미관계의 재조명.*

김태준·유재원, "동아시아의 통화블럭 가능성과 적정환율제도의 모색," *무역학회보* 26/1.

————, "아시아 適正通貨바스켓과 通貨블럭에 관한 연구," *계간경제분석* 6/4, 2000.

노화준·송희준 공편, *세계화와 국가경쟁력: 21세기의 국가 경영전략* (서울: 나남출판사, 1994).

對外經濟政策研究院, "한일 자유무역협정(FTA)의 경제적 효과와 정책방향,"

對外經濟政策研究院亞細亞經濟研究所 主管 한일공동심퍼지움, *韓日 자유무역협정(FTA) 의 構想: 評價와 展望*, 2000년 5월 24일.

大韓貿易振興公社, "美·카 自由貿易協定과 俄國의 對應方案," *國際貿易懸案 Report*, 무공자료 89-04-18, 1989년 9월 28일.

──────, *美·카 自由貿易協定의 經濟的 效果 分析: 4個 분석모델 別 效果測 定* (서울: 대한무역진흥공사, 1988).

동아일보, "아시아 자유무역협정 시급," 2001/01/28.

마사히데, 야노, "日本 大韓投資의 過去, 現在, 그리고 未來," 고려대학교 기업 경영연구원 아시아경영센타 주체, 김완순교수 정년퇴임 기념세미나, *IMF 이후의 국내 외국인 투자실태*, 2000년 9월 15일.

每日經濟新聞, "전경련 한중일 자유무역협정 기대효과 분석," 1998/11/30.

文宇植, "EURO의 도입과 ASEM 통화금융협력," 産業研究院 정책세미나, *아시 아 경제위기 극복과 ASEM 의 역할: 새로운 다이내미즘의 창출*, 1998 년 11월 10일.

문화일보, "한국의 FTA 추진 현황," 2004/11/30.

박노형, "WTO 반덤핑 협정의 법적 분석과 EU의 관련 이행법안 검토," 김기수 편, *WTO 와 반덤핑관세: 정치, 경제, 법적 분석과 우리의 대응.*

백종천·김태현 편, *탈냉전기 한국 대외정책의 분석과 평가* (성남: 세종연구소, 1998).

버그스틴, (프레드), "달러-유로 2국 통화체제로," *한국경제신문*, 1998. 5. 2.

司空壹, "세계금융체제에 관한 논의, 어떻게 되고 있나," 세계경제연구원, *세계 경제지평* 2000/02/10.

──────, "韓中日 경제협력틀 만들자," 동아일보, 2000/08/10.

신인석, "90년대 환율정책과 외환거래 자유화정책 분석: 외환위기의 정책적 원 인과 교훈," *정책연구시리즈* 98-07, 한국개발원, 1998.

안병준, *국제정치경제와 한반도* (서울: 박영사, 1997).

안충영·왕윤종, "금융·통화협력," 안충영·이창재 편, *동아시아 경제협력: 통합의 첫걸음.*

안충영·이창재 편, *동아시아 경제협력: 통합의 첫걸음* (서울: 박영사, 2003).

여정동·이종찬, *현대 국제정치경제* (서울: 법문사, 2000).

王允鍾 外, *동아시아 경제협력: 금융협력* (서울: 대외경제정책연구원, 2000).

왕윤종, "동아시아 통화협력체제의 경제적 의미," 김기수·왕윤종, *국제통화체제*

와 동아시아 통화협력: 통화권력과 경제적 이해.

외교통상부, *ASEM 개황*, 2002. 9.

이근, "환율정책과 국가권력: 아시아 금융위기, 국제통화력, 그리고 미국 행정부의 독자적 영역," 국제지역연구 9/4, 2000년 겨울.

이대우 편, *한국 대외정책의 평가와 발전방향* (성남: 세종연구소, 2000).

이영섭·이종욱, "한국의 외환위기 예측 가능했는가?" 이종욱 외, *한국의 금융외환위기와 IMF.*

이재웅, "우리나라 換率制度 推移와 아세아 各國와 比較한 適正換率制度의 研究," 숭실경영경제연구 Vol. 27, 1997.

이종욱 외, *한국의 금융·외환위기와 IMF* (서울: 경문사, 1998).

이한구, "한일자유무역지대 챙길 것들," 韓國經濟新聞, 1999/04/12.

日本貿易振興會, "21세기 일한 경제관계를 어떻게 해야 할 것인가," 對外經濟政策研究院亞細亞經濟研究所 主管 한일공동심퍼지움, *韓日 자유무역협정(FTA) 의 構想: 評價와 展望*, 5월 24일, 2000.

임준환, "외환위기의 발생과 대응과정," 이종욱 외, *한국의 금융외환위기와 IMF.*

장홍, *유럽통합의 역사와 현실* (서울: 고려원, 1994).

전승수·채창균, *금융위기와 한국경제* (서울: 을유문화사, 1999).

조선일보, "〔소로스〕 다음 타깃은 한국, IMF 두 달전 말했었다," 1999/11/10.

_____, "케이시 울프여사와의 국내신문 대담," 2000/08/02.

_____, "東아시아 경제통합 서둘러야: 韓日호주 4개大 국제 심포지움," 2001/05/01.

조홍식, "유럽의 신아시아 전략," 조홍식·김기수, *동아시아와 유럽.*

조홍식·김기수, *동아시아와 유럽* (성남: 세종연구소, 1998).

케이건, 로버트, *미국 VS 유럽: 갈등에 관한 보고서*, 홍수원 역 (서울: 세종연구원, 2003). (원전) Kegan, Robert. *Of Paradise and Power: America VS Europe in the New World Order* (New York: Alfred A. Knopf, 2003).

한국경제신문, "KIEP 아시아 경제패널 세미나: 주요 발표내용," 2001/04/28.

_____, "아시안 유로화 도입 전망: 공동화폐 움직임 어디까지 왔나," 2001/05/10.

_____, "韓日 통화스왑규모 70억弗로 확대," 2001/05/10.

_____, "미스터 엔 日 사카키바라 <게이오대 교수>에게 듣는다,"

2001/05/21.

한국무역협회, *207개 경제·무역·사회 지표로 본 대한민국* (서울: 대한무역협회, 2004).

Asia-Pacific Economic Cooperation Secretariat, "Achieving APEC Vision: Free and Open Trade in the Asia Pacific," *Second Report of the Eminent Persons Group.*

Axelord, Robert, "Reciprocity in International Relations," *International Organization* 40 (1986).

_____, "The Emergence of Cooperation among Egoists," *American Political Science Review* 75 (1981).

Baldwin, David A., *Economic Statecraft* (Princeton: Princeton University Press, 1985).

Baldwin, Robert E., *Trade Policy in a Changing World Economy* (Chicago: The University of Chicago Press, 1988).

Becker, William H., and Samuel F. Wells, Jr., eds., *Economics & World Power: an Assessment of American Diplomacy since 1789* (New York: Columbia University Press, 1984).

Bergsten, C. Fred, "The Primacy of Economics," *Foreign Policy* 87 (1992).

_____, "The Dollar and the Euro," *Foreign Affairs* 76/4, July/August 1997.

_____, "Reviving the Asian Monetary Fund," *IIE International Economics Policy Briefs, http://www.iie.com//NEWSLETTER/news98-8.htm.*

_____, "America and Europe: Clash of the Titans," *Foreign Affairs* 78/2, March/April 1999.

_____, "Towards a tripartite world," *The Economist*, July 13th 2000.

_____, Olivier Davanne, and Pierre Jacquet, "The Case for Joint Management of Exchange Rate Flexibility," *IIE Working Paper* 99-9 (Washington D.C.: Institute for International Economics, 1999).

_____, and C. Randall Henning, *Global Economic Leadership and the Group of Seven* (Washington D.C.: Institute for International Economics, 1996).

Bhagwati, Jagdish N., ed., *International Trade*, second edition (Cambridge: The MIT Press, 1987).

_____, *Protectionism* (Cambridge: The MIT Press, 1988).

_____, *The World Trading System at Risk* (Princeton: The Princeton University Press, 1991).

_____, and Douglas Irwin, "The Return of the Reciprocitarians-US Trade Policy Today," *The World Economy* 10/2 (1987).

_____, eds., *Political Economy and International Economics* (Cambridge: The MIT Press, 1991).

_____, and Hugh T. Patrick, eds., *Aggressive Unilateralism: America's 301 Trade Policy and the World Trading System* (New York: Harvester Wheatsheaf, 1991).

_____, and Robert E. Hudec, eds., *Fair Trade and Harmonization: Prerequisites for Free Trade?* Vol. 1: Economic Analysis (Cambridge: The MIT Press, 1997).

_____, eds., *Fair Trade and Harmonization: Prerequisites for Free Trade?* Vol. 2: Legal Analysis (Cambridge: The MIT Press, 1997).

Bienen, Henry, ed., *Power, Economics, and Security: The United States and Japan in Focus* (Boulder: Westview Press, 1992).

Black, Stanley W., "The International Use of Currency," Suzuki, et. al., eds., *The Evolution of the International Monetary System: How Can Efficiency and Stability Be Attained?*

Block, Fred L., *The Origins of International Economic Disorder: A Study of United States International Monetary Policy from World War II to the Present* (Berkeley: University of California Press, 1977).

Boschee, Elizabeth M., "Floating Exchange Rate: The Only Viable Solution," *http:/woodrow.mpls.frb.fed.us/econed/essay/1-96.html*.

Brander, James A., "Rationales for Strategic Trade and Industrial Policy," Krugman, ed., *Strategic Trade Policy and the New International Economics*.

_____, and Barbara Spencer, "Export Subsidies and International Market Share Rivalry," *Journal of International Economics* 18 (1985).

Brown, William Adams, *The United States and the Restoration of World Trade: An Analysis and Appraisal of the ITO Charter and the General Agreement on Tariffs and Trade* (Washington D.C.: The Brookings Institution, 1950).

Bull, Hedley, "Society and Anarchy in International Relations," Butterfield and

Wight, eds., *Diplomatic Investigations: Essays in the Theory of International Politics*.

Butterfield, Herbert, and Martin Wight, eds., *Diplomatic Investigations: Essays in the Theory of International Politics* (London: George Allen & Unwin, 1966).

Chinn, Menzie David, and Michael P. Dooley, "International monetary arrangements in the Asia-Pacific region," *The Pacific Review* 12/2, 1999.

Choo, Han Gwang, and Yunjong Wang, eds., *Currency Union in East Asia*, Policy Analyses 02-10 (Seoul: Korea Institute for International Economic Policy, 2002).

Clark, Ian, *The Hierachy of States: Reform and Resistance in the International Order* (Cambridge: Cambridge University Press, 1989).

Cline, William, "Reciprocity: A New Approach to World Trade Policy," Cline, ed., *Trade Policy in the 1980s*.

————, ed., *Trade Policy in the 1980s* (Washington D.C.: Institute for International Economics, 1983).

Coe, David T., and Se-jik Kim, *Korean Crisis and Recovery* (Seoul: International Monetary Fund and Korea Institute for International Economic Policy, 2002).

Cohen, Benjamin J., *Organizing the World's Money: The Political Economy of International Monetary Relations* (New York: Basic Books, 1977).

Conteh-Morgan, Earl, *American Foreign Aid and Global Power Projection: The Geopolitics of Resource Allocation* (Brookfield, Vermont: Gower Publishing Company, 1990).

Cooper, Richard N., *The International Monetary System* (Cambridge: The MIT Press, 1987).

————, "Key Currency after the Euro," *World Economy* 22/1, 1999.

Corsetti, Giancarlo, Paolo Pesenti, and Nouriel Roubini, "What caused the Asian currency and financial crisis?" *www.stern.nyu.edu/globalmacro/asiacri2.pdf*.

Crane, George T., and Abla Amawi, eds., *The Theoretical Evolution of International Political Economy* (Oxford: Oxford University Press, 1991).

Crawford, Beverly, *Economic Vulnerability in International Relations: The Case of*

East-West Trade, Investment, and Finance (New York: Columbia University Press, 1993).

Curzon, Gerard, *Multilateral Commercial Diplomacy: General Agreement on Tariffs and Trade and its Impact on National Commercial Policies and Techniques* (New York: Frederick A. Praeger Publisher, 1965).

Dam, Kenneth W., *The GATT: Law and the International Economic Organization,* The Midway Reprint in 1977 (Chicago: The University of Chicago Press, 1970).

DeSouza, Patrick J., ed., *Economic Strategy and National Security: A Next Generation Approach*, A Council on Foreign Relations Book (Boulder: Westview Press, 2000).

Deutsch, Karl W., et. al., *Political Community and the North Atlantic Area* (Princeton: Princeton University Press, 1957).

Diebold, William, *The End of ITO* (Princeton: Princeton University Press, 1952).

Dixit, Avinash, "How Should the United States Respond to Other Countries' Trade Policy?" Stern, ed., *U.S. Trade Policies in a Changing World Economy*.

Doxey, Margaret P., *Economic Sanctions and International Enforcement*, second edition (London and Basingstoke: The Macmillan Press Ltd., 1980).

Drysdale, Peter, *International Economic Pluralism: Economic Policy in East Asia and the Pacific* (New York: Columbia University Press, 1988).

Eaton, Jonathan, and Gene M. Grossman, "Optimal Trade and Industrial Policy under Oligopoly," *Quarterly Journal of Economics* 101 (1986).

Eichengreen, Barry, *Globalizing Capital: A History of the International Monetary System* (Princeton: Princeton University Press, 1996).

Feldstein, Martin, "Refocusing the IMF," *Foreign Affairs* 77/2, March/April, 1998.

Ferri, Piero, *Prospects for European Monetary System* (New York: St. Martin's Press, 1990).

Fischer, Stanley, "The Asian Crisis and Implications for Other Economics," *Paper prepared for delivery at the seminar on the Brazilian and the World Economic Outlook organized by Internews*, Sao Paulo, Brazil, June 19, 1998, *www.imf.org/external/np/speeches/1998/061988.html*

————, "In Defense of the IMF," *Foreign Affairs* 77/4, July/August 1998.

————, "Economic Crises and the Financial Sector," *Paper Prepared for the Federal Deposit Insurance Corporation Conference on Deposit Insurance*, Mayflower Hotel, Washington D.C., September 10, 1998, *www.imf.org/external/np/speeches/1998/091098.htm*.

————, "The IMF and the Asian Crisis," *www.asiapoint.net/insight/asia/regional/crisis/reg_imfasia.htm*.

Foreman-Peck, James, *A History of World Economy: International Economic Relations since 1850* (Brington, U.K.: Wheatsheaf Book Ltd., 1983).

Frankel, Jeffrey A., "Is Japan Creating a Yen Bloc in East Asia and the Pacific?" Frankel and Kahler, eds., *Regionalism and Rivalry*.

————, "Still the Lingua Franca: The Exaggerated Death of the Dollar," *Foreign Affairs* 74/4, July/August 1995.

————, and Miles Kahler, eds., *Regionalism and Rivalry: Japan and the United States in Pacific Asia* (Chicago: The University of Chicago Press, 1993).

————, and Shang-Jin Wei, "Yen Bloc or Dollar Bloc?: Exchange Rate Policies of the East Asian Economies," Ito and Krueger, eds., *Macroeconomic Linkage: Savings, Exchange Rate and Capital Flows*.

Frieden, Jeffry A., and David A. Lake, eds., *International Political Economy: Perspectives on Global Power and Wealth* (New York: St. Martin's Press, 1987).

Funabashi, Yoich, *Managing the Dollar: From the Plaza to the Louvre* (Washington D.C.: Institute for International Economics, 1988).

Gardner, Richard N., *Sterling-Dollar Diplomacy in Current Perspective: The Origins and the Prospects of Our International Economic Order* (New York: Columbia University Press, 1980).

Giavazzi, Francesco, and Alberto Giovannini, *Limiting Exchange Rate Flexibility: The European Monetary System* (Cambridge: The MIT Press, 1989).

Gill, Stephen, and David Law, *The Global Political Economy: Perspectives, Problems, and Policies* (Baltimore: The Johns Hopkins Press, 1988).

Gilpin, Robert, *The Political Economy of International Relations* (New Jersey: Princeton University Press, 1987).

_____, *War and Changes in World Politics* (Cambridge: Cambridge University Press, 1982).

Graubard, Stephen R., ed., *A New Europe?* (Boston: Hughton Mifflin, 1964).

Grauwe, Paul De, *International Money: Post-War Trends and Theories* (Oxford: Clarendon Press, 1989).

Grossman, Gene M., and David J. Richardson, "Strategic Trade Policy: A Survey of Issues and Early Analysis," *Special Papers in International Economics* 15(1985), Princeton University Press.

Guess, George M., *The Politics of United States Foreign Aid* (London: Croom Helm, 1987).

Haas, Ernst B., "Technocracy, Pluralism and the New Europe," Graubard, ed., *A New Europe?*

_____, *The Uniting of Europe: Political, Economic and Social Forces, 1950-1957* first published in 1958 (Stanford: Stanford University Press, 1968).

Hamada, Koich, "From the AMF to the Miyazawa Initiative: Observations on Japan's Currency Diplomacy," *The Journal of East Asian Affairs* 13/1, 1999.

Helpman, Elhanan, and Paul R. Krugman, *Market Structure and Foreign Trade: Increasing Returns, Imperfect Competition, and the International Economy* (Cambridge: The MIT Press, 1985).

Higgott, Richard, Andrew Cooper, and Jenelle Bonnor, "Cooperation Building in the Asia-Pacific Region: APEC and the New Institutionalism," *Pacific Economic Paper* No. 199, Canberra, Australian-Japan Research Center, 1991.

Hirschman, Albert O., *National Power and the Structure of Foreign Trade* (Berkeley: University of California Press, 1980).

Hobbes, Thomas, *Liviathan*, C. B. Macpherson, edited, first published in 1651 (London: Penguin Books, 1985).

Holsti, Ole R., Randolph M. Silverson, and Alexander L. George, eds., *Changes in International System* (Boulder: Westview Press, 1980).

Hong, Wontack, and Lawrence B. Krause, eds., *Trade and Growth of the Advanced Developing Countries in the Pacific Basin* (Seoul: Korea

Development Institute, 1981).

Horowitz, Shale, and Uk Heo, *The Political Economy of International Financial Crisis: Interests Groups, Ideologies, and Institutions* (Lanham: Rowman & Littlefield Publishers, Inc., 2001).

Hudec, Robert E., *The GATT Legal System and World Trade Diplomacy* (New York: Praeger Publishers, 1975).

Hufbauer, Gary Clyde, and Jeffrey J. Schott, *Trading for Growth* (Washington D.C.: Institute for International Economics, 1985).

_____, *North American Free Trade: Issues and Recommendations* (Washington D.C.: Institute for International Economics, 1992).

_____, and Kimberly Ann Elliott, *Economic Sanctions Reconsidered: History and Current Policy*, second edition (Washington D.C.: Institute for International Economics, 1990).

Ito, Takatoshi, and Ann Krueger, eds., *Macroeconomic Linkage: Savings, Exchange Rate and Capital Flows* (Chicago: The University of Chicago Press, 1994).

Jackson, John H., *The World Trading System: Law and Policy of International Economic Relations* (Cambridge: The MIT Press, 1989).

Judd, Kenneth L., and Young Ki Lee, eds., *An Agenda for Economic Reform in Korea: International Perspectives* (Stanford: Hoover Institution Press, 2000).

Kahler, Miles, *International Institutions and the Political Economy of Integration* (Washington D.C.: The Brookings Institution, 1995).

Kapstein, Ethan Barnaby, *The Political Economy of National Security: A Global Perspective* (New York: McGraw-Hill, Inc., 1992).

Keohane, Robert O., "The Theory of Hegemonic Stability and Changes in International Economic Regimes, 1967-1977," Holsti, et. al., eds., *Changes in International System*.

_____, and Joseph S. Nye, *Power and Interdependence* (Boston: Scott, Foresman and Company, 1989).

_____, and Stanley Hoffman, eds., *The New European Community: Decisionmaking and Institutional Change* (Boulder: Westview Press, 1991).

_____, "Institutional Change in Europe in the 1980s," Keohane and Hoffman, eds., *The New European Community: Decisionmaking and Institutional*

Change.

Kim, Kisoo, et. al., eds., *APEC and A New Pacific Community: Issues and Prospects* (Seoul: The Sejong Institute, 1995).

_____, "APEC: Toward a New Asia-Pacific Regionalism." Kim, et. al., eds., *APEC and A New Pacific Community: Issues and Prospects*.

Kim, Yoon Hyung, and Yunjong Wang, eds., *Regional Financial Arrangements in East Asia*, Conference Proceeding 01-01 (Seoul: Korea Institute for International Economic Policy, 2001).

Kim, Young C., ed., *The Southeast Asian Economic Miracle* (New Brunswick: Transaction Publishers, 1995).

Kindleberger, Charles P., "The Case for Fixed Exchange Rates," *The International Adjustment Mechanism*, Conference Series No. 2, Federal Reserve Bank of Boston, 1969.

_____, *Power and Money: The Economics of International Politics and the Politics of International Economics* (New York: Basic Books, 1970).

_____, ed., *The International Corporation* (Cambridge: The MIT Press, 1970).

_____, *The World in Depression 1929-1939* (Berkely: University of California Press, 1973).

_____, *Manias, Panics, and Crashes: A History of Financial Crisis*, third edition (New York: John Wiley and Sons, 1996).

Kirshner, Jonathan, *Currency and Coercion: The International Political Economy of International Monetary Power* (Princeton: Princeton University Press, 1995).

Kissinger, Henry A., *A World Restored: Metternich, Castlereagh, and the Problem of Peace 1812- 1822* (Boston: Houghton Mifflin Co., 1973).

_____, *Diplomacy* (New York: Simon & Schuster, 1994).

Knorr, Klaus, *The Power of Nations: The Political Economy of International Relations* (New York: Basic Books, 1975).

_____, "International Economic Leverage and its Uses," Knorr and Trager, eds., *Economic Issues and National Security*.

_____, and Frank N. Trager, eds., *Economic Issues and National Security* (Lawrence, Kansas: the University Press of Kansas, 1977).

Krasner, Stephen D., "State Power and the Structure of International Trade," *World Politics* 28 (1976).

―――――, eds., *International Regimes* (Ithaca and London: Cornell University Press, 1983).

Krueger, Anne O., *The Developmental Role of the Foreign Sector and Aid* (Cambridge, Mass.: Harvard University Press, 1979).

―――――, "Export-led Industrial Growth Reconsidered," Hong and Krause, eds., *Trade and Growth of the Advanced Developing Countries in the Pacific Basin.*

―――――, et. al., *Aid and Development* (Baltimore: The Johns Hopkins University Press, 1989).

Krugman, Paul R., ed., *Strategic Trade Policy and the New International Economics* (Cambridge: The MIT Press, 1986).

―――――, "Strategic Sectors and International Competition," Stern, ed., *U.S. Trade Policies in a Changing World Economy.*

―――――, "Competitiveness: A Dangerous Obsession," *Foreign Affairs,* March/April 1994.

―――――, "The Myth of Asia's Miracle," *Foreign Affairs,* November/December 1994.

―――――, "Paradigm of Panic: Asia goes back to the future," msn slate, the dismal science slate archives, *http://slate.msn.com/Dismal.asp.*

―――――, "What Happened to Asia," January 1998, *http://web.mit.edu/krugman/www/DISINTER. html.*

―――――, "Saving Asia: It's Time to Get Radical," Part 1. Asia: What Went Wrong, *Fortune Investor* 1998/09/07, *www.fortune.com/fortune/investor/1998/980907/sol.html.*

―――――, "Saving Asia: It's Time to Get Radical," Part 3. The Critics, *www.fortune.com/fortune/investor/1998/980907/sol3.html.*

―――――, "Saving Asia: It's Time to Get Radical," Part 4. Why Plan A Hasn't Worked, *www.fortune.com/ fortune/investor/1998/980907/sol4.html.*

―――――, "Will Asia bounce back?" *web.mit.edu/krugman/www/suisse.html.*

Kwan, Chi Hung, "Towards a Yen Bloc in Asia," *NRI Quarterly,* 1999 Summer

(8/2), Nomura Research Institute.

_____, *Yen Bloc: Toward Economic Integration in Asia* (Washington D.C.: Brookings Institution Press, 2001).

Leitzel, Jim, ed., *Economics and National Security, Pew Studies in Economics and Security* (Boulder: Westview Press, 1993).

Levi, Maurice D., ed., *International Finance: The Markets and Financial Management of Multinational Business*, international edition (New York: McGraw-Hill Book Co., 1990)

Lincoln, Edward J., *Troubled Times: U.S. Japan Trade Relations in the 1990s* (Washington D.C.: Brookings Institution Press, 1999).

List, Friedrich, *The Natural System of Political Economy*, first published in 1817 (London: Frank Cass and Company Ltd., 1983).

Macedo, Jorge Braga de, Barry Eichengreen, and Jaime Reis, eds., *Currency Convertibility: The Gold Standard and Beyond* (London: Routledge, 1996).

Mack, Andrew, and John Ravenhill, eds., *Pacific Cooperation: Building Economic and Security Regimes in the Asia Pacific Region* (Australia: Allen and Unwin Australia Pty Ltd., 1994).

_____, and Kenich Ohno, *Dollar and Yen: Revolving Economic Conflict between the United States and Japan* (Boston: The MIT Press, 1997).

Mansfield, Edward D., *Power, Trade, and War* (Princeton: Princeton University Press, 1994).

Manson, T. David, and Abdul M. Turay, *US-Japan Trade Friction: Its Impact on Security Cooperation in the Pacific Basin* (Hampshire: Macmillan Academic and Professional Ltd., 1991).

Mckinnon, Ronald I., "The East Asian Dollar Standard, Life after Death?" *Workshop on Rethinking the East Asian Miracle for Economic Development*, Institute World Bank at The Asia Foundation San Francisco, California, February 16-7, 1999 (revised July 1999), *http://www.econ.stanford.edu/faculty/workp/swp99017.pdf*.

Mearsheimer, John J., *The Tragedy of Great Power Politics* (New York: W. W. Norton & Company, 2001).

Mendoza, Miguel Rodriguez, Patrick Low, and Barbara Kotschwar, eds., *Trade*

Rules in the Making: Challenges in Regional and Multilateral Negotiations (Washington D.C.: Brookings Institution Press, 1999).

Menon, Jayant, *Adjusting towards AFTA: The Dynamics of Trade in ASEAN*, ISEAS Current Economic Affairs Series (Singapore: Institute of Southeast Asian Studies, 1996).

Milner, Helen V., *Resisting Protectionism: Global Industries and the Politics of International Trade* (Princeton: Princeton University Press, 1988).

Mitrany, David, *A Working Peace System* (Chicago: Quatrangle Books, 1966).

Molle, Willem, *The Economics of European Integration: Theory, Practice, Policy* (Brookfield: Dartmouth Publishing Company Ltd., 1990).

Morgethau, Hans J., *Politics among Nations: The Struggle for Power and Peace*, fifth edition (New York: Alfred A. Knoff, 1973).

Nelson, Douglas, "The Domestic Political Preconditions of U.S. Trade Policy: Liberal Structure and Protectionist Dynamics," *Paper presented at Conference on Political Economy of Trade*, World Bank, Washington D.C., 1987.

Nicholson, Harold, *The Congress of Vienna: a study in allied unity, 1812-1822*, first published in 1946 (New York: The Viking Press, 1965).

Odell, John S., and Thomas D. Willet, eds., *International Trade Policies: Gains from Exchange between Economics and Political Science* (Ann Arbor: The University of Michigan Press, 1993).

Ozawa, Terutomo, "Bank loan capitalism and financial crises: Japanese and Korean experiences," Rugman and Boyd, eds., *Deepening Integration in the Pacific Economies: Corporate Alliances and Contestable Markets and Free Trade.*

Petri, Peter A., The East Asian Trading Bloc: An Analytical History," Frankel and Kahler, eds., *Regionalism and Rivalry: Japan and the United States in Pacific Asia.*

Pollard, Robert A., and Samuel F. Wells, Jr., "The Era of American Economic Hegemony," Becker and Wells, eds., *Economics & World Power: an Assessment of American Diplomacy since 1789.*

President Richard Nixon, *United States Foreign Policy for the 1970s: A Report by*

President Richard Nixon to the Congress, February 25, 1971 (New York: Harper and Row Publisher, 1971).

Prestowitz, Clyde V., Jr., Lester C. Thurow, Rudolf Scharping, and Stephen S, Cohen, "The Fight over Competitiveness: A Zero-Sum Debate?" *Foreign Affairs*, July/August 1994.

Radelet, Steven, and Jeffrey D. Sachs, "The East Asian Financial Crisis: Diagnosis, Remedies, Prospects," Brookings Papers on Economic Activity, 1: 1998, *www.hiid.harvard.edu/caer2/htm/content/papers/paper29/paper29.pdf*.

⸻, "The Onset of the East Asian Financial Crisis," *paper presented at a seminar at USAID*, January 29, 1998 and at the National Bureau of Economic Research(NBER) Currency Crises Conference, February 6-7, 1998, recopy on March 30, 1998.

Renwick, Robin, *Economic Sanctions,* Havard Studies in International Affairs Number 45 (Cambridge: Center for International Affairs, Havard University, 1981).

Rhodes, Carolyn, "Reciprocity in Trade: the Utility of a Bargaining Strategies," *International Organization* 43 (1986).

⸻, *Reciprocity, U.S. Trade Policy, and the GATT Regime* (Ithaca: Cornell University Press, 1993).

Ricardo, David, *The Principle of Political Economy and Taxation,* first published in 1817 (London: J. M. Dent & Sons Ltd, 1911).

Rivera-Batiz, Francisco L., and Luis Rivera-Batiz, *International Finance and Open Economy Microeconomics* (New York: MacMillan Publishing Co., 1985).

Robinson, Joan, *Exchange Equilibrium*, Collected Economic Papers, vol 1, 1950, reprinted (Oxford: Basil Blackwell, 1966).

Rugman, Alan M., and Gavin Boyd, eds., *Deepening Integration in the Pacific Economies: Corporate Alliances and Contestable Markets and Free Trade* (Cheltenham, U.K.: Edward Elgar Publishing, 1999).

Sachs, Jeffrey, "IMF is a power unto itself," *www.stern.nyu.edu/-nroubini/asia/AsiaCrisisSachsViewFT1297 .html*.

Sakong, Il, and Yunjong Wang, eds., *Reforming the International Financial Architecture: Emerging Market Perspectives*, Conference Proceedings 00-04 (Seoul: Korea Institute for International Economic Policy(KIEP), 2000).

Sandholtz, Wayne, and John Zysman, "1992: Recasting the European Bargain," *World Politics* 42/1 (1989).

Sherwood, Robert E., *Roosevelt and Hopkins: An Intimate History* (New York: Harper & Brothers, 1948).

Shumpeter, Joseph A, *The Theory of Economic Development*, first published in 1934 (Oxford: Oxford University Press, 1961).

Snidal, Dancan, "The Limits of Hegemonic Stability," *International Organization* 39 (1985).

Spencer, Barbara J., and James A. Brander, "International R&D Rivalry and Industrial Strategy," *Review of Economic Studies* 50 (1983).

Stern, Robert M., ed., *U.S. Trade Policies in a Changing World Economy* (Cambridge: The MIT Press, 1987).

Stiglitz, Joseph, "The Role of International Financial Institutions in the Current Global Economy," *Address to the Chicago Council on Foreign Relations*, Chicago, February 27, 1998, *www.worldbank.org/html/extdr/extme/jssp022798.htm*.

Strange, Susan, *States and Markets: An Introduction to International Political Economy* (London: Pinter Publishers, 1988).

Suzuki, Yoshio, Junichi Miyake, and Mitsuaki Okabe, eds., *The Evolution of the International Monetary System: How Can Efficiency and Stability Be Attained?* (Tokyo: University of Tokyo Press, 1990).

Thurow, Lester, *Head to Head: The Coming Economic Battle Among Japan, Europe, and America* (New York: William Morrow and Company, Inc., 1992).

Triffin, Robert, *Gold and the Dollar Crisis: The Future of Convertibility* (New Haven: Yale University Press, 1960).

Wade, Robert, and Frank Veneroso, "The resources lie within," *The Economist*, November 7th, 1998.

Waltz, Kenneth N., *Man, The State And War: A Theoretical Analysis* (New York: Columbia University Press, 1954).

――――, "The Myth of National Interdependence," Kindleberger, ed., *The International Corporation*.

――――, *Theory of International Politics* (New York: Random House, 1979).

Williamson, John, and Marcus H. Miller, *Target and Indicators: A Blue Print for the*

International Coordination of Economic Policy, Policy Analyses in International Economics 22 (Washington D.C.: Institute for International Economics, 1987), *www.asiapoint.net/insight/asia/regional/crisis/reg_imfasia.htm.*

Yarbrough, Beth V., and Robert M. Yarbrough, *Cooperation and Governance in International Trade: The Strategic Organizational Approach* (Princeton: Princeton University Press, 1992).

Yergin, Daniel, *Shattered Peace: The Origins of the Cold War and the National Security State* (Boston: Houghton Mifflin Company, 1977).

Zimmerman, Robert F., *Dollars Diplomacy and Dependency* (Boulder: Lynne Rienner Publishers, 1993).

제4장

姜文秀, 崔範樹, 羅東敏, *金融의 效率性提高와 金融規制 緩和* (서울: 한국개발
연구원, 1996).

───────, *OECD 加入과 金融部門의 政策對應方向* (서울: 한국개발연구원,
1997).

강선구, "우려되는 서비스수지 적자 구조," *LG 주간경제*, 2002.12.11.

강성학, 이춘근, 김태현 외, *주한미군과 한미 안보협력* (성남: 세종연구소,
1996).

강성학, "주한미군과 한반도," 강성학, 이춘근, 김태현 외, *주한미군과 한미 안
보협력*.

姜正模, "對日 貿易逆調 是正方案에 관한 研究," *慶熙大學校 經營大學院 貿易
經營學科 碩士學位論文*, 1992年 2月.

金光錫·래리 E. 웨스트팔, *韓國의 外換 貿易政策: 産業開發戰略的 接近* (서
울: 韓國開發研究院, 1976).

김기수, "미국의 통상압력 강화와 영향력," *세종연구소 정세와 정책* 2003-05,
통권 82호.

김덕중 외, *한미관계의 재조명* (서울: 경남대출판부, 1988).

金東祚, *回想 30年 韓日會談* (서울: 중앙일보사, 1986).

김수근, "한국의 경제 발전과 미국의 역할," 김덕중 외, *한미관계의 재조명*.

金壽鉉, "韓國의 對日本 技術導入 效率化에 關한 연구," *貿易學會誌* 제19권 2
호.

金翼謙, "中華經濟圈의 발전 전망," *지역경제*, 1997년 2월호.

金重雄·辛鎬柱, *金融國際化의 當面課題와 政策方向* (서울: 한국개발연구원,
1984).

김진호, "외국인 주식투자 현황," *http://home.ewha.ac.kr/~jhkim/project/01invest/1/
4-2.htm*.

金澈凡 엮음, *한국전쟁: 강대국 정치와 남북한 갈등* (서울: 평민사, 1989).

南相祐·金東源, *金利自由化의 課題와 政策方向* (서울: 한국개발연구원, 1991).

머트레이, 제임스(Matray, James), "계산된 위험: 1941년부터 1950년까지에 있
어서 미국의 對韓 公約," 金澈凡 엮음, *한국전쟁: 강대국 정치와 남북
한 갈등*.

文日鉉, "중국에 반환되는 홍콩의 운명," 월간중앙 제20호, 1997.01.01, *http:// monthly.joins.com/orgwin/199701/p144-1.html*.

산업자원부, *산업자원백서*, 2001.

──────, *외국인투자통계*, 2003.04.19.

서울신문사 편, *주한미군 30년* (서울: 행림출판사, 1979).

安錫敎, "韓國의 中長期 對中經濟政策," *中蘇硏究* 통권 76호 (1997/8, 겨울).

梁俊哲·金鴻律, "1990년대 이후 韓·美간 무역구조의 변화," *對外經濟政策硏究院 政策硏究* 02-17.

양평섭, "韓·中 貿易構造의 변화와 시사점: 한·중 수교 후 10년간의 변화를 중심으로," 무역협회 무역연구소, 2002.8.21.

劉容周, "한국경제의 주인이 외국인으로 바뀌고 있다," 월간조선 2000년 11월.

윤상현, "코소보 사태와 대만문제," 조선일보, 1999/04/11.

윤영관, *전환기 국제정치경제와 한국* (서울: 민음사, 1996).

──────, *21세기 한국정치경제모델: 좌(左), 우(右), 그리고 집중구조를 넘어서* (서울: 신호서적, 1999).

이강남, *국제금융론* (서울: 법문사, 1989).

李起燮, "中國經濟의 浮上과 韓國의 對應戰略," 세종연구소 세계화 연수과정 수료 논문, 2001.11.

이덕훈, "中華經濟圈의 등장과 화교경제," *生産性論集* 12/1, 1997년 12월.

이민룡, *한국안보 정책론* (서울: 진영사, 1996).

李鎭勉, "원貨의 實質實效換率에 대한 再檢討," 정책연구시리즈 97-05 (서울: 韓國開發硏究院, 1997).

이춘근, "미국의 신 동아시아 전략과 주한미군," 강성학, 이춘근, 김태현 외, *주한미군과 한미 안보협력*.

李熙玉, "대중화경제권과 한중정치관계," *中蘇硏究* 통권 76호 (1997/8, 겨울).

재무부, 관세율백서, 1995.

鄭仁敎, "韓 日 FTA의 경제적 효과와 정책시사점," 정책연구 01-04 (서울: 대외경제정책연구원, 2001).

趙德九, "華僑資本에 관한 연구," 서경대학교 사회과학연구소, *사회과학 논집* 제13집, 2001.12.

朝鮮日報 "중 외국인 투자, 지난해 첫 감소," 1998/01/19.

──────, "산자부, 대일 무역적자 해소 나선다," 2003/03/28.

————, "세계적인 투자은행 '도이치뱅크' 보고서, 中경제, 2017년 세계 2위," 2003/04/11.

————, "〔對日적자〕 사상 최고 기록할 듯," 2003/05/02.

————, "中, 대륙으로 불똥 튈라 긴장," 2003/07/13.

————, "홍콩 보안국장·재정사장 사임," 2003/07/17.

趙淳昇, 한국분단사 (서울: 형성사, 1982). (원전) Soon-sung Cho, *Korea in World Politics 1940-1950: An Evaluation of American Responsibility* (Berkeley: University of California Press, 1967).

中國國家統計局, 中國統計年鑑 각 년 판.

중앙일보, "외국인의 힘 어디서..," 2003/06/13.

코프넷 데이터(KOFNET Data Consulting Information), "2001년 1월 외국인 간접투자 동향," *http://kofnet.com/DCI/kchart_13.htm.*

韓光洙, "15全大와 중화경제권 시대의 개막," *KIET* 실물경제, 1997.8.13.

한국무역협회, 한·일 자유무역협정의 영향과 대응전략: 자동차·가전·공작기계·섬유·농림수산 (서울: 한국무역협회 무역연구실, 2001).

————, 207개 경제·무역·사회 지표로 본 대한민국(서울: 무역협회 무역연구소, 2004).

韓國産業技術振興協會, "國別 硏究開發費 比較: 主要國의 年度別 硏究開發費 推移," *2000년 통계 요람 No. 036.*

————, "우리나라의 國別 技術導入件數 및 代價支給現況," *韓國産業技術振興協會 2000년 통계 요람 No. 184.*

————, "中國의 硏究開發費," *韓國産業技術振興協會 2000년 통계 요람 No 116-1.*

한국은행, 국제수지월보, 1990년 6월.

————, 경제통계연보(Economic Statistics Yearbook), 2002.

————, 한국 주요경제지표(Major Statistics of Korean Economy), 2002.

한국일보, "〔중국을 다시 본다〕 미국은 친구인가 적인가," 2002/11/19.

————, "1960년과 1964년 사이의 비밀외교문서 내용," 1995/01/16.

한용섭, "주한미군의 위상과 역할," 대한민국 재향군인회 및 한국국제정치학회 주체 세미나, 21세기 한반도 안보와 한미동맹, 재향군인회관 대강당, 2003년 10월 24일.

Ahn, Byung-Joon, "The Moscow-Beijing-Pyongyang Relationship," Scalapino and

Lee, eds., *Korea-U.S. Relations: The Politics of Trade and Security.*

Bandow, Doug, *Tripwire: Korea and U.S. Foreign Policy in a Changed World* (Washington D.C.: CATO Institute, 1996).

Cole, David C., and Priceton N. Lyman, *Korean Development: The Interplay of Politics and Economics* (Cambridge: Harvard University Press, 1971).

Frank, Charles R., Kwang Suk Kim, and Larry Westphal, *Foreign Trade Regimes and Economic Development: South Korea* (New York: Columbia University Press, 1975).

Haggard, Stephan, *Pathways from the Periphery: The Politics of Growth in the Newly Industrializing Countries* (Ithaca: Cornell University, 1990).

IMF, *Direction of Trade Statistics Yearbook*, 1996-2002.

Kim, Kisoo, "Political Influence and Trade Pressures: The Political Economy of Bilateral Trade Frictions," *Unpublished Ph.D. Thesis*, 1991.

Krueger, Anne O., *The Developmental Role of the Foreign Sector and Aid* (Cambridge: Harvard University Press, 1979).

————, and Baran Tuncer, "An Empirical Test of the Infant Industry Argument," *American Economic Review* 72 (1982).

Lewis, W. Arthur, *The Theory of Economic Development* (Homewood: Irwin, 1955).

Little, I.M.D., Tibor Sditovsky, and Maurice Scott, *Industry and Trade in Some Developing Countries* (New York: Oxford University Press, 1970).

Michael, Franz H., and George E. Taylor, *The Far East in the Modern World* (New York: Holt, Rinehart and Wilson, Inc., 1964).

Moskowwitz, Karl, ed., *From Patron to Partner: The Development of U.S.-Korean Business and Trade Relations* (Lexington, Mass.: Lexington Books, 1984).

Moskowitz, Karl, "Issues in the Emerging Partnership," Moskowwitz, ed., *From Patron to Partner: The Development of U.S.-Korean Business and Trade Relations.*

Noland, Marcus, "The Strategic Importance of US-Korea Economic Relations," Institute for International Economics, *International Economics Policy Briefs* Number PB 03-6, May 2003.

Scalapino, Robert A., and Hongkoo Lee, eds., *Korea-U.S. Relations: The Politics of Trade and Security* (Berkeley: University of California Press, 1988).

The Economist, "Hong Kong rebels," July 12th, 2003.

Truman, Harry S., *Years of Trial and Hope* (New York: Doubleday and Co., 1956).

World Bank, *World Development Indicators: World Development Report 1994*

World Development Indicators Database, "Total GDP 2001," April 2003.

감사의 글

다른 책들과 마찬가지로 이 책의 출판에도 여러 사람들의 도움이 있었다. 본 지면을 통해 특히 많은 도움을 주신 분들께 감사의 마음을 전하려 한다.

우선 세종연구소 정한구 박사님께 감사드린다. 필자의 지식이 미치지 못했던 소련의 제삼세계, 특히 동남아시아 정책에 대한 연구를 도와 주셨다. 중요한 자료를 소개시켜 주셨고, 연구 중 막히는 부분이 있으면 수시로 자문을 주셨다. 이 자리를 빌어 심심한 사의를 표한다.

본 저술이 다루고 있는 범위가 넓었기 때문에 다양한 자료가 필요했다. 필자가 필요한 자료는 거의 대부분 세종연구소 도서실을 통해 구할 수 있었다. 도서실의 김정희 과장님, 이재화님 그리고 정순영님께 감사를 드린다. 필자가 필요한 자료를 하시고 가장 빠른 시간에 구해 주셨다. 늘 친절히 그리고 성심껏 노력해 주신 바를 기억하며 고마운 마음을 전한다.

도서출판 한울 직원 분들의 헌신적인 노력에도 사의를 표한다. 분량이 많은 저술을 꼼꼼히 챙기며 교정해 주셨다. 지리한 작업일 수밖에 없음에도 인내로서 이를 극복해 주셨다. 그리고 초기 교정과 자료수집을 도와주신 두 분의 조교님께도 감사의 말을 전한다. 지금은 영국에 유학중인 신순옥 조교 및 유학을 준비 중인 김민성 조교, 모두 본 연구를 마칠 수 있도록 헌신해 주셨다. 앞날에 무궁한 발전이 있기를 기원하며 심심한 사의를 표한다.

물론 이 책의 내용과 관련된 모든 잘못은 필자인 본인의 몫이다.

2005년 6월 김기수

찾아보기

ㄱ

개방적 지역주의(open regionalism)　392
게릴라전　100
결탁자본주의(alliance capitalism)　273, 277, 280
경제개발위원회(Economic Development Council)　411, 413
경제공동체(Economic Community)　330
경제규모(economy scales)　249
경제의 고도화　429
경제협력처(ECA)　407
고 딘 디엠(Ngo Dihn Diem)　98
고르바초프(Mikhail Gorvachev)　152, 155
고르바초프의 신외교정책　157
고정환율제　237, 347, 348
공동대외관세(CCT)　322
공동수출개발위원회(Joint Export Development Committee)　417
공동시장(Common Market)　330
관리변동환율제도(managed floating)　350
관세동맹(Custom Union)　322, 329
관세와 무역에 관한 일반협정(GATT)　226, 255
교환정책(exchange policy)　35, 43
구정공세(Tet Offensive)　150
구조조정　280, 282
국가미사일방위(NMD)　177
국가이성(raison d'etat)　30
국제무역기구(ITO)　226, 254
국제청산동맹안　236
국제통화기금(IMF)　226, 230, 237

군사기술혁명(RMA)　180, 185, 187
그람시(Antonio Gramsci)　320
그리스 사태　72
극동위원회(Far Eastern Commission)　76
극초강대국(hyperpower)　172
금본위제도　233
금융산업 개방　428, 432
금융자유화(financial liberalization)　274, 428
금평가제(gold parity)　333
금환본위제도(gold exchange standard)　238, 334
기술도입선　461
기술의존율　462
기업의 실패(corporate failure)　275
긴장완화정책(détente)　423

ㄴ - ㄷ

나이 이니셔티브(Nye Initiative)　193
남베트남 민족해방전선(NFLSV)　100
남순강화(南巡講話)　446, 447
네트워크 외부효과(network externalities)　251
닉슨(Richard Nixon)　113, 319
닉슨 독트린(Nixon Doctrine)　107, 108, 109, 191, 423, 424
닉슨 쇼크　108, 109, 110, 151, 241
다낭　130
다만스키 섬(Damanski Island)　107
다자주의　261, 266
단기자본　343

단일관리변동환율제(unitary fluctuating exchange rate system) 417
달러연계 환율제도(dollar pegged system) 297, 344
달러외교(Dollar Diplomacy) 44
대량살상무기(WMD) 183
대만관계법(The Taiwan Relations Act) 116, 452
대만문제 115, 116, 86
對美 수출의존도 418
對日 수출의존도 418
델러스(John F. Dulles) 169
도덕적 해이(moral hazard) 273
도미노 이론 91, 92, 92, 95
도이 머이(Doi Moi) 208
동남아시아 조약기구(SEATO) 79, 97
동방정책(Ostopolitik) 379
동북아시아 개발은행(NADB) 300
동아시아 경제협력(EAEC) 300, 302, 376
동아시아 방어선(defense perimeter) 82
동아시아 연안지역(East Asian littoral) 181
드골(Charles de Gaulle) 326, 90
들로르(Jacques Delors) 327, 369
등소평(鄧小平) 146, 158
디엔 비엔 푸 96

ㄹ

라운드(round) 256
란싱-이시(Lansing-石井) 협정 52, 56
랜스다운(Henry Lansdowne) 35
러불동맹 32, 33
러일전쟁 36, 38
러일협정 37
레이건(Ronald Reagan) 152
로빈슨(Joan Robinson) 340
루브르 243
루즈벨트(Franklin Roosevelt) 69, 403
리쉴리우(Richelieu) 31
리스트(Friedrich List) 233, 267
리카르도(David Ricardo) 217

리콴유(Lee Kwan Yew) 123

ㅁ

마샬(George Marshall) 404
마샬플랜 227, 237, 74
마스트리히트 조약 369
마하티르(Mahathir bin Mohamad) 302
만주 폭격론 95
맥아더(Douglas MacArthur) 82
모택동(毛澤東) 93, 113, 114
모택동 혁명전략 102
목표환율대(target zone) 243, 341, 362, 364
무역의존도 337, 418
무역창출효과(trade creation) 265
문호개방정책(Open Door Policy) 41, 42, 48, 61, 62, 63
미국-카나다 자유무역협정 368
미군 철수 424
미사일방어계획(MD) 177, 312
미소공동위원회 405
미야자와 案(Miyazawa Plan) 294
미일 방위협력지침(Defense Guidelines) 192
미일안보공동선언 193
미일 안보조약 78
미일안보협의회의 196
민감성(sensitivity) 342

ㅂ

바오 다이(Bao Dai) 89
반패권주의 111, 112
防共協定 59
버그스틴(Fred Bergsten) 249
베르사이유 강화회의 53
베스트팔리아(Westphalia) 조약 30
베트남독립연맹(Vietnamese Independence League) 88
베트남 민주공화국(DRV) 90
베트콩 101

변덕스런 심리적 요인(volatile
    psychological factors)   276
변동환율제   237, 347, 348
보스니아 내전   166
복수통화바스켓제도   346, 349
봉쇄정책(containment policy)   79, 80, 87,
    149, 151
부적정 환율   352
북미자유무역협정(NAFTA)   262, 369
북방외교(Nordpolitik)   161
불공정 무역행위(unfair trade practices)
    254, 258, 259
브레스트-리토브스크(Brest-Litovsk) 조약
    52
브레즈네프(Leonid Brezhnev)   152
브레즈네프 독트린   149, 153
브레튼우즈 체제   74, 226
비관세 장벽(NTBs)   257
비스마르크(Otto von Bismarck)   33
비탄력적 기대(inelastic expectation)   282
비합리의 충만(irrational exuberance)   276

ㅅ

사안 연계전략(issue-linkage strategy)   228
사이버자본주의   309
사회적 손실(deadweight social loss)   278
삼국간섭   33, 35
삼국협상   50
상품 경쟁력   353
상해코뮈니케   114
샌프란시스코 평화조약   77
서비스 교역   429, 461
선제공격(strike first)   182
세계무역기구(WTO)   261
세계은행(IBRD)   226, 230
세뇨리지(seignorage)   240
세력균형(balance of power)   30, 32
셰바르드나제(Eduard Shevardnaze)   159
소지역주의(subregionalism)
    313, 317, 393, 438
소패권주의   135

솔즈베리(Robert Salisbury)   35
수입대체 산업정책(import substitution
    policy)   270, 336, 408, 410, 416
수출-수입 연계구조   421
수출자율규제(VERs)   257
수출주도형 경제성장정책
    214, 270, 411, 416
수평적 분업   458
스미소니언 통화회의   242
스탈린(Joseph Stalin)   69
스프라틀리 군도(Spratly Islands)   125
시베리아 파병   52
시장 영향력(market leverage)   460
시장개방압력(market-opening trade
    pressure)   258, 427
신뢰성(confidence)   232, 240
신상호주의(new reciprocity)   259
신성로마제국   30
신용공여조건(conditionalities)   289, 298
신용창조(creation of money)
    234, 239, 271
신용평가회사   464
실질실효환율   297
쌍둥이 적자   258
쌍무주의   261, 266

ㅇ

아세안지역안보포럼   391
아시아 개발은행(ADB)   300
아시아 집단안보구상(Asian Collective
    Security)   121
아시아-유럽회의(ASEM)   382
아시아 통화기금(AMF)   293, 308
아이젠하워(Dwight Eisenhower)   99
아·태경제협력(APEC)   372
아태통화기금(APMF)   299
안드로포프(Yuri Andropov)   152
안보·경제의 재보장(reassurance)   436
안보 딜레마(security dilemma)   14
안정기금안   236
안정자(stabilizer)   205, 439

압축성장 270, 286, 330
애치슨 선언 82
얄타 회담 403, 69
억지전략(deterrence) 182
에치슨(Dean Acheson) 228
연계대출(bridge loan) 296
연구개발비 지출(R&D expenditure) 462
영광스런 고립정책(splendid isolation) 34
영러협상 37
영불협상 37, 38
영일동맹 32, 33, 36, 47, 55, 56
예외주의(exceptionalism) 61
외국 기술도입 420
외국 자본도입 420
외국인 주식투자 432
외국인 투자 430, 431
외국투기자본 287
외자관리청(OSROK) 407
외환보유고 233, 244, 245, 291
우발상황(immediate contingency) 189
우수리강(Ussuri River) 107
워싱턴 회의 55
위약성(vulnerability) 342
위험수당(risk premium) 291, 309, 345
유동성(liquidity) 232, 239
유동적인 2차 금융시장(highly liquid
    secondary market) 251
유럽경제통화연합(EMU) 323
유럽공동방위체(EDC) 89
유럽단일의정서(European Single Act)
    324, 369
유럽석탄철강공동체(ECSC) 230, 261, 318
유럽안보협력회의(CSCE) 384, 385
유럽자유무역연합(EFTA) 322
유럽정치연합(EPU) 323
유럽통화단위(ECU) 323
유럽통화제도(EMS) 323
유럽통화협력(EMU) 388
유럽협조체제(European Concert)
    376, 380
은행대출 자본주의(bank-loan capitalism)
    286

은행의 실패(bank failure) 275
이전효과(spillover effect) 319
이토(Ito Hirobumi, 伊藤博文) 35
인계철선(tripwire) 425, 84
인민전쟁(People's War) 102, 95
일-아세안 포럼(Japan-ASEAN Forum)
    145
일불협정 38

ㅈ

자기자본 비율(capital adequacy ratio)
    360
자동조절 메커니즘(automatic adjustment
    mechanism) 234
자본통제(capital control) 362
자유무역협정(FTA) 303
자유변동환율제 363
자유주의적 낙관론(liberal optimism)
    314
전략균형(Strategic Balance) 426
전략무기감축협상(SALT) 380
전략무역이론 221, 324
전략상의 혁명(RSA) 180
전역미사일방위(TMD) 177
점증적 조정방식(cumulative pattern of
    accomodation) 326
정실자본주의(crony capitalism) 273, 277
제네바 회의 96
제로섬 13
제한전(limited war) 103
조절(adjustment) 232
존슨(Linden Johnson) 150
주은래(周恩來) 114, 120
중간재(intermediate goods) 421
중소분쟁 107, 159
중소 우호조약 77
중월(中·越)전쟁 128, 129
중일전쟁 59
중화경제공동체(The Chinese Economic
    Community) 442
중화경제권 441, 442

지구전(war of attrition)　101
지불불능(fundamental insolvency)　283
지압(Vo Nguyen Giap)　93
지역주의　261, 262, 266
질적 다수결(qualified majority)　327

ㅊ - ㅋ

처칠(Winston Churchill)　69
천안문 사건　170
청일전쟁　33
쳄벌레인(Joseph Chamberlain)　35
초국가성(supranationality)　326
총 요소의 생산성(total factor productivity)
　277
최후 대부자(lender of last resort)
　248, 274, 282, 289, 356
치앙마이 화합　295
카셀(Gustav Cassel)　339
카이로 회담　403, 69
카츠라-태프트 협약(Taft-桂 Agreement)
　43
카터(Jimmy Carter)　152
칸트적 국제관(Kantian view)　314
캄란　130
케넌(George Kennan)　106
케인즈案　230, 236, 246
코소보 분쟁　166
쿠퍼(Richard Cooper)　250
쿼타(quotas)　257
클린튼(Bill Clinton)　175
키신저(Henry Kissinger)　113
킹스턴 회의　242, 334
태평양 경제협력회의(PECC)　373
터키 사태　73
테헤란 회의　69, 75

ㅌ - ㅍ

통합의 자동발전메커니즘(automatic
　mechanism of integration)　319
통합이론　319, 399

통화바스켓제도　344
통화스와프　295, 359
투르만(Harry S. Truman)　73
투르만 독트린　237, 74
툰 라자크(Tun Razak)　124
트루만　229
트리핀의 딜레마(Triffin's dilemma)　240
파라셀 군도(Paracel Islands)　125
파리평화협정　105
패권적 안정이론　248, 253
편승(bandwagon)　172
평화, 자유, 중립지대 구상(ZOPFAN)
　123
평화적 진화(peaceful evolution)　169
포드(Gerald Ford)　152
포지티브섬　13
포츠담 회담　404, 69, 75
포츠머스 조약　36, 45
프랑켈(Jeffrey Frankel)　252
플라자 합의　243

ㅎ

하바나 헌장　230, 254
한국의 차관　419
한미 상호방위조약　414, 79, 84
한미경제기획위원회(Korean-American
　Economic Board)　411, 413
한미상호방위조약　425
한소 정상회담　160
한일 국교정상화　413
한·일 자유무역협정　304, 468
　동태적 효과　305
　정태적 효과　305
한일회담　413, 414
함대 미사일방어망(Navy Theater)　177
합리적 균형　340, 361
합스브르크가　31
해상발사형 상층시스템(NTWD)　197
헤이(John Hay)　41
헹 삼린(Heng Samrin)　128
혁명전쟁(revolutionary war)　102

현물환 거래 433
협상(entente) 34
호치민(Ho Chi Minh) 88
호치민 통로(Ho Chi Mihn Trail) 101
홍콩 국가안전법 450
홍콩 특별행정구 기본법 449
화교자본 445, 446, 449
화교특별법 446
화이트案 230, 236
환구매력평가설(the theory of purchasing power parity) 339
환율변동 337
후루시초프(Nikita Khrushchev) 94, 117
후쿠다 독트린 145
흄(David Hume) 234

기타

21개조 요구 51, 55
30년 전쟁 30
3不政策 452
4국 위원회 53
4국조약 56
4대 경찰국가론(Four Policemen) 70, 75

ABM(anti-ballistic missile) 188
AMF 358
ANZUS 78
APMF 330
ARF 202, 203, 204, 206
ASEAN 지역포럼(ARF) 201
ASEAN 특혜무역협정 143
ASEAN+3 389
ASEAN 132
BMD(ballistic missile defenses) 195
C4IRS 187
MX 미사일 153
NATO 86
NMD 180, 195
NPR(Nuclear Posture Review) 184
price-specie-flow 모델 234
SAETO 98
SCAP(Supreme Command for the Allied Powers) 76
SDI(Strategic Defense Initiative) 153
SDR(special drawing rights) 242
tit-for-tat 전략 259
TMD 180, 195, 196
ZOPFAN 124, 133

■ 지은이

김 기 수 (金 起 秀)

세종연구소 수석연구위원
미국 미주리대 정치학 박사
세종연구소 국제정치경제연구실장

한울 아카데미 766

동아시아 역학구도
군사력과 경제력의 투사

ⓒ 세종연구소, 2005

지은이 | 김기수
펴낸이 | 김종수
펴낸곳 | 도서출판 한울

편집 | 신상미

초판 1쇄 발행 | 2005년 7월 20일
초판 2쇄 발행 | 2006년 6월 20일

주소 | 413-832 파주시 교하읍 문발리 507-2(본사)
　　　 121-801 서울시 마포구 공덕동 105-90 서울빌딩 3층(서울 사무소)
전화 | 영업 02-326-0095, 편집 02-336-6183
팩스 | 02-333-7543
홈페이지 | www.hanulbooks.co.kr
등록 | 1980년 3월 13일, 제406-2003-051호

Printed in Korea.
ISBN 89-460-3414-9 94300
ISBN 89-460-3405-X (세트)

* 가격은 겉표지에 표시되어 있습니다.